Eisenbahn-Fahrzeug-Archiv
Band 2.1

Maier/Heilmann/Block
Diesellokomotiven deutscher Eisenbahnen
Technische Entwicklungen · Die Baureihen

Eisenbahn-Fahrzeug-Archiv

Maier/Heilmann/Block

Diesellokomotiven deutscher Eisenbahnen

Technische Entwicklungen · Die Baureihen

alba

CIP-Kurztitelaufnahme der Deutschen Bibliothek

Diesellokomotiven deutscher Eisenbahnen. - Düsseldorf : alba.
(Eisenbahn-Fahrzeug-Archiv ; Bd. 2)
NE: GT
1. Technische Entwicklungen, die Baureihen / Maier ... - 1997
ISBN 3-87094-155-3
NE: Maier, Matthias

Erschienen: März 1997
Druck: Moeker Merkur Druck GmbH, Köln
ISBN: 3-87094-155-3

Vorwort

Mit dem vorliegenden Buch wird das Eisenbahn-Fahrzeug-Archiv des Alba-Verlags um die Darstellung der Diesellokomotiven der deutschen Staatsbahnen ergänzt.

Die Entwicklung der Dieseltraktion hat in den achtziger Jahren bei beiden deutschen Staatsbahnen einen gewissen Abschluß erfahren. Neue technische Entwicklungen, insbesondere der deutschen Schienenfahrzeugindustrie, wie z. B. die Drehstrom-Antriebstechnik, haben bislang keinen durchgreifenden Einfluß auf die Beschaffungen von Diesellokomotiven gehabt. Nach der Wiedervereinigung, die einen ungehinderten Zugang zu den Archiven in der ehemaligen DDR ermöglichte, konnten die Autoren viele bislang unbekannte Sachverhalte in der Geschichte der Diesellokomotiven und der Dieseltraktion insbesondere bei der Deutschen Reichsbahn klären und die Entwicklung der Dieseltraktion in Deutschland bis zur Gründung der Deutschen Bahn AG nunmehr umfassend darstellen.

Das Buch ist in der bewährten Art der Eisenbahn-Fahrzeug-Archiv-Reihe gegliedert: Nach der Darstellung der Entwicklungslinien und der Bezeichnungsarten sowie der Farbgebung folgt die Beschreibung der einzelnen Baureihen, wobei wir einen besonderen Schwerpunkt auf die Einsatzgeschichte der einzelnen Baureihen gelegt haben. Die angestrebte gleichberechtigte Darstellung auch der Kleinlokomotiven erforderte bei der Vielzahl der Baureihen und Varianten eine gewisse Straffung und Beschränkung auf das Wesentliche.

Das ausführliche Quellen- und Literaturverzeichnis soll daher den Zugang zu weiteren Informationen ermöglichen. Die technischen Daten der einzelnen Fahrzeuge sind in einem umfangreichen Tabellenteil, der einen übersichtlichen und schnellen Vergleich der einzelnen Baureihen bietet, zusammengetragen.

Auf eine Dokumentation der Fahrzeugnummern, Fabriknummern, des Ersteinsatzes sowie dem Verbleib der einzelnen Lokomotiven mußte aus Platzgründen in diesem Buch verzichtet werden. Verlag und Autoren haben daher beschlossen, in einem Zusatzband die vorliegenden Informationen zu veröffentlichen, der dem interessierten Leser an dieser Stelle besonders empfohlen sei.

Zahlreiche Firmen, Behörden und Eisenbahnfreunde haben zum Gelingen dieser Dokumentation beigetragen. Ihnen allen sei an dieser Stelle für die freundliche Unterstützung nochmals herzlich gedankt. Die Autoren danken auch dem Verlag für die Unterstützung sowie für die gute und vertrauensvolle Zusammenarbeit.

Bei der Vielfalt der Ereignisse in der Geschichte der Dieseltraktion in Deutschland und des verarbeiteten Quellenmaterials kann auch die vorliegende Dokumentation nicht lücken- und fehlerlos sein. Autoren und Verlag nehmen daher Hinweise und Ergänzungen gern entgegen.

Matthias Maier, Frank Heilmann, Rüdiger Block

Erlangen, Cottbus, Bollschweil im Herbst 1996

Inhalt

Entwicklung der Zugförderung mit Diesellokomotiven 9

Die Zeit bis zum Ersten Weltkrieg 10

Die zwanziger und dreißiger Jahre 15

Diesellokomotiven der Deutschen Reichsbahn Gesellschaft 18

Diesellokomotiven der Deutschen Wehrmacht 25

Dieseltraktion in Westdeutschland (seit 1949 Deutsche Bundesbahn) 28

Die Entwicklung der Diesellokomotiven in der DDR 81

Ausblick 90

Bezeichnung der Diesellokomotiven 93

Bauartbezeichnung 94

Baureihenbezeichnung 94

Farbgebung deutscher Diesellokomotiven 97

Beschreibung der Baureihen 113

201 Deutsche Bundesbahn 114

ME 1500 Krupp/AEG 114

202 Deutsche Bundesbahn 115

DE 2000 SSW-Henschel 115

DE 2500 BBC-Henschel 116

V 100-Familie der Deutschen Reichsbahn 119

V 100.0-1 DR, 110.0-1 DR, 201.0-1 DB AG, V 100.2-8 DR, 110.2-8 DR, 201.2-8 DB AG 119

111 DR, 293 DB AG, 298 DB AG, 297 DB AG 124

112 DR, 202 DB AG 127

114 DR, 204 DB AG 130

108 DR, 298 DB AG 132

110.9 DR, 710 DB AG 134

V 100-Familie der Deutschen Bundesbahn 136

V 100.10 DB, 211 DB, 211 DB AG 136

V 100.20, 212 DB, 212 DB AG 142

V 100.23 DB, 213 DB, 213 DB AG 145

V 100.20 DB, 212 DB, 214 DB, 214 DB AG, 714 DB AG 147

V 160-Familie der Deutschen Bundesbahn 148

V 160 DB, 216 DB, 216 DB AG 148

215 DB, 215 DB AG 154

V 162 DB, 217 DB, 753 DB, 217 DB AG, 753 DB AG 157

V 164 DB, 218 DB AG, 210 DB AG 161

V 169 DB, 219 DB 169

210 DB, 218.9 DB AG 171

V 200 Deutsche Bundesbahn 174

V 200.0 DB, 220 DB 174

V 200.1 DB, 221 DB 183

V 300 Deutsche Bundesbahn 189

V 300 DB, 230 DB 189

V 320 Deutsche Bundesbahn 191

V 320 Mietlokomotive DB, 232 Mietlokomotive DB 191

240 Deutsche Bundesbahn 193

DE 1024 MaK, 240 Mietlokomotive DB, DB AG 193

V 180-Familie der Deutschen Reichsbahn 196

V 180.0 DR, 118.0 DR, 118.5 DR, 228.5 DB AG 196

V 180.1 DR, 118.1 DR, 228.1 DB AG 202

V 180.2-3 DR, 118.2-4 DR, Umbau 118.6-8 DR, 228.2-3 DB AG, 228.6-8 DB AG 204

V 240 001 DR, 118 202 DR, 228 202 DB AG 209

119 Deutsche Reichsbahn 211

119 DR, 219 DB AG 211

229 Deutsche Bahn AG 215

229 DR, 229 DB AG, Umbau aus 119 215

V 200 Deutsche Reichsbahn 219

V 200 DR, 120 DR, 220 DB AG 219

V 300-Familie der Deutschen Reichsbahn 225

130 DR, 230 DB AG, 754 DB AG 225

131 DR, 231 DB AG 228

132 DR, 232 DB AG, 234 DB AG 229

142 DR, 242 DB AG 240

V 36 Deutsche Bundesbahn/ Deutsche Reichsbahn 241

V 36 DB, 236 DB, V 36 DR, 103 DR 241

V 45 Deutsche Bundesbahn 243

V 45 EdS, V 45 DB, 245 DB 248

V 50 Deutsche Bundesbahn 249

V 50 DB 249

259 Deutsche Bundesbahn 250

259 DB (Mietlokomotiven) 250

V 60 Deutsche Bundesbahn 253

V 60 DB, 260/261 DB, 360/361/364/365 DB, 360/361/364/365 DB AG 253

V 60 Deutsche Reichsbahn 262

V 60.10-11/V 60.12 DR, 106 DR, 346 DB AG, 347 DB AG, 105 DR, 345 DB AG, 347 DB AG 262

104 DR, 344 DB AG 269

V 65 Deutsche Bundesbahn 270

V 65 DB, 265 DB 270

267/715 Deutsche Bundesbahn 273

267/715 DB 273

V 20/V 22 Deutsche Bundesbahn 274

V 20 DB, V 22 DB, 270 DB 274

V 75 Deutsche Reichsbahn 277

V 75 DR, 107 DR 277

V 80 Deutsche Bundesbahn 279

V 80 DB, 280 DB 279

V 188 Deutsche Bundesbahn 284

V 188 DB, 288 DB 284

V 90 Deutsche Bundesbahn 287

V 90 DB, 290 DB, 290 DB AG, 294 DB AG 287

291 Deutsche Bundesbahn 292

291 DB, 291 DB AG, 295 DB AG 292

Kleinlokomotiven der deutschen Staatsbahnen 294

Kö I, Kb I DRB, Kö I, Kb I DB, 311 DB, Kö I DR, 100.0 DR; Kö II, Köf II, Köe II, Kb II, Kbf II, Kbe II DRB, Kö II, Köf II DB, 321, 322, 323, 324 DB, 323, 324 DB AG; Kö II, Köf II DR, 100.1-9 DR, 310, DB AG; Köf 10 DB, 331 DB; Köf 11, Köf 12 DB, 332, 333 DB, 332, 333, 335 DB AG; 294

V 15.10 DR, 101.0 DR, 311.0-1 DB AG, V 15.20-23 DR, 101.1-3, 101.5-7 DR, 311.5 DB AG 305

V 23 DR, 102 DR, 312 DB AG 309

Schmalspurlokomotiven der deutschen Staatsbahnen 314

V 11.9 DB, Köf 99.5 DB, 329 DB, 399 DB AG 314

V 29 DB, 299 DB 315

V 36 K DR 317

V 51 DB, 251 DB 319

V 52 DB, 252 DB 321

Kö 0403, 0405, 0407 und 0408 322

Kö 0403, 0404, und 0409 DR, Kb 0401, 0402 DR 323

Köf 6001, 6003 DR, 100 901, 903 DR, 199 001, 003 DR, 399 703 DB AG (750 mm) 323

Kö 6002, 6004 und 6005 (750 mm) 325

Kö 6501, 6502 DR, 100 903, 100 904 DR, 199 003, 199 004 DR, 199 991, 199 992 DR (1000 mm) 326

199 003^II, 199 004^II, 199 011, 199 012 DR (1000 mm) 328

Kö 7001/7002 DR, 199 005/006 DR, 399 112/113 DR (1000 mm), 199 101/102/103 DR, 399 601/602/603 DR (600 mm) 329

199 007, 199 008 DR 331

V 30 001 DR, 103 901 DR, 199 301 DR 332

199.8 DR, 299.11 DR 333

Technische Daten 335

Quellenverzeichnis und weiterführende Literatur 355

Entwicklung der Zugförderung mit Diesellokomotiven

Die Zeit bis zum Ersten Weltkrieg

Die in den Jahren 1861 bis 1892 von verschiedenen Erfindern entwickelten Verbrennungskraftmaschinen (1861: Gasmotor von Lenoir, 1867/76: langsamlaufender Benzin-Viertaktmotor von Otto und Langen, 1883: schnelllaufender Viertaktmotor von Daimler und Maybach bzw. Benz, 1892: der „rationelle Wärmemotor" von Diesel) wurden in erster Linie im stationären Einsatz, aber auch in Straßenfahrzeugen und Schiffen verwendet. Der Gedanke an den Einsatz von Verbrennungsmotoren in Eisenbahnfahrzeugen war naheliegend, nur der Verwirklichung dieses Gedankens stellten sich einige technische und wirtschaftliche Schwierigkeiten entgegen, die den Lauf der Entwicklung maßgebend beeinflußten. Der thermischen Überlegenheit des Verbrennungsmotors, der die Brennstoffenergie im Gegensatz zur Dampflokomotive unmittelbar in mechanische Energie umwandelt, steht eine für den Eisenbahnbetrieb völlig ungeeignete Drehmoment- bzw. Zugkraftcharakteristik gegenüber, da er nicht in der Lage ist, unter Last anzulaufen, er nur in einem relativ engen Drehzahlbereich arbeitet und der Verbrennungsmotor im allgemeinen nur in einer Drehrichtung laufen kann. Außerdem gibt er über den Drehzahlbereich ein nahezu gleichbleibendes Drehmoment (= Zugkraft) ab, während der Eisenbahnbetrieb bei niedrigen Geschwindigkeiten ein hohes Drehmoment und bei hohen Geschwindigkeiten ein niedriges Drehmoment fordert.

Zwischen Motor und Radsatz ist also eine Einrichtung erforderlich, die diese vier charakteristischen Merkmale des Verbrennungsmotors berücksichtigt und ausgleicht und nach Möglichkeit auch noch in Vorteile für den Eisenbahnbetrieb umwandelt. Über die Wahl der geeignetsten Leistungsübertragung gehen selbst nach über 100 Jahren Motorlokomotivgeschichte die Meinungen der Fachleute noch auseinander. In Frage kommen Leistungsübertragungen auf elektrischem Weg, mechanisch mit Zahnrädern und Kupplungen, mit Flüssigkeiten in Form hydrostatischer oder hydrodynamischer Getriebe, mit Druckluft oder Druckgas sowie als direkter Antrieb.

Alle genannten Leistungsübertragungen wurden ausgiebig getestet und angewandt. Während sich die drei letztgenannten recht schnell als ungeeignet herausstellten, konnten sich die mechanische – überwiegend bei klei-

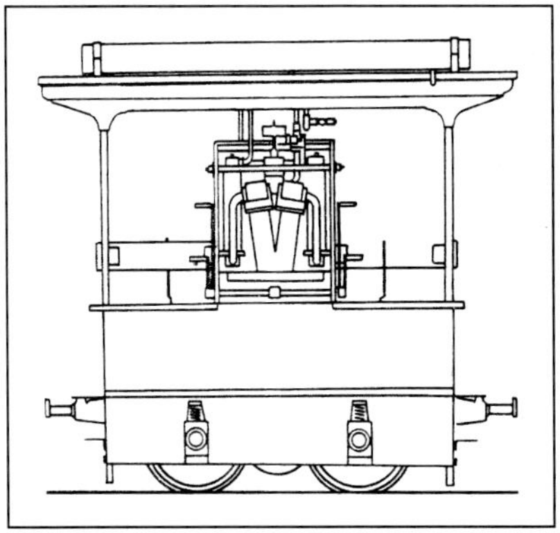

Schmalspurlokomotive von Daimler mit 4-PS-Benzinmotor von 1891 für eine schwäbische Werkbahn

Unten links: Das erste Brennkrafttriebfahrzeug der Welt baute 1880 die Hanomag. Ein Benzinmotor mit 2 PS Leistung trieb die Lokomotive über Riemen und ein Zahnradvorgelege.

Unten rechts: 8-PS-Lokomotive für die chemischen Werke Radebeul, gebaut 1892 von der Gasmotorenfabrik Deutz. Die Antriebsleistung wurde mit Riementrieb, Zahnradgetriebe und Rollenkette auf die beiden Radsätze übertragen.

Zeichnungen: Sammlung Matthias Maier

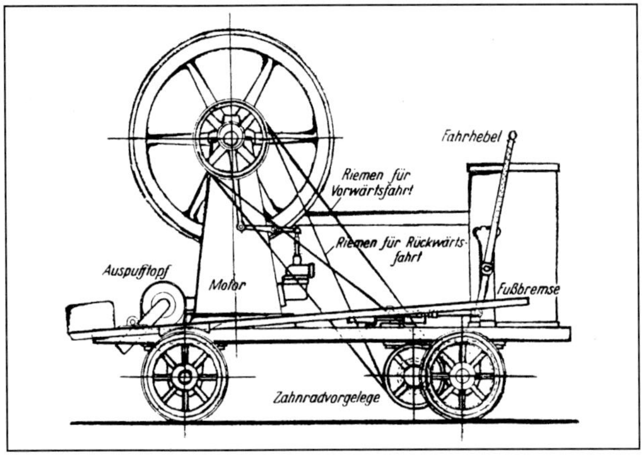

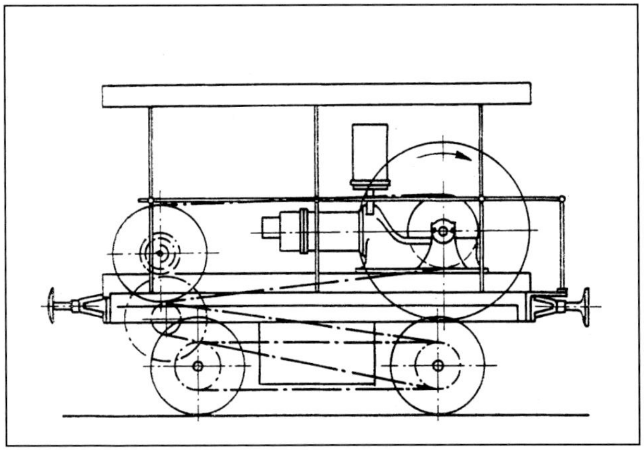

nen Leistungen in Triebwagen und Kleinlokomotiven –, die hydraulische und vor allen Dingen die elektrische Übertragung weltweit durchsetzen.

Das erste überlieferte „Brennkrafttriebfahrzeug" war die Hanomag-Lokomotive von 1880. Bereits 1878 hatte der damalige Hanomag-Direktor Conrad Krauss ein Patent auf eine „Gaskraft-Lokomotive für Straßen- und Sekundärbahnen" erhalten, welches dann zu dem Urahn unserer heutigen Diesellokomotive führte.

Das von einem stehenden Zweitakt-Benzinmotor mit 2 PS (1,45 kW) angetriebene Fahrzeug hatte eine Leistungsübertragung durch eine Rutschkupplung, ein Riemenpaar und ein Zahnradgetriebe mit zwei Übersetzungsstufen. Durch wahlweises Einrücken des „normalen" oder des „gekreuzten" Riemens über die Rutschkupplung konnte vorwärts oder rückwärts gefahren werden. Ermutigende Versuchsergebnisse wurden mit diesem Fahrzeug, dessen Motor allein 1200 kg wog, nicht erzielt. Die Hanomag stellte ihre Arbeiten auf dem Gebiet der Motorlokomotiven nach diesem Prototyp für lange Zeit ein.

Doch waren dadurch andere Hersteller auf diese Anwendungsmöglichkeit für Verbrennungsmotoren aufmerksam geworden. Die hier angegebenen Jahreszahlen schwanken zum Teil, da nicht mehr in allen Fällen nachvollziehbar ist, ob die Hersteller das Baujahr oder das Jahr der Indienststellung angaben. Neue Impulse für die Weiterentwicklung der Motorlokomotive kamen jedoch einige Jahre später durch die Erfinder des Automobils Gottlieb Daimler und Carl Benz. Die von ihnen entwickelten schnellaufenden Viertakt-Benzinmotoren hatten deutlich geringere Abmessungen und Gewichte als die zuvor verwendeten Langsamläufer. Carl Benz führte 1888 auf der Münchner Kraftmaschinenausstellung eine Motorlokomotive vor, die der Hanomag-Lokomotive ähnlich war. Gottlieb Daimler baute 1891 zusammen mit der Maschinenfabrik Esslingen eine zweiachsige Schmalspurlokomotive mit einem 4-PS-Motor und Zahnradgetriebe für eine schwäbische Werkbahn, wo sie immerhin einige Jahre erfolgreich im Einsatz gewesen sein soll. 1892 folgten auf der Basis dieser Lokomotive, jedoch mit 10-PS-Motoren weitere Fahrzeuge für Werkbahnen. Bereits 1887 hatte Daimler einen Motortriebwagen und eine Motordraisine für die Württembergische Staatseisenbahn gebaut, denen 1893/94 weitere fünf Motortriebwagen mit 30 PS (22 kW) folgten.

Ebenfalls 1892 entwickelte die Gasmotorenfabrik Deutz unter der Leitung von Otto ihre erste Motorlokomotive. Ausgerüstet mit einem 8-PS-(5,9-kW-) Einzylinder-Petroleummotor und einer Leistungsübertragung mittels Riementrieb, Zahnradgetriebe und Rollenketten zu den beiden Radsätzen, erreichte das Vehikel immerhin eine Höchstgeschwindigkeit von 6,5 km/h. Der Wirkungsgrad zwischen Motor und Zughaken wurde mit 79 % angegeben, ein sehr guter Wert bei dieser doch sehr aufwendigen Übertragungsanlage. Endabnehmer war die chemische Fabrik Radebeul, die sich von dieser Motorlokomotive einen gefahrloseren Betrieb (kein Funkenflug) auf ihrer Werkbahn erhoffte. Auch die Maschinenfabrik Augsburg-Nürnberg (MAN) engagierte sich in diesen Jahren in der Entwicklung von Verbrennungstriebfahrzeugen, konnte jedoch nur wenige Triebwagenprojekte ausführen.

Bei den bisher genannten Fahrzeugen kamen ausschließlich mechanische Leistungsübertragungen mit Riemen

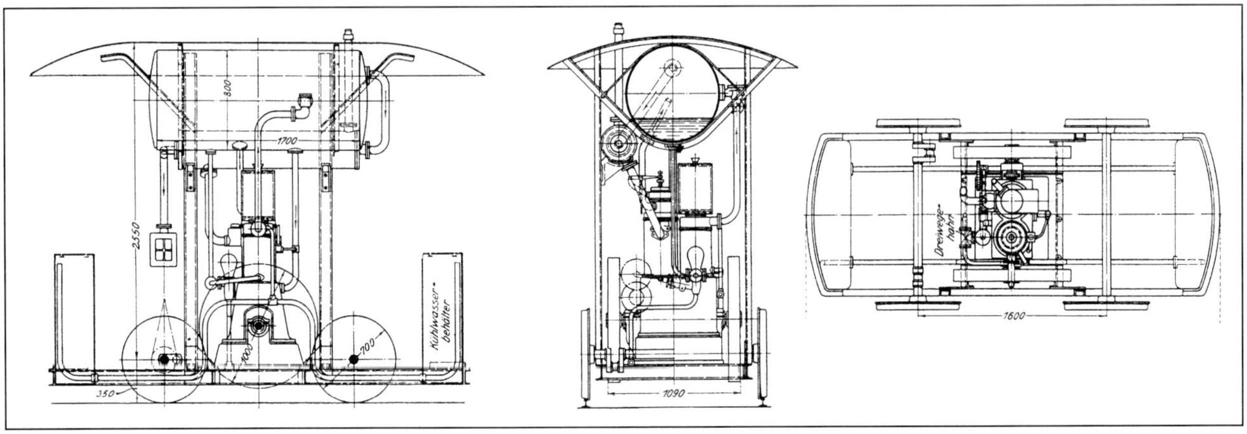

Petrol-pneumatische Lokomotive, gebaut 1893 von Deutz nach dem Patent Neukirch. Der 12-PS-Petroleummotor erzeugte Druckluft, mit der ein Druckluftmotor angetrieben wurde.
Zeichnung: Sammlung Matthias Maier

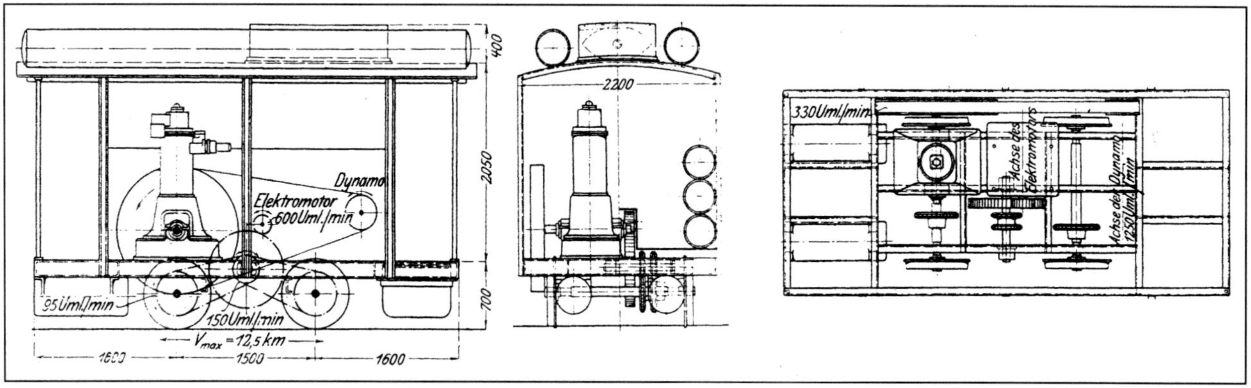

Erste deutsche Motorlokomotive mit elektrischer Leistungsübertragung, gebaut 1895 von Deutz. Der vom Generator (Dynamo) erzeugte Strom treibt den Elektromotor an.

und Zahnradgetrieben, ähnlich wie in damaligen Automobilen, zur Anwendung. Die geringe Eisenbahnbetriebstauglichkeit dieser Antriebe veranlaßte 1893 die Gasmotorenfabrik Deutz, eine pneumatische Übertragung nach dem Patent Neukirch zu erproben. Ein 12-PS-Einzylinder-Petroleummotor trieb hierbei einen Luftverdichter an. Die erzeugte Druckluft wurde in einem Behälter gespeichert, durch das Kühlwasser bzw. die Motorabgase erwärmt und mit Wasserdampf versetzt zum Antrieb eines Luftmotors benutzt, der die beiden Radsätze antrieb. Bei einem Übertragungswirkungsgrad von nur 50 % wurde von weiteren Versuchen mit dieser Leistungsübertragung Abstand genommen.

1895 entwickelte die Deutzer Gasmotorenfabrik die erste deutsche Motorlokomotive mit elektrischer Leistungsübertragung. Der Amerikaner Patton hatte 1892 eine gasolin-elektrische Lokomotive gebaut, bei der ein Gasolinmotor einen Generator antrieb, dessen Strom einem Elektromotor zugeführt wurde, der mit dem Treibradsatz gekuppelt war. Auch die französischen dampf-elektrischen Lokomotiven nach dem Patent Heilmann dürften Pate für die Deutzer petrol-elektrische Lokomotive gewesen sein. Trotz der leichten Bedienbarkeit – Zugkraft und Geschwindigkeit ließen sich mühelos einstellen – und eines relativ guten Wirkungsgrades blieb es bei diesem Prototypen, weil die Leistungsübertra-

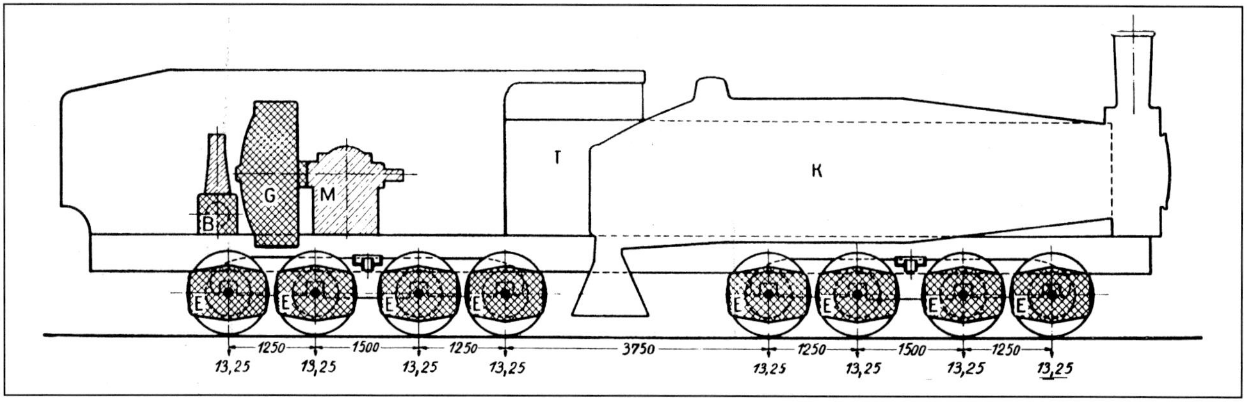

Französische dampf-elektrische Lokomotive nach dem Patent Heilmann. Der im Kessel (K) erzeugte Dampf wird einer Dampfmaschine (M) zugeführt, die einen elektrischen Generator antreibt. Die hier erzeugte elektrische Leistung wird den Fahrmotoren (E) zugeführt.

Zeichnungen: Sammlung Matthias Maier

gungsanlage zu schwer geraten war; das Fahrzeug wog bei 12 PS Motorleistung stolze 8,5 Tonnen.

Die schlechten Erfahrungen mit der pneumatischen und der elektrischen Leistungsübertragung bewogen die Gasmotorenfabrik Deutz, sich wieder ausschließlich mit der mechanischen Leistungsübertragung zu beschäftigen und diese weiterzuentwickeln. In der Folge entstanden bis 1898 verschiedene Bauarten für Werk-, Gruben- und Feldbahnen mit Spurweiten von 500 bis 700 mm. Als Antriebsmotoren wurden ein- oder zweizylindrige Ottomotoren bis zu 20 PS (14,7 kW) verwendet. Die Leistungübertragung geschah mit ein- oder zweistufigen Getrieben mit Wendeschaltung und Kettenübertragung zu den Radsätzen.

Kurz vor der Jahrhundertwende entstand in Deutz die erste Normalspur-Lokomotive für den Rangierdienst. Äußerlich mehr einem Straßenbahnwagen ähnlich als einer heutigen Motorlokomotive, war das Fahrzeug mit einer normalen Zug- und Stoßvorrichtung ausgestattet.

Erstmals wurde für diese Lokomotive ein Vierganggetriebe verwendet. Die einzelnen Gänge wurden über Reibungskupplungen geschaltet. Das Wendegetriebe war integriert eingebaut und wurde durch im Stillstand zu schaltende Klauenkupplungen betätigt.

Dieser Lokomotivtyp wurde von Deutz für Werk- und Anschlußbahnen mit Motorleistungen bis 60 PS (44 kW) in größeren Stückzahlen bis zum Ausbruch des Ersten Weltkrieges gebaut. Insgesamt verließen bis 1912 über 1000 Motorlokomotiven die Deutzer Fabrik.

Ähnliche Motorlokomotiven fertigten in dieser Zeit die Daimler-Motorenbau Gesellschaft in Zusammenarbeit mit der Maschinenfabrik Esslingen, die Ruhrthaler Maschinenfabrik in Mülheim (ab 1902), die Badischen Lokomotivwerke Mosbach (ab 1903) sowie Henschel in Kassel (ab 1910).

Auf den ersten Blick erstaunlich erscheint die Tatsache, daß der Dieselmotor relativ spät Eingang in den Schienenfahrzeugbau gefunden hat. In stationären Anlagen und auf Schiffen war der Dieselmotor aufgrund seines niedrigen Kraftstoffverbrauchs und der geringeren Feuergefährlichkeit des Kraftstoffes um die Jahrhundertwende bereits weit verbreitet; selbst Flugzeuge waren mit Dieselmotoren in Betrieb. Aber der eigentliche Fahrzeug-Dieselmotor fehlte, denn das Gewicht der verfügbaren Motoren war noch beachtlich größer als das der Benzinmotoren.

Ein weiterer Grund mag in dem Fehlen einer geeigneten Leistungsübertragung zu suchen sein. Bei den bis dahin gebauten Fahrzeugen kleinerer Leistung waren die betrieblichen Vorteile des Dieselmotors (geringerer Kraftstoffverbrauch) zu gering, um ihm einen Durchbruch zu verschaffen. Für größere Leistungen – 1910 bereits stellte die MAN einen bahntauglichen Sechszylinder-Viertakt-Dieselmotor vor, der bereits 980 PS (720 kW) leistete – stand noch keine erprobte Leistungsübertragung zur Verfügung.

Rudolf Diesel hatte 1906 erste Vorstudien aufgenommen, seinen Motor zum Antrieb einer Diesellokomotive einzusetzen. Zusammen mit Oberbaurat Klose, der bereits in den achtziger Jahren die Daimlerschen „Benzinschaukeln“ bei den Württembergischen Staatsbahnen eingeführt hatte, und dem Inhaber der Winterthurer Maschinenfabrik Sulzer gründete er die „Gesellschaft für Thermolokomotiven Diesel-Klose-Sulzer GmbH“. Aufgrund der Vorarbeiten dieser Gesellschaft bestellte die Königlich Preußische Staatseisenbahn-Verwaltung 1909 eine 2'B2'-Diesellokomotive mit direktem Antrieb. Diese Lokomotive mit dem neuartigen Dieselantrieb wurde 1912 fertiggestellt; der motortechnische Teil stammte von Sulzer, Winterthur, während der Fahrzeugteil von der Lokomotivfabrik A. Borsig in Berlin gefertigt wurde.

Der Zweitakt-Dieselmotor war quer im Fahrzeug eingebaut, zweimal zwei Zylinder in V-Anordnung arbeiteten auf eine in Fahrzeugmitte auf Achshöhe liegende Blindwelle, die über kurze Kuppelstangen unmittelbar ohne Zwischenschaltung von Kupplung und Getriebe auf die beiden Treibradsätze wirkte. Die Blindwelle war somit die Kurbelwelle des Dieselmotors.

Die vier Zylinder waren umsteuerbar und ließen in weiten Drehzahlgrenzen (30 bis 300 U/min) eine Füllungsregelung zu. Die Ventile wurden über einen von der Blindwelle angetriebenen, verstellbaren Exzenter betätigt. Zum Anfahren, bis ca. 10 km/h, wurden die Zylinder mit Druckluft beaufschlagt; der Dieselmotor lief in diesem Bereich also wie ein Luftmotor. Erzeugt wurde die Druckluft von einem separaten 250-PS-Zweizylinder-Dieselmotor mit angebautem dreistufigen Luftpresser.

Der Antriebsdieselmotor wurde anfangs mit Wasser gekühlt, welches durch die Zylindermäntel gedrückt und danach auf die Strecke abgelassen wurde. Später wurde, da der Kühlwasservorrat kaum 100 km weit reichte, ein Rückkühler eingebaut, so daß ein Kühlmittel-Kreislauf vorhanden war.

Die ersten Probefahrten fanden auf schweizerischen Strecken statt; ab April 1913 wurde die Erprobung bei der KPEV fortgesetzt. Dabei zeigten sich folgende Schwierigkeiten: Beim Anfahren kühlte die Druckluft die Zylinder oft so stark ab, daß beim anschließenden Dieselbetrieb die Zündtemperatur nicht erreicht wurde. Es kam dabei zu explosionsartigen Zündungen, die den Antrieb hoch belasteten und gelegentlich auch beschädigten. So brach bei der Überführung von

Winterthur nach Berlin die Blindwelle. Der große Regelbereich des Diesels und die leistungsintensive Erzeugung der Anfahrdruckluft hatten einen sehr niedrigen Gesamtwirkungsgrad zur Folge. Das hohe Lokomotivgewicht und die vergleichsweise niedrige Anfahrzugkraft erwiesen sich betrieblich als nachteilig. Die Steuerung war zu kompliziert und nicht bahntauglich.

Nach einem schweren Schaden am Dieselmotor im Frühjahr 1914 wurde die Erprobung, auch wegen dem größeren Interesse an der Bahnelektrifizierung und dem Beginn des Ersten Weltkriegs, eingestellt und nicht mehr weiterverfolgt. Wenngleich sich diese Lokomotive, hauptsächlich wegen dem direkten Antrieb nicht bewährte, war sie die erste normalspuri-

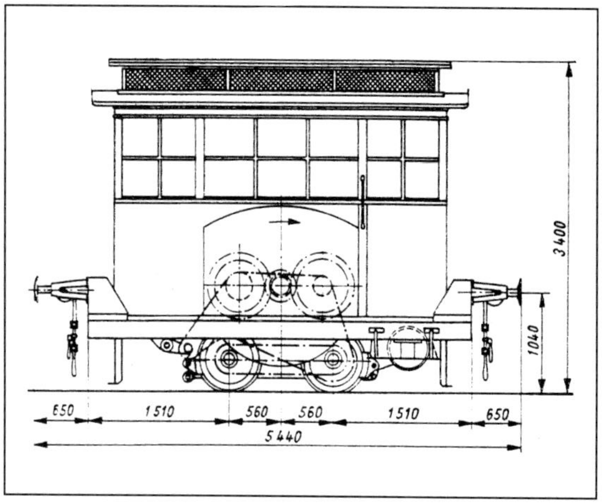

Erste normalspurige Motorlokomotive, gebaut 1899 von Deutz. Ihr Petroleummotor leistete 40 PS, die über ein Zahnradgetriebe und Gelenkketten übertragen wurden.
Zeichnungen: Sammlung Matthias Maier

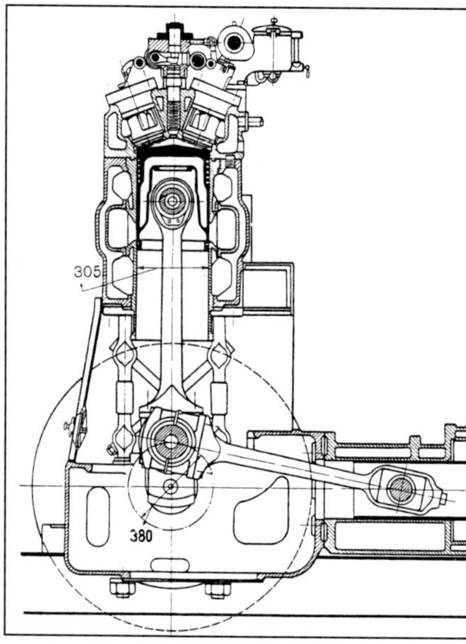

Schnitt durch den 1200-PS-Dieselmotor der Diesel-Klose-Sulzer-Lokomotive von 1912

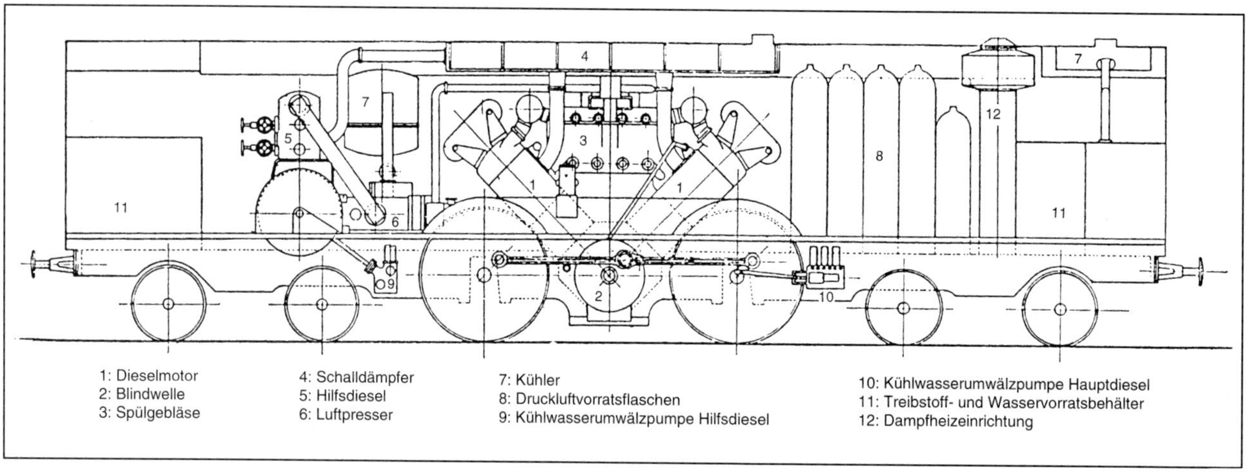

Erste Großdiesellokomotive der Welt, entwickelt von der „Gesellschaft für Thermolokomotiven Diesel-Klose-Sulzer“. Der lokomotivtechnische Teil wurde von Borsig geliefert. Die 2’B2’-Lokomotive wurde 1912 an die Preußischen Staatsbahnen übergeben.

ge Großdiesellokomotive der Welt für den Streckendienst.

In einem anderen Fahrzeug zu der gleichen Zeit (Sommer 1912) war der Dieselmotor erfolgreicher: Die ASEA (Allmänna Svenska Elektriska Aktiebolaget) baute zwei dieselelektrische Triebwagen für die Schwedischen Staatseisenbahnen. Der 75-PS-(55-kW-)Dieselmotor trieb über einen 50-kW-Gleichstromgenerator zwei parallelgeschaltete Gleichstromfahrmotoren, die über je einen Tatzlagerantrieb auf die Treibradsätze wirkten. Die beiden Fahrzeuge liefen zufriedenstellend im Plandienst und waren Vorbild für drei Dieseltriebwagen der Preussisch-hessisch und Sächsischen Staatsbahnen. Bei den Triebwagen lief die Entwicklung seit der Jahrhundertwende überhaupt wesentlich erfolgreicher ab als bei den Motorlokomotiven. Ein Faktum, das sich in den dreißiger Jahren bei der Deutschen Reichsbahn und in nicht ganz so ausgeprägter Form bei der Deutschen Bundesbahn Anfang der fünfziger Jahre wiederholen sollte.

Die Benzintriebwagen von Daimler und der Maschinenfabrik Esslingen mit mechanischer Leistungsübertragung für die Württembergische Staatsbahn in den Jahren 1893/94 wurden bereits erwähnt. Anfang des 20. Jahrhunderts entstanden bei verschiedenen Herstellern (u. a. Maschinenfabrik Esslingen, Daimer Motorenbaugesellschaft, Motorenfabrik Oberursel AG, Düsseldorfer Eisenbahnbedarf AG, Gasmotorenfabrik Deutz, Gebr. Castell, Waggonfabrik Rastatt, Waggonfabrik Steinfurt) Benzoltriebwagen, die erst mit mechanischen Leistungsübertragungen, später dann auch mit elektrischen Übertragungen von AEG, BBC, Bergmann und Siemens ausgerüstet waren.

Der Ausbruch des Ersten Weltkriegs brachte schnell Entwicklung und Bau von Verbrennungsschienenfahrzeugen zum Erliegen, wenn man von militärisch nützlichen Feldeisenbahn- und Werkbahnlokomotiven absieht. Der sowieso schon geringe Verkehr mit Verbrennungsmaschinen fiel der allgemeinen Einschränkung des Personenverkehrs sowie dem Mangel an Kraftstoff zum Opfer.

Zusammenfassend bleibt über diese abrupt abgebrochene erste Entwicklungsphase festzuhalten, daß Motorlokomotiven mit kleiner Leistung und mechanischer Leistungsübertragung bei Gruben-, Feld- und Werkbahnen weit verbreitet waren, daß aber Motorlokomotiven größerer Leistung gegenüber der Dampflokomotive, die sich auf dem Höhepunkt ihrer technischen Entwicklung befand, wegen schlechter Wirtschaftlichkeit, mangelnder Zuverlässigkeit nicht konkurrenzfähig waren. Eine geeignete Leistungsübertragung war noch nicht in Aussicht. Der Motortriebwagen hatte seine Betriebstauglichkeit, wenn auch in geringen Stückzahlen, bewiesen und der Triebwagen mit Dieselmotor und elektrischer Leistungsübertragung befand sich am Anfang einer vielversprechenden Entwicklung.

Die zwanziger und dreißiger Jahre

Unmittelbar nach dem Ersten Weltkrieg setzte bei den deutschen Lokomotiv- und Motorenfabriken eine stürmische Entwurfstätigkeit ein. Der Krieg hatte den Lokomotivkonstrukteuren wesentlich leistungsfähigere, leichtere und zuverlässigere Dieselmotoren hinterlassen, die zum Einsatz in U-Booten, Schiffen, Panzern etc. vorgesehen waren und sich nun für Schienenfahrzeuge, insbesondere Großdiesellokomotiven, anboten.

So projektierte die Maschinenfabrik Esslingen (ME) in den ersten Nachkriegsjahren auf Vorschlag von Oberbaurat Klose eine 800-PS-2'C2'-Schnellzuglokomotive sowie eine 300-PS-Rangierlokomotive, die mit direktem Antrieb – allerdings mit einem Schwinghebelgetriebe anstatt des Kurbelgetriebes – ausgerüstet werden sollten. Daneben wurde auf Veranlassung des damaligen Oberingenieurs der ME, Dr. Max Mayer, auch der Entwurf einer 1350-PS-2'C2'-Lokomotive mit Dampf-Dieselantrieb nach Still betrieben. Alle drei Lokomotiven kamen jedoch nicht zur Ausführung. Die Maschinenfabrik Esslingen bevorzugte in diesen Jahren die direkte Leistungsübertragung. Mehr durch eine Kette von Zufällen wurde in den zwanziger Jahren die Maschinenfabrik Esslingen zu einem Pionier der Diesellokomotive.

Als nach der Gründung der Deutschen Reichsbahn Gesellschaft deren (Dampf-)Lokomotivbestellungen nach einer durch die Kapazität der Werke bestimmten Quote verteilt wurden, kam der Lokomotivbau der Maschinenfabrik Esslingen nahezu zum Erliegen. Das Auslandsgeschäft verteilte der Lokomotivverband ebenfalls nach Quoten, so daß den mittleren und kleineren Lokomotivfirmen Stückzahlen verblieben, die zu klein zum Überleben, aber zu groß zum Sterben waren. Da die Diesellokomotiven in diesen Lokomotivverbandsquoten nicht eingeschlossen waren, sah die ME darin einen Weg, sich über die Krisenzeit hinüber zu retten. Über den GHH-Konzern hatte die ME in der MAN einen agilen Mitstreiter an der Stelle des Unterlieferanten für Dieselmotoren.

Der dritte „Zufall" hat eine ausführlichere Vorgeschichte. Das erste Land Europas, daß auf seinen Eisenbahnstrecken Diesellokomotiven im größeren Umfang einsetzen wollte, war Rußland. Erdölüberfluß im Südosten bei gleichzeitiger Wasserarmut auf den für die Erschließung rohstoffrei-

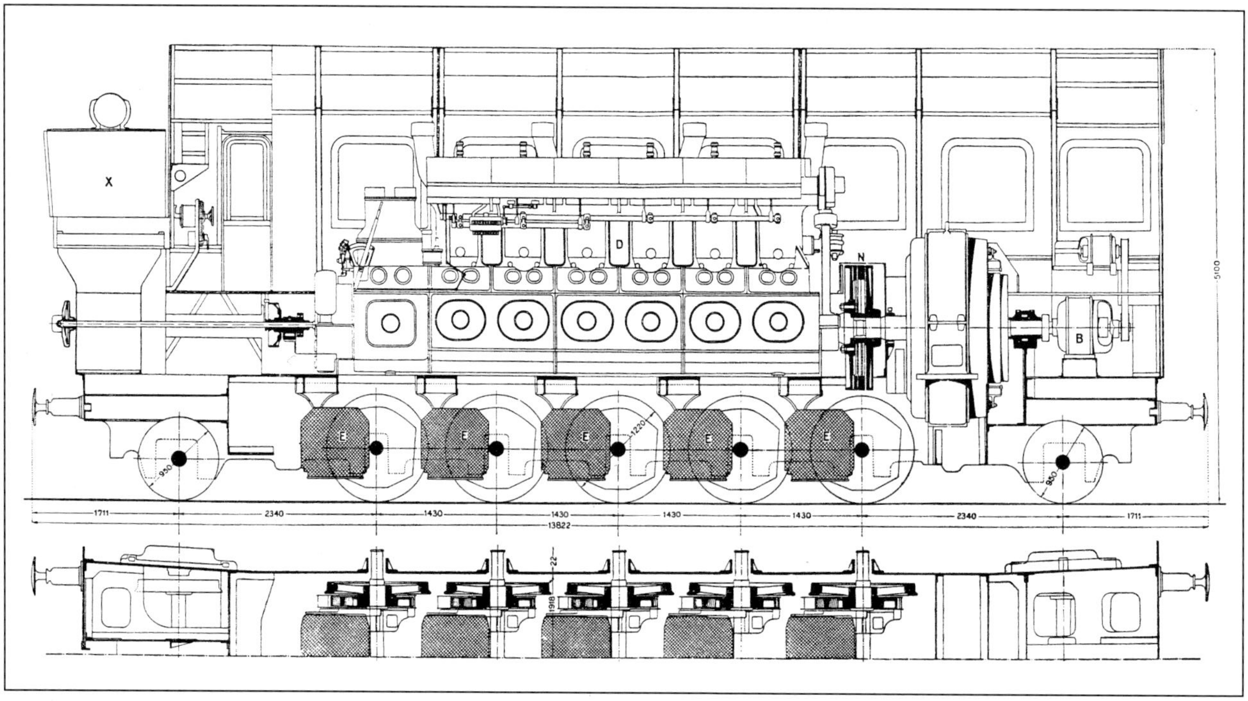

Schnitt durch die dieselelektrische 1'Eo1'-Lokomotive für Rußland von 1924
Zeichnung: Sammlung Matthias Maier

cher Gegenden bedeutenden Bahnstrecken waren ausschlaggebend für ein staatliches Entwicklungsprogramm für Diesellokomotiven.

Im Rahmen dieses Programms und im Anschluß an den größten Dampflokomotivauftrag, der je an deutsche Lokomotivfabriken gegeben wurde (700 Stück E-h2-Lokomotiven), erteilte die UdSSR im Dezember 1922 der Hohenzollern AG für Lokomotivbau, Düsseldorf, den Auftrag für eine dieselelektrische Lokomotive. Der thermische Teil sollte von MAN, Augsburg, und der elektrische Teil von BBC, Baden, Schweiz, geliefert werden. Die deutschen Elektrofirmen hatten in jener Zeit durch das Elektrifizierungsprogramm der Deutschen Reichsbahn keine Entwicklungskapazitäten frei. Montage, Inbetriebsetzung und erste Versuche auf einem provisorischen Rollenprüfstand sollten bei Hohenzollern durchgeführt werden. Wegen der Ruhrbesetzung 1923 war Hohenzollern nicht mehr in der Lage, vertragsgemäß weiterzuarbeiten. Der Vertrag wurde an die Maschinenfabrik Esslingen übertragen. Die ME stand Hohenzollern infolge der engen Bindung über die Konzernfirma Haniel im Vergleich zu den anderen deutschen Lokomotivfirmen am nächsten.

So kam die Maschinenfabrik Esslingen zum Bau der ersten betriebstüchtigen Streckendiesellokomotive der Welt. Mit der Fabriknummer 4126 wurde die 1'Eo1'-Lokomotive Anfang 1924 fertiggestellt und sofort ausgiebig auf dem Esslinger Rollenprüfstand getestet. Die konstruktive Durchgestaltung der Lokomotive geschah durch die Hohenzollern AG mit dem Berater Prof. Meinecke; der Gesamtentwurf und die bauliche Gesamtleitung lag in den Händen des Leiters der sowjetischen Eisenbahnkommission, Prof. Lomonosoff.

Die Lokomotive hatte einen als Außenrahmen ausgeführten Starrahmen mit Helmholtz-Drehgestellen an beiden Lokomotivenden. Zusammen mit dem Seitenspiel des ersten, dritten und fünften Treibradsatzes ergab sich ein hervorragender Kurvenlauf. Der MAN-U-Boot-Viertakt-Dieselmotor leistete 1200 PS bei 450 U/min und war zusammen mit dem Generator auf einem Stahlguß-Grundrahmen montiert. Der Generatorläufer wurde fliegend auf die Kurbelwelle gekuppelt, so daß die elastische Kupplung entfallen konnte.

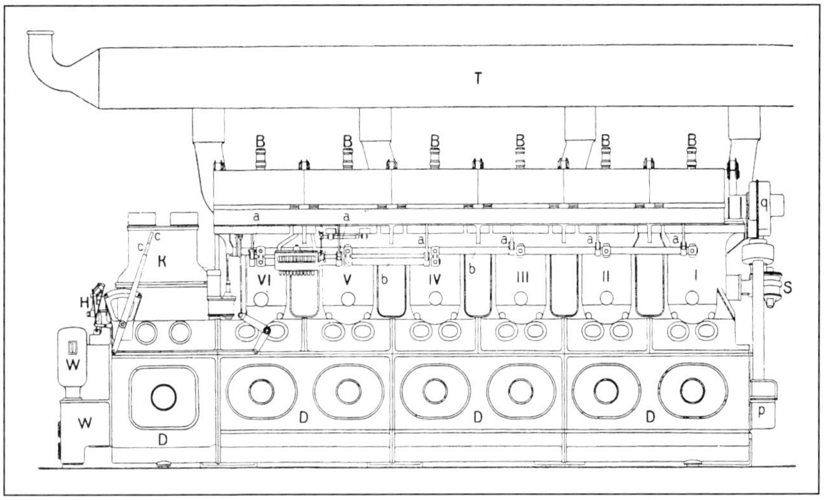

1200-PS-Viertakt-Dieselmotor von MAN der dieselelektrischen 1'Eo1'-Lokomotive für Rußland von 1924

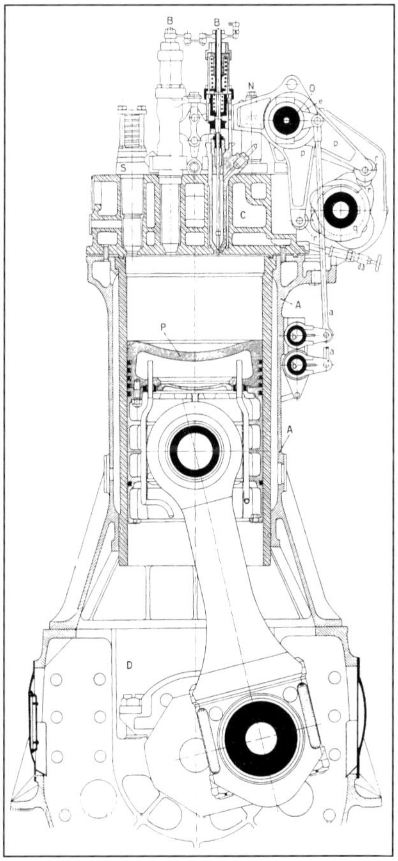

Schnitt durch einen Zylinder des 1200-PS-Viertakt-Dieselmotors von MAN für die dieselelektrische 1'Eo1'-Lokomotive für Rußland von 1924

Zeichnungen: Sammlung Matthias Maier

Der zwölfpolige, fremderregte 800-kW-Gleichstromgenerator versorgte die fünf dauernd parallelgeschalteten Fahrmotoren. Die Erregermaschine für die nach dem Ward-Leonard-System geschaltete Leistungsübertragung wurde anfangs noch von einem besonderen Hilfsdiesel angetrieben; später wurde die Erregermaschine über einen Riementrieb vom Hauptdiesel angetrieben. Jeder Gleichstromfahrmotor trieb über einen einfachen Tatzlagerantrieb mit schrägverzahntem Getriebe auf einen Treibradsatz.

Die Dieselkühlanlage war in ihrer ursprünglichen Ausführung zu gering dimensioniert und wurde noch in Esslingen geändert. Für die heiße Jahreszeit wurde ein spezieller Kühltender vorgesehen.

Nach Abschluß der Prüfstands-Versuche im Herbst 1924 wurde die Lokomotive in die Sowjetunion überführt und absolvierte dort erfolgreich ein ebenfalls umfangreiches Versuchsprogramm.

Ab Februar 1925 wurde sie im fahrplanmäßigen Dienst zwischen Moskau und dem Kaukasus sowie auf Strecken im wasserarmen Turkestan eingesetzt.

Die Lokomotive war über lange Zeit die einzige erfolgreiche Streckendiesellokomotive der Welt und zusammen mit den Anfang der dreißiger Jahre von Krupp gebauten Lokomotiven Vorbild für weitere in der Sowjetunion von der Lokomotivfabrik Kolomna gebaute Diesellokomotiven. Sie soll bis zum Ausbruch des Zweiten Weltkriegs in Betrieb gewesen sein.

Nach Abnahme der dieselelektrischen Lokomotive beabsichtigte die russische Eisenbahnkommission zwei weitere Großdiesellokomotiven in Deutschland zu beschaffen, eine mit mechanischer Zahnradübertragung, die andere mit hydraulischer (hydrostatischer) Leistungsübertragung oder Dieseldruckluftübertragung.

Der scharfe Wettbewerb gab der Maschinenfabrik Esslingen keine Gelegenheit mehr, sich an der Weiterentwicklung der russischen Diesellokomotiven zu beteiligen, zudem lag die mechanische Leistungsübertragung nicht in der konstruktiven Ausrichtung der ME für Vollbahnlokomotiven. Die dieselmechanische 2'E1'-Lokomotive wurde von der Hohenzollern AG gebaut; die ursprünglich geplante dritte Lokomotive mit hydrostatischer oder Dieseldruckluftübertragung wurde nach den zwischenzeitlich vorliegenden negativen Erfahrungen mit beiden Leistungsübertragungen überhaupt nicht in Auftrag gegeben.

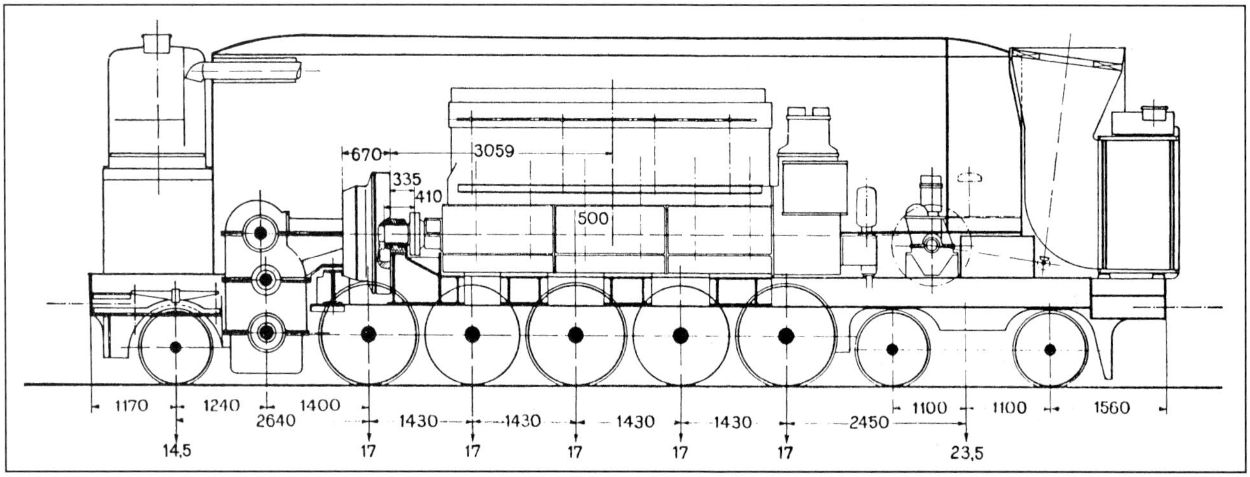

Schnitt durch die dieselmechanische 1200-PS-Lokomotive von Hohenzollern für Rußland von 1928
Zeichnung: Sammlung Matthias Maier

Die Hohenzollern-Lokomotive war mit einem ähnlichen 1200-PS-(882-kW-) Dieselmotor ausgerüstet wie die Esslinger Lokomotive. Dieser Motor trieb über eine Magnetkupplung ein mechanisches Dreistufengetriebe von Krupp. Die Zahnräder dieses Getriebes waren dauernd im Eingriff und wurden durch weitere Magnetkupplungen geschaltet. Über Blindwelle, Treib- und Kuppelstangen wurde die Leistung auf die Radsätze übertragen. Der Richtungswechsel geschah durch Umsteuerung des Diesels (Drehrichtungsänderung). Bei gleicher Dieselleistung war die „mechanische" Lokomotive 12 Tonnen schwerer, knapp 3 Meter länger als ihre dieselelektrische Schwester und erbrachte eine maximale Zugkraft von 172 kN (225 kN bei der dieselelektrischen Lokomotive).

Die Probefahrten bestätigten die Ansicht, daß reine Zahnradübersetzungen mit Reibungskupplungen nur für Leistungen bis etwa 500 PS brauchbar waren. Die Leistungsfähigkeit und Betriebssicherheit ihrer dieselelektrischen Schwester erreichte diese Lokomotive nicht, trotzdem stand sie bis Mitte der dreißiger Jahre im Betriebsdienst.

Diesellokomotiven der Deutschen Reichsbahn Gesellschaft

Streckenlokomotiven

Die Aktivitäten der bereits erwähnten deutschen Lokomotiv- und Dieselmotorhersteller veranlaßten die Deutsche Reichsbahn Gesellschaft (DRB) im September 1924, eine 2'C2'-Diesellokomotive mit 900 bis 1000 PS Motorleistung bei der Maschinenfabrik Esslingen zu bestellen. Trotz der schon vorliegenden guten Versuchsergebnisse der russischen dieselelektrischen Lokomotive zeigte die DRB keine Neigung für die elektrische Leistungsübertragung, sondern setzte auf die Druckluftübertragung, die zwar bis dato in dieser Leistungsklasse noch nirgendwo angewendet worden war, aber aufgrund weitgehender baulicher und betrieblicher Übereinstimmung mit der Dampflokomotive keine Sondereinrichtungen in den nur für Dampflokomotivinstandhaltung vorgesehenen Bahnwerkstätten zu erfordern versprach. Zudem glaubte man, daß die Druckluftübertragung die wirtschaftlichste Lösung sei; die Preise für die pneumatische Übertragung lagen nach damaligem Wissensstand ein gutes Drittel unter denen für eine elektrische Übertragung und ein knappes Viertel unter denen für eine mechanische Übertragung.

Als Dieselmotor wurde der gleiche Sechszylinderreihenmotor von MAN verwendet wie für die russische dieselelektrische Lokomotive, diesmal jedoch mit direkter Brennstoffeinspritzung anstelle der Drucklufteinspritzung. Der Dieselmotor trieb einen einstufigen Zweizylinder-Kolbenkompressor an. Die auf 7 bar verdichtete Luft wurde in einem Gegenstrom-Lufterhitzer durch die Dieselmotorabgase auf etwa 350° C erwärmt und dann dem Lokomotivzylinder zugeführt. Das Triebwerk unterschied sich nicht von dem damaliger Dampflokomotiven: Treibstange zu dem mittleren Radsatz, Kuppelstangen zu den äußeren Radsätzen, Heusingersteuerung.

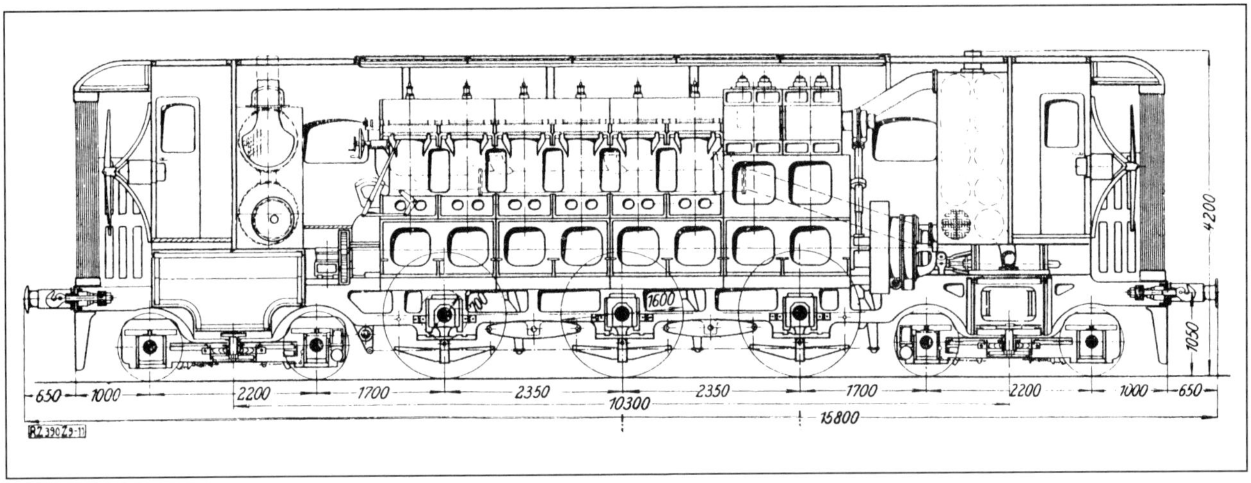

Schnitt durch die 2'C2'-Großdiesellokomotive mit pneumatischer Leistungsübertragung für die Deutsche Reichsbahn Gesellschaft, gebaut von der Maschinenfabrik Esslingen 1924 bis 1929. Der 1200-PS-MAN-Dieselmotor mit Kompressor ist als eine Einheit auf einem Tragrahmen zusammengefaßt. Zur Kühlung sind an beiden Stirnseiten der Lokomotive die Kühleinrichtungen angeordnet.
Zeichnung: Sammlung Matthias Maier

Da der Hauptkompressor in seiner ursprünglichen Form 20 Prozent weniger Luft förderte als projektiert, wurde der Hub des Kompressors verringert und die Lokomotivzylinder vergrößert. Außerdem wurde Wasser während des Verdichtungshubes in den Verdichterzylinder gespritzt. Durch diese Maßnahmen konnten die vertraglich zugesagten Werte eingehalten werden. Aus der Druckluftlokomotive wurde dadurch eine Druckluft-Dampflokomo-tive, die ihre Umgebung durch einen feinen Regen des rückkondensierenden Dampfs belästigte; der größte Nachteil der Systemänderung bestand aber in dem zusätzlichen Einspritzwasservorrat auf der Lokomotive, der eine Gewichtsüberschreitung zufolge hatte und die Reichweite der Lokomotive einschränkte.

Nach der Ablieferung im Dezember 1929 – nach fünfjähriger, statt wie vorgesehen einjähriger Bauzeit – wurde die Lokomotive bei der Reichsbahn Versuchsanstalt Berlin-Grunewald in der üblichen Weise mit einer Bremslo-

2'C2'-Großdiesellokomotive mit pneumatischer Leistungsübertragung für die Deutsche Reichsbahn Gesellschaft während dem Bau bei der Maschinenfabrik Esslingen
Foto: Archiv Eisenbahn Magazin

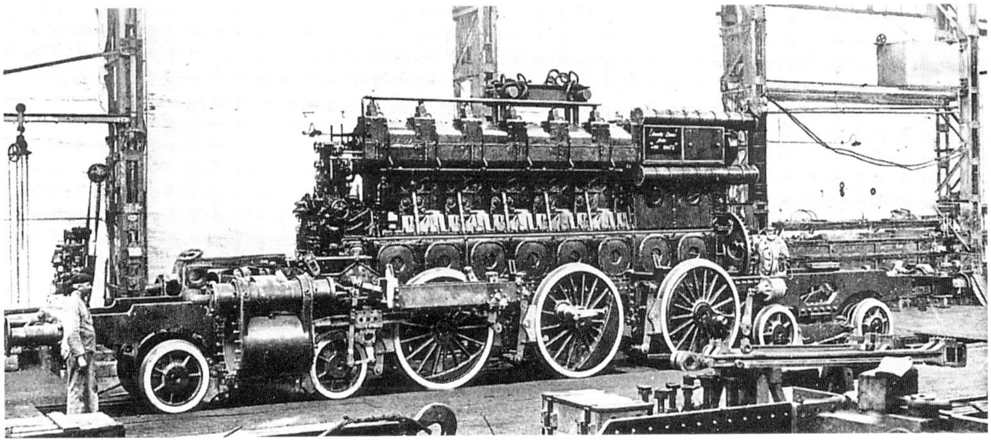

2'C2'-Großdiesellokomotive mit pneumatischer Leistungsübertragung für die Deutsche Reichsbahn Gesellschaft im Ablieferungszustand mit der Betriebsnummer V 3201

komotive geprüft, nachdem zuvor schon auf dem Esslinger Rollenprüfstand umfangreiche Messungen gemacht wurden. Im großen und ganzen arbeitete sie einwandfrei, konnte aber wegen ihres übergroßen Gewichts oft nicht zweckmäßig eingesetzt werden, zumal dem Betriebsdienst viele Tenderdampflokomotiven zur Verfügung standen, die wesentlich bequemer zu handhaben waren. Ein Vergleich mit der leistungsmäßig vergleichbaren 1'C1'-Tenderlokomotive der Baureihe 64 der Deutschen Reichsbahn Gesellschaft spricht eindeutig für die Dampflokomotive. Nach kurzer Betriebszeit im Personenzugdienst führte die als V 120 001 (bis 1930: V 3201) bezeichnete Lokomotive zuletzt nur noch einen leichten Eilgüterzug zwischen Stuttgart und Bruchsal.

Nachdem einige an sich belanglose, den Betrieb aber empfindlich störende Schäden auftraten, wurde die Lokomotive 1932 abgestellt und verschrottet. Sie und die ihr systemgleiche italienische Zarlatti-Lokomotive waren und blieben die einzigen Streckendiesellokomotiven mit pneumatischer Leistungsübertragung.

Es blieb die Erfahrung, daß mit der Druckluftübertragung allein Großlokomotiven nicht ausführbar waren. So forderte, bereits vor Ablieferung der V 3201, die DRB die Aufstellung eines allgemeinen Entwurfs mit Angebot über zwei weitere Diesellokomotivsysteme bei der Lokomotivindustrie an. Dies sollten sein:

– eine 2000-PS-(1470-kW-)2'C1'-Lokomotive mit direktem Antrieb (analog der Diesel-Klose-Sulzer-Lokomotive von 1912),

– eine 2500-PS-(1840-kW-)Schnellzuglokomotive mit hydrodynamischem Antrieb, Bauart Voith, wie er bereits in Triebwagen und Schiffen verwendet worden war und

– eine 1'C1'-Nebenbahnlokomotive mit 1400 PS (1030 kW), ebenfalls mit hydrodynamischem Antrieb.

Die Schnellzuglokomotive mit direktem Antrieb und einer Höchstgeschwindigkeit von 140 km/h sollte bei der Firma Schwartzkopff als 4- oder 3-Zylinderlokomotive entstehen. Die Firma Humboldt-Deutz, die sich seit Mitte der zwanziger Jahre intensiv mit dem unmittelbaren Antrieb und dessen Problemen beim Anfahren beschäftigt hatte, wandelte den auf eige-

2'C2'-Großdiesellokomotive mit pneumatischer Leistungsübertragung für die Deutsche Reichsbahn Gesellschaft nach der Umzeichnung auf die Betriebsnummer V 120 001 im Jahr 1930.

Fotos: Archiv Eisenbahn Magazin

nes Wagnis unternommenen Entwurf einer 1000-PS-2'B2'-Lokomotive unter Mitwirkung der Deutschen Reichsbahn Gesellschaft in eine Dreizylinder-Lokomotive um. Im Mai 1933 verließ die Lokomotive nach knapp dreijähriger Bauzeit mit eigener Kraft die Deutzer Fabrikhallen.

Der doppeltwirkende Dreizylinder-Dieselmotor, der mit dem wie bei Deutz bis in die heutige Zeit üblichen Zweitakt-Verfahren arbeitete, war wie bei einer Drillingsdampflokomotive angeordnet. Zum Anfahren wurden, wie bei der Diesel-Klose-Sulzer-Lokomotive von 1912, die Zylinder mit Druckluft beaufschlagt. Zusätzlich wurde jedoch Dieselkraftstoff mit eingespritzt, der sich an einer elektrisch beheizten Glühspirale entzündete und verbrannte, wobei die Zylinder nicht mehr abkühlten. Mit zunehmender Fahrgeschwindigkeit wurden die Luft- und Kraftstoff-Füllungen verringert, bis bei etwa 70 km/h der Motor im reinen Dieselbetrieb arbeitete. Die Lokomotive war bis zu ihrer Zerstörung bei einem Bombenangriff im Zweiten Weltkrieg überwiegend im leichten Reisezugdienst im Kölner Raum eingesetzt. Leistungsmäßig war sie in etwa mit der preußischen P8, Baureihe 38.10-40, vergleichbar.

Umfangreiche Versuchsfahrten beim Lokomotivversuchsamt Berlin-Grunewald bestätigten die Tauglichkeit des direkten Antriebs. Dennoch unterblieb ein Nachbau bzw. eine Weiterentwicklung der Lokomotive, die übrigens nie in den Bestand der Reichsbahn übernommen wurde, da Ende der dreißiger Jahre der schnellaufende Mehrzylinder-Dieselmotor und sowohl die hydraulische als auch die elektrische Leistungsübertragung einen derartig hohen technischen Stand erreicht hatten, daß der direkte Antrieb uninteressant geworden war.

Die zweite geplante Schnellzuglokomotive hoher Leistung mit hydrodynamischer Übertragung wurde schon bei den Voruntersuchungen von Henschel als nicht durchführbar erkannt und nicht mehr weiterverfolgt.

Erst die dritte geplante Lokomotive, mithin der vierte Versuch der Deutschen Reichsbahn Gesellschaft, sollte sich als erfolgreich und zukunftsweisend herausstellen:

Als die im Juli 1935, nach nur achtmonatiger Bauzeit fertiggestellte, anfangs als V 16 101 bezeichnete Lokomotive von München-Allach direkt zur 100-Jahr-Feier der deutschen Eisenbahnen nach Nürnberg rollte, ahnte wohl noch niemand, daß die hydrodynamische Leistungsübertragung in tausenden von Lokomotiven weltweit Verbreitung finden würde.

Das Pflichtenheft für die 1936 in V 140 001 umgezeichnete Lokomotive verlangte u. a. die Beförderung von Zügen mit einem Gewicht von 500 Tonnen auf 10-Promille-Steigung mit 30 km/h, eine Höchstgeschwindigkeit von 100 km/h, eine maximale Radsatzlast von 15 Tonnen, eine Einrichtung für den Wendezugbetrieb und eine Dampfzugheizanlage. Damit sollten auf Nebenbahnen, deren Reisezugverkehr mit Triebwagen bedient werden sollte, hauptsächlich Güterzüge, zu den Hauptverkehrszeiten aber auch Reisezüge, befördert werden.

Die Höchstgeschwindigkeit von 100 km/h wurde gefordert, um die

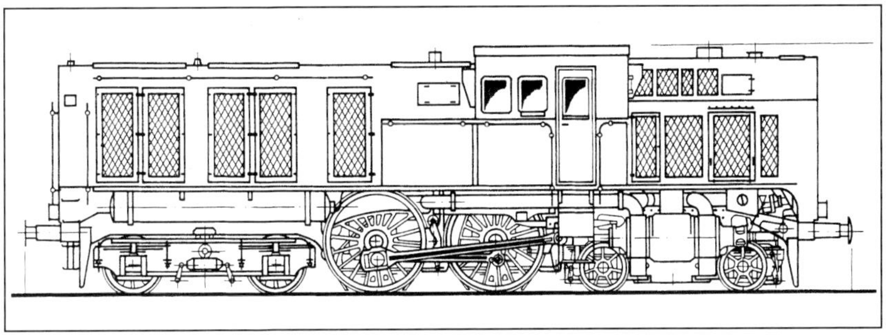

Einen Dieselmotor-Direktantrieb baute Deutz 1930 in eine 1450-PS-Lokomotive mit der Radsatzanordnung 2'B2' ein. Drei waagerecht liegende doppeltwirkende Zylinder dienten als Hauptantrieb, wobei der mittlere Zylinder auf den ersten Treibradsatz, die beiden äußeren auf auf den zweiten Treibradsatz wirkten. *Zeichnung: KHD*

Lokomotive auch auf Hauptbahnen übergehen zu lassen und um Leig-Züge befördern zu können. Die Lokomotive entstand in enger Zusammenarbeit zwischen Krauss-Maffei, der MAN, Voith und dem Münchner Reichsbahn-Zentralamt.

Der aufgeladene Achtzylinder-Reihenmotor der MAN leistete 1400 PS (1030 kW) bei 700 U/min und war über eine Voith-Maurer-Kupplung mit dem Hochtrieb des Strömungsgetriebes verbunden. Aus den zur Verfügung stehenden Getriebekonzeptionen wurde ein Wandler-Kupplung-Kupplung-Getriebe ausgewählt, da diese Kombination einen günstigen Wirkungsgrad über einen weiten Geschwindigkeitsbereich und eine gleichmäßige Ausnutzung der Dieselmotorleistung versprach.

Hochgang, Flüssigkeitsgetriebe und Wendegetriebe einschließlich Blindwelle waren in einem gemeinsamen Getriebegehäuse untergebracht und bildeten so eine kompakte Baueinheit.

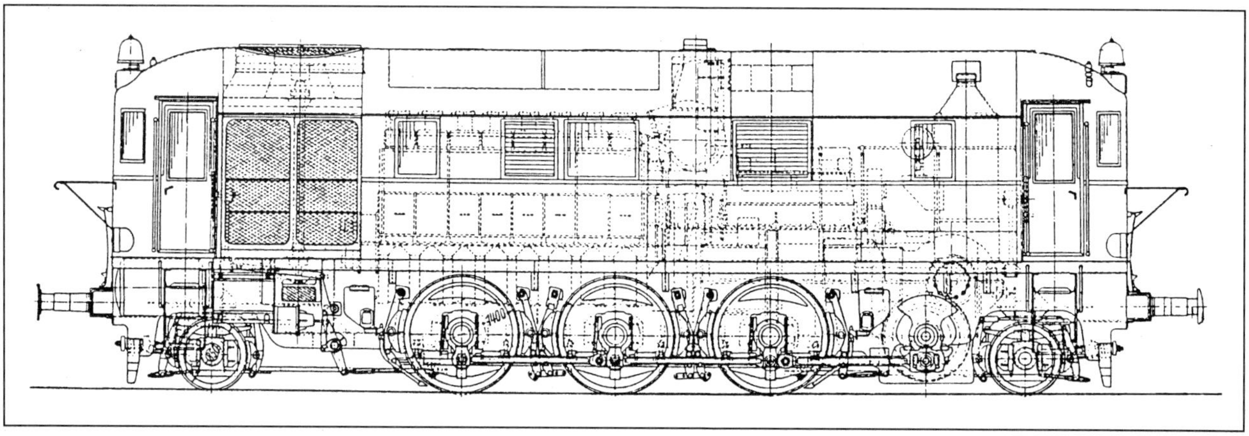

Seitenansicht der ersten Streckendiesellokomotive mit hydrodynamischer Leistungsübertragung, gebaut von Krauss-Maffei 1935 als V 16 101 für die Deutsche Reichsbahn Gesellschaft. Die Leistung des 1400-PS-Dieselmotors von MAN wurde über das von Voith entwickelte hydrodynamische Getriebe und Kuppelstangen auf drei Radsätze übertragen.
Zeichnung: Sammlung Matthias Maier

Von der Blindwelle erfolgte die weitere Leistungsübertragung über Treib- und Kuppelstangen zu den drei Radsätzen.

An Hilfseinrichtungen waren vorhanden:

Ein MAN-Sechszylinder-120-PS-(88 kW-)Hilfsdiesel, der den 220-V-Gleichstrom-Bordnetz-Generator, eine 24-V-/500-W-Lichtmaschine sowie einen zweistufigen Hochdruckkompressor antrieb. Dieser Kompressor lieferte die Druckluft zum Anlassen des Hauptdiesels, während der Hilfsdiesel von einem 24-V-Anlasser elektrisch gestartet wurde. Aus dem 220-V-Bordnetz wurden die Antriebsmotoren des Kühlwasser- und Getriebeölkühlerventilators, der Kühlwasserpumpe sowie des Bremsluftkompressors gespeist.

Das 24-V-Bordnetz versorgte die Beleuchtungs- und Steuerungsanlage der Lokomotive; es wurde mit einer 400-Ah-Batterie gepuffert.

Der selbsttätig geregelte Krauss-Maffei-Dampf-Heizkessel für die Zugheizung war im Seitengang der Lokomotive untergebracht.

Die Dieselkühlanlage bestand aus zwei Seitenwandkühlern und einem großen Dachventilator.

Die Steuerung der Lokomotive wurde im Hinblick auf die geforderte Wendezugfähigkeit elektropneumatisch ausgeführt. Das Wandler-Kupplung-Kupplung-Getriebe erlaubte eine zehnstufige Füllungsregelung des Dieselmotors. Besonders hervorzuheben ist

Bis zum Zweiten Weltkrieg kam die V 140 001 auf Nebenstrecken im oberbayrischen Raum zum Einsatz, wie auf dieser Aufnahme in Bayrisch Zell.
Foto: Sammlung Rüdiger Block

das geringe Gewicht der Lokomotive. Trotz des relativ schweren, nach heutigen Maßstäben langsamlaufenden Diesels und des Blindwellenantriebs wog die 1'C1'-Lokomotive nur 75 Tonnen und begründete damit den Ruf der leichtgewichtigen dieselhydraulischen Lokomotive.

Nach eingehender Erprobung und der Beseitigung einiger unwesentlichen Kinderkrankheiten übernahm die DRB 1936 die Lokomotive und setzte sie im Nebenbahn- und Wendezugbetrieb im Münchner Raum ein. 1942 wurde sie kriegsbedingt abgestellt und war dann nach einer Aufarbeitung im Rahmen einer Hauptuntersuchung 1946 bis Ende 1953 bei der Deutschen Bundesbahn im Frankfurter Raum im Einsatz. Nach einem Zwischenspiel als Lehrobjekt an der TH Karlsruhe gelangte die erste dieselhydraulische Streckenlokomotive der Welt „verdienterweise“ im Jahr 1970 ins Deutsche Museum.

Zu einem 1940 geplanten Nachbau kam es nicht; der Zweite Weltkrieg hatte die Randbedingungen grundlegend verändert. So blieb es bei der einzigen Streckendiesellokomotive der Deutschen Reichsbahn.

Motorkleinlokomotiven der Deutschen Reichsbahn Gesellschaft

Von wesentlich größerer Bedeutung war jedoch die Verwendung des Dieselmotors als Antriebsmaschine in den sogenannten Kleinlokomotiven.

Die Kleinlokomotiven entstanden aus der Notwendigkeit heraus, den Verschiebebetrieb schneller und wirtschaftlicher abzuwickeln; insbesondere sollten die bei Nahgüterzügen anfallenden hohen Aufenthaltszeiten für Rangierarbeiten auf Unterwegsbahnhöfen gekürzt und dadurch die Reisegeschwindigkeiten erhöht werden. Außerdem sollten die relativ hohen Kosten für die Zuglokomotiven und ihr Personal durch eine die Rangierleistungen billiger ausführende Kleinlokomotive, die von angelerntem Personal bedient werden konnte, herabgesetzt werden. Die Entwicklung begann Ende der zwanziger Jahre und baute auf den mehr oder weniger guten Erfahrungen mit einigen Rangierlokomotiven auf, die 1924 bis 1926 von verschiedenen Herstellern für Industriebahnen und für die DRB geliefert wurden. Die in diesen Fahrzeugen überwiegend verwendeten hydrostatischen Flüssigkeitsgetriebe der Bauarten Lentz, Lauf-Thoma, Schwartzkopff-Huwiler u.a., hatten sich für den Lokomotivbetrieb als weniger geeignet erwiesen. Als Antriebsmotoren waren Benzin- und Dieselmotoren vorgesehen, wobei jedoch nach kurzer Zeit der Dieselmotor den anderen Antriebsaggregaten vorgezogen wurde.

Einen wesentlichen Anteil an der Entwicklung der Kleinlokomotiven vor und nach dem Zweiten Weltkrieg hatte die im badischen Mosbach ansässige Lokomotivfabrik Gmeinder, heute Carl Kaelble und Gmeinder (CKG). Diese Gmeinder-Werksaufnahme zeigt eine der Vorserien-Kleinlokomotiven der Leistungsgruppe I für die Deutsche Reichsbahn Gesellschaft mit 30-PS-Dieselmotor von Kaelble und mechanischem Getriebe im Auslieferungszustand des Jahres 1933.

Die Kleinlokomotiven wurden in zwei Leistungsgruppen, Lg I bis 39 PS und Lg II über 39 PS bis 149 PS, entwickelt. Zur Leistungsübertragung wurden zunächst nur mechanische Drei- oder Vier-Gang-Getriebe eingebaut. Für die Weiterleitung der Antriebsleistung zu den Radsätzen erwies sich die Rollenkette als zweckmäßigste und billigste Lösung.

Nach Versuchen mit der elektrischen Leistungsübertragung wurden ab 1934 überwiegend Flüssigkeitsgetriebe eingebaut. Die Verwendung des hydrodynamischen Getriebes erwies sich gerade in den Kleinlokomotiven als sehr vorteilhaft, da ihre Bedienung hierdurch äußerst einfach wurde. Bezeichnet wurden die Kleinlokomotiven ab 1930 entsprechend ihrer Antriebs- und Leistungsübertragungsbauart, nach dem groß geschriebenen K für Kleinlokomotive folgt klein geschrieben der Kennbuchstabe für die An-

Auch Benzolmotoren wurden anfänglich in den Kleinlokomotiven verwendet. Von den 1935 insgesamt 749 Kleinlokomotiven der Leistungsgruppe II waren 151 mit Ottomotoren im Einsatz. Danach wurden nur noch Kleinlokomotiven mit Dieselmotor beschafft.

Eine der etwa 50 Kleinlokomotiven der Leistungsgruppe II mit elektrischer Leistungsübertragung, geliefert 1934 von Henschel und den Siemens-Schuckert-Werken.

Mit den Kleinlokomotiven konnte der Rangierdienst auf kleineren und mittleren Bahnhöfen enorm rationalisiert werden. Über 1200 Lokomotiven waren 1939 bei der Deutschen Reichsbahn flächendeckend im Einsatz. Die hier gezeigte Kbf 4736, geliefert 1933 von Schwartzkopff war die erste Kbf mit 60-PS-(44-kW-) Ottomotor und zweistufigem hydrodynamischen Getriebe. Sie verblieb übrigens bei der Deutschen Reichsbahn in der DDR und war, nach Einbau eines Dieselmotors, bis 1990 als 100 736 im Einsatz.

Fotos: Archiv Eisenbahn Magazin

triebsart, wie b für Benzinmotor, ö für (Öl) Dieselmotor, s bzw. später a für Sammler- = Akkumulatorantrieb sowie d für Dampfantrieb. Die Leistungsübertragung wurde durch einen weiteren Kleinbuchstaben gekennzeichnet: f bedeutete Übertragung mit Flüssigkeitsgetriebe, e elektrische Übertragung, die mechanische Übertragung wurde nicht gekennzeichnet. Während des Zweiten Weltkriegs, als durch Umrüstung von etwa 400 Kleinlokomotiven auf Gasgeneratoranlagen versucht wurde, Dieselkraftstoff einzusparen, führte die Deutsche Reichsbahn die Kennzeichnung Kg für Kleinlokomotiven mit Gasmotor ein.

Die Kleinlokomotiven bewährten sich im Betrieb so gut, daß laufend Fahrzeuge nachbeschafft wurden. Anfang 1939 waren rund 1200 Kleinlokomotiven, überwiegend mit 110-PS-Dieselmotor bei der Deutschen Reichsbahn im Einsatz. Der geplante Entwurf einer hydraulischen Kleinlokomotive mit einer Motorleistung von 150 PS (Leistungsgruppe III) unterblieb mit Rücksicht auf die ungünstige Treibstofflage. Dafür setzten ab 1936 die Beschaffungen der Deutschen Wehrmacht ein.

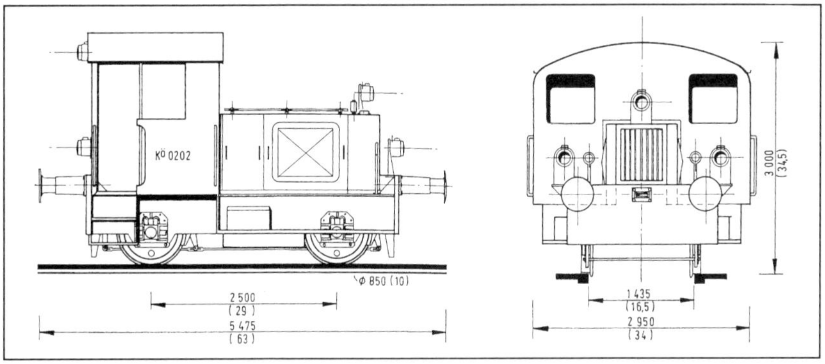

Maßbild der Kleinlokomotive der Leistungsgruppe I der DRB

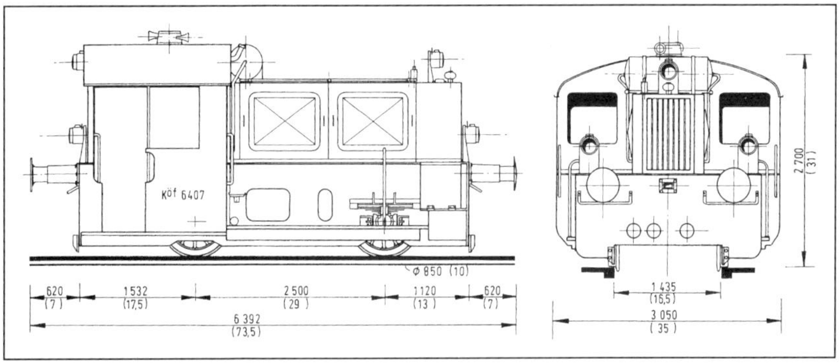

Maßbild der Kleinlokomotive der Leistungsgruppe II der DRB

Zeichnungen: Archiv Eisenbahn Magazin

Diesellokomotiven der Deutschen Wehrmacht

Mit ein Grund für das geringe Engagement der Reichsbahn bei der Weiterentwicklung der Streckendiesellokomotive dürften auch die politischen und wirtschaftlichen Verhältnisse im Nazi-Deutschland der dreißiger Jahre mit der schwierigen Brennstoffbeschaffungslage und dem Streben nach Autarkie zu suchen sein.

Anders jedoch bei Projekten mit militärischer Ausrichtung:

Aus strategischen Gründen war die Wehrmacht der Meinung, daß für bestimmte Verwendungsbereiche Motorlokomotiven, vor allem wegen der Rauchfreiheit und sofortigen Betriebsbereitschaft, notwendig sind. In Frage kamen zwei Fahrzeugbauarten:

Zum einen Schmalspurlokomotiven für Transport- und Nachschubbahnen in unmittelbarer Frontnähe, die in vier Leistungsklassen mit hydraulischen Getrieben als Heeresfeldbahnlokomotiven in größeren Stückzahlen gebaut wurden, und zum anderen Normalspurlokomotiven für die Beförderung von Eisenbahngeschützen sowie als Rangierlokomotiven für Munitionsfabriken, Fliegerhorste, Schießplätze und sonstige Anschlußgleise der Wehrmacht.

Auch hier waren je nach Leistungsbedarf verschiedene Baugrößen vorgesehen:

– zweiachsig mit 200-PS-(145-kW-) Motorleistung, Wehrmachtsbezeichnung: WR 200 B 14,

– dreiachsig mit 360-PS-(265-kW-) Motorleistung, Wehrmachtsbezeichnung: WR 360 C 14,

– vierachsig mit 550-PS-(405-kW-) Motorleistung, Wehrmachtsbezeichnung: WR 550 D 14.

An der Entwicklung dieser Baureihen, die 1935 begonnen wurde, waren nahezu alle deutschen Lokomotivhersteller beteiligt. Für alle Lokomotiven

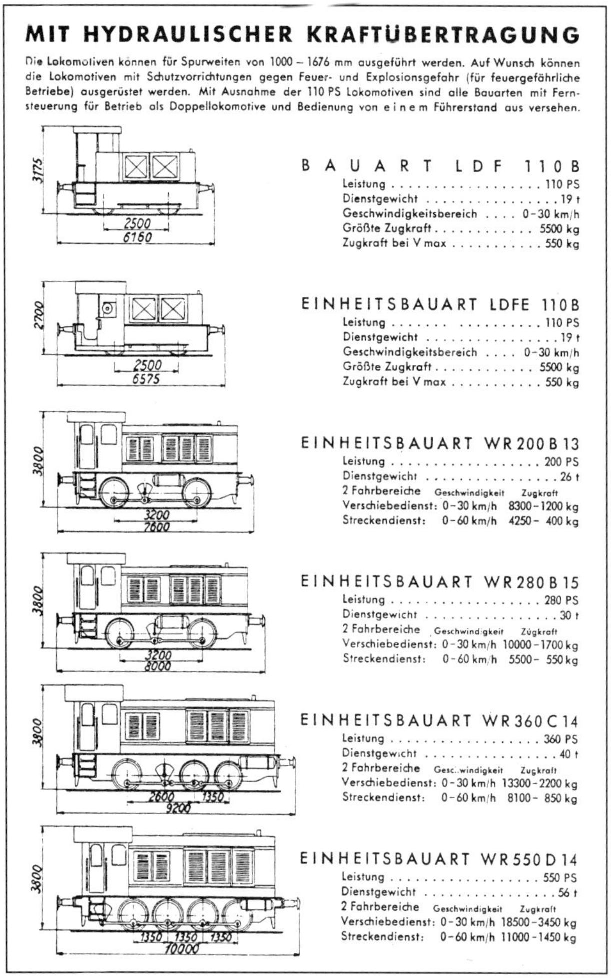

MIT HYDRAULISCHER KRAFTÜBERTRAGUNG

Die Lokomotiven können für Spurweiten von 1000 – 1676 mm ausgeführt werden. Auf Wunsch können die Lokomotiven mit Schutzvorrichtungen gegen Feuer- und Explosionsgefahr (für feuergefährliche Betriebe) ausgerüstet werden. Mit Ausnahme der 110 PS Lokomotiven sind alle Bauarten mit Fernsteuerung für Betrieb als Doppellokomotive und Bedienung von e i n e m Führerstand aus versehen.

BAUART LDF 110 B
Leistung . . . 110 PS
Dienstgewicht . . . 19 t
Geschwindigkeitsbereich . . . 0-30 km/h
Größte Zugkraft . . . 5500 kg
Zugkraft bei V max . . . 550 kg

EINHEITSBAUART LDFE 110 B
Leistung . . . 110 PS
Dienstgewicht . . . 19 t
Geschwindigkeitsbereich . . . 0-30 km/h
Größte Zugkraft . . . 5500 kg
Zugkraft bei V max . . . 550 kg

EINHEITSBAUART WR 200 B 13
Leistung . . . 200 PS
Dienstgewicht . . . 26 t
2 Fahrbereiche Geschwindigkeit Zugkraft
Verschiebedienst: 0-30 km/h 8300-1200 kg
Streckendienst: 0-60 km/h 4250- 400 kg

EINHEITSBAUART WR 280 B 15
Leistung . . . 280 PS
Dienstgewicht . . . 30 t
2 Fahrbereiche Geschwindigkeit Zugkraft
Verschiebedienst: 0-30 km/h 10000-1700 kg
Streckendienst: 0-60 km/h 5500- 550 kg

EINHEITSBAUART WR 360 C 14
Leistung . . . 360 PS
Dienstgewicht . . . 40 t
2 Fahrbereiche Geschwindigkeit Zugkraft
Verschiebedienst: 0-30 km/h 13300-2200 kg
Streckendienst: 0-60 km/h 8100- 850 kg

EINHEITSBAUART WR 550 D 14
Leistung . . . 550 PS
Dienstgewicht . . . 56 t
2 Fahrbereiche Geschwindigkeit Zugkraft
Verschiebedienst: 0-30 km/h 18500-3450 kg
Streckendienst: 0-60 km/h 11000-1450 kg

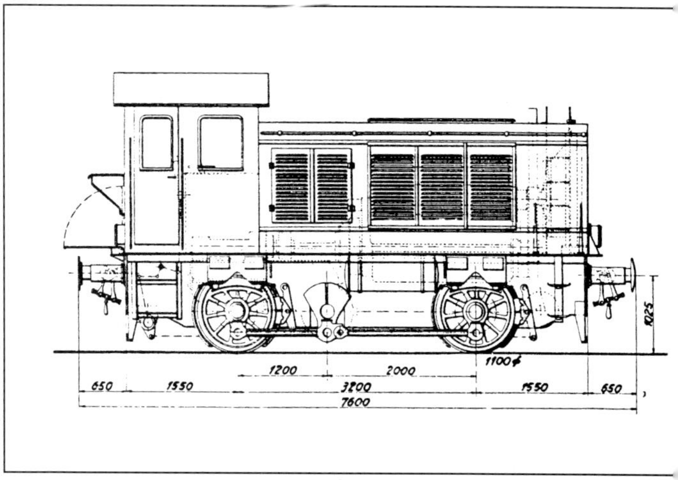

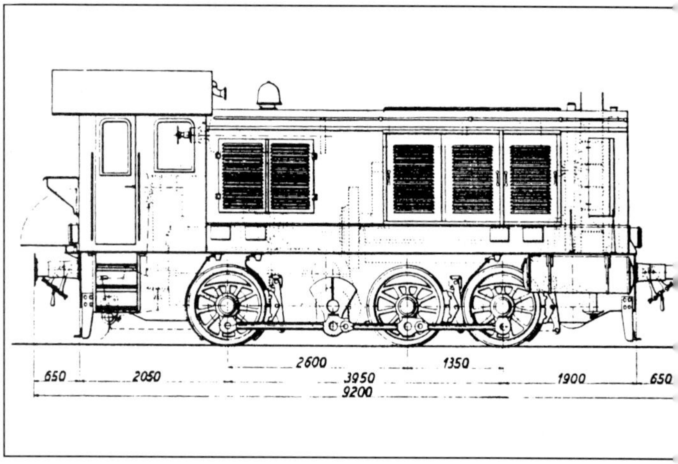

Aus einem Schwartzkopff-Firmenprospekt stammt dieses Typenprogramm dieselhydraulischer Klein- und Wehrmachtslokomotiven.

Mitte oben: Maßbild der zweiachsigen 200-PS-Wehrmachtslokomotive WR 200 B in der Standardausführung.

Mitte unten: Maßbild der dreiachsigen 360-PS-Wehrmachtslokomotive WR 360 C in der Standardausführung.

Zeichnungen: Sammlung Matthias Maier

war eine Radsatzlast von höchstens 15 Tonnen sowie hydrodynamische Leistungsübertragung vorgeschrieben, mit schaltbarem Vorgelege, so daß sich zwei Geschwindigkeitsbereiche 0 bis 30 km/h und 0 bis 60 km/h ergaben.

Eine weitere vielseitige Verwendungsmöglichkeit ergab sich durch eine einfache Doppeltraktionssteuerung, wobei die Fahrschalter zweier Lokomotiven mechanisch miteinander gekuppelt wurden. Zum Richtungswechsel mußte der Lokomotivführer zum jeweiligen Fahrstand überwechseln, was durch Stirnwandtüren und Übergangsbleche etwas erleichtert wurde.

Als Dieselmotoren kamen bewährte Ausführungen von Deutz, MAN, den Mannheimer Motorenwerken (MMW) sowie später von DWK (MaK) zum Einsatz.

Diese Lokomotiven wurden nach eingehender Erprobung durch das Ver-

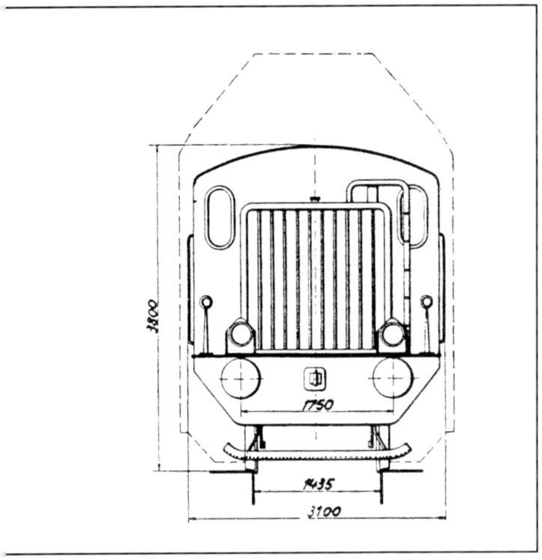

Standardisierte 220-PS-Lokomotive mit dieselelektrischem Antrieb von Henschel/ Siemens für Werk- und Industriebahnen
Foto: Werkbild Siemens

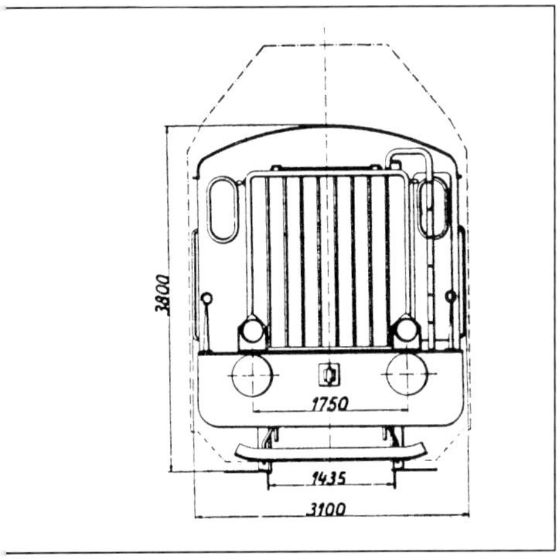

suchsamt der Deutschen Reichsbahn in größeren Stückzahlen in Dienst gestellt und haben den Erwartungen vollauf entsprochen.

Zur gleichen Zeit (1935 bis 1937) wurde von Henschel/Siemens eine Typenreihe dieselelektrischer Rangierlokomotiven von 80 PS bis 220 PS mit Tatzlagermotoren oder Kettenantrieben entwickelt und in ca. 50 Exemplaren für Werkbahnen im In- und Ausland in verschiedenen Spurweiten geliefert. Einen Einfluß auf die Beschaffungen der Wehrmacht-Lokomotiven hatte diese Typenreihe jedoch nicht, da bei ähnlicher Zugkraftcharakteristik und geringfügig höherem Brennstoffverbrauch die hydraulischen Lokomotiven im Gewicht und im Beschaffungspreis günstiger abschnitten.

Für ein anderes Einsatzgebiet kamen allerdings nur dieselelektrische Fahrzeuge in Betracht:

Als Zuglokomotive und als fahrbare Energieversorgungsanlage für das überschwere Eisenbahngeschütz „Dora" bestellte die Wehrmacht bei Krupp und den Siemens-Schuckert-Werken (SSW) mindestens vier Doppellokomotiven der Reihe D 311. Andere Quellen berichten über die geplante Beschaffung von insgesamt sechs Doppellokomotiven für drei Eisenbahngeschütze „Dora", von denen jedoch nur eins in den Fronteinsatz bei Sewastopol kam.

Jede Doppellokhälfte war mit einem 940-PS-(690-kW-)MAN-Dieselmotor ausgerüstet, der direkt mit dem SSW-Hauptgenerator aG 350/32 gekuppelt war. Jeder der vier Fahrmotoren pro Doppellokhälfte leistete nominell 176 kW. Die Höchstgeschwindigkeit betrug 60 km/h. Entsprechend den Einsatzbedingungen war eine Doppeltraktionssteuerung vorhanden. Für das feinfühlige Positionieren der Geschütze war eine 27stufige Steuerung eingebaut, wobei die Fahrmotoren in Serie/Parallel geschaltet wurden. Weiter waren noch zwei Shuntierungsstufen vorhanden. Drei Doppellokomotiven kamen noch zur Deutschen Bundesbahn; über sie wird im nächsten Kapitel berichtet.

Mit dem Bau der dieselelektrischen D 311 endet der zweite Abschnitt der Diesellokomotiventwicklung in Deutschland.

Zusammenfassend läßt sich festhalten, daß im Bereich kleiner und mittlerer Leistungen die mechanische, hydrodynamische und elektrische Leistungsübertragung zur Serienreife entwickelt worden war. Sie leistete in rund 1200 Kleinlokomotiven einen wesentlichen Anteil zur wirtschaftlichen Abwicklung des Rangier- und Nebenbahnbetriebs. Bei den Dieseltriebwagen hatte die Deutsche Reichsbahn

Zur Energieversorgung und zum Verfahren des schweren Eisenbahngeschützes „Dora“ lieferten Krupp und die Siemens-Schuckert-Werke 1941 die beiden ersten dieselelektrischen Doppellokomotiven der Reihe D 311 an die Deutsche Wehrmacht. Die Aufnahme zeigt eine dieser beiden Lokomotiven im Tarnanstrich des Jahres 1942 vermutlich im Bahnhof Bachtschissarai bei Sewastopol.
Foto: Archiv Eisenbahn Magazin

Gesellschaft geradezu spektakuläre Erfolge vorzuweisen. Das erste Schienenschnellverkehrsnetz der Welt mit 160 km/h Höchstgeschwindigkeit wurde von der DRB hauptsächlich mit Triebwagen realisiert. Mit installierten Leistungen von 2x410 PS bzw. 2x600 PS wurden von den leichten zwei- und dreiteiligen dieselelektrischen und dieselhydraulischen Triebwagen auf den alten Trassen damals außergewöhnlich hohe Reisegeschwindigkeiten erzielt, so z.B. auf der Strecke Berlin–Hamburg (286 km) 125,6 km/h und auf Teilstrecken wie z.B. Berlin–Hannover und Hannover–Hamm über 132 km/h.

Auf dem Gebiet der elektrischen Leistungsübertragung bei Streckenlokomotiven wurde mit den russischen Diesellokomotiven wertvolle Entwicklungsarbeit geleistet, die dann wegen mangelnder Aufträge und dem Desinteresse der Deutschen Reichsbahn Gesellschaft leider nicht in eine Serienfertigung, mit den daraus resultierenden Erfahrungen, übergehen konnte.

Dieseltraktion in Westdeutschland (seit 1949 Deutsche Bundesbahn)

Übernahme von Reichsbahn- und Wehrmachtslokomotiven

Eine erste Bestandsaufnahme nach dem Krieg verzeichneten im Bereich der späteren Deutschen Bundesbahn folgende Dieseltriebfahrzeuge:

– etwa 200 Dieseltriebwagen in 33 Baureihen,

– 26 Diesellokomotiven der Wehrmachtsbaureihen WR 220 und WR 360 mit überwiegend hydrodynamischer Leistungsübertragung,

– 1 Diesellokomotive mit 1400 PS (die V 140 001),

– 1 Diesellokomotive D 311 03 A/B der Wehrmacht und

– etwa 650 Kleinlokomotiven.

Durch die Kriegsereignisse war dieser Fahrzeugpark nur bedingt einsatzfähig. So war z.B. die 1942 abgestellte V 140 001 bei einem Fliegerangriff ausgebrannt und später ausgeplündert worden. Vor allem dem Interesse der Siegermächte ist es zu verdanken, daß die Lokomotive 1946/47 bei Krauss-Maffei hauptuntersucht und dann ab 1948 vom Bw Frankfurt-Griesheim aus eingesetzt wurde. Bis zu ihrer Abstellung im Dezember 1952 legte sie ca. 120 000 km im Schnell- und Eilzugdienst von Frankfurt nach Nürnberg bzw. Heidelberg und im Personenzugdienst nach Fulda zurück. Die bevorstehende Hauptuntersuchung sowie die Anlieferung der ersten V 80 führten zur Ausmusterung der V 140 001 zum 13.10.1953. Die Hauptverwaltung der Deutschen Bundesbahn verfügte die museale Erhaltung dieser Lokomotive und wies sie dem Verkehrsmuseum Nürnberg zu. Wegen fehlender eigener Ausstellungsmöglichkeiten wurde die V 140 001 der Technischen Hochschule Karlsruhe überlassen und 1969 gegen die 50-Hz-Höllentallokomotive E 244 31 eingetauscht. Nach einer äußerlichen Aufarbeitung bei Krauss-Maffei gehört sie seit 1970 zum Bestand des Deutschen Museums in München.

Die ehemaligen Wehrmachtslokomotiven wurden als V 15, V 16, V 20, V 22 und als V 36 – Bezeichnung je nach Motorleistung – in den Bestand übernommen. Während zwölf Lokomotiven der Baureihen V 15 und V 16 bereits bis 1951 wieder ausgemustert wurden, da Einheitskleinlokomotiven in

Von 1948 bis 1952 wurde die V 140 001 von der Deutschen Bundesbahn im Großraum Frankfurt/M eingesetzt, danach war sie bis 1969 in der Technischen Hochschule Karlsruhe als Lehrobjekt aufgestellt. Vor der Überstellung in das Deutsche Museum nach München, wo sie heute zu besichtigen ist, wurde die V 140 001 im November 1969 im AW Karlsruhe lauffähig gemacht. *Foto: Werner Bischoff*

Mitte links: Im Rangier- und Arbeitszugdienst bis in die siebziger Jahre unentbehrlich waren die von der DB übernommenen Wehrmachtslokomotiven der Baureihen V 20/270 und V 36/236. Die 270 036 wurde 1943 von Deutz an die Wehrmacht geliefert. *Foto: Archiv Eisenbahn Magazin*

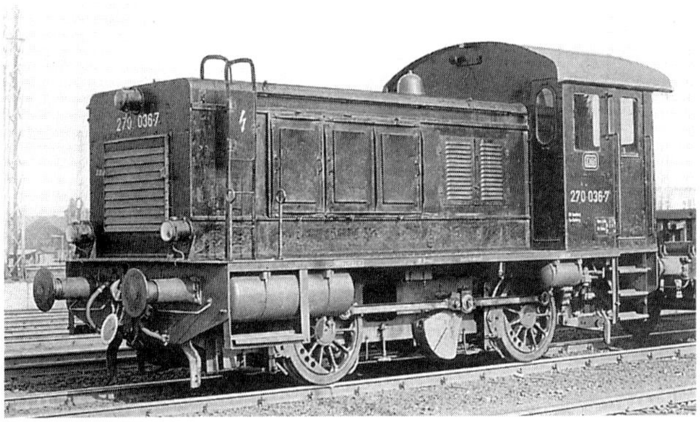

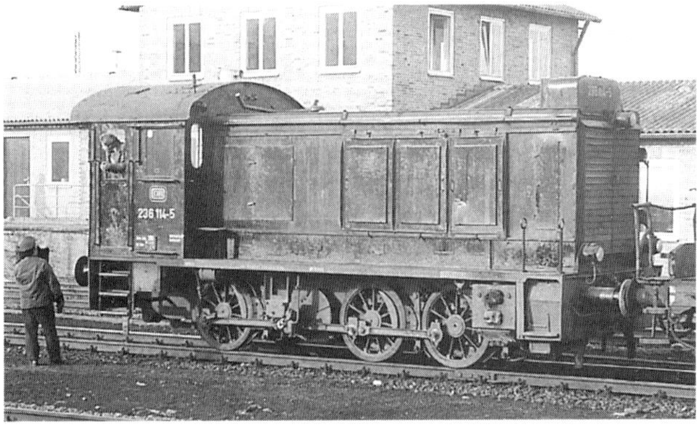

Mitte rechts: Ebenfalls eine echte Wehrmachtslokomotive ist die 236 114, geliefert 1941 von BMAG. Auf dieser Aufnahme vom 13.2.1977 in Kassel Hbf ist sie mit einem Arbeitszug im Einsatz.
Foto: Matthias Maier

Die dieselmechanischen V 36.3 der DB wurden im Rahmen einer Typenbereinigung Mitte der fünfziger Jahre ausgemustert und größtenteils verkauft. So auch die V 36 311, die zu den Mindener Kreisbahnen gelangte und dort als V 9 mit zwei weiteren V 36.3 im Einsatz war.
Foto: Sammlung Rüdiger Block

Von den dreien, auf dem Gebiet der DB aufgefundenen dieselelektrischen Wehrmachtslokomotiven wurden zwei als V 188 001 a/b und V 188 002 a/b nach einer Aufarbeitung bei Krauss-Maffei wieder in Betrieb genommen und in Unter- und Mittelfranken im Güterzugdienst eingesetzt. *Foto: Archiv Eisenbahn Magazin*

dieser Leistungsklasse vorteilhafter waren, leisteten V 20, V 22 und vor allem die V 36 gute Dienste, und zwar nicht nur im Rangierdienst, sondern auch im Reisezugdienst. Die V 36 hat für den Wendezugbetrieb wichtige Erkenntnisse sammeln geholfen. So nahm die DB 1949 die Gelegenheit wahr, weitere 96 Stück V 36 aus Wehrmachtsbeständen günstig zu übernehmen und ließ weitere 18 Exemplare im Jahr 1950 als V 36 401 bis 418 nachbauen. Zur Verbesserung der Sichtverhältnisse im Streckendienst wurde ein Teil der V 36 mit hochliegenden Führerstandskanzeln verschiedener Bauarten ausgerüstet. Der Einbau einer Sicherheitsfahrschaltung (Sifa) erlaubte dann auch die wirtschaftlichere Einmannbedienung.

Die dieselmechanische V 36.3 (V 36 301 und V 36 310 bis 318) wurden bis 1954 ausgemustert und verkauft, lediglich die V 36 301 und 310 blieben bei der DB als Zuglokomotiven für den Schienenschleifzug bis ca. 1960 in Einsatz.

Die Lokomotiven der Reihen V 20 und V 22 wurden 1951/1952 weitestgehend vereinheitlicht und zur Baureihe V 20 zusammengefaßt. Ihr Einsatzgebiet war überwiegend der Rangier- und Bauzugdienst im gesamten Netz der DB, in dem sie sich bis 1980 halten konnten.

Mit zunehmender Anlieferung wendezugfähiger V 100 verschwanden die V 36 bis 1961 aus dem Wendezugdienst und waren ab Mitte der sechziger Jahre fast ausschließlich im Verschiebe- und Bauzugdienst zu finden. Ab 1976 wurden die V 36 verstärkt ausgemustert, 1980 verschwand das letzte Exemplar von DB-Schienen.

Kurz nach Kriegsende tauchte in Nürnberg eine der wahrscheinlich vier gebauten dieselelektrischen Wehrmachtsdoppellokomotiven, die D 311.03 A/B, auf. Nach einer Aufarbeitung durch Krauss-Maffei und Siemens in den Jahren 1948 und 1949 war die Lokomotive als V 188 001 a/b beim Bw Aschaffenburg im Schiebedienst auf der Spessart-Rampe Laufach–Heigenbrücken im Einsatz. 1948 wurden der DB zwei weitere „Dora"-Doppellokomotiven angeboten: die ehemalige D 311.04 A/B von einem holländischen Schrotthändler sowie die D 311.02 A/B von Krupp, Essen, die allerdings teilweise zerstört war. Die D 311.04 A/B wurde ebenfalls von Krauss-Maffei und Siemens aufgearbeitet und unterstützte als V 188 002 a/b ihre Schwestermaschine auf der Laufacher Rampe. Die dritte Doppellokomotive sollte ursprünglich ebenfalls wieder aufgearbeitet werden, diente jedoch dann als Ersatzteilspender für die nicht besonders zuverlässigen V 188 001 und 002. Trotz mehrerer konstruktiver Änderungen gelang es nicht, die erwünschte Zuverlässigkeit und Wirtschaftlichkeit zu erreichen. Ende 1954 genehmigte die Hauptverwaltung der Bundesbahn den Umbau einer der seit April 1954 abgestellten Lokomotiven auf den 810-kW-(1100-PS-)Einheitsmotor, der in der V 80, V 200 sowie den VT 08 bereits verwendet wurde. Da der gleiche Generator verwendet werden sollte, mußte, um die unterschiedlichen Dieseldrehzahlen (MAN 700 U/min; Maybach 1500 U/min) auszugleichen, ein Zwischengetriebe zwischen Motor und Generator angeordnet werden, das von Gmeinder, Mosbach, konstruiert und geliefert wurde. Auch an der elektrischen Anlage wurden einige kleinere Änderungen durchgeführt, so wurde u.a. die ursprünglich 27stufige Fahrsteuerung durch eine Schaltung mit 13 Stufen ersetzt.

Ab Januar 1957 kam die V 188 002 mit der neuen Maschinenanlage wieder in Dienst. Die Umbaumaßnahmen führten zu einer wesentlichen Steigerung der Zuverlässigkeit und einer deutlich besseren Wirtschaftlichkeit gegenüber der Dampflokomotivbaureihe 44, so daß auch der Umbau der zweiten Lokomotive genehmigt wurde.

Im Dezember 1958 verließ dann die V 188 001 a/b mit neuen Motoren das AW Nürnberg. Von Gemünden, ab 1968 von Bamberg aus, bedienten sie den fränkischen Raum zwischen Gemünden, Neuenmarkt-Wirsberg und Erlangen. Die weiter voranschreitende Elektrifizierung sowie die in ausreichenden Stückzahlen vorhandenen Standard-Diesellokomotiven machten die beiden V 188 in den Jahren 1969 (V 188 001) bzw. 1972 entbehrlich. Während die V 188 001 1970 in Feldkirchen bei München verschrottet wurde, konnte die V 188 002 1973 nach Jugoslawien verkauft werden, wo sie noch längere Zeit als Stromerzeugungsaggregat in Einsatz gewesen sein soll.

Das erste DB-Diesellokomotiv-Typenprogramm

Die Entwicklung neuer Dieseltriebfahrzeug-Typen begann 1949 nach der Gründung der Deutschen Bundesbahn und der Aufhebung des alliierten Verbotes von Fahrzeugneubauten.

Gründlich untersuchte die DB, wie der neue Fahrzeugpark entsprechend den geänderten Verkehrsgegebenheiten zahlen- und bauartmäßig zusammengesetzt sein müßte und wie er sich auf die einzelnen Traktionsarten – Dampf-, Diesel- und elektrischer Betrieb – verteilen sollte. Als Randbedingungen waren die Energiekosten, Fahrzeugbeschaffungs- und Instandhaltungskosten sowie die Personalkosten zu berücksichtigen.

Werfen wir zuvor einen kurzen Blick zurück auf die ersten Jahre der Deutschen Bundesbahn:

Nach dem Zweiten Weltkrieg wurden im Bereich der DB etwa 17 500 Dampflokomotiven in 169 Baureihen gezählt, wovon nur ein Drittel betriebsfähig war.

Schnellzuglokomotiven der Reichsbahnbauarten waren knapp, die Personenzug-, Nebenbahn- und Rangierlokomotiven, in der Mehrzahl noch Länderbahnbaureihen, waren überaltert; demgegenüber waren Güterzuglokomotiven – vor allem der Baureihen 44, 50 und 52 – reichlich vorhanden.

Auf 1558 km Streckenlänge, vorwiegend im süddeutschen Raum, wurde mit etwa 230 Lokomotiven in immerhin 19 Baureihen elektrisch gefahren; weitere 220 elektrische Lokomotiven waren nicht betriebsfähig abgestellt.

Die Situation bei den Brennkraftlokomotiven wurde bereits im vorherigen Abschnitt geschildert.

Aus diesen wenigen Fakten läßt sich schon fast erahnen, in welche Richtungen die Diesellokomotiv-Beschaffungen der jungen Bundesbahn zielten.

Der hohe Bestand an modernen Güterzugdampflokomotiven, der damals im Vergleich zur Kohle hohe Dieselkraftstoffpreis sowie niedrige Personalkosten ließen die Entwicklung von leistungsstarken, schweren Diesellokomotiven nicht sinnvoll erscheinen. Unter den Gegebenheiten des Jahres 1950 konnte im mittleren und schweren Güterzugdienst günstiger mit Dampflokomotiven gefahren werden.

Im Rangierdienst war mit der Diesellokomotive, trotz des hohen Kraftstoffpreises und der hohen Beschaffungskosten – eine Diesellokomotive kostete Anfang der fünfziger Jahre mehr als das vierfache einer vergleichbaren Dampflokomotive –, eine große Rationalisierung möglich.

Die Gründe dafür waren, daß eine Diesellokomotive einmännig gefahren werden konnte, und da im Rangierbetrieb nur für einen relativ geringen Zeitraum die volle Lokomotivleistung benötigt wird bzw. die mittlere Leistungsabgabe nur 10 bis 20 Prozent der installierten Leistung beträgt, konnte bei Diesellokomotiven eine wesentliche Brennstoffersparnis erwartet werden. Für das Jahr 1953 wurde anhand des spezifischen Kohleverbrauchs je m^2 Rostfläche und Stunde bei Ruhefeuer für die Dampflokomotiven der DB ein Kohleverbrauch von 600 000 Tonnen im Stillstand ermittelt!

Für den leichten Personenverkehr ergaben die Untersuchungen, daß mit in großen Serien gefertigten Schienenbussen die wirtschaftlichste Betriebsform realisiert werden konnte. Der Schienenbus war bereits bei Laufleistungen von 100 km/Tag wirtschaftlich.

Im Fernverkehr fehlten leistungsfähige und schnelle Fahrzeuge, sowohl Lokomotiven als auch Reisezugwagen. Der sich abzeichnende Wirtschaftsaufschwung ließ einen großen Bedarf an hochwertigem Reiseverkehr erkennen. Da an eine flächendeckende Elektrifizierung erst mittel- bis langfristig zu denken war und die betrieblichen Nachteile der Dampflokomotive deren damals wirtschaftlichen Vorteile mehr als aufwogen, kamen für den Fernschnellverkehr nur Dieselfahrzeuge in Frage. Im Schnellzugdienst betrug das Verhältnis des spezifischen Lokomotivkohlenverbrauchs zum spezifischen Dieselkraftstoffverbrauch nur etwa die Hälfte von dem im Rangierdienst zu erwartenden, jedoch versprachen die größere Anfahrbeschleunigung, die höhere Leistung am

Zughaken im oberen Geschwindigkeitsbereich, die größere Sauberkeit und besseren Arbeitsbedingungen für das Lokomotivpersonal sowie die kürzeren Auf- und Abrüstzeiten wesentliche betriebliche Vorteile. Unterschiedlich und heftig diskutiert waren die Ansichten über das Fahrzeugkonzept: Triebwagenzüge oder lokomotivbespannte Züge.

Für die Triebwagen sprach das günstigere Gewichts-/Leistungsverhältnis sowie die weitreichenden Erfahrungen mit den Triebwagen der dreißiger Jahre. Die Vorteile des Lokomotivkonzepts lagen in der größeren betrieblichen Flexibilität. Die Zuggarnituren können bedarfsgerecht verkleinert bzw. vergrößert werden und die Lokomotiven können auch noch für andere Zwecke verwendet werden.

Die DB entschied sich für einen Mittelweg: den Entwurf und die Konstruktion einer 800/1000-PS-Einheitsmaschinen- und Leistungsübertragungsanlage zur Verwendung in Lokomotiven und Triebwagen.

Alle schweren Triebwagen und alle Diesellokomotiven des vorläufigen Typenprogramms haben die gleichen austauschbaren Motoren- und Getriebetypen erhalten. Auch die übrigen Komponenten wie Hilfsmaschinen, Kühlanlagen, elektrische Steueranlagen usw. konnten in gleicher konstruktiver Ausführung für alle Fahrzeuge verwendet werden.

Die technischen Möglichkeiten zu Beginn der fünfziger Jahre waren trotz der Kriegsfolgen mannigfaltig:

Als Antriebsmaschine kamen nur Diesellokomotiven in Frage, für größere Leistungen in der Regel mit Abgasturbolader. Der Otto-Motor war nicht mehr wettbewerbsfähig und andere Brennkraftmaschinen, wie z. B. die Gasturbine, waren noch nicht zu einer befriedigenden Betriebstüchtigkeit und -reife entwickelt. Bereits vor dem Krieg hatten die deutschen Motorenbauer – Maybach, Mercedes und MAN – zusammen mit der Reichsbahn besondere Motoren für den Bahnbetrieb entwickelt und gebaut. Die Erfahrungen aus dem allgemeinen Motorenbau der Kriegszeit, verbunden mit den in der Vorkriegszeit gewonnenen Erkenntnissen der Eisenbahn hinsichtlich Eignung und Leistungsfähigkeit, führten zu dem Entschluß, schnellaufende und somit leichtere und kleinere Motoren auch für größere Leistungen vorzusehen.

Mit dieser Entscheidung stand die DB im Gegensatz zum Vorgehen der meisten ausländischen Bahnverwaltungen.

Die Wahl der Leistungsübertragung gestaltete sich seinerzeit noch schwieriger als die Entscheidung über die Motorenbauart und war wohl in seinen Folgen auch weitreichender. Der bei den Triebwagen der Reichsbahn angewandte und für die neuen Triebwagen vorgesehene Einbau der Dieselmotoren in das Drehgestell war bei einer einmotorigen Lokomotive nicht möglich, da die vier Radsätze beider Drehgestelle angetrieben werden sollten.

Eigentlich wäre es naheliegend gewesen, hierfür eine elektrische Leistungsübertragung zu wählen. Hiervon wurde aus folgenden Gründen Abstand genommen:

– Die hydraulischen Getriebe der Triebwagen hätten nicht verwendet werden können. Damit wäre die Vereinheitlichung und Tauschbarkeit der Leistungsübertragungsanlage entfallen. Die elektrische Leistungsübertragungsanlage hätte zudem völlig neu entwickelt werden müssen. Bei der deutschen Elektroindustrie war Anfang der fünfziger Jahre auch kein großes Interesse an dieselelektrischen Fahrzeugen erkennbar, zumal mit dem angedachten Elektrifizierungsprogramm sämtliche Entwicklungskapazitäten erschöpft waren.

– Die Anlagen wären durch die elektrische Leistungsübertragung teurer und vor allem schwerer geworden, so daß es fraglich gewesen wäre, die einmotorige Diesellokomotive mit den gewünschten 14 bis 16 Tonnen Radsatzlast realisieren zu können. Der Ersatz des schweren Gleichstromgenerators durch einen leichter zu bauenden Drehstrom-Synchrongenerator mit nachgeschaltetem Halbleiter-Gleichrichter wurde erst Mitte der sechziger Jahre möglich.

– Die Lokomotive sollte auch im schweren Rangierdienst verwendbar sein. Sie muß also, z. B. am Ablaufberg, hohe Zugkräfte über einen langen Zeitraum mit niedrigster Geschwindigkeit aufbringen. Für eine damalige elektrische Leistungsübertragung bedeutete dies eine entsprechende Überdimensionierung und hohen Lüftungsaufwand. Die kleinsten Dauergeschwindigkeiten bei größter Zugkraft lagen bei vergleichbaren amerikanischen dieselelektrischen Lokomotiven bei etwa 25 km/h, während die dieselhydraulische Lokomotive durch einfachere Rückkühlmöglichkeiten der Getriebeflüssigkeit wesentlich kleinere Dauergeschwindigkeiten erlaubte. Erst die Drehstrom-Antriebstechnik sollte es über 20 Jahre später möglich machen, ohne größeren Bauaufwand höchste Zugkräfte sogar im Stillstand dauernd aufbringen zu können.

– Die Leistungsübertragungsanlage sollte in ihrer Bedienung und Instandhaltung anspruchslos und zudem gegen jegliche Einflüsse von außen kapselbar sein. Der Lokomotivführer sollte von allen vom Getriebe herkommenden Bedienungsaufgaben weitestgehend entlastet sein.

Der Entschluß, nur hydraulische bzw. hydromechanische Leistungsübertra-

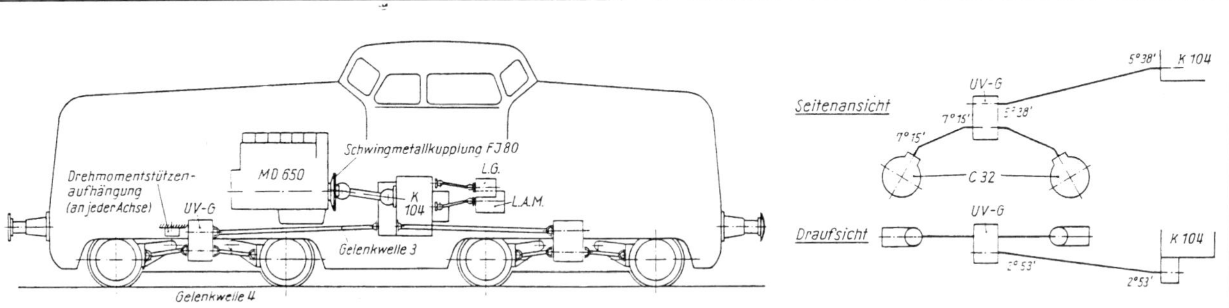

MD 650: Dieselmotor Maybach
MD 650 K 104: Flüssigkeitsgetriebe Maybach-Mekydro K 104
L.G.: Lüftergenerator
L.A.M.: Lichtanlaßmaschine
UV-G: Umschalt- und Verteilergetriebe
C 32: Radsatzgetriebe Maybach C 32

Frühes Gelenkwellen-Antriebskonzept am Beispiel der V 80 mit Hauptgetriebe und Umschalt- und Verteilergetriebe im Drehgestell

Zeichnung: Sammlung Matthias Maier

gungen zu verwenden, führte zwangsläufig zu dem aus dem Kraftfahrzeugbau stammenden Kardan-Gelenkwellen-Antrieb. Zu Beginn mußte einiges Lehrgeld bezahlt werden, bis die Kinematik der Gelenkwellen systematisch erforscht und beherrschbar wurde. Insofern muß die Entscheidung, für die Rangier- und leichten Streckenlokomotiven V 60 und V 65 noch Blindwellen-Stangenantriebe zu verwenden, aus heutiger Sicht als richtig anerkannt werden.

Die Eignung und Brauchbarkeit, Zuverlässigkeit und Wirtschaftlichkeit des Kardanantriebes als Drehmomentübertragungs-Einrichtung konnte ab Mitte der fünfziger Jahre als erwiesen angesehen werden.

Als weiteres wichtiges Bauteil ist die Kühlanlage zu nennen. Die Entwicklung automatisch geregelter Kühlanlagen hoher Leistungsfähigkeit, die unabhängig von Belastung und Außentemperaturen die Kühlmitteltemperatur auf 1 bis 2 Grad genau konstant halten konnte, war zu Beginn der fünfziger Jahre abgeschlossen.

Als Lüfterantrieb wurden neben mechanischen und elektrischen zunehmend hydrostatische Übertragungen verwendet, da ihr günstiger Preis und die in weiten Bereichen gute und schnelle Regelfähigkeit den Bau hochwertiger und kostengünstigerer Kühlanlagen erleichterte.

Von Anfang an forderte die DB automatische Überwachungsanlagen für Dieselmotor und Getriebe als Voraussetzung für die Fern- und Mehrfachtraktionseinrichtungen, mit der alle Fahrzeuge ausgerüstet werden sollten.

Zudem sollten die Lokomotivführer von der Beobachtung der Antriebsanlage entlastet werden und die wichtigsten Funktionsüberwachungen automatisiert werden.

Nachdem die wichtigsten Anforderungen an die Diesellokomotiven der DB und die zur Verfügung stehende Technik vorgestellt wurden, soll nun das „vorläufige“ Typenerprobungsprogramm von 1950 erläutert werden.

Die 800/1000-PS-Einheitsmaschinenanlage wurde eingebaut in die

– Schnelltriebwagen der Reihe VT 08.5 für den Fernverkehr (dreiteilig, 1 Dieselanlage, Leergewicht 119 t, 156 Sitzplätze erster Klasse, Höchstgeschwindigkeit 140 km/h, erster Einsatz Februar 1952).

– Triebwagen der Reihe VT 12.5 für den D- und E-Verkehr auf Hauptbahnen (entspricht weitgehend dem VT 08.5, nur mit anderer Innenausstattung, Höchstgeschwindigkeit 120 km/h, erster Einsatz Mai 1953).

– leichten Streckenlokomotiven der Reihe V 80 (Radsatzanordnung B'B', Dienstgewicht 58 t, Höchstgeschwindigkeit 50/100 km/h, umstellbar je nach Verwendungszweck, erster Einsatz April 1952).

– Streckenlokomotiven der Reihe V 200 (Radsatzanordnung B'B', Motorleistung 2 x 1000 PS, Dienstgewicht 75 bis 80 t, Höchstgeschwindigkeit 140 km/h, erster Einsatz März 1954).

Ohne vertiefend auf die technischen Einzelheiten der beiden Diesellokomotivbaureihen einzugehen, seien folgende Charakteristika erwähnt:

– Ausführung als Drehgestell-Lokomotiven, ohne Drehzapfen, sondern durch eine Lenkhebelkonstruktion mit Gummigelenken um einen ideellen

Drehpunkt nach einem Krauss-Maffei-Patent,

- Gelenkwellenantrieb,
- Leichtbau des Lokomotivkastens und Rahmens mit selbsttragender Konstruktion,
- automatische Überwachung des Diesels und der Leistungsübertragungsanlage und Mehrfachtraktionseinrichtung,
- Verwendung von Dieselmotoren und Getrieben verschiedener Hersteller (Maybach, Mercedes und MAN bzw. Voith und Maybach) mit identischen Anschlußmaßen sowie
- Zugheizanlage mit Heizdampferzeuger.

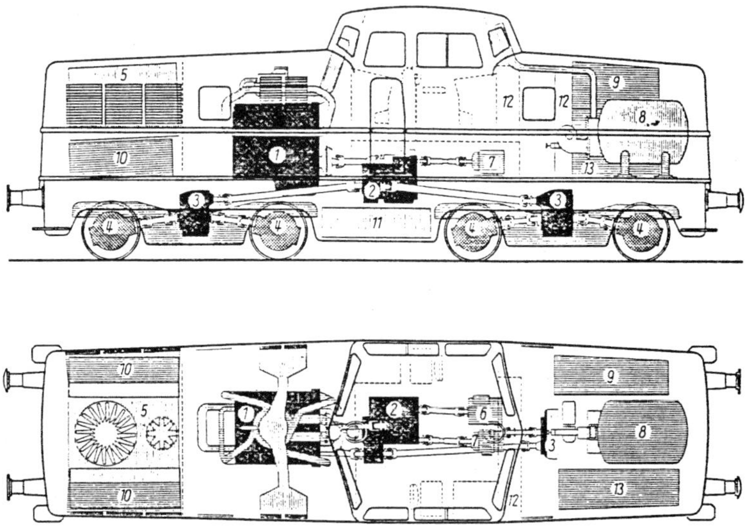

1: Dieselmotor
2: Strömungsgetriebe
3: Umschalt- und Verteilergetriebe
4: Radsatzgetriebe
5: Kühlergruppe
6: Lichtanlaßmaschine
7: Lüftergenerator
8: Heizkessel
9: Heizölvorratsbehälter
10: Kraftstoffvorratsbehälter
11: Batteriekasten
12: E-Apparateschrank
13: Speisewasservorratsbehälter für Heizkessel

Schnitt durch die dieselhydraulische Lokomotive der Baureihe V 80/280 der DB

Entwurfsbeispiel für die V 200 mit Anordnung der wesentlichsten Komponenten
Zeichnungen: Sammlung Matthias Maier

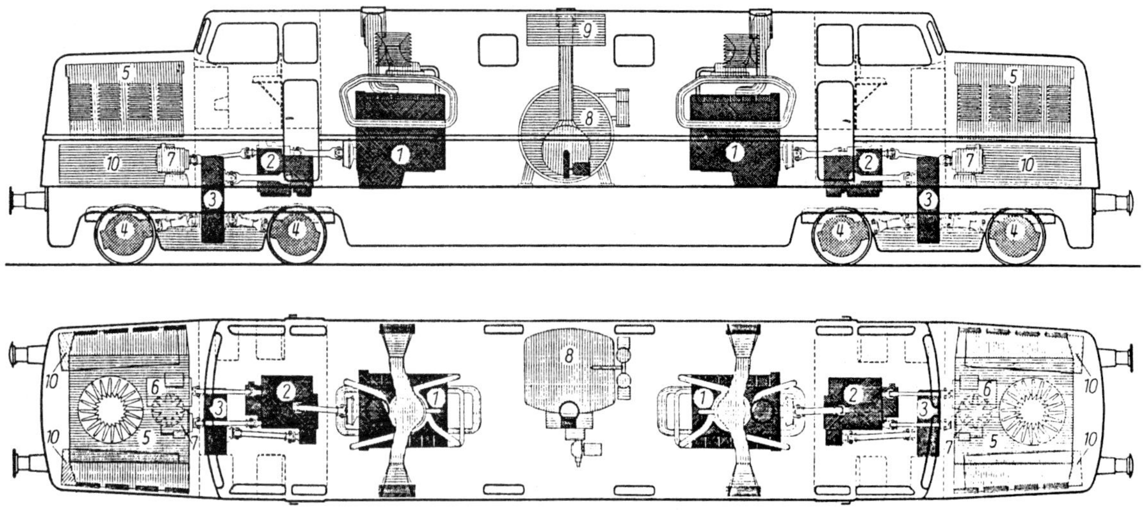

1: Dieselmotor
2: Strömungsgetriebe
3: Verteilergetriebe
4: Radsatzgetriebe
5: Kühlergruppe
6: Lichtanlaßmaschine
7: Lüftergenerator
8: Heizkessel
9: Heizölvorratsbehälter
10: Kraftstoffvorratsbehälter

Beschafft wurde die V 200 vornehmlich für den leichten Schnellzugdienst. Hier die Vorserienlokomotive V 200 003 vor einem typischen leichten Fernschnellzug der fünfziger Jahre.

Bald eroberten sich die V 200 auch Einsatzgebiete, für die sie ursprünglich nicht konzipiert waren. So konnte die Schwarzwaldbahn mit der V 200 verdieselt werden. Auch im schweren Dienst auf dieser Strecke bewährte sich die V 200 nach anfänglichen Schwierigkeiten. Auf dieser Aufnahme verläßt V 200 054, eine der letzten Lokomotiven der ersten Bauserie, den Bahnhof Konstanz mit einem Schnellzug nach Offenburg.
Fotos: Archiv Eisenbahn Magazin

Die beiden Lokomotivtypen gingen sogleich in den Versuchsbetrieb; die V 200 fand schon aufgrund ihres eleganten Äußeren auf der Internationalen Verkehrsausstellung 1953 in München großes Interesse. Die Versuche mit den fünf Vorserien-Lokomotiven der V 200 waren sehr erfolgreich, was sich letztendlich auch in der schnellen Beschaffung von zwei Bauserien (50 Stück ab 1955, 31 Stück ab 1957) widerspiegelt. Die projektierten Leistungswerte waren überschritten worden, die Lokomotive konnte auch in Dienste gesetzt werden, für die sie eigentlich gar nicht gebaut war, nämlich im schweren Schnell- und Güterzugdienst, und erreichte monatliche Laufleistungen von 28 000 bis 30 000 km sowie störungsfreie Laufleistungen von 140 000, zum Teil auch 200 000 km.

Abgefahren wurden die V 200 bei den Bahnbetriebswerken Lübeck und Oldenburg vor Personen- und Eilzügen. In Oldenburg Hbf wartet 220 001 am 23. 9. 1976 auf Ausfahrt mit einen Eilzug Richtung Leer/Ostfriesland.

Auch die V 200.0 wurde nicht von der Türkis-beige-Welle Mitte der siebziger Jahre verschont. 220 060 war neben 220 012 und 220 023 eine der drei V 200.0, die bis 1978 diesen einfallslosen Anstrich erhielten. Danach wurden an der V 220 keine Hauptuntersuchungen mit Neuanstrich mehr durchgeführt. *Fotos: Matthias Maier*

Durch eine Verbesserung der Abgasturbolader konnte die Leistung auf 2 x 1100 PS gesteigert werden, ohne daß die Lebensdauer der Dieselmotoren beeinträchtigt wurde.

Mit der, entsprechend ihrer damaligen Motorleistung von 800 PS, als V 80 bezeichneten Lokomotive sollte sowohl Personenverkehr in Ballungsgebieten mit Wendezügen, gemischtem Betrieb auf Nebenbahnen als auch Rangierdienst geleistet werden. Es zeigte sich jedoch sehr bald, daß eine Universal-Lokomotive für den gesamten Aufgabenbereich unwirtschaftlich sein würde. Eine Nebenbahn- und Rangierlokomotive benötigte nicht den technischen Aufwand einer V 80.

Im Rangierdienst war die Heizanlage nur teurer Ballast, zudem waren die Gelenkwellen im Vergleich zu denen bei der V 200 verwendeten zu lang geraten, was sich bei schweren Anfahrten mit Schleudern äußerst negativ in Form von Gelenkwellenbrüchen bemerkbar machte.

So wurde bereits Ende 1953 mit der Erarbeitung der Entwurfsgrundlagen für eine Rangier-Diesellokomotive mittlerer Leistung begonnen.

Da der Rangierbereich so schnell wie möglich dampffrei gemacht werden sollte und dafür größere Stückzahlen erforderlich waren, ging die DB von der Einheitsmaschinenanlage mit Gelenkwellenantrieb wieder ab.

Als Motor wurde der Maybach GTO 6, ein bereits im Triebwagenbau bewährtes Aggregat, vorgesehen. In den ersten Serien der V 60 wurden auch langsamlaufende Motoren von MAN, MaK und KHD erprobt; Standardmotor der V 60 blieb jedoch der Maybach GTO 6 bzw. GTO 6a.

Das Voith-Strömungsgetriebe L37z, mit einem anfahrgünstigen Drehmomentwandler als Gang I und wirkungsgradgünstigen Kupplungen als

Von den zehn Lokomotiven der Baureihe V 80 wurden je fünf von Krauss-Maffei und MaK gebaut. Die Aufnahme zeigt die von MaK stammende V 80 007 auf Werksprobefahrt.
Foto: Archiv Eisenbahn Magazin

Lange Zeit waren die V 80 beim Bw Bamberg beheimatet, von wo aus sie die fränkischen Nebenstrecken von Coburg bis Herzogenaurach bedienten. 280 001 in ihren Heimatbetriebswerk Bamberg am 2.8.1977.
Foto: Matthias Maier

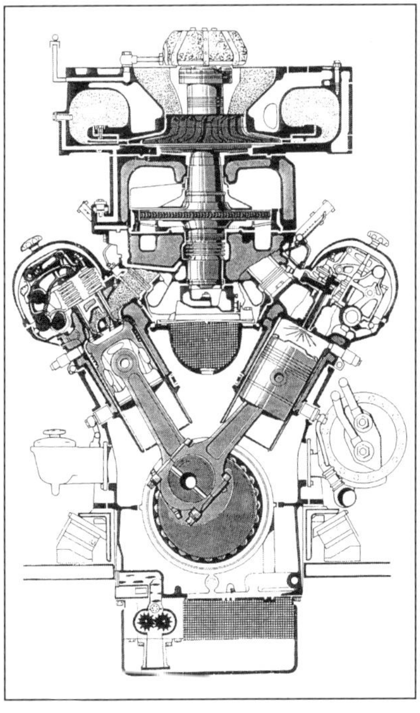

Schnitt durch den V 60-Dieselmotor GTO 6a
Zeichnung: DB

Gang II und III, war aus dem V 36-Getriebe L37 weiterentwickelt worden. Versuchsweise wurden in mehreren Lokomotiven der ersten Serie weitere Getriebebauarten erprobt.

Wegen der Schwierigkeiten mit den Gelenkwellen bei der V 80 sowie der günstigeren Kosten bei einer dreiachsigen Lokomotive, wurde für die V 60 die Steifrahmenbauart mit Antrieb der Radsätze über Blindwellen und Kuppelstangen gewählt.

Die Steuerung und Überwachung der Lokomotive wurde sehr einfach aufgebaut; Dieselmotor und Getriebe werden mittels Druckluft gesteuert. Das Bordnetz hat, statt der sonst üblichen 110 V mit den damit verbundenen Sonderbauteilen, wie z. B. Lichtanlaßmaschine, eine Nennspannung von 24 V, wodurch viele im Kraftfahrzeugbau erprobte Teile wie Lichtmaschine, Anlasser etc. verwendet werden konnten.

Auf die Zugheizanlage wurde bei der Rangierlokomotive V 60 verzichtet. Zum Warmhalten des Kühlwassers bei im Freien abgestellter Lokomotive wurde ein koksgefeuerter Warmwasserkessel eingebaut, der später jedoch gegen eine Ölfeuerungsanlage bzw. eine elektrische Warmhalteeinrichtung getauscht wurde.

Zur Vorerprobung wurden 1955 vier Vorauslokomotiven beschafft; bereits 1956 folgte eine erste Serie mit 275 Lokomotiven. Die V 60 wurde in mehreren Bauserien, zum Teil mit einem höheren Dienstgewicht von 54 Tonnen, bis 1963 in 941 Exemplaren gebaut; sie ist damit die zahlenmäßig größte Baureihe der Bundesbahn geworden.

Über die betriebliche Bewährung der V 60 zu berichten, hieße Eulen nach Athen tragen. Kein größerer Bahnhof kommt auch heute, 40 Jahre nach ihrem Entstehen, ohne diese Lokomotive aus. Kaum eine Strecke dürfte es geben, auf der die V 60 nicht wenigstens im Arbeitszugdienst im Einsatz gewesen wäre. Erst die Umstrukturie-

Für die Entwicklung der V 60 zeichnete eine Arbeitsgemeinschaft, bestehend aus den Firmen Krupp, Krauss-Maffei, MaK, Henschel, Klöckner-Humboldt-Deutz, Jung, Maschinenfabrik Esslingen sowie Gmeinder (mithin allen westdeutschen Diesellokomotivherstellern), verantwortlich. Die erste von vier Vorauslokomotiven wurde 1955 von Krupp an die DB übergeben.

V 60 011 bis 021 und V 60 025 bis 027 wurden zunächst mit von der Serienausführung abweichenden Dieselmotoren ausgeliefert, aber bis 1967 in die Serienausführung zurückgerüstet. Dabei wurden auch die Betriebsnummern neu vergeben: so wurde aus V 60 014 die V 60 325.

Fotos: Archiv Eisenbahn Magazin

Die seit vierzig Jahren für die DB AG unverzichtbare V 60 machte manchem inneren und äußeren Wandel durch: Ab Mitte der siebziger Jahre wich der klassisch-rote Anstrich dem einheitlichen türkis-beigen Anstrich aller DB-Fahrzeuge, wobei bei der V 60 als einer der wenigen DB-Baureihen die Anstrichsänderung vollständig durchgeführt wurde, 1987 wurden die V 60 zu Kleinlokomotiven der Baureihen 360/361 degradiert, ab 1990 folgte der Umbau der 54-t-Variante 361 auf Funkfernsteuerung (Baureihe 365), ab 1991 wurde auch der Umbau der 48-t-Variante 360 in funkferngesteuerte 364 durchgeführt. Parallel dazu erhielten die Lokomotiven den neuen orientroten Anstrich mit lichtweißen Kontrastflächen. *Foto: Matthias Maier*

Oben links: Auf der Basis ihrer in großen Stückzahlen hergestellten Standard-Neben- und Werkbahnlokomotive lieferte MaK 1956 insgesamt 15 Stück der 650-PS-Mehrzwecklokomotiven V 65 an die DB.
Foto: Werkbild MaK

Oben rechts: Nach dem mehrjährigen Einsatz im Personenzugdienst im Raum Kassel/Marburg wurden die V 65 in Hamburg zusammengezogen, wo sie ausschließlich im Rangierdienst eingesetzt wurden. Nach ihrer Ausmusterung bis zum Jahr 1979 gelangten noch einige V 65 an Privatbahnen, so war die abgebildete 265 001 nach ihrer DB-Zeit noch als D 02" bei der Meppen-Haselünner-Eisenbahn im Einsatz.
Foto: Matthias Maier

rung des Güterverkehrs Anfang der achtziger Jahre setzte etliche V 60 frei, die sich gut ins Ausland verkaufen ließen, so sind ehemalige DB-V 60 von Norwegen bis in die Türkei im Einsatz. Einzelne Exemplare hat es bis nach Nordafrika verschlagen, wo sie in einem algerischen Stahlwerk und im Bauzugdienst eingesetzt werden. Nicht unerwähnt soll bleiben, daß bereits in den sechziger Jahren die belgischen, griechischen, türkischen und israelischen Staatsbahnen fabrikneue V 60 erworben haben. Der seit Jahren in der Diskussion befindliche V 60-Nachfolger wird wohl noch einige Zeit auf sich warten lassen, zumal die bei 400 Lokomotiven ab Ende der achtziger Jahre durchgeführte Umrüstung auf Funkfernsteuerung der V 60, die seit dem 1. 10. 1987 als Kleinlokomotive der Leistungsklasse IV unter den Baureihennummern 360/361 bzw. 364/365 geführt wird, eine Einsatzgarantie bis ins nächste Jahrtausend gibt. Darüber hinaus wird derzeit eine Remotorisierung diskutiert, einzelne Versuchsmotoren sind bereits im Einsatz.

Die Leistung der V 60 von 650 PS reichte für einen großen Teil des Nebenbahndienstes ebenfalls aus, so daß es nahegelegen hätte, eine Mehrzweckdiesel-Lokomotive dieser Leistungsklasse für die Verwendung im Rangier- und Nebenbahndienst zu entwickeln. Die für den Nebenbahndienst schon damals geforderte Höchstgeschwindigkeit von mindestens 80 km/h ließ aber bei dreiachsigen Lokomotiven mit kurzem Radabstand, der wegen der kleinen Gleisradien in Rangierbahnhöfen und Anschlußgleisen notwendig war, keine befriedigenden Laufeigenschaften zu. Außerdem erforderte die Zugheizanlage eine größere Lokomotivlänge, was nur bei vier Radsätzen unterzubringen war. Daher wurde die V 60 in Erwartung der hohen Stückzahlen und im Hinblick auf möglichst geringe Beschaffungskosten als reine Rangierlokomotive beschafft und für den Nebenbahndienst eine besondere Lokomotive vorgesehen.

Unabhängig von den Überlegungen der Bundesbahn hatte die Maschinenbau Kiel AG (MaK) für Privatbahnen des In- und Auslandes eine vierachsige Mehrzwecklokomotive entwickelt. Je zwei Radsätze wurden über Lenkhebel zu einem Beugniot-Gestell zusammengefaßt, das sich recht gut bewährte und der Lokomotive zu ordentlichen Laufeigenschaften verhalf. Angetrieben wurde die Lokomotive von einem langsamlaufenden MaK-Sechszylinder-Dieselmotor mit 650 PS Nennleistung. Das hydraulische Voith-Getriebe L37z, das Nachschaltgetriebe sowie ein großer Teil der übrigen maschinellen Ausrüstung wurden von der V 60 übernommen.

Abweichend zur V 60 war ferner der Druckluftanlasser für den Dieselmotor sowie der neuartige Heizkessel für die Zugheizung, der die Abgaswärme des Diesels zur Dampferzeugung ausnutzte. Das Nachschaltgetriebe hatte eine andere Zielsetzung als bei der V 60 und erlaubte eine Höchstgeschwindigkeit von 80 km/h.

1956 wurden 15 Lokomotiven von der DB übernommen und zunächst im Raum Marburg/Kassel im Personenverkehr eingesetzt. Dabei stellte sich heraus, daß die Dieselleistung von 650 PS doch etwas zu gering war und

1952 wurden von Jung drei 1000-mm-Schmalspurlokomotiven der Baureihe V 29, ab 1968 Baureihe 299, für die pfälzische Strecke Meckenheim–Mundenheim geliefert.
Werkfoto: Jung, Sammlung Rüdiger Block

für bessere Laufeigenschaften und zur weitergehenden Schonung des Oberbaus auf den kurvenreichen Nebenbahnen eine Drehgestell-Lokomotive mit etwa 1100 PS besser geeignet wäre. Die Weichen zur Entwicklung der V 100 waren somit gestellt.

Beenden wir unseren Überblick über die frühen Bundesbahn-Entwicklungen mit den Anfang der fünfziger Jahre entwickelten Schmalspur-Diesellokomotiven V 29 (299) und V 11 (329).

Um auf der pfälzischen Meterspurstrecke Meckenheim–Mundenheim die „Verkehrsverpflichtungen" überhaupt erfüllen zu können, wurden von Jung drei Drehgestell-Lokomotiven aus den Grundelementen der Kleinlokomotive als B+B-Lokomotive gebaut.

Jedes Triebdrehgestell dieses „Diesel-Krokodils" wurde von einem luftgekühlten 145-PS-Deutz-Motor über ein Voith-Flüssigkeitsgetriebe und Ketten angetrieben. Für die Energieversorgung des Zuges und den Antrieb der Vakuum-Luftpumpe war zusätzlich ein 25-PS-Deutz-Motor vorhanden.

Ab 1956 wurden die Lokomotiven, nach Stillegung der Pfälzer Meterspurstrecke, auf der Walhallabahn (2 Lokomotiven) und der Strecke Nagold–Altensteig (1 Lokomotive) einge-

Unten links: Nach Stillegung der Pfälzer Meterspurstrecke wurde V 29 952 in den schwäbischen Schwarzwald versetzt, wo sie auf der Strecke Nagold–Altensteig bis zur Stillegung und dem Abbau im Einsatz war.

Unten rechts: 1968, als die DB ihre Triebfahrzeuge mit neuen Nummern versah, war auf Wangerooge die neue Verfügung aus Frankfurt wohl nicht richtig gelesen worden. Die 1957 als V 11 902 von Gmeinder gelieferte, 1958 in Köf 99 502 umgezeichnete Lokomotive war in dieser Zeit als Köf 329 502-9 unterwegs. *Fotos: Archiv Eisenbahn Magazin*

setzt, bis auch diese Ende der sechziger Jahre abgebaut wurden.

Die beiden Walhallabahn-Lokomotiven (V 29 951 und 953) wurden verschrottet; die Altensteiger V 29 952 wurde an die MEG/SWEG verkauft, wo sie bis Ende der siebziger Jahre auf der letzten Strecke des oberrheinischen Meterspurnetzes als V 29 01 im Einsatz war. Heute ist sie in der Schmalspursammlung der DGEG zu besichtigen.

Für die ebenfalls meterspurige Wangerooger Inselbahn wurde 1952 von Gmeinder auf der Basis der Kleinlokomotiven die V 11 901 in Dienst gestellt, der 1957 noch zwei weitere Lokomotiven als V 11 902/903 folgten.

Im Gegensatz zu dem bei normalspurigen Kleinlokomotiven üblichen Antrieb über Ketten wurden die drei Treibradsätze hier über Blindwelle und Stangen angetrieben.

Alle drei Lokomotiven stehen, mittlerweile als Kleinlokomotiven (zunächst als 329, dann als 399) bezeichnet, auf Wangerooge noch im Einsatz.

Das Typenprogramm 1955

Mit dem Abschluß der Erprobung von V 80 und V 200 und den daraus gewonnenen, im großen und ganzen positiven Erfahrungen um die Jahreswende 1954/55 war der Zeitpunkt gekommen, für die Einführung weiterer Diesellokomotivtypen bei der DB ein Typenprogramm aufzustellen.

Die Einheitsmaschinenanlage mit 800/1000 PS, hydraulischem Getriebe und Gelenkwellenantrieb hatte nicht nur in den Dieseltriebzügen, sondern auch in den Diesellokomotiven bis 1955 gute technische und wirtschaftliche Ergebnisse erzielt, so daß die erste Phase der technischen Entwicklung nach dem Krieg als abgeschlossen betrachtet werden konnte.

Als zweiter Schritt der Motorisierung für einen Teilbereich des Betriebsmaschinendienstes war die Planung und der baureife Entwurf der Rangierlokomotive V 60 in Angriff genommen, von der sich die DB große wirtschaftliche Erfolge versprach.

Mit 130 PS und einem Gewicht von 16,5 t zählen die Wangerooger Schmalspurlokomotiven der Baureihe 329.5 (seit 1992 399 101 bis 104) zu den kleinsten DB-Triebfahrzeugen. *Foto: Matthias Maier*

Das Typenprogramm 1955 sollte in erster Linie betrieblichen Erfordernissen genügen.

Benötigt wurde eine 1100 bis 1300 PS starke Nebenbahnlokomotive in der Art der V 80, nur eben in einfacherer Ausführung, die die mittlerweile überalterten Dampflokomotiven der Reihen 38.10-40, 55, 57, 64, 86, 78 und 94.5 ersetzen sollte.

Wünschenswert wäre auch eine Verwendung im schwersten Rangierdienst gewesen.

Um die Lücke zwischen der ursprünglich als V 65.2 geplanten V 80/V 65-Nachfolgebaureihe und der 2 x 1100 PS-Lokomotive V 200 für den mittelschweren Hauptbahndienst zu schließen, wurde eine leichte Hauptstreckenlokomotive mit ca. 1900 PS als V 160 in die Planung aufgenommen. Mit der V 160 sollte das Leistungsspektrum der Dampflokomotivbaureihen 03, 18.4-6, 39 und 50 abgedeckt werden.

Da der Umfang der weiteren Elektrifizierung 1955 noch nicht absehbar war, wurde vorsorglich eine schwere Hauptbahnlokomotive V 320, für die nach dem Muster V 80/V 200 zwei Maschinenanlagen der V 160 vorgesehen waren, in das Typenprogramm aufgenommen, die Entwicklung aber vorläufig nicht in Auftrag gegeben.

Neben den Anforderungen des Betriebsmaschinendienstes mußten bei der Aufstellung des Typenprogramms aber auch die technischen Eigenschaften der Dieselmotoren und der hydraulischen Leistungsübertragung berücksichtigt werden, die darin bestanden, daß die Motoren nur in bestimmten, für den Bahnbetrieb brauchbaren Größen zur Verfügung standen und nicht oder nur wenig überlastet waren bzw. sind.

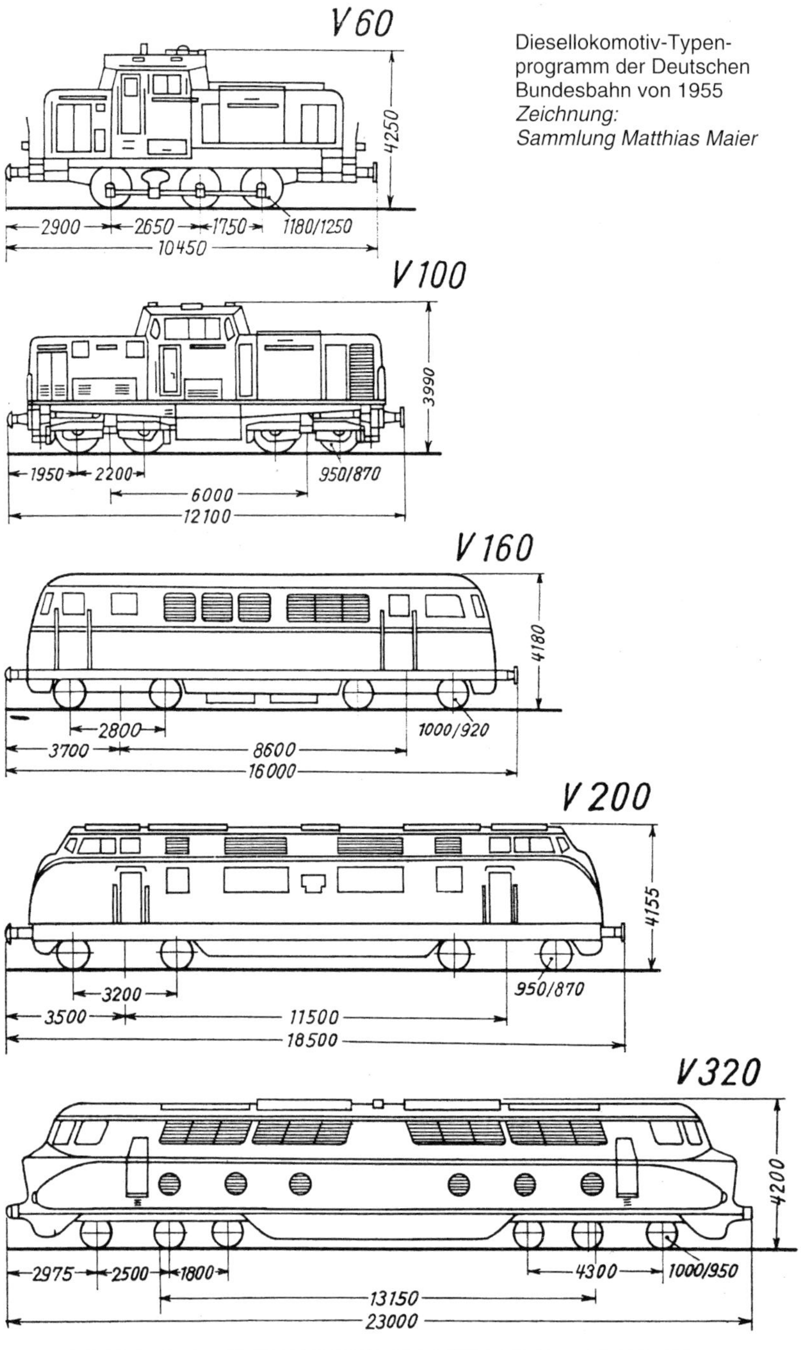

Diesellokomotiv-Typenprogramm der Deutschen Bundesbahn von 1955
Zeichnung: Sammlung Matthias Maier

Die hydraulische Leistungsübertragung – und nur die wurde 1955 noch ernsthaft diskutiert –, bietet die Möglichkeit mit verhältnismäßig geringem technischen Aufwand – Nachschaltgetriebe – einen gleichzeitig für den schnellen Reisezug- und für den schweren Güterzugdienst technisch und wirtschaftlich brauchbaren Lokomotivantrieb zu bauen.

Das im Stillstand schaltbare Nachschaltgetriebe, erstmalig bei der V 80 verwendet, gestattet es, bei kleiner Höchstgeschwindigkeit („Rangiergang") im Anfahrbereich höchste Zugkräfte zu realisieren, während im „Streckengang" bei verminderter Anfahrzugkraft die größte Fahrzeuggeschwindigkeit erreicht werden konnte. Es wurde dann in fast alle DB-Seriendiesellokomotiven eingebaut.

Schließlich mußte die Typenplanung auch auf Beschaffung, Betrieb und Instandhaltung Rücksicht nehmen, um eine größtmögliche Gesamtwirtschaftlichkeit zu erzielen.

Das 1955 formulierte Diesellokomotiv-Typenprogramm umfaßte somit folgende Baureihen:

- V 60 für den Rangier- und Übergabedienst, 650 PS,
- V 100 für den gemischten Nebenbahndienst, 1100 PS,
- V 160 für den leichten Zugdienst auf Hauptbahnen, 1900 PS,
- V 200 für den mittelschweren Hauptbahnzugdienst, 2200 PS,
- V 320 für den schweren Zugdienst auf Hauptbahnen, 3800 PS.

Der vorläufige Bedarf für die einzelnen Baureihen wurde seinerzeit wie folgt geschätzt:

- 1000 Stück V 60,
- 1000 Stück V 100,
- 150 Stück V 160,
- 200 Stück V 200,

V 100 1173 im Ablieferungszustand von 1971 *Foto: Werkbild Henschel*

– für die in der Entwicklung zurückgestellte V 320 wurden keine Bedarfszahlen genannt.

Aus heutiger Sicht erstaunlich ist, daß die Bedarfsprognosen für die V 60 und die V 100 ziemlich genau eingehalten wurden, wenn man zu der V 100 noch die Rangiervariante V 90/290/291 hinzuaddiert.

Der Bedarf an mittelschweren Diesellokomotiven wurde beträchtlich größer; aus den 150 geplanten Lokomotiven der Reihe V 160 wurden schließlich an die 800 Lokomotiven der „Familie V 160", während die V 200.0 einschließlich ihrer leistungsfähigen Schwester V 200.1 nur in 136 Exemplaren gebaut wurde.

Die Mitte der fünfziger Jahre geplanten Lokomotivtypen hatten ein großes Entwicklungspotential in sich, was sich besonders bei der V 160 zeigen sollte. Die sieben Vorauslokomotiven der V 100 wurden 1958/59 nach gut zweijähriger Entwicklungsarbeit abgeliefert. Sechs Lokomotiven waren davon auf Rechnung der DB und ein weiterer Prototyp auf Rechnung der Konstruktionsfirma MaK mit 1100 PS Dieselleistung und einer Höchstgeschwindigkeit von 90 km/h gebaut worden.

Das Aufgabengebiet und die übrigen Randbedingungen wurden bereits weiter oben beschrieben.

Im Hinblick auf die angestrebten hohen Stückzahlen wurden die Prototypen einem fast zweijährigen, intensiven Versuchsbetrieb unterworfen, um für die Serie die geeignetste Komponenten-Kombination zu erzielen.

Schon in der Konzeption weicht die V 100 in einigen wesentlichen Punkten von ihrer Vorläufertype V 80 ab. Das Gelenkwellensystem der V 80 wurde vereinfacht durch einen durchgehenden Gelenkwellen-Antriebsstrang, bei dem die lokomotivinneren Radsätze Vorgelege-Radsatzgetriebe erhielten, die sich bestens bewährten.

Der durchgehende Gelenkwellenantrieb ermöglichte wiederum die Verwendung einfacher Drehgestelle mit kurzem Radstand, die dadurch billiger wurden.

Weiterhin erhielt die V 100 keinen selbsttragenden Oberkasten wie die V 80, sondern eingezogene Vorbauten, die lediglich eine Abdeckung für Maschinenraum und Heizanlage darstellen.

Der Großwasserraumheizkessel der V 80 wurde durch einen Zwangsdurchlaufheizkessel ersetzt; die Außenlagerung der Radsätze versprach geringen Instandhaltungsaufwand.

Die elektrische Anlage wurde entfeinert, insbesondere wurden die anfälligen elektrischen Lüftermotoren für den Dieselkühler durch hydrostatische Antriebe ersetzt und Wendezug- und Mehrfachtraktionsausrüstung nur in der Grundausstattung installiert.

Insgesamt konnte unter Ausnutzung vieler technischer Weiterentwicklungen erreicht werden, daß die V 100 bei einer um über 25 Prozent gesteigerten Leistung in der Baulänge kleiner, im Gewicht gleich und in den Beschaffungskosten günstiger als die V 80 wurde.

Für den Antrieb der V 100 wurden verschiedene, gegeneinander austauschbare Zwölfzylinder-Dieselmotoren vorgesehen, und zwar der Maybach-Motor MD 650, der MAN L 12 V 18/21 sowie der Daimler-Benz MB 820. Alle Motoren konnten auch in der V 200.0, den VT 08.5 und VT 12.5 sowie dem TEE-Triebwagen VT 11.5 eingesetzt werden. Vorgesehen wurde auch der Daimler-Benz-Motor MB 835 mit einer eingestellten Leistung von 1350 PS, der in der V 100 006 erprobt wurde.

Als Getriebe wurde nach umfangreichen Probefahrten das Voith-Getriebe L216rs mit zwei Wandlergängen und einem hydraulischen Kupplungsgang, als das für den vorgesehenen Einsatz geeignetste ausgewählt. Auch dieses Getriebe wurde mit schaltbarem Vor-

Gut 15 Jahre sollte es dauern, bis die V 100 die preußischen Dampflokomotiven der Baureihe P 8 schließlich abgelöst hatten. 211 216 überlebte die 038 382 (Aufnahme in Eutingen/Gäu am 12. 6. 1973) gut zehn Jahre. *Foto: Matthias Maier*

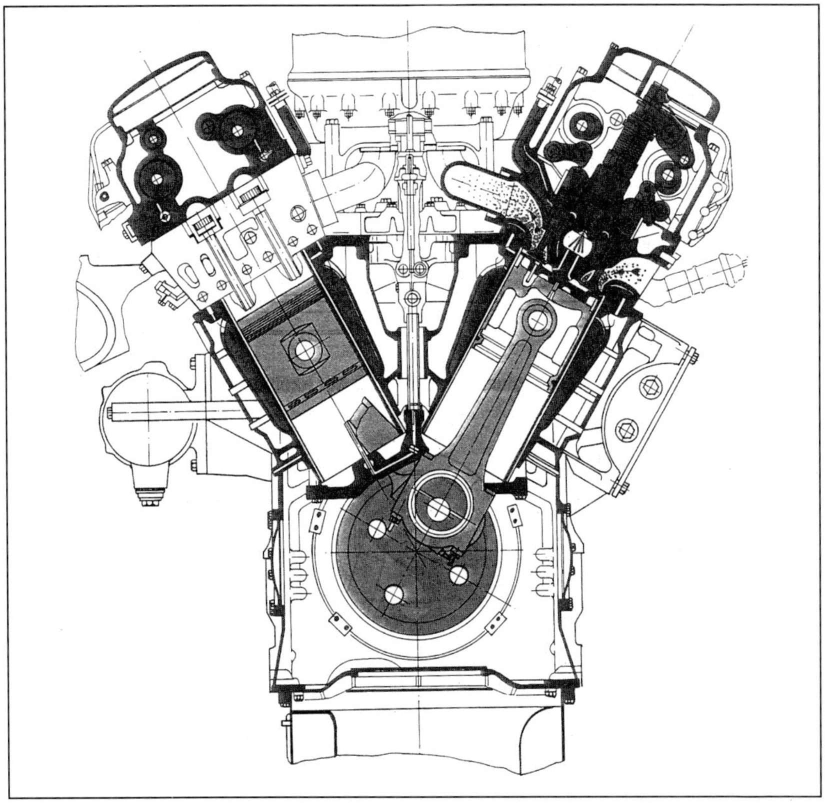

Schnitt durch den Dieselmotor MD 12 V 538 TA 10 (alt Maybach MD 650), der in V 200.0 und V 100.10 eingebaut war. *Zeichnung: DB*

gelege ausgerüstet, so daß sich zwei Endgeschwindigkeitsstufen einstellen ließen: 60/90 km/h, die später auf 65/100 km/h erhöht wurden.

Bereits bei der Erprobung zeigte sich, daß die 1350-PS-Variante für den leichten Reisezugdienst auf Hauptbahnen besonders geeignet war, so daß bereits mit der ersten Serie von 36 und 322 Stück 1100-PS-Lokomotiven 20 Stück der 1350-PS-Lokomotiven bestellt wurden.

Die 1100-PS-Lokomotiven wurden als V 100 1001 ff (ab 1968: 211) bezeichnet, während die 1350-PS-Variante die Betriebsnummern V 100 2001 ff (ab 1968: 212) trugen. Die in der Erprobungsphase angedachte dritte Variante in vereinfachter Form, ohne Zugheizanlage und Hilfsdiesel, aber mit größerer Radsatzgetriebeuntersetzung und Ballast, sollte die Nummern V 100 001 ff tragen. Diese Lokomotive sollte im Rangierdienst eingesetzt werden, wozu es aber zugunsten der V 90 dann nicht kam.

Bis 1966 wurden insgesamt 745 Lokomotiven der Reihen V 100.10 und V 100.20 abgeliefert, die sich sehr bald beim Betriebsdienst großer Beliebtheit erfreuten.

Von der 1963 bestellten dritten Bauserie der V 100.20 wurden zehn Stück mit den Betriebsnummern V 100 2332 bis 2341 (213 332 bis 341) abgezweigt und für den Einsatz im Steilstreckenbetrieb mit hydrodynamischer Bremse in Auftrag gegeben.

Äußerlich der V 100 ähnlich und ebenfalls auf eine MaK-Konstruktion zurückgehend sind die fünf Schmalspur-

Lokomotiven der Reihen V 51 (251) für 750-mm-Spurweite und V 52 (252) für 1000-mm-Spurweite. Für die zu Beginn der sechziger Jahre noch vorhandenen fünf Schmalspurstrecken in Baden-Württemberg (Mosbach–Mudau 1000 mm, Nagold–Altensteig 1000 mm, Heilbronn Süd–Marbach 750 mm, Warthausen–Ochsenhausen 750 mm, Schussenried–Buchau 750 mm) wurden dringend Diesellokomotiven benötigt, da die noch vorhandenen Dampflokomotiven total überaltert waren.

Durch die zwischenzeitlich beschlossene Stillegung bzw. Umspurung eines Teiles der genannten Strecken verringerte sich zwar der geplante Bedarf an Schmalspurdiesellokomotiven, für die verbliebenen erteilte das Land Baden-Württemberg Zuschüsse; allerdings unter der Auflage, daß die Lokomotiven im „Ländle" gebaut würden. So wurde die V 51/V 52 von Gmeinder, Mosbach, auf der Basis der von MaK für die Brohltalbahn gebauten Schmalspurlokomotive, entsprechend den Anforderungen der süddeutschen Schmalspurbahnen konstruiert und gebaut.

Als leistungsmäßiger Höhepunkt des Typenprogramms 1955 erschien 1962 die sechsachsige 3800-PS-Lokomotive V 320 auf den Schienen der DB. Ihre Entwicklung war in Anbetracht der beschlossenen Elektrifizierung der Hauptbahnen immer wieder herausgeschoben worden; für eine derartige leistungsfähige Diesellokomotive war der Bedarf der DB sehr gering. Ein Einsatz einer Serien-V 320 wäre auf der Allgäu- und auf der Schwarzwaldbahn denkbar gewesen.

Bereits 1956 begann Henschel in Zusammenarbeit mit der DB die Entwick-

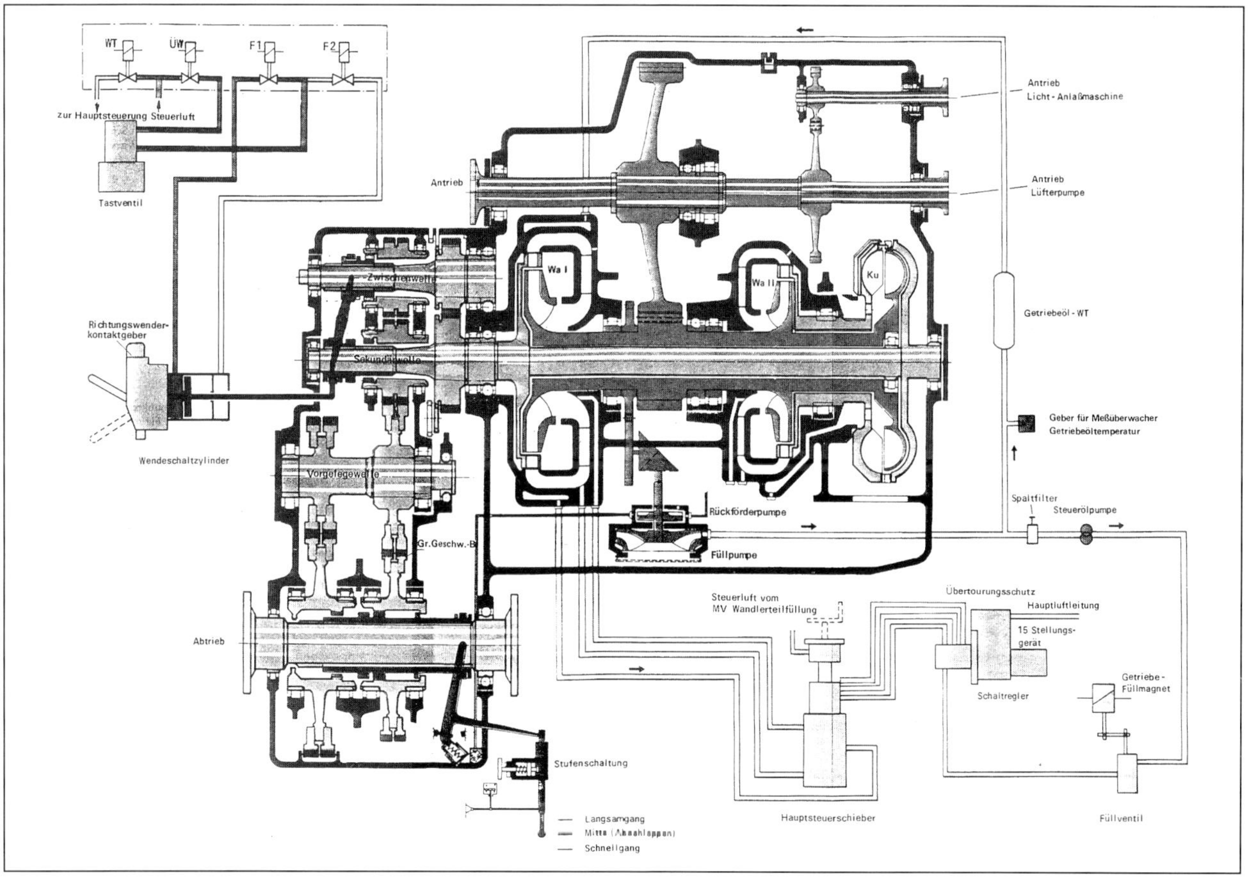

Schema des Voith-Getriebes L216rs
Zeichnung: DB

Oben: Die letzte Serie der V 100.10 (V 100 1354 bis 1365), zu der auch die im April 1974 in Freudenstadt Hbf aufgenommene 211 357 gehörte, wurde 1962/63 von der Maschinenfabrik Esslingen geliefert.

Mitte links: 212 012, aus der ersten V 100.20-Lieferserie, aufgenommen am 22. 2. 1977 im Bw Emden, hat noch den Kühleraufbau der V 100.10 mit horizontalen Gittern.

Mitte rechts: 212 175 des Bw Landau/Pf in ihrem Heimat-Bw am 11. 1. 1974

Unten: Die mit zusätzlicher hydrodynamischer Bremse ausgerüsteten V 100.20 erhielten 1968 die Baureihenbezeichnung 213. Bis 1972 waren acht der zehn Steilstrecken-V 100 beim Bw Karlsruhe beheimatet und kamen vornehmlich auf der Murgtalbahn Rastatt–Freudenstadt zum Einsatz. Aufnahme in Forbach-Gausbach vom 3. 5. 1971. *Fotos: Matthias Maier*

lung, die erst 1960 abgeschlossen werden konnte. Der Prototyp wurde, da die DB sich nicht zum Auftrag durchringen konnte, von Henschel auf eigene Kosten gebaut.

Planungsziel für die V 320 war, eine Diesel-Hochleistungs-Mehrzwecklokomotive zu entwickeln, die sowohl Fernschnellzüge mit hohen Beschleunigungen und hoher Endgeschwindigkeit aber auch schwere Güterzüge selbst auf steigungsreichen Strecken befördern können sollte. Die Entwicklung der übrigen Diesellok-Typen hat gezeigt, daß der Betriebsdienst schon kurz nach ihrem Einsatz die Leistung erhöht haben wollte. So wurde die Leistung der V 200 von 2 x 1000 auf 2 x 1100 PS und später bei der V 200.1 auf 2 x 1350 PS, die der V 100 von 1100 auf 1350 PS usw. erhöht.

Solche Entwicklungen sind nicht nur technisch schwierig, sondern beeinflussen in der Regel die Instandhaltungskosten solcher hochausgenützter Maschinenanlagen negativ. Es ist denkbar, daß ein Einsatz der V 320 anstelle der leistungsgesteigerten V 200.1 gesamtwirtschaftlich und auch zugförderungstechnisch besser gewesen wäre. Die V 320 hatte zuminde-

Oben: Durch die Stillegung bzw. Umspurung der Strecke Heilbronn Süd–Marbach wurde eine der drei 750-mm-Schmalspurlokomotiven der Baureihe V 51/251 bei der DB entbehrlich und wurde an die Steiermärkische Landesbahn verkauft, wo sie ihre ersten Schritte noch mit Original-DB-Beschriftung unternahm.
Foto: Archiv Eisenbahn Magazin

Mitte: Für die Meterspurstrecke Mosbach–Mudau lieferte Gmeinder 1964 zwei Lokomotiven der Baureihe V 52/252.
Foto: Sammlung Rüdiger Block

Unten: Leistungsmäßiger Höhepunkt des DB-Typenprogramms war mit 3800 PS die V 320, 1962 von Henschel fertiggestellt.
Foto: Werkbild Henschel

Obwohl die DB die Entwicklung der 3800-PS-Diesellokomotive nicht weiterverfolgte, baute Henschel die V 320 001 auf eigene Rechnung und vermietete sie langfristig an die DB. Erstaunlicherweise ziert diese Mietlokomotive das Eigentumskennzeichen der DB.
Foto: Archiv Eisenbahn Magazin

stens erhöhte Leistungsreserven, die sich vor allem in der Schonung der Maschinenanlagen und den damit reduzierten Instandhaltungskosten sowie in der Zuverlässigkeit ausgewirkt hätten.

Ausgerüstet wurde die V 320 mit der gleichen Maschinenanlage wie die V 160; die Getriebe sind im hydraulischen Teil denen der V 160 gleich, jedoch sind bei der V 320 die Nachschaltgetriebe nicht unmittelbar am Wendegetriebe angebaut, sondern als besondere Umschalt- und Verteilergetriebe im Drehgestell gelagert. Die Kopfform der V 320 wurde in neuer Formgebung wie bereits bei der V 160 010 technisch und fertigungsmäßig einfacher gestaltet, wodurch sich geräumigere Führerstände als bei den Vorserien-V 160 ergaben. Damit die V 320 den vorgeschriebenen Bremsweg von 900 m aus 160 km/h erreicht, wurde sie als erste Diesellokomotive der DB mit Scheibenbremsen und zusätzlich als einzige Diesellokomotive der DB mit Magnetschienenbremsen ausgerüstet. Eine hydrodynamische Bremse war nicht vorgesehen.

Der Erprobungsbetrieb zeigte dann schnell, daß die in die stärkste und größte Diesellokomotive gesetzten Erwartungen voll erfüllt wurden. Vor allem wurde die Laufgüte der Maschine im gesamten Geschwindigkeitsbereich bis zu 180 km/h immer wieder positiv erwähnt. Aufgrund dieser Versuchsergebnisse mietete die DB die V 320 001 an. Die Lokomotive war zunächst von Hamm aus im fahrplanmäßigen Dienst vor schweren Zügen gemeinsam mit der V 300 eingesetzt, kam jedoch zum Winterfahrplan 1964/65 zum Bw Kempten, wo sie bis zur Beendigung des Mietverhältnisses 1974 auf der Allgäubahn im Einsatz war.

Ende der sechziger Jahre versuchte Henschel noch einmal der DB eine kleinere Serie der V 320 für die Vogelfluglinie Hamburg–Puttgarden „schmackhaft" zu machen. Ein Gutachten kam jedoch zu dem Schluß, daß längerfristig eine Elektrifizierung dieser Strecke wirtschaftlicher wäre, und außerdem die Zwei-Motoren-Anlage der V 320 und ihre Dampfzugheizanlage technisch überholt wäre.

Für Henschel hat sich die Entwicklungsarbeit durchaus bezahlt gemacht, die V 320 war der Prototyp für zahlreiche in die UdSSR und in die VR China gelieferten bzw. dort in Lizenz gebaute 4000-PS- bzw. 5400-PS-Lokomotiven.

Die V 160-Familie

Niemand ahnte im Jahr 1956, als die Deutsche Bundesbahn die Firma Krupp mit der Entwicklung einer mittelschweren Streckenlokomotive gemäß dem Typenprogramm 1955 beauftragte, daß diese Lokomotive die Stammbauart einer großen „Familie" äußerlich kaum zu unterscheidender Triebfahrzeuge werden würde.

Gemeinsames Kennzeichen dieser Diesellokomotivfamilie ist der schnelllaufende Hauptdiesel, die hydraulische Leistungsübertragung und der durchgehende Gelenkwellenstrang. Über 800 Lokomotiven sind von dieser Familie gebaut worden, zu ihr gehören die V 160 (216), 215, V 162 (217), 218, sowie die mit Gasturbinenzusatzbetrieb ausgestatteten V 169 (219) und 210. Die Weiterentwicklung der Grundbauart V 160 ergab sich sowohl durch die im Laufe der Zeit geänderten betrieblichen Anforderungen als auch durch die Fortschritte im Motorenbau und auf dem Gebiet der Steuerungs- und Leistungselektronik.

Von den betrieblichen Änderungen wären zu nennen:

– die Heraufsetzung der Geschwindigkeiten für Reise- und Güterzüge,

– der Übergang von Dampfheizung auf elektrische Zugenergieversorgung sowie

– die geplante Einführung der automatischen Mittelpufferkupplung.

Von der Industrie sind folgende Entwicklungen betrieben worden:

– Aus dem 1350-PS-(990-kW-)Motor MB 12 V 652 (alte Bezeichnung:

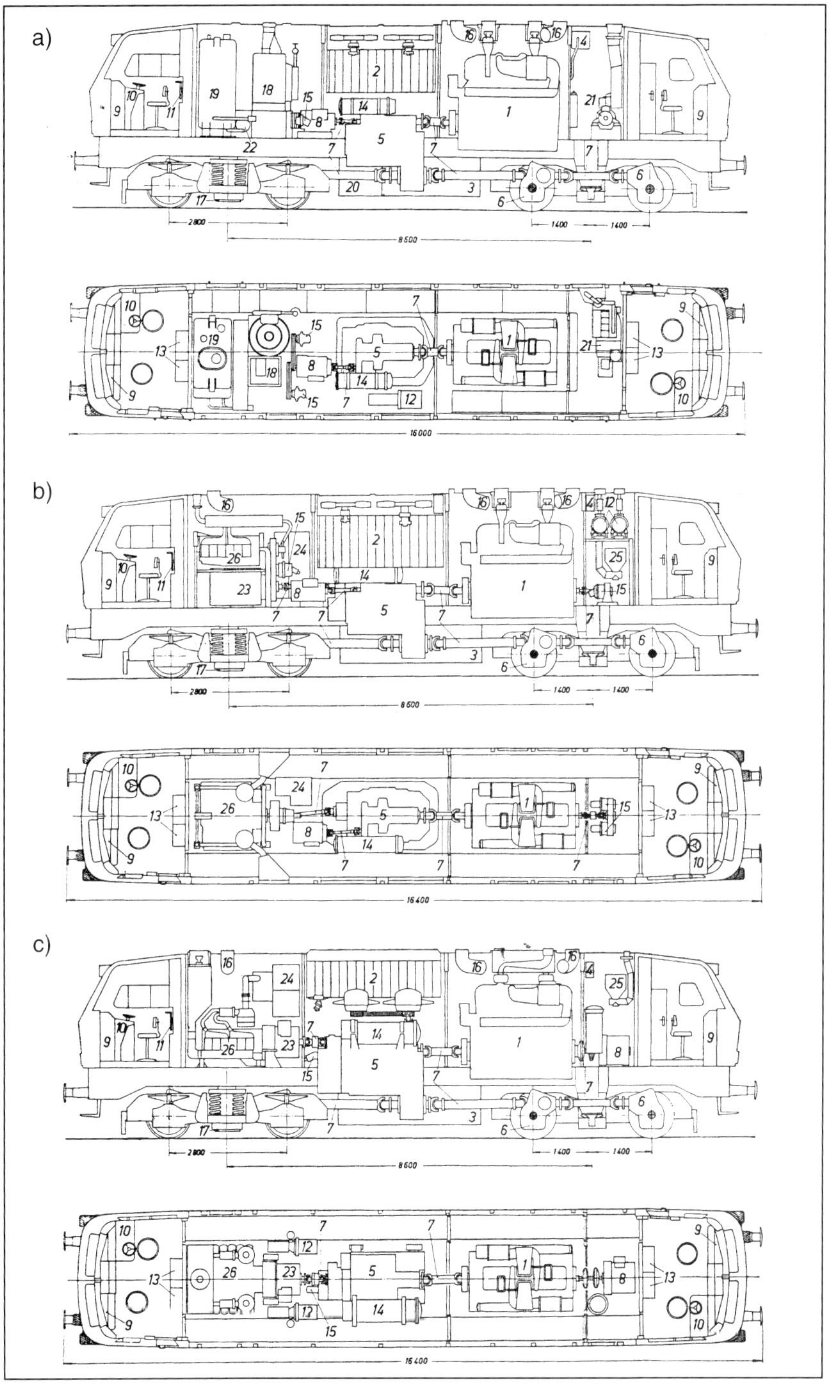

Lokomotiven der V 160-Familie:

a) V 160/216-Serienausführung mit Dampf-Zugheizanlage

b) V 162 001/217 001-Prototyp mit elektrischer Zugheizanlage durch besonderes Dieselaggregat mit darunterliegendem Generator

c) V 162/217-Vorserienausführung mit elektrischer Zugheizanlage durch besonderes Dieselaggregat mit angeflanschtem Generator

Zeichnung: Sammlung Matthias Maier

1: Haupt-Dieselmotor
2: Kühleranlage
3: Kraftstoffvorratsbehälter
4: Kraftstoffbetriebsbehälter
5: Strömungsgetriebe
6: Radsatzgetriebe
7: Gelenkwellen
8: Lichtanlaßmaschine
9: E-Apparateschränke
10: Führerpult
11: Handbremse
12: Luftpresser mit elektrischem Antriebsmotor
13: Geräteschränke
14: Getriebeöl-Wärmetauscher
15: Lüfterpumpen (außer V 164/218)
16: Elektrische Motorraum-Entlüftung
17: Indusi-Magnet
18: Heizkessel (nur V 160/216)
19: Speisewasserbehälter (nur V 160/216)
20: Heizölbehälter (nur V 160/216)
21: Hilfsdiesel mit Bremsluftverdichter (nur V 160/216)
22: Heizungswärmetauscher (nur V 160/216)
23: Heizgenerator (außer V 160/216)
24: Schaltschrank für Heizungselektrik (außer V 160/216)
25: Vorwärm- und Warmhaltegerät (außer V 160/216)
26: Heizdiesel (nur V 162/217)
27: Gasturbine (nur V 169/219)
28: Gasturbinen-Untersetzungsgetriebe (nur V 169/219)
29: Luftansaugfilter für Gasturbine (nur V 169/219)
30: Abgasschalldämpfer für Gasturbine (nur V 169/219)

Weitere Lokomotiven siehe Seite 50

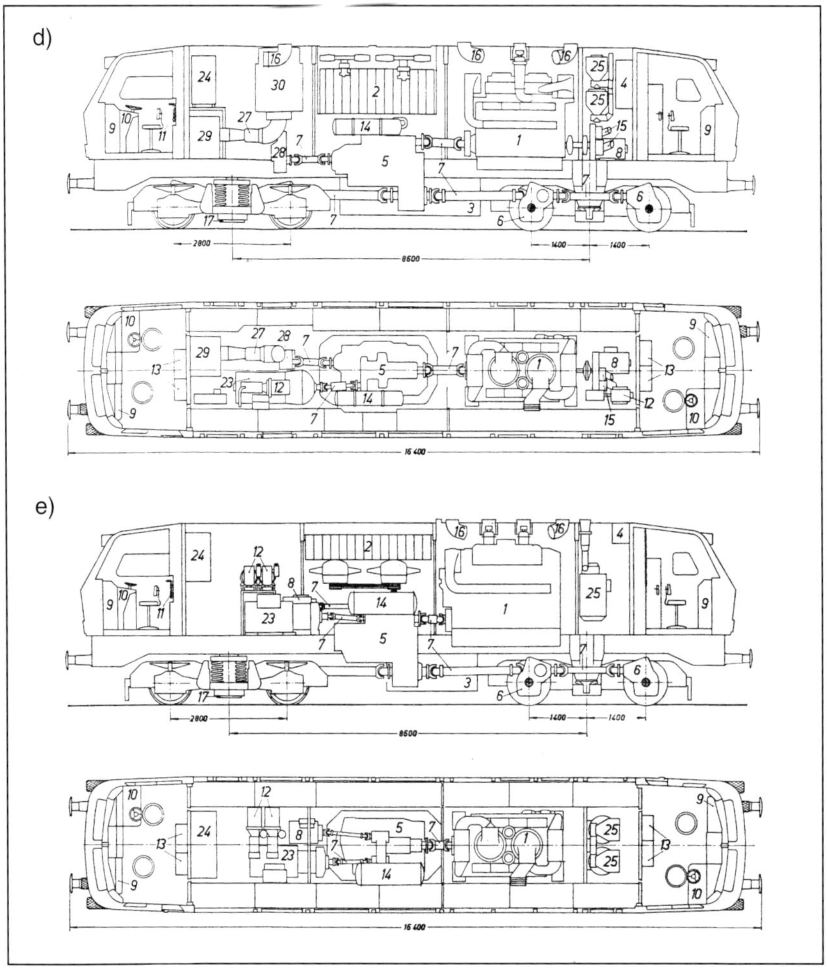

d) V 169/219-Prototyp mit elektrischer Zugheizanlage und Gasturbinen-Zusatzantrieb

e) V 164/218-Vorserienausführung mit elektrischer Zugheizanlage und 2500-PS-Dieselmotor

MB 835) der V 100.20 (212/213) wurde ein 16-Zylinder-Dieselmotor 16 V 652 (ehem. MB 839) mit 1800 PS (1320 kW) bei 1500 U/min konstruiert, der in der V 160, 215 und 217 zum Einsatz kam.

Ähnliche Konstruktionsarbeit war im Hause Maybach geleistet worden: aus dem Zwölfzylinder-Motor MD 650, der in der V 200.0 und V 100.10 eingesetzt wurde, konnte der Sechzehnzylinder MD 870 entwickelt werden, der 1900 PS (1390 kW) leistete.

Die MAN entwickelte in den sechziger Jahren den schnellaufenden V 6 V 23/23, einen Zwölfzylinder-V-Motor mit einer Leistung von 2000 PS (1470 kW) bei 1500 U/min, ursprünglich gedacht für die Verwendung in Schnellbooten. 1966 absolvierte dieser Motor, dessen Leistung durch eine verbesserte Aufladung und Ladeluftkühlung auf 2500 PS (1840 kW) bei gleicher Drehzahl gesteigert werden konnte, einen internen 100-Stunden-Prüflauf nach UIC mit sehr gutem Ergebnis, so daß die DB beschloß, diesen Motor für die V 164 (218) zu bestellen.

Nach dem Zusammenschluß von Maybach, Mercedes-Benz-Motorenbau und MAN Turbo zur MTU (Motoren- und Turbinen-Union) im Jahre 1969 wurde der MAN V 6 V 23/23 von der neuen MTU mit der Bezeichnung MA 12 V 956 TB übernommen und weiterentwickelt. In seinem letzten Konstruktionsstand als MA 12 V 956 TB 11 leistet er 2800 PS (2060 kW). Mit diesem Motor stand der DB ein Aggregat zur Verfügung, mit dem eine aus unterhaltungstechnischen Gründen erstrebte einmotorige Streckendiesellokomotive realisiert werden konnte.

– Das Fahren mit höheren Geschwindigkeiten erfordert, neben einer ausreichenden Antriebsleistung, auch eine wirksame, möglichst verschleißarme Bremse. Nach den guten Erfahrungen mit der hydrodynamischen Bremse in der Steilstrecken-V 100.20 (213) wurde von Voith und Maybach/MTU die Weiterentwicklung dieser verschleißfreien Bremse betrieben, so daß für die 215/218 eine hydrodynamische Bremse mit einer Dauerleistung von 1800 PS (1324 kW) zur Verfügung stand.

– Die rasante Entwicklung im Halbleiterbereich Anfang der sechziger Jahre gestattete es, für die elektrischen Zugenergie-Versorgungsanlagen auf einer Diesellokomotive elektronische Umrichter einzusetzen. Ein vom Dieselmotor angetriebener Synchrongenerator erzeugt einen Drehstrom konstanter Spannung, aber mit je nach Dieseldrehzahl variabler Frequenz. Der gesteuerte Umrichter, ein sogenannter Hüllkurvenumrichter, wandelt den Drehstrom in einen Einphasenwechselstrom 1000 V, 16 2/3 Hz, wie er für die Energieversorgung der Reisezugwagen erforderlich ist, um. Die Leistung der Einheitsanlage beträgt 400 kVA.

V 160 (216)

Bei der Auflistung der technischen Möglichkeiten, die sich in den 15 Jahren der Entwicklung der V 160-Familie ergaben, sind wir der Zeit etwas vorausgeeilt.

Kehren wir zurück in das Jahr 1960, in dem die ersten V 160 von Krupp an die DB geliefert wurden. Sie waren als Ersatz für die Personenzug-Dampflokomotiven 03, 23, 38.10-40, 39 sowie für die Güterzuglokomotiven 50, 55, 56 und 57 vorgesehen. Sie sollten bei einer Radsatzlast von 18 Tonnen vierachsig, mit klotzgebremsten Drehgestellen, ausgeliefert werden. Für den Reisezugdienst sollten sie einerseits

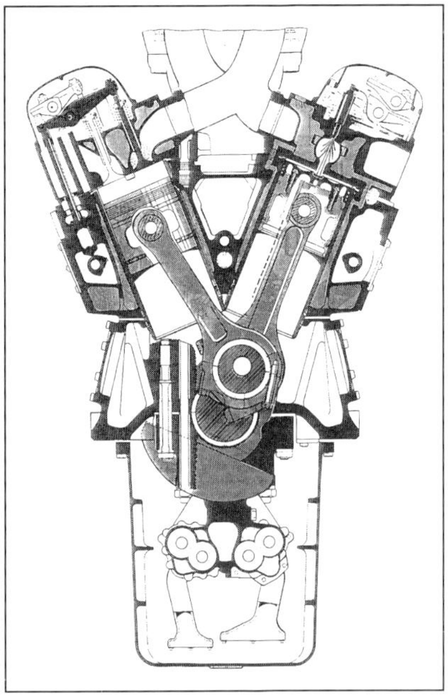

Schnitt durch den Dieselmotor MB 16 V 652 TB 10 (alt: Mercedes-Benz MB 839), der in der V 160/216, V 162/217 und 215 zum Einsatz kam.

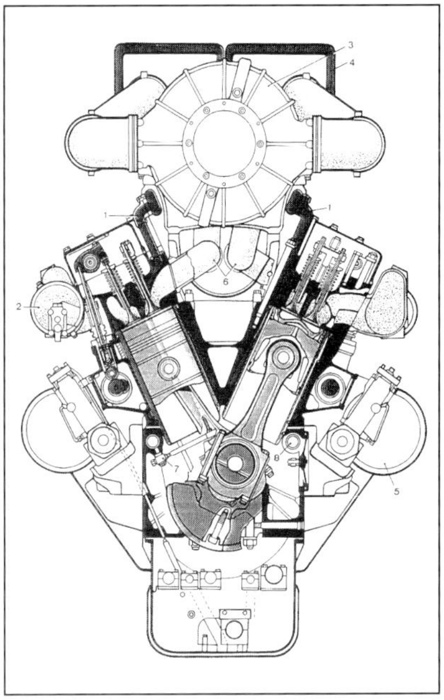

Schnitt durch den Dieselmotor MA 12 V 956 TB 11 (alt: MAN V6V 23/23), der in der 218 zum Einsatz kam.

Zeichnungen: DB

Links unten: Ausfahrt frei für die Lollo *Foto: Archiv Eisenbahn Magazin*

Rechts unten: 216 001 beim Betanken am 21. 2. 1977 in ihrem damaligen Heimat-Bw Gelsenkirchen-Bismarck *Foto: Matthias Maier*

Zwei Serien-216 in Doppeltraktion warten am 15. 2. 1975 in Bremen Hbf auf Ausfahrt Richtung Oldenburg.

eine Höchstgeschwindigkeit von 120 km/h und Dampfheizanlage, für den Güterzugdienst andererseits eine Anfahrzugkraft von 240 kN und eine Dauerzugkraft von 160 kN aufweisen. Als Hauptdiesel kam der oben erwähnte Mercedes-Benz MB 16 V 652 und das Voith-Getriebe L821rs (alt: L218rs, Wandler-Wandler-Kupplung) mit Nachschaltgetriebe für eine Höchstgeschwindigkeit von 80/120 km/h zum Einsatz, das eng mit dem V 100-Getriebe L216rs verwandt ist. Wie schon bei der V 100 übernimmt ein Hilfsdiesel hier mit 22 PS (16 kW) die Bordnetzversorgung bei stehendem Hauptdiesel.

Die Entfeinerung der Lokomotivkasten-Schweißkonstruktion, der auch der „Lollo"-Vorbau der V 160 001 bis 009 geopfert wurde, führte zu einer Verbilligung der Fertigung, aber auch zu einer Erhöhung der Radsatzlast auf 20 Tonnen, bei der 1963 in Auftrag gegebenen ersten Serie. Die Erhöhung der Radsatzlast konnte akzeptiert werden, da die leistungsgesteigerte V 100.20 (212) für die Nebenbahndienste zur Verfügung stand.

Bis 1968 wurden einschließlich der Vorserienmaschinen 224 Lokomotiven abgeliefert, die zum größten Teil mit Fernsteuereinrichtung für Wendezugbetrieb und Doppeltraktion eingerichtet sind.

V 162 (217)

Im Diesellokomotiv-Typenprogramm war als Zugheizeinrichtung eine Dampfheizanlage vorgesehen. Durch

Den Lokomotiven der V 160-Familie steht eigentlich jede Lackierung gut. 216 096 des Bw Kassel, eines bis in die heutige Zeit traditionellen 216-Bw, war zum Zeitpunkt der Aufnahme (September 1976) gerade neu lackiert. *Fotos: Matthias Maier*

die sich abzeichnende vollständige Ablösung des Dampflokbetriebes plante die DB bereits Anfang der sechziger Jahre in Zukunft bei den Reisezugwagen auf die Dampfheizanlage zu verzichten. Daraus ergab sich, daß bei den Diesellokomotiven eine elektrische Zugenergie-Versorgungsanlage vorzusehen war. Da von der V 160 zu diesem Zeitpunkt erst eine kleine Serie vorhanden war und sich diese Baureihe als Universallokomotive zu eignen schien, erhielt Krupp im Frühjahr 1963 den Auftrag für die Entwicklung der V 162 auf der Basis der V 160, jedoch mit einem separaten 500-PS-Dieselmotor zum Antrieb des Heizgenerators. Bei der zur Verfügung stehenden Dieselmotorleistung von 1800/1900 PS (1316/1390 kW) hätten zu große Leistungs- bzw. Zugkraftminderungen für die Traktion hingenommen werden müssen.

Als Heizdieselmotor bot sich der in den Triebzügen der Baureihe VT 24 (624) als Unterflurmotor bewährte Zwölfzylinder-MAN D 3650 HM, mit einer Leistung von 500 PS (368 kW), an.

Bei der V 162 001 und 002 trieb der Heizdiesel über ein Zwischengetriebe den Drehstromgenerator an, während bei der V 162 003 der Generator direkt mit dem Hilfsdiesel gekuppelt war, der wiederum über eine Gelenkwelle mit dem Fahrgetriebe verbunden war. Somit konnte z. B. im Güterzugdienst die Traktionsleistung um die Heizdieselleistung erhöht werden.

Nach dem Muster der V 162 003 mit direkt geflanschtem Heizgenerator und hydrodynamischer Bremse wurden 1968 zwölf weitere V 162, jetzt schon als 217 bezeichnet, abgeliefert und in einem Großversuch in Regensburg und Hagen mit der zur gleichen Zeit angelieferten Vorserien-218 erprobt. Der 218, bei der der Heizgenerator vom Hauptdiesel angetrieben wird, wurde dann als der wirtschaftlicheren Variante der Vorzug gegeben.

Nach Abschluß der Vergleichsuntersuchungen zwischen 217 und 218 bei den Bahnbetriebswerken Hagen und Regensburg wurden alle 217 beim Bw Regensburg zusammengefaßt. Bis heute ist ihr Ensatz auf Mittel- und Oberfranken sowie die Oberpfalz beschränkt geblieben. Am Ostermontag 1981 fährt 217 021 mit einem Eilzug von Schwandorf nach Regensburg. *Foto: Matthias Maier*

Als Anfang der siebziger Jahre das Ende der Dampftraktion bei der DB abzusehen war, mußten sich die Versuchsanstalten der Bundesbahn-Zentralämter Minden und München als Ersatz für die noch vorhandenen Bremslokomotiven der Reihen 50 und 44 nach geeigneten Fahrzeugen Umschau halten. Die Wahl fiel auf die von den Serienfahrzeugen am meisten abweichenden 217 001 und 002, die 1974 für den Einsatz als Bremslokomotiven umgebaut wurden. Dazu erhielten sie das hydraulische Getriebe L820wbrs der 218 mit integrierter hydrodynamischer Bremse, die serienmäßige Kühlanlage der 215/218 sowie zusätzliche Steuerungs- und Überwachungseinrichtungen. Anstelle des Heizdiesels wurden elektrische Widerstandsgeräte mit Lüftern eingebaut, um die elektrischen Heizeinrichtungen der zu prüfenden Lokomotiven testen zu können. Zu Bahndienstfahrzeugen 753 001 und 002 umgenummert, sind diese beiden Lokomotiven im gesamten Bundesgebiet unterwegs, wie hier am 9. 2. 1990 im Bw Löhne. *Foto: Uwe Clasen*

Mittlerweile ist keine 217 mehr im traditionellen Diesellokrot mehr unterwegs, es überwiegen die orientrot lackierten Lokomotiven. Auf dieser Aufnahme von Uwe Clasen bemühen sich am 4. 3. 1993 in Neukirchen bei Sulzbach-Rosenberg 217 021 in neuester Lackierung, 217 011 in türkis-beige sowie 218 240 in altrot mit dem Güterzug 44132 nach Nürnberg, während 217 017 im Hintergrund auf neue Taten wartet.

Von der Reihe 217 wurden keine weiteren Lokomotiven mehr beschafft

215

1966/67 bestand ein dringender Bedarf an Diesellokomotiven der 1800/1900-PS-Klasse, noch bevor mit den 2500-PS-(1840-kW-)Motoren und mit der elektrischen Zugenergie-Versorgungseinrichtung neuer Bauart ausreichende Erfahrungen für eine Serienbeschaffung vorlagen.

Die DB mußte sich deshalb entscheiden, nochmals eine Seriennachbeschaffung von Lokomotiven mit dem V 160-Serienmotor MB 12 V 652 (alt: MB 839 Bb) und Dampfheizung einzuleiten.

Um sich die Möglichkeit eines späteren Umbaues auf elektrische Heizung nicht zu verbauen, wurde auf eine von der Vorserien-218 abgeleitete Zwischenlösung ausgewichen und 1967 bei Krupp eine Vorserie von zehn Lokomotiven der Baureihe 215 in Auftrag gegeben. Die als V 160.3 oder auch als V 160 „lang" geplante Lokomotive wurde gegenüber der 216 um 400 mm länger, um später auch stärkere Dieselmotoren, einschließlich der Kühlanlage, unterzubringen.

Die zehn Vorserien-Lokomotiven wurden 1968/69 mit dem 2500-PS-(1840-kW-)MAN-Motor V 6 V 23/23 TL ausgeliefert, der in der damaligen Entwicklungsstufe noch nicht serienreif war. Die ab 1970 ausgelieferten Serienlokomotiven erhielten daher den bewährten V 160-Motor mit 1900 PS (1400 kW). Die letzten 20 von Henschel gebauten Lokomotiven wurden mit dem von der MTU weiterentwickelten MAN-Motor ausgerüstet. Als Getriebe wurde das für die 218 entwickelte Voith-L820wbrs-Getriebe mit hydrodynamischer Bremse verwendet, so daß eine Höchstgeschwindigkeit von 140 km/h zugelassen werden konnte.

Vorserienlokomotive 215 002 im Mai 1975 im Bw Crailsheim *Foto: Matthias Maier*

Der geplante Umbau auf elektrische Zugheizung wurde nur bei drei Lokomotiven (215 030 bis 032) sowie der 215 112, die nach einem schweren Unfall als 218 399 wieder in Dienst kam, durchgeführt.

V 164 (218)

Die Verwässerung der einmotorigen Grundbauform der V 160 durch den Einbau eines zusätzlichen Dieselmotors für die elektrische Zugheizung samt ihrer Hilfseinrichtungen machte in- und ausländischen Entwicklungen von 2500-PS-Motoren zunehmend interessanter. Dieser 2500-PS-Dieselmotor, der von MAN, der französischen Firma Pielstick und mittlerweile auch von der seit 1966 gemeinsam firmierenden Maybach-Mercedes-Benz-Motorenbau GmbH für Bahnanwendungen angeboten wurde, war die Grundlage für die Konstruktionskonzeption der V 164 (218).

Die Entwicklung der zunächst als V 63 bezeichneten Standard-Dieselstreckenlokomotive mit elektrischer Zugenergie-Versorgungsanlage und hydrodynamischer Bremse baute konsequent auf den bisherigen Lokomotiven der 216-Familie und den damit gewonnenen Erfahrungen auf. Während

Oben: In der Zwischenzeit auch von der Ausmusterung bedroht sind die Lokomotiven der Baureihe 215. Bis Ende 1995 wurden bereits 23 Lokomotiven abgestellt.

Mitte: 215 073 war 1975 die erste Lokomotive ihrer Baureihe in der neuen Farbgebung. 215 073 des Bw Ulm verläßt am 11. 7. 1975 Sigmaringen mit einem Eilzug nach Tuttlingen.

Unten: Aus der nach einem Unfall in Horb/Neckar schwer beschädigten 215 112 entstand im Ausbesserungswerk Nürnberg 1975/76 die 218 399. Am 15. 2. 1975 nahmen Spezialisten des AW Nürnberg die Unfallschäden auf. *Fotos: Matthias Maier*

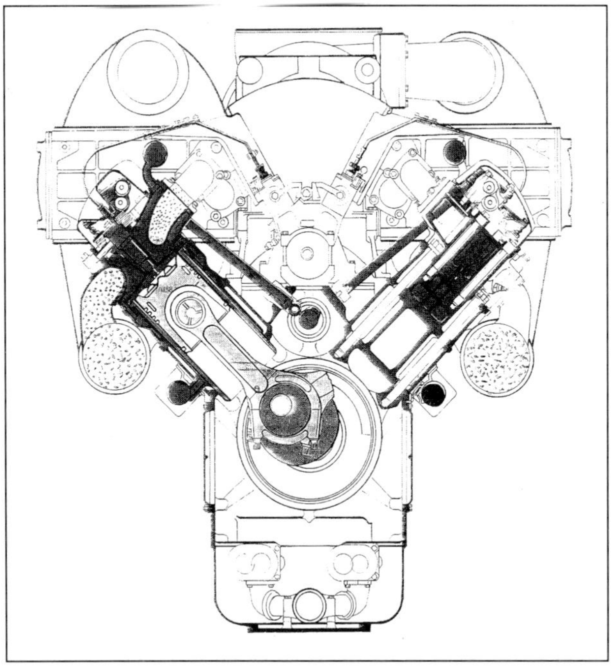

Von 1968 bis 1979 wurden 410 Lokomotiven der Baureihe 218 von der Industrie an die DB geliefert. 218 001, die Aufnahme zeigt den Bauzustand dieser Lokomotive im Januar 1984, war die erste dieser mit am erfolgreichsten DB-Diesellokomotiv-Baureihe.

Foto: Matthias Maier

Links: Schnitt durch den Dieselmotor Pielstick 16 PA4-200, der in der 218 zum Einsatz kam. *Zeichnung: DB*

der immerhin elf Jahre dauernden Beschaffungszeit wurden auch an der 218 Detailverbesserungen vorgenommen. Die 218 stellt somit den Abschluß einer von den unterschiedlichsten Überlegungen beeinflußten 20jährigen Lokomotiventwicklung dar.

In die 218 flossen folgende Ideen bzw. Komponenten der 216-Familie ein:

– Von der V 160 (216) die Grundkonzeption der einmotorigen Lokomotive samt Lauf- und Triebwerk und deren äußere Form. Das ursprüngliche Drehgestell wurde von MaK weiterentwickelt. Die neueren Drehgestelle haben eine dreidimensionale, elastische Metall-Gummi-Radsatzfederung und gleitstücklose Kastenabstützung mit Flexicoil-Federn.

– Von der V 162 (217) stammen der verlängerte Lokomotivkasten mit den zwei durchgehenden Seitengängen, das Prinzip der elektrischen Zugheizanlage, die Getriebebauart mit nur zwei Wandlergängen, die Drehzahl- statt der Füllungsregelung des Dieselmotors sowie die dieselölgefeuerte Warmhalteeinrichtung mit Fremdanschluß an das 220-V-Ortsnetz.

– Von der Gasturbinenlokomotive V 169 (219) wurde der Antrieb des Zugheizgenerators durch den Fahrdiesel über das Getriebe übernommen.

– Von der 215 kommen die hydrodynamische Bremse, die für eine Höchstgeschwindigkeit von 140 km/h erforderlich ist, sowie die für Mehrfachtraktion und Wendezugbetrieb notwendigen Einrichtungen.

– Von der 210 stammt die weiterentwickelte elektrische Zugheizanlage für eine Leistungsabgabe von 400 kVA und der Möglichkeit des Parallelbetriebes zweier Umrichter bei Doppeltraktion.

– Von der Vorserien-218 bzw. den 215 wurde der 2500-PS-(1840-kW-) Motor übernommen. Nachdem durch den Zusammenschluß von MAN und Maybach-Mercedes-Benz-Motorenbau im Jahre 1969 zur MTU nur noch ein deutscher Großlokomotiv-Dieselhersteller am Markt war, führte die DB aus Wettbewerbsgründen den französischen Pielstick-Dieselmotor 16 PA4 V 200 mit 2800 PS (2060 kW) für die 218 ein. Die MTU verbesserte „ihren" Dieselmotor ebenfalls auf 2800 PS (2060 kW) unter der Typenbezeichnung MA 12 V 956 TB11, wobei die 2800-PS-(2060-kW-)Motoren in der Mehrzahl der 218 im Einsatz sind (geliefert mit 218 195 bis 241 und 218 289 bis 499).

Die 218 bewährte sich im Betriebsdienst außergewöhnlich gut und gilt auch heute noch als die Standard-Strecken-Diesellokomotive für alle Zugarten auf den nicht elektrifizierten

Oben: Auf der Murgtalbahn ersetzten neugelieferte 218 ab 1972 die bis an die Grenzen der Leistungsfähigkeit belasteten 213. In Baiersbronn überholt im Mai 1974 218 162 mit einem Personenzug 218 165 mit einem Güterzug nach Freudenstadt.

Mitte: Dank der elektrischen Zugenergie-Versorgungsanlage können die 218 problemlos auch klimatisierte Reisezüge befördern. 218 157 des Bw Kaiserslautern bespannt am 20. 7. 1974 den wochenendlichen Entlastungs-IC Karlsruhe–Landau–Saarbrücken.

Unten links: 218 314, aufgenommen am 7. 8. 1977 im Bw Bamberg, entstammt der dritten Bauserie und zeigt sich im typischen Erscheinungsbild der siebziger Jahre mit „falschem" DB-Symbol und noch ohne Abgas-Ableitschornsteine.

Unten rechts: 218 230, aufgenommen 1985 im Bw Nürnberg Hbf, zeigt sich hingegen mit den Attributen der achtziger Jahre: korrigiertem DB-Emblem und Abgas-Ableitschornsteine.

Fotos: Matthias Maier

Die jüngste Anstrichsvariante der 218 wurde im September 1995 kreiert: passend zum neuen DB-Touristikzug wurden 218 416 und 418 umlackiert.

Strecken der DB. Als kleines Manko der 218 soll erwähnt werden, daß nicht benötigte Heizleistung nicht für die Traktion genützt werden kann und dadurch 500 bis 800 PS bei Güterzügen nutzlos „spazierengefahren" werden. Andererseits wird dadurch die Maschinenanlage geschont, so daß bei vielen 218-Motoren störungsfreie Laufleistungen von über einer Million Kilometern erreicht werden.

V 169 (219), 210

Bereits Anfang der fünfziger Jahre hatte die DB mehrere Wochen lang eine Gasturbinenlokomotive im Einsatz: die Am 4/6 1101 der Schweizerischen Bundesbahnen. Diese turboelektrische Lokomotive mit einer Nennleistung von 2200 PS (1620 kW) wurde in einem Vergleichstest zur V 200 und zur Dampflokomotive 01 eingesetzt. Zu hoher Treibstoffverbrauch und die ungewohnte elektrische Leistungsübertragung ließen die DB zu dem Schluß kommen, für das Neubauprogramm keine Gasturbinenfahrzeuge zu entwickeln.

Das Verlassen der einmotorigen Grundkonzeption der V 160 zugunsten des Einbaus eines weiteren Dieselmotors gab einerseits den Anstoß zur Entwicklung der schon erwähnten Dieselmotoren höherer Leistung, andererseits erinnerte man sich an ein Aggregat, das bei einem Minimum an Platz und Gewicht ein Maximum an Leistung ermöglichte: die Gasturbine.

Die Gasturbine als Zusatzantrieb versprach darüber hinaus, daß eine damit ausgerüstete Lokomotive bei Bergfahrten und beim Beschleunigen eine wesentlich höhere Leistung abgeben kann, ohne daß der hohe spezifische Treibstoffverbrauch der Gasturbine im Teillastbereich bei diesem zeitlich begrenzten Volleinsatz ungünstig zur Geltung kommt.

Ihre Betriebstauglichkeit hatte die Gasturbine durch die tausendfache Anwendung im Flugverkehr offensichtlich nachgewiesen.

Klöckner-Humboldt-Deutz entwickelte zusammen mit dem BZA München auf der Basis des Fahrzeugteils der V 162 (217) eine entsprechende Prototyp-Lokomotive, die V169 001 (219). Die General-Electric-Zweiwellen-Gasturbine LM 100-8 mit 990 PS (727 kW) Nennleistung speiste über ein Untersetzungsgetriebe und eine Flüssigkeitskupplung in das Voith-Getriebe L820wrs ein. Die zusätzliche Gasturbinenleistung wurde ausschließlich für die Traktion verwendet.

Prototyp-Lokomotive 219 001 der DB mit 1400-kW-Dieselmotor und 660-kW-Zusatz-Gasturbine *Fotos: Matthias Maier*

Als Antriebs-Dieselmotor wurde der Maybach-Dieselmotor MD 870 mit 2150 PS (1580 kW) verwendet, der bei der DB bislang noch nicht eingesetzt war. Um die Lebensdauer dieses Diesels zu erhöhen, wurde die Leistung auf 1900 PS (1390 kW) begrenzt. Als erste Diesellokomotive (zusammen mit der V 162) der DB wurde die V 169 mit einem elektrischen Zugenergie-Versorgungsaggregat ausgerüstet.

Nach zweijähriger Entwicklungsarbeit wurde die V 169 001 im Sommer 1965 abgeliefert und im Januar 1966 abgenommen; danach wurde die Lokomotive zusammen mit der V 320 001 auf der Allgäubahn eingesetzt. 1974 wurde die Gasturbine stillgelegt und die mittlerweile umgezeichnete 219 001 ab 1975 im Ruhrgebiet beim Bw Gelsenkirchen-Bismarck abgefahren.

Die Versuchslokomotive, die 1978 ausgemustert wurde, hat die grundsätzliche Brauchbarkeit der Gasturbine als Zusatzantrieb (Booster) unter Beweis gestellt und ferner die Vorerprobung des Heizgeneratorantriebes durch den Fahrdiesel ermöglicht.

Auf den Erfahrungen mit der V 169 aufbauend, wurden von 1969 bis 1971 von Krupp und Klöckner-Humboldt-Deutz acht Turbodiesellokomotiven Baureihe 210 entwickelt und gebaut.

Gegenüber der V 169 erhielt die 210 den leistungsfähigeren MTU-Dieselmotor 12 V 956 mit 2500 PS (1840 kW) aus der 218 und die von KHD in Lizenz gefertigte Lycoming-Gasturbine T53-L13 mit einer Nennleistung von 1150 PS (845 kW).

Mit einer installierten Gesamtleistung von 3650 PS (2685 kW) lag die 210

Von 1966 bis 1974 wurde die 219 001 vom Bw Kempten aus auf der anspruchsvollen Allgäustrecke München–Lindau eingesetzt. Am 15.7.1974 fährt sie vom Hauptbahnhof kommend in das Bahnbetriebswerk München Hbf. *Foto: Matthias Maier*

1970/71 lieferte Krupp die letzte Unterbaureihe der V 160-Familie ab: Die 3650-PS-Lokomotiven der Baureihe 210 mit 2500-PS-Dieselmotor und 1150-PS-Gasturbinen-Zusatzantrieb. *Foto: Archiv Eisenbahn Magazin*

leistungs- und zugkraftmäßig nur knapp unter der V 320. Die elektrische Zugheizanlage wurde verbessert und in der Leistung erhöht.

Auf der kurven- und steigungsreichen Allgäustrecke München–Lindau waren die zehn Gasturbinen (zwei Stück für Reserve) in der 210 vor schweren Reisezügen insgesamt ca. 35 000 Betriebsstunden im Einsatz und haben ca. elf Millionen Laufkilometer erreicht. Dabei wurden folgende Vergleichswerte ermittelt:

Die Unterhaltungskosten lagen etwa 50 Prozent über denen für einen Dieselmotor entsprechender Leistung.

Im Vergleich zur 218 ergaben sich durch die Gasturbine folgende Werte:

- 50 % höhere Leistung,
- 32 % höherer Beschaffungspreis,
- 30 % höherer Treibstoffverbrauch,
- 20 % höherer Wartungsaufwand

sowie

- 2 % höheres Dienstgewicht.

Oben: Auch die Baureihe 210 wurde vom Bw Kempten aus überwiegend auf der Allgäustrecke eingesetzt. 210 002 mit einem schweizerischen Schnellzug in Fürstenfeldbruck. *Foto: Matthias Maier*

Mitte: Nach dem Ausbau der Gasturbinen und dem Angleich an die Baureihe 218 wurden die Lokomotiven der Baureihe 210 als Unterbaureihe zur 218 umgenummert. Seit Oktober 1983 sind sie beim Bw Braunschweig beheimatet, wobei die 218 901 gerne von der Versuchsanstalt Minden für Überführungsfahrten von Versuchsfahrzeugen genutzt wird. Am 17.5.1995 begegnet 218 901 im französischen Ath einem TGV Atlantique der SNCF. *Foto: Uwe Clasen*

Unten: Zwei Mitglieder der V 160-Familie im Bw Nürnberg Hbf: Zwischen 218 215 und 217 013 steht die designierte Museumslokomotive 218 217 – daher noch mit altem DB-Emblem –, die übrigens die einzige DB-Diesellokomotive in rot-beiger TEE-Farbgebung war und ist. *Foto: Matthias Maier*

Die Zahlen machen deutlich, daß eine 210 günstiger sein müßte, als die 218 in Doppeltraktion. Auch ein Vergleich gegen eine (fiktive) Diesellokomotive mit gleicher Dieselmotorleistung hätte wohl zugunsten der 210 geführt werden können.

Trotz dieser rechnerischen Vorteile blieb die erwartete Gesamtwirtschaftlichkeit jedoch aus. Nachdem sich im Jahre 1978 die Gasturbinenschäden häuften und eine 210 gar ausbrannte, wurden ab Dezember 1978 die Turbinen stillgelegt und von 1979 bis 1981 im Rahmen der Hauptuntersuchung ausgebaut. Dabei wurden die 210 weitestgehend der 218 angeglichen und als 218 901 bis 908 wieder dem Betrieb übergeben.

Abrundung des Typenprogramms

Die steigenden Anforderungen des Betriebsdienstes an den Lokomotivpark als Folge des Konkurrenzkampfes mit den anderen Verkehrsträgern einerseits und der Ersatz der im schwersten Rangier- und Übergabedienst eingesetzten Dampflokomotiven andererseits, bewogen Anfang der sechziger Jahre die DB entsprechende Ergänzungen des Typenprogramms in Angriff zu nehmen.

Betrachten wir zunächst einmal die Entwicklung der V 200.1 (221). Als erste Großdiesellokomotive der DB wurde 1953 die V 200.0 in Dienst gestellt und anfangs hauptsächlich im schnellen F-Zugdienst eingesetzt. In diesem Dienst bewährte sich die V 200.0 in jeder Beziehung. Mit der weiteren Elektrifizierung der Hauptstecken wurde der F-Zugdienst mehr und mehr von elektrischen Lokomotiven übernommen und die „hoch null“, wie die V 200.0 auch häufig genannt wurde, mußte auf den übrigen Strecken auch D- und Eilzüge übernehmen. Die Auslastung dieser Züge wurde aber im Lauf der Jahre, teils infolge der Verkehrsentwicklung, teils weil man vom elektrischen Betrieb her immer schwerere Züge gewöhnt war, immer größer. Verglichen zu der Zugförderung mit den leistungsfähigen elektrischen Lokomotiven des DB-Typenprogramms befriedigte die Betriebsabwicklung mit der V 200.0 auf die Dauer nicht.

Im Bw Emden traf sich 1976 eine der letztgebauten V 200.0 mit der letztgebauten V 200.1. *Foto: Matthias Maier*

Die V 200.0 hatte für diese Dienste keinerlei Leistungsreserven, die Maschinenanlagen mußten voll ausgefahren werden, wodurch der Unterhaltungsaufwand bzw. der Schadbestand besorgniserregend anwuchs und die Betriebszuverlässigkeit geringer wurde.

Verspätungen konnten nicht mehr eingefahren werden, so daß sich der Pünktlichkeitsgrad der von V 200.0 beförderten Zügen verschlechterte. Außerdem reichte im Winter die Dampfheizanlage für eine ausreichende Beheizung der Züge bei niedrigeren Außentemperaturen nicht mehr.

Der Betriebsdienst benötigte also eine Lokomotive mit 2500 bis 3000 PS, die im Typenprogramm nicht vorgesehen war:

Der Leistungs- und Beschaffungspreissprung von der 2200-PS-Lokomotive V 200.0 zur nächstgrößeren Lokomotive im Typenprogramm, der V 320 mit rund 4000 PS war zu groß und der Leistungsabstand zum nächstkleineren Typ, der einmotorigen V 160 mit 1900 PS zu klein.

Ein Ausweg war bereits durch die zwischenzeitlich erzielten technischen Fortschritte im Motoren- und Getriebebau sowie durch die Exportaktivitäten von Krauss-Maffei vorgezeichnet.

Bereits Mitte der fünfziger Jahre wurde von Krauss-Maffei auf der Basis der V 200 eine sechsachsige 2200- bis 3000-PS-Lokomotive projektiert und gebaut, die ML 2200/ML 3000 (spätere V 300 der DB).

Es ist eine weitgehend unbekannte Tatsache, daß an die 250 Krauss-Maffei-Export- bzw. Lizenzlokomotiven aus der V 200 hervorgegangen sind. Erwähnt seien die Lokomotiven für die türkischen und jugoslawischen Staatsbahnen, die Lokomotiven der „Warship“- und „Western“-Klasse von British Rail, die vier- und sechsachsi-

Diesellokomotive 221 102 der DB im Bauzustand 1977 *Foto: Matthias Maier*

gen Lokomotiven für Talgo/Renfe in Spanien, wobei die letzten Exemplare mit über 4000 PS erst 1982 in Betrieb gegangen sind und eine Talgo-Lokomotive der zweiten Bauserie den Geschwindigkeitsweltrekord für dieselhydraulische Lokomotiven mit 235 km/h hält. Erwähnt seien schließlich noch die 4000-PS-Hochleistungslokomotiven für Bahnen in Nord- und Südamerika. Die für die brasilianische „Vale de Rio Doce"-Bahnverwaltung gelieferten Lokomotiven dürften die leistungsfähigsten Meterspurlokomotiven der Welt sein.

Doch kehren wir in das Jahr 1960 zurück, als das BZA-München den Auftrag erhielt, zusammen mit Krauss-Maffei 20 leistungsgesteigerte V 200 zu entwickeln und zu bauen.

Die wesentliche Aufgabe für die Weiterentwicklung der V 200.0 zur V 200.1 lautete, eine dieselhydraulische Lokomotive mit ca. 20 Prozent höherer Leistung bei gleichem Gewicht und Beibehaltung der grundsätzlichen Konzeption der V 200.0 zu entwerfen.

Für die Maschinenanlage wurde mit Rücksicht auf die Gewichtssituation der Zwölfzylinder-Daimler-Benz-Motor MB 835 Ab (spätere Bezeichnung MB 12 V 652 TZ) mit einer UIC-Nennleistung von 1400 PS bei 1500 U/min (verwendet in der V 200.1 mit einer Gebrauchsdauerleistung von 1350 PS) und das Maybach-Mekydro-Viergang-Getriebe K 184 U ausgewählt. Damit erhielt die V 200.1 eine Leistung von 2700 PS.

Das Mehrgewicht der leistungsstärkeren Maschinenanlage konnte durch entsprechende gewichtssparende Maßnahmen aufgefangen werden. So wurde der bei der V 200.0 verwendete Feuerbüchsrauchröhrenkessel durch einen Zwangsdurchlaufkessel ersetzt, der zudem noch eine größere Verdampfungsleistung hatte. Weiterhin wurden konsequent Leichtmetalle und Kunststoffe eingesetzt, die Wasserbehälter wurden z. B. aus glasfaserverstärktem Polyester hergestellt.

Eine weitere Forderung bei der Entwicklung der V 200.1 war, daß alle Erfahrungen und Erkenntnisse, die sich aus dem Betrieb mit den 86 Lokomotiven V 200.0 ergeben hatten, ausgewertet und verwendet werden sollten.

So wurden bei der V 200.1 unter Beibehaltung der V 200.0-Grundkonzeption eine Fülle von Detailänderungen durchgeführt, die dem Betrieb und der Werkstatt Erleichterungen und Vereinfachungen brachten:

Bei gleicher Kastenlänge wurden die Vorbauten der V 200.1 durch Aufrichten der Stirnpartien gekürzt und die Führerhäuser dadurch geräumiger. Die Schalldämmung wurde beträchtlich verbessert. Durch eine Umgestaltung der Kühler und der Kühlluftführung war es möglich, die beiden Seitengänge der Motorräume und des Kühler-Heizkessel-Raumes von beiden Führerständen aus durchgehend begehbar zu machen. Damit wurde eine bessere Zugänglichkeit der Maschinenanlagen erreicht.

Die insgesamt 50 Lokomotiven, die alle von Krauss-Maffei gebaut worden sind, wurden in zwei Losen bestellt: Das erste Los (V 200 101 bis 120) kam ab dem Jahreswechsel 1962/63 im Allgäu (Bw Kempten) und auf der Vogelfluglinie (Bw Lübeck) in Fahrt. Die zweite Serie (V 200 121 bis 150) verstärkte ab 1964 den Kemptener und Lübecker/Altonaer Bestand und ergänzte die V 200.0 beim Bw Villingen.

Das Bw Kempten setzte seine V 200.1 überwiegend auf der Allgäustrecke München–Lindau sowie den angrenzenden Linien zwischen Bodensee und München ein.

Der zunehmende Einsatz von Schweizer Reisezugwagen ohne Dampfheizeinrichtung auf der Allgäubahn machte ab 1971 den Einsatz von 218 mit elektrischer Zugheizung erforderlich, so daß das Bw Kempten, das Ende der sechziger Jahre immerhin ein Drittel der V 200.1 beheimatete, seinen Bestand nach Villingen abgab.

Über die Hälfte der V 200.1 waren Mitte der siebziger Jahre beim Bw Villingen im Schwarzwald beheimatet und im ganzen Südwesten der Bundesrepublik anzutreffen. Stammstrecken waren Schwarzwald- und Gäubahn. Die Aufnahme vom 30. 1. 1976 zeigt 221 145 auf der Südrampe der Schwarzwaldbahn zwischen Engen und Hattingen vor einem DC Zürich–Stuttgart.

Im September 1977 verließen die letzten 221 den Schwarzwald in Richtung Emsland und Ruhrgebiet, nachdem ihre ehemaligen Stammstrecken elektrifiziert worden waren. 221 107 führt einen Lokzug, bestehend aus sechs weiteren 221, an, der am 25. 9. 1977 auf dem Hornberger Viadukt einen kurzen Zwischenhalt einlegte.

Fotos: Matthias Maier

Links: Die Lübecker 221 110 holt am 23.2.1976 die Wagen ihres Schnellzugs, den sie in Kürze weiter nach Hamburg befördern wird, von Bord des Fährschiffs „Deutschland". Der deutsche Teil der Vogelfluglinie bis Puttgarden war eine der markanten Einsatzstrecken der 221.
Foto: Matthias Maier

Rechts Mitte: Welcher Anstrich stand der V 200 nun besser? (Aufgenommen am 22.2.1977 in Emden) *Foto: Matthias Maier*

Rechts unten: Schwere Rangierlokomotive der Baureihe V 90/290 der DB
Foto: Archiv Eisenbahn Magazin

Das Schwarzwaldbahn-Betriebswerk Villingen wurde Mitte der siebziger Jahre das wohl renommierteste V 200.1-Bw und setzte seine 27 V 200.1 im gesamten südwestdeutschen Raum zwischen Basel, Kehl im Westen, Konstanz und Lindau im Süden sowie Nürnberg, Hof, Schirnding im Osten ein. Dabei wurden Laufleistungen von über 12 000 km pro Monat und Lokomotive erreicht.

Mit der Elektrifizierung der westlichen Rampe der Schwarzwaldbahn im Jahre 1975 zeichnete sich das Ende der V 200.1 im Südwesten bereits ab und nachdem die restliche Schwarzwaldbahn sowie die Gäubahn Stuttgart–Singen unter Draht waren, verließen im September 1977 sämtliche 221 das Bw Villingen, um der Bundesbahn im Ruhrgebiet und im Emsland das Rauchen abzugewöhnen.

Ein weiteres traditionsreiches V 200.1-Bahnbetriebswerk war das Bw Lübeck. Dortige Stammstrecke war die Vogelfluglinie Hamburg–Lübeck–Puttgarden, bis 1965 bzw. 1968 wurden aber auch hochwertige Reisezüge von und nach Hannover bzw. von und nach Osnabrück und dem Ruhrgebiet befördert. Wie im Allgäu führte auch in Lübeck die Forderung nach elektrischer Zugheizung zu der Ablösung der V 200.1 durch die 218. Bis Mai 1980 wurden alle 221 ins Ruhrgebiet abgegeben, wo alle noch vorhande-

nen 221 abgefahren werden sollten. Im September 1980 kamen die in Emsland vom Bw Oldenburg aus eingesetzten Maschinen ebenfalls nach Gelsenkirchen. Die 221 148 und 150 mußten 1974 bzw. 1980 nach schweren Unfällen ausgemustert werden.

Beendet hat die 221 ihre Laufbahn bei der DB im Ruhrgebiet vor schweren Übergabezügen mit geringen Laufleistungen. Für eine Anzahl Lokomotiven ergaben sich in Albanien und Griechenland nach entsprechender Aufarbeitung in deutschen und italienischen Werkstätten neue Einsatzgebiete.

Von der Ausmusterung weit entfernt sind die 408 Lokomotiven der Baureihe V 90 (290) und ihre 103 Schwestermaschinen der Baureihe 291. Diese schweren Rangierlokomotiven entstanden 1964/65 aus ähnlichen Überlegungen heraus wie die V 200.1: Die zu verschiebenden Züge wurden zunehmend schwerer, so daß die dreiachsige V 60 nicht mehr den gesamten Rangierdienst übernehmen konnte. Ferner war bei der Entwicklung der V 100 bereits an eine Rangiervariante, die V 100.0, gedacht worden, die nun in Gestalt der V 90 entstand.

Während man bei der Entwicklung des Antriebs für die V 60 noch nicht von der Eignung des Gelenkwellenantriebs für Rangierlokomotiven überzeugt war, lagen bei der Projektierung der V 90 umfangreiche Untersuchungen über die Anwendung und Betriebstauglichkeit von Gelenkwellen auch bei schweren Rangierlokomotiven vor.

Die von Maschinenbau Kiel (MaK) entwickelte schwere Rangierlokomotive V 90 entspricht im wesentlichen den bekannten Grundsätzen des DB-Typenprogramms:

- Schnellaufender Dieselmotor mit etwa 1500 U/min,
- hydrodynamische Leistungsübertragung,
- Drehgestelle hoher Laufgüte sowie
- einheitliche Gestaltung der Maschinenanlagen, Hilfsbetriebe, Steuerung, Bremse u.a.

In einem wichtigen Punkt konnte jedoch von den Grundsätzen abgewichen werden, nämlich vom Leichtbau.

Das für eine Rangierlokomotive erforderliche hohe Reibungsgewicht, das auch wegen des Wegfalls der Heizeinrichtung nur durch Ballastgewicht erreicht wurde, ermöglichte eine einfache und robuste Konstruktion.

Als Antriebsdiesel kam der MB 12 V 652 TZ (MB 835 Ab), der auch in der V 100 und V 200.1 verwendet wurde, zum Einsatz. Die Betriebsleistung wurde bei der V 90 im Hinblick auf eine größere Lebensdauer von 1350 PS (990 kW) auf 1100 PS (810 kW) bei 1400 U/min reduziert.

Aufgrund der guten Erfahrungen, die man bei späteren Serien der V 60 gemacht hatte, erhielten die V 90 ein durch den Wegfall des Kupplungsganges aus dem L216-Getriebe der V 100 abgeleitetes Zwei-Wandler-Getriebe, Bauart Voith L206 rs, bei dem Wende- und Stufengetriebe mit dem eigentlichen hydraulischen Getriebe zusammengebaut sind.

Wie bei der V 100 ist der Gelenkwellenstrang vierfach durchgekuppelt.

Da keine Dampfzugheizanlage vorgesehen war, wurde die V 90 zur Warmhaltung des Motorkühlwassers mit einer automatisch arbeitenden ölgefeuerten Warmhalteeinrichtung ausgerüstet, die ihre elektrische Energie der Fahrzeugbatterie entnimmt. Bei längerem Warmhaltebetrieb kann die Batterie durch ein Netzanschlußgerät aus dem öffentlichen Netz nachgeladen werden.

Die Drehgestelle bestehen aus geschweißten Kastenträgern und werden tief angelenkt, um die Radsatzentlastungen und somit die Schleuderneigung möglich niedrigst zu halten.

Die Radsätze werden mit Gummischichtfedern verschluß- und wartungsfrei geführt. Die Abstützung des Lokomotivkastens erfolgt mit einer Flexicoilfederung.

Als eine der ersten Lokomotivbaureihen der DB erhielt die V 90 einen Verschleißpufferträger, um bei kleineren Aufstößen den Lokomotivrahmen vor Schaden zu bewahren. Damit auch bei größeren Aufstoßgeschwindigkeiten die Schäden gering und vom Bereich der Drehtürme ferngehalten werden, wurde im Rahmenkopfstück konstruktiv eine „Sollknickstelle“ vorgesehen.

Eingesetzt werden die V 90 überwiegend auf großen Rangierbahnhöfen im Abdrückdienst.

Im Zusammenhang mit dem Rangierdienst werden auch Übergabe- und Nahgüterzüge befördert, so daß ein gutes Drittel der V 90-Kilometerleistung aus diesen Diensten stammt. Gelegentlich wurden in Sommerfahrplänen auch Reisezüge planmäßig mit den 290 bespannt.

Im Unterschied zu Streckenlokomotiven laufen Rangierlokomotiven über längere Zeiträume ihre Heimatbetriebswerke nicht an. Der werktäglich bis zu 24stündige Einsatz auf großen Rangierbahnhöfen wird in der Regel nur durch das Wochenende oder zur Erledigung größerer Fristarbeiten unterbrochen.

Die Betriebsvorräte werden in Pausen oder vor dem Abstellen der Lokomotive ergänzt und reichen in der Regel für eine Woche aus. Mit einer Verfügbarkeit von über 93 Prozent zählt die V 90 zu den zuverlässigsten Lokomotiven der DB überhaupt.

Die zunächst nur bei einigen Lokomotiven eingebaute Funkfernsteuerung

Mit über 400 Exemplaren ist die 290 im gesamten westlichen Bundesgebiet anzutreffen, so auch im Ruhrgebiet, wo in den siebziger Jahren ein Großteil der dort eingesetzten Lokomotiven beim Bw Gelsenkirchen-Bismarck beheimatet war.

Mit 290 407 endete 1974 nach einem Zeitraum von zehn Jahren die Beschaffung der 290. 290 407 in aktueller orientroter Farbgebung im März 1996 im Betriebshof Nürnberg West. *Fotos: Matthias Maier*

zur Automatisierung des Abdrückbetriebes auf großen Rangierbahnhöfen war so erfolgreich, daß diese Umrüstung weiterbetrieben und auch auf andere Rangieraufgaben ausgedehnt wird. Entsprechend der bei der V 60/260/360 geübten Praxis werden die rangierfunkgesteuerten 290 in 294, die rangierfunkgesteuerten 291 in 295 umgezeichnet.

Mit der Ablieferung der letzten V 90, der 290 407, im Jahre 1974 war der Bedarf an schweren Rangierlokomotiven noch nicht gedeckt.

Da es durch den Zusammenschluß der Lokomotiv-Dieselmotorenfertigung bei MAN, Maybach und Mercedes-Benz in der Motoren- und Turbinenunion (MTU) nunmehr nur noch einen Lieferanten zu geben schien, entschloß sich die DB aus Wettbewerbsgründen, wie bereits bei der 218 mit den Pielstick-Motoren, für die weiteren Serien der V 90 den MaK-Dieselmotor 8M 282 AKB einzusetzen und bezeichnete diese Serien mit 291. Dieser Dieselmotor leistet ebenfalls 1100 PS (810 kW), allerdings bei 1000 Umdrehungen pro Minute.

Beim Getriebe der 291 wurde der Eingangshochtrieb so ausgelegt, daß die Wandler auch bei dieser Dieseldrehzahl die Leistung von 810 kW aufnehmen können. Das 291-Getriebe erhielt die Bezeichnung L206rsb. Ansonsten sind die 290 und 291 weitestgehend identisch.

Eingesetzt werden die 291 in den norddeutschen Bahnbetriebswerken Hamburg-Wilhelmsburg, Bremen, Bremerhaven, Emden und Osnabrück. Bereits 1965 baute die MaK auf eigene Rechnung drei V 90 mit einem Dieselmotor aus eigener Fertigung und vermietete diese an die DB, die sie dann später als 291 901 bis 903 einreihte. 1979 endete nach 100 Lokomotiven die Beschaffung der 291.

Sonderbaureihen

Beenden wir die Entwicklungsgeschichte der Diesellokomotiven der Deutschen Bundesbahn mit der Erwähnung der einzelnen Sonderbaureihen. Auch eine so große Bahnverwaltung wie die Deutsche Bundesbahn, die für ihre Fahrzeugbeschaffungen ein genau geplantes Typenprogramm entwickelt hatte, kam an einer gewissen Anzahl von Einzelgängern und Splittergattungen nicht vorbei. Häufig handelt es sich um fir-

291 007 bediente am 11.1.1980 einen Werksanschluß auf der Hohen Schaar in Hamburg-Wilhelmsburg. *Foto: Rüdiger Block*

Die 100 Lokomotiven der Baureihe 291 sind ausschließlich in Norddeutschland bei den Bw Hamburg-Wilhelmsburg, Bremen und Osnabrück beheimatet. 291 057 des Bw Bremen erledigte am 23.9.1977 den Rangierdienst in Nordenham. *Foto: Matthias Maier*

meneigene Erprobungslokomotiven, wie z.B. die Drehstrom-Rangierlokomotiven der Reihe 259, die von der DB angemietet worden sind. Diese Bundesbahnerprobung half einerseits der Lokomotivindustrie Schwachstellen in ihren Konstruktionen zu finden und zu beseitigen, andererseits war die DB aus erster Hand über neue Entwicklungen informiert. Beginnen wir unseren Streifzug durch das Raritätenkabinett mit der V 300 (230).

Als Folge einer Akquisitionsreise mit der V 200 005 im Jahre 1955 durch verschiedene Balkanländer bestellten die Jugoslawischen Staatsbahnen bei Krauss-Maffei drei 2200-PS-Lokomotiven nach dem Vorbild der V 200. Wegen der höchstzulässigen Radsatzlast von 16,5 Tonnen und geforderten Zugkräften wie bei der V 200 mußte diese Lokomotive sechsachsig ausgeführt werden. Zusammen mit diesen drei Lokomotiven baute KM auf eigene Rechnung eine weitere Lokomotive, die ML 2200 C'C', wobei man bei KM sicherlich die Ergänzung des DB-Typenprogramms und weitere Exportaufträge im Blickfeld hatte.

Verschiedene Fahrten im Jahre 1957 auf den klassischen Vorführstrecken, wie Schwarzwaldbahn und Semmeringbahn, brachten ausgezeichnete Ergebnisse und die Feststellung, daß die Antriebsanlage und Kühlanlage noch erhebliche Reserven hatte. So lag es nahe zu untersuchen, inwieweit die Dieselleistung noch gesteigert werden konnte.

1958 wurde der Zwölfzylinder-Maybach-Dieselmotor MD 650 durch Hochaufladung und Ladeluftkühlung von 1100 PS auf 1500 PS gesteigert (neue Bezeichnung: MD 655), das Maybach-Mekydro-Getriebe verstärkt und die Typenbezeichnung in ML 3000 CC geändert.

Das Gewicht erhöhte sich durch den Umbau von 96 Tonnen auf 103 Tonnen.

Nach weiteren Vergleichsfahrten auf Schwarzwald- und Semmeringbahn, die international große Beachtung fanden und auf die die Exporterfolge der Krauss-Maffeischen Diesellokomotiven zurückzuführen sind, wurde die ML 3000 CC als V 300 von der Bundesbahn angemietet und vom Bw Frankfurt/M Griesheim, später dann vom Bw Hamm aus eingesetzt. Zum

Vorführlokomotive ML 3000 CC von Krauss-Maffei im Zustand des Jahres 1960
Foto: Sammlung Rüdiger Block

Nach dem Ankauf im Jahre 1963 setzte die DB die V 300 001, ab 1968 230 001, vornehmlich im schweren Güterzugdienst vom Bw Hamm/Westf aus ein.
Foto: Archiv Eisenbahn Magazin

Jahreswechsel 1963/64 wurde die V 300 001 von der DB gekauft und weiterhin vom Bw Hamm überwiegend in den Plänen der V 200 eingesetzt. 1974 wechselte sie zum Bw Hamburg-Altona über, wo sie auf der Strecke nach Westerland schwere Schnellzüge in den Plänen der 01.10 beförderte.

Bereits 1975 wurde sie im Rahmen der Typenbereinigung ausgemustert, stand bis 1977 im AW Nürnberg herum und sollte dann nach Norditalien verkauft werden. Im Raum Udine sollen sogar noch einige Probefahrten stattgefunden haben, die nicht zur Zufriedenheit des Käufers ausfielen. Die 230 001 wurde daraufhin wieder nach Deutschland überführt und 1980 in Feldkirchen bei München verschrottet.

Bereits 1952 bis 1957 waren die Bundesbahnstrecken Experimentierfeld für eine Vielzahl von Diesellokomotiven verschiedenster Hersteller. Wir wollen uns hier auf die Lokomotiven beschränken, die eine Bundesbahnnummer getragen haben, da es sich bei dem Einsatz der übrigen Lokomotiven in der Regel um erste Probefahrten im Herstellerland handelte.

Eine der ersten Leihlokomotiven, die eine Bundesbahnnummer erhielten, war die Henschel DH 875, die 1954 bis 1956 als V 88 001 bei der DB im Raum Kassel und Bamberg im Einsatz war. Bei der DH 875 handelte es sich um eine vierachsige 875-PS-Diesellokomotive mit hydraulischer Leistungsübertragung im Drehgestellbauart mit Gelenkwellenantrieb.

Die Lokomotive sollte sowohl im leichten Personenzugdienst mit bis zu 90 km/h als auch im schweren Rangierdienst gleichermaßen eingesetzt werden können. Das Betriebsleistungsprogramm ist also in etwa mit dem der V 100 zu vergleichen. Als Dieselmotor wurde ein 14-(!)Zylinder-V-Motor der Henschel-Maschinenbau Hamburg eingesetzt, der bei 1250 U/min 875 PS leistete. Das Flüssigkeitsgetriebe war ein Voith-Getriebe L37 ZyA, der Wandler-Kupplung-Kupplung-Bauart mit integriertem Wende- und Stufungsgetriebe. Die übrigen Hilfs- und Nebengetriebe entsprachen denen der im damaligen Henschel-Typenprogramm üblichen Ausführung.

Trotz der langen Einsatzzeit bei der DB kam es zu keinem Nachfolgeauf-

V 45 004 kam 1957 von den Eisenbahnen des Saarlandes zur Deutschen Bundesbahn und wurde als Verschiebelokomotive in verschiedenen Ausbesserungswerken eingesetzt. 1980 wurde sie ausgemustert und nach Italien verkauft.
Foto: Archiv Eisenbahn Magazin

trag. Ein Grund dafür mag wohl gewesen sein, daß zu viele Details von den schon typisierten Konstruktionen des DB-Programms abwichen. Das Rennen um die DB-Nebenbahnlokomotive machte dann einige Jahre später die V 100 von MaK.

Im Lauf der Zeit kam die DB durch die Übernahme von Eisenbahnen zu weiteren Fahrzeugen, die nicht im Typenprogramm vorgesehen waren. 1957 kamen durch die Eingliederung des Saarlandes zehn leichte Rangierlokomotiven französischer Herkunft in den Bestand der DB, die entsprechend ihrer Dieselleistung von 400 PS als V 45 eingeordnet wurden. Bereits fünf Jahre später versuchte die DB diese Lokomotiven, die mit ihren Saurer-Dieseln einen Fremdkörper im Fahrzeugpark darstellten, zu verkaufen. Da sich kein Käufer fand, wurden acht V 45 in den eigenen Ausbesserungswerken als Werklokomotiven eingesetzt, die V 45 001 und 002 dienten als Ersatzteilspender. Anfang der siebziger Jahre wurde eine 245, wie die V 45 ab 1968 bezeichnet wurden, vom Bw Bayreuth im leichten Strecken- und Rangierdienst eingesetzt. Bis 1980 waren alle V 45 ausgemustert. Die V 45 009 und 010 werden als DB-Museumslokomotiven erhalten.

245 010 war am Ende ihrer aktiven DB-Zeit im AW Paderborn eingesetzt. Heute ist sie dort nicht betriebsfähige Museumslokomotive.
Foto: Uwe Clasen

Wesentlich kürzer als bei der V 45 währten die Gastspiele zweier weiterer Baureihen: der V 50 und der 279.

1962 übernahm die DB die Wilhelmsburger Industriebahn und mit ihr zwei dreiachsige Diesellokomotiven der Krauss-Maffei-Industriebauart ML 500 C. Bereits 1963 verkaufte die DB diese beiden Lokomotiven wieder, die V 50 001 gelangte zur Verden-Walsroder Eisenbahn, wo sie heute noch im Einsatz ist.

Genau das gleiche Schicksal erlebten die beiden Lokomotiven der Reihe 279. Die Übernahme der im Raum Kassel gelegenen Söhrebahn brachte die beiden Henschel-Lokomotiven der Bauart DH 630 zur BD Frankfurt/M, die sie zunächst einmal in ihren angestammten Diensten beschäftigte. Bald danach wurden die Lokomotiven an hessische Privatbahnen vermietet und später dann auch verkauft. Die 279 001 lief bei der Kleinbahn Frankfurt–Königstein, die 279 002 bei der Butzbach-Licher Eisenbahn. Anfang der achtziger Jahre gingen die Lokomotiven zur italienischen ATC über.

Von der Söhretalbahn übernahm die DB zwei Lokomotiven des Henschel-Typs DH 630 und reihte sie als Baureihe 279 ein.
Foto: Peter Nothdurft

Ursprünglich als Baureihe 267 eingeordnet waren die Diesellokomotiven des Speno-Schienenschleifzuges. Mittlerweile erhielten sie die für Bahndienstfahrzeuge korrekte Baureihennummer 715.
Foto: Frank Heilmann

Nicht unerwähnt bleiben sollen auch die Lokomotiven, die für die Traktion der Speno-Schienenschleifzüge auf den Gleisen der DB eingesetzt sind. Diese zweimotorige B'B'-Lokomotive mit 2x202kW und dieselmechanischem Antrieb wurde anfänglich als Reihe 267 geführt; als reine Bahndienstfahrzeuge wurde sie bald darauf auf die korrekte Bezeichnung 715 umgenummert.

Eine gewisse Sonderstellung bei der DB nimmt die dieselelektrische Leistungsübertragung ein. Konnte sich die DB in ihrem Diesellokomotiv-Beschaffungsprogramm nicht für diese woltweit angewandte und bewährte Antriebstechnik entschließen, hat es bis in die heutige Zeit nicht an zahlreichen Versuchen gefehlt, dieselelektrische Lokomotiven bei der DB einzuführen.

Anfang der fünfziger Jahre wurde von der DB eine Anzahl in- und ausländischer Diesellokomotiven im täglichen Betrieb mit den vorhandenen Dampf- und Diesellokomotiven in einem umfangreichen Meßprogramm verglichen. Unter diesen Lokomotiven befand sich auch eine Rangierlok der amerikanischen Streitkräfte, die MRS-1 No. 1818 (MRS = Military Road-Switcher). Diese sechsachsige 1600-PS-Lokomotive entstammte einer 13 Exemplare umfassenden Serie, die von der Electro-Motive-Division (EMD) speziell für die US-Army und deren Bedürfnisse gebaut worden war, und die auf Army-Arealen in der ganzen Welt eingesetzt werden sollte: Umspurbar von Breitspur bis Meterspur, einsetzbar in einem Temperaturbereich von -40 °C bis +55 °C und in kleinsten Lichtraumprofilen, Höchstgeschwindigkeit 125 km/h.

Die elektrische Kraftübertragung war auf den häufigsten vorzusehenden Einsatzfall ausgelegt, nämlich den Rangier- und Übergabedienst, mit hohen Zuglasten bei vergleichsweise geringen Geschwindigkeiten.

Auf Initiative der US-Army bzw. EMD, die versuchte ihren Exportmarkt auszudehnen, wurde die MRS1 von Januar bis September 1953 in verschiedenen Diensten bei der DB eingesetzt. Die DB selber hatte zu diesem Zeitpunkt – die V 200 befand sich gerade in der Konstruktionsphase – sicherlich nicht das Interesse, derartige Lokomotiven von EMD zu erwerben, sondern überhaupt einmal eine Großdiesellokomotive im praktischen Betrieb zu haben und Anhaltspunkte für Wirkungsgrade etc. zu erhalten. Vielleicht haben auch ähnliche Gründe, wie et-

Vom Bw Hamm/Westf wurde die Henschel/Siemens DE 2000 auch auf der Strecke nach Kassel eingesetzt.
Foto: Werkbild Siemens

wa 30 Jahre zuvor beim Vergleich Verbund-02 gegen Zweizylinder-01, für diesen Wettstreit eine Rolle gespielt, denn die Rangierlok MRS1 wurde überwiegend in Schnellzugdiensten der 01, 03.10 und 05 eingesetzt.

Im Rangierdienst bzw. Güterzugdienst wurde sie mit der G8.1 (Baureihe 55.25) bzw. Baureihe 50 verglichen. In diesen Diensten konnte die MRS1 erfolgreich bestehen, während im Schnellzugdienst die Werte nicht so günstig ausfielen.

Nach 85 000 km auf Bundesbahngleisen wurde die MRS1 zurückgegeben. Erhalten hat sich die Meinung, daß die Dieselelektrik teuerer, schwerer und unwirtschaftlicher sein muß, als die hydraulische Kraftübertragung.

Daß es auch anders sein kann, wurde keine zehn Jahre später von Henschel und den Siemens-Schuckert-Werken bewiesen.

Der dreivierteljährige Aufenthalt der amerikanischen Diesellokomotive auf den Schienen der DB hatte bei der deutschen Elektroindustrie wohl etwas Unbehagen ausgelöst. Zwar war die Elektro-Industrie durch das anlaufende Elektrifizierungsprogramm der DB bestens beschäftigt, aber im Hinblick auf den Export waren dieselelektrische Lokomotiven von den Stückzahlen her interessanter als Fahrdrahtlokomotiven. Die SSW machten sich bereits Mitte der fünfziger Jahre Gedanken über eine 2000-PS-DE-Lokomotive, fanden aber lange Zeit keinen Partner unter den deutschen Lokomotivfirmen, der das Risiko einer Lokomotiventwicklung ohne Auftrag auf sich nehmen wollte.

Mit Henschel zusammen glückte es dann, und Anfang 1962 stand die DE 2000 auf den Schienen, eine vierachsige 80-t-Lokomotive mit einem 2000-PS-(1470-kW-)Maybach-Diesel (MD 870) und elektrischer Ausrüstung von Siemens. Während die Starkstromausrüstung mit Gleichstrom-Hauptgenerator und Gleichstrom-Fahrmotoren eher konventionell war, wurden auf der Steuerungsseite erstmals auf einer Diesellokomotive elektronische Komponenten eingesetzt.

Nach einer ausgiebigen firmeninternen Erprobungszeit, in der noch einige Kinderkrankheiten ausgemerzt wurden, die bei einer Neuentwicklung dieser Größenordnung unausbleiblich sind, wurde die DE 2000 langfristig an die DB vermietet. Die DB ihrerseits

Auf der Basis der DE 2000 wurden von Siemens dieselelektrische Lokomotiven u. a. nach Griechenland exportiert. Den mechanischen Teil hierzu lieferte Jung. Im Werkhof von Jung warten die abgenommenen Lokomotiven auf die Überführung nach Griechenland.
Foto: Werkbild Siemens

Die markante Stirnfront der DE 2000
Foto: Sammlung Rüdiger Block

hatte ein großes Interesse daran, diese Lokomotive mit der ebenfalls neuen V 160 und der bewährten V 200 zu vergleichen. Die Messungen an der DE 2000 fielen sehr positiv aus; es war also doch möglich, eine 2000-PS-Diesellokomotive bei 80 t Gewicht, dynamischer Bremse und Zugheizeinrichtung mit elektrischer Kraftübertragung zu bauen. Zwar konnte die DE 2000 die Diesellokbeschaffungspolitik der DB in keinster Weise mehr beeinflussen, dazu war die Zeit zu weit vorangeschritten, aber nach dem Muster der DE 2000 wurden über 40 Lokomotiven nach Griechenland und Rhodesien exportiert. Die Mechanteile dieser Lokomotiven, die aus Radsatzlastgründen sechsachsig ausgeführt wurden, fertigte Jung in Jungenthal bzw. ausländische Partnerfirmen.

Während ihrer Bundesbahnzeit war die DE 2000, ab 1968 als 202 001 bezeichnet, in Köln, Hamm und Lübeck stationiert. 1972 wurde sie an die Westfälische Landes-Eisenbahn verkauft, wo sie trotz der schwierigen Unterhaltungsbedingungen eines Einzelgängers noch gute Betriebsleistungen erbrachte. Ein schwerer Schaden an Generator und Fahrmotoren sowie die Kosten für die anstehende Hauptuntersuchung führten 1977 zur Ausmusterung. Leider wurde diese, auch äußerlich interessante Lokomotive 1978 verschrottet.

Die gleichen Überlegungen, die bei den Firmen Henschel/Siemens zur Entwicklung der DE 2000 geführt haben, dürften auch bei Krupp/AEG vor dem Bau der ME 1500 angestellt worden sein, nämlich die Entwicklung einer leistungsstarken, leichten vierachsigen Lokomotive für den Export. Zudem standen Anfang der sechziger Jahre ausreichend leistungsfähige Dioden, die – zu einem Gleichrichter zusammengeschaltet – es in Verbindung mit einem Drehstrom-Synchrongenerator ermöglichten, das Gewicht der elektrischen Ausrüstung weiter zu senken. Bei einem Drehstrom-Generator ist die Drehzahl im Gegensatz zum Gleichstrom-Generator nicht durch die maximale Umfangsgeschwindigkeit eines Kommutators – diesen gibt es bei einem Drehstrom-Generator nicht – beschränkt, so daß sich schnelldrehende und damit leichtere Generatoren bauen ließen.

Die Überlegungen von Krupp/AEG führten dahin, zwischen Diesel und Generator ein Hochsetzgetriebe einzubauen, wobei trotz des Getriebes ein Mindergewicht von mehreren Tonnen gegenüber herkömmlichen Ausrüstungen mit langsamlaufenden Gleichstrom-Generatoren errechnet wurde. Für die Speisung der Gleichstrom-Fahrmotoren mußte natürlich zur Umwandlung des vom Synchrongenerator erzeugten Drehstroms in Gleichstrom ein Gleichrichter vorgesehen werden.

Das Ergebnis der gemeinsamen Entwicklung war eine vierachsige 1500-PS-Mehrzwecklokomotive mit nur 60,5 t Gesamtgewicht. Im Vergleich zur V 100 bedeutet dies 10 Prozent mehr Leistung bei einem Mindergewicht von 4 Prozent, wobei die ME 1500 zusätz-

Von 1970 bis 1981 wurde die DE 1500 von Krupp/AEG bei der Westfälischen Landes-Eisenbahn als DE 0901 eingesetzt. *Foto: Matthias Maier*

lich noch mit einer elektrischen Widerstandsbremse mit einer Leistung von 1200 PS ausgerüstet war.

Der Fahrzeugteil und die thermische Ausrüstung entsprachen dem damaligen Stand der Technik. Als Diesel kam der Maybach-MD 655 mit 1500 U/min, Abgasturbolader und Ladeluftkühlung zum Einsatz. Der Lokomotivrahmen wurde in selbsttragender Leichtbauweise erstellt, auf den das im hinteren Drittel angeordnete Zentralführerhaus aufgeschraubt wurde. Neu war die elektrische Kraftübertragung mit Drehstromgenerator und Diodengleichrichter sowie die elektronische Leistungsregelung des Generators.

In der ersten Entwicklungsstufe erhielt die Lokomotive einen hochtourigen Drehstromgenerator, der über ein Planetengetriebe der Bauart Krupp-Stoeckicht mit einer Übersetzung 1:4 vom Dieselmotor angetrieben wurde. Entsprechend den Dieseldrehzahlen von 600 bis 1500 U/min lief der Generator mit Drehzahlen von 2400 bis 6000 U/min, was einer Frequenz der Generatorspannung von 80 bis 200 Hz entspricht.

Mit diesem Getriebe-Generator-Block nahm die ME 1500 im Jahre 1965 den Probebetrieb auf. Nach der werksinternen Erprobung kam die Lokomotive ab März 1966 bei den Bahnbetriebswerken Soest und Hagen der Deutschen Bundesbahn zum Einsatz.

Verschiedene Schwierigkeiten mit der Getriebe-Generator-Kombination führten zu einem Umbau im Jahre 1967, bei dem ein fremderregter, einlageriger Generator, der direkt mit dem Diesel gekuppelt wurde, eingebaut wurde. In dieser zweiten Entwicklungsstufe gelang es, einen Generator für 1500 U/min zu bauen, dessen Gewicht und Abmessungen die Werte des ursprünglichen Getriebe-Generator-Aggregates nicht überschritten.

Ab Januar 1968 kam die 201 001, wie die ME 1500 nun bei der DB bezeichnet wurde, beim Bw Hamm zum Einsatz, wo sie sich im Personen- und Güterzugdienst bewährte.

Der Einsatz bei der DB endete im Sommer 1969. Kurz darauf konnte die DE 1500, wie die ME 1500 ab ihrem Umbau auch bezeichnet wurde, an die Westfälische Landes-Eisenbahn vermietet werden. Dort erbrachte sie im Vergleich zu dieselhydraulischen 2 x 800-PS-Lokomotiven erstaunliche Leistungen, besonders gelobt wurde die geringe Schleuderneigung bzw. der gute Schleuderschutz. Auch bei Lok- und Werkstattpersonal war sie wegen ihrer einfachen Bedienung und ihrem geringen Wartungsbedarf beliebt.

Zum 1.11.1971 wurde die DE 1500 von der WLE zu einem Preis von 300 000 DM gekauft und als DE 0901 eingereiht. Nach 338 885 Kilometern auf den Gleisen der WLE wechselte 1981 die DE 0901 zur Deutschen Eisenbahn Gesellschaft über, die sie als VE 151 die Teuteburger Wald Eisenbahn vermietete. Nach einer Hauptuntersuchung im April 1983 kam die DE 1500 zur Farge-Vegesacker-Eisenbahn, wo sie als Reservelokomotive seltener im Einsatz war. 1992 wurde sie an die schweizerische Südostbahn verkauft, die sie nach einer Generalreparatur, wobei die elektrodynamische Bremse in ihrer Leistungsfähigkeit deutlich gesteigert wurde, als fahrdrahtunabhängige Reserve- und Bauzuglokomotive vorhält.

Im Gegensatz zur Henschel/Siemens DE 2000 blieb der ME/DE 1500 ein Serienerfolg leider versagt.

Im gleichen Jahr, als mit der ME 1500 in der Bundesrepublik eine dieselelektrische Lokomotive der zweiten Generation mit Drehstrom-/Gleichstromübertragung vorgestellt wurde, begannen in Großbritannien die Arbeiten an der DE-Lokomotive der dritten Generation: Diesellokomotiven mit Drehstrom/Drehstrom-Leistungsübertragung also mit Drehstrom-Generatoren und mit Drehstrom-Fahrmotoren. Sosehr sich ein Drehstrommotor auch als der ideale Bahnmotor anbietet – er hat keinen Kollektor, ist somit nahezu verschleißfrei und baut dabei sehr leicht –, hat er doch den großen Nachteil, daß sich seine Drehzahl nur mit der Speisefrequenz ändern läßt. Da die Generatorfrequenz entsprechend der Dieseldrehzahl variiert, muß zwischen Generator und Fahrmotor eine Einrichtung vorgesehen werden, die die Frequenz und Spannung des Drehstrom-Fahrmotors verstellt.

Die rasante Entwicklung der Halbleitertechnologie ab Anfang der sechziger Jahre machte diese Einrichtung in Form eines „Zwischenkreis-Umrichters" möglich: Auf elektronischem Wege, ohne jegliche mechanische Schalter, wird das „Generator-Drehstromsystem" unter Zwischenschaltung eines Gleichstrom- oder Gleichspannungszwischenkreises in das „Fahrmotor-Drehstromsystem" umgeformt.

Die britische Versuchslokomotive „Hawk" dürfte die erste Diesellokomotive der Welt gewesen sein, bei der dieses Prinzip der Energieumformung erprobt wurde. Die „Hawk" wurde aus einer 1950 für die British Railways gelieferten leichten Streckenlokomotive umgebaut. Die ursprüngliche Antriebsausrüstung wurde durch einen Maybach-Dieselmotor ersetzt, der einen achtpoligen, bürstenlosen Drehstrom-Generator mit 950 kW antrieb. Der vom Generator erzeugte Drehstrom wurde in einem Silizium-Dioden-Gleichrichter in Gleichstrom umgeformt. Um die Welligkeit dieses Gleichstroms herabzusetzen und um gleichzeitig einen Energiespeicher für die nachgeschalteten Umrichter zu haben, ist in diesen „Gleichspannungszwischenkreis" ein aus Drosseln und Kondensatoren bestehender Glättungskreis eingebaut. Von dem Gleichspannungszwischenkreis wurden bei der „Hawk" nun vier Umrichter versorgt, die für jeden Fahrmotor einen Drehstrom mit variabler Spannung und Frequenz erzeugten.

Um den Drehstrom zu erzeugen, werden die an die Gleichspannung angeschlossenen Zweige abwechselnd ein- und ausgeschaltet, so daß drei Rechteckspannungen entstehen.

Die drei Zweige werden so geschaltet, daß die drei Spannungen um 120 Grad gegeneinander verschoben sind, was in etwa einem Drehstromnetz entspricht. Soweit die Theorie, in der sich Drehstrom recht leicht aus einem Gleichstrom erzeugen läßt. Das Problem bei der „Hawk" war nun, daß 1965 keine ausreichend leistungsfähigen Thyristoren vorhanden waren. Auch war die Steuerungstechnik zu dieser Zeit noch nicht in der Lage, derart komplexe Aufgaben zu erledigen. Dies war letztendlich der Grund, warum die „Hawk" nicht über Prüfstandsläufe auf dem Rollenprüfstand in Rugby herauskam. Die Steuerung war noch nicht so weit entwickelt, daß ein regulärer Betrieb möglich gewesen wäre. Über das weitere Schicksal der „Hawk" ist nichts bekannt, sie wird wohl den Weg allen alten Eisens gegangen sein. Dennoch war sie die erste Diesellokomotive der Welt mit Drehstrom-Antriebstechnik.

Den Titel „erste funktionierende Drehstrom-Diesellokomotive" gebührt der Henschel-DE 2500 mit elektrischer Ausrüstung von BBC. Nach sechsjähriger Vorbereitungs- und Entwicklungszeit wurde 1971 die erste Lokomotive mit der Bezeichnung DE 2500 unter der Betriebsnummer 202 002 als Co'Co'-Lokomotive mit einem 2500-PS-Dieselmotor fertiggestellt, in Betrieb genommen und bei der DB vor Zügen bis 2000 t Last erprobt.

Die Leistungsübertragung war grundsätzlich wie bei der „Hawk" aufgebaut: Der Dieselmotor trieb einen Drehstrom-Synchrongenerator mit eingebauter Erregermaschine. Ein Gleichrichter machte aus dem Generator-Drehstrom einen Gleichstrom mit konstanter Spannung, der von Kondensatoren geglättet wurde, und vier Umrichter, sogenannte Pulswechselrichter, versorgten die sechs Fahrmotoren, die elektrisch parallel geschaltet wurden, mit einem in Frequenz und Spannung variablen Drehstrom. Zusätzlich war bei der DE 2500 noch ein weiterer Wechselrichter vorhanden, der die Gleichspannung des Zwischenkreises in Einphasenwechselspannung 1000 V, 16 2/3 Hz, für die Versorgung der Zugsammelschiene umformte. Selbstverständlich war auch eine dynamische Bremse auf der DE 2500 eingebaut. Beim elektrischen Bremsen liefen die Fahrmotoren als Generatoren, die Wechselrichter wurden als Gleichrichter geschaltet und die so umgeformte Energie wurde im Zwischenkreis in Bremswiderständen in Wärme umgewandelt.

Die im Nennpunkt je 375 kW leistenden Fahrmotoren wogen nur 1,8 Tonnen jeweils ohne Getriebe und Tatzlagerung. Ebenso neu entwickelt wie die Drehstrom-Antriebstechnik waren die Drehgestelle der DE 2500. Die kompakte Bauform der Fahrmotoren, der einfache Tatzlagerantrieb mit den geringen Abmessungen und Gewichten wirkten sich günstig auf die Drehgestell-Konstruktion aus. So wurden die Drehgestelle mit Radsatzlenker-

Alle drei DE 2500 auf einen BBC-Werbebild aus dem Jahr 1975 *Foto: Archiv Eisenbahn Magazin*

führung und die Anlenkung an den Lokomotivkasten über Zug-/Druckstangen als Henschel-Flexifloat-Drehgestelle in besonders einfacher, aber wirkungsvoller Bauart ausgeführt.

Die erste DE 2500 wurde wegen ihrer weißen Lackierung „Weißer Riese" genannt. Ihr folgten 1973 noch zwei Schwestermaschinen, die vierachsige 202 003 („Roter Ochse") und die sechsachsige 202 004 („Blauer Bock"). Während die 202 002 den 2500-PS-Motor der 218, den MTU-MA 12 V 956 TB 11, hatte, wurden die zwei weiteren Lokomotiven mit dem hauseigenen 2500-PS-Henschel-Motor 12 V 2423 Aa ausgerüstet. Die Drehstromübertragung wurde bis auf kleinere Detailveränderungen unverändert übernommen. In den folgenden Jahren führten die drei DE 2500 umfangreiche Probe- und Vorführfahrten durch. Bei der DB wurden sie im Bw Mannheim beheimatet und kamen auf fast allen von Mannheim ausgehenden Strecken zum Einsatz.

Der „Weiße Riese" wurde bereits 1974 in eine „echte" elektrische Lokomotive umgebaut. Im Rahmen der Vorversuche für eine Drehstrom-Universal-Elektrolokomotive wurde der Dieselmotor entfernt und durch Ballast ersetzt. Die Lokomotive wurde fest mit einem Wendezugsteuerwagen gekuppelt, der mit der 15-kV-Hochspannungsausrüstung, Transformator und Eingangsstellgliedern ausgerüstet wurde.

Gute drei Jahre war dieses Gespann im Auftrag der Bundesbahn und des Bundesministeriums für Forschung und Technologie, die die Anwendung der Drehstromtechnik auf Bahnfahrzeugen sehr förderten, unterwegs. Das Ergebnis dieser Versuche bildete die Grundlage für alle weiteren elektrischen Drehstromlokomotiven an Wechselspannungsfahrleitungen.

1977 wurde der „Weiße Riese" nochmals umgebaut, diesmal um die Eignung der Drehstrom-Antriebstechnik unter 1500-V-Gleichstromfahrleitung nachzuweisen. Darüber hinaus sollte mit wissenschaftlichen Methoden das Adhäsionsverhalten eines Drehstromantriebes und der Zusammenhang zwischen Schlupf- und Reibwert erforscht werden. Vor allem aus diesem Grunde wurde, um Einflüsse der Drehgestellkonstruktion und des Achslastausgleiches auszuschalten, nur noch ein Fahrmotor angetrieben, so daß die Achsfolge 3'(1Ao1)' lautete. Für diese Versuche, die in den Niederlanden stattfanden, erhielt die Lokomotive eine gelbe Lackierung und die Nummer 1600 P. Nach Abschluß der sehr aufschlußreichen Versuche wurde der „Kanar", wie der „Weiße Riese" nun genannt wurde, an Henschel/BBC zurückgegeben. Der Auftrag über den Bau von Elektrolokomotiven der Serie 1600 der niederländischen Eisenbahnen ging übrigens an die französische Lokomotivindustrie.

1985 wurde die erste DE 2500, nun wieder im ursprünglichen „Weiß" und ohne Stromabnehmer, als Museumsstück auf dem Henschel-Werksgelände in Kassel aufgestellt.

Auch die beiden anderen DE 2500 endeten als Museumslokomotiven. Während die sechsachsige 202 004, die nach ihrem Bundesbahn-Einsatz noch verschiedenen Privatbahnen zum Kauf angeboten wurde, heute im baden-württembergischen Landesmuseum für Arbeit und Technik in Mannheim zu besichtigen ist, steht die vierachsige 202 003 im Berliner „Museum für Verkehr und Technik".

Von 1982 bis 1985 war letztgenannte Lokomotive Komponentenerprobungsträger für den InterCity-Experimental (ICE). Hierzu wurde die Lokomotive mit neuen Drehgestellen ausgerüstet, bei denen mit UMkopplung der ANtriebsmassen (daher die Bezeichnung UMAN) bei hohen Geschwindigkeiten Fahrmotoren und Getriebe zur Redu-

Von März 1982 bis Anfang 1985 zog sich, mit einigen Unterbrechungen, die Erprobung von insgesamt fünf modernen Diesel-Rangierlokomotiven im Rangierbahnhof München-Laim hin. Von März bis August 1982 war als erste Testlokomotive mit der vorübergehenden Betriebsnummer 259 001 eine ME 05 von Krauss-Maffei mit BBC-Drehstrom-Antriebstechnik im Einsatz. Danach wurde die Lokomotive an die Hafenbahn Aschaffenburg verkauft.
Foto: Archiv Eisenbahn Magazin

UMAN-Versuchsfahrzeug 202 003 zur Erprobung neuer Antriebskomponenten für den Hochgeschwindigkeitszug ICE
Foto: Matthias Maier

zierung der unabgefederten Massen am Fahrzeugrahmen aufgehängt werden. Bei geringeren Fahrgeschwindigkeiten und kleineren Gleisbogenradien wird auf die Aufhängung am Drehgestellrahmen umgeschaltet (= umgekoppelt). Dadurch wird bei hohen Geschwindigkeiten eine Verringerung der Querkräfte und somit auch des Radreifen- und Schienenverschleißes bewirkt, gleichzeitig wird die Laufstabilität erhöht. Die Versuche zeigten, daß ein Umkoppeln nicht nötig ist. Der im ICE eingebaute Antrieb geht aber weitestgehend auf den UMAN-Antrieb zurück.

Äußerlich mehr auffallend als die Drehgestelländerungen war die neue stromlinienförmige Verkleidung an einer Kopfseite der Lokomotive. Dies war im Hinblick auf Versuchsgeschwindigkeiten bis 250 km/h notwendig. Die rote Lackierung wurde durch eine futuristische blau/silberne Farbgebung ersetzt. Nach Beendigung der UMAN-Versuche wurde der Stromlinien-Bug wieder entfernt, um die Lokomotive wieder in beiden Fahrtrichtungen vor Zügen einsetzen zu können. Bis zum Ablauf der Fristen 1986 wurde die DE 2500 UMAN noch zwischen Kaiserslautern und Frankfurt/M abgefahren.

Von März 1982 bis Juli 1984 erprobte die DB verschiedenen Rangierlokomotiven der 500-kW-Klasse mit modernster Antriebstechnik auf dem Verschiebebahnhof München-Laim.

Die deutsche Lokomotivindustrie hatte bis zu diesem Zeitpunkt über 70 dreiachsige Diesellokomotiven mit Drehstrom-Antriebstechnik für Industrie- und Werkbahnen geliefert.

Im Hinblick auf den damals diskutierten Ersatz der seinerzeit auch schon 30 Jahre alten V 60 (260/261) boten die Firmen Krauss-Maffei, Krupp-MaK, Kaelble-Gmeinder und Thyssen-Henschel der DB ihre neuen Rangierlokomotiven für eine Betriebserprobung an. Von den insgesamt fünf getesteten Lokomotiven waren vier mit Drehstrom-Antriebstechnik und eine mit einem neuzeitlichen hydrodynamischen Getriebe ausgerüstet.

Während ihres Gastspiels bei der DB erhielten sie die Betriebsnummern 259 001 bis 005, wobei es sich bei der 259 001 um eine zweite Belegung handelte. Ende der sechziger Jahre war unter dieser Nummer bereits eine dieselelektrische Lokomotive des US-Transportation Corps in Mannheim eingeordnet. Dabei handelte es sich um eine Baldwin-Lima-Hamilton-Lokomotive des Typs RS4TC.

Die Betriebserprobung sollte in erster Linie dazu dienen, die Eignung dieser modernen Industrie-Lokomotiven im Hinblick auf ihre zugförderungstechnischen Eigenschaften und ihre Bedienbarkeit im Rangierdienst unter den Einsatzbedingungen der DB festzustellen. Ein Teil der Lokomotiven wurde auf dem Münchner Nordring vor dem Leistungsmeßwagen und Bremslokomotiven ausgiebig hinsichtlich Zugkraftverhalten und Wirkungsgrad durchgemessen.

Der konstruktive Aufbau aller fünf Lokomotiven ist sehr ähnlich, da alle Hersteller sich an den Standard-Richtlinien für Diesellokomotiven des Bundesverbandes der nichtbundeseigenen Eisenbahnen (BDE) orientierten. Die Aufbauten wurden in Modulbauweise gefertigt, was für Herstellung und Wartung enorme Rationalisierungsmöglichkeiten bietet. Konsequent wurde dieses Prinzip insbesondere bei den Krauss-Maffei-Lokomotiven durchgeführt, hier läßt sich z.B. das Motor-Modul in wenigen Stunden austauschen.

In den Drehstrom-Lokomotiven von Krauss-Maffei (ME 05), Thyssen-Henschel (DE 500) und Krupp-MaK (DE 501) kam eine elektrische Ausrüstung von BBC zum Einsatz, die analog der DE 2500-Ausrüstung mit einem luftgekühlten Pulswechselrichter ausgeführt wurde. Die von Kaelble-Gmeinder und Siemens vorgestellte DE 500 besaß einen ölgekühlten Phasenfolge-Wechselrichter. Diese Umrichterbauart hat den Vorteil, daß sie weniger Leistungshalbleiter und einen geringeren Steuerungsaufwand benötigt und zudem in ihrem Betriebsverhalten gutmütiger ist, d.h. keine aufwendige Schutztechnik benötigt. Die Ölkühlung der Leistungshalbleiter bringt wegen der geringeren Verschmutzungsempfindlichkeit vor allen Dingen beim Betriebseinsatz in Walzwerken und Hüttenbetrieben Vorteile.

Während die Fahrmotoren bei den mit BBC-Elektrik ausgerüsteten Lokomotiven in Tatzlageranordnung eingebaut sind, hat die Gmeinder/Siemens-DE 500 einen sogenannten integrierten Querantrieb, dessen Vorteile in einer größeren Bodenfreiheit (wichtig bei Entgleisungen) sowie einer besseren Ausnutzung der mit dem Drehstrom-Fahrmotor möglichen hohen Drehzahlen liegen.

Das Laufwerk der Henschel-DE 500 mit einer Radsatzführung über Längslenker und einer zusätzlichen Führung der Endradsätze durch Querlenker erlaubt eine Höchstgeschwindigkeit von 80 km/h. Dies ist für eine dreiachsige, knapp 10 m lange Lokomotive ein sehr beachtlicher Wert.

Als Dieselmotor kam bei allen Lokomotiven ein moderner MTU-Diesel zum Einsatz; zwei Lokomotiven waren mit dem 2200 U/min drehenden 6 V 331 TC12, die übrigen drei mit dem 1800 U/min schnellen 6 V 396 TC 12 ausgerüstet.

Der Antrieb der Hilfsbetriebe erfolgte bei allen Probelokomotiven hydrostatisch, ebenfalls verfügten alle Lokomotiven über eine dynamische Bremse. Bei der letzten erprobten Lokomotive, der 259 005, handelte es sich um eine dieselhydraulische MH05 von Krauss-Maffei mit einem Voith-Turbowendegetriebe L3r4U2. Aufgeschreckt durch die Aktivitäten der beiden E-Firmen BBC und Siemens, stellte Voith ein Turbowendegetriebe vor, dessen betriebliche Eigenschaften einen Vergleich mit denen der Drehstromtechnik nicht zu scheuen braucht.

Alle fünf Lokomotiven haben sich während ihrer Erprobungszeit im Rangierbahnhof Laim in den Dienstplänen von V 60 (260/261) und V 90 (290) bewährt. Erstaunlich ist die Tatsache, daß auch der Abdrückdienst einer vierachsigen V 90 durch eine dreiachsige dieselelektrische Lokomotive bewältigt werden konnte. Die Ergebnisse der Wirkungsgrad- bzw. Kraftstoffverbrauchsmessungen zeigten eine deutliche Überlegenheit der dieselelektrischen Antriebe. Demnach mußten die

Im Gegensatz zu den mit BBC-Pulswechselrichtern ausgerüsteten DE-Lokomotiven von Krauss-Maffei, MaK und Thyssen-Henschel ist die 259 003 von CKG/Siemens mit Siemens-Phasenfolge-Wechselrichter ausgerüstet. *Foto: Matthias Maier*

Dieselelektrische Lokomotive DE 1024 von Krupp-MaK mit Drehstrom-Antriebstechnik als angemietete DB-Lokomotive 240 001 am 3.5.1994 vor IC 527 in Kiel Hbf.

modernen dieselelektrischen Rangierlokomotiven wesentlich seltener an die Zapfsäule als ihre hydraulische Konkurrentin V 60. Das Antriebssystem von Siemens mit Phasenfolge-Wechselrichter zeigte einen geringfügig besseren Wirkungsgrad als das andere System.

Eine Entscheidung bei der DB über eine neue Generation von Rangierlokomotiven konnte dieser Vergleichstest jedoch nicht herbeiführen. Zum einen wurde der Bedarf an Rangierlokomotiven durch den zurückgehenden Güterverkehr und weitere Rationalisierungsmaßnahmen verringert. Zum anderen befinden sich die V 60 noch in einem relativ guten Unterhaltungszustand, so daß ein Nachfolgetyp noch gar nicht akut war. Die DB sah eine Verbesserung der Wirtschaftlichkeit des Rangiergeschäftes eher in Detailverbesserungen, wie Umbau auf Funkfernsteuerung, Remotorisierung etc., als in der Beschaffung von neuen Lokomotiven.

Einen weiteren Vorstoß, die Dieselelektrik bei der DB einzuführen, unternahm Ende der achtziger Jahre Krupp-MaK in Kiel. Ausgehend von der Tatsache, daß zahlreiche hochwertige Leistungen im nichtelektrifizierten Netz der DB von 218 in Doppeltraktion zu erbringen sind, wobei die Doppeltraktionen häufig wegen dem hohen Energiebedarf der InterCity-Wagenzüge, weniger aus traktionstechnischen Gründen erforderlich sind, führte Krupp-MaK einen wissenschaftlichen Nachweis, daß allein in Schleswig-Holstein durch den Einsatz einer Flotte von 30 dieselelektrischen 2560-kW-Lokomotiven mit einer 700-kVA-Zugenergie-Versorgungsanlage 55 Lokomotiven der Baureihe 218 ersetzt werden könnten. Außerdem hätten die spezifischen Zugförderungs- und Instandhaltungskosten im Vergleich zur 218 deutlich gesenkt werden können. Mit Unterstützung des Landes Schleswig-Holstein und der Europäischen Union entwickelte und fertigte Krupp-MaK drei Musterlokomotiven, die im Oktober 1989 fertiggestellt wurden. Die elektrische Drehstrom-Antriebsausrüstung lieferte Asea Brown Boveri (ABB), wobei die Stromrichter mit neuzeitlichen GTO-(Gate Turn Off)Thyristoren und Ölkühlung ausgeführt wurden. Die Mikrocomputersteuerung wurde ebenfalls von ABB geliefert, programmiert wurde sie von Krupp-MaK. Der mit einer Nenndrehzahl von 1000 U/min

In Itzehoe überholte am 25.3.1993 die 240 001 mit IC 823 ihre Schwesterlokomotive 240 003, die mit dem Dsts 81789 unterwegs war. *Fotos: Uwe Clasen*

mittelschnelle 12-Zylinder-Dieselmotor stammte von MaK.

Nach einem umfassenden Zulassungs- und Erprobungsprogramm, indem die drei firmenintern als DE 1024, bei der DB als 240 001 bis 003 bezeichneten Lokomotiven ihre grundsätzliche Eignung nachweisen konnten, schloß sich die Betriebserprobung bei der DB und auch bei der DR im regulären Einsatz vor hochwertigen Reisezügen an. Leider stand der Einsatz der drei Probelokomotiven von Anfang an unter keinem glücklichen Stern. Zum einen sorgten anfängliche Kinderkrankheiten an einzelnen Baugruppen und Hilfseinrichtungen für eine geringe Zuverlässigkeit im Planeinsatz, die beim Betriebspersonal zu einer ablehnenden Haltung gegenüber der DE 1024 führte, zum anderen entfiel mit der zwischenzeitlich durchgeführten Elektrifizierung in Schleswig-Holstein das geplante Einsatzgebiet nahezu vollständig. Durch die Wende und die in der Folge neuen Gegebenheiten standen außerdem ausreichend viele Diesellokomotiven in dieser Leistungsklasse zur Verfügung, deren Technik zwar im Vergleich zur DE 1024 als archaisch bezeichnet werden kann, die mit den hohen Stückzahlen aber ein Faktum darstellen, an dem die DB/DR bzw. DB AG, die in vielen anderen Bereichen einen hohen Investitionsbedarf hat, nicht vorbeikommt. Sicherlich spielt auch der Verkauf der Krupp-(MaK-)Verkehrstechnik an die Siemens-Verkehrstechnik am wenig glücklichen Weg dieser interessanten Lokomotive eine Rolle. So sind von der DB AG in absehbarer Zeit keine Aufträge zu erwarten. Eine kleinere Serie (12 Stück) konnte 1993 jedoch an die Norwegischen Staatsbahnen verkauft werden. Die dort als Di6 eingereihten Lokomotiven wurden mit Siemens-Antriebstechnik ausgerüstet und kamen ab Ende 1995 zur Auslieferung. Die drei DE 1024 wurden im Sommer 1996 an Häfen und Güterverkehr Köln (HGK) verkauft.

Die Entwicklung der Kleinlokomotiven bei der DB

Nach Kriegsende wurden etwa 650 Kleinlokomotiven, davon ca. 500 der Leistungsgruppe II sowie 150 der Leistungsgruppe I, auf dem Gebiet der späteren DB aufgefunden und so schnell wie möglich wieder einsatzfähig gemacht. Das durch die Kleinlokomotiven mögliche und bewährte Betriebskonzept wurde auch von der DB weiterverfolgt und in der Folge wurden weitere Kleinlokomotiven beschafft. Deshalb wurden Lokomotiven der Leistungsgruppe II mit Strömungsgetriebe zuerst 1948 bei Deutz nachgebaut, später kamen weitere Hersteller hinzu. Bis 1965 wurden insgesamt 736 Köf II an die DB abgeliefert.

Den gestiegenen betrieblichen Anforderungen entsprechend kam ab 1958 die Leistungsgruppe III ab 150 PS hinzu. Gmeinder in Mosbach/Baden entwickelte zunächst eine 240-PS-Kleinlokomotive mit Voith-Getriebe und Kettenantrieb. Diese zweiachsigen Lokomotiven wurden mit geschlossenen, beheizbaren und etwas erhöht angeordneten Führerhäusern ausgeführt. Die Lieferungen ab 1967 wurden mit Gelenkwellenantrieben anstelle der Kettenantriebe ausgerüstet. 1978 wurde die Beschaffung nach insgesamt 571 Kleinlokomotiven der Leistungsgruppe III abgeschlossen, die ab 1968 unter den Baureihennummern 331 (Kettenantrieb und Höchstgeschwindigkeit 30 km/h), 332 (Kettenantrieb und Höchstgeschwindigkeit 45 km/h) sowie 333 (Gelenkwellenantrieb und Höchstgeschwindigkeit 45 km/h) geführt werden. Von 1984 bis

Unten links: Kleinlokomotive der Leistungsgruppe I, ab 1968 DB-Baureihe 311
Foto: Matthias Maier

Unten rechts: Nachkriegsbau der Kleinlokomotive der Leistungsgruppe II, ab 1968 DB-Baureihe 323 und 324
Foto: Archiv Eisenbahn Magazin

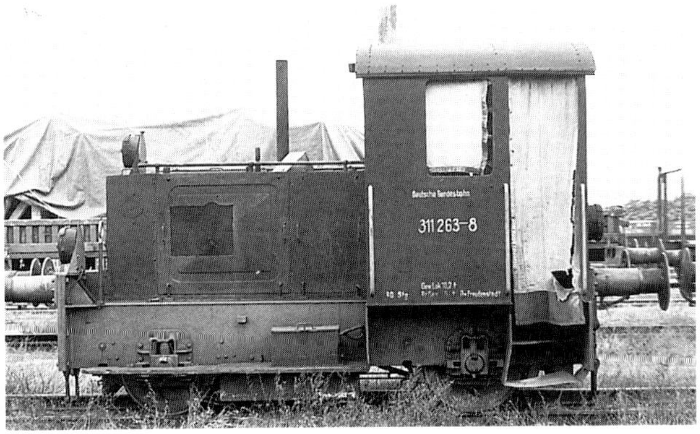

Kleinlokomotive der Leistungsgruppe III, ab 1968 DB-Baureihe 332, Höchstgeschwindigkeit 45 km/h, Antrieb über Rollenketten
Fotos: Matthias Maier (3)

Mitte links: Kleinlokomotive der Leistungsgruppe III, ab 1968 DB-Baureihe 333, Höchstgeschwindigkeit 45 km/h, Antrieb über Gelenkwellen

Mitte rechts: Rangiergerät Kdl 91 0009 des Bw Kaiserslautern, aufgenommen am 17.7.1976

1975 wurden die beiden Lokomotiven V 18 „Steeden" und V 19 „Kerkerbach" mit der Kerkerbachbahn AG von der DB übernommen und als 333 901 und 902 eingeordnet.
Foto: Archiv Eisenbahn Magazin

1992 wurden insgesamt 190 Kleinlokomotiven der Baureihe 333 auf Rangierfunkfernsteuerung umgebaut und unter der neuen Baureihenbezeichnung 335 eingeordnet. Von 1975 bis 1981 gehörten auch die zwei von der Kerkerbachbahn übernommenen Diesellokomotiven zur Baureihe 333. Mit den Betriebsnummern 333 901 und 902 wurden die beiden von der Ruhrthaler Maschinenfabrik gelieferten Lokomotiven vom Bw Limburg aus auf ihrer alten Stammstrecke eingesetzt.

Zum 1.10.1987 wurden die Rangierlokomotiven der Baureihe V 60/260/261 zu Kleinlokomotiven der Leistungsklasse IV (Baureihen 360/361) umgezeichnet. Hintergrund dieser Maßnahme waren wirtschaftliche Überlegungen: Kleinlokomotiven dürfen von angelernten Kleinlokbedienern gefahren werden, wodurch Personalkosten eingespart werden können. Eine ähnliche Aktion war übrigens auch bei den Lokomotiven der Baureihen 290/291 vorgesehen, die jedoch bis heute noch nicht realisiert werden konnte.

Schließlich sollen noch die 1953 und 1958 von Schöma an die DB gelieferten 22 Stück Kleinstdiesellokomotiven der Bauartbezeichnung Kdl erwähnt werden. Mit 22-PS-Dieselmotorleistung zählten sie zu den kleinsten Diesellokomotiven im Bestand der DB. Sie wurden als Rangiergeräte in Ausbesserungs- und Bahnbetriebswerken eingesetzt.

Die Entwicklung der Diesellokomotiven in der DDR

Mit Ende des Zweiten Weltkrieges waren die Eisenbahnanlagen wie auch die gesamten übrigen Industrieanlagen in der damaligen Sowjetischen Besatzungszone ein einziges Trümmerfeld. Das rollende Material, einschließlich der Triebfahrzeuge, war weitgehend zerstört bzw. mußte erst einer Reparatur unterzogen werden. 1945 war in der Sowjetischen Besatzungszone keine Großdiesellokomotive vorhanden. Lediglich etwa 50 ehemalige Wehrmachtslokomotiven mit einer Leistung von 200 PS bis 360 PS und zahlreiche Kleinlokomotiven der Leistungsklassen I und II waren im Schadpark aufgeführt. Diese wurden dann teilweise unter Verwendung von Bauteilen ausgemusterter Lokomotiven aufgearbeitet. Die Traktion mit Diesellokomotiven spielte somit in den ersten Nachkriegsjahren in der Sowjetischen Besatzungszone keine Rolle. Bei einer Bestandsaufnahme 1946 standen ca. 4800 Dampflokomotiven für den Betriebsdienst zur Verfügung. Ungünstigerweise verteilten sich diese 4800 Dampflokomotiven auf ca. 200 verschiedene Baureihen bzw. Unterbaureihen. Ersatzteile für derart viele Baureihen waren kaum vorhanden, zumal diese Lokomotiven auch überaltert waren und wegen der angespannten Lage auf dem Triebfahrzeugsektor auch auf Verschleiß gefahren wurden. Um die Versorgung der Bevölkerung und den Aufbau der Industrie und Landwirtschaft zu beleben, waren erhöhte Transportleistungen durch die Eisenbahn zu erbringen. Daher konnte vorerst kein großer Anspruch auf die Wirtschaftlichkeit von Lokomotiven gelegt werden, da

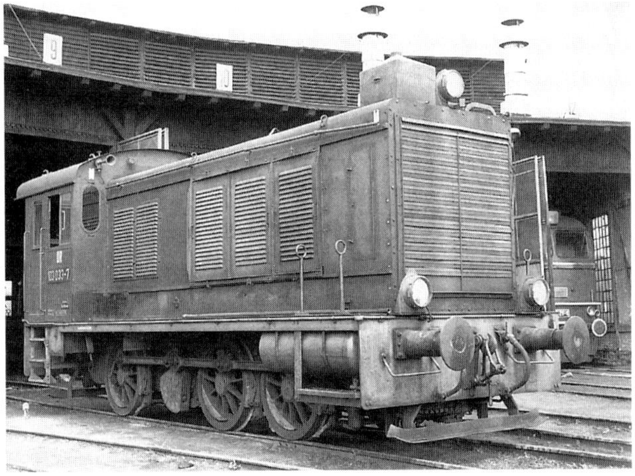

In den Einsatzbestand der Deutschen Reichsbahn der DDR kamen nach der Aufarbeitung 35 Lokomotiven der Wehrmachtsbaureihe WR 360 C, die zunächst als V 36, wie bei der DB, mit der Einführung der EDV-Betriebsnummern 1970 jedoch die Baureihennummer 103 erhielten. *Foto: Archiv Eisenbahn Magazin*

Kleinlokomotive der Leistungsgruppe II, ab 1970 DR-Baureihe 100.1-9, ab 1992 Baureihe 310 *Foto: Frank Heilmann*

auch alle Unterlagen zum Bau und zur Konstruktion von Diesellokomotiven sowie deren Komponenten durch Kriegseinwirkungen verlorengegangen waren. Aufgrund dieser angespannten Situation entschloß sich die DR in Abstimmung mit der Lokomotivindustrie für ein umfangreiches Rekonstruktionsprogramm der Dampflokomotiven, um die Wirtschaftlichkeit bei den Transportaufgaben zu erhöhen. In dieses Rekonstruktionsprogramm wurden die Dampflokomotivbaureihen 01, 03, 39, 41, 50, 52 und 58 aufgenommen.

Da Anfang der fünfziger Jahre an eine Fertigung von leistungsfähigen Diesellokomotiven wegen Mangels an Erfahrung und Fachkräften nicht zu denken war, entschloß sich die DR sogar für den Neubau von Dampflokomotiven. So wurden im Zeitraum von 1954 bis 1960 insgesamt 360 Neubau-Dampflokomotiven in Betrieb genommen. Die letzte Neubau-Dampflokomotive wurde vom VEB Lokomotivbau „Karl Marx", Babelsberg, am 28. 12. 1960 mit der 50 4088 der DR übergeben. Da aber auch die Zerstörungen in den größeren Städten und Gemeinden enorm waren, wurden zunächst für den Wiederaufbau schmalspurige Baulokomotiven mit kleiner Leistung benötigt, die vom VEB Lokomotivbau „Karl Marx", Babelsberg, von 1947 bis 1950 in einer jährlichen Stückzahl von 60 Lokomotiven gefertigt wurden. Mit der Belebung der Wirtschaft stieg auch die Nachfrage nach solchen für Bau- und Industriebetriebe geeigneten Schmalspurlokomotiven beträchtlich. Nach einer grundlegenden Absprache mit den Bedarfsträgern wurde im Jahr 1950 ein erstes Typenprogramm für Diesellokomotiven in der DDR erstellt. In diesem Typenprogramm waren vier Diesellokomotiven vier verschiedener Leistungsklassen enthalten. Diese Leistungsklassen wurden mit 15 PS, 30 PS, 60 PS und 90 PS festgelegt. Schon damals wurde angestrebt, daß die im Leistungsbereich unterschiedlichen Lokomotiven alle in Kastenbauweise gefertigt werden sollten und soviel austauschbare Teile und Aggregate wie nur möglich enthalten sollten, die mit den verschiedenen Bautypen untereinander austauschbar waren. Die Aufstellung des Typenprogramms für Schmalspur-Diesellokomotiven war zwar für die Entwicklung der heutigen im Einsatz befindlichen Diesellokomotiven der ehemaligen Deutschen Reichsbahn der DDR bedeutungslos. Dennoch war dies, nach dem Verlust sämtlicher Unterlagen für den Bau von Diesellokomotiven, zumindest eine Vorstufe für die weitere Entwicklung von Diesellokomotiven.

Gefertigt wurden diese Lokomotiven beim VEB Lokomotivbau „Karl Marx", Babelsberg, wo auch im Zeitraum von 1954 bis 1958 insgesamt 32 Kleinlokomotiven der Leistungsklasse II (Kö II) für die Deutsche Reichsbahn hergestellt wurden.

Gleichzeitig arbeitete der VEB Lokomotivbau und Elektrotechnische Werke (LEW) „Hans Beimler", Hennigsdorf, an der Entwicklung einer Großdiesellokomotive mit einer Leistung von ca. 2700 PS. Das Projekt sah eine Lokomotive mit der Radsatzanordnung Co'Co' vor, wobei zwei Maybach-Motore vom Typ MB 655 mit Hochaufladung und einer Dauerleistung von 1350 PS aus der Bundesrepublik Deutschland importiert werden sollten. Eingesetzt werden sollte diese Lokomotive sowohl vor Güterzügen (100 km/h) als auch vor Schnellzügen (130 km/h). Für eine spätere Serienlieferung war aber der Dieselmotor vom Typ 12 KVD 21 aus DDR-Produktion vorgesehen. Die Leistungsübertragung sollte elektrisch ausgeführt werden. Da die Entwicklungsarbeiten im Jahr 1958 abgebrochen wurden, ist es auch nicht zum Bau einer Erprobungslokomotive gekommen. Ein Grund dafür war sicherlich der Beschluß aus dem Jahr 1955, der die Traktionsumstellung von Dampf- auf Diesellokomotiven vorsah und dabei der hydraulischen Leistungsübertragung den Vorrang gegenüber der elektrischen einräumte. Nach damaligen Überlegungen war die Konstruktion hydraulisch angetriebener Diesellokomotiven raumsparender und auch leichter. Und nach einer Studie aus der UdSSR, worauf man sich in der DDR stützte, war auch der Beschaffungspreis bedeutend niedriger, da nicht soviel Kupfer verarbeitet werden brauchte. Diese Studie gab folgende Richtwerte für hydraulisch angetriebene Diesellokomotiven mit einer Leistung um 2000 PS vor:

– hydraulische Leistungsübertragung: ca. 400 kg Kupfer (ergibt ca. 0,2 kg/PS),

– elektrische Leistungsübertragung: ca. 8 bis 10 t Kupfer (ergibt ca. 4 bis 5 kg/PS).

Da bei der Traktionsumstellung anfangs erst die überalterten Rangierdampflokomotiven abgelöst werden sollten und das Leistungsprogramm für Großdiesellokomotiven die Beförderung meist schwerer Züge vorsah, entschied sich die DR gemeinsam mit der Industrie zum Bau von hydraulisch angetriebenen Diesellokomotiven. Denn bei den Vorgaben für diese Einsatzbedingungen kam es auf eine möglichst geringe Dauergeschwindigkeit dieser Lokomotiven an. Und da war eben das Traktionsverhalten bei Lokomotiven mit elektrischer Leistungsübertragung infolge der hohen Stromstärken ungünstiger, das heißt, die Dauergeschwindigkeiten waren nicht so gering. Bei den Entscheidungen zur Traktionsumstellung hatte die DR wenig Mitspracherecht, denn dies wurde durch führende DDR-Wirtschaftsfunktionäre auf höchster Ebene im Zentralkomitee abgestimmt. Da auch ein Großtteil der elektrischen Lokomotiven nach dem Krieg zerstört war und die Streckenausrüstungen vieler elektrifizierter Strecken, aber auch elektrische Lokomotiven als Reparationsleistung an die UdSSR abgegeben werden mußten, war der Anteil der elektrisch betriebenen Strecken bei der DR sehr gering. Auf- und ausgebaut wurden nur die Strecken im Industriezentrum um Halle/Leipzig–Dresden/Zwickau. Für einen weiteren Ausbau der elektrifizierten Strecken fehlten die nötigen Bahnstromwerke. Dies waren alles Gründe dafür, Mitte der fünfziger Jahre den Schwerpunkt der zukünftigen Traktionsstruktur auf Diesellokomotiven zu legen und ein Neubauprogramm für hydraulisch angetriebene Diesellokomotiven zu erstellen. Die Diesellokomotiven, die in dieses Neubauprogramm aufgenommen werden sollten, waren möglichst nach einheitlichen Konstruktionsrichtlinien zu erarbeiten. Durch den Einbau von gleichartigen Anlagen und Aggregaten in möglichst vielen Baureihen sollte der Instandhaltungsaufwand sowie das Bereitstellen von Tausch- und Ersatzteilen weitestgehend optimiert werden. Standardisiert werden sollten

Oben: Leichte Rangier-Diesellokomotive V 15 1020, ab 1970 101 020, der DR

Mitte: Leichte Rangier-Diesellokomotive 102 147 der DR
Fotos: Frank Heilmann

Leichte Rangier-Diesellokomotive V 23 016, ab 1970 102 016, der DR in Arendsee
Foto: Sammlung Rüdiger Block

Rangier-Diesellokomotive V 60 1256, ab 1970 106 256, ab 1992 346 256
Foto: Otte, Sammlung Grundmann

112 466 entstand durch den Umbau der 110 466 auf einen 900-kW-Dieselmotor
Foto: Frank Heilmann

110 781 und eine weitere Lokomotive der gleichen Baureihe vor Schnellzug Cranzahl–Leipzig am 13. 6. 1976 in Schlema u. Bhf. *Foto: Erich Preuß*

u.a. der Dieselmotor, das Radsatz- und Strömungsgetriebe, die Kühlanlage sowie die Überwachungs- und Steuerungsanlagen. Unter diesen Gesichtspunkten wurde folgendes Neubauprogramm für Diesellokomotiven erstellt:

- V 15.10 (Rangierlokomotive) mit einer Leistung von 150 PS,
- V 60.10 (Rangierlokomotive) mit einer Leistung von 600 PS,
- V 100 (Streckenlokomotive) mit einer Leistung von 900 PS sowie
- V 180 (Streckenlokomotive) mit einer Leistung von 1800 bis 2400 PS.

Mitte der fünfziger Jahre wurde das Neubau-Typenprogramm noch um eine Schmalspur-Diesellokomotive für eine Spurweite von 750 mm erweitert. Mit der Konstruktion dieser Diesellokomotive mit einer Leistung von 360 PS (265 kW) wurde der VEB Lokomotivbau „Karl Marx“, Babelsberg, beauftragt. Eingereiht wurden diese Schmalspur-Diesellokomotiven bei der DR als V 36 4801 und 4802.

Da Anfang der sechziger Jahre noch nicht genügend Rangier-Diesellokomotiven zur Verfügung standen und die Dampflokomotiven der Baureihe 80 dringend wegen starker Überalterung ausgemustert werden sollten, wurden aus der CSSR zwanzig Lokomotiven der Baureihe V 75 von CKD in Prag importiert. Diese 1962 gelieferten Lokomotiven waren die ersten importierten Lokomotiven der DR.

Mit der V 15 101 stand im Jahr 1958 der DR die erste Erprobungslokomotive aus dem im Jahr 1955 beschlossenen Neubau-Typenprogramm zur Verfügung. Diese hatte noch einen tiefliegenden Führerstand und war entwick-

Prototyplokomotive V 180 001 des VEB Lokomotivbau „Karl Marx“, Babelsberg *Foto: Sammlung Frank Heilmann*

Serienausführung der B'B'-Diesellokomotive V 180.0 *Foto: Archiv Eisenbahn Magazin*

Letzte Ausführungsvariante der C'C'-Diesellokomotive V 180 als Baureihe 228 mit 2 x 900 kW Leistung *Foto: Frank Heilmann*

Schmalspur-Diesellokomotive der Baureihe V 36.48 *Foto: Sammlung Rüdiger Block*

lungsmäßig ein Kompromiß zwischen den Kleinlokomotiven Kö und der späteren Baureihe 101. Daher blieb diese Lokomotive ein Einzelgänger und wurde nicht von der DR übernommen.

Bis zum Jahr 1965 waren alle Diesellokomotiven aus dem Neubau-Typenprogramm in Produktion. Durch den hohen Standardisierungsgrad der Lokomotiven untereinander konnten zwar Entwicklungs- und Konstruktionskosten eingespart werden, dennoch reichte die Kapazität beim VEB Lokomotivbau „Karl Marx“, Babelsberg, nicht aus, um die von der DR benötigten Diesellokomotiven in ausreichender Menge zu liefern. Durch den Ministerratsbeschluß vom 17.3.1966 war die endgültige Ablösung der Dampflokomotiven durch Diesellokomotiven beschlossen worden. Der elektrischen Traktion wurde aufgrund der angespannten wirtschaftlichen Lage in der DDR und den steigenden Weltmarktpreisen für Kupfer keine Chance mehr eingeräumt. Der Beschluß vom März 1966 sah vor, die Zugförderung mit Diesellokomotiven von drei Prozent im Jahr 1965 auf 72 Prozent im Jahr 1978 zu steigern. Nicht unerwähnt soll bleiben, daß Mitte der sechziger Jahre das Petrolchemische Kombinat in Schwedt/Oder seiner Bestimmung übergeben wurde. Da der DR in der DDR immer mehr Bedeutung bei dem Transport von Personen und Gütern zukam und noch nicht genügend leistungsfähige Lokomotiven vorhanden waren, entschied man sich in der SED-Parteizentrale für den Import von Großdiesellokomotiven aus der UdSSR.

Obwohl es von den Fachleuten der DR heftigen Widerstand gegen einen

Die Reichsbahn-120 war weitestgehend identisch mit an weitere Bahnen des RGW gelieferte Lokomotiven, so auch mit der Baureihe ST 44 der Polnischen Staatsbahnen. *Foto: Frank Heilmann*

Links: Vorauslokomotive 120 001, die im Dezember 1966 von der Lokomotivfabrik Lugansk an die DR geliefert wurde.
Foto: Archiv Eisenbahn Magazin

Import von Diesellokomotiven aus der UdSSR gab, zumal mit der V 240 001 eine leistungsfähige Diesellokomotive aus heimischer Produktion 1965 auf der Leipziger Messe vorgestellt wurde, wurden Argumente für eine Weiterführung der bisherigen Entwicklungslinie nicht beachtet.

Sicher ist aber auch, daß der angestrebte Traktionswechsel ohne die Importe der Baureihen V 200 (Baureihe 120) und 130/131/132 bis zum Jahr 1975 nicht möglich gewesen wäre. Die DDR war aber auch an einen Beschluß des Rat für gegenseitige Wirtschaftshilfe (RGW) gebunden, wonach der Bau von Lokomotiven mit einer Leistung ab 2000 PS in der DDR nicht durchgeführt werden sollte. Bei der Entwicklung und der Konstruktion dieser Diesellokomotiven hatten die verantwortlichen Stellen der DR jedoch kein Mitspracherecht. Da die UdSSR schon Mitte der sechziger Jahre über Diesellokomotiven mit einer Leistung von 2000 PS verfügte, begann der Export solcher Lokomotiven in angepaßter Bauweise für die DR bereits im Jahr 1966 mit der Baureihe V 200. Grundlegende Veränderungen waren aber erst nach der Erprobungszeit und jeweils auch nur nach Absprache mit dem Hersteller und unter Berücksichtigung dessen Möglichkeiten realisierbar. Durch den Import weiterer dieselelektrischer Lokomotiven aus der UdSSR in den Jah-

Die 3000-PS-Diesellokomotiven der DR wurden in verschiedenen Ausführungen von der sowjetischen Lokomotivfabrik Woroschilowgrad geliefert: Als Baureihe 131/231 mit einer Höchstgeschwindigkeit von 100 km/h ohne elektrische Zugenergieversorgungsanlage und als Baureihe 132/232 mit einer Höchstgeschwindigkeit von 120 km/h mit elektrischer Zugenergie-Versorgungsanlage. *Foto: Frank Heilmann*

Nach dem Beschluß der DDR-Staatsführung Mitte der sechziger Jahre sollte die Reichsbahn der DDR ihre Verkehrsleistungen im wesentlichen mit Diesellokomotiven erbringen. Sowjetische Diesellokomotiven der Baureihen 120 und 132 hatten daran wesentlichen Anteil. *Foto: Sammlung Rüdiger Block*

Als leistungsgesteigerte Variante der Standard-Diesellokomotiv-Baureihe 132 wurden 1974 bis 1978 sechs Lokomotiven der Baureihe 142 mit einer Dieselmotorleistung von 4000 PS (2940 kW) an die DR geliefert. *Foto: Archiv Eisenbahn Magazin*

Nach der Öffnung der innerdeutschen Grenze Ende 1989 mußten auf den noch nicht elektrifizierten Ost-West-Strecken die neuen IC/IR-Züge mit Diesellokomotiven befördert werden. Durch Einbau von Fahrmotoren und Getrieben der Baureihe 130, Anpassung der Bremsanlage und Ertüchtigung der elektrischen Zugenergieversorgungsanlage wurden Lokomotiven der Baureihe 232 für diese neuen Aufgaben ertüchtigt und als Baureihe 234 eingeordnet. *Foto: Matthias Maier*

ren 1970 bis 1982 hat sich der Anteil der Dieseltraktion an der Zugförderung auf 70 Prozent erhöht, wobei 40 Prozent der Transportleistungen durch Import-Lokomotiven erbracht wurden. Mit der Lieferung der Lokomotiven der Baureihe 132 war es der DR nach einer langen Entwicklungszeit in der UdSSR auch möglich, Reisezüge elektrisch zu heizen.

Im Jahr 1977 bestand noch ein weiterer Bedarf an Diesellokomotiven mit elektrischer Zugheizung und einer Leistung von über 2000 PS, bei einer vorgegebenen Radsatzlast von höchstens 16 Tonnen. LEW Hennigsdorf kam für den Bau einer solchen Lokomotive als einzig verbliebener Lokomotivhersteller in der DDR nicht in Frage, da dieser Hersteller mit Exportaufträgen ausgelastet war. Auch die UdSSR lehnte es ab, Lokomotiven mit einer maximalen Radsatzlast von 16 Tonnen bei Beibehaltung des Grundkonzepts der Baureihe 118.2-4 zu fertigen. Die rumänische Lokomotivfabrik „23. August“, Bukarest, war bereit, das Baukastenprinzip der Baureihe 118 sowie Dieselmotoren aus DDR-Produktion zu übernehmen. Eine Lieferung der DDR-Dieselmotoren erfolgte jedoch nicht, so daß Rumänien Maybach-Motoren in Lizenzbau fertigte. Von 1977 bis 1985 importierte die DDR 200 Diesellokomotiven der Baureihe 119 für die DR aus Rumänien. Laut ursprünglichen Planungen sollten ca. 270 Lokomotiven dieser Baureihe importiert werden. Diese hohe Stückzahl wurde jedoch reduziert, zum einen wegen der erfolgreichen Remotorisierung der Baureihen 110 und 118, aber auch wegen der großen Störanfälligkeit der Baureihe 119. Mit dem Import der 119 200 im Jahr 1985 endete auch die Beschaffung von Neubau-Diesellokomotiven durch die DR.

Ab 1980 fand in den Führungsetagen zwangsläufig wieder ein gewisses Umdenken zu der Frage nach der

Ihre letzte Diesellokomotiv-Baureihe beschaffte die DR ab 1977 bei der rumänischen Lokomotivfabrik „23. August". Die Prototyp-Lokomotive 119 001 war noch nicht mit der serienmäßigen elektrischen Zugenergieversorgungsanlage ausgerüstet und wurde, da sie erheblich von den späteren Serienlokomotiven abwich, bereits 1983 ausgemustert.
Foto: Archiv Eisenbahn Magazin

sinnvollsten Traktionsart zugunsten der elektrischen Traktion statt. Denn wegen der steigenden Weltmarktpreise reduzierte die UdSSR 1980 die Lieferung von Erdöl an die DDR. Und in der DDR verarbeitete man das Erdöl und verkaufte die Produkte wegen der angespannten wirtschaftlichen Lage lieber gegen harte und dringend benötigte Devisen an die Bundesrepublik Deutschland. Von der Verteuerung bei gleichzeitig eingeschränkten Lieferungen des Erdöls war die DR besonders betroffen, denn 25 Prozent des gesamten Dieselkraftstoffs in der DDR verbrauchte allein die DR im Jahr 1980 mit ca. 800 000 t. Dies hatte dann verstärkt dazu geführt, die Streckenelektrifizierung zu forcieren. Bis 1988 hatte die DR ca. 3000 km ihres Streckennetzes elektrifiziert, so daß gut 40 Prozent der Transportleistungen im Jahr 1988 durch die elektrische Traktion erbracht wurden. Daher war eine Neubeschaffung von Diesellokomotiven in der DDR Mitte der achtziger Jahre vorerst nicht mehr notwendig. Durch den hohen Standardisierungsgrad der Diesellokomotiven aus der DDR-Lokomotivproduktion entstanden durch den Austausch von Motoren und Getrieben zahlreiche neue Diesellokomotiv-Baureihen bei relativ geringen Kosten. Spektakulärster Umbau bei der DR war sicherlich der Umbau der Baureihe 110 zur Baureihe 199.8 (Schmalspurlokomotive mit 1000 mm Spurweite) in den Jahren 1988 bis 1990 für die Harzquerbahn. Insgesamt hat das Raw Stendal zehn Lokomotiven der Unterbaureihe 110.2-8 zu Schmalspur-Diesellokomotiven umgebaut. Beendet wurden Entwicklung, Konstruktion, Bau und Beschaffung von Diesellokomotiven bei der DR mit der Remotorisierung von 20 Lokomotiven der Baureihe 119 (219) zur Baureihe 229 durch die Krupp Verkehrstechnik in den Jahren 1992/93.

Ausblick

Die Dieseltraktion bei den mittlerweile vereinten deutschen Bahnen blickt auf eine gut vierzigjährige Entwicklung zurück. Über 3300 Strecken- und Rangierlokomotiven sind von der DB,

2700-PS Diesellokomotive mit hydrodynamischer Leistungsübertragung und elektrischer Zugenergie-Versorgungsanlage Baureihe 119/219 *Foto: Frank Heilmann*

Nach der Remotorisierung und Ertüchtigung von 20 Lokomotiven der Baureihe 119/219 zur Baureihe 229 durch Krupp-Verkehrstechnik stehen mit einer installierten Dieselmotorleistung von 3750 PS hochwertige Diesellokomotiven für den IC/IR-Verkehr zur Verfügung. So bespannten die Lokomotiven der Baureihe 229 auch die InterCity-Züge zwischen Berlin und Hamburg. *Foto: Frank Heilmann*

über 4200 sind von der DR in dieser Zeit beschafft worden, was einem Investitionsvolumen von immerhin sechs bis sieben Milliarden DM entspricht.

Ausgangspunkt dieser Entwicklung waren bei der DB die 1000-PS-Einheitsmaschinenanlagen mit schnellaufenden Dieselmotoren und hydrodynamischer Leistungsübertragung. Mit der Entscheidung für dieses Konzept, die schon am Anfang der Gesamtentwicklung gefallen ist, verschafften sich die Deutsche Bundesbahn und auch die Deutsche Reichsbahn eine Sonderstellung im Vergleich zur Dieseltechnik in der übrigen Welt. Während nämlich rund 80 Prozent aller auf der Welt fahrenden Diesellokomotiven mit elektrischer Leistungsübertragung und langsamlaufenden Dieselmotoren ausgerüstet sind, fand das von der DB, DR und der deutschen Industrie bevorzugte Prinzip im Ausland nur wenig Gegenliebe. Bundesbahn, Reichsbahn und ihre Partner in der Industrie mußten daher alle Erfahrungen selber machen, und sehr viele Entwicklungen konnten nur nach aufwendigen Nachbesserungen zu einem erfolgreichen Ende gebracht werden.

Betrachten wir die betrieblichen und wirtschaftlichen Hintergründe dieser technischen Entwicklung bei der DB. Zu Beginn der Verdieselung und des Strukturwandels ergänzten sich wirtschaftliche Notwendigkeiten und technische Möglichkeiten der Dieseltechnik in geradezu idealer Weise:

Es war besonders wirtschaftlich, Rangierdampflokomotiven, die einen hohen Personal- und Instandhaltungsaufwand bei vergleichsweise bescheidenen Betriebsleistungen erforderten, durch in Betrieb und Instandhaltung anspruchslose Dieselfahrzeuge zu ersetzen. Die Leistungsklasse für Rangierlokomotiven wurde dabei von der Dieseltechnik mit der V 60 gut und sicher beherrscht.

Der Mangel an Schnellzuglokomotiven und somit die Entwicklung einer adäquaten Diesellokomotive, bedeutete eine große Herausforderung an die beteiligten Firmen, führte schließlich zu einer vierachsigen 2200-PS-Hochleistungslokomotive, die hinsichtlich ihres spezifischen Gewichts international eine Sensation war. Mit ihr war aber auch die – in gewisser Weise – verhängnisvolle Entwicklung von „Grenzleistungslokomotiven“ begonnen worden.

Bei allen der V 200 folgenden Lokomotiventwicklungen, mit Ausnahme der V 90/291, standen weniger zugförderungstechnische Kriterien im Lastenheft, sondern „wie packe ich noch mehr Leistung in einen durch das Lichtraumprofil und die Radsatzlast begrenzten Fahrzeugkasten“. Gerechterweise soll aber nicht verschwiegen werden, daß die Forderung des Betriebsmaschinendienstes eigentlich immer auf „mehr Leistung“ lautete, es waren noch genug leistungsfähige Dampflokomotivbaureihen zu ersetzen.

Trotz dieser vielfältigen Wünsche und Richtungskämpfe ist es der DB gelungen, ihren Diesellokomotivbestand typisiert aufzubauen und z. B. mit einer recht kleinen Anzahl an Grundtypen von Dieselmotoren, Getrieben etc. auszukommen. In anderen Ländern hat es viel bewegtere Entwicklungen gegeben, mit dem Ergebnis, daß der Lokomotivpark bunt zusammengewürfelt ist. Dies ist für den Eisenbahnfreund sicher ein erfreulicher Umstand, für einen rationellen Einsatz und Unterhalt jedoch eher hinderlich.

Ein weiterer wichtiger Aspekt bei der Entwicklung der DB-Diesellokomotive war die Aufteilung der Zugförderungsaufgaben zwischen elektrischer und Dieseltraktion. Basis für eine Abgrenzung der beiden Traktionsarten waren

Vier Lokomotiven der vierachsigen 2000-PS-Lokomotive Baureihe 118.1 am 22.9. 1989 im Bw Cottbus *Foto: Frank Heilmann*

und sind naturgemäß Wirtschaftlichkeitsbetrachtungen, und die führten unter den hiesigen Rahmenbedingungen dazu, daß auf den hochbelasteten Hauptabfuhrstrecken die elektrische Traktion – die Marke, ab der eine Strecke elektrifizierungswürdig ist, lag bei etwa 30 000 Bruttotonnen pro Kilometer und Tag –, auf Sekundärfernstrecken, Nebenbahnen und Rangierbahnhöfen, aber die Dieseltraktion vorzuziehen ist.

Daraus ergibt sich für die Lokomotiventwicklung, daß Diesellokomotiven über 3000 PS nicht notwendig sind, da der Verkehr auf den genannten Strecken keine größeren Leistungen erfordert, während für elektrische Lokomotiven Leistungen von über 3000 PS benötigt werden. In der Tat ergänzen sich Diesellokomotiv- und Elloktypenprogramm der DB in der geschilderten Weise.

Bei der Deutschen Reichsbahn verliefen Mitte der fünfziger Jahre Entwicklung, Konstruktion und Fertigung von Diesellokomotiven wegen des gleichen Erfahrungsschatzes aus vorhandenen Fahrzeugen ähnlich wie im Westen. Allerdings waren die Randbedingungen deutlich schlechter, weil die Zulieferindustrie für Dieselmotoren, Getriebe und Kühlanlagen im Westen verblieben war und in der DDR erst aufgebaut werden mußte. Die Entwicklung verlief daher zeitlich versetzt und fand letztlich ihren Abschluß mit dem politischen Entscheid Mitte der sechziger Jahre auf eine weitgehende Streckenelektrifizierung zu verzichten und Diesellokomotiven mit elektrischer Leistungsübertragung aus der UdSSR zu importieren. Die Dieseltraktion bei der DR war somit das Rückgrat für den spurgeführten Verkehr und nicht, wie bei der DB,

Vierachsige 2500-/2800-PS-Lokomotiven der Baureihe 218 am 13.12.1992 im Bw Kaiserslautern *Foto: Uwe Clasen*

Sechsachsige 3000-PS-Lokomotive der Baureihe 132 am 2.4.1987 im Raw Cottbus *Foto: Frank Heilmann*

eine Ergänzung zum elektrifizierten Kernnetz. Eine Entwicklung der Diesellokomotivtechnik in der DDR entsprechend der Entwicklung der V 160-Familie in der Bundesrepublik Deutschland war damit unterbunden.

Mit der Vereinigung von DB und DR zur Deutschen Bahn AG am 1.1.1994 hat sich durch die geringer gewordenen Verkehrsleistungen auf der Schiene, insbesondere beim Gütertransport, der Bedarf an Diesellokomotiven der ehemaligen DR stark verringert. Zudem wird im Nahverkehr vielfach mit modernen Triebzügen der Baureihe 628 gefahren und viele wieder reaktivierte Strecken zwischen den alten und neuen Bundesländern werden elektrisch betrieben. Zum Fahrplanwechsel 1994/95 war lediglich noch ein Bedarf von etwas über 2000 Diesellokomotiven im ehemaligen DR-Bereich der DB AG vorhanden. Wann die letzte Diesellokomotive, die ehemals in Diensten der DR stand, ihren letzten Zug bei der DB AG befördert, ist noch nicht absehbar, aber das langsame Sterben hat begonnen. Denn auch die noch am stärksten vertretene Baureihe 232 (132) mit einem täglichen Bedarf von 598 Maschinen (1994) erhalten ab Mitte 1997 keine Hauptuntersuchung in der Schadgruppe B 3 mehr.

Zu welchem Zeitpunkt die DB AG eine neue Diesellokomotiventwicklung beginnen wird, darüber kann heute nur spekuliert werden. Durch den Trend im Reisezugverkehr zu Triebzügen, den weiteren Lückenschlüssen im elektrischen Streckennetz, den nicht abzusehenden Niedergang des Güterverkehrs auf der Schiene und die weitere Automatisierung der Rangiertätigkeiten wird der Bedarf an Diesellokomotiven in Deutschland weiter sinken. Überalterte und in Betrieb und Instandhaltung unwirtschaftliche Baureihen können abgestellt und ausgemustert werden, ohne daß ein direkter Ersatzbedarf entsteht. Die zur Zeit in einer Stückzahl von über 1000 vorhandenen Lokomotiven der Baureihen 218, 232/234 werden bis weit ins nächste Jahrtausend den Bedarf an leistungsfähigen Streckendiesellokomotiven decken können.

Die leichten Streckenlokomotiven der V 100-Klasse östlicher und westlicher Herkunft werden mittelfristig durch Triebzüge ersetzt werden, allein bei den Rangierlokomotiven könnte nach Ausmusterung der Baureihen 344 bis 346 ein Bedarf entstehen, der nicht mehr durch Modernisierung vorhandener Baureihen abgedeckt werden kann. Ob hier nun wieder Lokomotiven mit hydraulischer Leistungsübertragung oder diesmal dieselelektrische Lokomotiven mit Drehstrom-Antriebstechnik zum Zuge kommen werden, bleibt abzuwarten. Letztere hat durch die Möglichkeit, mit geringem Zusatzaufwand eine Zweikraft-Lokomotive (Fahrdraht- oder Dieselbetrieb) zu realisieren, im existierenden Streckennetz der DB AG erhebliche betriebliche Vorteile.

Bezeichnung der Diesellokomotiven

Die Bezeichnungen von Lokomotiven lassen sich in drei Gruppen einteilen: die technisch orientierte Bauartbezeichnung, die Baureihenbezeichnung (auch Gattung, Serie oder Klasse) und die Ordnungsbezeichnung (Lokomotiv-, Inventar- oder Betriebsnummer).

Bauartbezeichnung

Unter der Bauart wird die technische Charakteristik einer Lokomotive, die sich aus der Radsatzanordnung, dem Verwendungszweck oder der Spurweite ergibt, verstanden, wozu noch Wesensmerkmale hinsichtlich der Traktionsanlage bei Diesellokomotiven, insbesondere die Dieselmotorbauform und die Leistungsübertragungsart, gehören.

Für den deutschen Raum hat sich die Bezeichnung der Radsatzanordnung durchgesetzt, die aus einem Vorschlag der seinerzeit führenden Zeitschrift „Organ für die Fortschritte des Eisenbahnwesens“ (heute ZET + DET Glasers Annalen) vom Jahr 1907 entstanden ist und 1908 vom Verband Deutscher Eisenbahnverwaltungen (VDEV) für seine Mitgliedsbahnen übernommen wurde. Mit der Übernahme des Systems durch die UIC im UIC-Merkblatt 612.V gelangte dieses Bezeichnungssystem zu internationaler Bedeutung. Über den Rahmen der europäischen Normalspurbahnen hinaus fand dieses Bezeichnungssystem auch in der amerikanischen Literatur Eingang. In Deutschland ist diese Bezeichnungsweise auch in die Deutsche Industrie-Norm (DIN) aufgenommen worden.

Die Klarheit dieses Systems ist auffällig. Gekuppelte Radsätze werden mit Großbuchstaben entsprechend der alphabetischen Reihenfolge (A = 1 Kuppelachse, D = 4 Kuppelachsen) bezeichnet, für die Zahl der Laufradsätze stehen davor und dahinter die entsprechenden arabischen Ziffern. Eine 1C2-Lokomotive hat also drei Kuppelradsätze, davor einen und dahinter zwei Laufradsätze.

Der technische Ausschuß des Verbandes Mitteleuropäischer Eisenbahnverwaltungen, VMEV, beschloß 1936 einige Ergänzungen dazu, die sich vor allem hinsichtlich der Gelenklokomotiven und elektrischer und dieselgetriebener Fahrzeuge als notwendig erwiesen. Ein Apostroph hinter der Ziffer oder dem Buchstaben zeigt an, daß dieser Radsatz nicht im Hauptrahmen gelagert ist. Ist eine ganze Radsatzgruppe nicht im Hauptrahmen gelagert, so wird sie in Klammern gesetzt. Steht hinter dem Buchstaben für die Kuppelradsatzzahl eine kleine Null (o), so kennzeichnet dies den Einzelradsatzantrieb.

Lokomotiven, die aus mehreren, für sich alleine arbeitsfähigen oder einzeln fahrbaren Bestandteilen ohne gemeinsamen Überbau bestehen, kennzeichnet ein Plus zwischen den einzelnen Radsatzfolgen, z.B. Do + Do bei der zweiteiligen Diesellokomotive V 188 (288) der DB mit Einzelradsatzantrieb durch die elektrischen Fahrmotoren.

Für Lokomotiven mit Verbrennungsmotoren haben sich zudem folgende Angaben durchgesetzt:

Art des Kraftstoffs:
b: Benzin, d: Dieselöl.

Leistungsübertragung:
m: mechanisch, e: elektrisch,
h: hydraulisch; auch hd: hydrodynamisch, hs: hydrostatisch.

Motorbauart:
R: Reihenmotor, V: V-Motor,
B: Boxermotor.
Vor den entsprechenden Buchstaben steht die Zylinderdrehzahl und dahinter die Taktzahl, 8V2 beispielsweise kennzeichnet einen achtzylindrigen-V-Dieselmotor.

Baureihenbezeichnung

Die vorgenannten Bauartbezeichnungen sind rein technischen Charakters und auf die Lokomotiven aller Bahnen und Länder anwendbar. Daneben erweist sich für jede Bahngesellschaft das Zusammenfassen von Lokomotiven gleicher Konstruktion unter einer einheitlichen Bezeichnung als zweckmäßig. Als 1925 die Deutsche Reichsbahn die erste Lokomotive mit Verbrennungsmotor in Dienst gestellt hatte, wurde auch ein Bezeichnungssystem für diese Lokomotiven notwendig, das die Eigenheiten des Dieselantriebs berücksichtigt. In Anlehnung an die Bezeichnung der elektrischen Lokomotiven erhielten die Lokomotiven mit Verbrennungsmotor den Stammbuchstaben V. Anschließend folgte eine vierstellige Nummer ohne jeden Zwischenraum, und zwar dreitausender Nummern für die Personenlokomotiven und sechstausender Nummern für die Güterzuglokomotiven. Während bei den dreitausender Nummern für die Personenlokomotiven noch eine gewisse Ordnung zu erkennen war, wurde bei den sechstausender Nummern für die Rangier- und Güterzuglokomotiven laufend weitergenummert. Hier waren in dieser Zeit allerdings nur Bauarten mit gleicher Radsatzanordnung, aber unterschiedlicher Leistungen im Einsatz.

Bereits 1930 wurde das Bezeichnungssystem für Lokomotiven mit Verbrennungsmotoren überarbeitet. Der Buchstabe V wurde beibehalten, die neu eingeführte Stammnummer ergab sich aus der Motorleistung (in PS) durch Division durch zehn. Es folgte eine dreistellige Ordnungsnummer, letztere lautete 001 bis 899 für Normalspur- und 901 bis 999 für Schmalspur-Diesellokomotiven.

Für die Kleinlokomotiven wurde 1930 ein eigenes Bezeichnungssystem festgelegt, das als Reihenkennzeichen den Buchstaben K und einen oder zwei kleinen Buchstaben vor der vierstelligen Ordnungsnummer vorsah. Der erste Kleinbuchstabe kennzeichnete die Art der Antriebsmaschine, wobei b für Benzin- oder Benzolmotor, d für Dampfmotor, ö für Diesel- (= Öl-)motor und s für Speicherbatterien und Elektromotor stand. Der zweite Kleinbuchstabe charakterisierte die Art der Leistungsübertragung, e für Elektromotor und Generator und f für Flüssigkeitsgetriebe. Entfiel der zweite Kleinbuchstabe, handelte es sich um eine Kleinlokomotive mit mechanischer Leistungsübertragung.

Die Ordnungsnummern waren nach Leistungsklassen wie folgt unterteilt:

0001 bis 3999: Leistungsgruppe I, bis 39 PS,

4000 bis 9999: Leistungsgruppe II, ab 40 bis 150 PS.

Die Diesellokomotiven der Deutschen Wehrmacht, die ab 1937 in größeren Stückzahlen beschafft worden waren, erhielten zur Identifizierung eine fünfstellige Zahl, die sich aus der zweistelligen Gruppennummer und einer dreistelligen Ordnungsnummer zusammensetzte. Die Gruppennummer lautete 20, 36 oder 55, je nach Leistung des Dieselmotors (200, 360 bzw. 550 PS).

Nach dem Zweiten Weltkrieg wurde das 1930 von der Deutschen Reichsbahn eingeführte Bezeichnungssystem von den Verwaltungen beider deutschen Bahnen bis zur Einführung der EDV-gerechten Betriebsnummern im Jahre 1968 bei der DB bzw. im Jahre 1970 bei der DR beibehalten. Den genannten Regeln entsprechend erhielten die 800-PS-Neubaulokomotiven des Jahres 1952 die Baureihenbezeichnung V 80, die 2 x 1000-PS-Lokomotiven die Baureihenbezeichnung V 200. Als 1962 die leistungsgesteigerte 2 x 1350-PS-Variante indienstgestellt wurde, erhielt diese, da es sich um die gleiche Basisbauart handelte, die Baureihenbezeichnung mit Index, also V 200.1

Die Deutsche Bundesbahn änderte um 1960 die Einteilung der Kleinlokomotiven wie folgt:

0001 bis 3999: Leistungsgruppe I, bis 50 PS,

4000 bis 9999: Leistungsgruppe II, ab 51 bis 150 PS,

10 000 bis 20 000: Leistungsgruppe III, über 150 PS,

99 501 bis 99 999: Schmalspur-Kleinlokomotiven.

An die Stelle des bisherigen Gattungsbuchstabens s (Speicherlokomotive) trat etwa gleichzeitig der Buchstabe a für Akkumulator. Damit bekamen folgende Buchstaben für die Bauart Kleinlokomotiven Geltung:

a: Elektromotor und Akkumulatoren,

b: Benzol- oder Benzinmotor,

ö: Dieselmotor (Ölmotor),

f: Flüssigkeitsgetriebe.

Die Nummernschilder der sowjetischen Großdiesellokomotiven bestanden an den Stirnseiten aus emaillierten Tafeln.
Foto: Frank Heilmann

Die Beschriftungen der Diesellokomotiven der Deutschen Bundesbahn wurden in der Regel direkt auf den Aufbau aufgemalt.
Foto: Matthias Maier

Die Deutsche Bahn AG verzichtet auf die Anwendung von Schildern und schabloniert bzw. verklebt die Anschriften direkt auf den Aufbau. *Foto: Frank Heilmann*

Gültig zum 1.1.1968 wurden bei der Deutschen Bundesbahn und ab 1.7.1970 bei der Deutschen Reichsbahn neue Betriebsnummern für die Triebfahrzeuge eingeführt, die den Empfehlungen der UIC bzw. der OSShD entsprachen. Für die Diesellokomotiven wurden dreistellige Baureihen- und dreistellige Ordnungsnummern festgelegt, denen sich durch einen Strich getrennt die Selbstkontrollziffer anschließt. Ziel dieser Kennzeichnung war, alle Fahrzeuge nach einheitlichen Gesichtspunkten zu bezeichnen und sie gleichzeitig datenverarbeitungsgerecht zu gestalten. Die DB hatte folgende Grundsätze für ihre Triebfahrzeuge erarbeitet:

– Alle Triebfahrzeuge erhalten eine sechsstellige eindeutige Betriebsnummer, die im Bereich der DB nur einmal vorkommt.

– Die erste Stelle der neuen Betriebsnummer kennzeichnet die Antriebs- oder Fahrzeugart.

– Die zweite und dritte Stelle bezeichnet die Baureihe, wobei möglichst die bisherige Baureihenbezeichnung zu berücksichtigen war.

– Die letzten drei Stellen beinhalten die Ordnungsnummern, wobei die bisherigen Ordnungsnummern weiterverwendet wurden.

– Den sechs Stellen der Betriebsnummern folgt durch einen Bindestrich getrennt eine Kontrollziffer, die sich nach dem bekannten Schema aus den Ziffern der Betriebsnummern errechnen läßt.

Die Deutsche Reichsbahn folgte bei ihrer Umzeichnung im Prinzip diesen Regeln, führte jedoch an der ersten Stelle, die die Antriebs- oder Fahrzeugart charakterisiert, für Diesellokomotiven eine eins ein, während die DB hier eine zwei verwendete. Auch wurde für die Kleinlokomotiven keine eigene Fahrzeugartziffer eingeführt, die Kleinlokomotiven wurden mit in der Triebfahrzeugart 1 (Diesellokomotiven) eingeordnet. So wurde aus der DB-Lokomotive V 200 001 die 220 001-2, während aus der DR-Lokomotive V 200 001 die 120 001-3 wurde.

Im Zuge der Zusammenführung des Fahrzeugparks der Deutschen Reichsbahn und der Deutschen Bundesbahn erhielten die Triebfahrzeuge 1992 neue Baureihennummern. Seit dem 1.1.1992 gilt in Deutschland somit wieder ein einheitliches Bezeichnungssystem für alle Triebfahrzeuge der Staatseisenbahn. Es basiert auf dem 1968 von der Deutschen Bundesbahn eingeführten System mit geringfügigen Abweichungen. Die Umzeichnung der Reichsbahnlokomotiven begann am 1.7.1990 und wurde bis Anfang 1992 weitestgehend abgeschlossen. Eine Gegenüberstellung der Baureihenbezeichnung der Bundesbahn- und Reichsbahnlokomotiven mit den früheren und heutigen Bezeichnungen ist in den technischen Daten zusammengestellt. Die im Museumsbestand der Deutschen Bahn AG befindlichen Diesellokomotiven laufen intern unter der Baureihenbezeichnung 288 bzw. 388. Die Ordnungsnummer enthält verschlüsselt Hinweise auf die ursprüngliche Baureihe. So trägt beispielsweise die V 200 002 des Verkehrsmuseums Nürnberg die interne Nummer 288 201-7, während die V 160 003 unter der internen Abrechnungsnummer 288 161-3 geführt wird. Als einzige museale Kleinlokomotive enthält der Nummernplan der DB AG die 388 365-9, dahinter verbirgt sich die ehemalige V 36 027 der Deutschen Reichsbahn. Selbstverständlich sind diese Nummern außen an den Museumslokomotiven nicht angeschrieben, sie tragen statt dessen die epochengerechten Nummern.

Farbgebung deutscher Diesellokomotiven

Auf dieser Aufnahme sind alle drei in größerem Umfang ausgeführten Lackierungsvarianten einer Baureihe dargestellt. Hier die Baureihe V 60 (260, 261, 360, 361, 364, 365). *Foto: Matthias Maier*

Im hellblauen Anstrich mit dem von den Dampflokomotiven bekannten roten Rahmen und Fahrwerk präsentiert sich im November 1969 die Urahnin der Großdiesellokomotiven mit hydraulischer Leistungsübertragung. Die V 140 001 war nach ihrer Außerdienststellung im Jahre 1954 bis 1969 an der Technischen Hochschule Karlsruhe ausgestellt. Seit 1978 befindet sie sich, nun allerdings mit dunkelblauer Farbgebung des Lokomotivkastens, im Deutschen Museum in München.

Foto: Werner Bischoff

Stellvertretend für die von der Deutschen Wehrmacht übernommenen Diesellokomotiven der Baureihen V 20, V 22 und V 36 sei hier die von der DB anläßlich der 150-Jahr-Feier der deutschen Eisenbahnen im Jahr 1985 museal aufgearbeitete V 20 036 vorgestellt. Diese Farbgebung mit schwarzen Aufbauten und rotem Fahrwerk und Rahmen ist typisch für die Epochen 3 und 4.

Nahezu in den Ablieferungszustand wurde, ebenfalls anläßlich der 150-Jahr-Feier der deutschen Eisenbahnen, die V 80 002 zurückversetzt. Der purpurrote Lokomotivkasten mit tiefschwarzem Rahmen und Fahrwerk, aufgelockert durch eine beige „Bauchbinde", dürfte eine zeitlose und gelungene Farbgebung darstellen.

Als klassisch gelten Farb- und Formgebung der DB-V 200. 220 085 des Bw Villingen hat im Juli 1973 noch ihre später durch aufgemalte Silberstreifen ersetzten Aluminium-Zierleisten. Auch die verchromten Handgriffe an der Stirnseite und der tadellose Lack künden von einer damals noch selbstverständlichen sorgfältigen äußerlichen Pflege der Triebfahrzeuge.

Fotos: Matthias Maier (3)

Mit 808 Exemplaren stellen die Mitglieder der V 160-Familie die zweitgrößte Diesellokomotivgruppe der deutschen Bahnen dar. Gegenüber der „runden“, den Zeitgeist der fünfziger Jahre widerspiegelnden V 200 ist die Formgebung der V 160-Familie deutlich nüchterner. Interessanterweise wirken diese Lokomotiven in jeder der bisher ausgeführten Farbgebung gleichermaßen ansprechend. 218 217, einzige Diesellokomotive der DB in der klassischen TEE-Farbgebung elfenbein-rot, und 218 011 in altroter Lackierung mit schwarzem Rahmen und Drehgestellen im Mai 1985 im Bw Nürnberg Hbf.

Knapp die Hälfte der Baureihe 218 wurde bereits in dem ab Ende 1974 gültigen elfenbein-ozeanblauen Farbschema abgeliefert. Durch Neulackierungen anläßlich von Hauptuntersuchungen folgten zahlreiche weitere Lokomotiven. Im Gegensatz zu manch anderer Baureihe stand der V 160-Familie die insgesamt umstrittene elfenbein-ozeanblauen Lackierung gar nicht schlecht zu Gesicht.

Auch die aus der Baureihe 212 entstandenen Tunnelhilfslokomotiven der Baureihe 214 wurden in orientroter Farbgebung ausgeführt.

Mißlungene Farbgebung einer türkis-beigen Variante der Baureihe V200. Wenn doch wenigstens das charakteristische V auf der Stirnseite erhalten geblieben wäre. *Fotos: M. Maier*

Dem Zufall etwas nachgeholfen wurde bei dieser Aufnahme. Sie zeigt die drei einzigen 215 der DB mit elektrischer Zugenergie-Versorgungsanlage in ihrem damaligen Heimatbetriebswerk Krefeld.
Foto: Michael Hortmann

Im modernen orientroten Outfit mit lichtgrauem Brustlätzchen mag die 216 223 so gar nicht zum altehrwürdigen Rundschuppen des ehemaligen Bw Fulda passen. Auch das überdimensionale neue DB AG-Logo wirkt hier unharmonisch.
Foto: Matthias Maier

Der V 100-Familie der DB stand eigentlich jede Farbvariante gleichermaßen gut. Die drei 212 im Bw Kaiserslautern stellen sich Ihrer Wahl! *Foto: Uwe Clasen*

Die folgenden drei Bilder sollen beispielhaft für die zahlreichen Prototyp- bzw. Versuchslokomotiven auf (west-)deutschen Schienen stehen. Beginnen wir mit der DE 2000 von Henschel/Siemens aus dem Jahr 1962. Nicht nur von der Antriebstechnik her, auch vom Äußeren unterschied sich diese Versuchslokomotive deutlich von den dieselhydraulischen DB-Lokomotiven. *Foto: Werkbild Siemens AG*

1971 stellten Henschel/BBC mit der DE 2500 die erste Lokomotive der Welt mit Drehstrom-Antriebstechnik vor. Mit dem „Weißen Riesen" und den kurz darauf folgenden Schwesterlokomotiven „Blauer Bock" und „Roter Ochse" wurde der Grundstein für die heute weltweit im Einsatz befindliche Drehstrom-Antriebstechnik gelegt.

In den Farben des Landes Schleswig-Holstein führte die Kieler Lokomotivfabrik MaK ihre drei Versuchslokomotiven DE 1024, die bei der DB als Baureihe 240 geführt wurden, aus. *Fotos: Matthias Maier (2)*

Die Kleinlokomotiven der Leistungsgruppe III der DB sind für den Rangierdienst auf kleineren Bahnhöfen sowie für leichtere Übergabefahrten unverzichtbar. Die drei Aufnahmen auf dieser Seite zeigen die Metamorphose der Köf III, hier in der Farbgebung des Auslieferungszustandes.

332 045 im elfenbein-ozeanblauen Farbkleid der Zeit von 1974 bis 1986

333 055 im aktuellen orientroten Design
Fotos: Matthias Maier

Die Kleinlokomotiven der Leistungsgruppe II wurden von der DB in der rot-schwarzen Epoche-3-Lackierung belassen. Die Aufnahme zeigt die von Gmeinder 1956 abgelieferte 323 582. *Foto: Matthias Maier*

Die Deutsche Reichsbahn blieb bei der Farbgebung ihrer Kleinlokomotiven bei der schwarzen Vorkriegslackierung. Die 100 441 der DR wurde 1933 von Jung gebaut, ist also 33 Jahre älter als ihre im Bild oben gezeigte DB-Schwesterlokomotive.

Bei der DR liefen die Lokomotiven der Baureihe V 36 (103) bis zu ihrer Ausmusterung mit grün lackiertem Aufbau und rotem Fahrwerk. Die Aufnahme zeigt die inoffizielle Arnstädter Museumslokomotive V 36 032. *Fotos: Frank Heilmann (2)*

Die vierachsige 118 505, hier mit der ursprünglichen Betriebsnummer V 180 005 in Potsdam im Mai 1993 aufgenommen, ist nahezu im Ursprungszustand mit weißer Doppelbauchbinde erhalten geblieben.

Die sechsachsigen 118 wurden auch auf den Steilstrecken im Thüringer Wald eingesetzt. Die Aufnahme zeigt 228 801 (118 801) und 228 780 (118 780) in Schleusingen im Mai 1994. Während 118 801 noch von einer einfachen durchgehenden Bauchbinde geziert wird, verfügt die 118 780 nur über den ab etwa 1985 eingeführten Stirnwandstreifen als auffälligeres Erkennungszeichen. *Foto: Matthias Maier*

Ebenfalls mit Sparstreifen zeigt sich 118 567 im Februar 1990 in Berlin-Wannsee. *Fotos: Rüdiger Block (2)*

Deutlich durch ein kräftiges Orange als Rangiergerät gekennzeichnet fallen die Lokomotiven der Baureihen 105/106 ins Auge.

Das „Mädchen für alles“ bei der Deutschen Reichsbahn, die variantenreiche DR-V 100, konnte in nahezu allen Bereichen eingesetzt werden. Die Aufnahme der 202 429 in Chemnitz vom Juni 1994 zeigt die Standardfarbgebung mit einfachem Zierstreifen. *Foto: Matthias Maier*

Auch auf Schmalspur-Drehgestellen kann die DR-V 100 eingesetzt werden. Hier das „Harzkamel“ 199 861 im Mai 1991 in Gernrode.

Die 120 der DR wiesen in der Lackierung auch mehrere individuelle Varianten auf. 120 236, aufgenommen im Oktober 1990 vor einem Bauzug in Wommen, zeigt die häufigste Variante mit Frontzierleiste und schmalem, hochliegenden Seitenstreifen.
Fotos: Rüdiger Block (3)

Da ohne Zugheizeinrichtung geliefert, waren die 120 nur beschränkt und in der warmen Jahreszeit vor Reisezügen einsetzbar. Reichsbahn-Idyll 1990 in Eisenach.

Einsatzdomäne der 120 war der schwere Güterzugdienst. 120 340 in einer selteneren Lackierungsvariante mit breitem, unteren Zierstreifen. *Foto: Frank Heilmann*

Das Erscheinungsbild der Lokomotiven der V 300-Familie der DR blieb bis zu DB AG-Zeiten nahezu unverändert. 132 379 zeigt sich in Eisenach im Mai 1991 in der Ursprungsausführung mit durchgehend gleichbreiten Zierstreifen und bordeaux-roter Lackierung des Lokomotivkastens.
Fotos: Matthias Maier (2)

Ab April 1987 erhielten die Lokomotiven bei Neulackierungen keine durchgehend gleichbreiten Zierstreifen mehr. Diese blieben nur im Bereich der Führerstände so breit wie bisher. 130 101 ist eine der beiden 1972 gelieferten Erprobungslokomotiven mit elektrischer Zugheizeinrichtung und einer Höchstgeschwindigkeit von 140 km/h. Sie wurde zuletzt als Bremslokomotive im Versuchswesen mit der Betriebsnummer 754 101 eingesetzt.

Die Museumslokomotive 107 004 wurde von den Karsdorfer Zementwerken, die diese Lokomotive nach ihrer Ausmusterung bei der DR erwarben, farblich in den Ablieferungszustand von 1962 zurückversetzt. *Fotos: Frank Heilmann (2)*

Die letzte von der DR neu beschaffte Diesellokomotiv-Baureihe war die von 1978 bis 1985 ausgelieferte Serie der 119. 119 038 (219 038) in ursprünglicher Farbgebung mit hochliegendem dritten Spitzensignal der ersten Lieferserie verläßt mit einem Nahverkehrszug Görlitz.
Foto: Matthias Maier

1990/91 wurden die DR-Lokomotiven 119 078 und 119 087 von der Regentalbahn Werkstätten GmbH in Viechtach überholt und als erste DR-Lokomotiven orientrot mit lichtgrauem Lätzchen lackiert.
Foto: Frank Heilmann

Die von Krupp Verkehrstechnik remotorisierten und grundlegend überholten 20 Lokomotiven der Baureihe 119 wurden im vereinheitlichten Nummernschema der DB/DR als 229 eingeordnet. Die orientrote Lackierung mit lichtgrauem Zierstreifen und dezentem Lätzchen verleiht ihr ein attraktives Erscheinungsbild.
Foto: Matthias Maier

Für die Diesellokomotiven der Deutschen Reichsbahn Gesellschaft (DRB) lassen sich keine einheitlichen Anstrichvorschriften erkennen. So wurde die Lokomotive V 16 101 angeblich in blauer Farbgebung geliefert. Als Farbton kommt dafür möglicherweise Schwarzblau (RAL 5004) in Frage. Über den Anstrich der anderen Großdiesellokomotiven ist nichts Näheres bekannt. Es liegt nahe, daß diese Lokomotiven wie die Dampflokomotiven in Schwarz bzw. Rot lackiert wurden.

Die Kleinlokomotiven hatten verbürgtermaßen schwarze Aufbauten, einen schwarzen Umlauf und schwarze Trittbretter im Farbton RAL 9005. Der Rahmen war außen schwarz und innen rot (RAL 3000). Alle innerhalb des Rahmens liegenden Teile einschließlich der Radsätze und des Getriebes hatten ebenso wie Pufferträger und -hülsen einen roten Anstrich. Der Dieselmotor war dunkelgrau gestrichen. Im Führerhaus waren die Wände unterhalb der Fenster schwarz und darüber dunkelgrau gehalten, ab 1938 wurde auf hellgrau gewechselt. Die Anschriften waren ursprünglich in gelber und ab 1938 in weißer Farbe mittels Schablonen angebracht.

Ab 1942 wurde auch für die Kleinlokomotiven grundsätzlich der eisengraue (RAL 7011) und später der schwarzgraue (RAL 7021) Kriegsanstrich wie für die Dampf- und elektrischen Lokomotiven vorgeschrieben.

Die Diesellokomotiven der Deutschen Wehrmacht trugen bei Ablieferung folgenden Anstrich:

Dach	flaschengrün RAL 6007
Aufbau	flaschengrün RAL 6007
Rahmen außen	flaschengrün RAL 6007
Rahmen innen	feuerrot RAL 3000
Umlauf, Trittstufen	flaschengrün RAL 6007
Pufferbohlen	flaschengrün RAL 6007
Räder	feuerrot RAL 3000
Blindwelle	flaschengrün RAL 6007
Anschriften	grauweiß RAL 9002

Während des Krieges dürften die Diesellokomotiven der Wehrmacht auch einen Buntfarbtarnanstrich zur Tarnung gegen Fliegerangriffe erhalten haben.

Die Kleinlokomotiven bei der Deutschen Reichsbahn der DDR behielten den von der DRB bekannten Anstrich in Tiefschwarz und Feuerrot. Auch die ehemaligen Diesellokomotiven der Wehrmacht erhielten bei der DR diesen Anstrich.

Der Lokomotivaufbau der Neubau-Diesellokomotiven der DR wurde ursprünglich in Purpurrot (RAL 3004), der Rahmen und die Drehgestelle tiefschwarz (RAL 9005) lackiert, Erkennungsstreifen wurden in elfenbein (RAL 1014) ausgeführt. Ab 1978 erhielten alle Strecken-Diesellokomotiven bei Neulackierung einen hellgrauen Rahmen und hellgraue Drehgestelle, um Anrisse besser erkennen zu können. Die Probelokomotiven der Baureihe V 100 sowie einige Lokomotiven der Baureihe V 180 und die V 240 001 wurden mit den in der Tabelle unten aufgeführten Sonderlackierungen geliefert.

Die zu den Farbtönen gehörenden TGL-Nummern sind der folgenden Aufstellung zu entnehmen.

Nach der „Dienstvorschrift für den Korrosionsschutz der Schienenfahrzeuge, Baumaschinen und Geräte sowie Container (KSV)“ wurde ab 1979 der Anstrich der Diesellokomotiven der Deutschen Reichsbahn folgendermaßen ausgeführt:

Rahmen, Drehgestelle, Radsätze, sowie alle Teile unterhalb des Rahmens
hellgrau TGL 1808

Aufbauten, Vorbauhauben außen der Baureihen 100 bis 103, 106, 107
orange TGL 0408

Aufbauten, Vorbauhauben außen der Baureihe 110
bordeaux TGL 0775

Aufbauten der Baureihen 118, 120, 130
bordeaux TGL 0775

	V 100 001	V 100 002	V 100 003	V 180 003, 005 bis 007	V 180 059, 203	V 180 143 bis151	V 180 201, V 240 001
Dach	hellgrau	hellgrau	hellgrau	hellgrau	hellelfenbein	hellelfenbein	silber
Aufbau oben	hellblau	rotbraun	hellgrün	bordeaux	hellelfenbein	hellelfenbein	silber
Aufbau unten	hellblau	rotbraun	hellgrau	bordeaux	blau	bordeaux	silber
Kontrastfläche	–	–	–	–	hellelfenbein	hellelfenbein	–
Zierstreifen	creme	weiß	hellgrün	–	hellelfenbein	hellelfenbein	blau
Rahmen	dunkelgrau	dunkelgrau	dunkelgrau	schwarz	schwarz	schwarz	schwarz
Drehgestell	dunkelgrau	dunkelgrau	dunkelgrau	schwarz	schwarz	schwarz	schwarz

Erkennungsstreifen Baureihen 110, 118, 120, 130
hellelfenbein oder weiß
TGL 0210 oder TGL 0200

Dach Baureihen 100, 101, 102, 103, 106
orange TGL 0408

Dach Baureihe 107
elfenbein TGL 220

Dach Baureihe 110
bordeaux TGL 0775

Dach Baureihe 118
hellelfenbein oder weiß
TGL 021 oder TGL 0200

Dach Baureihen 120, 130
hellgrau TGL 1808

Rahmen, Langträger der Baureihen 101 bis 103, 106, 107, 110, 118
schwarz TGL 002

Zug- und Stoßvorrichtung
schwarz TGL 002

Aufstiege, Tritte, Griffe Baureihe 100
schwarz TGL 002

Aufstiege, Tritte, Griffe übrige Baureihen
hellgrau TGL 1808

Handstangen, Geländer der Baureihen 101 bis 103, 106, 107
orange TGL 0408

Handstangen der Baureihen 110, 118, 120, 130
aluminium oder hellgrau
TGL 1718 oder TGL 1808

Warnstreifen Baureihen 101 bis 103, 106, 107
chromgelb TGL 0209

Anschriften
weiß, chromgelb oder signalrot
TGL 1808, TGL 0200 oder TGL 0605

Die Diesellokomotiven der Deutschen Bundesbahn, die von der DRB übernommen wurden, sowie die von der Deutschen Wehrmacht übernommenen Fahrzeuge behielten zunächst ihre ursprüngliche Lackierung. Anfang der fünfziger Jahre wurde der Anstrich der ehemaligen Wehrmachtslokomotiven wie folgt umgestellt und damit dem Regelanstrich der Dampf- und Kleinlokomotiven angeglichen.

Dach	tiefschwarz	RAL 9005
Aufbau	tiefschwarz	RAL 9005
Rahmen	karminrot	RAL 3005
Pufferbohlen	karminrot	RAL 3002
Räder	karminrot	RAL 3002
Blindwelle	karminrot	RAL 3002
Anschriften	weiß	RAL 9002

Für die Diesellokomotiven wurde ab 1952 ein purpurrot/schwarzgrauer Regelanstrich festgelegt, der zuerst bei den Lokomotiven der Baureihe V 80 erprobt wurde und über 20 Jahre Bestand haben sollte. Natürlich ergaben sich im Lauf der Zeit geringfügige Modifikationen. Die folgende Tabelle gibt eine Übersicht über den Anstrich der Kleinlokomotiven sowie der wesentlichen Diesellokomotiv-Baureihen der DB von 1952 bis 1975:

	Kleinlok	V 20, V 36	V 29	V 45	V 60, V 65
Dach	weiß-aluminium, umbragrau	weiß-aluminium	weiß-aluminium	purpurrot	betongrau
Lüfterband	–	–	–	–	–
Fensterband	–	–	–	–	–
Aufbau, Kasten	purpurrot	tiefschwarz	purpurrot	purpurrot	purpurrot
Rahmen	tiefschwarz	karminrot	tiefschwarz	schwarzgrau	schwarzgrau
Kraftstoffbehälter	–	–	–	–	–
Drehgestelle	–	–	tiefschwarz	–	–
Räder	karminrot	karminrot	karminrot	schwarzgrau	karminrot
Zierstreifen	sandgelb	–	–	–	sandgelb
Anschriften	sandgelb kieselgrau	grauweiß kieselgrau	beige kieselgrau	grauweiß kieselgrau	sandgelb kieselgrau
Stangennuten	–	karminrot	–	–	karminrot
Handstangen	purpurrot		purpurrot	purpurrot	schwarzgrau
Geländer	–	–	–	purpurrot	purpurrot

	V 80	V 90, 291	V 100	V 160, V 162, V 164, V 169	V 200, V 300	V 320
Dach	purpurrot	umbragrau	betongrau	mausgrau	betongrau	umbragrau
Lüfterband	–	–	–	steingrau schwarzgrau	–	–
Fensterband	–	–	–	steingrau purpurrot	schwarzgrau	purpurrot
Aufbau, Kasten	purpurrot	purpurrot	purpurrot	purpurrot	purpurrot	purpurrot
Rahmen	tiefschwarz	tiefschwarz	tiefschwarz	tiefschwarz	tiefschwarz	tiefschwarz
Schürzenbleche	–	–	schwarzgrau	schwarzgrau	schwarzgrau	schwarzgrau
Kraftstoffbehälter	–	–	schwarzgrau	tiefschwarz	schwarzgrau	tiefschwarz
Drehgestelle	tiefschwarz	tiefschwarz	tiefschwarz	tiefschwarz	tiefschwarz	tiefschwarz
Räder	tiefschwarz	tiefschwarz	tiefschwarz	tiefschwarz	tiefschwarz	tiefschwarz
Zierstreifen	weiß-aluminium	kieselgrau	sandgelb steingrau	weiß-aluminium	weiß-aluminium	steingrau

1975 entschied sich die Deutsche Bundesbahn für ein neues Farbkonzept. Mit Ausnahme des Rollmaterials für die InterCity- und TEE-Züge, die ihren klassischen elfenbein/roten Anstrich behielten, sollten alle Fahrzeuge einen elfenbein/ozeanblauen/graubraunen Anstrich erhalten. Der Außenanstrich der Diesellokomotiven wurde zwischen 1975 und 1987 nach dem in der nebenstehenden Tabelle zusammengestellten Schema ausgeführt.

	Kleinlok	260, 261	290	211, 212, 213	210, 215–219	220, 221
Dach	weiß-aluminium	umbragrau	umbragrau	umbragrau	umbragrau	umbragrau
Lüfterband	–	–	–	–	graubraun	ozeanblau
Aufbau, Kasten	elfenbein/ ozeanblau	elfenbein/ ozeanblau	elfenbein/ ozeanblau	elfenbein/ ozeanblau	elfenbein/ ozeanblau	elfenbein / ozeanblau
Rahmen	ozeanblau	ozeanblau	ozeanblau	ozeanblau	ozeanblau	ozeanblau
Schürzen	–	–	–	–	–	graubraun
Kraftstoff-behälter	–	–	graubraun	graubraun	graubraun	–
Drehgestelle	–	–	graubraun	graubraun	graubraun	graubraun
Räder	karminrot	karminrot	graubraun	graubraun	graubraun	graubraun
Anschriften	elfenbein	elfenbein	elfenbein	ozeanblau/ elfenbein	ozeanblau / elfenbein	ozeanblau/ elfenbein

Von diesem Anstrichschema ausgenommen blieben die Kleinlokomotiven der Leistungsgruppen I und II. 1984 wurden acht Lokomotiven der Baureihe 218 des Bw Hagen-Eckesey (218 134, 218 135, 218 137, 218 140, 218 142 bis 146, 218 148), die für die Bespannung von CityBahn-Zügen auf der Strecke Köln–Gummersbach vorgesehen wurden, abweichend vom oben genannten Farbkonzept in den Farben Reinorange/Kieselgrau (RAL 2004/ 7032) mit graubraunem (RAL 8019) Lüfterband ausgeführt. Die letzte Lokomotive in dieser Ausführung war bis Sommer 1996 im Einsatz.

War das erste Farbkonzept der DB immerhin 23 Jahre aktuell, wobei einzelne Fahrzeuge auch im Jahre 1996 noch in diesem Schema unterwegs waren, konnte sich das ozeanblau/elfenbein-farbene „Zeitalter" nur zwölf Jahre lang halten. Ab 1987 führte die DB für ihre Fahrzeuge ein weiteres neues Farbschema ein, das sich durch kräftige Produktfarben bei den Zügen – rot für IC-/EC-Züge, blau für InterRegio, minttürkis für den Regional- und Nahverkehr, orange für den S-Bahn-Verkehr – und bei den Lokomotiven durch die im Volksmund als „Lätzchen" bekannt gewordene Kontrastfläche auf der Stirnseite auszeichnet. Versuchsweise erhielt 218 286 im Mai 1987 als erste DB-Diesellokomotive den „neuroten" Anstrich, allerdings noch mit einer zweifarbigen Kontrastfläche in Lichtgrau und Pastellviolett, die auch seitlich an der Lokomotive angebracht war und in der Serienausführung entfiel.

Das Farbschema von 1987 für die einzelnen Baureihengruppen ist in der Tabelle unten zusammengestellt.

Ab 1992 wurden auch einzelne Lokomotiven der DR in diesem Schema lackiert.

Mit der Gründung der Deutschen Bahn AG am 1. 1. 1994 wurde das Farbkonzept zunächst einmal beibehalten und auch auf die Lokomotiven der ehemaligen DR übertragen. Hier kamen anfänglich einige individuelle Ausführungen zur Anwendung. Mit der kommenden weiteren Divisionalisierung der DB AG werden, sicherlich zur Freude der Modellbahnindustrie, neue Anstrichschemen Einzug halten. So wurde vom Geschäftsbereich Nahverkehr die Lokomotive 234 304 im Herbst 1994 in den Farben der Nahverkehrswagen mit minttürkisem Lokomotivkasten lackiert. Für den Touristikzug wurden neben der elektrischen Lokomotive 103 220 auch die Diesellokomotiven 218 416 und 418 in einem zu den Wagen des Zuges passenden Anstrich ausgeführt. Der Grundanstrich ist saphirblau (RAL

	Kleinlok	360–365	290	211–213	215–218
Dach	weiß-aluminium	umbrabraun	umbrabraun	umbrabraun	graubraun
Lüfterband	–	–	–	–	graubraun
Aufbau, Kasten	orientrot	orientrot	orientrot	orientrot	orientrot
Rahmen	graubraun	graubraun	graubraun	graubraun	orientrot
Kontrastfläche	lichtgrau	lichtgrau	lichtgrau	lichtgrau	lichtgrau
Drehgestelle	–	–	graubraun	graubraun	graubraun
Räder	graubraun	karminrot	graubraun	graubraun	graubraun
Anschriften	verkehrsweiß goldgelb graubraun	verkehrsweiß goldgelb graubraun	verkehrsweiß goldgelb graubraun	verkehrsweiß goldgelb graubraun	verkehrsweiß goldgelb graubraun

5003) und oberhalb des Rahmens unifarben gestaltet, während der mittlere Bereich mit verkehrsgelben (RAL 1023) und smaragdgrünen (RAL 6001) Farbelementen unregelmäßig übersprüht wurde. Der Dachbereich geht von himmelblau (RAL 5015) über weiß in verkehrsgelb im mittleren Bereich über. Um den Farbeindruck zu erhöhen, wurde der Außenbereich mit Klarlack behandelt. Insgesamt soll der ganze Zugverband den Eindruck einer vorbeiziehenden Urlaubslandschaft vermitteln. (Womit mit der langjährigen Tradition, die Schienenfahrzeuge möglichst auffällig zu lackieren, um einen Warneffekt zu erzielen, deutlich gebrochen wurde.)

Ab 1997 ist eine Umstellung des Farbtons „Orientrot" in „Verkehrsrot" vorgesehen. Gleichzeitig werden die bislang verwendeten wasserlöslichen Anstrichsstoffe, die bereits nach kurzer Zeit ausgeblichen waren, durch beständigere Stoffe ersetzt.

Beschreibung der Baureihen

201 DB

Auch wenn sich die Deutsche Bundesbahn im Rahmen des aufgestellten Typenprogramms für Dieseltriebfahrzeuge bereits frühzeitig für die dieselhydraulische Leistungsübertragung entschieden hatte, stand sie anderen Systemen zur Leistungsübertragung wie der Dieselelektrik durchaus aufgeschlossen gegenüber. So fanden schon 1953 umfangreiche Probefahrten mit einer sechsachsigen, von der Electro-Motive Division (EMD) entwickelten dieselelektrischen Lokomotive auf DB-Gleisen statt. Der Einsatz der 1175 kW (1600 PS) starken und 125 km/h schnellen, als MRS 1 No. 1818 bezeichneten Maschine, der rund ein dreiviertel Jahr währte, führte dazu, daß bei AEG bereits Mitte der fünfziger Jahre Überlegungen über die Entwicklung einer ähnlich leistungsstarken dieselelektrischen Lokomotive für den Export angestellt wurden. Allerdings fand sich lange Zeit kein deutscher Fahrzeughersteller, der das Entwicklungsrisiko ohne bestehenden Auftrag einer Bahnverwaltung übernehmen wollte. So verließ erst 1964 die von AEG und Krupp gemeinsam entwickelte ME 1500, die spätere 201 001, die Werkshallen in Essen. In den folgenden Jahren wurde sie erfolgreich einem umfangreichen Erprobungsprogramm auf DB-Gleisen unterzogen, ohne daß jedoch ein Auftragserfolg zu verbuchen war.

Die vierachsige Drehgestell-Lokomotive mit einem Dienstgewicht von 56 t entspricht in ihrer Auslegung etwa den dieselhydraulischen Lokomotiven der DB-Baureihe V 100.20/212. Der Rahmen ist in selbsttragender Leichtbauweise erstellt, auf den das im hinteren Drittel angeordnete Zentralführerhaus aufgeschraubt ist. Als Dieselmotor wird ein Maybach-Motor vom Typ MD 655 mit Abgasturbolader und Ladeluftkühlung verwendet. Seine Leistung beträgt bei einer Höchstgeschwindigkeit von 100 km/h 1030 kW (1400 PS) bei 1500 U/min. Die Leistung wurde elektrisch über einen Drehstrom-Generator übertragen, der anfangs über ein Planetengetriebe der Bauart Krupp-Stoeckicht mit einer Übersetzung im Verhältnis 1:4 vom Dieselmotor angetrieben wurde. In das Gehäuse des zwölfpoligen Hauptgenerators ist die Erregermaschine mit eingebaut. Der Erregergenerator ist eine Drehstrom-Synchronmaschine mit einer im Ständer liegenden Erregerwicklung. Mit ihrer Drehstrom-Läuferwicklung rotiert ein Siliziumgleichrichter, der das auf derselben Welle angeordnete Polrad des Hauptgenerators mit Gleichstrom erregt. Entsprechend den Dieselmotordrehzahlen von 600 bis 1500 U/min läuft der Generator mit Drehzahlen von 2400 bis 6000 U/min, was einer Frequenz der Generatorspannung von 80 bis 200 Hz entspricht. Trotz des zwischengeschalteten Hochsetzgetriebes wird bei der ME 1500 ein Mindergewicht von mehreren Tonnen gegenüber herkömmlichen Ausrüstungen mit langsamlaufenden Gleichstromgeneratoren erreicht. Im Vergleich zur dieselhydraulischen V 100.20 bedeutet dies bei einer um zehn Prozent höheren Leistung eine Gewichtsreduzierung von vier Prozent, wobei die ME 1500 zu-

Maßbild der Lokomotive ME 1500 von Krupp/AEG in der Ursprungsausführung
Zeichnung: Sammlung Matthias Maier

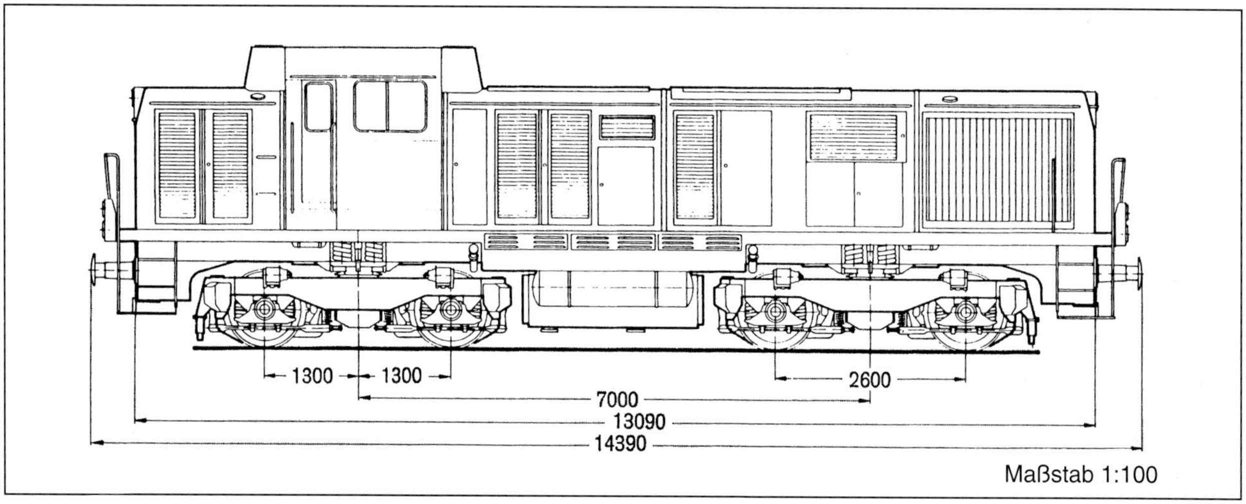

ME 1500 als DE 0901 der WLE vor einem Sonderzug in Warstein am 7.10.1978. Im Vergleich zur Ursprungsausführung fällt das höhere Führerhaus deutlich auf. Foto: *Matthias Maier*

sätzlich noch mit einer elektrischen Widerstandsbremse mit einer Leistung von 880 kW (1200 PS) ausgerüstet ist.

Nach einer werksinternen Erprobung kam die ME 1500 ab März 1966 von den Betriebswerken Soest und Hagen-Eckesey aus planmäßig auf DB-Gleisen zum Einsatz. Die gewählte Getriebe-Generator-Kombination führte dabei jedoch zu erheblichen Problemen, so daß die Lokomotive 1967 umgebaut wurde. Dabei wurde – bei unveränderten Gewichts- und Abmessungsverhältnissen – ein fremderregter, einlageriger Generator eingebaut, der direkt mit dem Dieselmotor gekuppelt wurde. Anschließend kam die ab 1968 bei der DB EDV-gerecht als 201 001 bezeichnete Maschine zum Bw Hamm/West., wo sie sich sowohl im Reise- als auch Güterzugdienst bewährte.

Nach dem Abschluß der Erprobung bei der DB im Sommer 1969 wurde der Einzelgänger an die Westfälische Landes-Eisenbahn (WLE) vermietet, die sie am 1. 11. 1971 schließlich kaufte und als DE 0901 in ihren Fahrzeugbestand einreihte. Wenig später, im Mai 1970, übernahm die WLE auch die von den Siemens-Schuckert-Werken (SSW) und Henschel gebaute DE 2000, die als 202 001 bis Dezember 1969 auf DB-Gleisen zum Einsatz gekommen war. Damit befanden sich vorübergehend beide von deutschen Schienenfahrzeugherstellern gebauten dieselelektrischen Erprobungsträger bei der westfälischen Privatbahn. Während letztere als DE 0902 nach einem Generatorschaden bereits 1977 abgestellt und anschließend verschrottet wurde, gelangte die DE 0901 im Jahre 1981 zur Deutschen Eisenbahn-Gesellschaft (DEG), die diese wiederum zunächst an die Teutoburger Wald-Eisenbahn, ab Herbst 1983 an die Farge-Vegesacker Eisenbahn (FVE) vermietete. Als VE 151 bezeichnet, versah sie bis 1990 bei letztgenannter NE-Bahn ihren Dienst, dann wurde sie an die schweizerische Südostbahn (SOB) verkauft. Diese baute sie in ihrer Werkstatt in Samstagern zu einer Bauzuglokomotive um, die auf allen normalspurigen Privatbahnen in der Ostschweiz zum Einsatz kommt. Aufgrund der in den Streckennetzen der Bodensee-Toggenburg-Bahn (BT), der Mittelthurgaubahn (MThB) sowie der Sihltal-Zürich-Uetliberg-Bahn (SZU) und SOB vorhandenen Rampenstrecken mit Neigungen bis zu maximal 70 Promille (SZU) mußte hierfür die elektrische Bremseinrichtung entsprechend verstärkt werden. Die zusätzlich notwendigen Widerstände sind dabei in einem Aufbau auf dem kurzen Vorbau untergebracht. Die seit Ende Mai 1993 dem Baudienst zur Verfügung stehende, nun als Am 846 461 bezeichnete Lokomotive soll nach ihrer Aufarbeitung noch rund 25 Jahre im Einsatz verbleiben.

202 DB

Wie AEG begannen auch die Siemens-Schuckert-Werke (SSW), Vorläufer der heutigen Siemens Verkehrstechnik, bereits in den fünfziger Jahren mit den Entwicklungsarbeiten für eine dieselelektrische Lokomotive. Verwirklicht wurde das Konzept einer 1470 kW (2000 PS) starken Maschine, die 1962 als DE 2000 die Henschel-Werkhallen in Kassel verließ und wie die ME 1500/201 001 von AEG/Krupp langfristig auf DB-Gleisen erprobt wurde. Wenngleich die Entwicklung der dieselelektrischen DE 2000 auf den inländischen Markt keinen Einfluß mehr hatte – hier waren die Weichen bereits Anfang der fünfziger Jahre in Richtung dieselhydraulische Leistungübertragung gestellt worden –, konnten im Ausland eine größere Stückzahl von SSW verkauft werden, u. a. an die Griechischen Staatsbahnen.

Die DE 2000 ist bei einem Dienstgewicht von 84 t und einer Länge über Puffer von 18 200 mm als vierachsige Lokomotive mit Endführerständen ausgeführt, die sich durch ihre charakteristischen, nach vorn geneigten Stirnfronten auszeichnet. Im beidseitig begehbaren Maschinenraum ist in Fahrzeugmitte der Diesel-Generatorsatz angeordnet, während sich zu den Seiten hin der Heizkesselraum für die Hagenuk-Zugheizung beziehungsweise die Kühlanlage für den Hauptdieselmotor befinden. Als Dieselmotor kam ein Maybach-Dieselmotor MD 870 mit einer Leistung von 1470 kW (2000 PS) zum Einsatz. Durch die von Siemens neu entwickelte „Transidyn"-Regelung steht dabei die volle Dieselmotorleistung für die Traktion zur Verfügung. Neu ist auch die Speisung der elektrischen Hilfsbetriebe aus einem Drehstrom-Konstantspannungsgenerator. Die Radsätze werden über vier

Dieselelektrische 2000-PS-Lokomotive DE 2000 von Siemens und Henschel

Gleichstrom-Reihenschlußmotoren in Tatzlagerbauart, Leistung jeweils 365 kW, angetrieben. Die DE 2000 weist damit als erste in Deutschland gebaute Diesellokomotive neben der konventionellen Starkstromausrüstung mit Gleichstrom-Hauptgenerator und Fahrmotoren steuerungsseitig elektronische Komponenten auf.

Die beim Bau der DE 2000 gewonnenen Erfahrungen kamen der Entwicklung der zu Beginn der siebziger Jahre fertiggestellten Prototypen des Typs DE 2500 zugute, die die ersten Diesellokomotiven mit Drehstrom-Drehstrom-Leistungsübertragung darstellen. Der Dieselmotor treibt dabei einen Drehstrom-Synchrongenerator mit eingebauter Erregermaschine an. Der so erzeugte Generator-Drehstrom wird durch einen Gleichrichter in Gleichstrom mit konstanter Zwischenkreisspannung umgewandelt, der von Kondensatoren geglättet wird. Vier Pulswechselrichter versorgen schließlich die parallelgeschalteten Fahrmotoren mit einem in Frequenz und Spannung variablen Drehstrom. Ein weiterer Umrichter formt die Gleichspannung des Zwischenkreises in Einphasenwechselspannung zur Versorgung der Zugsammelschiene mit 1000 V, 16 $^{2}/_{3}$ Hz um. Darüber hinaus ist die DE 2500 mit einer dynamischen Bremse ausgerüstet: Beim Bremsen gehen die Fahrmotoren in den generatorischen Betrieb und die Energie wird über die Gleichstrom-Sammelschiene in Bremswiderständen in Wärme umgewandelt.

Als Antriebsaggregat dient bei der 202 002 ein MTU-Dieselmotor vom Typ MA 12 V 956 TB 11 mit einer Leistung von 1840 kW (2500 PS), wie er auch in der Baureihe 218 verwendet wird, während die beiden anderen Prototypen mit dem Henschel-Motor 12 V 2423 Aa mit ebenfalls 1840 kW (2500 PS) ausgerüstet sind. Die Leistung der für eine Höchstgeschwindigkeit von 140 km/h zugelassenen 202 wird dabei über 15 Fahrstufen eingestellt.

Die Querschnittsmaße der DE 2500 sind so gewählt, daß die Lokomotive sowohl auf normalspurigen als auch schmalspurigen Eisenbahnen eingesetzt werden kann. Mit einer Scheitelhöhe des Lokomotivkastens von 3800 mm ist sie um 450 mm niedriger als die entsprechenden DB-Lokomotiven der V 160-Familie. Der in Maschinen- und Kühlerraum unterteilte Lokomotiv-

Die DE 2000 im planmäßigen Einsatz bei der DB *Fotos: Werkbild Siemens AG*

kasten ist dabei mit als Hauptträger in Blech-Rahmenbauweise ausgebildeten Seitenwänden als ein nach oben offenes U ausgeführt. Die beiden Enden werden durch die Führerräume mit eingeschweißter Rückwand abgeschlossen. Die von Henschel neu entwickelten Flexifloat-Drehgestelle sind in Kastenrahmen-Bauart drehzapfenlos ausgeführt. Die Zug- und Bremskräfte werden durch verschleißfrei gelagerte Lenker übertragen. Das Lokomotivkonzept ist dabei so ausgelegt, daß sowohl zwei- als auch dreiachsige Drehgestelle verwendet werden können. Ein Austausch der beiden Drehgestellformen ist dabei ohne wesentliche Bauartänderungen möglich. Die Henschel-BBC-DE 2500 war die Wegbereiterin für die weltweite Einführung der Drehstrom-Antriebstechnik im Schienenfahrzeugbau.

Als erste dieselelektrische Lokomotive wurde die DE 2000 langfristig von der DB angemietet. Nach einer umfangreichen firmeninternen Erprobung erhielt sie am 23. 10. 1962 die Zulassung für einen Einsatz auf DB-Gleisen. Ihre ersten Leistungen erbrachte sie dabei vom Bw Köln-Nippes aus, bevor sie zum Sommerfahrplan 1963 nach Hamm/Westf. umbeheimatet wurde. Dort verblieb sie – 1968 in 202 001 umgezeichnet – bis zum 1. 6. 1969, um dann bis zu ihrer Rückgabe an den Hersteller am 19. 12. 1969 von Lübeck aus zum Einsatz zu kommen. Zusammen mit den Baureihen V 160 und V 200 eingesetzt, bewährte sie sich gut, und bei der DB war man von dem Erprobungsträger durchaus angetan. Für eine Änderung der bisherigen Beschaffungspolitik für Dieseltriebfahrzeuge – die auf die Dieselhydraulik setzte – war es allerdings zu spät.

Nach dem Einsatzende bei der DB wurde die Lokomotive beim Hersteller gründlich überholt, um anschließend zur Westfälischen Landes-Eisenbahn (WLE) zu kommen, wo sie ab dem 21. 5. 1970 als DE 0902 unter anderem vor schweren Durchgangsgüterzügen sowie vor den für die WLE typischen Steinzügen zwischen Warstein und Neubeckum eingesetzt wurde. Im Oktober 1977 kam schließlich das „Aus“: Aufgrund unsachgemäßer Behandlung, in deren Folge alle vier Fahrmotoren und der Generator schwer beschädigt wurden, mußte die Maschine vorzeitig abgestellt werden. Da eine

Eine Henschel-BBC-Versuchslokomotive DE 2500 (202 003) im Betriebseinsatz bei der DB 1975 in Graben-Neudorf
Foto: Matthias Maier

Die sechsachsige DE 2500 (202 004)
Foto: Archiv Eisenbahn Magazin

DE 2500 UmAn (202 003) als Erprobungsträger für den ICE-Antrieb
Foto: Archiv Eisenbahn Magazin

Reparatur aus Kostengründen nicht in Frage kam, wurde sie am 14.2.1978 ausgemustert und im September 1978 zur Zerlegung zu einem Schrottverwertungsbetrieb nach Dortmund überstellt.

Als erste DE 2500 kam die sechsachsige 202 002, die aufgrund ihrer weißen Farbgebung auch als „Weißer Riese" bezeichnet wurde, ab 1972 auf DB-Gleisen zum Einsatz. Ihr folgten ein Jahr später die vierachsige, orangerote 202 003 („Roter Ochse") und die sechsachsige, blaue 202 004 („Blauer Bock"). Alle drei Maschinen waren beim Bw Mannheim beheimatet und kamen von dort aus planmäßig im Reise- und Güterzugdienst auf den umliegenden Strecken zum Einsatz. Allerdings wurden die Lokomotiven wiederholt für Vorführfahrten sowie zur Erprobung neuer Komponenten aus diesen Diensten abgezogen. So wurde 202 002 bereits 1974 im Rahmen der Vorversuche für eine elektrische Universallokomotive mit Drehstrom-Antriebstechnik umgebaut. Dazu wurden die bisherigen Antriebsaggregate durch Ballast ersetzt und die Lokomotive mit einem Steuerwagen fest gekuppelt, der zuvor mit einem Stromabnehmer sowie mit Transformator, Netzdrossel, Eingangsstromrichter, Saugkreis und Hilfsbetriebe-Einrichtungen ausgerüstet worden war. In dieser Zusammenstellung kam das Verbundfahrzeug zwischen dem 4.10.1974 und dem 15.2.1975 im gesamten Bundesgebiet zum Einsatz. Dabei wurden sowohl schwere Güterzüge als auch Reisezüge mit Geschwindigkeiten bis 140 km/h gefahren. Die so gewonnenen Erkenntnisse trugen letztendlich entscheidend zur Entwicklung der Baureihe 120 bei.

1977 wurde der „Weiße Riese" nochmals umgebaut. Diesmal um die Eignung der Drehstrom-Antriebstechnik im 1,5-kV-Gleichspannungsnetz nachzuweisen. Darüber hinaus sollten das Adhäsionsverhalten des Drehstromantriebs und der Zusammenhang zwischen Schlupf und Reibwert erforscht werden. Vor allem aus letztgenannten Gründen wurde, um Einflüsse der Drehgestellkonstruktion und des Radsatzlastausgleichs auszuschalten, nur noch ein Fahrmotor angetrieben, so daß die bisherige Co'Co'-Lokomotive nun die Radsatzfolge 3' (1A1)' aufwies. Für diese Versuche, die in den Niederlanden stattfanden, erhielt die DE 2500 eine gelbe Lackierung und die Nummer 1600 P.

Zu den spektakulären Umbauten gehört auch jener der 202 003, die zwischen 1982 und 1985 als Komponentenerprobungsträger für den ICE diente. Hierzu erhielt sie neue Drehgestelle, bei denen mit Umkopplung der Antriebsmassen bei hohen Geschwindigkeiten die Fahrmotoren und Getriebe zur Reduzierung der unabgefederten Massen am Fahrzeugrahmen aufgehängt wurden, während bei geringeren Fahrgeschwindigkeiten und engeren Kurvenradien auf eine Aufhängung am Drehgestellrahmen umgeschaltet wurde. Charakteristisches Kennzeichen der fortan als „UmAn-Lokomotive" bezeichneten 202 003 war aufgrund der vorgesehenen Meßfahrten mit 250 km/h die stromlinienförmige Verkleidung einer Stirnseite. Außerdem präsentierte sich die bisher orangerot lackierte Lokomotive nun in einer blau-silbernen Farbgebung. Nach Beendigung der UmAn-Versuche, die zeigten, daß ein aktives Umkoppeln zur Erhöhung der Laufstabilität bei hohen Geschwindigkeiten bei gleichzeitiger Verringerung der auf das Gleis wirkenden Querkräfte nicht erforderlich ist, wurde der Stromlinien-Bug wieder entfernt. Die Lokomotive konnte damit wieder in beiden Fahrtrichtungen vor Zügen eingesetzt werden und bespannte als letzte DE 2500 auf DB-Gleisen noch bis zum Ende ihrer Mietzeit 1986 Reisezüge zwischen Frankfurt/M und Kaiserslautern.

Alle drei Maschinen sind erhalten geblieben: Während 202 002 seit 1985 – wieder in ihrer ursprünglichen weißen Lackierung – als Denkmal auf dem Werksgelände der Firma Henschel, heute Adtranz, in Kassel aufgestellt ist, gelangte 202 003 zum Museum für Verkehr und Technik (MVT) in Berlin. Die dritte Lokomotive – die 202 004 – ist schließlich im Landesmuseum für Technik und Arbeit in Mannheim zu bewundern.

V 100.0-1 DR
110.0-1 DR
201.0-1 DB AG
V 100.2-8 DR
110.2-8 DR
201.2-8 DB AG

Diese im Neubau-Typenprogramm für Diesellokomotiven der Deutschen Reichsbahn enthaltene Lokomotive sollte, wie die Dampflokomotivbaureihe 38.10-40 (preußische P8), bei der DR das „Mädchen für alles“ werden. Durch die Baureihe V 100 sollten die Dampflokomotivbaureihen 38.10-40, 38.2-5, 55.16-22, 56.20 und auch die Baureihe 78.0-5 abgelöst werden. Das Pflichtenheft für die Baureihe V 100 sah den Dienst vor leichten Personenzügen, mittelschweren Güterzügen und auch den schweren Rangierdienst vor. Mit diesen Forderungen war sie eine echte Mehrzwecklokomotive. Durch Entwicklung, Konstruktion und Beschaffung einer solchen Baureihe konnte bei der DR die Lücke zwischen den Baureihen V 60, mit einer Leistung von 600 PS, und der Baureihe V 180, mit einer Leistung von 1800 PS, geschlossen werden.

Durch die Verwendung vieler standardisierter Bauteile und Aggregate im Neubau-Typenprogramm für Dieseltriebfahrzeuge war es dem VEB Lokomotivbau „Karl Marx“, Babelsberg, möglich, schon ein Jahr nach Beginn der Entwicklung und Konstruktion die erste Lokomotive, V 100 001 auf der Leipziger Frühjahrsmesse 1964 der Öffentlichkeit zu zeigen. Für die Messe erhielt diese einen blauen Anstrich mit zwei unterschiedlich breiten Zierstreifen über dem Umlauf. Die zweite Baumusterlokomotive der Baureihe V 100, die V 100 002, wurde zur Leipziger Frühjahrsmesse 1965 ausgestellt, diese nun mit grün-weißem Anstrich und ebenfalls zwei unterschiedlich breiten Zierstreifen über dem Umlauf. Die Oberseite der Vorbauten sowie die obere Hälfte des Führerhauses waren ebenfalls in Weiß gehalten, was dem optischen Erscheinungsbild der Lokomotive jedoch eher abträglich war.

Der Serienauftrag für die Baureihe V 100 wurde dem VEB Lokomotivbau und Elektrotechnische Werke (LEW) „Hans Beimler“ in Hennigsdorf übertragen, da die Kapazitäten des VEB Lokomotivbau „Karl Marx“, Babelsberg, Mitte der sechziger Jahre bereits ausgelastet waren. Wegen diesem Herstellerwechsel forderte die DR nochmals eine Baumusterlokomotive. Wie die Baumuster V 100 001 und V 100 002 wurde auch die Hennigsdorfer Baumusterlokomotive V 100 003 auf der Leipziger Frühjahrsmesse im Jahr 1966 der Öffentlichkeit präsentiert. Der Farbanstrich war diesmal silber-grau-grün, wobei die unterschiedlich breiten Zierstreifen, die Oberseiten der Vorbauten sowie die obere Hälfte des Führerhauses grün lackiert waren.

Die Lieferungen der Baureihe V 100 teilten sich wie folgt auf:

1964: V 100 001;
1965: V 100 002;
1966: V 100 003;
1967: V 100 004 bis V 100 043;
1968: V 100 044 bis V 100 103;
1969: V 100 104 bis 173.

Die letzten beiden Lokomotiven wurden jedoch in den Bestand als V 100 001[II] (V 100 172) und V 100 002[II] (V 100 173) übernommen, da die Baumusterlokomotiven V 100 001[I] und V 100 002[I] aus den Jahren 1964/65 bei einem Brand im Raw Cottbus am 19. 12. 1968 schwer beschädigt und ausgemustert wurden.

1969: V 100 201 bis V 100 202;
1970: 110 203 bis 110 321;
1971: 110 322 bis 110 422;
1972: 110 423 bis 110 513;
1973: 110 514 bis 110 634;
1974: 110 635 bis 110 762;
1975: 110 763 bis 110 835;
1976: 110 836 bis 110 876;

Baumusterlokomotive V 100 002 auf der Leipziger Frühjahrsmesse 1965 *Foto: Sammlung Rüdiger Block*

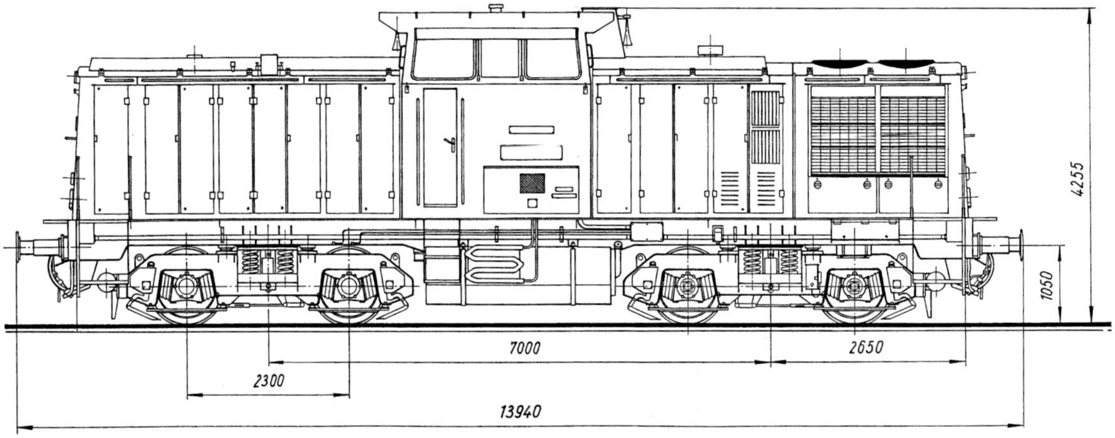

DR-Streckendiesellokomotive
V 100 (110/201)
Zeichnung: Archiv Eisenbahn Magazin

1977: 110 878 bis 110 883;
1978: 110 877 und 110 884 bis 110 896.

Die Baumusterlokomotive V 100 003 behielt ihre Messelackierung bis 1971, danach zeigte sich auch diese Maschine in der üblichen roten Lackierung.

In den ersten beiden Baumusterlokomotiven wurden Dieselmotoren unterschiedlicher Leistung getestet. V 100 001 erhielt einen Dieselmotor 12 KVD 18/21 in der Bauform 1 mit einer Leistung von 661 kW (900 PS) bei 1500 U/min und V 100 002 den Dieselmotor 12 KVD 18/21 der Bauform 2 mit einer Leistung von 736 kW (1000 PS) bei 1500 U/min. Bei den Serienlokomotiven kam der wassergekühlte, aufgeladene Zwölfzylinder-Viertakt-V-Dieselmotor 12 KVD 18/21 der Bauform 2 mit einer Leistung von 736 kW bei 1500 U/min zum Einbau. Aufgrund der Versuchsergebnisse mit den Lokomotiven V 100 001 und 002 ergaben sich für die Serienfertigung noch einige Veränderungen, so z. B. die Änderung der Abfederung zwischen Lokomotiv- und Drehgestellrahmen, welche anfangs in Kombination von Blatt- und Schraubenfedern ausgebildet war. Bei der Serienlieferung kamen ausschließlich Schraubenfedern in Verbindung mit Stoßdämpfern zum Einbau. Intensive Meß- und Probefahrten mit der Baureihe V 100 unternahm die VES-M Halle mit den Lokomotiven V 100 001, V 100 002, V 100 006, V 100 027 und V 100 028 in den Jahren 1964 bis 1967.

In Auswertung dieser Meßergebnisse gab es ständig Verbesserungen größerer und kleinerer Art an den Serienlokomotiven soweit dies noch berücksichtigt werden konnte. Im Grundaufbau und dem Funktionsprinzip sind die Lokomotiven der ab 1970 als 110.0-1 und 110.2-8 geführten Baureihe relativ identisch.

Der Rahmen wurde als Schweißkonstruktion aus zwei Längsträgern und mehreren Querträgern gefertigt. Dieser trägt die Hauptaggregate wie Dieselmotor, Kraftstoffbehälter, Heizkessel, Strömungsgetriebe, Kesselspeisewasserbehälter, Kühler, die Vorbauten und das nicht ganz mittig angeordnete Führerhaus zwischen den Vorbauten. An den Rahmenenden sind beidseitig Rangiertritte montiert. Die stirnseitigen Querträger nehmen jeweils die nach UIC-Standard ausgeführten Zug- und Stoßvorrichtung auf, die für den Einbau einer automatischen Mittelpufferkupplung (AMK) vorgerüstet sind. Der Lokomotivrahmen stützt sich in vier Punkten über je zwei Schraubenfedern und je einen Stoßdämpfer auf die Drehgestelle ab. Die beiden in Drehgestellmitte liegenden Querträger nehmen die Drehzapfen auf. Die Drehgestellrahmen bestehen aus einer geschweißten Blechkonstruktion mit kastenförmigen Längs- und Mittelquerträgern. Außerhalb der Längsträger sind die Konsolen für die Aufnahme der Schraubenfedern angeschweißt, so auch die Lager für die Bremsgehänge. Als Bremsanlage ist eine selbsttätige Einkammer-Druckluftbremse der Bauart Knorr eingebaut. Sämtliche Räder werden beidseitig durch Bremsklötze abgebremst. Dabei wird jedes Drehgestell unabhängig vom anderen durch je zwei 10-Zoll-Bremszylinder abgebremst. Befestigt sind die Bremszylinder jeweils am äußeren Querträger des Drehgestellrahmens. Die größte Abbremsung mit der Einkammer-Druckluftbremse beträgt 80 Prozent des Dienstgewichts der Lokomotive. Neben einer nichtselbsttätigen Zusatzbremse ist eine Handbremse, die als Feststellbremse wirkt, vorhanden. Diese wirkt aber nur auf das vordere Drehgestell, aber hier über das Bremsgestänge auf alle Bremsklötze dieses Drehgestells.

Die Aufbauten auf dem Rahmen bestehen aus dem nicht mittig angeordneten Führerhaus sowie den Vorbauten. Das Führerhaus sowie die nichttragenden Leichtbauhauben als Vorbauten sind in Sektionsbauweise gefertigte und geschweißte Leichtprofilkonstruktionen.

Von V 100 001 bis V 100 043 waren die Aufbauten mit dem Rahmen verschraubt, ab V 100 044 stellen Schnellspannverschlüsse diese Verbindung her.

Im hinteren Vorbau sind der Druckluftbehälter, der Heizkessel für die Dampfheizung, der Wasserbehälter für den Heizkessel, der Lüftergenerator, die Lichtanlaßmaschine und die Batterien untergebracht. Im vorderen Vorbau sind der Kühlwasserausgleichsbehälter, die Kühleranlage, die Abgasanlage, die Motorvorölpumpe und der Dieselmotor angeordnet. Große Seitenwandtüren ermöglichen einen guten Zugang zu den Aggregaten sowie eine bequeme Wartung der Maschinenanlage. Für den Ausbau des Dieselmotors besteht die Möglichkeit, das Dach bzw. die Vorhauben einzeln zu entfernen. Das Führerhaus und die Vorbauten sind doppelwandig ausgeführt und von innen jeweils mit einer ca. 5 mm dicken Antidröhnmasse ausgespritzt, um die Geräusche des Dieselmotors sowie des Strömungsgetriebes zu dämmen. Bei fast allen Lokomotiven der Baureihe V 100.0-1 bzw. V 100.2-8 gelangte der Dieselmotor 12 KVD 18/21 A der Bauform 2 zum Einsatz. Auf die Erprobungen mit anderen Dieselmotoren-Typen wird im folgenden noch eingegangen. Der Dieselmotor 12 KVD 18/21 ist ein schnellaufender Viertakt-Dieselmotor, der nach dem Vorkammerbrennverfahren arbeitet, durch einen Abgasturbolader aufgeladen und durch einen Übertourenschutz gegen Übertourung gesichert ist. Der Dieselmotor ist auf einem speziellen Motortragrahmen montiert, welcher durch vier scheibenförmige Gummifedern elastisch auf dem Lokomotivrahmen lagert. Die Leistung des Dieselmotors beträgt 736 kW (1000 PS) bei 1500 U/min. Die Leistungsübertragung vom Dieselmotor erfolgt über eine drehelastische Kupplung am Abtriebsflansch des Dieselmotors, welche auftretende Drehschwingungen vom Strömungsgetriebe fernhalten soll, über Gelenkwellen zum Strömungsgetriebe. Dieses ist ein Dreiwandlergetriebe mit eingebauter Wendeschaltung und dient zur Leistungsübertragung zwischen Dieselmotor und den Radsatzgetrieben. Die Radsatzgetriebe des zweiten und dritten Radsatzes sind mit An- und Abtriebsflanschen und der erste und vierte Radsatz nur mit einem Antriebsflansch versehen. Die drei Wandlerstufen des Strömungsgetriebes werden durch selbsttätiges Füllen und Entleeren der Arbeitskreisläufe in Abhängigkeit mit der Fahrgeschwindigkeit geschaltet.

Die Baureihe V 100.0-1 verfügt über ein Umschaltgetriebe, welches im Strömungsgetriebe integriert ist. Möglich ist damit ein Umschalten von Langsamgang (Rangiergang) in den Schnellgang (Streckengang). Mit dem Langsamgang ist eine Höchstgeschwindigkeit von 65 km/h und im Schnellgang eine Höchstgeschwindigkeit von 100 km/h möglich. Dies ist gleichzeitig auch das Hauptunterscheidungsmerkmal zwischen den Baureihen V 100.0-1 und V 100.2-8. Denn dieses Umschaltgetriebe fand bei der Baureihe V 100.2-8 keine Verwendung mehr.

Das Strömungsgetriebe treibt über einen Hochtrieb auch den Lüftergenerator und die Lichtanlaßmaschine an. Die Kühlanlage der Baureihe V 100 arbeitet nach dem Zwangsumlaufverfahren und dient gleichzeitig neben der Kühlung des Dieselmotors und des Strömungsgetriebes zum Heizen des Führerhauses und zum Vorwärmen des Kühlwassers für den Dieselmotor. Zur Kühlanlage gehören neben

110 017 in Wismar, Juli 1991
Foto: Rüdiger Block

201 895 im typischen Personenzugeinsatz am 28.5.1994 im Bahnhof Schönberg/Vogtland *Foto: Frank Heilmann*

den Wärmetauschern für den Dieselmotor und das Strömungsgetriebe die Kühlwasserpumpe, welche vom Dieselmotor angetrieben wird, die beiden Ausgleichsbehälter, die zwei elektrisch angetriebenen Lüfter sowie die beiden Kühlerblöcke. Von V 100 001 bis V 100 103 bestanden die Kühlerblöcke aus je sieben Rundrohr-Elementen und ab der V 100 104 aus je 28 Flachrohr-Elementen. Die Kühlluft zum Ableiten der Kühlwasserwärme wird durch beidseitig am vorderen Vorbau angeordnete, durch Druckluft betätigte Kühlerjalousien und die dahinter befindlichen Kühlerblöcke angesaugt. Danach wird diese durch den unter dem Lüfterrad zur Verbesserung der Luftströmung eingebauten Leitapparat und das darüber liegende Schutzgitter nach oben ins Freie abgeleitet.

Die Druckluft wird durch zwei elektrisch angetriebene Luftverdichter 2 HS 3-71/100 bzw. 7 C 1, welche sich unter dem Führerstand befinden, erzeugt. Als Luftvorratsbehälter dienen zwei je 400 l fassende Hauptluftbehälter, ein Sonderluftbehälter (200 l) sowie zwei Hilfsluftbehälter mit einem Fassungsvermögen von je 75 l. Die Baureihen-Familie V 100 verfügt über eine elektropneumatische Vielfachsteuerung für den Einsatz im Wendezugbetrieb bzw. zum Fahren in Doppeltraktion. Die Verbindung wird zwischen den Lokomotiven durch ein 34poliges Steuerkabel hergestellt. Die Überwachung aller wichtigen Funktionen von Hilfseinrichtungen, Maschinenteilen und Aggregaten erfolgt mittels Schützen, Relais und Druck- bzw. Temperaturwächtern, angezeigt durch Meldelampen, Meßgeräte und akustischen Signalen auf dem Führerstand. Von V 100 001 bis V 100 103 verfügten die Maschinen über eine wegabhängige Sicherheitsfahrschaltung mit Wachsamkeitskontrolle. Ab V 100 104 und bei V 100 001^{II} sowie V 100 002^{II} wurde die Sicherheitsfahrschaltung auf kontaktlose elektronische Bauelemente umgerüstet, wobei die Wachsamkeitskontrolle zeitabhängig ist.

Zur Energieversorgung dient eine 110-V-Gleichstrom-Bordnetzanlage, bestehend aus der Lichtmaschine und den Batterien. Versorgt werden hiervon die Einrichtungen zur Steuerung, Überwachung und Beleuchtung der Lokomotive, benötigt wird die Energieversorgungsanlage aber auch zum Anlassen des Dieselmotors. Beim Anlassen arbeitet die mit dem Dieselmotor gekuppelte Lichtanlaßmaschine über ein Hauptschlußfeld als Anlaßmotor, die benötigte Energie wird dafür den Batterien entnommen.

Während des relativ langen Beschaffungszeitraums der Baureihe V 100 gab es auch einige Veränderungen an verschiedenen Baugruppen und Aggregaten. Bei der Realisierung solcher Neuerungen legte man besonderes Augenmerk darauf, daß diese Neuerungen auch gleichzeitig in den schon ausgelieferten Lokomotiven der Baureihe V 100 nachgerüstet werden konnten. Weiterhin wurde darauf geachtet, daß verbesserte Standardteile auch in der Baureihe V 180 verwendet werden konnten.

Anfangs erfüllte die Baureihe V 100 nicht ganz die Erwartungen, die man in diese Baureihe gesetzt hatte, denn insbesondere im Rangierdienst zeigten sich doch noch einige Mängel. Speziell waren die Varianten der Bedieneinrichtung, der Bremskonfiguration und der Motorsteuerung nicht optimal konstruiert und entwickelt, so daß die Baureihe V 100 nicht ganz die Ansprüche einer Universallokomotive erfüllen konnte, da diese doch eher einer reinen Strekkenlokomotive entsprach. Mit einer Radsatzlast von gut 16 t war die Maschine auch für die vielen Nebenstrecken mit einer zulässigen Radsatzlast von nur 15 t zu schwer. Um die Einsatzmöglichkeiten und den Wirkungsgrad dieser Lokomotive zu verbessern, wurden ab 1970 Erprobungen mit überarbeiteten Dieselmotoren bzw. Strömungsgetrieben durchgeführt, die an dieser Stelle nicht ungenannt bleiben sollen:

1970: Einbau und Erprobung des Dieselmotors 12 KVD 18/21 A-2 (736 kW) sowie einiger weiterer, verbesserter Bauteile in die 110 024 des Bw Halle.

1976: Einbau modifizierter, auf 900 kW Leistung gesteigerter Stufengetriebe in die Lokomotiven 110 136 (Bw Rostock) und 110 137 (Bw Güstrow).

1977: Extremerprobung mit der Lokomotive 110 137 des Bw Güstrow mit dem Dieselmotor Typ 12 KVD 21 AL-4 (900 kW) mit Ladeluftkühlung.

1978: Einbau eines Strömungswendegetriebes GS 20-20/4,8 in die Lokomotiven 110 156 und 110 161. Dabei war für jede Fahrtrichtung ein Anfahr- und Marschwandler vorhanden. Bei Fahren in der Gegenrichtung war dabei der Anfahrwandler als hydrodynamische Bremse verwendbar.

Versuche an der Baureihe V 110.2-8

1970: Einbau und Erprobung des Dieselmotors 12 KVD 18/21 A-2 (736 kW) sowie weiterer verbesserter Bauteile in die 110 207 des Bw Zittau. Die Erprobung dieser Lokomotive verlief parallel zur 110 024 des Bw Halle. Um optimale Testergebnisse zu erhalten, wurde die 110 024 im Flachland um Halle getestet und die 110 207 im hügeligen Bergland der Oberlausitz (Bw Zittau).

1972 bis 1973: Einbau und Erprobung des Dieselmotors 12 KVD 18/21 A-3 (900 kW) und eines Strömungsgetriebes GSR 30/5,7 (900 kW) in 110 457 des Bw Leipzig Hbf Süd. Zur Erprobung wurde diese Lokomotive in Dienstplänen der Baureihe 118 eingesetzt. Dabei kam die Lokomotive vor den E 891/892 von Leipzig nach Cottbus sowie E 773 Leipzig–Karl-Marx-Stadt zum Einsatz. Die Lokomotiven 110 511 und 110 512 wurden gleich ab Herstellerwerk mit dem Dieselmotor 12 KVD 21 A-3 (900 kW) sowie dem Strömungsgetriebe GSR 30/5,7 geliefert. Diese Maschinen waren beim Bw Rostock beheimatet und bedienten den Wendezugverkehr der S-Bahn Rostock–Warnemünde.

1978: Einbau und Erprobung des Dieselmotors 12 KVD 21 A-4 (1050 kW) mit Ladeluftkühlung und Strömungsgetriebe GSR 30/5,5 in der Lokomotive 110 203 des Bw Leipzig Hbf Süd. Die Erprobung fand vor Zügen in der Relation Leipzig–Karl-Marx-Stadt–Cranzahl statt.

Allgemeine Erprobungen an den Lokomotiven der Baureihe V 100.0-1 bzw. Baureihe V 100.2-8:

Als Erprobungslokomotive für eine automatische Mittelpufferkupplung diente 110 041. Verbesserte Radsatzgetriebe wurden ab V 100 241 zur Anwendung gebracht, dadurch wurde auch eine verbesserte Instandhaltung möglich. Ab V 100 074 wurden die Lokomotiven mit einer Spurkranzschmierung ausgerüstet. Ab der Lokomotive V 100 104 Einbau einer elektronischen Heizkesselsteuerung mit einer Leistung von 800 kg Dampf/h, bei 4,1 bar Betriebsdruck.

201 380 des Bw Stralsund im Mai 1993 in Zinnowitz *Foto: Frank Heilmann*

Nicht vergeben wurden die Betriebsnummern von V 100 172 bis V 100 200. Der Entfall des Langsamgangs (65 km/h) bei den Lokomotiven V 100 201 bis 110 896 sollte auch durch die Ordnungsnummer kenntlich gemacht werden. Zwar nicht besonders auffallend, aber dennoch unterschiedlich, ist die Länge über Puffer bei den beiden Unterbaureihen. Durch die Einbauvorrüstung für eine automatische Mittelpufferkupplung vergrößerte sich die Länge bei der Baureihe V 100.2-8 auf 14 240 mm. Bei der Baureihe V 100.0-1 beträgt die Länge über Puffer 13 940 mm.

Die Baureihen V 100.0-1 und V 100.2-8, heute als Baureihe 201.0-1 bzw. 201.2-8 im Bestand der DB AG, bildeten lange Zeit das Rückgrat der Zugförderung auf Nebenbahnstrecken sowie auf einigen nicht elektrifizierten Hauptstrecken der DR.

Die Baureihen V 100.0 1 und V 100.2-8 konnten jedoch nicht ganz die an sie gestellten Anforderungen, zumindest im Güterzugdienst, sowie auf Strekken im Mittelgebirge erfüllen. Eine Verbesserung der Einsatzmöglichkeiten der Baureihe V 100 wurde erst durch die Remotorisierung durch das Raw Stendal möglich. Dennoch gilt die Konzeption der Baureihe V 100 als gelungen. Auch bei den im Laufe der Zeit remotorisierten Lokomotiven der Baureihe V 100 blieb bis auf wenige Veränderungen die Grundkonzeption immer gleich.

Durch Remotorisierung der Baureihen 110.0-1/110.2-8 durch das Raw Stendal sind die neuen Baureihen 112.0-1 (DB AG Baureihe 202.0-1), 112.2-8 (DB AG Baureihe 202.2-8), 114.2-8 (DB AG Baureihe 204.2-8) sowie durch Umspuren einiger Lokomotiven der Baureihe 110.8 auf eine Spurweite von 1000 mm Schmalspurlokomotiven für die Harzquerbahn entstanden. Darüber hinaus entstanden aus diesem Grundaufbau und der Konstruktion der Baureihe V 100 weitere Neubauten für die DR. So die Baureihen 111/293, 108/298 und 110.9/710.

Im Bestand der DR waren im Juli 1991 noch 131 Maschinen der Baureihe 110.0-1 (201.0-1) und 130 Maschinen der Baureihe 110.2-8 (201.0-8) die sich wie folgt auf die Bw aufteilten:

Baureihe 110.-1 (201.0-1):

Heringsdorf: 4; Halle G: 12; Eisenach: 5; Wittenberg: 6; Berlin Hbf: 1; Chemnitz: 14; Cottbus: 1; Eberswalde: 3; Glauchau: 10; Hoyerswerda: 1; Güstrow: 3; Wismar: 1; Aue: 2; Reichenbach: 8; Pankow: 5; Nossen: 10; Wittenberge: 5; Schwerin: 1; Hagenow: 3; Neustrelitz: 3; Weißenfels: 14; Seddin: 3; Jerichow: 1; Frankfurt/Oder: 2; Neubrandenburg: 1; Neuruppin: 4; Stralsund: 2; Zittau: 1; Haldensleben: 1; Jüterbog: 1.

Baureihe 110.2-8 (201.2-8):

Reichenbach: 12; Görlitz: 1; Neustrelitz: 12; Sangerhausen: 1; Wittenberge: 5; Glauchau: 1; Hagenow: 2; Jüterbog: 3; Chemnitz: 5; Haldensleben: 3; Heringsdorf: 4; Gera: 4; Roßlau: 5; Zittau: 3; Seddin: 4; Jerichow: 1; Pankow: 3; Salzwedel: 2; Güsten: 13; Aue: 13; Wittenberg: 4; Frankfurt/Oder: 3; Eisenach: 3; Cottbus: 6; Stralsund: 4; Magdeburg: 1; Schwerin: 1; Güstrow: 1; Hoyerswerda: 3; Neuruppin: 2; Stendal: 2; Nossen: 1; Leipzig Hbf Süd: 1 und Halle G: 1.

Durch das deutlich geringere Verkehrsaufkommen in den letzten Jahren des Bestehens der DDR und auch nach einigen Streckenstillegungen nach Gründung der DB AG hat sich der Bedarf an Lokomotiven der Baureihe 201.0-1 bzw. 201.2-8 drastisch verringert. Ende 1994 hatte die DB AG noch 179 Lokomotiven der Baureihe 201 im Bestand, benötigt wurden davon aber lediglich nur noch 66 Lokomotiven. Nach den Planungen sollen die letzten Maschinen der Baureihe 201 1997 ausgemustert werden.

Die DB AG hat aber noch die remotorisierten Lokomotiven der Baureihe V 100, jetzt als Baureihe 202 bzw. 204, in ihrem Bestand. Der Ursprungstyp, der in großer Stückzahl gebauten V 100 zieht mit Erscheinen dieses Buches wohl seine letzten Züge durchs Land. Überflüssig werden die Loks der Baureihe 201 aber auch vermehrt durch die Beschaffung von Dieseltriebwagen der Baureihe 628. Auslauf-Betriebshof für die Baureihe 201 wird wahrscheinlich der Bh Reichenbach im Vogtland sein.

111 DR
293 DB AG
298 DB AG
297 DB AG

Die Baureihe 111 der DR, seit 1992 als Baureihe 293 geführt, ist eine weitere Variante des Grundtyps der Baureihen-Familie V 100. Entgegen anderen Varianten der Baureihe V 100 entstand die Baureihe 111 nicht durch eine Remotorisierung wie z.B. die Baureihe 112 oder Baureihe 114, sondern sie wurde als Neubaufahrzeug von der DR beschafft. Da die Baureihen V 100.0-1 bzw. V 100.2-8 speziell im Rangierdienst nicht den Erwartungen entsprachen, entwickelte der VEB Lokomotivbau und Elektrotechnische Werke (LEW) „Hans Beimler“ in Hennigsdorf eine Diesellokomotive speziell für den Rangierdienst, wobei die ersten Rangierdiesellokomotiven auf Basis der V 100 mit der werksinternen Bezeichnung V 100.4 an in- und ausländische Industriebahnen geliefert wurden. Die Entwicklung dieser Rangierlokomotive entstand auf Grundlage der Betriebserfahrungen der Baureihe V 100.

Insgesamt bestellte die DR bei LEW Hennigsdorf 37 Lokomotiven der Baureihe 111, die wie folgt ausgeliefert wurden:

1981: 111 001 bis 111 010 und 1982: 111 011 bis 111 037.

Später wurden zwei Lokomotiven der Baureihe 110.0-1 zur Baureihe 111 umgebaut, dies waren 110 107 zur 111 107 sowie die 110 128 zur 111 128. Im Gegenzug wurden bis 1991 zwei Lokomotiven der Baureihe 111 zur Baureihe 108 umgebaut. Dies betraf die Maschinen 111 036

(108 036, spätere 298 336) und 111 037 (108 037, spätere 298 337).

Äußerliches Unterscheidungsmerkmal zu den Lokomotiven der Baureihe 110 ist die orange Lackierung der Aufbauten sowie die Bühnengeländer für den Rangierer an den Stirnseiten. Aggregate, Hilfsmaschinen sowie die Grundkonzeption wurden von der Baureihe V 100 übernommen bzw. dem neuen Verwendungszweck entsprechend angepaßt. Rahmen, Fahrwerk, Bremsanlage und die Aufbauten sind identisch zur Baureihe 110.2-8.

Auch der Dieselmotor 12 KVD 21 A-3 fand wieder Verwendung. Die Leistung wird über das bekannte Dreiwandler-Strömungsgetriebe GSR 30/5,7 übertragen, das jedoch mit einer geänderten Übersetzung ausgestattet wurde, um die Zugkraft zu erhöhen.

Die Höchstgeschwindigkeit wurde dadurch von 100 km/h auf 65 km/h bzw. 60 km/h verringert. Bei Radsatzgetrieben mit dem Übersetzungsverhältnis von 2,41 und 3,87 beträgt die Höchstgeschwindigkeit 65 km/h, bei Radsatzgetrieben mit dem Übersetzungsverhältnis von 3,18 und 4,16 ist eine Höchstgeschwindigkeit von 60 km/h möglich. Die Baureihe 111, speziell für den Rangierdienst konzipiert, besitzt keine Zugheizeinrichtung und auch keine zusätzlichen Ballastgewichte. Sie ist somit auch auf Strecken mit einer zulässigen Radsatzlast von 15 t verwendbar. In der Ebene ist es mit der Baureihe 111 möglich, 3000 t schwere Züge mit einer Dauergeschwindigkeit von 22 km/h zu befördern.

Um unnötigen Verschleiß an Dieselmotor und Getriebe im rauhen Rangierdienstalltag zu vermeiden, wurden die einzelnen Drehzahlbereiche in den verschiedenen Fahrstufen besser aufeinander abgestimmt. Um die Kurvenläufigkeit zu verbessern, besitzt die Baureihe 111 eine elektronisch gesteuerte Spurkranzschmiereinrichtung. Die Baureihe 111 verfügt auch über eine Vorwärm- und Warmhalteanlage, wozu zwei Vorwärmgeräte (je 35 kW Leistung) mit Hochdruckölbrennern eingebaut sind, auch diese Anlage wird elektronisch gesteuert.

Die Überwachung wichtiger Funktionen und Aggregate geschieht mittels Wächtern und Anzeigeninstrumenten, u.a. ist auch noch eine elektronische Sicherheitsfahrschaltung vorhanden.

298 110 als Rangierlokomotive „Regina 21" in Zwickau *Foto: Toni Schwager*

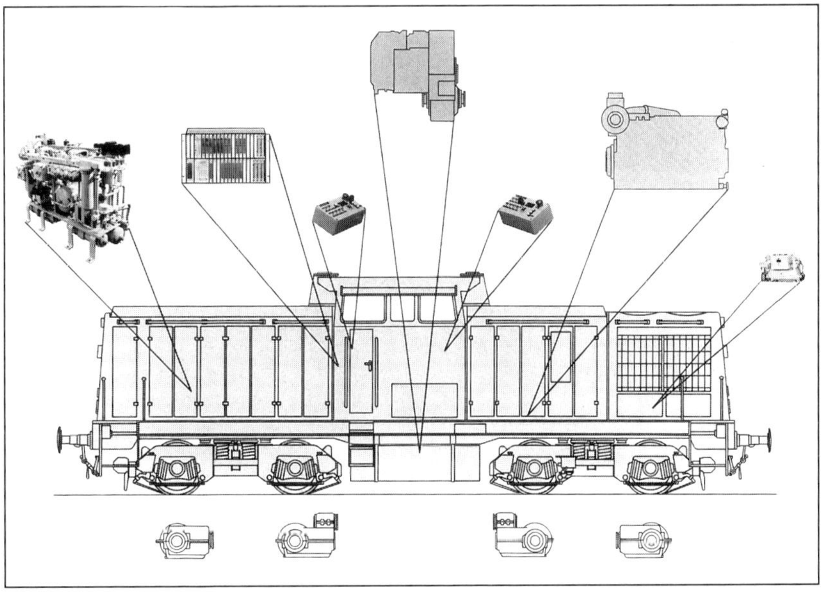

Modernisierungskonzept von Krauss-Maffei für die V 100 der DR *Foto: Werkbild Krauss-Maffei AG*

Im Gegensatz zu den Lokomotiven der Deutschen Bundesbahn trugen die Lokomotiven der Deutschen Reichsbahn veritable Fabrikschilder. Die Aufnahme zeigt die Beschilderung der 298 102, die 1992 in Raw Stendal aus 201 102 rekonstruiert wurde. 201 102 wurde 1968 als V 100 102 mit der Fabriknummer 11 940 von LEW Hennigsdorf gebaut. *Foto: Frank Heilmann*

Vorrangig wurde die Baureihe 111 im Norden der DDR eingesetzt. So auch auf den großen Rangierbahnhöfen in Rostock-Seehafen, Wittenberge und Neuruppin. Im Juni 1991 ergab sich die folgende Verteilung der 37 Lokomotiven der Baureihe 111:
Bw Rostock-Seehafen: 111 003, 006, 011, 012, 013, 014, 017, 018, 019 und 020;
Bw Leipzig Hbf Süd: 111 001, 002, 024, 026, 028, 032 und 033;
Bw Neuruppin: 111 004;
Bw Altenburg: 111 005, 030 und 034;
Bw Wittenberge: 111 007, 008, 009, 010 und 016;
Bw Falkenberg: 111 015, 021, 023, 027, 029, 031, 035, 107 und 128;
Bw Halle G: 111 022 und 025.

Neben dem Rangierdienst kamen die Maschinen der Baureihe 111 bzw. die im Umzeichnungsplan 1992 als Baureihe 293 geführten Maschinen auch im schweren Güterzugdienst zum Einsatz, wo das Fahren in Doppeltraktion keine Seltenheit war. Ab 1991 wurden alle ehemals vorhandenen 37 „Neubaulokomotiven" der Baureihe 111 zur Baureihe 108 bzw. 298 umgebaut. Im Rahmen des Umbaus bzw. der Modernisierung der Baureihe 111 (293) zur Baureihe 298 erhielten die Maschinen Turbowendegetriebe. Die Umrüstarbeiten wurden durch das Raw Stendal durchgeführt. Als letzte umgebaute Lokomotive der Baureihe 293 (111) wurde 298 333 dem Betriebsdienst am 25. 5. 1993 übergeben. Damit sind keine „Neubaulokomotiven" der ehemaligen Baureihe 111 bei der DB AG mehr im Bestand. Nur die beiden aus der Baureihe 110.0-1 zur Baureihe 111 (293) umgebauten Lokomotiven (110 107, jetzt 293 107, und 110 128, jetzt 293 128) sind als die letzten Vertreter dieser Baureihe im Bestand der DB AG beim Betriebshof Wittenberg beheimatet. Auch die Lokomotiven der Baureihe 298 werden auf Rangier-Funkfernsteuerung umgerüstet und erhalten zur besseren Unterscheidung die Baureihennummer 297.

Erwähnenswert ist, daß verschiedene Lokomotiven der Baureihen 201, 293 und der Werkbahnvariante V 100.4 durch Krauss-Maffei Verkehrstechnik und Adtranz seit März 1995 grundlegend modernisiert und auf Funkfernsteuerung umgebaut wurden bzw. werden. Bei den von Krauss-Maffei modernisierten Lokomotiven kommt ein 1140-kW-Dieselmotor von Caterpillar sowie ein neues Strömungsgetriebe von der Strömungsmaschinen GmbH, Dresden, zum Einsatz. Die Lokomotivsteuerung wurde auf eine Mikrocomputersteuerung KM-DIREKT umgebaut. Bei einem Dienstgewicht von 72 t beträgt die Höchstgeschwindigkeit 47 km/h. Die Modernisierungsarbeiten wurden im Werk Stendal Ost der DB AG durchgeführt.

Die Werkbahnvariante der V 100, intern auch als V 100.4 bezeichnet, ist in zahlreichen Betrieben im Einsatz. Nach der Wende wurden verschiedene Lokomotiven von mehreren Herstellern remotorisiert und modernisiert. Krauss-Maffei modernisierte fünf Lokomotiven der Petrolchemie und Kraftstoffe AG, Schwedt/Oder. *Foto: Werkbild Krauss-Maffei AG*

112 DR
202 DB AG

202 078 am 25. 9. 1993 im Bw Bautzen
Foto: Frank Heilmann

Die Baureihe 112 ist eine leistungsgesteigerte Variante der Baureihen 110.0-1, bzw. 110.2-8. Erprobungen mit verschiedenen leistungsgesteigerten Motoren in einzelnen Lokomotiven veranlaßten die DR zu mehreren Versuchen einst beschaffter Lokomotiven in einer größeren Serie. Erprobungen verbesserter Motoren fanden aber auch schon in beschafften Serienlokomotiven statt, wenn diese die Industrie zur Verfügung stellen konnte, was jeweils vom Entwicklungsstand abhängig war.

Da die in großen Stückzahlen beschafften Lokomotiven der Baureihe V 100 bzw. 110 nicht ganz die erwartete Leistung erfüllen konnten, gab es Bestrebungen bei der DR, Lokomotiven dieser Baureihe mit einer erhöhten Motorleistung auszurüsten.

1972 ließ die DR im Bw Leipzig Hbf Süd die 110 457 mit einem Motor vom Typ 12 KVD 18/21 mit einer Leistung von 736 kW bei 1500 U/min mit einem stärkeren Motor umrüsten. Zum Einbau kamen der Dieselmotor vom Typ 12 KVD 18/21 der Bauform A-3 mit einer Leistung von 900 kW bei 1500 U/min und ein Getriebe vom Typ GSR 30/5,7 ebenfalls mit einer Leistung von 900 kW.

Die Erprobungen mit der 110 457 geschahen in den Dienstplänen der Baureihe 118 des Bw Leipzig Hbf Süd. Durch die verbesserte Leistung von Dieselmotor und Strömungsgetriebe war es möglich, die Lokomotive auch vor Eilzügen ohne größere Probleme einzusetzen. Zum Einsatz kam sie in der Erprobungszeit u.a. vor den Eilzügen E 773 Leipzig–Karl-Marx-Stadt und E 891/892 Leipzig–Cottbus u.z. Die 110 457 mit diesem modernisiertem Dieselmotor gilt als erste Lokomotive der Baureihe 112. Diese neue Baureihennummer führte die DR ein, um die Lokomotiven der Baureihe 110 mit einer erhöhten Leistung kenntlich zu machen. Die jeweiligen Ordnungsnummern von den Spenderlokomotiven der Baureihe 110 wurde übernommen. So wurde z.B. die 110 457 nach Umbau als 112 457 weiter im Bestand der DR geführt (bei der DB AG als 202 457 im Bestand). Der Serienumbau von Lokomotiven der Baureihen 110.0-1 und 110.2-8 zu Lokomotiven der Baureihe 112 wurde durch das Raw Stendal ab 1981 durchgeführt. Vom LEW Hennigsdorf wurden schon serienmäßig die Lokomotiven 110 511 und 110 512 mit einem Dieselmotor und Strömungsgetriebe für 900 kW Leistung im Jahre 1972 an die DR übergeben. Der Dieselmotor in diesen beiden Lokomotiven entsprach dem Typ 12 KVD 21 der Bauform AL-4. Der Probeeinsatz fand vom Bw Rostock aus im Wendezugeinsatz auf der Strecke Rostock–Warnemünde statt.

Eine mehrfache Erprobung wurde an der 110 203 durchgeführt, so 1978 mit einem Dieselmotor vom Typ 12 KVD 21 AL-4 (1050 kW) und dem Strömungsgetriebe vom Typ GS 30/5,5 sowie 1981 mit dem Dieselmotor vom Typ 12 KVD 21 AL-4 (1100 kW) und dem Strömungsgetriebe vom Typ GS 30/5,7. Bei der Erprobung mit dem Motor von 1100 kW Leistung war die Lokomotive als 112 203 im Bestand der DR. 1982 wurde auch die Lokomotive 112 358 mit dem Motor und Getriebe für 1100 kW Leistung ausgerüstet. Die Testfahrten fanden vom Bw Leipzig Hbf Süd statt. Weitere Erprobungen wurden 1985/1986 mit den Lokomotiven 112 551 und 112 486 durchgeführt. Dazu wurden diese Lokomotiven mit dem Dieselmotor vom Typ 12 KVD 21 AL-4 (900 kW Leistung) und dem Strömungsgetriebe vom Typ GSR 30/5,7 (900 kW Leistung mit einem Stufengetriebe) vom Bw Röblingen am See aus eingesetzt.

Die Umbauten führte das Raw Stendal durch. Durch den Einbau von Stufengetrieben bei der Baureihe 112 war ein wirtschaftlicheres Anfahren mög-

202 291 des Bw Meiningen hat am 11. 4. 1992 den malerischen Bahnhof von Pappenheim in Thüringen erreicht.

lich. Verbesserungen zeigten sich aber auch im Einsatz auf steigungsreichen Streckenabschnitten bei Geschwindigkeiten von ca. 40 km/h.

Äußerlich sind die Lokomotiven der Baureihe 112 durch die veränderte Lage der Luft-Ansauggitter, bei der Baureihe 112 gleich hinter dem Führerstand an der Haube/Vorbau, erkennbar.

Im Grundaufbau ist die Baureihe 112 weitestgehend mit der Baureihe 110 identisch. Veränderungen sind im Zusammenhang mit der erhöhten Leitung von Motor und Getriebe dieser Baureihe entstanden, wobei die Hilfsmaschinen der erhöhten Leistung angepaßt wurden. Rahmen, Fahrwerk und die Bremsanlage wurden unverändert von den Spenderlokomotiven übernommen. Bei den Aufbauten wurden nur die Luft-Ansauggitter versetzt.

In den Serienlokomotiven der Baureihe 112 kam der Motor vom Typ 12

202 409 verläßt mit einem Doppelstockwagen Cottbus in Richtung Forst.

Fotos: Frank Heilmann

112 563 am 2. 6. 1991 in Görlitz *Fotos: Frank Heilmann (2)*

202 777 des Bw Zittau im Jahr 1994

KVD 21 AL-4 mit Ladeluftkühlung zum Einbau. Dies ist ein aufgeladener Zwölfzylinder-Viertakt-V-Dieselmotor, welcher nach dem Vorkammerbrennverfahren arbeitet. Die Leistung von Motor und Getriebe war auf 900 kW abgestimmt, wobei die Gesamtleistung der Lokomotive mit 883 kW angegeben ist. Strömungs- und Radsatzgetriebe wurden entsprechend der höheren Leistung verstärkt. Wichtigste Änderung bei den Hilfsmaschinen ist die Einbeziehung des Ladeluftkühlers in den Kühlkreislauf. Bedingt durch die höhere Leistung der Baureihe 112 hat sich auch das Reibungsgewicht, das bei der Baureihe 110.2-8 nur 60 t beträgt, auf 64 t erhöht.

In den letzten Jahren wurden die Lokomotiven mit Zugbahnfunkanlagen MESA 2002 sowie der Zugsicherungsanlage PZ 80 nachgerüstet.

Die wichtigsten Funktionen werden entsprechend zur Baureihe 110 mittels Wächtern und Anzeigeinstrumenten überwacht.

Bis 1991 wurden insgesamt 496 Lokomotiven aus den Spenderlokomotiven der Baureihe 110.0-1 (20 Lokomotiven) und Baureihe 110.2-8 (476 Lokomotiven) zur Baureihe 112 umgebaut. Kurz vor Umzeichnung der Baureihe 112 zur Baureihe 202 in das Nummernsystem für die DB AG ergab sich folgende Verteilung:

Cottbus: 19; Frankfurt/Oder: 19; Hoyerswerda: 5; Jüterbog: 5; Pankow: 7; Seddin: 5; Aue: 12; Bautzen: 19; Dresden: 27; Chemnitz: 2; Glauchau: 13;

112 352 verläßt mit dem E 2058 Nordhausen–Northeim im Oktober 1990 den ehemaligen Grenzbahnhof Ellrich. *Foto: Rüdiger Block*

Nossen: 9; Görlitz: 4; Reichenbach: 20; Zittau: 11; Eisenach: 17; Erfurt: 16; Gera: 10; Meiningen: 12; Güsten: 20; Halle G: 13; Halberstadt: 10; Haldensleben: 20; Jerichow: 1; Stendal: 11; Leipzig Hbf Süd: 25; Magdeburg: 9; Salzwedel: 4; Güstrow: 7; Angermünde: 7; Eberswalde: 6; Hagenow: 9; Neubrandenburg: 6; Neuruppin: 5; Pasewalk: 6; Rostock: 6; Schwerin: 8; Stralsund: 10; Wismar: 7; Wittenberge: 7.

Alle 496 Maschinen der Baureihe 202 waren am 1. Januar 1995 noch im Bestand der DB AG.

Die Baureihe 112 war flächendeckend über das ganze Gebiet der DR verteilt und wurde in den gleichen Dienstplänen wie die Baureihe 110 verwendet. Jedoch war der Einsatz der Baureihe 112 wirtschaftlicher und die mögliche Anhängelast war entsprechend der verbesserten Leistung höher.

Ein Verbleib der Baureihe 202 bei der DB AG scheint noch für einige Jahre gesichert zu sein.

114 DR, 204 DB AG

In der Baureihenfamilie V 100 der Deutschen Reichsbahn ist die Unterbaureihe 114 die leistungsstärkste Variante.

Nach mehreren Versuchen in den siebziger Jahren mit leistungsgesteigerten Dieselmotoren mit 900 kW Leistung bei der Baureihe 110 und deren guten Ergebnissen führte die DR Ende der siebziger Jahre eine Extremerprobung durch. Für diese Extremerprobung wurde die 110 203 mit einem Dieselmotor 12 KVD 21 AL-4 mit einer Leistung von 1050 kW bei 1500 U/min und mit einem Strömungsgetriebe GS 30/5,5 mit einer Leistung von 1050 kW ausgerüstet. Die Umrüstung wurde 1978 durch das Bw Leipzig Hbf Süd durchgeführt. Als die ehemalige 110 203 schon als 112 203 bei der DR geführt wurde, wurde der Dieselmotor 12 KVD 21 AL-4 mit einer Leistung von 1100 kW bei 1500 U/min sowie das Strömungsgetriebe GS 30/5,7 (1100 kW Leistung) in diese Maschine zur weiteren Erprobung eingebaut. Diese Umbauarbeiten führte 1981 das Raw Stendal aus. Als weitere Lokomotive wurde 1982 112 358 mit diesem Dieselmotor und Getriebe ausgerüstet. Die Testfahrten fanden vom Bw Leipzig Hbf Süd aus statt. Als erste Lokomotive der neuen Baureihe 114 bei der DR zählt die ehemalige 112 203, entstanden aus der 110 203, als 114 203 zum Bestand der DR. Die Umzeichnung der ersten Lokomotiven zur Baureihe 114 wurde 1984 durchgeführt. Aufgrund der guten Ergebnisse der Testfahrten wurde mit dem ersten Serienumbau 1983 durch das Raw Stendal begonnen. Die umgebauten Lokomotiven der Baujahre 1983 bis 1985 erhielten den leistungsgesteigerten Dieselmotor 12 KVD 21 AL-4. In der zweiten Umbauphase, die 1989 begann, erhielten die Lokomotiven der Baureihe 114 den Dieselmotor 12 KVD 21 AL-5. Somit haben 44 Lokomotiven der Baureihe 114 den Dieselmotor der Bauform AL-4 und 21 Lokomotiven den Dieselmotor der Bauform AL-5.

204 612 am 10. 10. 1993 in Langenorla Ost *Foto: Frank Heilmann*

Ein weiterer Versuch wurde 1986 mit 114 673 unternommen. Ausgerüstet war die Lokomotive mit einem Dieselmotor 12 KVD 21 AL-5 (1100 kW) und dem Strömungsgetriebe GSR 30/5,7. Sie diente zu einer neu entwickelten Zwei-Kreis-Kühlanlage. Der Dieselmotor der Bauform AL-5 ist eine verbesserte Version des AL-4 bei gleicher Leistung. Die 114 673 ist die Baumusterlokomotive für die Lokomotiven der zweiten Umbauphase gewesen. Die Drehzahl des Dieselmotors wurde bei dieser Maschine stufenlos geregelt. Insgesamt hat die 114 673 einen höheren Wirkungsgrad und damit einen geringeren Kraftstoffverbrauch. Mit dieser neuen Zwei-Kreis-Kühlanlage wurden dann auch die Lokomotiven der Baureihe 114 ab dem Umbaujahr 1989 ausgerüstet.

114 789 am 23. 6. 1991 in Nordhausen *Fotos: Frank Heilmann*

Wie die Baureihe 112, so ist auch die Baureihe 114 äußerlich durch die veränderte Lage der Luft-Ansauggitter, die gleich hinter dem Führerstand an der Haube/Vorbau angebracht sind, von der Baureihe 110 zu unterscheiden. Ein äußerliches Unterscheidungsmerkmal zur Baureihe 112 gibt es nicht. Im Grundaufbau ist die Baureihe 114 identisch zu den Spenderlokomotiven der Baureihe 110.0-1 und 110.2-8. Einige Veränderungen an Hilfsmaschinen und Aggregaten sind im Zusammenhang mit der höheren Leistung verbunden. Rahmen, Fahrwerk und die Bremsanlage sind identisch mit den Spenderlokomotiven. Die Aufbauten sind bis auf die versetzten Luft-Ansauggitter ebenfalls unverändert übernommen worden. Die eingebauten Dieselmotoren der Bauform AL-4 bzw. der Bauform AL-5 vom Typ 12 KVD 21 sind aufgeladene Zwölfzylinder-Viertakt-V-Dieselmotoren mit einer Leistung von 1100 kW bei 1500 U/min mit Verstellregler und Ladeluftkühlung. Die Dieselmotoren arbeiten nach dem Vorkammerbrennverfahren. Die Leistungsübertragung ist analog zur Baureihe 110 aufgebaut, jedoch sind die Strömungs- und Radsatzgetriebe der höheren Leistung angepaßt.

Die Überwachung aller wichtigen Funktionen und Aggregate geschieht mittels Wächtern und Anzeigeinstrumenten.

Insgesamt wurden von 1978, beginnend mit 110 203, bis 1983 65 Lokomotiven der Baureihen 110.0-1 und 110.2-8 zu Lokomotiven der Baureihe 114 umgebaut. Kurz vor der Umzeichnung in das gemeinsame Nummernsystem von DB und DR ergab sich folgende Verteilung der 65 Maschinen der Baureihe 114 bei der DR:

Wittenberg: 7; Nordhausen: 13; Halberstadt: 9; Kamenz: 11; Leipzig Hbf Süd: 1 und Saalfeld: 24.

204 803 fährt mit einem Doppelstockzug aus Rothenstein/Saale aus.

Durch den Einbau der stärkeren Dieselmotoro konnte die Baureihe 114 problemlos in den Dienstplänen der Baureihe 118 und der (ungeliebten) Baureihe 119 eingesetzt werden. Mit dem Dieselmotor 12 KVD 21 wurde auch die Baureihe 119 nachgerüstet. Bei dem Umbau zur Baureihe 114 wurden die Ordnungsnummern der Spenderlokomotiven übernommen. Auch die Baureihe 114 wurde mit MESA 2002 und einer PZ-80-Anlage nachgerüstet.

Der Verbleib der jetzt als Baureihe 204 geführten Lokomotiven im Bestand der DB AG scheint noch für einige Jahre sicher zu sein. Möglicherweise ersetzt die Baureihe 204 die überalterten DB-Lokomotiven der Baureihen 211 und 212. Leistungsmäßig ist die Baureihe 204 diesen Lokomotiven überlegen. Um einen Einsatz der Baureihe 204 auf dem früheren DB-Streckennetz testen zu können, wurde in Raw Stendal die 204 680 DB-tauglich aufgerüstet. Diese Lokomotive besitzt Zugbahnfunk, MESA 2002, PZ 80, ZWS-Wendezugsteuerung, Türblockiereinrichtung, vollautomatischen Heizkessel mit Gestra-Abschlammeinrichtung und eine vollautomatische Warmhalteeinrichtung. Ein Probebetrieb im Westen ist jedoch noch nicht durchgeführt worden. Über eine weitere Umrüstung der Baureihe 204 mit den genannten Ausstattungen ist noch nicht entschieden, da durch die DB AG bislang kein Bedarf an Lokomotiven dieser Leistungsklasse ermittelt worden ist.

Im Bestand der DB AG sind noch alle 65 Maschinen. Der Bedarf dieser Baureihe bei der DB AG war Anfang 1994 mit 63 Lokomotiven angegeben worden.

108 DR
298 DB AG

Da die DR beim Einsatz der Baureihen 105 und 106 im Rangierdienst und im Streckeneinsatz bald an die Leistungsgrenzen dieser Baureihen gestoßen war, wurde Mitte der siebziger Jahre über eine neue Rangierlokomotive mit einer Leistung von ca. 736 kW nachgedacht. Uneinig war man sich vorerst aber noch über die Ausführung der Leistungsübertragung, ob diese hydrodynamisch mit mechanisch schaltbarem Wendegetriebe oder als Turbowendegetriebe, auch als Strömungswendegetriebe bezeichnet, ausgeführt werden sollte. Ein geplanter Neubau, wie dies ursprünglich vorgesehen war, konnte wegen der angespannten wirtschaftlichen Lage in der DDR sowie der großen Exportaufträge der Lokomotivbauindustrie nicht realisiert werden.

Daher wurden vorerst zwei Lokomotiven der Baureihe 110.0-1, dessen Grundkonzept sich gut bewährt hatte, zu Rangierlokomotiven umgebaut. Mit den Umrüstarbeiten wurden das Bw Halle G und das Raw Stendal beauftragt, welche 1978 die Lokomotiven 110 156 und 110 161 zu ab 1985 als Baureihe 108 bezeichneten Lokomotiven umbauten. Aufgrund der guten Erfahrungen mit den Turbowendegetrieben wurde entschieden, auch bei den Probelokomotiven 110 156 und 161 diese einzubauen. Das übliche Getriebe der Baureihe 110 vom Typ GSR 30/5,7 wurde gegen ein Turbowendegetriebe GS 20-20/4,8 getauscht, die Anordnung der An- und Abtriebsflansche blieb dennoch gleich. Da die Lokomotiven für den Rangierdienst und für den mittelschweren Güterzugdienst vorgesehen waren, wurde auf den Einbau bzw. die Wiederverwendung des Heizkessels verzichtet. Um das fehlende Gewicht des entfallenden Heizkessels auszugleichen, wurden an dessen Stelle Ballastgewichte eingebaut. Keine Verwendung fand die bei der Baureihe 110 übliche Wendezug- und Vielfachsteuerung. Verbessert wurde dagegen die Steuerung der Motordrehzahlverstellung. Die 110 161 erhielt bei dem Umbau einen Führerstand, welcher dem der Baureihe 106 entsprach. Gänzlich überarbeitet wurde auch die Bremsanlage. Unter Beibehaltung der Druckluftbremsanlage ist es möglich, durch Umsteuerung einen hydrodynamischen Bremsvorgang einzuleiten. Durch Wegfall des Streckenganges reduzierte sich die Höchstgeschwindigkeit auf 60 km/h.

Nach dem Umbau wurden beide Maschinen dem Bw Halle G zugeordnet und anschließend langfristigen Erprobungen unterzogen, um einen möglichst optimalen Vergleich zu den Baureihen 105, 106 und 110 zu erhalten.

Dabei spielten folgende Bewertungskriterien eine besondere Rolle:

– Gesamtwirkungsgrad der Lokomotive und einzelner Haupt- und Hilfsaggregate,

– Abnutzung und Verschleiß wichtiger Bauteile und Baugruppen,

– Instandhaltung,

– Verbrauch von Schmieröl- und Dieselkraftstoff,

– Flexibilität im Betriebsdienst,

– Gesamtkostenvergleich (Beschaffung/Betriebsdienst/Instandhaltung),

– Bewertung durch das Lokomotiv- und Werkstättenpersonal.

Nach Auswertung der Ergebnisse dieser Langzeituntersuchung entschied sich die DR zum Umbau der Baureihen 110 und 111 zur Baureihe 108, der späteren Baureihe 298. Die Wahl der Leistungsübertragung ist dabei eindeutig zugunsten einer hydrodynamischen Leistungsübertragung mit Wendegetriebe ausgefallen. Für einen eventuellen Neubau durch LEW Hennigsdorf hielt die DR vorsorglich die Baureihennummer 109 frei, welche jedoch nie besetzt wurde.

Mit dem serienmäßigen Umbau wurde 1991 das Raw Stendal beauftragt. Die bis 1991 umgebauten Maschinen erhielten noch die DR-Baureihennummer 108, dies waren die Umbauten aus 111 036 und 111 037. Somit trugen bei der DR nur vier Lokomotiven die Baureihennummer 108: 108 036, 108 037, 108 156 und 108 161, alle beim Bw Halle G beheimatet. Die übrigen aus den Baureihen 110 (201) bzw. 111 (293) umgebauten Lokomotiven erhielten gleich die Baureihennummer 298, nach dem einheitlichen Nummernsystem für die DB- und DR-Triebfahrzeuge. Dementsprechend erhielten auch die vier Lokomotiven der Baureihe 108 die Baureihennummer 298 unter Beibehaltung ihrer Ordnungsnummern.

Durch die unterschiedlichen Spenderbaureihen für die Baureihe 108 bzw. 298 war der Umfang der Umbauten unterschiedlich. Bei einem Umbau aus der Baureihe 111 (293) war der Arbeitsaufwand weitaus geringer als bei einem Umbau aus der Baureihe 110.

Rahmen, Drehgestelle und Aufbauten gleichen dem äußeren Erscheinungsbild der Spenderlokomotiven 201/293. Zusätzlich wurde auf der hinteren Vorbauhaube ein Zwischenkühler montiert. Zusätzliche Gitter zur Kühlung befinden sich an der hinteren Stirnfront der Vorbauhaube. Entsprechend dem um fünf bis sechs Tonnen höheren Dienstgewicht der Baureihe 298 von nun 68 t bei vollen Vorräten, wurden auch die Schraubenfedern verstärkt. Das Fahrwerk wurde ebenfalls mit verstärkten Radsatzgetrieben ausgerüstet. Zur überarbeiteten Bremsanlage zählen die selbsttätige, indirekt wirkende einlösige Druckluftbremse der Bauart K-GP mit einer elektrisch angesteuerten Knorr-Relais-Ventileinheit RHZE 3-4, die nichtselbsttätige, direkt wirkende Zusatzbremse mit elektrisch gesteuerter Ventilkombination, hydrodynamischen Bremse des Strömungsgetriebes und eine Handspindelbremse, welche als Feststellbremse wirkt. Als Dieselmotor fand in den Serienlokomotiven ab 1991 der Motor 12 KVD 21 A-5 mit einer stufenlosen Drehzahl-Verstelleinrichtung Verwendung. Die Nennleistung des Dieselmotors ist bei 1350 U/min auf 750 kW eingestellt. Gegenüber den Baumusterlokomotiven wurde auch ein anderes Turbowendegetriebe verwendet. Bei den Serienlokomotiven kam der Typ GSW 20-20/5,5 mit einer Eingangsleistung von 750 kW zum Einbau. Dieses Turbowendegetriebe verfügt über jeweils einen Anfahr- und Marschwandler je Fahrtrichtung. Beim Fahren in einer beliebigen Richtung (vorwärts/rückwärts) kann der Anfahrwandler für die entgegengesetzte Richtung mit Getriebeöl gefüllt werden und dient somit als hydrodynamische Bremse.

Die hydrodynamischen Bremskräfte können dabei kurzzeitig im Langsamgang 170 kN und im Schnellgang 160 kN erreichen. Das Fahren im Langsam- und Schnellgang ist durch das mechanische Stufengetriebe möglich. Durch die hydrodynamische Bremse ergeben sich einige Vorteile der Baureihe 298 gegenüber anderen Rangierlokomotiven. Dies bringt Zeiteinsparungen im Rangierdienst und erhöht auch die Manövrierfähigkeit der Lokomotive, verringert den Dieselkraftstoffverbrauch durch einen besseren Gesamtwirkungsgrad, deutlich geringerer Verschleiß an den Bremssohlen, weniger Abnutzung an den Radreifen, und durch den geringer entstehenden Bremsstaub verringert sich auch der Verschmutzungsgrad an der Bremsanlage. Die beim hydrodynamischen Bremsen entstehende Wärme im Getriebe wird über den erweiterten Kühlkreislauf durch das Kühlwasser abgeführt. Daher mußte auch die Kühlanlage von einst 56 Kühlerelementen bei den Baureihen 110/111 auf 72 Kühlerelemente bei der Baureihe 298 erhöht werden.

Das mechanische Stufengetriebe für Langsam- und Schnellgang ist als Zweistufengetriebe ausgeführt und erlaubt im Schnellgang eine Höchstgeschwindigkeit von 80 km/h sowie im Langsamgang 33 km/h. Dabei kann im Langsamgang mit einer kleinsten Dauergeschwindigkeit von 3,5 km/h gefahren werden. Die maximale Anfahrzugkraft beträgt im Schnellgang 172 kN und im Langsamgang 220 kN, die größte Dauerzugkraft im Schnellgang 136 kN und 210 kN im Langsamgang. Die Lokomotiven erhielten verstärkte Radsatzgetriebe AÜK 18-10 (Radsatz 2 und 3) bzw. AÜK 18-7 (Radsatz 1 und 4) mit einem Übersetzungsverhältnis von 5,61 bzw. 3,18. Hilfsmaschine und Aggregate sind ebenfalls weitestgehend mit denen der Spenderlokomotiven identisch. Die Drucklufterzeugungsanlage wurde mit einer Lufttrocknungsanlage ausgerüstet, welche sich im hinteren Vorbau befindet.

Die Baureihe 298 verfügt über eine Vorwärm- und Warmhalteanlage der Bauart Heto 30 mit Steuerautomatik. Für einen unbeaufsichtigten, vollautomatischen Vorwärm- und Warmhaltebetrieb sowie Frostschutzbetrieb befindet sich derzeit eine Anlage der Firmen Loos/A.S.T. in der Erprobung. Die Baureihe 298 verfügt auch über Rangierfunk, eine induktive Zugsicherungsanlage der Bauart PZ 80 und eine Sicherheitsfahrschaltung.

Völlig überarbeitet wurde der Führerstand, um möglichst optimale Arbeitsbedingungen für den Lokomotivführer beim Rangieren zu schaffen. Statt der üblichen Diagonalanordnung der Führerpulte wie bei den Baureihen 201 bis 204 und 293 sowie der Parallelanordnung bei den Baureihen 345 und 346 wählte man Seitenwandfahrpulte, welche jeweils unter den Seitenwandschiebefenstern montiert sind. Auf eine mechanische Verriegelung der Fahr- und Bremsschalter gegeneinander wurde verzichtet. Dies ermöglicht ein schnelleres Wechseln der Bedienseite zugunsten eines flüssigen Fahr- und Rangierbetriebes. Durch den Fahrschalter ist auch eine stufenlose Leistungsverstellung mittels Auf- und Absteuerung der Motordrehzahl des Dieselmotors möglich. Dadurch, daß die indirekte und direkte pneumatische Bremsausrüstung elektrisch ansteuerbar ist, kann eine Funkfernsteuerung nachgerüstet werden.

Die nötige Druckluft für die Bremsanlage sowie alle anderen mit Druckluft arbeitenden Verbraucher erzeugen zwei elektrisch angetriebene Hubkolbenverdichter. Gespeichert wird die Druckluft in zwei 400 Liter fassenden Hauptluftbehältern.

110.9 DR
710 DB AG

Wie vielseitig die Baureihe V 100 des Ursprungtyps verwendbar ist, zeigt auch die Variante als Gleisbaufahrzeug der Baureihe 110.9, welche heute als Bahndienstfahrzeug die Baureihennummer 710 trägt. Diese Spezial-Lokomotiven sind eine Gemeinschaftsentwicklung der damaligen Tschechoslowakischen Staatsbahnen (CSD) und der Deutschen Reichsbahn. Hersteller dieser Lokomotiven, von denen zehn für die DR gebaut wurden, war wie bei den Serienlokomotiven der VEB Lokomotivbau und Elektrotechnische Werke (LEW) „Hans Beimler“ in Hennigsdorf. Bei der DR wurden diese Maschinen mit den Betriebsnummern 110 961 bis 110 970 geführt.

Mit dieser Baureihe sollten speziell Grabenräumeinheiten bewegt und gleichzeitig auch angetrieben werden. Im Winter ist ein Einsatz vor Hochleistungsschneefräsen möglich. Diese Grabenräumeinheiten sind vom Aufbau und der Konstruktion her flexibel einsetzbar. Zum einen dienen sie zum Abtragen und Planieren von Böschungen, zum anderen zur Erstellung und Pflege von Gräben an den Bahnstrecken bzw. zur Aufnahme von Altschotter aus dem Nachbargleis sowie zum Ausheben einer neuen Bettung des Nachbargleises. Vor Grabenräumeinheiten ist die Baureihe 110.9 zwar nur im langsamen Verschub im Einsatz, dennoch ist wegen ihrer Höchstgeschwindigkeit von 100 km/h auch ein Einsatz vor Güterzügen und zumindest in den Sommermonaten auch ein Einsatz vor Personenzügen möglich. Wegen des fehlenden Heizkessels ist ein Einsatz vor Reisezügen in den Wintermonaten nicht möglich. Äußerlich sichtbarster Unterschied zur Normalausführung der Baureihe V 100 ist der Abtriebsflansch an der Stirnseite vor dem Kühlaggregat. Der Grundaufbau und die Konstruktion der 110.9 sind weitestgehend zur Grundausführung der Baureihe V 100 identisch. Als Antriebsanlage wurde der Dieselmotor 12 KVD 21 A-3, mit einer Leistung von 736 kW bei 1500 U/min verwendet. Um den Antriebsflansch für die Grabenräumeinheit zu betreiben, verfügt der Dieselmotor der Bauform A-3 über einen zweiten Abtrieb. Für den Antrieb der Grabenräumeinheit stehen etwa 300 kW über den zweiten Motorabtrieb zur Verfügung.

Die Leistungsübertragung geschieht dabei vom Abtriebsflansch über eine Gelenkwelle, die unter der Kühlanlage installiert ist, zu einem Zwischenlager, das auf dem vorderen Umlauf mon-

710 962 im Arbeitszugeinsatz in Pasewalk *Foto: Frank Heilmann*

tiert ist. Von diesem Zwischenlager wird die Leistung mit einer weiteren Gelenkwelle zum Verteilergetriebe der Grabenräumeinheit übertragen. An dieses Zwischenlager kann in den Wintermonaten auch die Hochleistungsschneefräse angeflanscht werden. Für den Betrieb einer Grabenräumeinheit werden Puffer und Schraubenkupplung an der Antriebsseite entfernt und durch eine Verbindungsbrücke ersetzt, welche gleichzeitig als Kippmomentstütze dient und den Hydrostatikmotor aufnimmt.

Grabenräumlok 110 970 in Nossen, 1985
Fotos: Frank Heilmann

Seitenansicht der 710 964

Da es ohne größeren Aufwand nicht möglich ist, die Wärmeabfuhr aus den ungefüllten Kreisläufen des Strömungsgetriebes abzuleiten und daher für die Arbeitskräfte der Grabenräumeinheit eine erhebliche Geräuschbelästigung eintreten würde, wurde die maximale Drehzahl des Motors bei einem Betrieb mit der Grabenräumeinheit auf 1125 U/min festgelegt. Da beim Einsatz der Grabenräumeinheit nur geringe Geschwindigkeiten erforderlich sind und dies mit dem herkömmlichen Strömungsgetriebe wegen der unzureichenden Wärmeabfuhr des Getriebeöls nicht möglich ist, wurde zusätzlich eine hydrostatische Leistungsübertragung eingebaut. Die hydrostatische Leistungsübertragung ermöglicht das Fahren in zwei Gängen, mit Schleichgeschwindigkeiten zwischen 100 und 1000 Meter in der Stunde. Dabei treibt der Hydrostatikmotor über eine Gelenkwelle nur den ersten Radsatz der Lokomotive an. Dieser Radsatz ist wie die inneren Radsätze mit einem Radsatzgetriebe mit Stirn- und einer Kegelradstufe ausgerüstet, somit ist ein Allachsantrieb auch bei ungefüllten Kreisläufen des Strömungsgetriebes möglich. Wird eine Grabenräumeinheit zum nächsten Einsatzort überführt, kann die Leistungsübertragung am Zwischenlager abgeschaltet werden, so daß dann die Leistungsübertragung wieder über das Strömungsgetriebe erfolgt. Verwendet wird bei diesen Lokomotiven das Strömungsgetriebe GSR 30/5,7, welches in fast allen Maschinen der Baureihen V 100 und deren „Ablegern" verwendet wurde. Die Länge einer Grabenräumeinheit, einschließlich Lokomotive, beträgt 58 350 mm über Puffer. Die Länge über Puffer der Lokomotive mit 14 240 mm ist identisch mit der V 100.2-8.

Wegen des fehlenden Heizkessels bei diesen Spezial-Lokomotiven verringerte sich das Dienstgewicht und beträgt 62,2 t. Die Anfahrzugkraft ist mit 147 kN, die Dauerzugkraft mit 93 kN angegeben. Der Kraftstoffbehälter wurde leicht vergrößert, so daß jetzt der Vorrat 2780 l beträgt. Die Lokomotiven verfügen zusätzlich noch über eine Wechselsprechanlage, damit eine optimale Verständigung mit dem Maschinenführer der Grabenräumeinheit möglich ist. Weitere Bauteile zur Steuerung und Überwachung der Maschinenanlage und deren Sicherheitseinrichtungen sind ebenfalls identisch mit der Baureihe V 100.2-8.

Seit dem 1.1.1992 werden diese Lokomotiven als Bahndienstfahrzeuge geführt, die im ganzen Netz der DB AG verteilt sind und entsprechend ihrer Zweckbestimmung eingesetzt werden. Bedingt durch den Streckenausbau im Osten Deutschlands ist die Baureihe 710 derzeit natürlich häufig auf dem Gebiet der ehemaligen DR im Einsatz anzutreffen.

Farblich gibt es zwei Varianten bei der Baureihe 710: Rahmen und Drehgestelle sind grau und die Aufbauten orange lackiert sowie Rahmen und Drehgestelle ebenfalls grau, aber die Aufbauten rot mit dem bei der Baureihe V 100 üblichen breiten Zierstreifen über dem Triebfahrzeugumlauf.

V 100.10 DB
211 DB
211 DB AG

Aufbauend auf die bei der Erprobung der Baureihen V 80 und V 200 gewonnenen Erkenntnisse stellte die Deutsche Bundesbahn Mitte der fünfziger Jahre für die Beschaffung weiterer Diesellokomotiven ein Typenprogramm auf, das für die unterschiedlichen Aufgabenbereiche insgesamt fünf Typen vorsah. Für den Betrieb auf Nebenbahnen war dabei im Leistungsbereich von 736 kW (1000 PS) eine vierachsige Drehgestell-Lokomotive geplant, die die bis dahin in diesen Diensten eingesetzten, zum Teil noch aus der Länderbahnzeit stammenden Dampflokomotiven der Baureihen 38.10, 55, 57, 64, 78, 86 und 94.5 ablösen sollte. Eine Bedarfsermittlung sah dabei die Beschaffung von rund 1000 Maschinen dieser als V 100 bezeichneten Bauart vor, die in ihrer Konstruktion wesentlich einfacher und robuster als die zuvor in Dienst gestellte V 80 sein sollte. Mit der Entwicklung wurde MaK in Kiel beauftragt, die zwischen Oktober 1958 und April 1959 sechs Prototypen lieferte, die zur Ermittlung der geeignetsten Komponenten-Kombination mit verschiedenen Dieselmotor- und Getriebetypen ausgerüstet waren. Als siebte Lokomotive kam noch die – nach einer längeren Erprobung in Schweden – nachträglich am 11.6.1959 von der DB übernommene V 100 007 hinzu, die von MaK als V 100 000 auf eigene Rechnung gebaut und im März 1958 als erste V 100 überhaupt dem BZA München zur Verfügung gestellt worden war. Von den damit sieben Vorserienlokomotiven wurde V 100 006 Ende 1959 versuchsweise mit dem auf eine Leistung von 990 kW (1350 PS) eingestellten Daimler-Benz-Motor MB 835 ausgerüstet, während bei den anderen sechs Lokomotiven Dieselmotore mit einer Leistung von 810 kW (1100 PS) verwendet wurden. Erstgenannte V 100 wurde so zum Prototyp der ab 1962 in drei Bauserien beschafften leistungsstärkeren V 100.20. Sie wurde später entsprechend in V 100 2001 umgezeichnet, während die mit 810-kW-Dieselmotoren ausgerüsteten Vorserienlokomotiven sowie alle ab 1961 in Dienst gestellten Serienlokomotiven dieser Leistungsklasse zur besseren Unterscheidung als V 100.10 bezeichnet wurden.

Der Fahrzeugteil der V 100.10 besteht aus dem Lokomotivrahmen, dem Mittelführerhaus und den beiden Vorbauten. Für den einfachen, kräftig ausgebildeten Rahmen werden breitflanschige Normalprofile verwendet. Die Pufferbohlen sind analog zur V 60 als Verschleißpufferbohle ausgeführt. Im Fahrzeugrahmen befinden sich die Auflagepunkte für den Dieselmotor, das Dieselaggregat, die Kühlanlage sowie das Getriebe und den Heizkessel. Die Zug- und Bremskräfte zwi-

Mehrzweck-Diesellokomotive der Baureihe V 100.20
Zeichnung: Archiv Eisenbahn Magazin

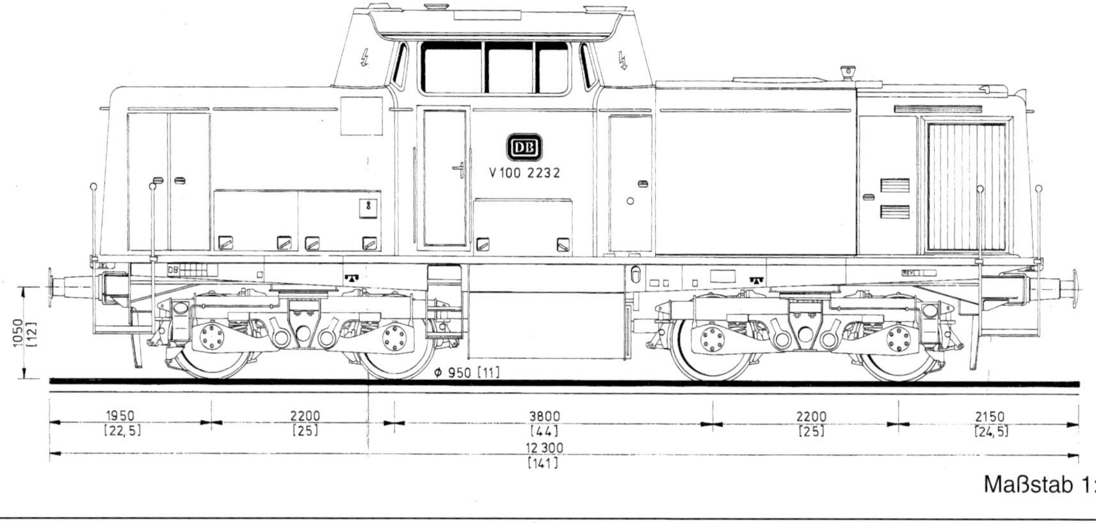

Maßstab 1:87

Vorserienlokomotive V 100 005, spätere V 100 1005, 211 005
Fotos: Archiv Eisenbahn Magazin (2)

Vorserienlokomotive 211 001 (V 100 001) am 4. 11. 1977 in Lemgo
Foto: Uwe Clasen

schen dem Rahmen und den Drehgestellen werden durch sogenannte „Türme“ übertragen. Diese ragen in die Drehgestelle hinein und übernehmen gleichzeitig mit den drehkranzförmig angeordneten Druckstücken die Funktion der Drehzapfen. Der auf vier Punkten ruhende Lokomotivrahmen ist nur über Schraubenfedern abgestützt, so daß in senkrechter Richtung ein weicher Lauf gewährleistet ist. Seitliche Stöße werden durch an den Radsatzlenkern angebrachte elastische Schichtgummi-Elemente aufgefangen.

Das über Trittstufen zu erreichende Führerhaus mit schalldämpfenden und schallschluckenden Wänden ist auf Gummileisten befestigt. Der Führerstand weist zwei diagonal gegenüberliegende Tische mit den Bedienungseinrichtungen auf. Dazu gehören auch zwei gepolsterte dreh- und aufklappbare Sitze. Unter einem der Führersitze befindet sich für Werkzeug und Geräte ein Schrank, während unterhalb des anderen Sitzes ein Warmhalteschrank beziehungsweise ein Frischhaltefach eingebaut ist. Das Führerhausdach ist gegen Sonneneinstrahlung und Blendung über die Stirnwandfenster vorgezogen. An den beiden Stirnseiten des Führerhauses führen der Auspuffschacht des Dieselmotors und der Abgasschacht des Heizkessels schräg nach oben.

Die eingezogenen Vorbauten aus Profilstahl mit aufgeschweißten Stahlblechen sind auf dem Rahmen aufgeschraubt und nur über die seitlichen Umlaufbleche zugänglich. Im vorderen, längeren Vorbau befinden sich außer dem Antriebsdieselmotor samt Ansaug- und Auspuffanlage die elektrisch angetriebene Schmierölpumpe und die Kühlwasserumwälzpumpe, die Kühlanlage mit hydrostatisch angetriebenem Lüfterrad sowie sämtliche im Kühlwasserkreislauf liegenden Wärmetauscher. Zwischen Antriebsdieselmotor und Kühlanlage ist außerdem das luftgekühlte Hilfsdieselaggregat angeordnet. Die für eine einfache Wartung erwünschte gute Zugänglichkeit von beiden Seiten wird durch große haubenförmige Schiebebtüren, wie sie auch bei der V 60 verwendet werden, sichergestellt. Ansonsten ermöglichen Drehtüren und Klappen einen einfachen Zugang. Die hintere Vorbauhaube umschließt die Dampferzeugungsanlage samt zugehöri-

Vorserienlokomotive V 100 001 im Ablieferungszustand 1958

Vorserienlokomotiven 211 002 und 211 005 am 13.3.1981 im Bw Bielefeld
Foto: Uwe Clasen

Führerstand der V 100
Foto: Archiv Eisenbahn Magazin

211 097 mit einer typischen Personenzug-Garnitur der siebziger Jahre auf dem Weg von Schwandorf nach Nürnberg, Juni 1973
Foto: Matthias Maier

gem Schaltschrank, einen hochliegenden Speisewassserbehälter sowie die Lichtanlaßmaschine und die Batterie.

Das hydraulische Getriebe sowie der Luftpresser und die hydrostatische Lüfterpumpe sind unterhalb des Führerhauses angeordnet. Unter den beiden Hilfsmaschinen sind außerdem die beiden Kraftstoffhauptbehälter am Lokomotivrahmen aufgehängt.

Als Fahrdieselmotoren sind wahlweise verwendbar der Maybach-Motor MD 650, der MAN-Motor L 12 V 18/21 sowie die Daimler-Benz-Motoren MB 820 Bb und MB 835 Ab. Alle Motoren haben Aufladeturbinen. Die Regelung der Motorleistung geschieht über 15 Fahrstufen. Das hydraulische Voith-Getriebe vom Typ L 216 rs ist dabei so ausgelegt, daß es auch zusammen mit dem 990-kW-Dieselmotor MB 835 Ab verwendet werden kann. Es besteht aus zwei hydraulischen Wandlern und einer Flüssigkeitskupplung. Im Getriebe sind auch das Wendegetriebe und das Stufengetriebe für Langsam- und Schnellgang eingebaut.

Alle V 100.10 sind serienmäßig mit einer Sicherheitsfahrschaltung sowie mit Indusi – zum Teil nachträglich eingebaut – ausgerüstet. Eine Wendezug- und Doppeltraktionssteuerung ist dagegen nur bei einem geringen Teil der V 100.10 vorhanden.

Nach ihrer Abnahme wurden die Vorserienmaschinen zunächst im Bereich der BD Münster eingehend erprobt. Befahren wurden hauptsächlich die Strecken von Münster nach Lippstadt, Rheine und Soest. Darüber hinaus kamen die Lokomotiven bis Lemgo, Osnabrück und Altenbeken. Neben Personen- und Eilzügen wurden dabei auch vereinzelt Güterzüge bespannt und auf den Unterwegsbahnhöfen Rangieraufgaben wahrgenommen. Der Einsatz verlief äußerst erfolgreich; vierteljährlich erreichten die Lokomotiven eine störungsfreie Laufleistung von 33 000 bis 67 000 Kilometern. Um die Leistungsfähigkeit der V 100 im oberen Grenzbereich zu ermitteln, wurden außerdem verschiedene Probefahrten durchgeführt, bei denen die V 100 weit über das aufgestellte Betriebsprogramm hinaus beansprucht wurden. So bespannte V 100 007 am 11.2.1960 zwischen Düren und Euskirchen einen 1000 t schweren Kohlenzug, wobei sie den für eine Dampflokomotive der Baureihe 50 aufgestellten Fahrplan noch um fünf Minuten unterbot. V 100 001 beförderte problemlos das Zugpaar D 849/850 Köln–Gießen–Kassel, das sonst mit einer 03 bespannt wurde, und belegte damit, daß die V 100.10 durchaus auch vor hochwertigeren Zügen einsetzbar ist.

Ab Juli 1960 begann schließlich die Betriebserprobung bei anderen Direktionen. Dabei kam V 100 003 jeweils zwei Wochen lang in der BD München im Güterzug- und schweren Rangierdienst sowie in den Direktionsbezirken Regensburg und Kassel im Nebenbahndienst zum Einsatz. Aufgrund der guten Bewährung beschaffte die DB in den folgenden Jahren insgesamt 358 Serienlokomotiven der Baureihe V 100.10/211. Am Bau waren alle

Oben: 211 210 des Bw Tübingen hat im August 1978 mit einer Leig-Einheit den Bahnhof Horb/Neckar erreicht.

Mitte: 211 326 wartet im Februar 1974 mit einer Garnitur dreiachsiger Umbauwagen im Pfälzer Teil des Karlsruher Hauptbahnhofs auf die Abfahrt.

Unten: 211 263 im Juni 1973 bei Etzelwang *Fotos: Matthias Maier*

211 028 und 211 022 bemühen sich in Doppeltraktion um einen Ganzzug in Hof, April 1992.
Foto: Matthias Maier

Mitte links: Eine der ersten 211 in orientroter Lackierung war die Hofer 211 061.
Foto: Matthias Maier

Mitte rechts: Verkaufsschlager V 100, hier die frühere 211 252 als Lok 284 der EVB
Foto: Uwe Clasen

Unten: Jede Menge 211!!! Neun 211 des Bw Osnabrück 1 im Schlepp einer 140 auf dem Weg ins AW Nürnberg, Lage 28. 3. 1983 *Foto: Uwe Clasen*

Im Bh Hof ergab sich am 9.6.1994 ein Stelldichein aller drei Farbvarianten der 211.

namhaften deutschen Diesellokomotivhersteller beteiligt. Als erste Serienlokomotive wurde am 17.5.1961 die von MaK gelieferte V 100 1008 von der DB abgenommen. Aus Kiel kam auch die als letzte ausgelieferte Maschine dieser Baureihe, die am 22.5.1963 abgenommene V 100 1113. V 100 1365, die Lokomotive mit der höchsten Ordnungsnummer, war bereits zwei Monate zuvor, am 8.3.1963, in Dienst gestellt worden.

Bei den Personalen beliebt, wurden die V 100.10 schnell im gesamten Bundesgebiet heimisch. Am 31.12.1967 waren die 364 Maschinen bei insgesamt 39 Dienststellen beheimatet. Zu diesem Zeitpunkt mußte diese Baureihe jedoch bereits erste Leistungseinbußen hinnehmen. Die zwischenzeitlich in größerer Stückzahl vorhandenen, leistungsstärkeren V 160 machten der V 100 ihre Einsatzgebiete ebenso streitig wie die fortschreitende Elektrifizierung, die zunehmend auch Strecken abseits der großen Magistralen erreichte. Die Streckenstillegungen in den siebziger und achtziger Jahren führten schließlich aufgrund der dadurch entstandenen Triebfahrzeugüberbestände wiederholt zu umfangreichen Ausmusterungen. Von Ende 1986 bis Mitte 1991 schrumpfte so der 211-Bestand von 317 auf 157 Lokomotiven und im Frühjahr 1995 verzeichnete die DB-Statistik nur noch 76 Maschinen, davon 26 z-gestellte 211. Am 1.7.1996 befanden sich noch 44 Lokomotiven im Bestand der DB AG, wovon drei von der Ausbesserung zurückgestellt waren. Zum letzten Einsatzrefugium gehören dabei die Nebenbahnen in der Oberpfalz, auf denen die in Hof beheimateten Lokomotiven zum Einsatz kommen.

Nach ersten unfallbedingten Abstellungen – als erste Lokomotive ihrer Baureihe schied 211 007 nach einem Auffahrunfall in Hanekenfähr am 21.3.1981 aus – wurde ab Mitte der achtziger Jahre der Bestand durch Ausmusterungen aufgrund des Ab-

211 348 der DB wurde nach ihrem Verkauf in die Türkei zur DH 11 509, Halkali 7.10.1988.
Fotos: Uwe Clasen

laufs der Zeitfristen sowie durch Verkäufe dezimiert. Auf Weisung des Zentralen Werkstättendienstes erhielten die Vorserienmaschinen ab 1983 keine Revisionen mehr und bei den Serienlokomotiven ohne Wendezugsteuerung war zunächst eine Genehmigung für eine Hauptuntersuchung einzuholen. Die in der Folge verstärkt auf das Abstellgleis rollenden Maschinen wurden allerdings größtenteils nicht verschrottet, sondern – meist über die Penzberger Firma Layritz als Zwischenhändler – verkauft. Außer nach Italien, wo zahlreiche 211 eine neue Heimat bei Privatbahnen und Gleisbauunternehmen fanden, gelangten mit 211 067, 071, 078, 086, 095, 337, 339, 340, 342, 348, 351, 352, 353, 354 und 364 insgesamt 15 Maschinen in den Bestand der Türkischen Staatsbahnen (TCDD). Die zunächst angemieteten Fahrzeuge wurden am 30.10.1982 als Lokomotivzug von Freilassing aus in die Türkei überführt, wo sie bei den Depots Halkali bei Istanbul und anfänglich auch Izmir-Halkapinar beheimatet waren. Am 1.8.1985 gingen sie schließlich – bis auf die zwischenzeitlich ausgebrannte 211 339, die danach wieder ins AW Nürnberg geschleppt und dort ausgemustert wurde – als DH 11.5 in den Bestand der TCDD über. Ein weiterer Verkauf von bis zu 50 Maschinen an die TCDD scheiterte. Lediglich mit den beiden Stahlwerken TTK und TDCI fanden sich noch zwei Abnehmer in der Türkei.

Ebenfalls in größerer Stückzahl übernahmen die Österreichischen Bundesbahnen (ÖBB) Lokomotiven dieses Typs. Zwischen April 1991 und November 1994 stellten die ÖBB insgesamt 34 Maschinen mit der neuen Reihenbezeichnung 2048 in Dienst. Zuvor wurden sie noch durch die Firma Layritz beziehungsweise im slowenischen Ausbesserungswerk Maribor aufgearbeitet, wobei sie auch neue Caterpillar-Motoren erhielten. Nach ihrer Abnahme durch die HW St. Pölten sind sie jetzt bei den Zugförderungen Wien Nord, Amstetten, Krems und Wels beheimatet.

Bei deutschen Privatbahnen sind ehemalige DB-211 eher selten anzutreffen. 211 074 und 345 gingen an die Bentheimer Eisenbahn (BE), während 211 252, 323, 326 und 330 heute bei den Verkehrsbetrieben Elbe-Weser (EVB) zu finden sind. Einzelne Lokomotiven wurden von der Meppen-Haselünner Eisenbahn (211 308), der Rinteln-Stadthagener Eisenbahn (211 273), der Albtal Verkehrsgesellschaft (211 358) und von den Nordfriesischen Verkehrsbetrieben (211 233) beschafft. Letztgenannte Lokomotive wurde dabei zuvor bei Henschel vollständig umgebaut und weist in ihrem äußeren Erscheinungsbild kaum mehr Ähnlichkeiten mit einer V 100 auf.

Darüber hinaus gelangten bei der DB ausgemusterte 211 nach Norwegen, Frankreich, Österreich und in die Schweiz. Sieben Maschinen dienten beim Bau des Eurotunnels auf britischer Seite als Bauzuglokomotiven. Sie wurden dabei paarweise mit einem zwischengekuppelten Abgasreinigungswagen eingesetzt. Der erste (Bau-)Zug durch den Kanaltunnel soll von einer V 100 gezogen worden sein.

V 100.20
212 DB
212 DB AG

Zur Ablösung der Dampflokomotiven auf den Nebenbahnen sah das 1954 von der DB aufgestellte Typenprogramm für Diesellokomotiven die Beschaffung einer Lokomotive im Leistungsbereich um 735 kW (1000 PS) vor. Der Entwicklungsauftrag ging an die MaK, Kiel, die in einer Vorserie zunächst sieben Maschinen (V 100 001 bis 007) fertigte. Diese, ab Herbst 1958 eingehend bei der DB erprobt, waren mit 810-kW-/1100-PS-Dieselmotoren verschiedener Hersteller ausgerüstet. Nachdem die prinzipielle Eignung der Lokomotiven bereits frühzeitig nachgewiesen werden konnte, wurde vom Betriebsdienst eine Steigerung der Leistung gewünscht, um die Baureihe auch im leichten Reisezugdienst auf Hauptbahnen einsetzen zu können. Die bei MaK zuletzt fertiggestellte V 100 006 wurde deshalb Ende 1959 nach Durchführung einiger ergänzender Messungen, die vor allem die Motorluftansaugung und die Kühlanlage betrafen, an den Hersteller zum Einbau eines leistungsstärkeren Fahrdieselmotors zurückgegeben. In Kiel baute man daraufhin einen Daimler-Benz-Motor des Typs MB 835 mit einer Dauerleistung von 993 kW (1350 PS) ein. Gleichzeitig mußte das verwendete Voith-Getriebe L216rs angepaßt werden. Aufgrund der mit dieser Lokomotive gewonnenen guten Erfahrungen bestellte die DB parallel zur ersten Serie der V 100.10, wie die Maschinen mit 810-kW-/1100-PS-Motoren fortan zur besseren Unterscheidung von der leistungsstärkeren Variante bezeichnet wurden, auch 20 Maschinen der Bauart V 100.20.

Die leistungsstärkeren V 100.20 entsprechen in ihrer Konstruktion weitgehend der V 100.10. Der verwendete Daimler-Benz-Motor benötigt gegenüber den 810-kW-/1100-PS-Motoren keinen zusätzlichen Einbauraum. Allerdings erfordert die höhere Dieselmotorleistung einen größeren Kühler. Mit Rücksicht auf diesen größeren Kühler werden ab der V 100 2022 das Rahmendeckblech, ohne daß der Rahmen verlängert wird, unter dem Kühlervorbau vorgezogen und die Träger der Pufferbohlen verlängert. Dadurch erreichen die V 100.20 der zweiten und dritten Bauserie mit einer Länge über Puffer von 12 300 mm eine um 200 mm größere Länge gegenüber den zuvor beschafften Maschinen.

Abweichend zur V 100.10 sind alle Lokomotiven der Baureihe V 100.20 mit Einrichtungen für Wendezugsteuerung und Doppeltraktion ausgerüstet.

Nach der Vorserienlokomotive V 100 006, die mit ihrem Umbau in V 100 2001 umgezeichnet wurde, beschaffte die DB bei den Herstellern MaK, Henschel, Jung und Klöckner-Humboldt-Deutz zwischen 1962 und 1966 in drei Bauserien insgesamt 370 Lokomotiven der Baureihe V 100.20. Als erste Serienlokomotive wurde am 26. 1. 1962 die von MaK gelieferte V 100 2002 in Dienst gestellt. Hinzu kommen noch die zehn heute als Baureihe 213 in den DB-Bestand eingereihten Maschinen mit hydrodynamischer Bremse (V 100 2332–2341), die 1963 zusammen mit den Lokomotiven der dritten Bauserie bestellt wurden. Als letzte V 100 überhaupt wurde am 20. 4. 1966 die V 100 2341 abgenommen.

Wie schon die V 100.10 war auch die V 100.20 bald in allen Direktionsbezirken der DB anzutreffen: Wurde die erste Serie noch schwerpunktmäßig im Norden bei den Bahnbetriebswerken Delmenhorst, Bielefeld, Münster und Oldenburg stationiert, verteilten sich die bis Ende 1964 von der Industrie gelieferten 231 Maschinen auf 25 Heimatdienststellen. Mit ihrer vollständigen Auslieferung war die Baureihe schließlich bei 36 Bahnbetriebswerken beheimatet. Ihre durchschnittliche Laufleistung lag bei knapp 300 Kilometern pro Betriebstag, wobei teilweise – wie beim Bw Wuppertal – Spitzenwerte von bis zu 800 Laufkilometern täglich erreicht wurden. Allerdings

212 001, die frühere V 100 006, am 7. 10. 1982 im Bw Münster/Westf.
Foto: Uwe Clasen

212 011 im Bw Emden, 22. 2. 1977
Foto: Matthias Maier

212 350 während der Hauptuntersuchung am 8.9.1976 im AW Nürnberg *Foto: Matthias Maier*

mußte auch die ab 1968 EDV-gerecht als 212 bezeichnete V100.20 ab den siebziger Jahren deutliche Einbußen in ihren Einsätzen hinnehmen. So war die Baureihe Anfang der achtziger Jahre nur mehr bei 20 Heimatdienststellen anzutreffen, bei weiter rückläufiger Tendenz. Der Rückzug in untergeordnetere Dienste wurde durch die 1987 beginnende Auslieferung der Neubautriebwagen der Baureihe 628.2 weiter beschleunigt. Als erstes wurde 1989 in der BD Hamburg mit der Übernahme des Regionalverkehrs durch die neuen 628.2 die Bespannung von Reisezügen mit 212 aufgegeben. In Wuppertal, einer der traditionsreichsten 212-Dienststellen mit den höchsten Laufleistungen, kamen ab dem gleichen Zeitpunkt 216 vor den zuvor mit 212 bespannten Zügen zum Einsatz. Fanden sich für die auf diese Weise freigesetzten 212 anfangs noch neue Aufgaben als Nachfolgerin ausgemusterter 211, so wiesen die Planungen zur Bedarfsentwicklung in den neunziger Jahren zunehmend auch für die Baureihe 212 Überbestände aus. In der Folge schrumpfte die Zahl der betriebsfähigen 212 bis zum Frühjahr 1995 auf 308 Maschinen. Als erste Lokomotive wurde am 16.6.1972 die Nürnberger 212 379 nach einem Unfall bei Hersbruck ausgemustert. Verkäufe ausgemusterter 212 an andere Bahnen hielten sich im Vergleich zur 211 bisher in Grenzen. Jüngster Verkaufserfolg ist die Übernahme der am 31.7.1995 ausgemusterten 212 268 durch die Ilmebahn AG. Diese setzt die jetzt hellgrün lackierte Lokomotive im Rahmen der für die DB AG erbrachten Leistungen unter anderem auf den DB-Strecken nach Northeim, Kreiensen und Bad Gandersheim ein. Ansonsten dienen die abgestellten 212 als Spenderfahrzeuge für bei der planmäßigen Instandhaltung der Baureihe 290 benötigte Hauptbauteile.

Besonders hingewiesen sei auf die 13 Lokomotiven, die unter Beibehaltung ihrer bisherigen Ordnungsnummer zur Bespannung der für Notfälle auf den Schnellfahrstrecken bereitstehenden Tunnelhilfszüge in die Baureihe 214 umgebaut wurden.

212 012 in einem unüblichen Anstrich, Celle 27.7.1986 *Foto: Uwe Clasen*

V 100.23 DB
213 DB
213 DB AG

Um die auf den Steilstrecken im Westerwald sowie auf der Murgtalbahn im nördlichen Schwarzwald eingesetzten Dampflokomotiven der Baureihen 82 und 94.5-17, die entsprechend der Eisenbahn-Bau- und Betriebsordnung (EBO) für den Steilstreckendienst mit einem zusätzlichen, unabhängigen Bremssystem, der Riggenbach-Gegendruckbremse, ausgerüstet sein mußten, abstellen zu können, wurden Anfang der sechziger Jahre Pläne zur Beschaffung geeigneter Diesellokomotiven forciert. Aufgrund des nur geringen Bedarfs von rund zehn Maschinen kam dabei eine Neuentwicklung nicht in Frage. Eine Lösung bot sich mit der von der Firma Voith entwickelten hydrodynamischen Bremse an. Aufgrund der guten Erfahrungen mit den für den Nebenbahndienst konzipierten Diesellokomotiven der Baureihen V 100.10 (211) und V 100.20 (212) wurden im Rahmen der dritten Bauserie der V 100.20 zehn Maschinen ausgewählt, die abweichend mit dieser Bremse ausgerüstet werden sollten.

Die für den Einsatz auf Steilstrecken vorgesehenen zehn Lokomotiven entsprechen in ihrem Aufbau der V 100.20, besitzen jedoch anstelle des Voith-Getriebes L216rs das Voith-Getriebe L620brs, das außer mit den Fahrwandlern noch mit einer hydrodynamischen Bremskupplung ausgerüstet ist. Aufgrund der größeren Abmessungen erfordert das Getriebe gegenüber der Serienausführung der V 100 einige Änderungen. Außerdem ist zur Abführung der Bremswärme ein zweiter Getriebeölwärmetauscher vorzusehen, dessen Einbau den Verzicht auf das bei allen Serien-V 100 vorhandene Hilfsdieselaggregat, das zur Bordnetzversorgung bei abgeschaltetem Hauptdieselmotor benötigt wird, erforderlich macht. Anstelle des Hilfsdiesels ist bei den Steilstrecken-V 100 ein Batterieladegerät für Fremdstromanschluß mit 220/380 V eingebaut, das zumindest teilweise die Auf-

213 333 im Mai 1971 in Forbach-Gausbach im Murgtal

Motorseite der 213 336

Fotos: Matthias Maier

213 339 in Kalenborn, dem Endpunkt der in Linz am Rhein beginnenden Steilstrecke
Foto: Archiv Eisenbahn Magazin

gaben des Hilfsdiesels übernehmen kann. Ferner ist eine Anpassung der Steuerung für die Überwachung der hydraulischen Bremse notwendig.

Die hydrodynamische Bremse wird in 16 Stufen mit dem Handrad entgegen der Drehrichtung für die Motorregelung stufenweise, unabhängig von der Druckluftbremse, geschaltet. Die Druckluftbremse wird erst benutzt, wenn die hydrodynamische Bremse nicht ausreicht. Mit der hydrodynamischen Bremse kann in einem Gefälle von 50 Promille mit einem Zuggewicht von 120 t und ohne Anwendung der Druckluftbremse eine Beharrungsgeschwindigkeit von 40 km/h eingehalten werden. Bei pneumatischer Schnellbremsung wird die hydrodynamische Bremse unwirksam.

Als erste Steilstrecken-V 100 wurde am 19. 1. 1966 die von MaK gelieferte V 100 2332 abgenommen. Die restlichen neun Maschinen folgten im März und April 1966. Dem Bw Karlsruhe zugeteilt, konnte mit ihnen nach kurzer Erprobung und Prüfung der H-Bremse zum Sommerfahrplan 1966 die Vollverdieselung der Murgtalbahn Rastatt–Freudenstadt verwirklicht werden. Die Züge wurden fortan durchgehend mit den Steilstreckenlokomotiven bespannt und der bisherige Lokomotivwechsel in Schönmünzach konnte entfallen. 1968 wurden sie EDV-gerecht in 213 332 bis 341 umgezeichnet. Bis zur Anlieferung der für die Steilstrecken geringfügig adaptierten Serien-218 im Jahre 1972 versahen die Karlsruher Steilstrecken-V 100 den anstrengenden Dienst auf der Murgtalbahn. 1967 wurden vorab zwei Lokomotiven an das Bw Gießen zum Einsatz auf den Steilstrecken der BD Mainz und Frankfurt/M abgegeben, denen 1972 die restlichen acht Maschinen folgten. Von ihrer neuen Heimatdienststelle Gießen aus waren sie hauptsächlich auf den Strecken Dillenburg–Wallau und Herborn–Niederwalgern sowie auf den Steilstrecken im Bereich der BD Köln unterwegs. Mit der Einstellung des Personenverkehrs auf der Scheldetalbahn am 30. 5. 1987 war jedoch ein sinnvoller Einsatz von Gießen aus nicht mehr gegeben, so daß die zehn Maschinen zum gleichen Zeitpunkt nach Koblenz umbeheimatet wurden. Neben einem eigenständigen 213-Umlauf, der die Leistungen auf den Steilstrecken nach Kalenborn und Emmelshausen sowie im Güterverkehr rund um Siershahn regelte, bestand dort zusammen mit der Baureihe 212 ein Mischplan für die Bespannung der Züge im Ahrtal. Diese Einsätze blieben bis 1994 weitgehend unverändert, wenn auch das Bw Koblenz als eigenständige Dienststelle zwischenzeitlich aufgelöst wurde und die 213 zum Bw Köln 1 kamen. Durch die neu geregelte Abfuhr der Tontransporte aus dem Raum Siershahn über Limburg sowie die Umstellung der Bespannung der Züge zwischen Boppard und Emmelshausen auf 215 und der Stillegung der Strecke Linz–Kalenborn wurden die zehn Lokomotiven der Baureihe 213 im Westen der Bundesrepublik arbeitslos. Sie kommen deshalb geschlossen ab dem Jahresfahrplan 1995/96 auf den Steilstrecken im Thüringer Wald vom Betriebshof Meinigen aus zum Einsatz und lösten dort die Baureihe 228 ab. Entsprechende Meßfahrten fanden im September 1994 mit 213 338 zwischen Schleusingen und Suhl statt.

V 100.20 DB 212 DB 214 DB 214 DB AG 714 DB AG

Die Inbetriebnahme der Schnellfahrstrecken erforderte aufgrund der dort verhandenen langen Tunnelabschnitte gleichzeitig auch die Einführung eines neuen Sicherheitskonzepts. Neben einem Selbstrettungs- sowie einem Notbremskonzept, das es dem Triebfahrzeugführer erlaubt, in den Tunnelbereichen die Wirkung der Notbremse zu überbrücken und den Zug erst außerhalb des Tunnels zum Halten zu bringen, wurde ein Tunnelhilfszug entwickelt, der eine aktive Hilfeleistung durch Feuerwehr und Sanitätsdienste vor Ort ermöglicht. Innerhalb von fünf Minuten abfahrbereit, ist der Zug für den Transport der Rettungskräfte, die Bergung und medizinische Erstversorgung verletzter Personen sowie die Brandbekämpfung vorbereitet. Dafür besteht der Tunnelhilfszug, der an beiden Enden mit je einer zur Baureihe 214 umgebauten 212 mit Vielfachsteuerung bespannt ist, aus einem Stamm- und einem Pendelteil. Der Stammteil besteht aus einer Lokomotive, dem Transportwagen 1, dem Gerätewagen sowie einem Löschmittel- und einem Sanitätswagen. Er verbleibt im Notfall bis zur Beendigung der Arbeiten an der Unglücksstelle, während der sogenannte Pendelteil – bestehend aus der zweiten Lokomotive und dem Transportwagen 2 – für Pendelfahrten zum Tunnelausgang zur Verfügung steht. Beide Zugteile sind durch eine Mittelpufferkupplung und einen gasgeschützten Übergang mit Faltenbalg miteinander verbunden.

Die für die Bespannung der Tunnelhilfszüge vorgesehenen 212 wurden für diese Aufgabe entsprechend hergerichtet. Zu den Sondereinrichtungen gehört eine Vorwärm- und Warmhalteeinrichtung, über die der Wasservorrat des Speisewasserbehälters mittels eines Ölbrenners auf 60/54°C und das Kühlwasser des Fahrdieselmotors auf einer Temperatur von 40/46°C warmgehalten werden. Für die Versorgung der thermostatgesteuerten Warmhalteeinrichtung haben die ausgewählten Lokomotiven beidseitig einen Fremdstromanschluß für 220 V Wechselspannung erhalten. An der Heizdampfkesselanlage wurden keine Veränderungen vorgenommen, so daß die Lokomotiven auch anderweitig eingesetzt werden können.

Um eine ausreichende Ausleuchtung bei einem Tunneleinsatz sicherzustellen, sind die Lokomotiven zusätzlich mit zwei Fern- und zwei Breiten-

214 235 vor dem Fuldaer Rettungszug, August 1995

714 245 im Betriebshof Nürnberg West. Gelegentlich kommen die Tunnelhilfszuglokomotiven auch im regulären Zugverkehr zum Einsatz, wobei die an der Stirnseite angeordnete Zusatzausrüstung, wie Scheinwerfer, Rundumwarnleuchten etc. abgebaut werden.
Fotos: Matthias Maier

scheinwerfern ausgerüstet. Diese sind zusammen mit einer gelben Warnblinkleuchte auf einer abnehmbaren Konsole angeordnet. Scheinwerfer und Blinkleuchten werden jeweils über ein 29poliges Kabel vom zugeordneten Transportwagen aus mit Energie versorgt und können nur über die Wendezugsteuereinrichtung eingeschaltet werden. Die Scheinwerfer sind dabei mit zwei verschiedenen Spannungen („stark" und „schwach") betreibbar. Als Sichthilfen sind für den Triebfahrzeugführer außerdem eine Fernsehkamera, wie sie von der DB auch zur Überwachung von Bahnsteigen verwendet wird, und eine Infrarot-Wärmebildkamera am zugspitzenseitigen Vorbau der 214 angebracht. Beide werden über besondere Verbindungsleitungen von der Wendezugsteuereinrichtung des zugehörigen Transportwagens aus versorgt und gesteuert.

Soweit möglich, soll der Triebfahrzeugführer den Tunnelhilfszug von der Lokomotive aus fahren. Da die Führerräume der 214 jedoch nicht gasdicht sind, ist in den gasgeschützten Containern der Transportwagen jeweils ein zusätzlicher Wendezugsteuerstand mit zwei Monitoren, auf die die Bilder der Kameras geschaltet werden können, eingerichtet. Damit ist auch in verqualmten Tunnelabschnitten mit begrenzter Sicht ein Weiterfahren des Tunnelhilfszuges möglich.

Für die entlang der Schnellfahrstrecken stationierten Tunnelhilfszüge wurden insgesamt 13 Lokomotiven der Baureihe 212 umgebaut. Sie sind jeweils paarweise in Stuttgart-Rosenstein, Fulda, Göttingen, Kassel Hbf, Würzburg und Mannheim beheimatet. Eine weitere Maschine steht in Fulda als Reserve zur Verfügung. Die ersten beiden Züge wurden dabei mit der Inbetriebnahme der Schnellfahrstrecke zwischen Fulda und Würzburg im Sommer 1988 an den Endpunkten dieser Strecke beheimatet. Drei Jahre später folgten ihnen mit der Eröffnung der Schnellverbindungen Mannheim–Stuttgart und Fulda–Hannover die restlichen Hilfszüge. Seit dem 31. 10. 1993 sind die anfänglich bei unveränderter Ordnungsnummer als Baureihe 214 bezeichneten Lokomotiven schließlich mit der Baureihenbezeichnung 714 als Bahndienstfahrzeuge in den Triebfahrzeugbestand der DB eingereiht. Im Sommer 1996 wurde für die Tunnelhilfszuglokomotiven ein neues Farbschema eingeführt, die Lokomotiven sind vollständig in Signalrot lackiert. Außerdem wurden sie von 714 001 bis 013 durchgehend numeriert.

V 160 DB
216 DB
216 DB AG

Das Mitte der fünfziger Jahre von der DB aufgestellte Typenprogramm für Diesellokomotiven sah unter der Bezeichnung V 160 die Entwicklung einer 1180 kW (1600 PS) starken Lokomotive für den Reisezug- und Güterzugdienst auf Haupt- und Nebenbahnen vor, die die Lücke zwischen der einmotorigen V 100 mit 810 kW (1100 PS) und der zweimotorigen V 200 mit einer Gesamtleistung von 1620 kW (2200 PS) schließen sollte. Hatte man zu Beginn der Diesellokomotiventwicklung noch Wert darauf gelegt, die Fahrzeuge mit zwei voneinander unabhängigen Antriebsanlagen auszurüsten, um im Notfall die Strecke mit der zweiten Antriebsanlage räumen zu können, standen jetzt bei der Konstruktion der V 160 vor allem wirtschaftliche Gesichtspunkte im Vordergrund. Da zwei Maschinenanla-

V 160 004 im Auslieferungszustand
Foto: Sammlung Rüdiger Block

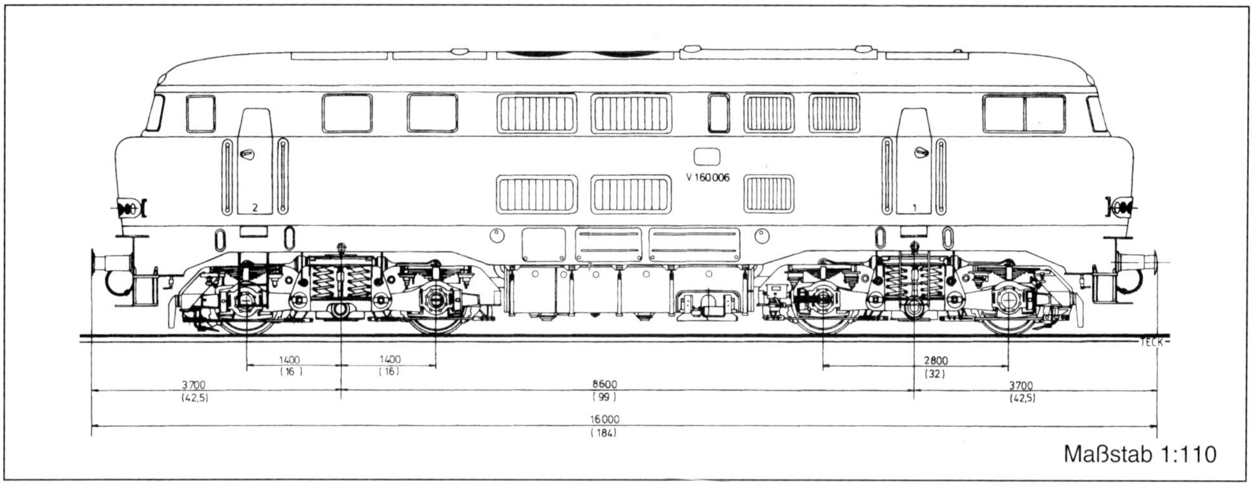

Diesellokomotive Baureihe 216 (V 160-Vorserie)

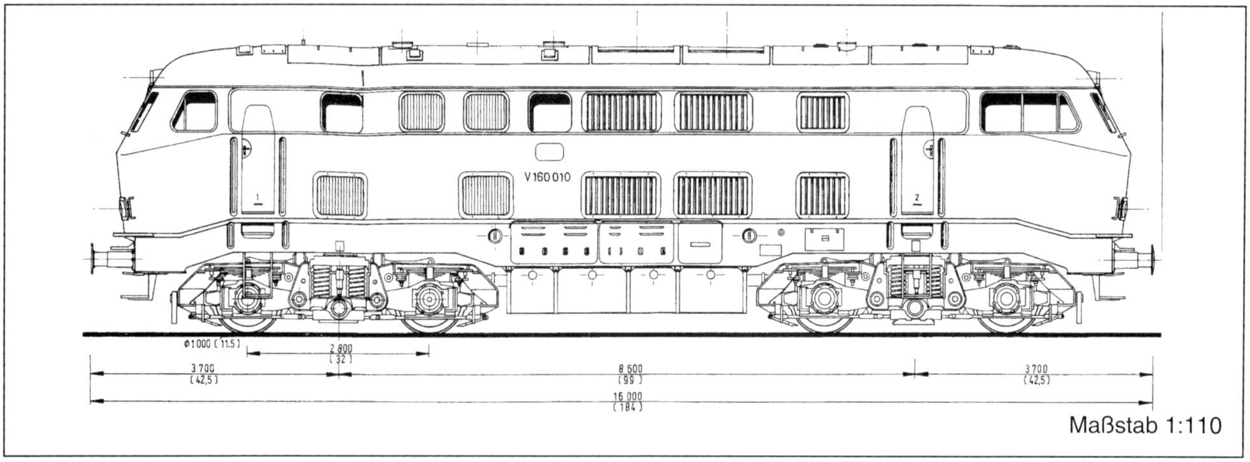

Diesellokomotive V 160 010 (216 010)
Zeichnungen: Archiv Eisenbahn Magazin

gen mit in Summe vergleichbarer Leistung in der Instandhaltung deutlich teurer sind als eine Anlage, sollten die neuen Lokomotiven nur noch einmotorig ausgeführt werden. Diese Entwicklung wurde nicht zuletzt durch die Fortschritte in der Motorentechnik begünstigt, die inzwischen den Bau wesentlich leistungsstärkerer Dieselmotoren einschließlich der hierfür erforderlichen Leistungsübertragungsanlagen zuließ.

Gemäß den Ausführungen des im Frühjahr 1956 mit der Firma Krupp abgeschlossenen Entwicklungsvertrages sollte die V 160 in ihrer prinzipiellen Konzeption der zeitgleich projektierten V 100 entsprechen. Als Universallokomotive ausgelegt, war die Baureihe dabei als Ablösung sowohl für die P 8 als auch für die Bauarten der G 8, die G 10 und die Einheitslokomotiven der Baureihe 50 gedacht. Um den damit recht unterschiedlichen

Jahrelanges Einsatzgebiet der Vorserien-V 160 war der Städteschnellverkehr zwischen Hamburg und Lübeck. V 160 001 hat mit einem Doppelstockzug Lübeck erreicht.
Foto: Archiv Eisenbahn Magazin

Aufgaben gerecht werden zu können, sollten die Maschinen ein zweistufiges Getriebe erhalten, das einerseits eine Höchstgeschwindigkeit von 120 km/h für die Bespannung von Reisezügen, andererseits im Langsamgang eine im Güterverkehr erforderliche hohe Zugkraft zuläßt. Für den Einsatz auf Nebenbahnen war außerdem eine maximale Radsatzlast von 18 t einzuhalten.

Im Rahmen dieses weit gespannten Betriebsprogramms wurde Krupp in Essen mit dem Bau von sechs Vorserienlokomotiven und Henschel in Kassel mit der Lieferung von vier weiteren Prototypen beauftragt. Die ab August 1960 abgelieferten Lokomotiven wurden sofort einem umfassenden Erprobungsprogramm unterzogen, in dessen Folge es zu einigen geringfügigen Verbesserungen kam. Größtenteils wurden sie bereits bei der letzten, von Henschel 1963 gelieferten Vorserienlokomotive berücksichtigt. Dazu gehörte unter anderem die Verstärkung der Gelenkwellen sowie eine Änderung der Kopfform, nachdem die anfängliche Ausführung mit gewölbten Blechen unterhalb der Stirnfenster, die den Vorserienmaschinen den Namen „Lollo" einbrachten, als zu aufwendig eingestuft wurde.

216 001 im Bw Gelsenkirchen-Bismarck am 21.2.1977 *Foto: Matthias Maier*

Probleme bereitete vor allem die mit 19 t zu hohe Radsatzlast, die sich durch die Änderung der Stirnfront sogar auf 20 t erhöhte. Da alle Bemühungen, die V 160 leichter zu bauen, scheiterten und die V 100.20 inzwischen auch die ursprünglich für die V 160 auf Nebenbahnen vorgesehenen Aufgaben erfolgreich übernommen hatten, modifizierte man kurzerhand das Betriebsprogramm. Nun vornehmlich als Ersatz für die Reihen 03, 23 und 50 auf Hauptstrecken vorgesehen, konnte die zulässige Radsatzlast der künftigen Serienmaschinen auf 20 t erhöht werden. Diese Umkonstruktion, mit der Ende 1962 erneut Krupp in Essen beauftragt wurde, verzögerte den Bau der ersten Serie allerdings um rund ein Jahr.

Die vierachsige V 160 ist eine Drehgestell-Lokomotive der Radsatzanordnung B'B' mit zwei Endführerständen. Ihre Länge über Puffer beträgt 16 000 mm. Ihr Fahrzeugteil besteht aus dem aus Profilstählen zu einer brückenartigen Konstruktion zusammengeschweißten Untergestellrahmen, den Aufbauten und den Drehgestellen. Die am Untergestellrahmen angeschweißten Aufbauten sind durch Zwischenwände in die beiden Führerstände, die Räume für den Hilfsdieselmotor und den Fahrdieselmotor sowie den Getrieberaum unterteilt. Im Getrieberaum befinden sich auch der Heizkessel und die Kühlanlage. Die in den einzelnen Maschinenräumen untergebrachten Aggregate können über Dachöffnungen ausgebaut werden.

Die Drehgestelle sind aus Blechträgern kastenförmig zusammengeschweißt, deren Längsholme in der Mitte durch einen Querträger für die Drehzapfenlagerung und an beiden Enden mit kastenförmigen Querträgern verbunden sind. Die am Untergestellrahmen befestigten Drehzapfen tauchen in je ein tiefliegendes Lager jedes Drehgestellrahmens ein. Die

Beendet haben die Vorserien-V 160 ihre Einsatzzeit bei der DB im schweren Übergabedienst im Ruhrgebiet.

Zug- und Bremskräfte werden über diese Lager übertragen.

Als Antriebsaggregat ist der aus dem Zwölfzylinder-Motor MB 835 weiterentwickelte 16-Zylinder-Motor in V-Anordnung MB 839 Ab von Daimler-Benz eingebaut, dessen Leistung noch in der Konstruktionsphase auf 1390 kW (1900 PS) gesteigert werden konnte. Wahlweise ist auch der Maybach-Motor MD 870 verwendbar, der als erster DB-Dieselmotor Ladeluftkühlung besitzt.

Die Antriebsleistung – in 15 Fahrstufen elektropneumatisch steuerbar – wird über eine Schwingmetallkupplung und Gelenkwellen auf das in der Lokomotivmitte im Untergestell angeordnete Voith-Turbogetriebe L218rs mit zwei Wandlern und einer hydraulischen Kupplung sowie nachgeschaltetem Wende- und Stufengetriebe übertragen. Vom Getriebeabtrieb wirkt die Antriebsleistung über einen durchgehenden Gelenkwellenstrang auf die vier Radsätze. Diese Übertragungsart bedingt Vorgelege-Radsatzgetriebe, die den Aufbau größter Kräfte vorteilhaft erst in den Radsatztrieb verlegen und dadurch den Gelenkwellenstrang entlasten.

Zum Heizen von Reisezügen ist die V 160 mit einem vollautomatischen, ölgefeuerten Zwangsdurchlauf-Dampfkessel der Bauart Vapor Heating ausgerüstet. Der Heizkessel dient gleichzeitig auch zum Vorwärmen und Warmhalten der Maschinenanlagen.

Für die Stromversorgung der Lokomotive ist ein direkt mit einem Generator gekuppelter Hilfsdiesel, ein MWM-Motor mit 16 kW (22 PS), vorhanden.

Die Serienlokomotiven entsprechen in ihren Abmessungen den Prototypen,

Einzigartig war 216 010 mit der Rahmenkonstruktion der Vorserien-V 160 und dem Aufbau der Serien-V 160.

Fotos: Matthias Maier

216 034 im Schnellzugdienst auf der Emslandstrecke im Sommer 1973

Versuchsweise war 216 152 des Bw Oldenburg Mitte der siebziger Jahre mit einer automatischen Mittelpufferkupplung ausgerüstet. *Fotos: Matthias Maier*

unterscheiden sich allerdings von V 160 001 bis 009 durch die abweichende Ausführung des Untergestells und Lokomotivkastens. Anstelle der gewölbten Stirnfront weisen sie die einfachere, eckige Form auf, wie sie bereits bei der V 160 010 verwirklicht wurde. Weitere Änderungen betreffen die verstärkte Ausführung der Gelenkwellen sowie die Fahrdieselmotoren, die in der zwischenzeitlich weiter verbesserten Version MB 16 V 652 (839 Bb) und MD 870 1B zum Einbau kamen. Entgegen ursprünglichen Planungen, aus Kostengründen auf eine Vielfachsteuerung für Doppeltraktion und Wendezugbetrieb zu verzichten, erhielten nach V 160 001 bis 009 auch zahlreiche Serienlokomotiven diese Einrichtungen doch noch.

Nach den zehn Prototypen, die von Krupp und Henschel zwischen August 1960 und März 1963 geliefert wurden, stellte die DB in fünf Baulosen insgesamt 214 Lokomotiven der Serienausführung in Dienst. Als letzte Maschine wurde am 10.9.1969 die 216 199 abgenommen, nachdem die Lokomotive mit der höchsten Ordnungsnummer, die 216 224, bereits am 20.12.1968 in den Betriebsbestand übernommen worden war. Am Bau der Serienlokomotiven waren die Firmen Deutz (23 Maschinen), Henschel (65), Krauss-Maffei (42), Krupp (59) und MaK (25) beteiligt.

Die Vorserienlokomotiven V 160 001 bis 009 waren bis zu Beginn der siebziger Jahre abwechselnd in Hamburg-Altona, Hamburg-Harburg und Lübeck beheimatet. Dabei kamen sie im Wendezugverkehr unter anderem zwischen Hamburg und Lübeck sowie auf der Unterelbebahn nach Cuxhaven zum Einsatz. Später wanderten sie zunehmend in den Güterverkehr ab, bis sie schließlich 1973 ins Ruhrgebiet zum Bw Gelsenkirchen-Bismarck umbeheimatet wurden. Auch dort prägte bis zu ihrer Abstellung die Bespannung von Güterzügen das Einsatzgeschehen. Als erste Maschinen wurden die anschließend noch als Ersatzteilspender genutzten 216 007 und 009 am 6.6.1978 ausgemustert. Die anderen Vorserienlokomotiven folgten bis 1984. Zumeist fanden sie bei italienischen Gleisbaufirmen oder Privatbahnen eine neue Heimat. Die als letzte am 30.4.1984 ausgemusterte 216 003 gehört seither zum Bestand der DB-Museumslokomotiven.

Die ebenfalls zu den Vorserienlokomotiven gehörende V 160 010 kam nach einem nur kurzen Gastspiel beim Bw Hamburg-Altona aufgrund der fehlenden Wendezugsteuerung zum Bw Oldenburg und ab 1973 ebenfalls zum Bw Gelsenkirchen-Bismarck. Dort rollte sie am 22.8.1979 auf das Abstellgleis.

Die Serienlokomotiven waren zunächst in fast allen Direktionsbezirken beheimatet und ermöglichten die beschleunigte Abstellung von Dampflokomotiven. Sie bewährten sich sowohl im Reisezug- als auch Güterzugdienst. Eine Mitte 1966 durchgeführte Auswertung der Einsatzdaten der bis dahin zur Verfügung stehenden 65 Maschinen ergab eine durchschnittliche störungsfreie Laufleistung von über 200 000 Kilometern.

Ab den siebziger Jahren wurde die Beheimatung dieser Baureihe auf die Bahnbetriebswerke Braunschweig, Gelsenkirchen-Bismarck, Gießen, Kaiserslautern, Kassel, Kempten, Limburg, Oberhausen, Oldenburg sowie Osnabrück und Trier konzentriert. Über die größten Bestände verfügten dabei Braunschweig, Kassel und Oldenburg. Heute werden die Lokomotiven, deren Bestand inzwischen auf rund 170 betriebsfähige Maschinen geschrumpft ist, hauptsächlich vom Bw Oberhausen aus eingesetzt. Dort werden ihnen dabei nach wie vor sowohl im Güterzugdienst als auch im S-Bahn-Verkehr der S 9 Haltern–Essen–Wuppertal Höchstleistungen abverlangt. Dies kann jedoch nicht darüber hinweg täuschen, daß die inzwischen durchschnittlich 30 Jahre alten Lokomotiven das Ende ihrer Einsatzzeit erreicht haben. Nach ersten unfallbedingten Ausmusterungen rollen die mittlerweile erhebliche Korrosionsschäden aufweisenden Maschinen im Rahmen des Abbaus von Triebfahrzeugüberständen verstärkt auf das Abstellgleis.

216 205 des Bw Kassel am 5.8.1977

216 212 des Bw Kassel in Schwerte am 6.9.1976
Fotos: Matthias Maier (2)

216 182 des Bw Braunschweig in elfenbein/ozeanblauem/graubraunem Anstrich mit Schneepflug am 6.3.1981 im Bw Bielefeld
Foto: Uwe Clasen

215 DB
215 DB AG

Entgegen den ursprünglichen Absichten sah sich die DB Ende der sechziger Jahre gezwungen, aufgrund des dringenden Bedarfs nochmals Diesellokomotiven mit Dampf-Zugheizeinrichtung zu bestellen. Zwar war die Entwicklung der Baureihe V 164/218, die mit einer Leistung von 1840 kW (2500 PS) so ausgelegt war, daß sie ohne zusätzlichen Hilfsdiesel die Energieversorgung von Reisezügen sicherstellen konnte, bereits weit vorangeschritten, doch eine Beschaffung in den benötigten Stückzahlen war wegen der fehlenden Serienreife noch nicht absehbar. Immerhin sollten bei den neuen Lokomotiven der Baureihe 215 alle gegenüber der V 160 und den Vorserienlokomotiven der Baureihen 217 und 218 erzielten Fortschritte berücksichtigt werden. So erhielt die 215 die etwas modernisierte Dampfzugheizanlage der 216 mit dem Hilfsdieselaggregat, im übrigen aber den längeren Fahrzeugteil mit den dieselhydraulischen Antriebskomponenten und die elektrische Bordnetzausrüstung der Vorserienlokomotiven der Baureihe 218. Die ersten zehn, im November 1967 bei Krupp noch als Unterbaureihe V 160.3 bestellten Lokomotiven sollten dabei mit dem von MAN entwickelten Zwölfzylinder-Dieselmotor V 6 V 23/23 mit einer Leistung von 1840 kW (2500 PS) ausgerüstet werden. Allerdings erwies sich der noch nicht serienreife Motor als äußerst störanfällig, so daß die ab 1970 gelieferten Serienlokomotiven wieder den bewährten Motor der V 160 mit 1400 kW (1900 PS) erhielten. Erst die letzten 20 von Henschel gebauten 215 wurden direkt ab Werk mit dem zwischenzeitlich von MTU weiterentwickelten MAN-Motor ausgerüstet.

Die Lokomotiven der Baureihe 215 entsprechen konstruktiv der V 160, weisen mit 16 400 mm Länge über Puffer jedoch bei einem zur 216 unverändertem Drehzapfenabstand und Drehgestellradsatzstand wie die Baureihen 217 und 218 eine um 400 mm größere Länge auf. Damit besteht die Möglichkeit, auch leistungsstärkere Dieselmotoren mit entsprechend ausgelegten Kühlanlagen einzubauen.

215 001 des Bw Ulm am 6.12.1973 in Rottweil

215 004 des Bw Ulm am 15.6.1985 im Bw Nürnberg 1 *Fotos: Matthias Maier*

Doppeltraktion 215 vor E 3376 aus Richtung Sinsheim *Foto: Archiv Eisenbahn Magazin*

215 031 mit elektrischer Heizung am 28.5.1986 im Bw Bielefeld *Foto: Uwe Clasen*

Die Leistung des Fahrdieselmotors wird über das Voith-Getriebe L820Brs oder das MTU-Getriebe K 252 SUBB mit zwei Drehmomentwandlern und nachgeschaltetem Zahnradgetriebe mit Wende- und Stufenschaltung auf die Radsatzgetriebe übertragen.

Die Lokomotiven ab Betriebsnummer 215 005 sind zusätzlich zur Handbremse, zur direkten und indirekten Druckluftbremse mit einer hydrodynamischen Bremse ausgerüstet, die an die Turbinenradwelle des Flüssigkeitsgetriebes gekuppelt ist. Deren Bremskraft wird in einer an das Zweiwandlergetriebe angeflanschten, sekundärseitig angetriebenen, zweikreisigen Strömungsbremse erzeugt. Die gesamte Bremsleistung wird in Wärme umgewandelt, die über Wärmetauscher an das Kühlwasser abgeführt wird. Die Bremsleistung beträgt kurzzeitig bis zu 2940 kW (4000 PS) und wird für Dauerbremsungen mit Rücksicht auf die begrenzte Kühlleistung auf 1325 kW (1800 PS) verringert. Bei Geschwindigkeiten unter 45 km/h im Schnellgang und unter 30 km/h im Langsamgang wird die hydrodynamische Bremse selbsttätig abgeschaltet. Aufgrund der hydrodynamischen Bremse konnte die zulässige Höchstgeschwindigkeit der 215 auf 140 km/h heraufgesetzt werden.

Für die Zugheizung sowie zum Vorwärmen des Motorkühlwassers und des Kesselspeisewassers sowie für den Warmhaltebetrieb ist bei allen Lokomotiven werksseitig der Hagenuk-Durchlaufverdampfer OK 4616 eingebaut. Alle Lokomotiven verfügen außerdem über zwei elektrisch angetriebene Luftpresser. Die elektrische Energieversorgung der Lokomotive wird bei laufendem Dieselmotor aus der Lichtanlaßmaschine und der 110-V-Batterie sichergestellt. Um die Batterie beim Vorwärmen der Maschinenanlage zu schonen und um schädlichen Motorleerlauf beim Vorheizen und Auffüllen eines Zuges mit Druckluft zu vermeiden sowie zur Sicherstellung der Stromversorgung bei Ausfall der Lichtanlaßmaschine ist die

Die 215 des Bw Ulm waren in den siebziger und achtziger Jahren im gesamten südwestdeutschen Raum anzutreffen. Westlichster Einsatzpunkt dürfte Offenburg gewesen sein, wohin die 215 Eilzüge von Tübingen/Freudenstadt brachten. Heute haben 627- und 628-Triebzüge diese Leistungen übernommen. Im Bw Offenburg wartet 215 086 am 14.8.1976 auf ihre Rückleistung nach Tübingen.

215 084 bei Bad Mergentheim, 22.5.1975

Fotos: Matthias Maier

Lokomotive mit einem Hilfsdiesel-Generatoraggregat ausgerüstet.

Für den Einsatz in Doppeltraktion und für den Wendezugbetrieb ist eine Vielfachsteuerung mit 36poliger Steuerleitung vorhanden. Sifa und Indusi sowie eine Schleuder- und Gleitschutzeinrichtung sind serienmäßig von Anfang an eingebaut.

Nach der Abnahme der 215 001 am 4.12.1968 wurden die weiteren neun Vorserienlokomotiven ab Februar 1969 in Dienst gestellt und zur Erprobung dem Bw Ulm zugewiesen. Die 140 Serienlokomotiven gelangten ab Dezember 1969 in den Betrieb. Als letzte Maschine wurde 215 150 am 18.5.1971 abgenommen. Am Bau waren neben Krupp, wo 45 Lokomotiven gefertigt wurden, auch Henschel (40 Maschinen), Krauss-Maffei (20) und MaK (45) beteiligt. Eine weitere Beschaffung erfolgte nicht, nachdem zwischenzeitlich die Baureihe 218 zur Serienreife weiterentwickelt werden konnte.

Führende Heimatdienststelle wurde das Bw Ulm; teilweise waren dort bis zu 95 Maschinen dieser Baureihe beheimatet. Daneben waren 215 in den siebziger und achtziger Jahren auch in den Bahnbetriebswerken Flensburg, wo sie bereits frühzeitig durch 218 ersetzt wurden, Düren beziehungsweise Aachen, Köln, Krefeld, Aschaffenburg sowie Karlsruhe, Haltingen und Mühldorf anzutreffen. Von dort aus kamen sie im Güterzugdienst sowie vor Nahverkehrs- und Eilzügen zum Einsatz. Im hochwertigen Reisezugdienst waren sie dagegen eher selten zu beobachten.

1974 rüstete Krupp in Essen die 215 030, 031 und 032 versuchsweise mit der in der 218 verwendeten dieselelektrischen Zugenergieversorgungsanlage mit einer Leistung von 520 kW aus. Die Antriebsleistung für den Generator wird dabei direkt vom Fahrdieselmotor abgezweigt. Der Durchlaufverdampfer für die Dampfzugheizung wurde im Gegenzug ausgebaut. Außerdem wurde 215 112, die am 27.11.1973 bei einer Flankenfahrt schwer beschädigt wurde, im Rahmen der umfangreichen Instandsetzungsarbeiten als 218 399 wieder aufgebaut. Eine weitergehende Nachrüstung mit der elektrischen Zugheizungsanlage, wie sie bei der Beschaffung der 215 ursprünglich vorgesehen war, realisierte man aus Kostengründen jedoch nicht.

V 162 DB 217 DB 753 DB 217 DB AG 753 DB AG

Die fortschreitende Elektrifizierung führte Anfang der sechziger Jahre zu Überlegungen, künftig zu beschaffende Diesellokomotiven anstatt mit Dampfzugheizung mit den Einrichtungen für eine elektrische Zugheizung auszurüsten. Im Frühjahr 1963 wurde deshalb die Firma Krupp mit der Entwicklung der V 162 beauftragt, bei der anstelle des bei der V 160 vorhandenen Dampfheizkessels und des zugehörigen Speisewasserbehälters ein zusätzliches Heizdiesel-Generator-Aggregat eingebaut werden sollte. Dabei sollte die Leistung des Heizdieselmotors, sofern er nicht für Zugheizzwecke benötigt wird, auch für die Traktion zur Verfügung stehen. Gleichzeitig wurden die Firmen AEG, BBC und SSW mit der Entwicklung elektrischer Heizstromerzeugungsanlagen betraut. Die Leistung der Generatoranlage wurde dabei entsprechend dem Heizbedarf für neun Wagen bei -20° C auf 360 kW festgesetzt. Bestellt wurden zunächst zwei Prototypen, die mit einer BBC-Umrichter-Heizanlage (V 162 001) beziehungsweise einer AEG-Umrichter-Heizanlage (V 162 002) auszurüsten waren. Der Heizdieselmotor sollte dabei den Heizgenerator über ein Zwischengetriebe antreiben. Darüber hinaus folgte im Frühjahr 1965 der Auftrag für eine weitere V 162 (V 162 003), bei der ein von Siemens gelieferter Generator direkt mit dem Heizdieselmotor gekuppelt werden sollte. Diese Anord-

215 137 des Bw Aschaffenburg am 19.5.1985 im Pegnitztal bei Lungsdorf *Foto: Matthias Maier*

215 077 neben 218 144 im Bw Köln 1 am 5.5.1995 *Foto: Uwe Clasen*

Derzeit sind die Lokomotiven dieser Baureihe in Ulm, Köln-Deutzerfeld, Trier und Oberhausen beheimatet. Im süddeutschen Raum mußten sie dabei inzwischen deutliche Leistungseinbußen durch den vermehrten Einsatz der Kemptener und Karlsruher Neubautriebwagen der Baureihe 628 hinnehmen. Aus diesem Grund wurden auch bereits mit der Abstellung der letzten 221 im Ruhrgebiet zahlreiche Ulmer 215 zum Bw Oberhausen umbeheimatet, das sie – als neue Heimatdienststelle in der Einsatzgeschichte der 215 – seither im schweren Güterzugdienst verwendet. Zu ersten Ausmusterungen kam es Ende 1993, als am 30.11.1993 neun Maschinen auf das Abstellgleis rollten. Insgesamt sollen zur Anpassung des Triebfahrzeugparks an den Bedarf bis 1998 38 Lokomotiven abgestellt werden. Die auszumusternden 215 werden anschließend noch als Ersatzteilspender für die Baureihe 218 genutzt.

Die gerade ausgelieferte V 162 001 neben der Serienlokomotive V 160 021 und der Gasturbinenlokomotive V 169 001
Foto: Archiv Eisenbahn Magazin

217 002 vor Ganzzug bei Hartmannshof, Strecke Nürnberg–Schwandorf, im Sommer 1985
Foto: Matthias Maier

nung wurde später auch für die zwölf weiteren Vorserienlokomotiven dieser Baureihe vorgesehen. Diese wurden dabei mit einer elektrischen Zugheizanlage der AEG ausgerüstet.

Die aus der V 160 weiterentwickelten Lokomotiven der Baureihe V 162 weisen einen um 400 mm längeren Lokomotivkasten auf, wobei der Drehzapfenabstand mit 8600 mm und der Drehgestellradsatzstand mit 2800 mm die gleichen wie bei der V 160 geblieben sind. Die größere Länge ist durch die Kühlanlage bedingt, die aufgrund der Forderung, die Leistung des Heizdieselmotors bei nicht benötigter Zugheizung oder im Güterzugdienst auch für Traktionszwecke durch Einspeisung in das Getriebe nutzen zu können, größer dimensioniert werden mußte. Durch die Verlängerung ist es zugleich möglich, bei der V 162 wieder zwei durchgehende Seitengänge im Maschinenraum einzurichten.

Aufgrund der entfallenen Heizkesselanlage sind die Lokomotiven für den Warmhalte- und Vorwärmebetrieb mit einem zusätzlichen ölgefeuerten Warmwassergerät der Bauart Hagenuk ausgerüstet. Zur Verkürzung des Vorbereitungsdienstes kann außerdem der Heizdieselmotor zum Vorwärmen herangezogen werden.

Als Fahrdieselmotor ist der schnellaufende Daimler-Benz-Motor MB 839 Bb mit einer Nennleistung von 1470 kW (2000 PS) eingebaut. Das dieselelektrische Heizaggregat wird durch einen Zwölfzylinder-MAN-Motor vom Typ D 3650 HM mit einer Leistung von 368 kW (500 PS), wie er auch als Unterflurmotor in den Triebwagen der Baureihe VT 24 verwendet wird, angetrieben. Beide treiben über Gelenkwellen in ein in der Mitte der Lokomotive angeordnetes Turbogetriebe ein, und zwar über nicht miteinander gekuppelte Pumpenräder auf eine gemeinsame Turbinenradwelle und damit auch Getriebeabtriebswelle. Der Hilfsdiesel kann über den gesamten Geschwindigkeitsbereich der Lokomotive allein oder mit dem Fahrdiesel gemeinsam zur Traktion herangezogen werden. Die Schaltung der gewünschten Kombination erfolgt durch einen Wahlschalter. Bei gemeinsamen Einsatz wird die Leistung des Hilfsdieselmotors nur im oberen Leistungsbereich –

ab Fahrstufe 10 – abgenommen. Im übrigen Betriebsbereich läuft er, sofern er nicht abgestellt ist, bei dieser Schaltung im Leerlauf.

Die Leistungsübertragung geschieht bei der V 162 001 über das Voith-Getriebe L820wrs, einem Wandler-Wandler-Getriebe mit Stufengetriebe für Reise- und Güterzugdienst (Schnell- und Langsamgang), während bei der V 162 002 das Maybach-Getriebe K 254 B, ein Zweiwandler-Viergang-Getriebe, eingebaut ist.

Durch den Übergang vom Wandler-Wandler-Kupplung-Getriebe der V 160 zu den vorstehend genannten Getriebebauarten war zugleich eine Geschwindigkeitserhöhung – zunächst auf 130 km/h – bei unverändertem Lauf- und Triebwerk möglich. Durch den aus Gründen der Vereinfachung und der Gewichtsersparnis entfallenen Kupplungsgang stand außerdem Platz zur Verfügung, der bei V 162 003 für einen versuchsweisen Einbau einer hydrodynamischen Bremse genutzt wurde. Diese sollte, nachdem die hydrodynamische Bremse der Steilstrecken-V 100 als Sicherheitsbremse regeltechnisch nur für Dauerbremsleistungen bei kleineren Geschwindigkeiten ausgelegt war, nun auch für Kurzbremsleistungen aus

Oben: 753 001, die ehemalige 217 001, vor einem Meßzug in Porta Westfalica am 13. 1. 1993 *Foto: Uwe Clasen*

Mitte: Drehgestell der 217: Außer der als Megi-Feder ausgeführten Primärfeder sind die Scheibenbremsen an den Radscheiben deutlich zu erkennen.

Unten: Seit fast 25 Jahren werden die Regensburger 217 nun schon im Güterzugdienst von Nürnberg aus in die Oberpfalz eingesetzt. 217 012 am 16. 2. 1974 bei Neukirchen b. S.R.

Fotos: Matthias Maier (2)

höheren Geschwindigkeiten geeignet sein. Die V 162 003 wurde dafür mit dem Maybach-Getriebe K 254 BBU Ew mit hydraulischer Doppelbremskupplung ausgerüstet, die eine Dauerbremsleistung von 1180 kW aufwies. Die erzielten Ergebnisse waren dabei so gut, daß auch die zwölf anschließend gelieferten Lokomotiven dieser Baureihe hydrodynamische Bremsen erhielten.

Als erste Maschine wurde am 24. 9. 1965 die V 162 001 von der DB abgenommen. Ihr folgten am 2. 2. und 3. 11. 1966 die Schwestermaschinen V 162 002 und 003. Sie alle wurden, wie auch die zwölf weiteren, zwischen August und Dezember 1968 gelieferten Vorserienlokomotiven 217 011 bis 022, bei Krupp in Essen gebaut. Als letzte ihrer Baureihe wurde 217 022 am 23. 12. 1968 in den DB-Bestand übernommen. Die zuerst gelieferten drei Prototypen gingen sofort beim Bw Mühldorf – im direkten Vergleich mit der V 160 – in den Versuchsbetrieb, während die restlichen Lokomotiven bei den Betriebswerken Hagen-Eckesey und Regensburg in Betrieb genommen wurden. Sie erfüllten dabei durchaus die in sie gesetzten Erwartungen. Dennoch kam es zu keiner weiteren Bestellung dieser Bauart mehr, da mit dem zwischenzeitlich für die Baureihe 218 zur Verfügung stehenden 1840-kW-Motor (2500 PS) ein ausreichend dimensionierter Dieselmotor entwickelt worden war, der den zusätzlichen Heizdiesel entbehrlich

Oben: 217 014 in elfenbein/ozeanblauer Farbgebung, Nürnberg 1984

Fotos: Matthias Maier (2)

Mitte: 217 003, 217 017 und 218 216 bei Hersbruck r. P. am 1.4.93

Foto: Uwe Clasen

Unten: 217 021 in altroter Farbgebung, Nürnberg 1984

217 021 in orientroter Farbgebung, Nürnberg 1996. Erst im Hinblick auf den mittlerweile wieder verworfenen Einsatz der Regensburger 217 vor Doppelstockzügen im Raum München wurden die 217 mit Abgasablenkeinrichtungen ausgestattet. Die Abgasöffnungen des Heizdiesels wurden hierzu mit getrennten kleineren Hutzen ausgestattet. *Foto: Matthias Maier*

machte. Aufgrund der dadurch zwangsläufig größeren Wirtschaftlichkeit wurde einer Serienbeschaffung der 218 der Vorzug gegeben.

Eine besondere Aufgabe wurde den beiden Prototypen 217 001 und 002, die technisch von den nachfolgend beschafften 217 erheblich abwichen, mit dem Ende der Dampftraktion zuteil. Als Ersatz für die auszumusternden, mit Riggenbach-Bremse ausgerüsteten Bremsdampflokomotiven der Baureihen 044 und 050 sollten sie künftig der Versuchsanstalt des BZA München für Meßfahrten zur Verfügung stehen. Hierfür wurden sie 1974 entsprechend umgebaut. Unter anderem erhielten sie dabei das hydraulische Voith-Getriebe L 820 brs der 218 mit integrierter hydrodynamischer Bremse und die serienmäßige Kühlanlage der 215/218. Außerdem wurde das Heizaggregat mit Zwischengetriebe durch elektrische Widerstandsgeräte mit Lüftern ersetzt, um die elektrischen Heizeinrichtungen der zu prüfenden Lokomotiven testen zu können. Seit 1989 tragen sie entsprechend die Betriebsnummern 753 001 und 002.

Auch die anderen 217 wurden im Rahmen der planmäßigen Instandhaltung kontinuierlich an die Baureihen 215 und 218 angeglichen. So sind alle Maschinen mit Ausnahme der beiden zu Bremslokomotiven umgebauten Prototypen heute mit dem MTU-Getriebe K 252 SUEW, einem Wandler-Wandler-Getriebe mit Stufengetriebe für den Schnell- und Langsamgang und zusätzlichem Einspeiswandler, ausgerüstet. 217 011 bis 022 können dabei über eine 36polige Steuerleitung auch in Doppeltraktion und im Wendezugbetrieb eingesetzt werden, während dies bei 217 001 bis 003 nicht möglich war bzw. ist. Beheimatet ist die Baureihe 217 heute vollständig in Regensburg, von wo aus die Maschinen im Güterverkehr auf den nichtelektrifizierten Strecken in Oberfranken, aber auch im Nahverkehr im Großraum Nürnberg zum Einsatz kommen.

V 164 DB
218 DB AG
210 DB AG

Noch während der Serienproduktion der mit Dampfzugheizung ausgerüsteten V 160/216 begannen bei der DB die Planungen für eine Diesellokomotive, die im Rahmen der Umstellung des Reisezugwagenparks auf elektrische Zugheizung leistungsmäßig so ausgelegt sein sollte, daß der Einbau eines zusätzlichen Dieselaggregats für die Zugheizung entfallen konnte. Bei dem 1965 begonnenen Projekt der V 163/V 164 wurde dabei eine Leistung von 1840 kW (2500 PS) als ausreichend erachtet, ohne daß zu jenem Zeitpunkt eine derartige Maschinenanlage aus deutscher Produktion zur Verfügung stand. Angeboten wurde in dieser Leistungsklasse lediglich ein französischer Pielstick-Motor, der anfänglich jedoch aus Gründen der Typenreinheit nicht verwendet werden sollte. Die Voraussetzungen für den Bau einer entsprechend ausgelegten Diesellokomotive wurden erst mit dem bis Anfang 1966 von MAN entwickelten Zwölfzylinder-Dieselmotor V 6 V 23/23 TL geschaffen, der gegenüber der 217 mit 16 + 12 Motorzylindern die Aussicht auf eine Rückkehr zur einmotorigen Diesellokomotive bei gleichzeitigem Antrieb des Heizgenerators durch den Fahrdieselmotor nach dem Vorbild der V 169 bot. Daneben zeichnete sich auch eine mögliche Erhöhung der Getriebeeingangsleistung gegenüber der 216 von 1220 kW (1660 PS) bei 1450 U/min auf 1470 kW (2000 PS) bei 1500 U/min und eine Steigerung der elektrischen Heizleistung gegenüber der 217 von 320 auf 400 kVA ab. Ein interner 100-Stunden-Lauf des MAN-Motors zeigte

Oben: 218 während der Fertigung. Deutlich ist das aus Profilen hergestellte Kastengerippe zu erkennen, auf dem die Beblechung aufgeschweißt wird.
Foto: Archiv Eisenbahn Magazin

Mitte: 218 001 wurde von der Regentalbahn Fahrzeugwerkstätten GmbH mit Schallschutzeinrichtungen versehen, die das äußere Erscheinungsbild deutlich beeinflußen. *Foto: Matthias Maier (2)*

218 167 aus der ersten Bauserie am 20. 7. 1974 mit einem Eilzug nach Freudenstadt abfahrbereit in Karlsruhe Hbf

so gute Ergebnisse, daß sich die DB zur Jahreswende 1966/67 zu einer Bestellung von zwölf Prototypen entschloß. Die Höchstgeschwindigkeit der ab Mai 1968 von Krupp als 218 001 bis 012 gelieferten Maschinen mit elektrischer Zugenergieversorgungsanlage und hydrodynamischer Bremse war dabei noch auf 130 km/h begrenzt, konnte jedoch später bei den Serienlokomotiven durch den Einbau einer verbesserten hydrodynamischen Bremse auf 140 km/h angehoben werden.

Die bei den Bahnbetriebswerken Hagen-Eckesey und Regensburg einer umfassenden Erprobung unterzogenen Vorserienlokomotiven bewährten sich so gut, daß Anfang der siebziger Jahre die Serienbeschaffung beginnen konnte. In die Konstruktion der Serienlokomotiven flossen dabei folgende Komponenten der 216-Familie ein: Von der V 160 (216) wurde die Grundkonzeption der einmotorigen Lokomotive samt Lauf- und Triebwerk und deren äußere Form übernommen. Das ursprüngliche Drehgestell wurde von MaK weiterentwickelt. Die neueren, ab der dritten Bauserie verwendeten Drehgestelle haben eine dreidimensionale, elastische Metall-Gummi-Radsatzfederung und gleitstücklose Kastenabstützung mit Flexicoil-Federn. Von der V 162 (217) stammen der verlängerte Lokomotivkasten mit den zwei durchgehenden Seitengängen, das Prinzip der elektrischen Zugheizanlage, die Getriebebauart mit nur zwei Wandlergängen, die Drehzahl- statt der Füllungsregelung des Dieselmotors sowie die dieselölgefeuerte Warmhalteeinrichtung mit Fremdanschluß an das 220-V-Ortsnetz. Von der Gasturbinenlokomotive V 169 001 (219) kam der Antrieb des Zugheizgenerators durch den Fahrdieselmotor über das Getriebe, während von der 210 die weiterentwickelte elektrische Zugheizanlage für eine Leistungsabgabe von 400 kVA und der Möglichkeit des Parallelbetriebes zweier Umrichter bei Doppeltraktion stammen. Von der 215 wurden die hydrodynamische Bremse, die für eine Höchstgeschwindigkeit von 140 km/h erforderlich ist, sowie die für Mehrfachtraktion und Wendezugbetrieb notwendigen Einrichtungen übernommen. Der Dieselmotor mit einer Leistung von 1840 kW (2500 PS) stammt schließlich von der Vorserien-218 beziehungsweise der 215.

Da mit dem Zusammenschluß der Motorenhersteller MAN, Maybach und Mercedes-Benz zur MTU im Jahre 1969 nur noch ein deutscher Hersteller am Markt war, der Dieselmotore für Großlokomotiven anbot, führte die DB aus Wettbewerbsgründen außerdem den französischen Pielstick-Dieselmotor 16PA4 V200 mit 2060 kW (2800 PS) für die 218 ein. Eine entsprechende Leistungssteigerung erfuhr auch der MTU-Motor, der in der Mehrzahl der 218 zum Einsatz kommt.

Die für den mittelschweren Streckendienst bestimmten Lokomotiven der Baureihe 218 sind Drehgestellokomotiven mit der Radsatzanordnung B'B'. Ihr Fahrzeugteil besteht aus dem Untergestellrahmen, den Aufbauten und den beiden Drehgestellen. Der Untergestellrahmen ist ein aus Stahlblechen zusammengeschweißter, kastenförmiger Blechträger, der zusammen mit den Aufbauten eine tragende Einheit darstellt. Die Puffer sind unmittelbar an die Stirnbleche des Untergestellrahmens angeschraubt. Zur Übertragung der Zug- und Bremskräfte zwischen Untergestellrahmen und Drehgestellen dienen fest mit dem Lokomotivrahmen verschweißte sogenannte Laternen, die mittig in die Drehgestelle hineinragen, und an deren Ende der Drehzapfen als Tiefanlenkungspunkt befestigt ist. Motor und Getriebe sind in Rahmenausschnitten elastisch gelagert. Die Aufbauten sind aus Blechen und Profilstählen in mittragender Schalenbauweise hergestellt. Zwischenwände mit Durchgangstüren teilen die Aufbauten in die Endführerräume, den Lichtanlaßmaschinenraum, den Motorraum, den Kühler- und Getrieberaum sowie den Raum für Heizgenerator, Umrichter, Vorwärmgerät und Batterie. Die beiden Endführerräume sind durch je eine Einstiegstür direkt von außen sowie durch je eine in den Seitengang mündende Tür erreichbar.

Die Radsätze werden ausgehend vom Dieselmotor, der über eine elastische Kupplung und eine Gelenkwelle in das Flüssigkeitsgetriebe einspeist, über

Mitte: Versuchsweise erhielt 1974 218 217 einen TEE-farbenen Anstrich, den sie bis heute behalten hat.

Unten: 218 240 der zweiten Bauserie im typischen Bauzustand der siebziger und achtziger Jahre *Fotos: Matthias Maier*

Oben links: 218 399 wurde im AW Nürnberg aus den Überresten der verunglückten 215 112 gebaut.

Oben rechts: 218 296 während der Hauptuntersuchung im AW Nürnberg. Im Vordergrund eines ihrer Drehgestelle mit der massiven Gelenkwelle, die vom Getriebe zum Drehgestell führt

Mitte: Vom Nordseestrand zum Alpenrand, die Baureihe 218 ist in der Bundesrepublik nahezu allgegenwärtig und vor allen Zugarten im Einsatz. 218 123 und eine Schwestermaschine vor einem IC auf dem Hindenburgdamm.

Unten: 218 383 vor InterRegio (Dresden–) Reichenbach–Nürnberg (–Karlsruhe) bei Pegnitz im Frühjahr 1993
Fotos: Matthias Maier

die unten am Getriebe angeordneten Hauptabtriebe und die auf den vier Radsätzen montierten Radsatzgetriebe angetrieben. Dabei stellen zwei Gelenkwellen die kraftschlüssige Verbindung zwischen dem Getriebehauptabtrieb und den Radsatzgetrieben der inneren Radsätze, zwei weitere Gelenkwellen die Verbindung zwischen den Radsatzgetrieben der inneren und äußeren Radsätze her. Den Drehgestellausschlag im Gleisbogen und auf Rampen übernehmen die beiden Gelenkwellen zwischen dem Getriebehauptabtrieb und den innenliegenden Radsatzgetrieben.

Der die Traktionsleistung sowie die Leistung zum Antrieb der Hilfsbetriebe und des Heizaggregats liefernde Dieselmotor ist mit zwei Aufladeturbinen ausgerüstet. Für die Kraftübertragung sind die hydraulischen Getriebe K 252 SUBB (MTU) und L 820 brs (Voith) eingebaut. Beide bestehen aus zwei Wandlern und dem nachgeschalteten Wende- und Stufengetriebe. Sie sind zusätzlich mit einer hydrodynamischen Bremse versehen. Mit der zugehörigen Bremssteuerung können durch Verändern des Füllungsgrades der Doppelbremskupplung insgesamt sieben Bremskraftstufen eingestellt werden. Die Gangschaltung beider Getriebebauarten geschieht ohne Zugkraftunterbrechung.

Das Vorwärm- und Warmhaltegrät – Bauart Webasto DBW 2075 – arbeitet vollautomatisch und überwacht sich in allen Funktionen selbst. Zur elektrischen Zugheizanlage gehören der achtpolige, selbsterregte Drehstrom-Synchrongenerator, der Umrichter und Teile der äußeren Steuerung. Der Drehstromgenerator wird vom Dieselmotor über einen Hochtrieb des Flüssigkeitsgetriebes, einen primärseitigen Getriebe-Hilfsabtrieb, eine Gelenkwelle und eine am Generator angeflanschte, schwingungstrennende hydraulische Kupplung angetrieben. Er

218 232 mit einem Personenzug nach Mühldorf am 15.7.1974 in München

218 159 rollt mit einem Güterzug am 30.1.1976 den „Hattinger Buckel“ im Verlauf der Strecke Villingen/Tuttlingen–Engen–Singen hinab.
Fotos: Matthias Maier

erzeugt einen Drehstrom gleitender Frequenz, der im Leistungsteil des Umrichters in Einphasen-Wechselstrom umgewandelt wird. Die maximale Leistungsabgabe beträgt 400 kVA. Die Steuerung der Heizanlage ist so aufgebaut, daß auch ein Parallelbetrieb zweier Heizanlagen möglich ist.

Für den Einsatz in Doppeltraktion sowie den Wendezugbetrieb sind alle Lokomotiven der Baureihe 218 mit Vielfachsteuerung ausgerüstet.

Nach den zwölf 1968/69 in Dienst gestellten Vorserienlokomotiven beschaffte die DB in vier Baulosen 218 101 bis 170, 218 171 bis 298 und 218 299 bis 398 sowie 218 400 bis 499. Am Bau waren die Hersteller Krauss-Maffei, Krupp, MaK und Henschel beteiligt. 218 399 entstand durch den Umbau der bei einem Unfall 1973 schwer beschädigten 215 112. Als erste Serienlokomotive wurde am 28.4.1971 die von Krupp gelieferte 218 101 abgenommen. Mit der Ab-

218 375 des Bw Kaiserslautern hat am 7.5.1975 mit einem Eilzug aus Saarbrücken Karlsruhe erreicht.
Fotos: Matthias Maier

218 243 wurde bei dem Frontalzusammenstoß mit 218 238 am 8.6.1975 bei Warngau schwer beschädigt und im Gegensatz zu ihrer Kontrahentin nicht mehr instand gesetzt. Am 16.7.1974 begegnet 218 243 der Kemptner 221 136 an der Donnersbergerbrücke in München.

Der Verkehr auf der steigungs- und bogenreichen Murgtalbahn Rastatt–Freudenstadt wird seit 1972 weitestgehend von der 218 durchgeführt. Eilzug bei Raumünzach am 12.8.1978 nahme der bei MaK in Kiel gebauten 218 499 am 21.6.1979 endete zugleich die Beschaffung von Streckendiesellokomotiven durch die DB. Zuwachs erhielt der 218-Bestand nochmals 1980/81, als die acht Gasturbinenlokomotiven der Baureihe 210 beim Ausbau der sich nicht bewährenden Gasturbine gleichzeitig weitgehend der 218 angeglichen und anschließend als 218 901 bis 908 in den Triebfahrzeugpark eingereiht wurden.

Ausgeschieden sind bisher zwei Maschinen: Als erstes traf es die 218 243, die am 8.6.1975 bei Warngau frontal mit 218 238 zusammenstieß. Aus den noch verwendbaren Überresten wurde seinerzeit im AW Bremen die 218 238 wieder aufgebaut, während 218 243 am 16.12. 1975 ausgemustert wurde. Als zweite Lokomotive ihrer Baureihe schied die Braunschweiger 218 267 am 30.11. 1993 aus dem Betriebsbestand aus. Sie war am 9.4.1993 in Berlin-Wannsee ebenfalls in einen Frontalzusammenstoß verwickelt.

Aufgrund ihrer guten Bewährung wurde die Baureihe schon bald zur Standarddiesellokomotive auf dem nichtelektrifizierten Streckennetz in Westdeutschland. Einsatzschwerpunkte sind bis heute die Bahnbetriebswerke Flensburg/Lübeck, Regensburg und Kempten. Aber auch in Braunschweig, Hagen, Kaiserslautern, Karlsruhe, Haltingen und Mühldorf sind die Lokomotiven nach wie vor unentbehrlich. Die Bestände bei den einzelnen Heimatdienststellen blieben dabei über die Jahre weitgehend konstant. Als Nachteil erwies sich, daß die nicht benötigte Heizleistung nicht für die Traktion genutzt werden kann. Andererseits wird dadurch die Maschinenanlage geschont, so daß bei vielen 218-Motoren störungsfreie Lauflei-

Oben: 218 296 bei der Ausfahrt aus Langenbrandt am 12.8.1978

Links: Von 1984 bis 1996 waren einige Lokomotiven der Baureihe 218 im sog. CityBahn-Look passend zu den Wagen lackiert. 218 148 schiebt am 13.7.1986 ihre Aggertäler CityBahn nach Gummersbach auf die Kölner Hohenzollernbrücke.

Unten: Am 5.5.1987 wurde bei 218 286 im AW Nürnberg das neue orientrote Farbkonzept für die V 160-Familie vorgestellt. Die Serienausführung wurde noch geringfügig modifiziert.

Fotos: Matthias Maier

Nach Ausbau der Gasturbinen wurden die Lokomotiven der Baureihe 210 zur Baureihe 218.9

Mit 218 499 endete am 21.6.1979 nicht nur die Beschaffung der Baureihe 218, sondern auch die Beschaffung von Diesellokomotiven der Deutschen Bundesbahn überhaupt.
Fotos: Uwe Clasen

stungen von über einer Million Kilometer erreicht werden konnten.

Mit über 400 Maschinen stückzahlenmäßig die größte Baureihe unter den Streckendiesellokomotiven der DB präsentiert sich die 218 auch als die farbenfroheste Baureihe. Neben der klassischen Farbgebung in Altrot, Ozeanblau/Beige und Neurot wiesen die Hagener 218 134, 135, 137, 140, 142 bis 146 und 148 eine Lackierung in Orange und Kieselgrau auf, die sie – passend zum eingesetzten Wagenpark – 1984 im Zusammenhang mit der Aufnahme des CityBahn-Verkehrs im Aggertal zwischen Köln und Gummersbach erhielten. Besonders zu erwähnen sind ferner 218 217, die seit 1974 in TEE-Farben mit rotem Rahmen und Dach im Einsatz ist, sowie die 1995 für den Touristik-Zug der DB AG farblich angepaßten 218 416 und 418.

Auch in technischer Hinsicht weichen inzwischen einzelne 218 von der Serienausführung ab. So wurde 218 001 im Herbst 1992 bei der Regental Fahrzeugwerkstätten GmbH in Viechtach probeweise mit einer besonderen Schalldämmung ausgerüstet. Motor und Getriebe erhielten dafür Schallschutzplatten, und auf dem Dach wurde ein Abgasschalldämpfer montiert. Außerdem wurden die Lüfterjalousien durch eine Spezialausführung ersetzt. Bei der anschließenden Erprobung kam es allerdings zur Überhitzung der Maschinenanlage, so daß die Isolierung des Motors und des Getriebes wieder entfernt werden mußte.

Anfang 1993 erhielten 218 494 sowie 218 496 bis 498 bei Krupp neue Energieversorgungsanlagen. Als Vorbild diente dabei die Ausrüstung der zuvor in Essen zur Baureihe 229 umgebauten 219, deren zentrale Energieversorgung mit GTO-Heizumrichter sich für die Energieversorgung moderner UIC-Reisezugwagen als besonders geeignet erwiesen hatte. Damit ist es möglich, auch bei längeren Reisezügen den Energiebedarf der Reisezugwagen-Klimaanlagen sowie der Speise- und Bistrowagen mit einer einzelnen Lokomotive sicherzustellen. Nach einer eingehenden Erprobung der vier genannten Maschinen durch das BZA München wurden ab Dezember 1993 in einer ersten Serie die Kemptener 218 400 bis 419 entsprechend hergerichtet. Sie kommen seither von Regensburg aus vorrangig im IC- und IR-Verkehr zum Einsatz.

Zur Verringerung der Abgasemissionen wurde außerdem vom Motorenhersteller MTU ein Konzept zur Emissionsminimierung im Rahmen einer Nachrüstung vorhandener Motoren ausgearbeitet und im Herbst 1995 in einer 218 auf seine Wirksamkeit überprüft. Da die Betriebsweise der Motoren hohe Zeitanteile mit niedrigen Abgastemperaturen aufweist, bei denen die Wirkung von Katalysatoren stark eingeschränkt wird, lag der einzige Weg zur Emissionsverbesserung in einer verbrennungstechnischen Optimierung. Durch Verbesserungen am Einspritzsystem, eine veränderte Brennraumform sowie eine optimierte Abgasturbolader-Konfiguration und die Installation einer Zylinderreihenabschaltung konnten die Kohlenmonoxid-Emissionen um 63, die Kohlenwasserstoff-Emissionen um 84 und der Ruß um 86 Prozent vermindert werden. Gleichzeitig konnte der Kraftstoffverbrauch deutlich gesenkt werden. Aufgrund dieser positiven Ergebnisse hat die DB AG 1996/97 über 40 Maschinen entsprechend nachgerüstet. Ihr Haupteinsatzgebiet ist neben der Bespannung der Doppelstockzüge zwischen München und Mühldorf der EC-Verkehr auf der Allgäubahn München–Lindau.

Wiederholt geprüft wurde für die Lokomotiven der dritten und vierten Bauserie eine Heraufsetzung der zulässigen Höchstgeschwindigkeit auf 160 km/h. So im August 1992, als im Zuge einer geplanten ICN-Verbindung Zürich–Berlin mit Meßfahrten im Allgäu die Frage geklärt werden sollte, bis zu welchen Grenzen Gleisbögen mit 160 km/h durchfahren werden können. Weitere Fahrten, für die die 218 451 entsprechend um- und unter anderem mit verstärkten Gelenkwellen zwischen Strömungs- und Radsatzgetriebe ausgerüstet worden war, fanden zwischen Gütersloh und Neubeckum statt. Die Idee wurde nicht weiterverfolgt, nachdem feststand, daß die ICN-Züge grundsätzlich nur mit 140 km/h verkehren. 218 451 wurde entsprechend wieder in den ursprünglichen Zustand zurückgebaut. Erst 1994 kam die Frage erneut auf, als mit dem Jahresfahrplan 1994/95 die Fahrzeit der IC-Züge zwischen Hamburg und Berlin auf unter drei Stunden verkürzt werden sollte. Um eine ausreichende Pünktlichkeit zu garantieren, sollten die Züge dabei in Doppeltraktion mit 160 km/h befördert werden. Versuchsfahrten zeigten jedoch, daß die Einhaltung der kürzeren Fahrzeit auch mit 140 km/h möglich ist. Im Sommer 1996 wurden dann kurzfristig zwölf 218 für 160 km/h aufgerüstet, nachdem eine Rückfallebene benötigt wurde, falls der elektrische Betrieb auf der Strecke Hamburg–Nauen(–Berlin-Zoo) aufgrund anhängiger Klagen nicht wie geplant zum Jahresfahrplan 1996/97 aufgenommen werden könnte. Die beim Bh Lübeck beheimateten Lokomotiven 218 430 bis 434 und 218 456 bis 462 erhielten die Baureihenbezeichnung 210 unter Beibehaltung der ursprünglichen Ordnungsnummern.

V 169 DB 219 DB

Aufgrund der in Amerika aus dem Betriebseinsatz mit Gasturbinenlokomotiven gewonnenen positiven Erfahrungen zog die DB zu Beginn der sechziger Jahre erneut die Verwendung von Gasturbinen in Dieseltriebfahrzeugen in Betracht. Schon zehn Jahre zuvor waren die Anwendungsmöglichkeiten dieser Antriebsart untersucht worden. Damals war man jedoch nach eingehenden Probefahrten mit der Schweizer Gasturbinenlokomotive Am 4/6 1101, die dafür vom 20. 6. bis 2. 11. 1950 angemietet und von Treuchtlingen aus eingesetzt wurde, zu dem Ergebnis gekommen, daß diese Traktionsart aufgrund des hohen Kraftstoffverbrauchs, nicht zuletzt aber auch aufgrund der ungewohnten elektrischen Kraftübertragung, für die DB nicht in Frage kommt.

Nun ließ der inzwischen erreichte technische Fortschritt die Gasturbine erneut interessant erscheinen. Dies um so mehr, da die zu jener Zeit im Rahmen des Typenprogramms einmotoriger Lokomotiven entwickelten Dieselmotoren hinsichtlich der vorgesehenen Einführung der elektrischen Zugheizung nicht über ausreichende Leistungsreserven verfügten, um zusätzlich noch einen Heizgenerator antreiben zu können. Um Einschränkungen bei der für die Traktion zur Verfügung stehenden Leistung zu vermeiden, boten sich zwei Möglichkeiten an: der Einbau eines eigenen Dieselmotors für den Heizgenerator, dessen Leistung außerhalb der Heizperiode auch zur Zugförderung genutzt werden konnte, und die Verwendung einer Gasturbine als Zusatzantrieb, mit der Leistungsspitzen bei der Traktion während des Heizbetriebs abgefangen werden konnten. Dabei ver-

V 169 001, erste Gasturbinenlokomotive der DB *Foto: Archiv Eisenbahn Magazin*

Die ersten Betriebsjahre war die 219 001 im schweren Schnellzugdienst auf der Allgäubahn eingesetzt.
Foto: Archiv Eisenbahn Magazin

sprach die als Booster verwendete Gasturbine eine besonders wirtschaftliche Betriebsweise, kann doch eine entsprechend ausgerüstete Lokomotive beim Beschleunigen und bei Fahrten in Steigungen eine wesentlich höhere Leistung abgeben, ohne daß der bei diesem zeitlich begrenzten Volleinsatz hohe spezifische Treibstoffverbrauch der Gasturbine im Teillastbereich ungünstig zur Geltung kommt. In der Folge wurde 1964 – neben der Beschaffung der drei Prototypen der Baureihe V 162 mit Heizdiesel-Generator-Aggregat – die Firma Klöckner-Humboldt-Deutz (KHD) mit der Entwicklung und dem Bau der V 169 001 beauftragt.

Die V 169 001 entspricht konstruktiv weitgehend der V 162; Abweichungen ergeben sich vor allem in der maschinellen Ausrüstung. Während bei der V 162 gesonderte Heizdiesel-Generator-Aggregate für die elektrische Zugheizung installiert sind, treibt bei der V 169 der Hauptdieselmotor den Heizgenerator an. Zum Ausgleich der abgezweigten Heizleistung von 360 kW ist die Lokomotive mit einer von KHD in Lizenz gefertigten Zweiwellenturbine von General Electric, Typ LM 100-8, ausgerüstet. Ihre Leistung von 600 kW (825 PS) wird über ein Untersetzungsgetriebe und einen eigenen Wandler in das Getriebe eingespeist. Die Gasturbine ist zusammen mit dem Untersetzungsgetriebe, dem Luftansaugfilter, dem Auspuffschalldämpfer, dem Steuerschrank, dem Turbinenölbehälter sowie dem Ölkühler und der Anlaßbatterie an der Stelle des Dampfheizkessels eingebaut. Aufgrund der entfallenden Dampfheizanlage ist die Lokomotive für den Warmhalte- und Vorwärmbetrieb mit einem zusätzlichen ölgefeuerten Warmwassergerät der Bauart Hagenuk ausgerüstet. Als Antriebsaggregat dient der Maybach-Motor MD 870 1B mit einer Leistung von 1580 kW (2150 PS), der über einen primärseitigen Hilfsabtrieb des Getriebes und eine Gelenkwelle den SSW-Drehstromgenerator mit Umrichter antreibt. Dieselmotor und Gasturbine treiben über Gelenkwellen in das in der Mitte der Lokomotive angeordnete Voith-Turbogetriebe L 820 wrs ein, und zwar über nicht miteinander gekuppelte Pumpenräder auf eine gemeinsame Turbinenradwelle. Das Turbogetriebe stellt dabei wegen des besonderen Wandlers für die Gasturbine eine Sonderbauart dar. Die Leistungssteuerung erfolgt über 15 Dauerfahrstufen sowie die Fahrschalterstellung „B“ (= Booster), über die die Gasturbine gestartet wird. Un-

Nach dem Ausbau der Gasturbine wurde 219 001 im Ruhrgebiet vor Güterzügen abgefahren.
Foto: Matthias Maier

ter Einbeziehung der Gasturbinenleistung ist die V 169 001 bei einem nur um 1,2 t erhöhten Gesamtgewicht etwa 40 Prozent leistungsfähiger als die V 160.

Die V 169 001 wurde nach gut zweijähriger Entwicklungsarbeit am 21. 7. 1965 abgeliefert und nach einigen wenigen Probefahrten im Kölner Raum auf der Internationalen Verkehrsausstellung in München der Öffentlichkeit vorgestellt. Anschließend fand am 29. 10. 1965 ihre Abnahme im AW Nürnberg statt. Danach kam die Lokomotive bis zum 24. 2. 1975 vom Bw Kempten aus vorwiegend im schweren Schnellzugdienst auf der Allgäubahn zum Einsatz. Die dabei gewonnenen Erfahrungen trugen entscheidend zur Entwicklung der acht Lokomotiven der Baureihe 210 bei, die ab Oktober 1970 ebenfalls beim Bw Kempten in Dienst gestellt wurden.

Da mit den Neubaulokomotiven der Bedarf für den schweren Reisezugdienst weitgehend abgedeckt werden konnte, wurde zugleich eine leistungsgerechte Verwendung der inzwischen als 219 001 bezeichneten V 169 immer schwieriger. Nach einem Brennkammerschaden wurde deshalb die Gasturbine im April 1974 ausgebaut. Nach weiteren Umbauten gelangte die Maschine Ende Februar 1975 schließlich zum Bw Gelsenkirchen-Bismarck, wo sie zusammen mit der Baureihe 216 im Güterzugdienst abgefahren wurde. Am 26. 1. 1978 wurde sie nach Fristablauf als Einzelgänger ausgemustert. Von einer musealen Erhaltung sah man trotz der entwicklungsgeschichtlichen Bedeutung ab. Lediglich die Gasturbine wurde für das Verkehrsmuseum Nürnberg aufbewahrt, während die Lokomotive über die Firma Layritz an den Gleisbaubetrieb „Attilio Rosso“ in Italien verkauft wurde, wo sie 1996 noch im Einsatz war.

210 DB
218.9 DB AG

Der sich mit der wachsenden Mobilität verschärfende Wettbewerb zwischen Schiene und Straße zwang die DB gegen Ende der sechziger Jahre, ihre Leistungsfähigkeit auch auf den zu jenem Zeitpunkt nicht für eine Elektrifizierung vorgesehenen Hauptstrecken zu erhöhen. Für die in diesem Zusammenhang geforderte Heraufsetzung der Höchstgeschwindigkeit auf 160 km/h standen jedoch keine geeigneten Diesellokomotiven zur Verfügung. Um dennoch kurzfristig ein attraktives Angebot schaffen zu können, wurden die Möglichkeiten untersucht, im Rahmen der Beschaffung der 218 eine geringfügig modifizierte, noch leistungsstärkere Variante innerhalb der V 160-Familie zu entwickeln. Möglich schien dies vor allem durch den Einbau einer Gasturbine, nachdem mit der im Oktober 1965 in Dienst gestellten V 169 001 zwischenzeitlich die Eignung dieser Antriebstechnik für die Traktion nachgewiesen werden konnte. Die Gasturbine sollte dabei als Booster wiederum nur zur Abdeckung der Leistungsspitzen dienen. Für diese Lösung sprach, daß die Turbine im Fahrzeugteil der 218 ohne wesentliche konstruktive Änderungen angeordnet werden konnte und somit in relativ kurzer Zeit geeignete Maschinen zur Verfügung ständen. Eine leistungsmäßig vergleichbare Diesellokomotive ohne Gasturbine hätte dagegen nur eine sechsachsige Maschine sein können, deren Entwicklung entsprechend zeitintensiv und kapitalaufwendig gewesen wäre. Unter diesen Gesichtspunkten beauftragte das BZA München Mitte 1969 die Firma Krupp, Essen, mit dem Bau von acht Gasturbinenlokomotiven der Baureihe 210.

Die Lokomotiven mit elektrischer Zugheizanlage, hydrodynamischer Bremse und Fernsteuerungseinrichtung für Doppeltraktion- und Wendezugbetrieb entsprechen in den Hauptbauteilen sowie deren Anordnung den Vorserienmaschinen der Baureihe 218. Die Fahrzeugabmessungen sind entsprechend ebenfalls mit diesen identisch. Die Drehgestelle, von Atlas-MaK in Zusammenarbeit mit dem BZA München entwickelt, weisen eine neue Ka-

210 001 im Ablieferungszustand
Foto: Archiv Eisenbahn Magazin

Oben links: 210 007 im Schnellzugdienst auf der Allgäubahn, 28.12.1975

Foto: Matthias Maier

Oben rechts: 210 001 und 210 005 am Prellbock des Lindauer Hauptbahnhofs im August 1980

Foto: Sammlung Rüdiger Block

Unten: 210 004 nach Stillegung der Gasturbine und bereits in der neuen Lackierung am 13.7.1980 im Bw Kempten

Foto: Uwe Clasen

stenabstützung und Radsatzführung auf. Eine Gummi-Radsatzfederung in Verbindung mit Stoßdämpfern stellt dabei auch bei höheren Fahrgeschwindigkeiten ein gutes Fahrverhalten sicher. Als Hauptantriebsaggregat ist der MTU-Dieselmotor MA 12 V 956 TB 10 mit einer Leistung von 1840 kW (2500 PS) eingebaut. Hinzu kommt eine von Klöckner-Humboldt-Deutz (KHD) in Lizenz gefertigte Zweiwellenturbine der Bauart Avco-Lycoming T 53 – L 13 mit einer Nennleistung von 845 kW (1150 PS), wie sie in großen Stückzahlen auch im Hubschrauber-Bau verwendet wird. In einem elastisch abgestützten Drehrahmen gelagert, ist sie – bei der 218 vorhandenen, freien Einbauplatz nutzend – am linken Seitengang vor dem Führerstand 2 angeordnet. Als Booster nur bei Beschleunigungs- und Steigungsfahrten zugeschaltet, wird ihre Traktionsleistung über einen eigenen Drehmomentwandler am hydrodynamischen Getriebe übertragen. Das Triebwerk besteht aus einem Gaserzeuger (Verdichter, Brennkammer und Verdichterturbine) und einer Arbeitsturbine, die mechanisch nicht miteinander verbunden sind. Der Verdichter besitzt fünf Axialstufen und eine Radialstufe. Die Verbrennungsluft wird der Gasturbine über zwei pneumatisch betätigte Jalousien oberhalb des linken Seitenganges zugeführt. Durch einen ringförmigen Kanal um das Turbinengetriebe wird die Luft durch den Verdichter angesaugt. Die selbsttätig überwachte Gasturbine kann nur bei einer Fahrgeschwindigkeit über 28 km/h mit Leistung betrieben werden. Darunter ist die Leistung des Dieselmotors allein ausreichend, um die durch das Reibungsgewicht der Lokomotive begrenzten Zugkräfte zu erreichen. Mit einer installierten Gesamtleistung von 2685 kW (3650 PS) liegt die 210 leistungs- und zugkraftmäßig nur knapp unter der V 320. Die Gasturbine erlaubt dabei eine Steigerung der Antriebsleistung um fast 50 Prozent bei einem gegenüber der Vorserien-218 nur um zwei Prozent erhöhten Gewicht.

Während die als erste Maschinen ihrer Baureihe im Oktober 1970 an die DB übergebenen 210 001 und 002 zunächst einem umfangreichen Meßfahrtenprogramm beim BZA München unterzogen wurden, kamen die restlichen sechs Lokomotiven – zwischen November 1970 und Januar 1971 von Krupp geliefert – sofort von ihrer geplanten Heimatdienststelle Kempten aus im hochwertigen Reisezugdienst zum Einsatz. Befahren wurde dabei hauptsächlich die steigungs- und kurvenreiche Allgäubahn, wo die Gasturbinenlokomotiven zahlreiche Doppeltraktionen entbehrlich machten. Zu den herausragenden Leistungen gehörte dabei die Bespannung des Zugpaares TEE 66/67 „Bavaria" zwischen Lindau und München.

Trotz der hohen Beanspruchung kam es in den ersten Einsatzjahren zu keinen nennenswerten Störungen. Probleme traten erst gegen Ende der siebziger Jahre auf. So kam es bei 210 003, als diese am 24. 3. 1978 den D 1512 von Ulm nach Oberstdorf bespannte, bei Kempten zu einem Bruch der Turbinenscheibe, in deren Folge die Turbine so schwer beschädigt wurde, daß das Triebwerk ausgebaut und verschrottet werden mußte. Bei einer vorsorglichen Untersuchung stellte man auch bei anderen Gasturbinen Anrisse fest, so daß alle Triebwerke bis zum Austausch der schadhaften Teile vorübergehend außer Betrieb genommen wurden. Das endgültige „Aus" folgte noch im gleichen Jahr, als es bei 210 008 am 31. 12. 1978 erneut zu einem Schaden kam.

Durch den Bruch des Verdichterlaufrades wurde dabei auch die Kraftstoffleitung beschädigt und entzündeter Kraftstoff machte einen Feuerwehreinsatz in Fürstenfeldbruck erforderlich. Mit einer Verfügung vom 25. 7. 1979 ordnete die Zentralstelle Technik in Mainz schließlich an, daß die nach diesem Unfall erneut stillgelegten Turbinen nicht wieder in Betrieb genommen und die 210 im Rahmen der jeweils nächsten Hauptuntersuchung der Baureihe 218 weitgehend angeglichen werden. Nach der Stillegung der Gasturbine der 219 001 im April 1974

218 901 mit einem Meßzug der Versuchsanstalt Minden auf dem Hindenburgdamm am 3. 5. 1995

Die Mindener Versuchsamts-Lokomotivführer scheinen für die Braunschweiger 218 901 eine besondere Vorliebe zu hegen. Im Mai 1995 ist sie in Belgien unterwegs und trifft einen EuroStar.

Fotos: Uwe Clasen

sowie der Abstellung der Gasturbinen-Triebköpfe der Baureihe 602 im Juli und September 1979 gehörte damit die Ära dieser Traktionsart bei der DB endgültig der Vergangenheit an.

Die 210 kamen daraufhin in einem Mischplan zusammen mit Kemptener 218 zum Einsatz, bis im AW Nürnberg ab Juli 1979 nach und nach bei allen Lokomotiven die Gasturbinen-Anlagen ausgebaut wurden. Das dadurch verringerte Gewicht wurde dabei durch Ballast ausgeglichen. Gleichzeitig wurde die Höchstgeschwindigkeit der fortan als 218 901 bis 908 bezeichneten Maschinen auf 140 km/h herabgesetzt. Als letzte entsprechend umgebaute 210 kehrte 210 008 am 22.4.1981 zum Bw Kempten zurück. Dort verblieben die Lokomotiven noch bis zum Winterfahrplanwechsel 1983, um dann nach Braunschweig umbeheimatet zu werden. Von dort aus kommen sie auch heute noch zum Einsatz.

Der Vollständigkeit halber sei hier auf die im Sommer 1996 auf 160 km/h aufgerüsteten zwölf Lokomotiven der Baureihe 218 hingewiesen, die die Baureihennummer 210 erhielten und die bei der Beschreibung der Baureihe 218 näher dargestellt sind.

V 200.0 DB 220 DB

Mit der Konstruktion leistungsstarker Diesellokomotiven betrat die DB Anfang der fünfziger Jahre Neuland, wurden doch von der DRB, abgesehen von der V 140 001, die erst 1953 ausgemustert wurde, keine Motorlokomotiven größerer Leistung in Betrieb übernommen. Immerhin boten die Vorkriegsversuche und die Erfahrungen aus dem Triebwagenbau eine gute und ausbaufähige Grundlage. Für den hohen Leistungsbedarf sah das Beschaffungsprogramm der DB die Entwicklung von Einheitsmaschinenanlagen mit schnellaufenden Motoren und hydraulischer Kraftübertragung vor. Die Leistung wurde zunächst auf 600 kW (800 PS) bei 1400 U/min festgelegt, konnte jedoch später ohne konstruktive Änderungen mit 735 kW (1000 PS) bei 1500 U/min den schon gestiegenen Leistungsanforderungen angepaßt werden. Anhand dieser Vorgaben entstanden zunächst die zehn Lokomotiven der Baureihe V 80 für den leichten Streckendienst. Mit ihrer Bewährung wurde zugleich der Grundstein für die weitere Beschaffung gelegt. Von der V 80 wurden allerdings keine weiteren Maschinen mehr in Dienst gestellt, da der Betriebsdienst aufgrund der stetig steigenden Leistungsanforderungen stärkere Lokomotiven forderte. In der Folge wurde innerhalb eines dreiviertel Jahres die V 200.0 entwickelt. Die Baurichtlinien sahen zwei Maschinenanlagen mit je 735 kW (1000 PS) vor. Die Höchstgeschwindigkeit sollte bei 140 km/h liegen.

Bei der V 200.0 handelt es sich um eine Drehgestell-Lokomotive der Radsatzanordnung B'B', wobei jedes Drehgestell von einem Dieselmotor angetrieben wird. Der Lokomotivkasten wird durch Zwischenwände in die hochgelegten Führerstände sowie den begehbaren Maschinenraum unterteilt. Alle Bauteile sind zur mittig im Maschinenraum angeordneten Zugheizanlage symmetrisch. An den Stirnseiten befinden sich vor den Führerräumen zwei kurze Vorbauten, in denen je eine Anlaßlichtmaschine und Doppellüfterpumpe untergebracht

Diesellokomotive V 200
Zeichnung: Archiv Eisenbahn Magazin

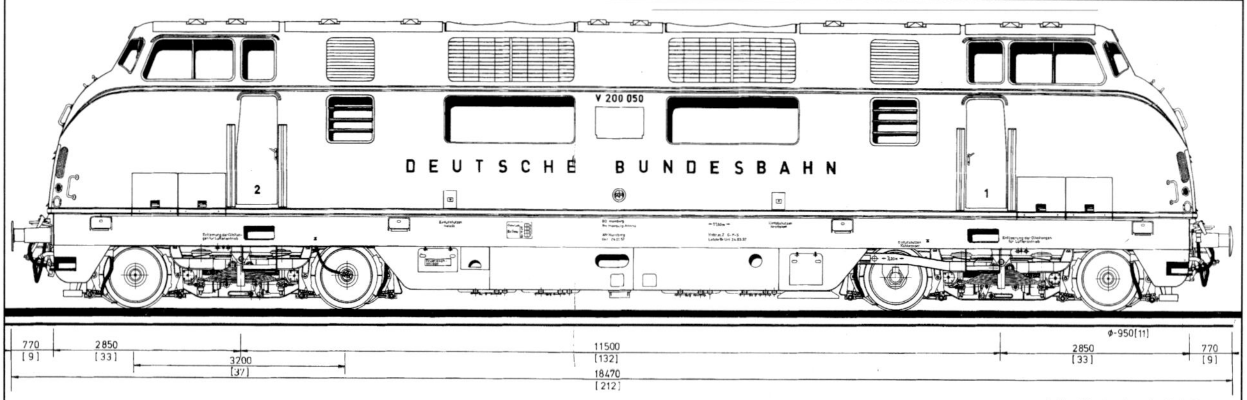

Maßstab 1:110

sind. Die hydraulischen Getriebe befinden sich unter den Fußböden der Führerräume. Sie können nach Entfernen der Boden- und Dachklappen nach oben ausgebaut werden. Ebenso sind alle Teile des Maschinenraumes über Dachöffnungen ausbaubar. Die Drehgestelle besaßen keine Drehzapfen, sondern eine Lenkhebelkonstruktion mit Gummigelenken. Um die Laufeigenschaften noch weiter zu verbessern, wurde die Lenkhebelkonstruktion später durch zwei Querstoßdämpfer ersetzt. Jedes Drehgestell wird über ein hydraulisches Getriebe durch einen Dieselmotor angetrieben. Dabei sind wahlweise die Motoren Daimler-Benz MB 820 Bb, MAN 12 V 18/21 und Maybach MD 650 verwendbar. Beide Maschinenanlagen arbeiten unabhängig voneinander. Die Abwärme der Motoren wird durch je zu einer Maschinenanlage gehörige Kühlaggregate abgeführt. Die Vorserienmaschinen sind dabei mit Kühlergruppen der Firma Voith ausgerüstet, während die Serienlokomotiven Anlagen der Firma Behr erhielten. Die Leistung wird über dreipunktgelagerte hydraulische Getriebe übertragen. Wahlweise können dabei die Getriebe Voith LT 306 r mit drei hydraulischen Drehmomentwandlern oder Maybach

200 002 auf Probefahrt im Schwarzwald in Triberg
Foto: Archiv Eisenbahn Magazin

220 002 mit einem DC Stuttgart–Würzburg bei Sennfeld im April 1975

Vorserienlokomotive 220 003 am 24. 4. 1975 in Heilbronn
Fotos: Matthias Maier (3)

Erste Serienlokomotive war die von MaK gelieferte 220 006, aufgenommen in Hausach im März 1973.

K 104, bestehend aus einem hydraulischen Wandler und vier nachgeschalteten mechanischen Gängen, verwendet werden. Sowohl Getriebe als auch Motor sind bei der V 200.0 im Lokomotivrahmen untergebracht. Alle Lokomotiven sind mit Vielfachsteuerung für Doppeltraktion und Wendezugbetrieb ausgerüstet. Die Geschwindigkeit ist über sechs Fahrstufen regelbar. Die Höchstgeschwindigkeit beträgt 140 km/h. Die zunächst einlösigen Druckluft-Klotzbremsen wurden ab 1975 gegen mehrlösige Bremsen der Bauart Westinghouse ausgetauscht. Zur Zugheizung wurde eine mit Heizöl betriebene Dampfheizanlage der Bauart Hagenuk mit selbsttätiger Feuerung installiert. Ihre Leistung reicht für die Beheizung von maximal zwölf Reisezugwagen bei -10 Grad Celsius.

Die fünf zwischen November 1953 und Februar 1954 in Dienst gestellten

Oben: 220 010 mit Schnellzug Stuttgart–Italien bei Rottweil im Frühjahr 1974
Fotos: Matthias Maier (2)

Mitte: Die Lübecker 220 013 im Hamburger Hauptbahnhof im März 1975

Unten: 220 023 am Endpunkt der Unterelbebahn Cuxhaven vor N 4463 am 22.5. 1979 *Foto: Rüdiger Block*

Vorserienmaschinen kamen nach einigen Meßfahrten durch das BZA München sofort vom Bw Frankfurt/M-Griesheim aus im hochwertigen Fernschnellverkehr zum Einsatz. Die durchschnittliche Laufleistung pro Tag lag dabei zwischen 700 und 800 Kilometern. Im Jahre 1955 stieg die Gesamtleistung auf eine Million Kilometer an. In jenem Jahr fand auch die erfolgreiche Vorführungsfahrt mit V 200 005 bis in die Türkei statt. Die dabei auf den steigungs- und kurvenreichen Gebirgsstrecken erzielten Ergebnisse belegten die Leistungsfähigkeit dieser Baureihe. In der Folge bestellte die DB noch 1955 eine erste Serie von 50 Maschinen. Davon sollten 20 Lokomotiven von MaK, Kiel, und die restlichen von Krauss-Maffei, München, geliefert werden. Gegenüber den Vorserienlokomotiven war dabei eine Leistungssteigerung auf 810 kW (1100 PS) vorgesehen.

Mit zunehmender Stückzahl wurden in die Dienstpläne der V 200.0 auch Leistungen mit höheren Zuggewichten aufgenommen. Die Baureihe eroberte damit ebenfalls den Zugförderungs-

Mitte links: Die Anschriften auf der Front wurden bei 220 060 anders als bei 220 012 und 023 angeordnet, da bei den Lokomotiven der zweiten Bauserie die Lüftungsschlitze anders angeordnet sind.
Fotos: Matthias Maier (2)

Mitte rechts: Führerpult der V 200
Foto: Archiv Eisenbahn Magazin

Unten: 220 034 vor Eilzug nach Stuttgart am 18. 7. 1974 in Nürnberg Hbf, der damals noch seine markanten Bahnsteigüberdachungen besaß.

V 200 047 im Ablieferungszustand
Foto: Werkbild Krauss-Maffei AG

220 048 und 220 006 mit E 3056 Hamburg–Eutin bei Lübeck am 17.7.1976
Foto: Sammlung Rüdiger Block

bereich der Schnell- sowie Eilzüge und kam zum Teil auch vor Güterzügen zum Einsatz. Heimatdienststellen waren Hamburg-Altona, Frankfurt/M-Griesheim, Hamm/Westf. und Villingen. Die Schwarzwaldbahn wurde damit zur ersten voll verdieselten Strecke der DB. Aufgrund des Erfolges wurde Ende der fünfziger Jahre noch einmal eine Serie von 30 Maschinen bei Krauss-Maffei bestellt, von denen als letzte V 200.0 am 18.8.1959 die V 200 086 abgenommen wurde.

Die bei den Bahnbetriebswerken Frankfurt/M-Griesheim und Hamburg-Altona aufgestellten Dienstpläne umfaßten vor allem Leistungen auf der Nord-Süd-Magistrale. Da die Lokomotiven ohne Nachtanken lange Strekken zu durchfahren hatten, mußte das Personal unterwegs am Bahnsteig ausgetauscht werden. Hamburger Lokomotivführer fuhren so bis nach Würzburg durch, während Würzburger Personal auf Hamburger und Frankfurter Maschinen die Spitzen nach Treuchtlingen, München und Bamberg ausfuhr. Daneben kamen V 200.0 des Bw Hamburg-Altona auf der Strecke Hamburg–Lübeck im Wendezugbetrieb zum Einsatz. Einst von der Lübeck-Büchener Eisenbahn mit Dampflokomotiven ins Leben gerufen, nahm die DB diesen Betrieb ab dem 15.9.1959 wieder auf. Er währte mit dieser Baureihe jedoch nur kurz, da die V 200.0 dringend zur Bespannung der Schnellzüge Richtung Süden benötigt wurde. 1962 übernahmen deshalb die neuen Vorserien-V 160 den Bezirksverkehr nach Lübeck. Später kam die V 200.0 erneut in diesen Diensten zum Einsatz.

Zu einer besonderen V 200.0-Hochburg entwickelte sich das Bw Hamm/Westf. Es gab kaum einen Schnellzug

220 051 mit dem popfarbenen DC „Ostfriesland“ in Rheine im Oktober 1975
Foto: Matthias Maier

zwischen Hamm und Hannover beziehungsweise Braunschweig, der vor der Elektrifizierung 1969 nicht mit dieser Baureihe bespannt wurde. Eine Hammer V 200.0 war es auch, die noch bis zum Winterfahrplan 1966/67 den TEE „Rheingold" zwischen Duisburg und dem niederländischen Arnheim führte.

Erhebliche Probleme bereiteten die V 200.0 Anfang der sechziger Jahre. Der ständige Einsatz unter Vollast über längere Zeiträume blieb nicht ohne Folgen auf das Getriebe und so kam es im Sommer 1961 zu einem regelrechten Zusammenbruch der Dieselschnellzugförderung mit der V 200: Von den 86 Maschinen waren 42 Lokomotiven schadhaft abgestellt und führten zu einer, wenn auch kurzen, Renaissance der Dampflokomotive. Erst 1964 kehrten die V 200.0 in den Schnellzugdienst zurück. Ihre große Zeit in diesen Diensten war allerdings vorbei. Mit der Elektrifizierung der Nord-Süd-Magistrale zwischen Hannover und Würzburg gehörten ab 1963 die Langläufe Norddeutschland –Bayern der Vergangenheit an. Die Fortführung des Fahrdrahts über Hannover hinaus bis Bremen am 15.12.1964 und Hamburg-Altona am 6.4.1965 sowie die Fertigstellung der Verbindungen vom Rhein/Ruhr-Gebiet nach Hannover am 29.9.1969 und der Strecke Bremen–Hamburg ein Jahr später machten dringend die Suche nach einem neuen Einsatzgebiet für die V 200.0 erforderlich.

Im Mai 1968 verschwand die V 200.0 aus dem Bw Hamm/Westf., kam aber zunächst – nun zum Bw Hannover gehörend – noch weiterhin ins Ruhrgebiet. Letzte große Leistung der

Die geringfügigen Unterschiede zwischen der ersten und zweiten Bauserie werden auf dieser Aufnahme deutlich.
Foto: Matthias Maier

V 200 068
Foto: Archiv Eisenbahn Magazin

Die Hollandlinie Hannover–Osnabrück–Bentheim–Oldenzaal–Hengelo gehörte auch zum traditionellen Einsatzgebiet der V 200. 220 069 am 17.7.1975 in Hengelo.
Foto: Matthias Maier

Am 15.2.1975 war die Hauptuntersuchung der 220 080 abgeschlossen und die Lokomotive wartet im neuen Lack auf die Werksprobefahrt.
Fotos: Matthias Maier

Hamburg-Altonaer V 200.0 war bis Herbst 1968 die Bespannung des FD „Gambrinus“ zwischen Hamburg und Dortmund. Dann wurden auch dort untergeordnetere Dienste zum täglichen Brot. In die bisher relativ konstante Beheimatung kam entsprechend Bewegung. Nach den traditionsreichen Betriebswerken Hamburg-Altona, Frankfurt/M-Griesheim, Hamm/Westf. und Villingen tauchten nun neue Namen wie Kaiserslautern, Braunschweig oder Hannover auf, von wo aus die Maschinen meist nur kurze Zeit zum Einsatz kamen. Zur bedeutendsten Heimatdienststelle entwickel-

220 083 am 24.9.1976 in den Weiten Ostfrieslands bei Petkum

Die beiden Varianten der V 200 teilten sich den Zugförderungsdienst auf der Schwarzwaldbahn bis zu deren Elektrifizierung te sich Anfang der siebziger Jahre das Bw Lübeck. Hauptsächlich befahren wurden neben der Vogelfluglinie die Unterelbebahn nach Cuxhaven und die Strecke nach Büchen.

Im Jahre 1975 wurden die Lokomotiven mit der Auflösung der V 200.0-Bestände in Villingen und Würzburg schließlich zu einer rein norddeutschen Baureihe. 36 Maschinen waren ab dem Sommerfahrplan 1976 in Lübeck, 48 Lokomotiven beim Bw Oldenburg stationiert. Von dort aus kamen sie noch bis in die achtziger Jahre zum Einsatz.

Als erste Lokomotive wurde am 10.10.1973 die Villinger 220 086 ausgemustert, nachdem die Lokomotive bei einem Zusammenprall mit einem Schotterwagenzug, der sich selbständig gemacht hatte, auf der Schwarzwaldbahn bei St. Georgen schwer beschädigt worden war. Mit dem Verkauf mehrerer Maschinen an die Firma Heitkamp dezimierte sich der Bestand 1977/78 weiter. Von der Firma wurden 220 006, 021, 024, 035, 046, 054 und 069 gekauft, die diese vor Arbeitszügen beim Bau einer Neubaustrecke von Damman nach Riyadh in Saudi-Arabien einsetzte. In den folgenden Jahren zeigten auch zahlreiche andere Firmen und Bahnen Interesse an dieser Baureihe. So gelangten 220 030, 037, 068 und 075 über die französische Firma CFD in den Bauzugdienst nach Algerien. Insgesamt 13 Maschinen kamen nach Italien, wo sie größtenteils noch heute bei Gleisbaufirmen und Privatbahnen wie der Ferrovia Suzzara–Ferrara oder der Ferrovie Padane im Einsatz stehen. Sieben Lokomotiven verschlug schließlich als Am 4/4 18461 bis 18467 zu den Schweizerischen Bundesbahnen SBB, die diese nach einer

Aushilfsweise kamen 1980/81 einige 220 in Dänemark zum Einsatz, 220 037 und 053 treffen My 1137 im Bw Fredericia am 2.6.1981.
Foto: Rüdiger Block

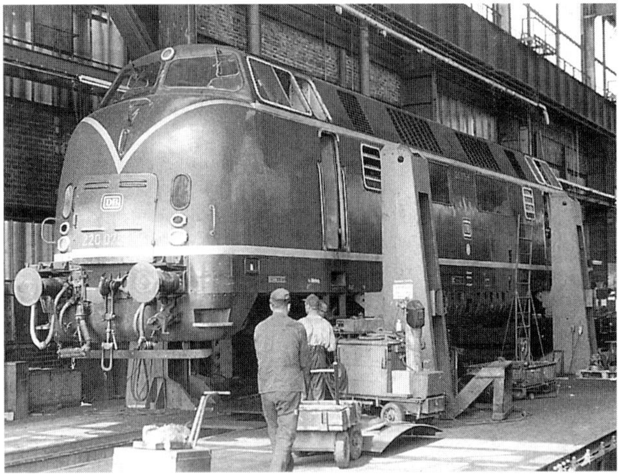

Werksrundgang durch das AW Nürnberg zu einer Zeit, als die V 200 noch voll unterhalten wurden. 220 075 auf dem Hebestand
Fotos: Matthias Maier (2)

Diese V 200 wurde von ihrem alten Lack vollständig befreit, die Maschinenanlagen sind ausgebaut.

aufwendigen Aufarbeitung vorrangig für Bauzugdienste verwendeten. Allerdings war man in der Schweiz mit der V 200.0 nicht sonderlich zufrieden, und die Lokomotiven rollten 1996 auf das Abstellgleis.

Besonders zu erwähnen ist der leihweise Einsatz der V 200.0 bei den Dänischen Staatsbahnen (DSB). Diese benötigten im Sommerfahrplan 1981 vorübergehend neun Maschinen, nachdem eine von den DSB bestellte Serie dieselelelektrischer Lokomotiven der Reihe ME von Henschel/BBC nicht rechtzeitig geliefert wurde. In Aarhus stationiert, erfolgte ihr Einsatz jeweils in Doppeltraktion in Jütland und auf Fünen. Die neunte Maschine diente dabei als Reserve, um die erforderlichen Fristarbeiten durchführen zu können.

Mit dem Sommerfahrplan 1984 endete schließlich bei der DB nach rund 30 Jahren die Ära der V 200.0. Als letzte Lokomotiven ihrer Reihe wurden die Lübecker 220 007, 014, 018 und 041 am 31.12.1984 ausgemustert. Heute erinnern in Deutschland noch die museal erhaltenen, teilweise betriebsfähigen 220 001, 002, 007, 009, 018, 033, 058 und 071 an vergangene Zeiten.

Nicht unerwähnt sollen in diesem Zusammenhang auch die Exporterfolge von Krauss-Maffei bleiben mit Lokomotiven, die auf der Konzeption der V 200 beruhen. Die höchsten Stückzahlen mit 71 bzw. 74 Lokomotiven erreichten die britischen Lizenz-Lokomotiven der Warship- bzw. Western-Klasse der britischen Staatsbahnen. Nach Spanien wurden insgesamt 45 Lokomotiven geliefert bzw. dort in Lizenz gebaut. Beachtenswert ist auch der Export von insgesamt 21 Lokomotiven in die USA und von 16 Lokomotiven an die brasilianische Minenbahngesellschaft „Vale de Rio Doce“. Bei diesen Lokomotiven konnte die installierte Leistung auf 2 x 2000 PS gesteigert werden.

Nur eine Teilanstrichsausbesserung erhält diese V 200. *Fotos: Matthias Maier*

Zwei V 200 am 15.2.1974 in der Ausbesserung

Nicht mehr ausgebessert wurde 220 086, die eine Kollision mit einem Schotterzug bei St. Georgen im Schwarzwald hatte.

V 200.1 DB
221 DB

Mit den stetig steigenden Zuggewichten wurden die ursprünglich für den leichten F-Zugdienst entwickelten V 200.0 zunehmend an den Grenzen ihrer Leistungsfähigkeit beansprucht. Die nur noch geringen Leistungsreserven reichten kaum mehr, um Verspätungen aufzuholen, und entsprechend verschlechterte sich der Pünktlichkeitsgrad der mit V 200.0 bespannten Züge. Hinzu kam, daß in den Wintermonaten der Heizkessel bei niedrigen Temperaturen für eine Beheizung derart langer Züge nicht mehr ausreichte. Insgesamt sank aufgrund der hohen Beanspruchung der Maschinenanlagen die Zuverlässigkeit und Verfügbarkeit der V 200.0, während gleichzeitig die Unterhaltungskosten stiegen. So verwundert es nicht, daß die Bestellung der 1959 gelieferten V 200 056 bis 086 bereits heftig umstritten war. Der Betriebsdienst forderte vielmehr eine leistungsstärkere Variante der bewährten V 200.0, die die im Typenprogramm bestehende Lücke zur 2940 kW (4000 PS) starken V 320 schließen sollte.

In der Folge erhielt das BZA München im Jahre 1960 den Auftrag, zusammen mit Krauss-Maffei, München, die V 200.1 zu entwickeln. Diese sollte unter Beibehaltung der grundsätzlichen Konzeption der V 200.0 und bei unverändertem Gesamtgewicht eine um rund 20 Prozent höhere Leistung besitzen. Erreicht wurde die Leistungssteigerung durch die Verwendung von zwei Zwölfzylinder-Motoren der Daimler-Benz-Bauart MB 835 Ab, mit denen die V 200.1 über eine Leistung von 1980 kW (2700 PS) verfügte. Das Mehrgewicht der Maschinenanlagen konnte durch die konsequente Verwendung von Leichtmetallen und Kunststoffen sowie weitere gewichtssparende Maßnahmen aufgefangen werden. So besaß die V 200.1 beispielsweise Wasserbehälter aus glasfaserverstärktem Polyester, und der bei der V 200.0 für die Zugheizung verwendete Feuerbüchsrauchröhrenkessel wurde durch einen leichteren Zwangsdurchlaufkessel ersetzt.

Die V 200.1 besitzt einen symmetrischen Aufbau. Der Lokomotivkasten ist aus Abkantprofilen gefertigt, auf die die Außenbleche aufgeschweißt sind. Er ist durch Zwischenwände in sieben Räume unterteilt: den in der Mitte liegenden Kühler- und Heizkesselraum, die beiden Motorenräume, die zwei Führerstände und die Vorbauten. Abnehmbare Dachklappen ermöglichen den weitgehenden Ausbau der Anlagen nach oben. Die beiden Seitengänge der Motorenräume und des Kühler-/Heizkesselraumes sind von den Führerständen aus durchgehend begehbar.

Die beiden Triebdrehgestelle besitzen innengelagerte Radsätze. Anstelle eines Drehzapfens ist zwischen Lokomotivkasten und Drehgestell eine besondere Lenkhebelkonstruktion mit Silentbloc-Gelenken vorhanden, durch welche die Drehgestelle um einen ideellen Drehpunkt geführt werden. Die Antriebs- und Bremskräfte werden bei den Lokomotiven der ersten Bauserie (V 200 101 bis 120) durch Druckstücke aus Manganhartstahl übertragen, während V 200 121 bis 150 mit

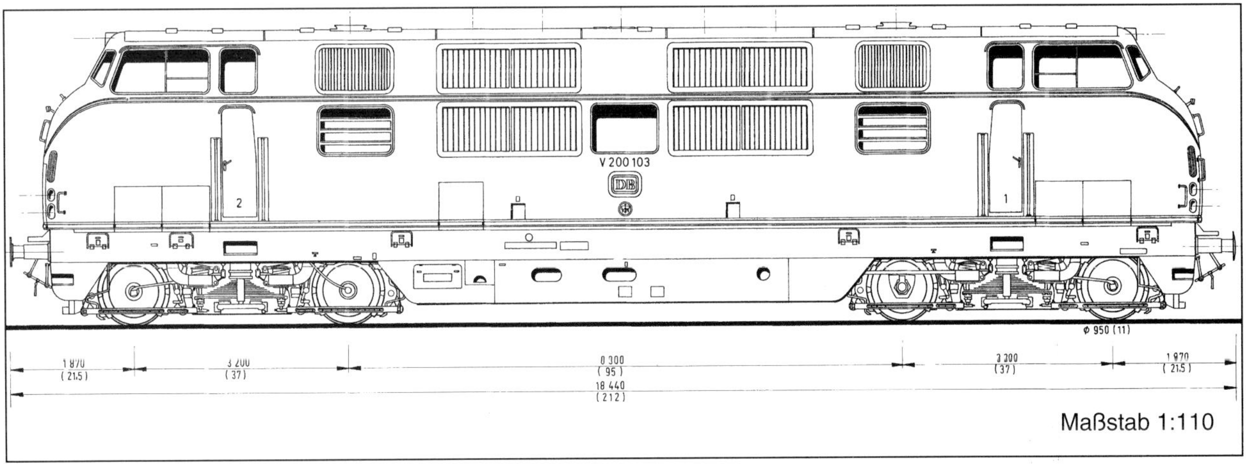

Dieselhydraulische Lokomotive Baureihe 221 (V 200.1)
Zeichnung: Archiv Eisenbahn Magazin

221 101 auf dem Weg von Singen nach Stuttgart bei Engen am 27.3.1975
Fotos: Matthias Maier

Den 20-Promille-Anstieg vom Hegau zum Schwarzwald meistert 221 121 mit Bravour.

Druckstücken aus Polyamid ausgerüstet sind.

Die Maschinenanlagen bilden zwei voneinander unabhängige Gruppen, die jeweils auf ein Drehgestell wirken. Als Antriebsmotoren dienen zwei aufgeladene Daimler-Benz-Zwölfzylinder-Viertakt-V-Motoren der Baureihe MB 835 Ab mit einer Leistung von 990 kW (1350 PS). Die Motoren sind mit Schwingmetallschienen elastisch auf dem Lokomotivrahmen gelagert. Die Verbrennungsluft wird durch seitliche Luftschlitze über Luftfilter angesaugt. Die Abgase der Motoren und des Heizkessels werden durch je einen Schacht über das Maschinenraumdach abgeführt.

Die Antriebsleistung wird über die unter den Führerräumen angeordneten Gelenkwellen zu den hydromechanischen Maybach-Mekydro-Getrieben K 184 U übertragen, die im Lokomotivrahmen über Silentblocs und Schwingmetallschienen elastisch gelagert sind und mit ihren unteren Abtrieben von oben in die kastenförmigen Mittelteile der Drehgestelle ragen. Die den Fahrtrichtungswechsel bewirkende Wendeschaltung ist in das Getriebe integriert. Je zwei Gelenkwellen übertragen schließlich die Leistung auf die vier Radsatzgetriebe (Maybach C 34) der Treibradsätze.

Das durch die Verlustwärme der Dieselmotoren und der hydromechanischen Getriebe erwärmte Kühlwasser wird in je einer Kühlergruppe mit hydrostatischem Lüfterantrieb rückgekühlt. Bei den Lokomotiven V 200 101 bis 120 ist dabei das Kühlsystem in der offenen Bauweise ausgeführt, während bei V 200 121 bis 150 ein geschlossener Kühlwasserkreislauf mit einem auf 0,5 kg/cm^2 Überdruck und 0,1 kg/cm^2 Unterdruck eingestellten Überdruck- und Schnüffelventil gewählt wurde.

Die elektrische Ausrüstung der V 200.1 ist eine Gemeinschaftsentwicklung der Firmen BBC, SSW und Krauss-Maffei in Zusammenarbeit mit dem BZA München. Die Dieselmotoren werden von den Führertischen aus über 15 Dauerfahrstufen elektropneumatisch gesteuert, während die Steuerung der hydromechanischen Getriebe und der Richtungswendegetriebe elektromagnetisch vorgenommen wird. Die V 200.1 ist mit einer elektronischen Sicherheitsfahrschaltung sowie mit induktiver Zugbeeinflussung ausgerüstet. V 200 101 bis 120 verfügen über eine Schleuderschutzeinrichtung mit optischer und akustischer Anzeige, V 200 121 bis 150 über eine Schleuder- und Überdrehzahlschutzeinrichtung mit Anzeige und Einwirkung auf die Motorleistungsregelung. Im Gegensatz zur V 200.0 ist die V 200.1 nicht mit einer Wendezugsteuer- bzw. Mehrfachtraktionseinrichtung ausgerüstet.

Zur Versorgung von Reisezügen mit Heizdampf und zum Vorwärmen der Maschinenanlagen ist eine Heizdampfkesselanlage der Firma Hagenuk, Kiel, vorhanden. Der in Lizenz der Firma Vapor Heating Comp., USA, gebaute Heizkessel erlaubt eine ausreichende Temperierung von 20 Reisezugwagen bei einer Außentemperatur von 0 °C. Er kann nur im Maschinenraum in Betrieb genommen, jedoch von den Führerräumen aus überwacht und im Notfall über einen Kippschalter abgestellt werden.

Die DB beschaffte in zwei Baulosen insgesamt 50 Lokomotiven dieser Baureihe bei Krauss-Maffei, München. Die Lokomotiven des ersten Bauloses (V 200 101 bis 120) kamen ab dem Jahreswechsel 1962/63 beim Bw Kempten im Allgäu sowie ab dem Frühjahr 1963 vom Bw Lübeck aus auf der Vogelfluglinie zum Einsatz. V 200 108 war dabei die 19 000ste bei Krauss-Maffei gefertigte Lokomotive. V 200 139 wurde auf der Internationalen Verkehrsausstellung 1965 ausgestellt. Mit den ab Ende 1964 gelieferten Lokomotiven der zweiten Bauserie (V 200 121 bis 150) wurden die Bestände der vorgenannten Dienststellen aufgestockt. Daneben hielt die Baureihe auch Einzug bei den Betriebswerken Hamburg-Altona und Villingen, wo die Maschinen die bereits vorhandenen V 200.0 ergänzten.

Eine Villinger 221 auf der Schwarzwaldbahn bei Triberg im Sommer 1974
Foto: Matthias Maier

Als erster V 200.1-Dienststelle wurde die am 27.11.1962 abgenommene V 200 101 dem Bw Kempten zugeteilt. Die Maschinen, deren Bestand in Kempten kontinuierlich auf 16 Lokomotiven ausgebaut wurde, kamen hauptsächlich auf der Allgäustrecke München/Augsburg–Lindau zum Einsatz, wo sie im Schnellzugdienst die Dampflokomotiven der Baureihen 18.6 und 39 ersetzten. Erste Leistungseinbußen mußten die ab 1968 EDV-gerecht als 221 bezeichneten V 200.1 Anfang der siebziger Jahre mit dem zunehmenden Einsatz Schweizer Reisezugwagen hinnehmen. Da diese mit elektrischer Zugheizung ausgerüstet waren, kam die 221 mit ihrer Dampfheizung für die Bespannung dieser Züge nicht mehr in Frage. In der Folge übernahmen ab 1971 Lokomotiven der Baureihe 218

Auch die Bespannung der Güterzüge über die Gäubahn nach Italien war Aufgabe der Villinger V 200. Hier passiert 221 137 das Hegaustädtchen Engen. *Fotos: Matthias Maier*

221 104 wird gleich mit dem DC „Hegauland" in den Kriegsbergtunnel einfahren und den Endbahnhof Stuttgart in Kürze erreichen.

die Aufgaben der 221. Damit im Allgäu kaum mehr benötigt, verließen im Sommer 1975 die letzten Kemptener 221 ihre bisherige Heimatdienststelle.

Als zweites Bahnbetriebswerk erhielt das Bw Lübeck mit V 200 109 bis 120 im März und April 1963 die ersten eigenen Lokomotiven dieser Baureihe. Die ersten planmäßigen Einsätze erfolgten mit der Eröffnung der Vogelfluglinie ab dem 14.5.1963. Daneben kamen die Lübecker V 200.1 über die Nord-Süd-Strecke bis Hannover. Allerdings reichten die anfänglich zwölf V 200.1 für die zahlreichen Züge auf der Vogelfluglinie, die sie vorrangig bespannen sollten, kaum aus, so daß 1965 aus Neuanlieferung auch Maschinen der zweiten Bauserie in der Hansestadt stationiert wurden. Im Mai 1967 wurde der Bestand mit den aus Hamburg-Altona umbeheimateten V 200.1 weiter aufgestockt. Dort hatte die V 200.1 mit Einsätzen im westlichen Schleswig-Holstein – u.a. mit dem Langlauf Kiel–Osnabrück – ein nur kurzes Gastspiel gegeben. Nach rund zwei Jahren wurde die Unterhaltung aus Rationalisierungsgründen aufgegeben und die Beheimatung auf das Bw Lübeck konzentriert. Zu den hochwertigen Lübecker Reisezugleistungen gehörte ab Mai 1974 u.a. die Bespannung des TEE-Zugpaares 34/35 „Merkur“. Wie schon im Allgäu wurden die Lübecker 221 allerdings ab Mitte der siebziger Jahre durch die Umstellung der Reisezüge auf Wagenmaterial mit elektrischer Zugheizung mehr und mehr durch die Baureihe 218 verdrängt. Die 221 wanderten entsprechend in den Güterzugdienst ab, und zum Sommerfahrplan 1978 endete der planmäßige Einsatz dieser Baureihe im Norden. Dennoch blieben die 221 in Lübeck unentbehrlich und verrichteten noch bis Mai 1980 Sonderdienste, wobei sie auch regelmäßig wieder vor Reisezügen zu beobachten waren.

Mit den ersten sieben Lokomotiven der zweiten Bauserie, die zwischen Dezember 1964 und Februar 1965 direkt zum Bw Villingen kamen, erlebte die Vollverdieselung der Schwarzwaldbahn ihren Höhepunkt. Darüber hinaus kamen die Villinger V 200.1 auf die Gäubahn sowie im Güterzugdienst auf die Hochrheinstrecke. Später wurden auch Nürnberg, Schirnding und Hof erreicht. Das Einsatzende im Schwarzwald begann sich Mitte der siebziger Jahre mit der fortschreitenden Elektrifizierung in Baden-Württemberg abzuzeichnen. Der letzte Villinger 221-Plan wurde im Sommer 1977 aufgestellt. Anschließend rollten die 221 zum Bw Oldenburg ab, das fast den kompletten 221-Bestand des Bw Villingen übernahm.

Das Bw Oldenburg gehört neben dem Bw Gelsenkirchen-Bismarck beziehungsweise Oberhausen 1 zu den letzten Heimatdienststellen der 221. Von dort aus übernahmen die Lokomotiven bis zum Abschluß der Elektrifizierungsarbeiten die Leistungen der letzten Dampflokomotiven auf der Emslandstrecke. Neben der Bespannung von Schnell- und Güterzügen beförderten sie dabei in Doppeltraktion auch die 4000-t-Kohlenzüge. Rund zwei Jahre dauerten die Einsätze, dann kam mit dem Winterfahrplan 1980 auch im Emsland das Ende für die 221.

Ihre letzten Leistungen erbrachten diese im Ruhrgebiet, wo am 26. 9. 1977 die ersten Lokomotiven dieser Baureihe beim Bw Gelsenkirchen-Bismarck eintrafen. Im Herbst 1980 waren die 221, mit Ausnahme der nach Unfällen vorzeitig ausgeschiedenen 221 148 und 150, dort komplett beheimatet. Sie wurden fast ausschließlich vor schweren Güterzügen eingesetzt, für deren Bespannung sich die Baureihe 216 als zu schwach erwiesen hatte. Dabei bestimmten kurzfristig eingelegte Programmzüge das Bild; ein fester Umlauf wurde nur für wenige Lokomotiven erstellt. Zu besonderen Einsatzehren kamen die 221 jeweils in den Wintermonaten, wenn bei guter Schneelage die Ski-Sonderzüge nach Winterberg verkehrten. Mit dem zurückgehenden Montanverkehr rückte jedoch auch das Einsatzende für die 221 näher. In drei Ausmusterungswellen zum 30.7., 26.9. und 17.12. 1987 wurde der 221-Bestand um mehr als die Hälfte dezimiert. Zum Sommerfahrplan 1988 endeten dann auch die letzten Einsätze im Ruhrgebiet und die Baureihe 221 schied endgültig aus dem Triebfahrzeugbestand der DB aus. Lediglich V 200 116 als betriebsfähige Museumslokomotive der DB und 221 135 erinnern in Deutschland noch an die Ära dieser Baureihe.

Allerdings wanderten die Lokomotiven nach ihrer Ausmusterung keineswegs auf den Schrott. Im Bemühen um einen Käufer für die 221 fand das zuständige BZA Minden mit den Griechischen Staatsbahnen (OSE) einen potentiellen Kunden. Am 21.4.1988 trat

Alle reden vom Wetter... Eine unbekannte 221 in Rottweil am 12.2.1973
Fotos: Matthias Maier

221 130 hat offensichtlich zu hart an einen Zug gesetzt und wird im AW Nürnberg instand gesetzt

221 113 des Bw Lübeck abfahrbereit im Fährbahnhof Puttgarden
Fotos: Matthias Maier (2)

221 133 ihre Reise nach Griechenland an, wo sie vor einer endgültigen Entscheidung über den Ankauf von 20 Lokomotiven dieser Baureihe zunächst ihre Eignung unter Beweis stellen sollte. Obwohl die Einsätze nicht zur vollsten Zufriedenheit verliefen und Kühlungsprobleme auftraten, entschlossen sich die Griechischen Staatsbahnen doch zu einem Ankauf. Die 20 als OSE 411 bis 430 bezeichneten Lokomotiven, von denen die letzten im Mai 1990 in ihrer neuen Heimat eintrafen, sind beim Depot Agios Ioannis in Athen beheimatet und kommen vor allem mit Reisezügen nach Larissa und Thessaloniki. Um die Vorhaltung von Ersatzteilen zu verbessern, bestellten die Griechischen Staatsbahnen Anfang 1992 außerdem weitere Tauschteile wie Drehgestelle und Motoren, die durch die Firma Layritz im Auftrag der DB aus noch nicht verkauften, in Rosenheim hinterstellten 221 ausgebaut wurden.

Ein weiterer Verkaufserfolg bahnte sich im Frühjahr 1989 an, als Vertreter der Albanischen Staatsbahnen (HSH) zu einer Besichtigung der 221 nach Deutschland kamen. Ein kurz darauf abgeschlossener Vertrag sah den Verkauf von fünf 221 vor – mit einer Option auf 20 weitere Maschinen. Vor ihrem Einsatz in Albanien erhielten die ausgewählten 221 noch eine Grundüberholung in der Werkstatt der Regentalbahn in Viechtach. Ende 1989 traten dann 221 109, 118, 125, 131 und 140 als HSH 2001 bis 2005 ihre Reise auf den Balkan an. Einzelheiten über den Einsatz sind nicht bekannt. Auch die Option über die weiteren 20 Lokomotiven wurde nicht eingelöst.

Die restlichen 221 – 221 101 bis 104, 110, 111, 113 bis 115, 120, 123, 128, 132, 135, 139, 141 bis 144, 148 und 149 – standen noch bis Mitte 1992 im Bw Rosenheim, dann verkaufte sie die DB an die Firma Layritz. Von ihnen traten noch 221101 und 120 (beide Officine di Cittadella) sowie 221 108 (Bulfone) die Reise nach Italien an. Die anderen Maschinen wurden verschrottet.

Unten links: 221 133 des Bw Oberhausen 1 im Bw Duisburg-Wedau
Foto: Uwe Clasen

Unten rechts: 221122 in Horb am 6.4.1975

V 300 DB
230 DB

Nach der erfolgreichen Vorführung der V 200 005 im April und Mai 1955 in der Türkei, in deren Rahmen die Lokomotive auch in Jugoslawien ihre Leistungsfähigkeit eindrucksvoll unter Beweis stellen konnte, zeigten vor allem die Jugoslawischen Staatsbahnen JZ großes Interesse an dieser Baureihe. Allerdings kam die V 200.0 in ihrer von der DB beschafften Form mit einer Radsatzlast von über 20 t für einen Einsatz in Jugoslawien nicht in Frage. Aufgrund des dortigen leichteren Oberbaus sollte die Radsatzlast der drei Lokomotiven, die die Jugoslawischen Staatsbahnen im Februar 1956 bei Krauss-Maffei in München bestellten, einen Wert von 16,5 t nicht überschreiten. Dies konnte konstruktiv nur durch die Verwendung dreiachsiger Drehgestelle erreicht werden. Die erste Lokomotive der neuen JZ-Baureihe D 66, bei Krauss-Maffei unter der Typenbezeichnung ML 2200 C'C' entwickelt, wurde auf der Deutschen Industriemesse in Hannover 1957 vorgeführt. Die anschließenden Versuchsfahrten zeigten so ermutigende Ergebnisse, daß Krauss-Maffei eine weitere Maschine dieser Bauart auf eigene Rechnung fertigte. Sowohl die bei hohen Zugkräften und kleinen Fahrgeschwindigkeiten als auch bei Höchstgeschwindigkeit erreichten Leistungen ließen die vielseitigen Verwendungsmöglichkeiten erkennen. Entsprechend sollte die in den Farben des Freistaats Bayern lackierte vierte ML 2200 C'C' als Versuchsträger Perspektiven bei der Entwicklung von Diesellokomotiven mit noch höheren installierten Leistungen aufweisen.

Am 15.8.1957 in Dienst gestellt, wurde die spätere V 300 001 zunächst probeweise vom Bw Frankfurt/M-Griesheim aus eingesetzt. Dabei legte die Lokomotive bereits im ersten Betriebsmonat mehr als 20 000 Kilometer zurück. Vom 19.9. bis 3.10.1957 folgten dann Probefahrten auf der Semmeringstrecke in Österreich. Dabei wurden bei den Anfahrversuchen Zugkräfte bis zu 32,2 t gemessen. Die Werte lagen damit deutlich über denen der Dampflokomotiven der Baureihen 42 und 52, die als die bis dahin stärksten am Semmering eingesetzten Lokomotiven Anfahrzugkräfte von 24 beziehungsweise 21,6 t erreichten. Anschließende Einsätze vom Bw Villingen aus auf der Schwarzwaldbahn bestätigten die Meßergebnisse, zeigten aber auch, daß die für die Bespannung schwerer Züge gedachte Lokomotive für diese Aufgabe zu schwach motori-

Mitte: Krauss-Maffei dieselhydraulische Lokomotive ML 2200 C'C' auf dem Bahnhof Semmering *Foto: Werkbild Krauss-Maffei*

Unten: Nach dem Umbau als ML 3000 im Probeeinsatz bei der DB *Foto: Archiv Eisenbahn Magazin*

Oben: Der spartanische Arbeitsplatz des V 300-Lokomotivführers.
Foto: Matthias Maier

Mitte: Nach der Übernahme durch die DB kommt V 300 001 von Hamm/Westf. aus zum Einsatz.
Foto: Sammlung Rüdiger Block

Unten: V 230 001 – aufgenommen am 7. 7. 1972 auf dem Rangierbahnhof Hamburg-Wilhelmsburg *Foto: Benno Wiesmüller*

siert war. Aus diesem Grund wurde sie vom 17. 11. 1957 bis zum 22. 5. 1958 bei Krauss-Maffei zur leistungsstärkeren ML 3000 C'C' umgebaut.

Die Konstruktion der V 300 001 in ihrer ursprünglichen Ausführung als ML 2200 C'C' basiert auf jener der V 200.0 mit zwei Maybach-Dieselmotoren vom Typ MD 650 mit einer Leistung von je 810 kW (1100 PS) und den Mekydro-Getrieben K 104. Aufgrund der sechsachsigen Ausführung besitzt sie eine Länge über Puffer von 20 270 mm gegenüber 18 470 mm bei der Serienausführung der V 200.0.

Im Rahmen der 1957/58 durchgeführten Umbauarbeiten erhielt die Maschine neue Motoren vom Typ MD 655, die mit der Bauart MD 650 baugleich sind, jedoch durch Hochaufladung und Ladeluftkühlung eine Leistung von 1100 kW (1500 PS) aufweisen. Um die höhere Leistung übertragen zu können, mußten auch die Getriebe getauscht werden. Zum Einbau kam das neu entwickelte Maybach-Getriebe K 184 M, mit dem Leistungen bis 1470 kW (2000 PS) übertragen werden konnten. Um das Reibungsgewicht noch besser auszunutzen, wurde außerdem eine feinstufigere Motorregelung mit nun 15 statt bisher sechs Fahrstufen eingebaut.

Als ML 3000 C'C' kehrte die Lokomotive im Mai 1958 auf DB-Gleise zurück und absolvierte erneut ein umfangreiches Versuchsprogramm im Schwarzwald und bei den ÖBB am Semmering. Dabei zeigte sich, daß die ML 3000 C'C' nun im Vergleich zur V 200 auf der Schwarzwaldbahn das doppelte Zuggewicht in der halben Zeit bewältigen konnte. Ab dem 3. 10. 1958 kam der Erprobungsträger dann mit mehreren Zwischenaufenthalten beim Hersteller vom Bw Frankfurt/M-Griesheim aus zum Einsatz, bis er am 9. 1. 1958 beim Bw Hamm/Westf. stationiert wurde. Während der dortigen rund zehnjährigen Beheimatung wurde die Lokomotive am 14.4.1964 als V 300 001 von der DB gekauft und übernommen. Die offizielle Indienststellung ist, nachdem zuvor im AW Nürnberg noch eine Bedarfsausbesserung durchgeführt wurde, auf den 4.8.1965 datiert. Nach den anfänglichen Farbgebungen in den bayerischen Landesfarben (als ML 2200 C'C') beziehungsweise in Rot-Weiß (ML 3000 C'C') mit der jeweiligen Aufschrift Krauss-Maffei AG in großen verchromten Buchstaben auf beiden Seitenwänden präsentierte sich die Lokomotive fortan in der bei der V 200 üblichen purpurrot-schwarzgrauen Lackierung.

In ihrer Hammer Einsatzzeit war sie anfangs vor schweren Schnellzügen zwischen Hamm/Westf. und Köln sowie auf der Strecke nach Helmstedt anzutreffen. Später – als ab 1963 auch V 320 001 in Hamm/Westf. beheimatet war – wanderte sie in den Güterzugdienst ab. Mit der Auflassung der V 200-Unterhaltung in Hamm/Westf. Ende 1969 gelangte die inzwischen EDV-gerecht als 230 001 bezeichnete Maschine zunächst zum Bw Lübeck, um ab dem 7.8.1970 schließlich vom Bw Hamburg-Altona aus eingesetzt zu werden. Rund fünf Jahre lang kam sie vorrangig mit dem Zugpaar D 533/532 über die Marschbahn bis Westerland/Sylt, dann konnte mit der Anlieferung fabrikneuer 218 in Altona auf den Einzelgänger verzichtet werden. Am 26.8.1975 ausgemustert, sollte sie zwei Jahre später eine neue Heimat in Italien finden. Ende September 1977 wurde sie in Güterzügen nach Udine überführt.

Die lange Abstellzeit war jedoch nicht spurlos an der Maschinenanlage vorübergegangen, so daß der Verkauf annulliert und die Lokomotive wieder nach Deutschland zurückgeschickt wurde. 1979 wurde sie schließlich durch die Firma Layritz in Penzberg verschrottet.

V 320
Mietlokomotive DB
232
Mietlokomotive DB

Für den schweren Reise- und Güterzugdienst auf Hauptbahnen sah das von der DB 1955/56 aufgestellte Typenprogramm für Brennkrafttriebfahrzeuge die Beschaffung einer Diesellokomotive vor, deren Leistung so ausgelegt sein sollte, daß sie auch im F-Zugdienst problemlos mit einer Höchstgeschwindigkeit von 160 km/h eingesetzt werden konnte. Um eine weitgehende Standardisierung zu erreichen, sollte die geplante V 320 dabei mit der gleichen Maschinenanlage ausgerüstet werden, wie sie auch bei der V 160 vorgesehen war, jedoch als leistungsstärkste DB-Diesellokomotive zwei derartige Anlagen erhalten. Mit der Konstruktion beauftragte das BZA München die Firma Henschel in Kassel, wo mit den ersten Entwicklungsarbeiten bereits 1956 begonnen wurde. Aufgrund des weitaus dringenderen Bedarfs an Diesellokomotiven der Baureihen V 100 und V 160 verzögerte sich jedoch der Bau immer wieder. Zugleich zeichnete sich zunehmend deutlicher ab, daß mit der fortschreitenden Elektrifizierung die Voraussetzungen für einen sinnvollen Einsatz immer weiter eingeschränkt wurden. Das Interesse der DB an diesem Projekt ließ daher stetig nach, und Henschel baute schließlich auf eigene Rechnung eine Probelokomotive.

Die 23 m lange V 320 mit der Radsatzanordnung C'C' besitzt einen geschweißten Lokomotivkasten in Schalenbauweise. Der Aufbau ist unterteilt in die Führerräume, die beiden Räume für die Turbogetriebe und Kühleranlagen sowie den mittig angeordneten Motoren- und Heizkesselraum. Die Großbauteile können über verschließbare Dachöffnungen aus- und eingebaut werden. Der Unterrahmen,

Die stärkste, im deutschen Bundesbahndienst verwendete dieselhydraulische Lokomotive V 320 001 blieb eine Einzelgängerin. *Foto: Archiv Eisenbahn Magazin*

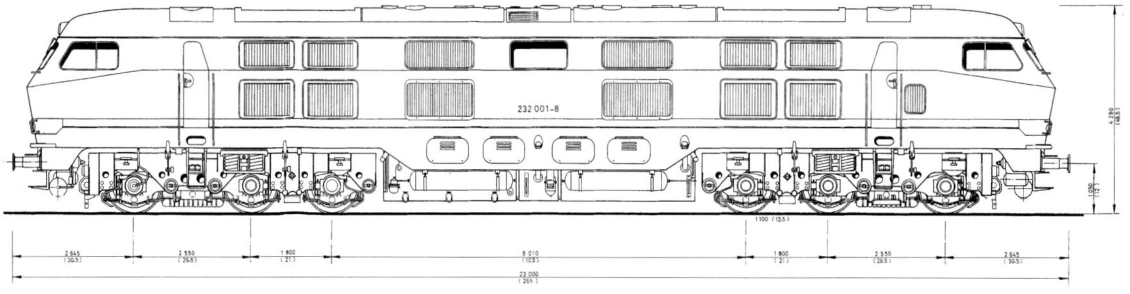

Maßstab 1:160

232 001 (V 320) – dieselhydraulische C'C'-Lokomotive
Zeichnung: Archiv Eisenbahn Magazin

der die Maschinen- und Heizkesselanlagen trägt, ist eine aus zwei durchgehenden Kastenträgern sowie aus Querblechträgern geschweißte brükkenartige Konstruktion.

Jede Maschinenanlage treibt vom elastisch gelagerten Dieselmotor aus über das Voith-Getriebe, die Wende- und Verteilergetriebe sowie die Radsatzgetriebe, die jeweils über Gelenkwellen miteinander verbunden sind, die drei Radsätze des zugeordneten Drehgestells an. Im Gegensatz zur V 160 sind bei der V 320 dabei die Nachschaltgetriebe nicht unmittelbar am Wendegetriebe angebaut, sondern als besondere, von Henschel entwickelte Umschalt- und Verteilergetriebe im Drehgestell gelagert.

Aus der Einbaugröße der Maschinenanlagen ergab sich für die dreiachsigen Drehgestelle der V 320 ein Gesamtradsatzstand von je 4350 mm, mit den Teilradsatzständen 2550 mm und 1800 mm. Die Mittelradsätze sind dabei spurkranzgeschwächt. Beide Drehgestelle sind als geschweißte Kastenträger aus Blechen hergestellt. Die Drehzapfenpfanne ist in die mittlere Querstrebe eingeschweißt.

Besondere Bedeutung kam bei der V 320 001 der Auslegung der Bremsanlage zu, mußte doch sichergestellt sein, daß auch bei der zulässigen Höchstgeschwindigkeit von 160 km/h die vorgegebenen Bremswege eingehalten werden. Da dies mit der herkömmlichen Klotzbremse allein nicht zu erreichen war, erhielt die V 320 als erste Lokomotive der DB Scheibenbremsen und wurde – als einzige Diesellokomotive der DB – zusätzlich mit Magnetschienenbremsen ausgerüstet.

Angesichts der Leistungsfähigkeit wurde auf die Einrichtungen für Mehrfachtraktion und Wendezugbetrieb verzichtet. Die Dieselmotoren werden

Im Januar 1963 fanden die ersten Probefahrten mit der V 320 001 statt.
Foto: Archiv Eisenbahn Magazin

elektropneumatisch über 15 Fahrstufen gesteuert.

Aufgrund der technischen Weiterentwicklung im Dieselmotorenbau konnte die Lokomotive durch die Verwendung zweier Daimler-Benz-Motoren MB 839 Bb/1 mit Aufladung letztendlich mit einer Gesamtleistung von 2940 kW (4000 PS) realisiert werden. Damit war die V 320 001 bei ihrer Fertigstellung 1962 die stärkste Einrahmen-Diesellokomotive der Welt und erreichte etwa die Leistungsfähigkeit der elektrischen Lokomotiven der DB-Baureihe E 41. Am 30.12.1962 rollte der Prototyp von Kassel zum BZA München, das die Maschine einem umfangreichen Versuchsprogramm im süddeutschen Raum unterzog. Nach ihrer Abnahme am 6.9.1963 gelangte die V 320 dann zum Bw Hamm/Westf., von wo aus sie zusammen mit der V 300 001 zwischen Hamm/Westf. und Hannover beziehungsweise Braunschweig zum Einsatz kam. Mit einer Leistung von 900 Kilometern war die Lokomotive dabei täglich rund 20 Stunden unterwegs. Aufgrund ihrer Bewährung entschloß sich die DB doch noch, den Einzelgänger für zehn Jahre anzumieten. Eine Beschaffung weiterer Maschinen dieser Baureihe wurde jedoch trotz der guten Beurteilung durch das Personal und den Werkstättendienst nicht eingeleitet. Ab 1965 wurde das Bw Kempten zur neuen Heimatdienststelle. Dort kam die Henschel-Lokomotive bis zum Ende ihrer Mietzeit im schweren Schnellzugdienst vorrangig auf der Allgäubahn zum Einsatz.

Da der Mietvertrag nicht verlängert wurde, kehrte die V 320 001 nach dem Ausscheiden aus dem DB-Bestand am 30.6.1975 zu ihrem Hersteller nach Kassel zurück. Dort wurde sie zunächst gründlich überholt, bevor sie an ihren neuen Eigentümer übergeben wurde, der zwischenzeitlich mit der Hersfelder Kreisbahn (HKB) gefunden werden konnte. Als V 30 kam sie – nunmehr orange lackiert – ab dem 1.4.1976 im Kaliverkehr auf der steigungsreichen HKB-Strecke zwischen Bad Hersfeld und Heimboldshausen zum Einsatz. Im Oktober 1988 wurde sie dann auch bei der zwischenzeitlich in Hersfelder Eisenbahn-Gesellschaft umbenannten HKB aufgrund der Indienststellung zweier neuer MaK-Lokomotiven vom Typ DE 1002 arbeitslos. Allerdings fand sich mit der Teutoburger Wald-Eisenbahn (TWE) schnell ein neuer Besitzer, der den leistungsstarken Einzelgänger ab Anfang 1989 für die Bespannung schwerer Stahlzüge verwendete. Diese verkehrten durchschnittlich dreimal pro Woche zwischen Hanekenfähr (bei Lingen) und Paderborn Nord, womit die bei der TWE wieder als V 320 bezeichnete Henschel-Lokomotive nochmals auf DB-Gleise zurückkehrte. Der Fristablauf am 17.2.1992 beendete schließlich alle weiteren Einsätze, und die Maschine rollte, nachdem eine Hauptuntersuchung als zu teuer abgelehnt wurde, auf das Abstellgleis. Erst zwei Jahre später gelang es, den Einzelgänger über einen deutschen Zwischenhändler nach Italien zu verkaufen, wo die Lokomotive beim Bau der italienischen Schnellfahrstrecken helfen soll. Zuvor wurde die aufgrund der langen Abstellzeit nicht mehr betriebsfähige V 320 001 im slowenischen Ausbesserungswerk Maribor wieder instand gesetzt.

240

Mietlokomotive DB, DB AG

Neben dem Bau dieselhydraulischer Lokomotiven wurde von Krupp MaK, heute Siemens Schienenfahrzeugtechnik, Kiel, in den achtziger Jahren auch ein Typenprogramm für dieselelektrische Lokomotiven aufgestellt, das den Leistungsbereich von 1000 bis 2650 kW (1350 bis 3600 PS) abdeckt. Zahlreiche dieser Maschinen sind heute bei deutschen Privatbahnen, aber auch im Ausland im Einsatz. Um für den Export ihre Leistungsfähigkeit nachweisen zu können, entschloß sich der Kieler Fahrzeughersteller 1987, drei Referenzlokomotiven der leistungsstärksten Variante im Rahmen eines vom Land Schleswig-Holstein und der Europäischen Gemeinschaft geförderten Demonstrationsvorhabens zu bauen und in einem mehrjährigen Einsatz bei der DB zu erproben. Die als DE 1024 bezeichneten Lokomotiven zeichnen sich durch den Einsatz eines verbrauchsoptimierten MaK-Dieselmotors und eines modernen Leittechnikkonzepts sowie der Drehstrom-Antriebstechnik in GTO-Technik, die eine deutliche Verbesserung des Wirkungsgrades erbringt, aus. Eine Wirtschaftlichkeitsberechnung kam zu dem Ergebnis, daß 21 DE 1024 alle Doppeltraktionsleistungen in Schleswig-Holstein ersetzen könnten. Durch die damit mögliche Freisetzung von 27 Lokomotiven der Baureihe 218 würde sich eine Rückgewinnungszeit des zu investierenden Kapitals von 6,75 Jahren ergeben.

Die sechsachsige, für eine Höchstgeschwindigkeit von 160 km/h ausgelegte DE 1024 ist als Universallokomotive sowohl für die Traktion schwerer Güterzüge als auch schneller Reisezüge konzipiert. Durch den modularen Aufbau können die Wünsche des jeweiligen Betreibers problemlos berücksichtigt werden. Die drei bei der DB erprobten Maschinen zeichnen sich durch folgenden Aufbau aus:

Hinter dem Führerraum 1 befindet sich die Kompaktanlage, die die zur Leistungsübertragung und Steuerung notwendigen Komponenten, wie Wechselrichter für die Traktion, Zugenergieversorgung, Hilfsbetriebe, E-Bremssteller und Bordspannungsversorgung, zusammenfaßt. Über der Kompaktanlage ist der Bremswiderstand angeordnet. Für die Belüftung des Widerstands sind vier elektrisch angetriebene Radiallüfter vorgesehen, die die Kühlluft über Kanäle in der Seitenwand ansaugen. Neben der Kompaktanlage befindet sich der Lüfter zur Kühlung aller sechs Fahrmotoren.

Zentrale Komponente im Maschinenraum ist das Diesel-Generator-Aggregat. Zusätzlich sind oberhalb des Generators der Abgasschalldämpfer und neben dem Aggregat der Bremsluftkompressor angeordnet. Im anschließenden Raum befinden sich die Hilfseinrichtungen sowie die Kühlanlage für den Dieselmotor.

Der gesamte Bereich zwischen den Führerhäusern wird durch vier mit dem Lokomotivrahmen verschraubte Aufbausektionen abgedeckt, die durch ihre leichte Abnehmbarkeit einen optimalen Zugang zu allen Komponenten gewährleisten. Unterhalb des selbsttragenden, aus zwei durchgehenden Doppel-T-Trägern bestehenden und mit Querträgern verschweißten Rahmens sind zwischen den beiden dreiachsigen Triebdrehgestellen der Kraftstofftank, der Zugheiztrans-

240 002 „Westerland" vor D 2332 am 15.6.1992 in Kiel. *Foto: Uwe Clasen*

240 003 „Lübeck" anläßlich lauftechnischer Meßfahrten mit dem neuen VT 610 in Hof im Januar 1992. *Foto: Matthias Maier*

formator und der Hauptluftbehälter angeordnet.

Die sechspoligen, fremdbelüfteten Drehstrom-Asynchron-Fahrmotoren 6 FRA 3368 von ABB sind über Tatzrollenlager mit einstufigem Rädertrieb mit den Radsätzen verbunden. Als Antriebsmotor ist der mittelschnellaufende MaK-Dieselmotor 12 M 282 mit 2650 kW bei 1000 U/min eingebaut, wie er in geringfügig abweichender Form als Sechszylinder-Dieselmotor auch in den Rangierlokomotiven der DB-Baureihe 291 verwendet wird. Der Motor ist mit dem ABB-Hauptgenerator der Bauart WB 630 K 8 zu einer kompakten Baueinheit zusammengefaßt. Der Generator ist dabei für die volle Dieselmotorleistung ausgelegt und damit in der Lage, auch die gesamte Hilfsbetriebeleistung zur Verfügung zu stellen.

Der vom Dieselmotor je nach Leistungsbedarf mit unterschiedlicher Drehzahl angetriebene Hauptgenerator gibt seine Energie an den Gleichrichter ab, der am Ausgang eine maximale Gleichspannung von 2800 V an den Gleichspannungszwischenkreis liefert. Die Wechselrichter wandeln die Gleichspannung in eine Wechselspannung variabler Spannung und Frequenz entsprechend den gewünschten Traktionsbedingungen für die Drehstrom-Asynchron-Fahrmotoren um. Im elektrischen Bremsbetrieb arbeiten die Fahrmotoren generatorisch und geben die Bremsenergie über die Wechselrichter an die Zugenergieversorgung, die ebenfalls an den Zwischenkreis angeschlossen ist, ab. Überschüssige Energie wird in Wärme umgewandelt. Für die Zugenergieversorgung stehen an der Zugsammelschiene maximal 700 kVA zur Verfügung. An der Zugsammelschiene nicht benötigte Leistung steht vollständig für die Traktion zur Verfügung.

Die Lokomotive ist mit dem mikroprozessorgesteuerten Leittechniksystem MICAS S von ABB ausgerüstet, das durch serielle Datenübertragung zu einer Verringerung des Verkabelungsaufwandes führt.

Von den drei Lokomotiven, deren Montage zur Jahreswende 1988/89 bei Krupp/MaK in Kiel begann, wurde 240 001 als erste im Oktober 1989 fertiggestellt und am 2. 10. der Öffentlichkeit vorgestellt. Dabei wurde sie gleichzeitig auf den Namen „Kiel" getauft. Die beiden anderen Maschinen folgten noch im selben Monat. Die Lackierung aller drei Lokomotiven wurde in den Landesfarben von Schleswig-Holstein, Blau-Weiß-Rot, ausgeführt. Im einzelnen:

Dach	
enzianblau	RAL 5010
Kasten	
lichtgrau	Ral 7053
Zierstreifen	
feuerrot	RAL 3000
Rahmen	
graubraun	RAL 8019
Drehgestelle	
graubraun	RAL 8019

Nach lauftechnischen Untersuchungen, bei denen 240 002 im Schlepp der 752 001 bis ins Allgäu gelangte, und den erforderlichen Einstellungsfahrten wurden die drei Prototypen schließlich Anfang 1990 von der DB angemietet. Als erste Lokomotive wurde 240 001 am 11.1.1990 abgenommen. Ihr folgte am 2.2.1990 die 240 003 und am 20.4.1990 letztlich die 240 002. Vorerst bestimmten weiterhin Versuchsfahrten das Alltagsgeschehen, bis die Maschinen am 30.5.1990 in einer Feierstunde in Kiel dem Betrieb übergeben wurden. Dabei wurden auch 240 002 und 003 getauft, die die Namen „Westerland" und „Lübeck" erhielten. Anschließend bereitete man 240 003 für den ersten Auslandseinsatz vor. Dieser führte die Lokomotive nach Norwegen, wo sie vom 16. bis 28.6. 1990 ein umfangreiches Meßfahrtenprogramm absolvierte. Die erzielten Ergebnisse waren so gut, daß die Norwegischen Staatsbahnen (NSB) zwölf Lokomotiven als künftige Baureihe Di 6 bestellten, die ab 1996 ausgeliefert wurden. Weitere Demonstrationsfahrten fanden im November 1990 mit 240 001 bei der Deutschen Reichsbahn sowie in der zweiten Januarhälfte 1993 mit 240 003 im Ruhrgebiet statt. Bei letztgenanntem Einsatz wurden ausschließlich schwere Güterzüge bespannt. Dabei konnte am 26. Januar mit dem Gag 58751 am Heißener Berg bei Mülheim an der Ruhr ein Rekord aufgestellt werden: Mit 3084 t am Haken beschleunigte 240 003 ihren Zug aus dem Stillstand so, daß die Geschwindigkeit am Scheitelpunkt der Elf-Promille-Rampe immer noch 3 km/h betrug. Damit konnte der Nachweis erbracht werden, daß die 240 in dem für Güterzüge relevanten niedrigen Geschwindigkeitsbereich durchaus den elektrischen sechsachsigen Lokomotiven der Baureihen 150 und 151 ebenbürtig ist.

Daneben kamen die Lokomotiven im fahrplanmäßigen Betrieb auf den Hauptstrecken in Schleswig-Holstein zum Einsatz. Bespannt wurden unter anderem IC-Züge zwischen Hamburg-Altona und Westerland beziehungsweise Kiel sowie IR-Züge zwischen Hamburg und Lübeck. Außerdem waren sie im IC-Verkehr Hamburg–Berlin anzutreffen. Bei den Fahrten kam es allerdings häufig zu Störungen durch Bedienfehler oder durch Mängel an Bauteilen. In der Folge wurden die 240 zuletzt kaum noch eingesetzt. Im Juli 1996 endete das Mietverhältnis mit der DB AG und die drei Lokomotiven wurden an die Häfen und Güterverkehr Köln AG (HGK) verkauft. Dort stehen sie, als DE 11 bis DE 13 bezeichnet, mit einer neuen, überwiegend rot gehaltenen Lackierung beim Betriebswerk Brühl-Vochem im Einsatz. Seit Ende Oktober 1996 bespannen sie schwere Müllzüge von Köln-Eifeltor zur Deponie in Mechernich.

V 180.0 DR
118.0 DR
118.5 DR
228.5 DB AG

Entsprechend dem Neubau-Typenprogramm sollten mit dem Bau von Diesellokomotiven mit einer Leistung von 1324 kW (2 x 662 kW) die Dampflokomotivbaureihen 23, 38, 50, 52, 57 und 65.10 abgelöst werden. Dieses in den fünfziger Jahren aufgestellte Typenprogramm sollte dem schnellen und umfassenden Strukturwandel dienen, wobei bei allen Neubau-Diesellokomotiven die Leistungsübertragung hydraulisch erfolgen sollte, so bei Rangier- und auch den Strecken-Diesellokomotiven. Schon 1959 hatte der Lokomotivbau Babelsberg, welcher als Hersteller mit der Konstruktion und dem Bau von Strecken-Diesellokomotiven beauftragt wurde, das erste Baumuster einer hydraulisch angetriebenen Diesellokomotive mit einer Leistung von 2 x 662 kW fertiggestellt. Diese als V 180 001 bezeichnete Maschine absolvierte am 12.2.1960 zwischen Drewitz und Dessau ihre erste Probefahrt. Zeitgleich mit den ersten Probefahrten der V 180 001 verlief die Endmontage der zweiten Baumusterlokomotive in Babelsberg, der V 180 002. Beide Lokomotiven wurden zur Erprobung von der DR vorläufig übernommen, V 180 001 am 6.8.1960 und V 180 002 am 9.1.1961. Zu diesem Zeitpunkt hatten durch die VES-M Halle bereits Schnellmeßfahrten mit der V 180 001 stattgefunden, wobei eine Höchstgeschwindigkeit von 125 km/h erreicht wurde. Beide Diesellokomotiven hatten ein Strömungsgetriebe der Firma Voith, St. Pölten, und sind von der Firma BBC, Mannheim, elektrisch ausgerüstet worden. Da die Baumusterlokomotiven von den gebauten Serienlokomotiven in vielen Teilen stark abwichen, wurden diese beiden Lokomotiven von der DR nicht übernommen und an den Hersteller zurückgegeben. Beide Lokomotiven wurden im Jahr 1965 ausgemustert.

Nach umfangreichen Probefahrten mit den Baumusterlokomotiven der V 180, vorwiegend auf dem Berliner Außenring, folgten mit den Lokomotiven V 180 003 und V 180 004, im Jahr 1962 mit den Fabriknummern 651 003 und 651 004 geliefert, zwei weitere Testlokomotiven für die DR. Bei diesen beiden Lokomotiven stammten die elektrischen Anlagen vom VEB „Hans Beimler“, Hennigsdorf. Durch die gesammelten Erfahrungen in der Erprobungszeit haben die Lokomotiven der Baureihe V 180.0 ihre Überlegenheit gegenüber den abzulösenden Dampflokomotiven zur Zufriedenheit bestätigt. Bei Probefahrten wurde eine maximale Anfahrzugkraft von 215 kN gemessen. Die Anfahrzugkraft der Baureihe 50.40 als Güterzuglokomotive betrug dagegen nur 146 kN und bei der Baureihe 03 sogar nur 100 kN. Bei Messungen auf dem Prüfstand erreichte die Baureihe V 180 bei mittlerer Leistung und einer Geschwindigkeit zwischen 40 und 110 km/h einen Gesamtwirkungsgrad von 29 Prozent. Da die ersten vier Baumusterlokomotiven in der Ausstattung der Anlagen und Aggregate sowie der Steuerungs- und Überwachungseinrichtungen recht unterschiedlich waren, konnten für die Serienlokomotiven jeweils die optimalen Varianten in Anwendung gebracht werden.

Die Serienlieferung der Baureihe V 180 begann 1963 mit der Abnahme der V 180 005 am 30. 1. 1963. Erstes Heimat-Bw dieser Maschine war von 20.3.1963 bis 6.7.1970 das Bw Berlin-Karlshorst. Weitere 82 Lokomotiven der Baureihe V 180.0 wurden vom Lokomotivbau Babelsberg wie folgt an die DR geliefert:

1963: V 180 006 bis 019;
1964: V 180 020 bis 055;
1965: V 180 056 bis 087.

V 180 002 vor Meßzug im Frühjahr 1962 in Saalfeld *Foto: Erich Preuß*

118 051 (ex V 180 051) im Güterzugdienst
Foto: Archiv Eisenbahn Magazin

V 180 003 im Ablieferungszustand 1962
Foto: Sammlung Rüdiger Block

Die Baumusterlokomotiven V 180 003 und 004 wurden erst nach Angleichung einiger Bauteile und Baugruppen an die Serienlokomotiven durch den Hersteller Mitte 1964 von der DR abgenommen. Dabei wurde auch das bei diesen Lokomotiven ursprünglich verwendete Strömungsgetriebe der Firma Voith, St. Pölten, vom Typ L306rb gegen ein Strömungsgetriebe vom Typ GSR 30/5,7 vom VEB Turbinenfabrik, Dresden, gewechselt. Serienmäßig wurde dieses Strömungsgetriebe ab V 180 020 verwendet.

Von den insgesamt 85 von der DR übernommenen Lokomotiven der Baureihe V 180.0 hatte eine Lokomotive, und zwar die V 180 059 einen veränderten Kastenaufbau. Bei dieser Lokomotive, die 1965 auf der Leipziger Messe noch mit der Hersteller-Bezeichnung V 200 1001 und einer Messelackierung in Blau/Beige mit einem breiten Zierstreifen ausgestellt war, wurden die Stirnfronten der beiden Führerstände erheblich gegenüber den Serienausführungen verändert. Während der Mittelteil der Lokomotive wie üblich aus einem mittragenden Kastenaufbau bestand, waren die Frontseiten völlig neu gestaltet. Diese bestanden aus glasfaserverstärktem Polyester. Die großen, um die Ecken rahmenlos herumgezogenen Frontfenster waren blendfrei und nach unten eingezogen. Vor der Ubernahme der Lokomotive durch die DR hat sie jedoch die Messelackierung verloren und wurde in Rot/Beige mit Zierstreifen umlackiert. In den weiteren Aufbauten sowie der Konstruktion gegenüber den anderen Maschinen der Serie V 180.0 gab es keine weiteren Unterschiede.

Der Rahmen wurde als Schweißkonstruktion in Leichtbauweise aus Abkantprofilen gefertigt, wobei die an den Enden befindlichen Pufferträger

118 057 vor einem 13-Wagen-Binnenschnellzug *Foto: Rüdiger Block*

V 200 1001 (V 180 059) im Auslieferungszustand vor der Leipziger Messe 1965 *Foto: Archiv Eisenbahn Magazin*

auswechselbar waren. Die Aufbauten waren ebenfalls in Leichtbauweise hergestellt und mit dem Rahmen verschweißt. Sie dienten somit als gemeinsam tragende Konstruktion. Die Aufbauten unterteilen sich in zwei Endführerstände und den dazwischen liegenden Maschinenraum. Zur leichteren Montage und Demontage von Aggregaten und Bauteilen, wie z.B. Heizkessel, Kühleranlage, Dieselmotor, Strömungsgetriebe und den Apparateschränken sind sieben unterschiedlich große Sektionen des Daches abnehmbar. Der Lokomotivrahmen stützt sich mit seinen Aufbauten auf den zwei zweiachsigen Drehgestellen ab. Die Drehgestellrahmen sind beide gleich und sind als geschweißte Blechträgerkonstruktion mit Stirnquerträgern mit weiteren Querverbindungen gestaltet. Da das Strömungsgetriebe-Ausgangsteil in die Mitte des Drehgestells hineinragt, konnte die übliche Variante der Abstützung mittels einer Drehpfanne nicht realisiert werden. Daher stützt sich der Rahmen über vier Blattfedern auf den zweiachsigen Drehgestellen ab. Drehgestell und Rahmen sind durch ein Hebelsystem verbunden. Die Anlenkung des Rahmens durch das Drehgestell geschieht über eine Federstahlbandanlenkung sowie über ein parallelverschiebbares Hebelsystem. Die Führung der Radsätze und die Abfederung der Drehgestelle erfolgt mittels Gummi-Schub-Druck-Federn auf die außengelagerten Radsätze. Diese Federungsart führt die

Radsätze parallel und sorgt damit für ein optimales Laufverhalten und mindert gleichzeitig die durch Körperschall übertragenen Geräusche.

Die Bremsanlage der Baureihe V 180 besteht aus einer selbsttätigen Einkammer-Druckluftbremse der Bauart Kssbr, der direkt wirkenden, nichtselbsttätigen Einkammer-Druckluft-Zusatzbremse und einer Handspindelbremse auf jedem Führerstand. Die Handspindelbremse wirkt nur auf jeweils einen Radsatz je Drehgestell von einem Führerstand aus. Sie dient als Feststellbremse. Die im Lokomotivrahmen montierten Bremszylinder wirken je auf ein Drehgestell. Dabei werden alle Räder mittels Bremsklötzen über ein nachstellbares Gestänge abgebremst.

Als Antriebsanlage dienen bei der Baureihe V 180.0 zwei Dieselmotoren vom Typ 12 KVD 18/21 A-1 des VEB Motorenwerks Johannisthal. Dieser Motorentyp ist ein wassergekühlter, aufgeladener 12-Zylinder-Viertakt-V-Dieselmotor, der nach dem Vorkammer-Brennverfahren arbeitet. Die Motoren der Bauform A-1, wie sie bei der Baureihe V 180.0 verwendet wurden, sind mit zwei Abgasturboladern ausgerüstet. Die Leistung des 12 KVD 18/21 A-1 beträgt 662 kW (900 PS) bei einer Nenndrehzahl von 1500 U/min. Das unter den Führerständen im Lokomotivrahmen in drei Punkten gelagerte Strömungsgetriebe wird von den bauartgleichen Dieselmotoren jeweils über eine drehelastische Kupplung und Gelenkwelle angetrieben. Die Strömungsgetriebe verschiedener Ausführungsformen sind Dreiwandler-Strömungsgetriebe mit eingebauter Wendestufe und relativ problemlos untereinander tauschbar. In allen Lokomotiven der Baureihenfamilie V 180 sind, wie auch bei den westdeutschen Schwesterlokomotiven der Baureihe V 200 und ihren Weiterentwicklungen, jeweils zwei Antriebsanlagen, bestehend aus Dieselmotor, Strömungsgetriebe, Kühlanlage, Lüftergenerator und Lichtanlaßmaschine installiert. Diese Bauteile werden alle synchron gesteuert, arbeiten aber alle völlig unabhängig voneinander, so daß bei Ausfall einer Anlage die Lokomotive mit halber Leistung weiterfahren kann. Die Lichtanlaßmaschine und der Lüftergenerator sind durch Gelenkwellen mit dem Strömungsgetriebe verbunden. Mittels Gelenkwellen werden vom Strömungsgetriebe auch die Radsatzgetriebe der beiden Radsätze eines jeden Drehgestelles angetrieben. Das Übersetzungsverhältnis beträgt 3,125 : 1. Die Reaktionsmomente der Radsatzgetriebe werden dabei über Drehmomentstützen vom Drehgestellrahmen aufgenommen.

V 180 059 vor Güterzug bei Hohenleipisch im Juli 1966
Foto: Otte, Sammlung Grundmann

Die Wandlerstufen des Strömungsgetriebes schalten selbsttätig durch Füllen und Entleeren der Kreisläufe in Abhängigkeit von der jeweils eingelegten Fahrstufe und der Fahrgeschwindigkeit. Der Fahrschalter besteht aus einer Leerlauf- und sechs Fahrstufen, dabei bewirkt die Fahrstufeneinstellung die Auf- und Absteuerung des Drehzahlverstellmotors am Verstellregler. Die Umschaltbereiche in der Fahrstufe 6 liegen von Anfahrwandler zu Marschwandler I bei 55 bis 57 km/h und von Marschwandler I zu Marschwandler II bei 90 bis 93 km/h. In den Fahrstufen 1 bis 6 erfolgt auch ein Füllbefehl für das Strömungsgetriebe über einen Hubmagneten auf das Füllventil. Die Baureihe V 180 verfügt über eine Wendeschaltung, welche über eine Richtungswalze elektropneumatisch gesteuert wird. Durch die Verbindung eines 34poligen Steuerkabels zu einer zweiten Lokomotive bzw. einem Wendezug ist auch eine Vielfachsteuerung dieser Baureihenfamilie möglich. Die Überwachung aller wichtigen Funktionen erfolgt mittels Wächtern, die automatisch arbeiten, bzw. durch Anzeigeinstrumente.

Zur Kühlung verfügt jeder Dieselmotor über eine eigene Kühlanlage, die gleichzeitig auch das Strömungsgetriebeöl kühlt. Auf beiden Seiten sind dafür Seitenwandkühler mit je sieben Rippenrohrkühlerelementen sowie ein Motorschmieröl-Wärmetauscher montiert.

Als Druckluftversorgungsanlage dienen zwei durch Elektromotoren angetriebene Luftverdichter. Die erzeugte Druckluft wird in zwei 400-l-Hauptluftbehältern gespeichert, und ein dritter

228 505 vor der Aufarbeitung zur Museumslokomotive im Bauzustand des Jahres 1992 im Bahnhof Griebnitzsee
Foto: Frank Heilmann

Luftbehälter mit 200 Liter Fassungsvermögen hält die Luft für die druckluftbetriebene Hilfseinrichtungen, wie z.B. Typhone, Scheibenwischer, vorrätig.

Für die Zugheizung steht ein automatisch gesteuerter Wasserrohr-Heizrohr-Kessel mit einer Verdampfungsleistung von 800 kg/h zur Verfügung. Der höchste Überdruck beträgt dabei 4,2 bar. Der Brenner wird mit Dieselkraftstoff betrieben. Den Dieselkraftstoff saugt eine Zahnradpumpe aus den Kraftstoffbehältern an und fördert diesen zum Ölbrenner, wo dieser mittels Druckluft dann zerstäubt und in den Brennerraum eingespritzt wird. Der Kessel kann vom Führerstand aus ferngestartet werden und wird dann vollautomatisch überwacht. Für die Baumusterlokomotiven aus dem Baujahr 1960 stand noch kein Heizkessel zur Verfügung, so daß diese Maschinen anfangs keine Dampfheizanlage hatten.

Im Jahr 1965, als die Lokomotiven V 180 056 bis 087 gebaut wurden, stand durch Verbesserung des Dieselmotors vom Typ 12 KVD 18/21 A-1 mit einer Leistung von 900 PS ein leistungsgesteigerter Motor vom selben Grundaufbau her mit 1000 PS Leistung zur Verfügung. Dieser Dieselmotor, ebenfalls vom VEB Motorenwerk Johannisthal entwickelt und gebaut, hatte die Typenbezeichnung 12 KVD 18/21 A-2. Die Lokomotiven, die ab 1965 mit diesen Motoren ausgerüstet wurden, erhielten in der Baureihenfamilie V 180 die Unterbaureihennummer V 180.1. Diese Lokomotiven waren in Aufbau und Konstruktion der Baureihe V 180.0 bis auf wenige Unterschiede gleich, aber mit den zwei Motoren von je 736 kW (2 x 1000 PS) eben deutlich leistungsstärker, als die Baureihe V 180.0. Da der Motor 12 KVD 18/21 A-2 auch problemlos in die Baureihe V 180.0 eingebaut werden konnte, wurden die Lokomotiven der Baureihe V 180.0 ab Mitte der siebziger Jahre bis Mitte der achtziger Jahre bei planmäßigen Raw-Aufenthalten mit den leistungsgesteigerten Motoren ausgerüstet.

Bei diesem Umbau erhielten die Lokomotiven der Baureihe V 180, seit 1970 als Baureihe 118 bezeichnet, neue Ordnungsnummern. Maschinen der Baureihe V 180.0, die mit dem leistungsgesteigerten Dieselmotor identisch der Baureihe V 180.1 umgerüstet waren, erhielten danach die Baureihennummer 118.5. Diese Umbauten wurden vom Raw Karl-Marx-Stadt ausgeführt. Insgesamt wurden 72 Maschinen der Baureihe 118.0 zur Baureihe 118.5 umgebaut. Folgende 13 Lokomotiven wurden nicht umgebaut, da diese zum Zeitpunkt dieser Umbaumaßnahme bereits zerlegt bzw. wegen Unfallschadens z-gestellt waren: 118 004, 015, 016, 029, 034, 037, 057, 058, 059, 071, 077 und 081. Nicht umgerüstet wurde auch die 118 075, die heute im Museum für

180 005 als Museumslokomotive im Mai 1993 in Potsdam
Foto: Rüdiger Block

Verkehr und Technik in Berlin steht. Bei der Remotorisierung der Baureihe 118.0 wurden auch die jeweils vier seitlichen Maschinenraumfenster verändert. Waren es bei der Baureihe V 180.0 je Seite vier zweigeteilte klappbare Fenster, hatte die Baureihe 118.5 nur noch zwei klappbare Maschinenraumfenster je Seite, welche auch jeweils außen eingepaßt waren.

Die Farbvarianten waren bei der V 180.0 und 118.5 recht unterschiedlich. So war zum Beispiel die erste Serienlokomotive V 180 005 mit grauem Dach, rotem Lokomotivkasten mit einem schmalen Zierstreifen zwischen den Motorraumfenstern und den Mehrfach-Düsenlüftergittern im Dach sowie schwarzen Drehgestellen/Rahmen lackiert worden. So abgenommen wurden auch noch V 180 003, 006 und 007. Die meisten Lokomotiven der V 180.0 wurden jedoch wie folgt ausgeliefert: Dach beige bis kurz unterhalb der Mehrfachdüsenlüftergitter im Dach und an den Stirnseiten jeweils zu einem spitzen Latz zusammengeführt. Lokomotivkasten rot mit zwei unterschiedlich breit lackierten Zierstreifen kurz über dem Rahmen als sogenannte Bauchbinden um den gesamten Lokomotivkasten. Zierstreifen waren wie das Dach beige lackiert, Drehgestelle schwarz. Später entfielen dann der spitze, in Beige gehaltene Latz an den Stirnfronten und der schmalere Zierstreifen über dem Rahmen. Mit Wegfall des schmalen Zierstreifens wurde aber wieder der spitze Latz an den Stirnfronten eingeführt. Mitte der achtziger Jahre gab es auch eine sogenannte Sparlack-Variante. Dabei war der breite Zierstreifen nur an den Stirnfronten angebracht, bei Beibehaltung des spitzen Latzes an den Stirnfronten.

Drei Lokomotiven der Baureihe 118.5 waren über viele Jahre für besondere Dienste abgestellt. So dienten 118 548, 550 und 552 zur Beförderung des Regierungssonderzuges der DDR. Dabei wurden die Lokomotiven nur in Doppeltraktion gefahren.

In der über dreißigjährigen Geschichte der V 180.0 war diese Baureihe vor fast allen Zuggattungen sowohl im Reisezugdienst wie auch im Güterverkehr im Einsatz. Anfangs lag das Haupteinsatzgebiet der V 180 rund um die Eisenbahnmetropole Berlin, wo diese Maschinen regelmäßig auf dem Berliner Außenring beobachtet werden konnten. Ab Mitte 1964 wurden die Lokomotiven aber auch im Schnellzugdienst auf der Strecke Berlin–Halle–Erfurt und vor so bekannten Zügen wie dem „Pannonia-Express" sowie dem „Balt-Orient-Express" eingesetzt. 1964 zählten aber auch Einsätze vor dem Ext 21/22 von Berlin nach Warnemünde und zurück zum Aufgabengebiet der Baureihe V 180. Die hochwertigste Leistung im Güterverkehr für diese Baureihe waren die Durchgangs-Schnellgüterzüge der Gattung TEEM. Beinahe legendär sind auch die Berliner Vorortzüge „Sputnik" für diese Baureihe.

In den folgenden Jahren ist die Baureihe V 180 in vielen Bahnbetriebswerken beheimatet gewesen und ist auch auf vielen Nebenbahnen zum Einsatz gekommen. Aus dem Schnellzugdienst wurde die V 180.0 schnell durch die leistungsfähigere Unterbaureihe V 180.1 verdrängt. Im Jahr 1987 waren nach immerhin schon 25 Dienstjahren immer noch 74 Lokomotiven von insgesamt 85 beschafften Lokomotiven dieser Baureihe im Einsatz. Diese 74 Lokomotiven teilten sich 1987 auf folgende 16 Bahnbetriebswerke auf:

Neubrandenburg: 11 Lokomotiven; Berlin Ostbahnhof: 19 Lokomotiven; Schwerin: 2 Lokomotiven; Neustrelitz: 4 Lokomotiven; Oebisfelde: 6 Lokomotiven; Pasewalk: 6 Lokomotiven; Salzwedel: 4 Lokomotiven; Güsten: 4 Lokomotiven; Brandenburg: 2 Lokomotiven; Seddin: 3 Lokomotiven; Stralsund: 3 Lokomotiven; Magdeburg: 2 Lokomotiven; Görlitz: 1 Lokomotive; Wismar: 2 Lokomotiven; Frankfurt/Oder: 3 Lokomotiven und Güstrow: 2 Lokomotiven.

Nach der politischen Wende ist auch die Baureihe 118.5, seit dem 1.1.1992 im gemeinsamen DR/DB-Fahrzeug-

228 552 (ehemalige Regierungslokomotive), die seit Mai 1993 bei der Regental BahnbetriebsGmbH in Lam unter der Bezeichnung D 06 beheimatet ist.
Foto: Toni Schwager

nummernplan als Baureihe 228.5 geführt, durch den sinkenden Güterverkehr entbehrlich geworden, so daß sich im Juli 1991 nur noch 36 Lokomotiven dieser Baureihe im Bestand der DR befanden, die sich wie folgt auf die Bahnbetriebswerke aufteilten:

Wustermark: 7 Lokomotiven; Oebisfelde: 4 Lokomotiven; Berlin Hbf: 2 Lokomotiven; Neubrandenburg: 2 Lokomotiven; Haldensleben: 4 Lokomotiven; Stralsund: 3 Lokomotiven; Magdeburg: 2 Lokomotiven; Frankfurt/Oder: 2 Lokomotiven; Neustrelitz: 3 Lokomotiven; Brandenburg: 2 Lokomotiven; Wittenberge: 1 Lokomotive; Güstrow: 3 Lokomotiven und Güsten: 1 Lokomotive.

Neun weitere Lokomotiven der Baureihe V 180.0 befanden sich zum gleichen Zeitpunkt noch im z-Bestand der DR. Letzte Einsatzdienststellen für die Baureihe waren Neustrelitz und Wustermark. Letzte einsatzfähige Vertreterin dieser formschönen Baureihe bei der DB AG ist die 228 505 des Bh Berlin Hbf, die zwar eher selten, aber dennoch gelegentlich zu Einsatzehren kommt. Diese Maschine gehört zum Park der betriebsfähigen Traditionslokomotiven und wird somit wohl noch längere Zeit vor Sonderzügen zum Einsatz kommen. In den letzten Jahren kam die Lokomotive oft bei Ausfall der Dampflokomotivbaureihe 52 vor dem sogenannten Gurkenzug E 3007/3008 Berlin-Spandau–Lübbenau zum Einsatz.

Die letzte Hauptuntersuchung an einer Lokomotive der Baureihe 228.5 wurde im Jahr 1993 durchgeführt. Diese Arbeiten hat die Regentalbahn GmbH im Reichenbacher Werk II durchführen lassen. Aufgearbeitet wurde dort die 228 552 (ehemalige Regierungslokomotive), welche seit Mai 1993 bei der Regental Bahnbetriebs GmbH in Lam unter der Bezeichnung D 06 stationiert bzw. im Einsatz ist.

V 180.1 DR
118.1 DR
228.1 DB AG

Die Erfahrungen, die im täglichen Einsatz mit der Baureihe V 180.0 gesammelt wurden, flossen bei der Konstruktion und dem Bau der Baureihe V 180.1 mit ein. Die Baureihe V 180.1 ist eine verbesserte Variante der Baureihe V 180.0. Durch eine Weiterentwicklung der Dieselmotoren war es dem Motorenwerk Johannisthal möglich, der DR einen leistungsgesteigerten Dieselmotor vom Typ 12 KVD 18/21 A-2 mit einer Leistung von 736 kW (1000 PS) anzubieten. Noch 1965 lief die Serienlieferung der V 180.0 wegen des neuen leistungsgesteigerten Motors aus. Zum gleichen Zeitpunkt begann die Serienlieferung der neuen Unterbaureihe V 180.1. Die Lieferung der Baureihe V 180.1 verteilte sich auf die Jahre 1965 bis 1967 wie folgt:

1965: V 180 101 bis 129;
1966: V 180 130 bis 181 und
1967: V 180 182.

Da beim Bau der Baureihe V 180.1 das Grundkonzept der Baureihe V 180.0 übernommen wurde, ist diese, wegen ihrer höheren Leistung von jetzt 2 x 1000 PS als Baureihe V 180.1 bezeichnet, in Aufbau, Konstruktion und Funktion der Aggregate der Baureihe V 180.0 weitestgehend identisch. Dennoch wurde der Lokomotivkasten der Baureihe V 180.1, bedingt durch die höhere Leistung, leicht verändert. Statt vier Maschinenraumfenstern je Seite, wie bei der Baureihe V 180.0, hat die Baureihe V 180.1 nur je zwei Maschinenraumfenster je Seite. Die beiden äußeren Fenster je Seite wurden bei dieser neuen Unterbaureihe gegen Mehrfach-Düsenlüftergitter getauscht. Diese Veränderung wurde nötig, da die Luftansaugung der Dieselmotoren von der ursprünglichen Innenluftansaugung auf Außenluftansaugung umgestellt worden ist. Diese zwei neuen Mehrfachdüsenlüftergitter je Lokomotivseite hatten die Aufgabe, den Maschinenraum der Lokomotiven besser zu belüften. Diese Lüftergitter waren das äußere Hauptunterscheidungsmerkmal der V 180.1 gegenüber der Baureihe V 180.0. Auch bei der Unterbaureihe V 180.1 wurde eine Lokomotive, wie auch schon bei der Baureihe V 180.0, mit einer veränderten Stirnfront ausgestattet, welche mit blendfreien Frontscheiben ausgerüstet war. Diese Maschine wurde auf der Leipziger Frühjahrsmesse im Jahr 1966 noch mit der Bezeichnung des Herstellers als V 200 117 gezeigt. Die Deutsche Reichsbahn stellte die Lokomotive dann am 18.5.1966 in Dienst und teilte diese dem Bw Karl-Marx-Stadt Hbf zu. In ihrem äußeren Erscheinungsbild entsprach die bei der DR als V 180 131 bezeichnete Lokomotive der V 180 059.

Auch der überarbeitete Dieselmotor vom Typ 12 KVD 18/21 A-2 ist ein wassergekühlter, aufgeladener Zwölf-Zylinder-Viertakt-V-Dieselmotor, der nach dem Vorkammer-Brennverfahren arbeitet. Der Dieselmotor der Bauform A-2 arbeitet lediglich nur mit einem Abgasturbolader (Bauform A-1 mit zwei Abgasturboladern). Montiert sind die Abgasanlagen mit den Schalldämpfern jeweils in den Dachsektionen über den Dieselmotoren. Wie auch bei der Unterbaureihe V 180.0 verfügt die Baureihe V 180.1 über zwei Dieselmotoren. Jeder der Dieselmotore leistet bei einer Nenndrehzahl von 1500 U/min 736 kW (1000 PS). Durch Beibehaltung der Radsatzanordnung B'B' hat sich die Radsatzlast von 19,5 t nicht verändert. Dies war, wie bei der Baureihe V 180.0, bereits ein Nachteil, da die Lokomotive damit nicht auf Nebenbahnen eingesetzt werden konnte. Bei der Umzeichnung der Triebfahrzeuge im Jahr 1970 wurde die Baureihe V 180.1 in die Baureihe 118.1 umgezeichnet. Da von der DR langfristig an eine Weiterbestellung der Baureihe V 180 gedacht war, bestand ein ständiges Interesse an Verbesserungen dieser Baureihe, die allgemein zur Leistungssteigerung, aber auch der Minimierung des Instandhaltungsaufwands dienen sollten. Daher verwundert es nicht, daß speziell mit der Unterbaureihe V 180.1 Anfang der achtziger Jahre mehrfach Versuche mit verschiedenen Aggregaten unternommen wurden. So wurde 1982/83 ein noch weiter verbesserter Motor des Grundtyps 12 KVD 18/21 getestet, welcher die Bezeichnung 12 KVD 18/21 AL-4 hatte. Eingebaut wurden diese Motoren mit einer Leistung von 900 kW (1200 PS) in die Lokomotiven 118 126 (Bw bzw. Est. Zeitz) und 118 181 (Bw Halle P). Gleichzeitig wurden auch die Strömungsgetriebe leistungsgesteigert, welche ebenfalls dem Grundtyp GSR 30/5,7 entsprechen, nur eben der Dieselmotorleistung von 900 kW angeglichen wurden. Dieser Umbau diente auch zur Erprobung von neuen Radsatzgetrieben. Nach dem Umbau wurden beide Lokomotiven dem Bw Rostock zugeteilt, wo dann die Betriebserprobung im dortigen S-Bahn-Verkehr absolviert wurde.

118 108 des Bw Cottbus am 11. 6. 1991 in Klinge
Fotos: Frank Heilmann

118 125 im Bauzustand der achtziger Jahre

Im Jahr 1983 folgte dann eine Erprobung des Dieselmotors vom Typ 12 KVD 21 AL-4 mit einer Leistung von 1100 kW (1490 PS) und des Strömungsgetriebes vom Typ GSR 30/5,7 mit einer Leistung von 1050 kW. Als Erprobungslokomotive diente die 118 124. Neben dem verbesserten Motor und Strömungsgetriebe wurden gleichzeitig neue Radsatzgetriebe mit Kugelgraphitguß-Getriebegehäusen des VEB Getriebewerk Gotha getestet. Mit dieser Antriebsanlage von 2 x 1100 kW war die 118 124 zugleich das leistungsstärkste dieselhydraulische Triebfahrzeug der DR. In den Wintermonaten war die 118 124 sogar leistungsfähiger als eine Lokomotive der Baureihe 132, da bei der 118 124 in der Heizperiode die gesamte Dieselmotorleistung der Traktion zur Verfügung stand, im Gegensatz zur Baureihe 132, wo die Heizleistung die Traktionsleistung verminderte. Eine weitere Umrüstung von Lokomotiven der Baureihe 118.1 mit Motoren von 1100 kW Leistung wurde jedoch nicht realisiert. Die Erprobung der 118 124 fand in den Bw Rostock, Leipzig Hbf Süd und der Est. Zeitz statt. In den Jahren 1984/85 wurden aber noch einige Lokomotiven der Baureihe 118.1 mit weiteren Motoren vom Typ 12 KVD 21 AL-4 mit einer Leistung von 900 kW ausgerüstet. Dies war 1984 die 118 182 und 1985 die Lokomotiven 118 103, 132 und 141. Eingesetzt wurden die Lokomotiven bei der Est. Zeitz, wo diese teilweise in Dienstplänen der Baureihe 120 eingesetzt wurden. Die mit stärkeren Motoren ausgerüsteten Lokomotiven der Unterbaureihe 118.1 erhielten jedoch keine neue Baureihen- bzw. Ordnungsnummer.

Im Einsatz war die Baureihe V 180.1/118.1 im Güterzug- sowie auch im hochwertigen Schnellzugdienst. Mit Entwicklung und Bau dieser Unterbaureihe stand der DR Mitte der sechziger Jahre eine leistungsfähige Strecken-Diesellokomotive zur Verfügung, die auch bei den Personalen äußerst beliebt war. Durch den drastischen Verkehrsrückgang nach der politischen Wende in Deutschland wurde diese Unterbaureihe weitestgehend überflüssig und demzufolge abgestellt.

Mitte 1991 waren noch 29 Lokomotiven der Baureihe 118.1 im Einsatzbestand der DR, die sich auf die einzelnen Bahnbetriebswerke wie folgt verteilten: Bw Cottbus: 1 Lokomotive; Wittenberg: 4 Lokomotiven; Güstrow: 6 Lokomotiven; Leipzig Hbf Süd: 3 Lokomotiven; Stralsund: 1 Lokomotive; Brandenburg: 3 Lokomotiven; Haldensleben: 1 Lokomotive; Wustermark: 3 Lokomotiven; Neustrelitz: 1 Lokomotive; Oebisfelde: 1 Lokomotive; Chemnitz: 1 Lokomotive und Magdeburg: 1 Lokomotive.

Weitere 18 Lokomotiven befanden sich zu diesem Zeitpunkt bei der DR noch im z-Park. 1994 hatte die DR keine Lokomotive der zwischenzeitlich in 228.1 umgezeichneten Baureihe 118.1 mehr im Einsatz, drei Lokomotiven wurden lediglich noch im z-Park geführt. Betriebsfähig ist derzeit nur noch die ehemalige V 180 119, die am 30.4.1993 durch die Regentalbahn-Werkstätten GmbH in Reichenbach/V. eine Hauptuntersuchung erhielt und seitdem bei der Regental BahnbetriebsGmbH in Lam als Lokomotive D 05 stationiert ist. Eine weitere Lokomotive der Baureihe 228.1 befindet sich in der Aufarbeitung. Dabei handelt es sich um die 228 104 des Bw Cottbus, welche an den Lausitzer Dampflokomotiv Club verkauft wurde. Diese soll wieder betriebsfähig aufgearbeitet werden und in der alten Farbvariante mit beigem Doppelstreifen für Sonderfahrten zur Verfügung stehen.

V 180.2-3 DR
118.2-4 DR
Umbau
118.6-8 DR
228.2-3 DB AG
228.6-8 DB AG

Da mit dem Bau und der Beschaffung der vierachsigen Baureihen V 180.0 und V 180.1 noch keine Universallokomotive sowohl für Nebenstrecken als auch Hauptstrecken wegen der zu großen Radsatzlast zur Verfügung stand, wurde der VEB Lokomotivbau „Karl Marx“, Babelsberg, mit der Konstruktion und dem Bau einer sechsachsigen Diesellokomotive beauftragt. Mit der Beschaffung dieser unter der Baureihenbezeichnung V 180.2 geführten Diesellokomotive sollten endlich auch die Dampflokomotiven der Baureihen 38, 55 und 57, die immer noch auf den Nebenstrecken bei der DR Mitte der sechziger Jahre im Einsatz waren, abgelöst werden.

Daher begann 1963 die Entwicklung einer sechsachsigen Diesellokomotive mit zwei dreiachsigen Drehgestellen, um die Radsatzlast von bisher 19,5 t bei den Baureihen V 180.0 und V 180.1 auf 16 t zu reduzieren. Ein Schritt, der in der Bundesrepublik übrigens von Krauss-Maffei mit der Ableitung der V 300 aus der V 200 auch gemacht worden war. Neben der Radsatzlastverringerung, die erforderlich war, um die V 200 „exportfähig“ zu machen, bot die sechsachsige Ausführung die Möglichkeit, die installierte Leistung zu erhöhen.

Im Grundaufbau sind die Lokomotiven der Baureihe V 180.2 identisch mit denen der Unterbaureihen V 180.0 und V 180.1. Äußerlich unterscheidet sich die Baureihe V 180.2 lediglich durch die neu konstruierten Drehgestelle mit der Radsatzanordnung C'C' bei Beibehaltung der Gesamtlänge von 19 460 mm. Die V 180.2 ist ebenfalls in Kastenbauweise gefertigt und besitzt die gleichen Hauptaggregate in teilweise überarbeiteter Ausführung wie die V 180.0-1.

118 276 im Güterzugdienst in Dresden, Juni 1982 *Foto: Rüdiger Block*

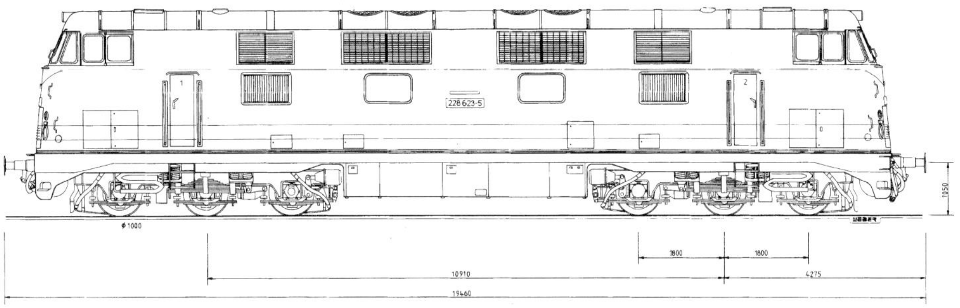

Maßstab 1:160

Diesellokomotive der Baureihe 228, ex DR-V 180.2/ 118.2-4, 6-8
Zeichnung: Archiv Eisenbahn Magazin

118 762 am 2.6.1991 in Görlitz
Foto: Frank Heilmann

Die erste Baumusterlokomotive V 180 201 mit der Radsatzanordnung C'C' wurde im Januar 1964 ersten Erprobungen unterzogen und auf der Leipziger Frühjahrsmesse 1964 in silberner Farbgebung mit je zwei blauen Zierstreifen und blauem Zierelement an Stirn- und Seitenfronten gezeigt. Die Probefahrten erfolgten bei der DR ebenfalls in dieser Farbgebung. Den V 180-üblichen Anstrich erhielt die V 180 201 erst im Jahr 1966.

Eine zweite Baumusterlokomotive stand 1965 mit der V 240 001, deren Leistung auf 2 x 883 kW (2 x 1200 PS) gesteigert worden war, zur Verfügung. Diese wurde später als 118 202 eingereiht und wird gesondert beschrieben.

Die Serienlieferung der Baureihe V 180.2 begann erst mit der Auslieferung der V 180 204, denn die V 180 203 hatte, wie auch die Einzelgänger V 180 059 und V 180 131, eine veränderte Stirnfront mit blendfreien Stirnfenstern, wobei die veränderten Stirnfronten wieder aus glasfaserverstärktem Polyester bestanden. Diese Lokomotive wurde von der DR erst 1967 in den Bestand übernommen. Die veränderten Stirnfronten wurden an der nach 1970 als 118 203 geführten Lokomotive bei einem Raw-Aufenthalt gegen die normalen Stirnfronten gewechselt.

Bis zur V 180 203 erhielten alle Lokomotiven an den Seitenwänden zwischen den Einstiegstüren je vier Klappfenster. Es erwies sich aber als notwendig, bei den Varianten mit 736-kW-Dieselmotoren die beiden jeweils äußeren Klappfenster je Lokomotivkastenseite durch Mehrfach-Düsenlüftergitter zu ersetzen. Ab der V 180 204 kamen dann serienmäßig die Mehrfach-Düsenlüftergitter zum Einbau.

Für die Entwicklung und den Bau der Baureihe V 180.2 hatte die DR an den Hersteller die Bedingung gestellt, daß speziell der Fahrzeugteil instandhaltungsfreundlicher als bei den bisher gelieferten Lokomotiven der Baureihe V 180 zu gestalten sei. Auch der Einsatz von verschleißfreien Teilen sollte erhöht werden. Daher legte die DR großen Wert darauf, daß der Hersteller eine verschleißfreie Radsatzführung und Radsatzfederung bei dem Bau der Baureihe V 180.2 berücksichtigte.

Zwischen Drehgestell und Lokomotivrahmen dienen als Federung Blatt- und Scheibenfedern und zwischen den Radsatzlagern und den Drehgestellrahmen Blattfedern. Angelenkt werden die dreiachsigen Drehgestelle

228 669 im letzten Bauzustand am 29. 12. 1993 in Arnsdorf
Fotos: Frank Heilmann

über die Drehzapfen und Federstahlbänder vom Rahmen aus. Die Kraftübertragung bei den Lokomotiven mit der Radsatzanordnung C'C' ist ähnlich den Lokomotiven der Baureihe V 180 mit der Radsatzanordnung B'B'. Das Strömungsgetriebe ragt etwa in der Mitte zwischen den beiden äußeren Radsätzen mit seiner Abtriebswelle in das Drehgestell hinein und leitet nach beiden Seiten über Gelenkwellen das Drehmoment auf die beiden Radsatzgetriebe dieser Radsätze. Dabei überträgt der mittlere Radsatz von der Vorgelegewelle seines Abtriebes einen Teil der Leistung über eine weitere Gelenkwelle auf den nach der Fahrzeugmitte zu angeordneten Endradsatz des Drehgestells.

Von 1964 bis 1970 beschafften die DR vom Lokomotivbau Babelsberg insgesamt 206 Lokomotiven der Unterbaureihe V 180.2 (einschließlich der V 240 001, später 118 202). Die Lieferung dieser Lokomotiven teilt sich auf die einzelnen Jahre wie folgt auf:

1964: V 180 201;
1965: V 240 001;
1966: V 180 204 bis 222;
1967: V 180 203 und
V 180 223 bis 290;
1968: V 180 291 bis 355;
1969: V 180 356 bis 396;

118 632 mit Zierstreifen in der Sparversion

Kontraste: V 200 007 neben 118 656

118 778 mit P 15131 (Rostock–Wismar) in Bad Doberan im Juli 1991
Foto: Rüdiger Block

1970: V 180 397 bis V 180 399
und 118 400 bis 118 406.

Die Lokomotiven 118 400 bis 406 wurden bereits nach dem neuen, ab 1. 7. 1970 geltenden Nummernsystem der DR abgeliefert.

Außer der V 240 001 waren die Lokomotiven der Baureihe V 180.2 mit jeweils zwei Motoren des Typs 12 KVD 21 A-2 oder A-3 ausgerüstet. Dies ist ein aufgeladener Zwölfzylinder-Viertakt-V-Dieselmotor mit einer Leistung von 736 kW (1000 PS) bei 1500 U/min. Der Dieselmotor arbeitet nach dem Vorkammerbrennverfahren. Für die hydraulische Leistungsübertragung kamen je nach Entwicklungsstand verschiedene Strömungsgetriebe zum Einbau. Bei der Serienlieferung wurden die Lokomotiven mit folgenden Strömungsgetrieben geliefert:

V 180 201 bis 299: Getriebe L306rb bzw. GSR 30/5,7;

V 180 300 bis 319: GSR 30/5,7;

V 180 320 bis 118 406: GSR 30/5,7 in der zweiten Verbesserungsstufe.

Das verwendete Radsatzgetriebe AÜK 16 hat ein Übersetzungsverhältnis von 3,15 :1. Nach der Beendigung der Langzeiterprobung der V 240 001 im November 1969 war die DR mit den Ergebnissen bei den Dieselmotoren von je 883 kW (1200 PS) Leistung und weiterer, der höheren Leistung angepaßter Bauteile und Aggregate äußerst zufrieden. Daher begann die DR an den Lokomotiven der Unterbaureihe V 180.2, seit 1970 als Baureihe 118.2-4 geführt, bei planmäßigen Raw-Aufenthalten durch das Unterhaltungs-Raw Karl-Marx-Stadt mit der Remotorisierung dieser Lokomotiven. Ab 1972 wurde bei planmäßigen Untersuchungen der Dieselmotor vom Typ 12 KVD 21 AL-4 mit einer Leistung von 883 kW (1200 PS) bei einer Nenndrehzahl von 1500 U/min eingebaut. Lokomotiven der Baureihe 118.2-4, bei denen dieser Umbau durchgeführt worden war, erhielten eine um 400 höhere Ordnungsnummer, um die höhere Leistung kenntlich zu machen. So wurde z.B. aus der Lokomotive 118 201 nach der Remotorisierung die 118 601 (228 601).

Erste Baumusterlokomotive für diesen serienmäßigen Umbau war die 118 373, die mit je zwei Dieselmotoren 12 KVD 21 A-3 (900 kW) und zwei Strömungsgetrieben GSR 30/5,7 ausgerüstet wurde. Der Probebetrieb mit dieser Lokomotive wurde durch das Bw Leipzig Hbf Süd durchgeführt. Hier wurde die 118 373 bevorzugt vor schweren Schnellzügen, wie zum Beispiel den D 141 und D 1154 (Leipzig–Berlin–Rostock), zwischen Leipzig und Berlin, eingesetzt. Diese Züge wurden planmäßig sonst mit der Bau-

228 718 am 28. 2. 1992 in Zossen
Foto: Frank Heilmann

228 801 am Rennsteig, Mai 1994
Foto: Matthias Maier

reihe 118.2-4 in Doppeltraktion gefahren. 1972/73 rüstete die DR weitere sechs Lokomotiven der Baureihe 118.2-4 mit den leistungsgesteigerten Motoren und Strömungsgetrieben aus. Dies waren im einzelnen die Lokomotiven 118 248, 251, 252, 259, 297 und 402. Mit diesen Lokomotiven startete die DR einen Großversuch wiederum beim Bw Leipzig Hbf Süd. Im Einsatz waren die Lokomotiven dabei vor schweren Schnellzügen in den Relationen Leipzig–Berlin–Stralsund und Leipzig–Berlin–Rostock vor den D 728/729/408/409/2052 und 2019. Bei der 118 248, wie auch bei der vierachsigen 118 117, wurde zusätzlich noch die automatische Mittelpufferkupplung (AMK) getestet. Der Probebetrieb wurde vom Bw Leipzig Hbf Süd durchgeführt. Dabei kamen als Wagen ausschließlich Modernisierungswagen, die ebenfalls mit einer automatischen Mittelpufferkupplung ausgerüstet waren, zum Einsatz.

Weitere Erprobungen wurden 1975/76 mit den Dieselmotoren 12 KVD 21 AL-4 und je einem Strömungsgetriebe GSR 30/5,7 sowie GS 30/5,5 mit einer Leistung von 900 kW durchgeführt. Gleichzeitig wurde auch noch ein neuer Abgasturbolader des Typs H 31 getestet.

Für einen Motor (eingebaut in 118 225) wurde auch noch der Schalldämpfer geändert, um den Geräuschpegel zu minimieren. Mit dem Strömungsgetriebe GS 30/5,5 wurde 1977 nachträglich die 118 402 ausgerüstet, wobei bei dieser Umbaumaßnahme auch noch neue Hochleistungskühlerelemente eingebaut worden sind. Die 118 225 und 402 wurden als Erprobungslokomotiven für die neu zu bauende Baureihe 119 getestet. 1979 folgte dann die erste Erprobungslokomotive mit einem Zwei-Wandler-Strömungsgetriebe des Typs GS 20/5,5 und den Dieselmotoren 12 KVD 21 AL-4. Diese sind von außen an einer veränderten Abgasaustrittsöffnung erkennbar. Dieses Zwei-Wandler-Strömungsgetriebe hat sich jedoch nicht bewährt, so daß die Erprobungslokomotive 118 405 (118 805) 1984 wieder ein Drei-Wandler-Strömungsgetriebe erhalten hat. Die mit je zwei Dieselmotoren von 1100 kW Leistung ausgerüsteten Lokomotiven 118 625 und 118 805 er-

228 806 zum Ende ihrer Einsatzzeit in Ilmenau
Foto: Frank Heilmann

hielten trotz ihrer höheren Leistung gegenüber den anderen Lokomotiven der Baureihe 118.2-4 keine neuen Ordnungsnummern. Mit der 118 625 (ex 118 225) führte die DR in den Jahren 1981/82 wiederum beim Bw Leipzig Hbf Süd Extremerprobungen durch. Im Laufe der Zeit wurde dann auch die Baumusterlokomotive V 180 201 (118 201), welche noch Dieselmotoren mit einer Leistung von je 662 kW Leistung besaß, mit 883-kW-Motoren bestückt und mit der Ordnungsnummer 601 (118 601) im Bestand der DR weitergeführt.

Die Extremerprobungen mit der 118 625 durch das Bw Leipzig Hbf Süd fanden in Dienstplänen der Baureihe 132 statt. Bis 1979 waren insgesamt 22 Lokomotiven der Baureihe 118.2-4 remotorisiert und somit mit je zwei Dieselmotoren mit einer Leistung von je 883 kW ausgerüstet und mit der Baureihennummer 118.6-8 im Bestand der DR.

Neben den unterschiedlichen Versuchen mit Motoren und Strömungsgetrieben fand in 118 222 erstmals ein versuchsweiser Einbau einer elektronischen Heizkesselsteuerung statt. Der Serieneinbau der elektronischen Heizkesselsteuerung wurde erst ab der 118 282 durchgeführt.

Aufgrund der Remotorisierung waren von den einst 206 Lokomotiven der Baureihe V 180.2 Anfang 1987 noch 198 Lokomotiven im Bestand der DR. Dabei verteilten sich die Lokomotiven auf die einzelnen Bahnbetriebswerke wie folgt:

Magdeburg: 5 Lokomotiven; Kamenz: 16 Lokomotiven; Zittau: 10 Lokomotiven; Görlitz: 18 Lokomotiven; Wustermark: 10 Lokomotiven; Sangerhausen: 4 Lokomotiven; Brandenburg: 16 Lokomotiven; Aue: 14 Lokomotiven; Neustrelitz: 5 Lokomotiven; Rostock: 1 Lokomotive; Karl-Marx-Stadt: 11 Lokomotiven; Wismar: 2 Lokomotiven; Halle G: 8 Lokomotiven; Leipzig Hbf Süd: 11 Lokomotiven; Bautzen: 13 Lokomotiven; Arnstadt: 15 Lokomotiven; Leipzig Hbf West: 5 Lokomotiven; Blankenburg: 3 Lokomotiven; Frankfurt/Oder: 2 Lokomotiven; Güstrow: 3 Lokomotiven; Glauchau: 2 Lokomotiven; Meiningen: 12 Lokomotiven; Jüterbog: 10 Lokomotiven; Cottbus: 1 Lokomotive; Stralsund: 1 Lokomotive; Salzwedel: 1 Lokomotive.

Von diesen 198 Lokomotiven waren 61 Lokomotiven noch mit den Motoren vom Typ 12 KVD 21 A-2 mit einer Leistung von je 736 kW ausgerüstet.

Zum 1.1.1991 hatte die DR noch 197 Lokomotiven der jetzt als 228.2-4 (18 Lokomotiven) bzw. 228.6-8 (179 Lokomotiven) geführten Baureihe im Bestand. Davon waren 14 Lokomotiven z-gestellt, davon zehn der Unterbaureihe 228.2-4. Dramatisch verringerte sich der Lokomotivbestand bis zum 31.12.1993, der nur noch drei Lokomotiven der Baureihe 228.2-4, davon eine im z-Park, und 95 Lokomotiven der Baureihe 228.6-8, davon 16 Lokomotiven im z-Park, aufwies.

Im Bestand der DB AG zum 31.12.1994 waren noch zwei Lokomotiven der Baureihe 228.2-4 und 76 Lokomotiven der Baureihe 228.6-8, eine (228 372) bzw. 33 (228.6-8) betriebsfähig, die bei den Betriebshöfen Magdeburg-Rothensee, Erfurt, Görlitz und Nordhausen überwiegend in Sonderplänen eingesetzt wurden.

Letzte Lokomotive, die eine Hauptuntersuchung erhalten hat, war die 228 714 (V 180 314). Die Hauptuntersuchung wurde durch das Werk Chemnitz im Dezember 1994 abgeschlossen, danach wurde die Lokomotive betriebsfähig dem Museumsbestand des Verkehrsmuseums Nürnberg übergeben. Sie wird für Sonderfahrten erhalten bleiben.

V 240 001 DR
118 202 DR
228 202 DB AG

Das in den fünfziger Jahren von der Deutschen Reichsbahn aufgestellte Neubau-Typenprogramm für Dieseltriebfahrzeuge sah auch eine Diesellokomotive mit einer Leistung von 1760 kW (2400 PS) vor. Eine solche leistungsfähige Diesellokomotive benötigte die DR, um die Dampflokomotiven der Baureihen 01 und 03 im hochwertigen Reisezugdienst ablösen zu können. Das Typenprogramm für Diesellokomotiven mit hydraulischer Kraftübertragung sollte vom baulichen Konzept her dem der Einheits-Dampflokomotiven der Baureihen 24, 64 und 86 entsprechen. So sollten auch bei Diesellokomotiven mit unterschiedlicher Gesamtleistung viele Bauteile zwischen den verschiedenen Baureihen austauschbar sein.

Konzeption und Konstruktion der V 240 001 entstanden im Jahr 1964 auf der Grundlage und den Betriebserfahrungen mit den Diesellokomotiven der Baureihe V 180.0 (2 x 662 kW), Baureihe V 180.1 (2 x 736 kW) mit der Radsatzanordnung B'B' und der ersten Baumusterlokomotive mit der Radsatzanordnung C'C', der späteren V 180 201 mit einer Leistung von 2 x 662 kW .

Hersteller der V 240 001 war, wie bei den Baureihen V 180.0 und V 180.1, der Lokomotivbau „Karl Marx", Babelsberg. Die von Babelsberg im Jahr 1965 gebaute Diesellokomotive V 240 001 mit der Fabriknummer 652 010 ist die leistungsfähigste Diesellokomotive, die in der DDR für die DR gefertigt wurde.

V 240 001 auf der Leipziger Messe 1965
Foto: Otte, Sammlung Grundmann

Erstmals einer breiten Öffentlichkeit vorgestellt wurde die V 240 001 anläßlich der Leipziger Messe im März 1965. Gegenüber den Lokomotiven der Baureihen V 180.0 und V 180.1 wurden neben den stärkeren Motoren 12 KVD 21 A-2 alle Bauteile der Antriebsanlage der erhöhten Leistungsabgabe der Motoren angepaßt. Die Hauptabmessungen der V 240 001, wie Höhe über Schienenoberkante, Breite, Länge über Puffer und Gesamtgewicht, entsprechen denen der Baureihen V 180.0 und V 180.1. Verändert wurde dagegen die Stirnpartie der Lokomotive, die bei der V 240 aus glasfaserverstärktem Polyester besteht. Neben den zwei dreiachsigen Drehgestellen hat sich gegenüber der Baureihe V 180.1 auch die seitliche Ansicht der V 240 durch eine veränderte Anordnung der Seitenfenster und Lüftungsgitter verändert. Statt zwei Maschinenraumfenstern je Seite hat die V 240 vier dieser Fenster je Seite.

Die Leistung wurde vom Dieselmotor über das hydraulische Getriebe, Gelenkwellen und das Radsatzgetriebe GSR 30/5,7 übertragen. Da die DR die Diesellokomotiven mit einer Leistung von 1760 kW vor schweren Schnell- und auch Güterzügen auf nichtelektrifizierten Hauptstrecken, aber auch auf Nebenstrecken einsetzen wollte, durfte die Radsatzlast 16 t nicht überschreiten. Die Höchstgeschwindigkeit der V 240 001 war mit 140 km/h angegeben.

Erste Probefahrten mit der V 240 001 fanden am 23. und 30. 9. 1965 statt, bevor die Lokomotive am 6. 10. 1965 vorläufig durch die DR abgenommen wurde. Eigentümer der Lokomotive war aber noch der Lokomotivbau in Babelsberg. Um die leistungsgesteigerten Motoren, das Getriebe, die gesamte Leistungsübertragungsanlage sowie die Kühlanlage bei erhöhten Fahrgeschwindigkeiten zu untersuchen, wurde die V 240 001 einer Langzeiterprobung unterzogen, welche bis November 1969 dauerte. In ihrer Erprobungszeit war die Lokomotive 1965/66 im Bw Halle P und 1967/68 im Bw Neustrelitz beheimatet. Vom 1. 11. 1968 an bis zur Beendigung der Erprobungszeit war die Lokomotive wieder direkt dem Eigentümer, dem Lokomotivbau Babelsberg, unterstellt. In der Testzeit mußte die Lokomotive jedoch öfter dem Hersteller wegen schadhafter Bauteile sowie notwendig gewordener Umrüstarbeiten an einigen Bauteilen zugeführt werden.

Daß die V 240 001 ein Einzelgänger bleiben würde, war schon wenige Monate nach dem Beginn der Erprobungszeit beschlossene Sache. Kurioserweise wurde dies durch den „Beschluß der Verdieselung“, der am 17. 3. 1966 vom Ministerrat der DDR verabschiedet wurde, bewirkt. Die Elektrifizierung der Strecken der DR wurde u.a. wegen der hohen Kupferpreise und dem schlechten Oberbau, der teilweise durch den Rückbau immer noch eingleisig war, als nicht realisierbar verworfen. Hintergrund dieser Entscheidung, auf die Dieseltraktion zu setzen, war sicherlich auch die Aufnahme der Produktion im Petrolchemischen Kombinat Schwedt/Oder. Da die DDR dem Rat für gegenseitige Wirtschaftshilfe (RGW), wie alle anderen Ostblock-Staaten, angehörte, wurde auch ein weiterer Beschluß im Hinblick auf zu beschaffende Diesellokomotiven mit einer Leistung über 2000 PS wirksam: Wegen der schlechten Außenhandelsbilanz gegenüber den „Bruderländern“ hatte die UdSSR durch langfristige Handelsabkommen mit allen RGW-Ländern vereinbart, daß Diesellokomotiven über 2000 PS Leistung nur von der UdSSR entwickelt und gebaut werden durften. Da in allen RGW-Mitgliedsländern ein großer Bedarf an Diesellokomotiven über 2000 PS Leistung bestand, konnte die UdSSR somit ihre Außenhandelsbilanz erheblich verbessern. An diesen Beschluß im RGW haben sich jedoch die wenigsten Staaten gehalten. Zwar wurden keine Neubaulokomotiven mit einer Leistung über 2000 PS gefertigt, der Beschluß jedoch, wie im Fall der DR mit der Remotorisierung der Baureihe 118.2-4, mehr oder weniger unterlaufen.

Aus besagten Gründen unterblieb daher die Serienfertigung der Baureihe

V 240, jedoch verblieb die V 240 001 nach Umbau weiter im Bestand der DR. Von November 1969 an führte der Hersteller, Lomotivbau Babelsberg, weitere Baugruppenuntersuchungen an der Maschine durch, bis die V 240 001 dann später dem Bw Neustrelitz überstellt wurde. Im Bw Neustrelitz wurde die V 240 001 dann zu einer normalen Lokomotive der Baureihe 118.2-4 mit zwei Motoren von je 736 kW Leistung umgebaut und am 1. 9. 1971 als 118 202 in den Bestand der DR endgültig aufgenommen. Bis Mai 1986 war die Lokomotive in Neustrelitz beheimatet. Letzte Heimatdienststelle war vom 31. 5. 1986 bis Mai 1991 das Bw Kamenz, wo die ehemalige V 240 001 am 5. 7. 1991 z-gestellt wurde. Danach wurde die Maschine zum Bw Reichenbach überstellt, wo sie dann noch für die Berufsausbildung von Lehrlingen genutzt wurde, jedoch nicht im Einsatz war, sondern wie in Kamenz dem dortigen z-Park unterstellt war.

Auffallend war die Lackierung der V 240 001 während der Erprobungszeit. Denn in diesem Zeitraum von 1965 bis 1970 war der Lokomotivkasten silbern lackiert und mit einem breiten und darüber etwas schmaleren blauen Zierstreifen durchgehend in der unteren Hälfte des Lokomotivkastens abgesetzt. Ein weiterer blauer Zierstreifen verlief unterhalb der seitlichen Mehrfachdüsenlüftergitter, welcher an den Stirnfronten mittig zu einem V zusammengeführt war. Diese Sonderlackierung verlor die V 240 001 jedoch mit dem Umbau in die 118 202 und wurde wie die anderen Maschinen der Baureihe 118.2-4 umlackiert.

Eisenbahnfreunde haben sich um eine äußerliche Wiederherstellung der V 240 001 in der ursprünglichen Farbgebung bemüht und konnten die V 240 001 zu den Dampflokomotivtagen im Bw Dresden-Altstadt im Mai 1996 präsentieren.

119 DR
219 DB AG

Obwohl durch den Import der Diesellokomotivbaureihen 120, 130, 131, 132 und 142 aus der UdSSR zahlreiche Dampflokomotiven abgelöst werden konnten, war die DR in den siebziger Jahren noch immer auf die Dampftraktion angewiesen. Daher wurde ab 1974 die Beschaffung weiterer leistungsfähiger Diesellokomotiven in Angriff genommen, die sowohl im Personen- als auch im Güterverkehr auf Zweig- und Hauptbahnen mit großen Steigungen eingesetzt werden konnten. Insbesondere sollten die Lokomotiven der Baureihe 95 des Bw Probstzella im Thüringer Wald abgelöst werden. Aber auch der Bestand an Lokomotiven der Baureihen 50, 52 und 58 sollte mit einer leistungsfähigen Diesellokomotive verringert werden, deren Radsatzlast 16 bis 17 Tonnen nicht überschreiten sollte. Die von der DR bereits beschafften Diesellokomotiven der Baureihe 118 reichten für die gestellten Traktionsaufgaben allein von der Stückzahl her nicht aus und waren in ihrer Konzeption zu einem Zeitpunkt bereits überholt. Außerdem sollte die neue Baureihe mit einer elektrischen Zugheiz- bzw. Zugenergie-Versorgungsanlage (EVA) ausreichender Leistungsfähigkeit ausgerüstet werden, um den Übergang von der Dampfheizung zur elektrischen Zugheizung zu ermöglichen.

Aufgrund der Vereinbarungen des „Rats für gegenseitige Wirtschaftshilfe“ (RGW) mußte der Bauauftrag für die Baureihe 119, da mit einer Leistung unter 2000 PS, an die rumänische Industrie vergeben werden. Mit Erteilung des Auftrags für die Konstruktion und die Lieferung für eine dieselhydraulisch angetriebene Lokomotive im Oktober 1974 waren aber von der DR an die rumänische Lokomotivfabrik „23. August Bukarest“ einige Forderungen gestellt worden, die eine Integration der neuen Lokomotivbaureihe in die bestehende DR-Infrastruktur sicherstellen sollten. So mußten z. B. Hilfs-, Steuer- und Überwachungseinrichtungen, die sich bei den Diesellokomotivbaureihen 106, 110, und 118 bewährt hatten, wieder verwendet werden. Das Strömungsgetriebe und der Dieselmotor sollten so konzipiert sein, daß mit diesen Komponenten eine Modernisierung der Baureihe 228 möglich werden könnte.

Nach intensiven Probefahrten in Rumänien wurde die Mitte 1976 fertigge-

Reichsbahn-Diesellokomotive der Baureihe 219, ex 119
Zeichnung: Archiv Eisenbahn Magazin

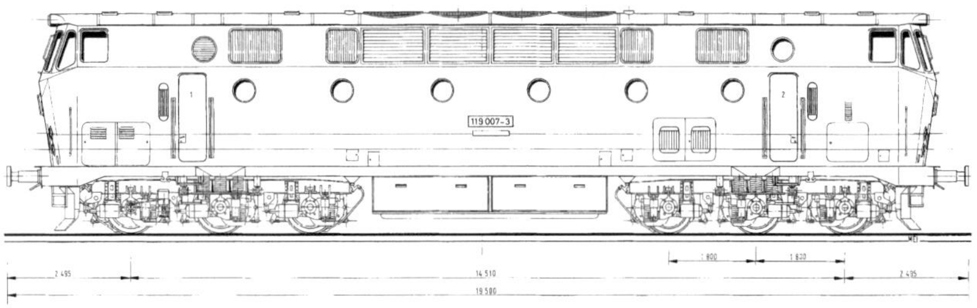

Maßstab 1:180

119 008 verläßt mit einem leeren E-Wagenzug den Güterbahnhof Saalfeld.
Fotos: Rüdiger Block

stellte Baumusterlokomotive 219 001, die allerdings noch keine Zugenergie-Versorgungsanlage besaß, am 6.1. 1977 von der DR abgenommen. Die zweite Musterlokomotive, 119 002, die mit elektrischer Zugenergie-Versorgungsanlage ausgeliefert werden konnte, stand der DR ab November 1977 zur Verfügung. Bis 1985 beschaffte die DR in mehreren Baulosen insgesamt zweihundert Lokomotiven dieser Baureihe.

Anfangs konnte die Baureihe 219 wegen ihrer großen Störanfälligkeit oft nur gemeinsam mit einer weiteren Lokomotive dieser Baureihe gefahren werden. Aufgrund von Fertigungsmängeln traten immer wieder Störungen an den Radsatzgetrieben, den Dieselmotoren, der Zugheizeinrichtung und an vielen Rohrverbindungen auf. Wegen der vielen Mängel ersetzte das Raw Karl-Marx-Stadt (Chemnitz) der DR schon frühzeitig den in Rumänien nach MTU-Lizenz hergestellten Dieselmotor des Typs MB 820 SR durch einen Dieselmotor aus einheimischer Produktion: Verwendung fand der in Johannisthal gebaute Dieselmotor 12 KVD 18/21 AL-4 (900 kW) bzw. AL-5 (1100 kW). Gleichzeitig wurden die ursprünglichen Wandler-Wandler-Getriebe durch Wandler-Wandler-Wandler-Getriebe mit höherer Leistung und verbesserter Kennlinienanpassung ersetzt.

Auch die gesamte Ersatzteilbelieferung durch den rumänischen Hersteller konnte nicht befriedigen. Durch diese Problematik ist es auch zu erklären, das 1990 im Raw Chemnitz ein Reparaturrückstand von über 100 Lokomotiven, immerhin mehr als die Hälfte des zu jenem Zeitpunkt vorhandenen Bestands, zu verzeichnen war. Im Einsatz bei der DB AG, die die 119 unter der neuen Baureihenbezeichnung 219 einordnete, befinden sich nur noch Lokomotiven, die mit dem Motor aus Johannisthal ertüchtigt wurden.

Beim äußeren Erscheinungsbild gibt es bei den Baulosen geringfügige Unterschiede: So befindet sich bei 119 001 bis 116 das obere Spitzenlicht in der vorgezogenen Dachspitze und bei 119 117 bis 200 ist das Spitzenlicht unterhalb der Frontfenster angeordnet, wobei die vorgezogene Dachspitze entfiel. 1990/91 ließ die DR zwei Lokomotiven (119 078 und 119 087) von der Regentalbahn-Werkstätten GmbH in Viechtach aufarbeiten. Weitergehende Neuerungen gegenüber der Aufarbeitung im Raw Chemnitz sind aber nicht vorgenommen worden. Die beiden Lokomotiven wurden in Viechtach einer erweiterten Hauptuntersuchung unterzogen, wobei die aufgearbeiteten Hauptbauteile von der DR, Raw Chemnitz, beigestellt wurden. Diese zwei Lokomotiven sind als erste Diesellokomotiven in neuroter Farbgebung mit weißen Lätzchen an den Stirnfronten und mittig angeordnetem DR-Logo an die DR übergeben worden.

119 004 in Marienborn im Oktober 1990

Der Rahmen und die Aufbauten bestehen aus einer verschweißten, gemeinsam tragenden Leichtbaukonstruktion, deren Rahmenkopfstücke für den ehemals vorgesehenen Einbau einer automatischen Mittelpufferkupplung vorbereitet ist. Die Lokomotiven sind mit den üblichen Zug- und Stoßvorrichtungen ausgerüstet. Am Rahmen sind jeweils vor den Drehgestellen angewinkelte Bleche montiert, die als Schienen- bzw. Schneeräumer dienen. Die Drehgestelle dieser sechsachsigen Diesellokomotive bestehen aus einer Schweißkonstruktion. Das Gewicht des Drehgestellrahmens stützt sich über Schraubenfedern zwischen den Radsatzlagergehäusen des Drehgestellrahmens elastisch ab. Das Gewicht des Lokomotivrahmens sowie dessen Aufbauten werden über vier Punkte mit je drei Flexicoilfedern, die bei dieser Baureihe erstmalig bei dieselhydraulischen Lokomotiven der DR eingesetzt wurden, auf den Drehgestellen abgestützt. Die Zug- bzw. Bremskräfte zwischen Rahmen und Drehgestell werden durch gummigelagerte, seitlich verschiebbare (± 30 mm) sowie wartungsfreie Drehzapfen übertragen. Die Radsätze werden über Radsatzlenker zwangsgeführt, wobei hydraulische Stoßdämpfer die Laufeigenschaften verbessern.

Zum Bremssystem gehören die indirekt wirkende, selbsttätige, mehrlösige Druckluftbremse mit Selbstregler-Führerbremsventil (DAKO BS2) und Achslagerbremsdruckregler und die direkt wirkende Druckluft-Zusatzbremse sowie zwei mechanische Feststellbremsen, die von den Führerständen aus jeweils auf einen Radsatz wirken.

Der Fahrzeugkasten unterteilt sich in den Maschinenraum und die beiden schallisolierten Endführerstände. Zum Anlieferungszustand waren die Lokomotiven mit je zwei in Rumänien gebauten Maybach-Motoren (MB 820 SR), die nach MTU-Lizenz gebaut wurden, ausgerüstet. Die Dieselmotoren sind symmetrisch angeordnet und über Hilfsgetriebe jeweils zur Mitte hin mit dem Generator für die elektrische Zugheizeinrichtung verbunden. Die Motorabtriebsseiten übertragen über Wandler-Strömungsgetriebe und Gelenkwellen das Drehmoment auf die Radsatzgetriebe. Die elektrische Zugenergie-Versorgungsanlage besteht aus einem Drehstrom-Synchrongenerator mit einer Nennleistung von 500 kVA, einem Gleichrichter, Gleichspannungszwischenkreis und einem Thyristor-Pulswechselrichter, der eine einphasige Wechselspannung von 1000 V bei 16 2/3 bzw. 22 Hz bereitstellt. Erwähnenswert ist hierbei, daß – im Gegensatz zur 218 der DB – nicht benötigte Heizleistung für die Traktion zur Verfügung steht. Zwei Luftpresser, angetrieben durch 110-V-Gleichstrommotoren, liefern die nötige Druckluft für die Bremsanlage sowie für die anderen mit Druckluft arbeitenden Steuerteile. Für die Energieversorgung der Lokomotive mit 110 V Gleichspannung dienen zwei Lichtmaschinen mit je 24 kW, die jeweils von einem Strömungsgetriebe angetrieben werden. Die Endführerstände sind mit einem 13stufigen Fahrschalter und MESA-Zugfunkanlage versehen. Mit einer Wendezugsteuerung sind die Lokomotiven 119 001 bis 030 ausgerüstet worden.

219 007 am 6. 5. 1992 in Saalfeld
Fotos: Frank Heilmann

Nach etlichen Anlaufschwierigkeiten konnten die rumänischen Diesellokomotiven der Baureihe 119 die schweren Tenderdampflokomotiven der Baureihe 95 auf den Rampenstrecken des Thüringer Walds verdrängen.

119 200, letztgebaute 119 der DR, in Hof, Dezember 1991

Fotos: Matthias Maier

219 133 mit tiefgesetztem dritten Spitzenlicht in Rottenbach,

Anfangs war die Baureihe 119 auf recht viele Bahnbetriebswerke verteilt, teilweise dienten sie auch oft nur für Personalschulungsfahrten. Wegen schon beschriebener Mängel wurde in den Dienststellen gerne auf den Einsatz dieser Lokomotiven verzichtet und so ist z.B. beim Bw Kamenz noch mit der Baureihe 52.80 sowie beim Bw Probstzella mit der Baureihe 95.0 weiter gefahren worden. Zuverlässiger sind die Maschinen erst mit dem Einbau der Dieselmotoren aus DDR-Produktion und dem Tausch einiger Teile geworden.

Zum Jahresende 1985, als alle bestellten Lokomotiven der Baureihe 119 ausgeliefert waren, ergab sich folgende Aufteilung, wobei der Schwerpunkt der Beheimatung in Sachsen und Thüringen lag:

Bw Dresden: 19 Lokomotiven; Bw Gera: 19 Lokomotiven; Bw Halle G: 20 Lokomotiven; Bw Nordhausen:12 Lokomotiven; Bw Probstzella: 31 Lokomotiven; Bw Saalfeld: 24 Lokomotiven; Bw Halberstadt: 15 Lokomotiven; Bw Salzwedel: 10 Lokomotiven; Bw Oebisfelde: 30 Lokomotiven; Bw Schwerin: 16 Lokomotiven und Bw Kamenz: 2 Lokomotiven. Ausgemustert waren zu diesem Zeitpunkt schon 119 001 und 002 des Bw Probstzella.

219 078 im neuroten Farbkleid mit Lätzchen

Zum 31.3.1995 verteilten sich die 167 noch vorhandenen Lokomotiven der Baureihe 219 der DB AG auf folgende Betriebshöfe:

Bh Dresden: 17 Lokomotiven; Bh Chemnitz: 23 Lokomotiven; Bh Görlitz: 23 Lokomotiven; Bh Gera: 20 Lokomotiven; Bh Saalfeld: 30 Lokomotiven; Bh Schwerin: 25 Lokomotiven und Bh Stendal: 29 Lokomotiven.

Die schönsten Einsatzgebiete der Baureihe 119 sind derzeit die des Bw Saalfeld auf den KBS 555, 560, 564 und 569 sowie die des Bw Görlitz auf den KBS 231, 235 und 236. Zum Einsatz kommen die Lokomotiven dabei vor fast allen Zuggattungen.

229 DR 229 DB AG Umbau aus 119

Da 1990 über 100 von den insgesamt 200 aus Rumänien gelieferten Lokomotiven der Baureihe 119 nicht einsatzfähig waren, suchte die DR nach Möglichkeiten, um diesen Reparaturrückstand abzubauen. Aufgrund von Fertigungsmängeln waren die Radsatzgetriebe, Zugheizeinrichtungen und die nach MTU-Lizenz gebauten Dieselmotoren recht störanfällig. Auch die Versorgung mit Ersatzteilen war nie in ausreichendem Umfang gewährleistet.

Erste Kontakte mit der Firma Krupp Verkehrstechnik GmbH, Essen, ergaben sich für die DR im April 1989 anläßlich einer verkehrstechnischen Tagung in Berlin. Nach der Wende im November 1989 konnten die Geschäftsbeziehungen relativ problemlos ausgebaut werden. Unter anderem wurde auch über eine dringend notwendige Modernisierung der Baureihe 119 verhandelt. Da die meisten durchgehenden Strecken zwischen der DB und der DR nach der Wende nicht elektrifiziert waren, benötigte die DR dringend Diesellokomotiven, die eine zulässige Höchstgeschwindigkeit von 140 km/h sowie eine leistungsfähige elektrische Zugenergie-Versorgungsanlage für die elektrische Zugheizung und Klimatisierung besitzen. Nötig waren diese Voraussetzungen, um den gesamten Ost-West-Verkehr mit den modernen InterCity- und InterRegio-Zügen zu bewältigen.

229 100, die 229 mit der niedrigsten Ordnungsnummer, kurz nach der Indienststellung im April 1992
Fotos: Frank Heilmann

229 128 während ihrer Einsatzzeit beim Bw Berlin-Pankow vor einem Schnellzug in Berlin Hbf.

Bis zur Elektrifizierung der Berliner Stadtbahn bis zum Bahnhof Zoo beförderten zwei 229 die Shuttle-IC zwischen Bahnhof Zoo und Berlin-Michendorf, wo Anschluß zum ICE Richtung Westen bestand.
Foto: Frank Heilmann

Krupp Verkehrstechnik erarbeitete daher ein Modernisierungsprogramm für 50 Lokomotiven der Baureihe 119. Von seiten der DR wurde der Umbauauftrag für die Baureihe 119 jedoch auf 20 Lokomotiven begrenzt. Die Modernisierungs-/Umbaukosten für eine Lokomotive bei Krupp Verkehrstechnik betrugen ca. 3 Mio. DM und lagen damit ca. 50 Prozent unter dem einer Neubaulokomotive.

Nach dem ersten einheitlichen Baureihen-Nummernplan zwischen DR und DB war für diese modernisierte Lokomotive die Baureihenbezeichnung 219.3 vorgesehen, schließlich wurde dann doch eine eigene Baureihennummer vergeben: 229.

Der Umfang der Umbauten an den Lokomotiven war so beträchtlich, daß durchaus von einem Neubau gesprochen werden kann. Denn von der ehemaligen Baureihe 119 blieb bei dem Umbau nicht vielmehr als der Kasten, Rahmen und Drehgestelle erhalten. Daher wurden die Umbaulokomotiven bei Krupp Verkehrstechnik als Neubauten geführt und erhielten am Pufferträger ein neues Fabrikschild mit der Aufschrift „Krupp Verkehrstechnik GmbH – Remotorisierung“ – mit der Angabe von Fabriknummer und Baujahr.

Folgende 20 Lokomotiven der Baureihe 119 wurden bei Krupp Verkehrstechnik zur Baureihe 229 umgebaut:

119 100, 102, 106, 113, 118, 120, 126, 128, 144, 147, 170, 171, 173, 174, 181, 186, 188, 193 und 199.

Bei der Einreihung in die Baureihe 229 behielten alle Lokomotiven ihre alte Ordnungsnummer.

Die erste Lokomotive der Baureihe 119 wurde Krupp Verkehrstechnik mit der 119 100 und 119 113 am 22.11.1990 zugeführt. Der gesamte Umbau dauerte rund drei Jahre. Erste Lokomotive, die der DR nach dem Umbau für Probefahrten zur Verfügung stand, war die 229 100, welche am 8.4.1992 der DR im Bw Halle G feierlich übergeben wurde.

Erste Maschine, die von der DR indienstgestellt wurde, war jedoch die 229 120. Die Lokomotiven wurden von der DR zwischen Mai 1992 und September 1993 durch das Bw Halle G abgenommen. Nach Abnahme durch die DR waren alle Lokomotiven dieser Baureihe im Bw Berlin-Pankow beheimatet.

Bei dem Umbau zur Baureihe 229 wurden unter anderem folgende Anlagen bzw. Aggregate verändert bzw. durch neue ersetzt. Erneuert wurden der Dieselmotor, das Strömungsgetriebe, das Bremssystem, die Drehgestelle, die Heizgeneratoren und die Führerstände, aber auch die Lüfter bzw. die Kühlanlage wurden verändert. Gleichzeitig konnte auf das Zwischengetriebe verzichtet werden.

Als Antriebsanlage wurden zwei neue Dieselmotore vom Typ MTU 12 V 396 TE 14 mit einer Leistung von je 1240 kW (1683 PS) bei 1800 U/min verwendet, dies sind aufgeladene Zwölfzylindermotore. Mit einer Gesamtleistung von 2480 kW (3370 PS) ist die Baureihe 229 die leistungsstärkste dieselhydraulische Diesellokomotive bei der DB AG. Die verwendeten Strömungsgetriebe vom Typ SM GSR 30/5,7 sind überarbeitete Strömungsgetriebe der Strömungsmaschinenbau Dresden GmbH und nehmen für die Traktion jeweils 884 kW bis maximal 909 kW auf. Durch den Einbau der neuen Dieselmotore konnte der Kraftstoff- und Schmierölverbrauch deutlich gesenkt werden. Erneuert werden mußte auch die zentrale Energie-Versorgungsanlage (ZEV), um für die IC-/IR-Reisezugwagen, einschließlich dem Bistro-Speisewagen, die nötige Zugenergie-Versorgung zu gewährleisten. Die vorhandene ZEV konnte, bedingt durch die geringere Leistung der Dieselmotoren und den um ca. 10 Prozent schlechteren Wirkungsgrad, bedingt durch das Hilfsgetriebe, der mechanischen Zahnradstufe und der hydrodynamischen Kupplung, nicht den benötigten Energiebedarf decken. Die Gesamtleistung der neuen Generatoren für die ZEV liegt bei 800 kVA (je 400 kVA). Die Antriebsleistung für den ZEV-Generator wird vom Dieselmotor erbracht, die dabei nötige Leistung für den ZEV-Generator steht bei dessen Betrieb aber nicht der Traktionsleistung zur Verfügung. Ohne Probleme ist es auch möglich, daß bei geringer Zughakenlast nur eine Maschinenanlage der Lokomotive in Betrieb genommen werden muß. Die Drehgestelle mußten ebenfalls überarbeitet werden und wurden lauf- bzw. bremstechnisch für eine Höchstgeschwindigkeit von 140 km/h modifiziert. Dadurch verlängerte sich der Gesamtachsstand von 14 220 mm auf 14 510 mm gegenüber der Baureihe 119. Die Federung und Dämpfung der Drehgestelle wurde durch eine Neugestaltung der Dämpferaufhängung und den Einsatz von optimierten Schwingungsdämpfern ebenfalls der höheren Geschwindigkeit angepaßt. Durch die Optimierung der Dämpfercharakteristik sowie der elastischen MaK-Stützlager, den Einsatz der DR-Einheitsspurkranzschmierung und eines Gleitschutzes wurde der Radreifenverschleiß wesentlich reduziert. Vollständig erneuert wurde auch die Bremsanlage und der höheren Geschwindigkeit angepaßt. Die Veränderung der Bremsanlage wurde aber auch durch das neue Führerpultkonzept notwendig. Das neue Führerpult mit den bedienungsfreundlich angeordneten Steuer- und Überwachungseinrichtungen wurde nach ergonomischen Gesichtspunkten erheblich verbessert. Der Fahrschalter der Baureihe 229 besitzt eine vollelektronische Fahrstufenregelung mit vorwählbarer Geschwindigkeit, wie sie auch in den MaK-Lokomotiven vom Typ DE 1024 (Baureihe 240) eingebaut ist. Die Geschwindigkeitsanzeige geschieht digital. Bedingt durch die höhere Leistung der Dieselmotoren mußte auch die Kühlanlage erneuert werden, so daß neue Kühlerteilblöcke, Ventilatoren und hydrostatische Antriebe montiert wurden. Durch den Einbau der elektronisch gesteuerten Loos/AST-Anlage konnte auf die in der Baureihe 119 übliche Dampf- und Kühlwasservorwärmanlage verzichtet werden.

229 113 als ICE-Energieversorger im August 1995 in Prag *Foto: Matthias Maier*

Beim Vorheizen, das zeitlich vorprogrammierbar ist, stehen bei einer Motordrehzahl von 1200 U/min 650 kW und bei einer Motordrehzahl von 1400 U/min 710 kW – beim Einsatz beider

229 113 bei der Beseitigung der Unfallschäden im Werk Chemnitz im Frühjahr 1994 *Foto: Frank Heilmann*

229 188 im Betriebshof Nürnberg
im September 1995 *Foto: Matthias Maier*

Motoren ohne Traktionsleistung – zur Verfügung. Beim Einsatz von nur einem Motor stehen bei einer Motordrehzahl von 1200 U/min 300 kW und bei 1400 U/min 330 kW zur Verfügung. Beim Heizen mit Traktion stehen bei 1200 bis 1400 U/min mit zwei Motoren 195 kW und bei 1400 bis 1800 U/min 450 kW zur Verfügung. Zur Zugsicherung dient die Indusi-Anlage vom Typ PT 4Z 80, welche einen Einsatz sowohl auf DR- als auch auf DB-Gleisen erlaubte. Die Baureihe 229 verfügt ferner über eine Zugbahnfunkanlage vom Typ MESA 2002.

Da von vielen Hamburger Bahnanliegern Beschwerden über die Lautstärke der Baureihe 232/234 bei der DR eingegangen waren, wurde auch auf eine Minimierung des Lärmpegels wert gelegt. Bei einem erlaubten Wert von 80 dB(A) ist die Baureihe 229 mit gemessenen 72 dB(A) relativ leise. Unter anderem führte auch die elastische Lagerung der Dieselmotoren, Strömungsgetriebe und Luftpresseraggregate zur Reduzierung der Einzelschallpegel.

Bei den letzten sechs Umbaulokomotiven sind die mittleren Radsätze eines jeden Drehgestells axial verschiebbar gelagert. Versuchsfahrten mit der 229 144 ergaben beim axial verschiebbaren Mittelradsatz geringere Querkräfte, so daß dieser Ausführung sicherlich der Vorzug gegeben werden wird.

Die ersten Einsätze der Baureihe 229 fanden vor IC-Zügen von Berlin nach Hamburg bzw. Hannover statt. Auf Initiative von Krupp Verkehrstechnik fanden am 15./16.8.1992 Meßfahrten mit der remotorisierten 229 120 auf der Allgäubahn München–Lindau statt. Getestet wurde dabei u.a. die Tauglichkeit der Baureihe 229 für den IC-/IR-Verkehr hinsichtlich der neuen Wechselrichtertechnik für hohe Bordspannung. Im März 1994 fanden teilweise mit 229 100 Versuchsfahrten im Raum München vor den Zügen EC/IC 92/167 und IR 2603/2167 statt. Dabei konnte die Lokomotive jedoch die Fahrzeiten nicht halten. Daher folgten ab Mitte März Einsätze auf der Strekke München–Mühldorf vor den E 3404 und Ng 65159 und München–Oberstdorf vor den IR 2164, 2067, 2603 und 2167.

Bis zur Aufnahme des elektrischen Betriebes zwischen Berlin-Zoologischer Garten und Michendorf verkehrten auch die Shuttlezüge als direkter ICE-Anschluß ab Michendorf mit der Baureihe 229, wobei an beiden Zugenden mit je einer Lokomotive gefahren wurde.

Ab September 1994 bestand für die 20 Maschinen der Baureihe 229 des Bh Berlin-Pankow jedoch nur ein Bedarf von fünf Maschinen. Dabei kamen die Lokomotiven auch zwischen Probstzella und Leipzig zum Einsatz. Interessantere Leistungen für die Baureihe 229 waren die InterCityNight-Züge zwischen Berlin und Probstzella. Zum Fahrplanwechsel im Mai 1995 wurden die 229 beim Bh Erfurt zusammengefaßt und kommen seither vorwiegend in Thüringen zum Einsatz. Herausragende Leistung ist die Bespannung eines IR-Zugpaares von Gera nach Nürnberg.

Auch die am 9.4.1993 bei einem Zusammenstoß mit dem D 10545 schwer beschädigte 229 113 (IC 995) wurde nach diesem Unfall bei Berlin-Wannsee im AW Chemnitz wiederaufgearbeitet. Dem Betriebsdienst wurde die Lokomotive am 23.8.1994 wieder übergeben. Aufgrund ihres neuen Anstrichs wird diese Lokomotive gerne für Sonderaufgaben herangezogen, wie z.B. die Beförderung des ICE zu Ausstellungen ins benachbarte, nicht mit 15-kV, $16^2/_3$-Hz elektrifizierte Ausland (August 1995 in Prag anläßlich der 150-Jahr-Feier der tschechischen Bahnen, Oktober 1995 in Lille anläßlich der Eurailspeed-Tagung).

V 200 DR 120 DR 220 DB AG

Da sich die Deutsche Reichsbahn in den sechziger Jahren entschlossen hatte, so schnell wie möglich die Dampflokomotiven durch moderne Lokomotiven zu ersetzen, konzentrierte sich die Beschaffung neuer Fahrzeuge zunächst auf Diesellokomotiven. Die elektrische Traktion konnte nicht realisiert werden, da der Streckenausbau für die Elektrifizierung aufgrund von ständigem Mangel an Material, Investitionsmitteln, aber auch wegen fehlender Arbeitskräfte, zu schleppend voranging. Durch Verträge der Ostblock-Staaten im RGW war festgelegt, daß Diesellokomotiven mit einer Leistung über 2000 PS in der UdSSR zu fertigen waren. Durch diese Arbeitsteilung erschloß sich die UdSSR unter Ausschaltung jeglichen Wettbewerbs neue Absatzgebiete und die Möglichkeit, ihre Handelsbilanz zu verbessern.

Die ersten zwei von insgesamt 378 Lokomotiven dieser Art erhielten ihre Abnahme bei der DR am 14. bzw. 15.11.1966 und wurden als V 200 001 und 002 in den Bestand aufgenommen. Bis zum Umzeichnungsstichtag bei der DR wurden die Lokomotiven bis zur Ordnungsnummer 314 als Baureihe V 200 und ab 315 bis 378 als Baureihe 120 vom Hersteller, der Diesellokomotivfabrik „Oktoberrevolution“ in Lugansk (seit 1972 Woroschilowgrad), an die DR geliefert. Die Lieferung der 378 Lokomotiven dieser Baureihe teilt sich auf die Jahre 1966 bis 1975 wie folgt auf:

1966: V 200 001 bis 002;
1967: V 200 003 bis 090;
1968: V 200 091 bis 177;
1969: V 200 178 bis 287;
1970: V 200 288 bis 314;
1973: 120 315 bis 342;
1974: 120 343 bis 360;
1975: 120 361 bis 378.

Bei der Entwicklung und Konstruktion der Baureihe V 200 der DR stützte sich der Hersteller auf schon vorhandene Lokomotiven im eigenen Land, wie die Baureihen TE 3, TE 7, TE 10, TEP 50 und TEP 60, die in der UdSSR als Breitspurlokomotiven existierten und in klimatisch unterschiedlichen Regionen zum Einsatz kamen. Daher verwundert es auch nicht, daß die Baureihe V 200 auch von den polnischen, tschechoslowakischen und ungarischen Staatsbahnen und sogar von den irakischen, nordkoreanischen und kubanischen Bahnen importiert wurde. In kleineren Stückzahlen beschafften auch einige Industriebetriebe der DDR, wie die „Sowjetisch-Deutsche Aktien-Gesellschaft Wismut“ (Uranbergbau) und Braunkohlenkombinate die V 200 in identischer Ausführung.

Bei der DR verdrängte die Baureihe V 200 schnell die Dampflokomotiven der Baureihe 44 aus ihren angestammten Einsatzgebieten. Beim Anfahren war die Baureihe V 200 deutlich der Baureihe 44 überlegen. Schwächen traten dagegen auf, wenn die Lokomotiven größere Lasten über eine längere Strecke mit angemessener Geschwindigkeit befördern sollten, dafür war die Leistung der V 200 der DR zu gering.

RGW-Einheits-Diesellokomotive M 62 (DR-Baureihe 120)
Zeichnung: Archiv Eisenbahn Magazin

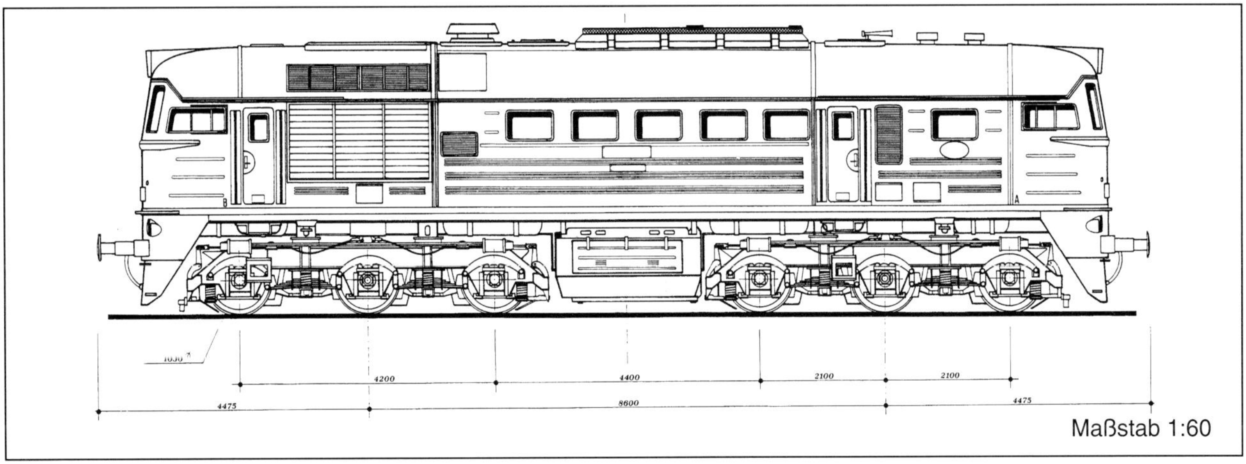

Maßstab 1:60

V 200 022 als „wahre“ Taigatrommel noch ohne Abgasschalldämpfer
Foto: Archiv Eisenbahn Magazin

Kopfpartie der DR-V 200
Foto: Matthias Maier

Bei der V 200 handelt es sich um eine sechsachsige Diesellokomotive mit der Radsatzanordnung Co'Co', deren Rahmen als selbsttragender Brückenrahmen in Schweißkonstruktion ausgeführt ist. Gefertigt ist der Rahmen aus zwei inneren Hauptlängs- und zwei äußeren Längsträgern. Dabei bestehen die Hauptlängsträger aus Doppel-T-Profilen und die Längsträger aus U-Profilen. Die (jeweils zwei) Längs- und Hauptlängsträger sind mittels oberer und unterer Deckbleche bzw. durch die an den Fahrzeugkopfseiten aus Stahlguß hergestellten Zugkästen zu einer verwindungssteifen Konstruktion verbunden. Die Zugkästen sind so konstruiert, daß der nachträgliche Einbau einer damals noch geplanten Mittelpufferkupplung möglich war. Im Bereich der Drehzapfenquerebene sind an den kastenförmigen Versteifungen die Drehzapfen angeschweißt, welche die Zug- und Bremskräfte auf den Rahmen übertragen. Der auf den Rahmen geschweißte Lokomotivkasten besteht aus gekanteten Profilen und gesickten Beplankungsblechen, welche wiederum miteinander verschweißt sind. Wie der Lokomotivrahmen ist auch der Drehgestellrahmen als Schweißkonstruktion in Kastenbauweise ausgeführt, bestehend aus zwei äußeren Längs- und zwei inneren Querträgern. Der brückenförmig über den beiden inneren Querträgern angeordnete Drehzapfenträger nimmt das Drehzapfenlager auf, wodurch Rahmen und Drehgestell miteinander verbunden sind. Auf den Längsträgern des Drehgestellrahmens ist die Abstützrückstelleinrichtung montiert, welche aus vier beweglichen Rollenabstützungen besteht. Über diese stützt sich der Rahmen mit seinen Aufbauten auf dem Drehgestell ab. An den Enden und in der Drehgestellmitte der Längsträger sind die gegossenen Radsatzlagerführungen angeschweißt, die unten durch Achsgabelstege verschlossen werden. Die gegossenen Halter für die Fahrmotorenlagerung befinden sich im unteren Teil der inneren Querträger. Der Aufbau der beiden Drehgestelle ist gleich und daher sind diese auch untereinander austauschbar. Die Radsätze sind rollengelagert, seitlich verschiebbar und durch Blattfedern und Ausgleichshebel untereinander verbunden.

Die Bremsanlage besteht aus einer selbsttätigen Knorr-Bremse mit nichtselbsttätiger Zusatzbremse, dem Knorr-Selbstreglerventil D 2 und der über Kette und Gestänge wirkenden Handspindelbremse. Vorhanden sind pro Führerstand je eine Handspindelbremse, die jeweils auf ein Rad des ersten und zweiten Radsatzes des zugehörigen Drehgestells wirken. An jedem Drehgestell befinden sich vier Bremszylinder, wobei je Zylinder drei Bremsklötze betätigt werden. Alle Räder werden doppelseitig abgebremst. Die Kraftübertragung von den Bremszylindern geschieht über die Kolbenstangen, die waagerechten und senkrechten Bremshebel bis zur Bremssohle. Die Übertragung der Bremskräfte auf die mittleren Radsätze geschieht per Zugstange mit einem Spannschloß.

Die Aufbauten auf dem Lokomotivrahmen teilen sich in die beiden Endführerstände, einen Zwischenraum mit dem Hochspannungsraum, dem Motorraum und der Kühlerkammer auf. Die Zwischenräume vor der Kühlerkammer und dem Hochspannungsraum vor den Führerständen sind, wie die Führerstände selbst, wärme- und schallisoliert. Die Bedien- und Überwachungseinrichtungen befinden sich jeweils auf der rechten Seite des Führerstandes und sind vereint in einem Schaltpult montiert.

Die Dachteile der Lokomotive sind teilweise abnehmbar bzw. mit abnehmbaren Luken versehen. Bis V 200 177 wurden alle Lokomotiven dieser Baureihe ohne Abgasschalldämpfer an die DR geliefert, was dieser Baureihe wegen der enormen Lautstärke verschiedene Beinamen wie „Taigatrommel“, aber auch „Stalins Rache“ bescherte. Speziell für diese Lokomotiven entwickelte die VES-M in Halle einen Abgasschalldämpfer, welcher nach weiteren kleineren Verbesserungen serienmäßig vom Raw Meiningen gebaut und vom Raw Dessau montiert wurde.

Der Dieselmotor 14 D 40 des sowjetischen Motorenwerks Kolomna ist ein aufgeladener, langsamlaufender Zwölfzylinder-Zweitakt-Motor mit V-förmig angeordneten Zylindern. Die Leistung beträgt bei Nenndrehzahl 1470 kW bei 750 U/min, die Leerlaufdrehzahl 400 U/min. Angelassen wird der Dieselmotor durch eine besondere Wicklung des Traktionsgenerators. Die Einspritzung des Kraftstoffes geschieht per Direkteinspritzung, wobei der Auslaß ventilgesteuert ist. An beiden Stirnseiten des Motors befinden sich Abtriebe für die Hilfsaggregate. Der Dieselmotor wird mittels Wächtern überwacht, so daß es zum Beispiel bei einer erhöhten Drehzahl von 840 U/min zu einer Zwangsabschaltung kommt.

Die Kühlung besteht aus zwei eigenständigen Wasserkreisläufen. Der erste Kreislauf führt die Abwärme des Dieselmotors und des Abgasturboladers unmittelbar über die Kühlerelemente der linken Seite an die Außenluft ab. Die Wärme des Motors, die im Motorschmieröl anfällt, wird in Ölwärmetauschern an den zweiten Kühlkreislauf abgegeben. Von diesem Kreislauf wird die Wärme über an die an der rechten Seite montierten Kühlerelemente abgegeben. Zur Kühlanlage gehören insgesamt 30 Flach-

120 007 mit breitem, umlaufenden Zierstreifen im Raw Dessau am 27.7.1976
Foto: Archiv Eisenbahn Magazin

120 296 mit Güterzug im Übergangsbahnhof DB/DR Büchen am 8.9.1973
Foto: Matthias Maier

120 333 im Bauzustand der achtziger Jahre *Foto: Rüdiger Block*

rohrkühlerelemente, wobei je 15 Elemente zu einem Kreislauf gehören. Beide Kreisläufe münden in einen gemeinsamen Wasser-Ausgleichsbehälter. Seitlich neben den jeweils 15 Flachrohrkühlerelementen befinden sich die Jalousien, durch welche die nötige Kühlluft angesaugt wird. Diese Ansaugung übernimmt ein großes Kühlerlüfterrad, welches mittig über der Kühlerkammer montiert ist. Die Ableitung der Kühlluft geschieht über die Jalousien, die seitlich in Dachhöhe montiert sind. Das Kühlerlüfterrad wird über ein Verteilergetriebe und eine hydraulisch arbeitenden Kupplung vom Dieselmotor angetrieben.

Diese Konzeption der Kühlanlage führte, vornehmlich in den Sommermonaten, zu Problemen wegen nicht ausreichende Kühlleistung. Eine mangelhafte Kühlleistung ergab sich bereits nach kurzer Zeit durch eine starke Verunreinigung der 30 Flachrohrkühlerelemente. Bei mehreren Versuchen mit Wirbelzellen-Kühlerelementen konnten spürbare Erfolge wegen der nun deutlich geringeren Verschmutzung erzielt werden. Zum serienmäßigen Einbau dieser Kühlerbauart kam es jedoch nicht. Bei Raw-Aufenthalten wurden lediglich die einfachen Lüftungsgitter gegen Mehrfachdüsenlüftungsgitter gewechselt und somit der Eintrag von Staub und anderen Verschmutzungen in den Kühler verringert.

Die Diesellokomotiven der Baureihe V 200 der Deutschen Reichsbahn besitzen eine Gleichstrom-Gleichstrom-Leistungsübertragung, die aus dem Gleichstrom-Hauptgenerator, den Schalt- und Regeleinrichtungen sowie den sechs Tatzlager-Gleichstrom-Fahrmotoren besteht.

Der Dieselmotor und der Traktionsgenerator sind auf einem gemeinsamen Tragrahmen montiert. Die Kurbelwelle des Dieselmotors ist über eine halbstarre, elastische Kupplung mit dem Läufer des Generators verbunden. Der Traktionsgenerator, ausgeführt als zehnpoliger Gleichstromgenerator mit Fremderregung, stellt eine Dauerleistung von 1270 kW und eine Stundenleistung von 1490 kW zur Verfügung und ist fremdbelüftet. Der maximale Anfahrstrom des Traktionsgenerators vom Typ GP-312 beträgt für eine Minute 6600 A, der Dauerstrom 3570 A bei einer Spannung von 356 V. Die größte Generatorspannung beträgt 570 V. Die sechs fremdbelüfteten Gleichstrom-Reihenschluß-Fahrmotoren vom Typ ED 107 sind dauernd parallel an den Traktionsgenerator geschaltet. Im Hauptstromkreis liegt vor jedem Fahrmotor ein elektropneumatisch betätigtes Motortrennschütz. Ein ebenfalls elektropneumatisch angesteuerter Richtungswender dient der Umschaltung der Reihenschlußwicklung zur Fahrtrichtungsänderung. Die Fahrmotoren werden in zwei Stufen fahrgeschwindigkeitsabhängig shuntiert. Hierbei werden Widerstände parallel zur Feldwicklung des Fahrmotors über Schütze geschaltet. Die Fahrmotoren stützen

Deutsch/deutsches Treffen in Büchen am 8.9.1973 *Foto: Matthias Maier*

120 281 mit Güterzug am 17.4.1992 bei Guben
Foto: Frank Heilmann

sich auf der einen Seite über als Gleitlager ausgeführte Tatzlager direkt auf der Radsatzwelle und auf der anderen Seite unter Zwischenschaltung einer Feder im Drehgestellrahmen ab. Das auf dem konischen Ende der Fahrmotorwelle sitzende Antriebsritzel überträgt das Drehmoment auf das fest auf der Radsatzwelle sitzende Großrad. Ritzel und Großrad sind von einem Getriebeschutzkasten umgeben, der gleichzeitig als Schmiermittelbehälter dient. Auch ohne den Dieselmotor zu starten ist es möglich, die Lokomotive zu bewegen. Dies geschieht durch Fremdeinspeisung des Fahrmotors Nr. 5.

Zwischen den Drehgestellen ist am Lokomotivrahmen der in Schweißkonstruktion ausgeführte Kraftstoffbehälter mit Paßschrauben befestigt. Das Fassungsvermögen liegt bei 3900 l. Der Vorrat im Tank kann per Peilstab vom Motorraum aus gemessen werden. Ab V 200 091 ist eine Sichtkontrolle an einem Schauglas möglich. Im Tank sind Schwallbleche eingeschweißt, welche auch für die nötige Steifigkeit des Behälters sorgen. An den Längsaußenseiten des Tanks sind Aussparungen vorhanden, die zur Aufnahme der Batteriekästen dienen. Der Dieselkraftstoff gelangt über eine Kraftstofförderpumpe (Zahnradpumpe) über Grob- und Feinfilter zur Einspritzpumpe des Dieselmotors. In den zwei Batteriekästen sind je acht Batterien untergebracht (Bleibatterien 64 V, 450 Ah). Zur Stromversorgung für die Batterien und die Versorgung des Bordnetzes bei laufendem Dieselmotor dient eine über das Verteilergetriebe angetriebene Lichtmaschine (75 V, 12 kW), die mit dem Erregergenerator zu einem Zweimaschinenaggregat vereint ist. Ebenfalls über ein Verteilergetriebe wird der Luftverdichter (zweistufig) direkt vom Dieselmotor angetrieben. Mit einem Fassungsvermögen von je 220 l bilden sechs Hauptluftbehälter das Reservoir zur Versorgung der Bremseinrichtung, der pneumatischen Hilfseinrichtungen sowie der elektropneumatischen Steuerung.

Die Lokomotive wird über einen 15stufigen Fahrschalter gesteuert. Die Drehzahldifferenz des Dieselmotors je

120 153 bei der Durchfahrt durch den Magdeburger Hauptbahnhof
Foto: Rüdiger Block

Fahrstufe liegt bei 25 U/min. Durch elektrische und elektropneumatische Stellglieder werden die Steuerbefehle auf die Hauptmaschinenanlage und deren Hilfseinrichtungen übertragen. Die Lokomotiven der Baureihe V 200 besitzen eine Vielfachsteuerung, jedoch wurde diese selten benutzt und daher bei Raw-Aufenthalten nicht aufgearbeitet. Erst im Laufe der Zeit erhielten die Lokomotiven eine zeitabhängige Sicherheitsfahrschaltung mit Aufforderungs- und Wachsamkeitskontrolle, so daß anfänglich mit Beimann gefahren werden mußte.

Durch den Import der Baureihe V 200 der DR konnte zwar der Anteil der Züge mit Dieseltraktion erhöht werden, aber dennoch gab es viele Mängel an dieser Baureihe. Personaleinsparungen waren durch den Einsatz dieser Baureihe in den ersten Betriebsjahren nicht möglich, da eine Einmannbesetzung u.a. wegen der fehlenden Sifa nicht möglich war. Um die Einmannbesetzung zu ermöglichen, mußten erst bauliche Veränderungen, wie z. B. der Einbau einer Wassermangelsicherung im Kühlkreislauf, die Überwachung der Feuermelde- und Löschanlage und der Einbau einer Sifa, durchgeführt werden.

Als einige der Kinderkrankheiten der Baureihe V 200 der DR beseitigt waren, gab es auch bescheidenes Lob von den Lokomotivpersonalen. Dennoch waren diese Lokomotiven im allgemeinen nicht gerade beliebt und

Oben: Die 120 031 im Jahr 1977 – sie sieht wie neu aus
Foto: Archiv Eisenbahn Magazin

Mitte: Die „Jugendlokomotive" 120 012 des Bw Güsten am 14.4.1981 am Block Steinbalg bei Riestedt

Unten: Dieselmotor 14 D 40 mit angeflanschtem Gleichstrom-Generator GP 312 der V 200 der DR
Fotos: Frank Heilmann (2)

auch nicht sehr wirtschaftlich. Die Gründe lagen zum einen im eingeschränkten Verwendungszweck nur im Güterzugdienst wegen der fehlenden Zugheizung, obwohl in den Sommermonaten auch Reisezugleistungen gefahren wurden. Dies war aber eher die Ausnahme. Zum anderen war auch der Kraft- und Schmierstoffverbrauch sehr hoch. Auch die Ersatzteilbelieferung durch den Hersteller der Lokomotiven konnte nicht immer zur Zufriedenheit des mit der Instandhaltung beauftragten Ausbesserungswerks (Raw Dessau bis 1984, bis 1991 Raw Cottbus) sichergestellt werden.

Die Lokomotiven dieser Baureihe waren „flächendeckend“ bei der DR im Einsatz und somit in fast allen größeren Bahnbetriebswerken beheimatet. Die Neuanlieferung im Jahr 1967 teilte sich wie folgt auf:

Bw Leipzig-Wahren: 16 Lokomotiven; Bw Lutherstadt Wittenberg: 7 Lokomotiven; Bw Weißenfels: 10 Lokomotiven; Bw Güsten: 12 Lokomotiven; Bw Stralsund: 18 Lokomotiven; Bw Reichenbach: 7 Lokomotiven; Bw Falkenberg: 5 Lokomotiven; Bw Karl-Marx-Stadt: 4 Lokomotiven; Bw Eisenach: 2 Lokomotiven und Bw Magdeburg Hbf: 6 Lokomotiven.

Mitte 1991 hatte die DR noch 292 Lokomotiven der Baureihe 120 im Bestand, wovon sich 39 im z-Park befanden. Die restlichen Lokomotiven verteilten sich auf folgende Dienststellen:

Bw Güstrow: 8 Lokomotiven; Bw Altenburg: 24 Lokomotiven; Bw Pasewalk: 14 Lokomotiven; Bw Hagenow: 14 Lokomotiven; Bw Eberswalde: 10 Lokomotiven; Bw Dresden: 13 Lokomotiven; Bw Cottbus: 13 Lokomotiven; Bw Leipzig-Wahren: 14 Lokomotiven; Bw Angermünde: 17 Lokomotiven; Bw Gera: 30 Lokomotiven; Bw Eisenach: 14 Lokomotiven; Bw Güsten: 29 Lokomotiven; Bw Stendal: 12 Lokomotiven; Bw Senftenberg: 11 Lokomotiven; Bw Berlin-Pankow: 27 Lokomotiven; Bw Riesa: 3 Lokomotiven und Bw Roßlau: 4 Lokomotiven.

Im Rahmen einer Wirtschaftshilfe-Aktion verschenkte die DB AG 31 Lokomotiven der Baureihe 220 an die litauischen Eisenbahnen. Diese 31 Lokomotiven teilten sich in 16 betriebsfähige und 15 nichtbetriebsfähige Lokomotiven auf. Im Zeitraum von 1993 bis 1994 wurden folgende Lokomotiven nach Litauen verschifft:

220 020, 036, 058, 060, 066, 070, 080, 102, 110, 128, 169, 174, 196, 205, 224, 226, 227, 236, 244, 252, 300, 304, 306, 309, 321, 349, 351, 356, 358, 361 und 371.

Die letzte durch das Raw Cottbus aufgearbeitete Lokomotive der Baureihe 120 war die 120 295 des Bw Leipzig-Wahren am 30.7.1991 in der Schadgruppe V 6. Mitarbeiter des Bh Leipzig-Wahren bemühten sich, diese Maschine als „Traditionslokomotive“ der Nachwelt zu erhalten.

Zum Fahrplanwechsel im Mai 1994 hatte die DB AG noch elf Lokomotiven der nunmehr als Baureihe 220 geführten „Taigatrommeln“ in ihrem Bestand, wobei nur noch ein Fahrzeug planmäßig vom Bh Dresden aus zum Einsatz kam. Die Betriebshöfe Gera und Leipzig-Wahren setzten ihre 220 nur noch unregelmäßig bei Lokomotivmangel für Sonderleistungen ein.

Wie geplant, endete der Einsatz der Ost-V 200 im Dezember 1994. Über 25 Jahre prägte sie das Bild auf nahezu allen Strecken der Deutschen Reichsbahn. Am Abend des 21.12. 1994 erbrachte 220 272 die letzte Zugleistung einer 120/220 für die DB AG, als sie den Kieszug 59 417 von Ottendorf-Okrilla Nord nach Dresden-Klotsche beförderte. Regulär werden in Deutschland damit nur noch die eingangs erwähnten V 200-Werkslokomotiven der Wismut AG eingesetzt.

130 DR
230 DB AG
754 DB AG

Die Baureihen 130, 131, 132 und 142 wurden von der Deutschen Reichsbahn für den schweren Güterzug- und den hochwertigen Reisezugdienst beschafft. Langfristig wurde an die Ablösung der Altbau-Dampflokomotiven der Baureihen 52 und 44 im Güter- und der Baureihen 01 bzw. 03 im Reisezugdienst gedacht. Auf der Grundlage und den Erfahrungen mit den aus der UdSSR schon in etlichen Exemplaren gelieferten Lokomotiven der Baureihe 220 bestellte die DR bei der Lugansker Diesellokomotivfabrik „Oktoberrevolution“ (Lugansk, ab 1972 in Woroschilowgrad umbenannt) wieder eine dieselelektrisch angetriebene Lokomotive. Um den Aufgaben einer Universallokomotive gerecht zu werden, war eine Leistung von 3000 PS sowie eine elektrischen Zugheizeinrichtung notwendig.

1970 lieferte das Lugansker Werk die ersten Maschinen an die DR ab. Eingereiht wurden die Lokomotiven vorerst als Baureihe V 300, danach als Baureihe 130. Bis 1972 folgten insgesamt 80 Lokomotiven, wobei sich die Lieferungen zeitlich wie folgt aufteilten:

1970: 130 001 bis 011,
1971: 130 012 bis 054,
1972: 130 055 bis 080.

Diese waren zunächst nur Güterzuglokomotiven, da die Entwicklung der elektrischen Zugheizanlage noch nicht abgeschlossen war. Ab 1972 standen mit 130 101 und 130 102 (seit 1992: 754 101 und 754 102) zwei Erprobungslokomotiven mit einem eingebauten Heizgenerator zur Verfügung.

Konstruktiv war die Baureihe 130 für 140 km/h Höchstgeschwindigkeit ausgelegt, im Regelbetrieb wurden bei der DR jedoch maximal nur 120 km/h gefahren.

Der Lokomotivrahmen ist eine aus Blechen und Profilen bestehende Schweißkonstruktion, wobei die Längsträger als Kastenprofile gefertigt sind. Zwischen den beiden Drehgestellen befindet sich der Kraftstoffbehälter, an dessen Längsseiten sich je drei Batteriekästen befinden. Diese sind mittragende Elemente des Rahmens. An den Stirnenden des Rahmens sind die Puffer und die UIC-Standard-Zug- und Stoßvorrichtung montiert.

Die 130 ist eine sechsachsige Diesellokomotive mit zwei dreiachsigen Drehgestellen, die aus Kastenprofilen zusammengeschweißt sind. Das Drehgestell besteht jeweils aus zwei Rahmenwangen und drei Querträgern, dabei nimmt der mittlere Querträger die seitenverschieblichen Drehzapfenlager auf.

Die Zug- und Bremskräfte werden durch den Drehzapfen vom Drehgestell zum Rahmen übertragen. Die Radsätze sind über je zwei Schraubenfedern im Drehgestell gelagert, wobei den Schraubenfedern Reibungsdämpfer parallelgeschaltet sind. Der Lokomotivkasten stützt sich ohne weitere Federungsstufe über vier Abstütz-Rückstelleinrichtungen je Drehgestell, die auch die senkrecht wirkenden Kräfte übertragen, ab. Die einzeln angetriebenen Radsätze laufen seitenverschiebbar in außen liegenden Rollenlagern.

Die Bremsausrüstung besteht aus einer indirekt wirkenden, mehrlösigen Druckluftbremse der Bauart KE mit Selbstregler-Führerbremsventil, der nichtselbsttätigen, direkt wirkenden Druckluft-Zusatzbremse sowie zwei Handbremsen. Diese wirken jeweils nur auf die linken Räder des zweiten und dritten Radsatzes. Mittels der Druckluftbremse werden alle Räder beidseitig durch jeweils einen eigenen Bremszylinder, der am Drehgestellrahmen montiert ist, abgebremst. Ab 130 037 ist serienmäßig eine fremderregte Widerstandsbremse eingebaut.

Der Fahrzeugkasten besteht aus den beiden schall- und wärmeisolierten Führerständen, dem Maschinenraum und der Kühlerkammer. Die Seitenwände, gefertigt aus Blechen und Profilen, sind mit dem Rahmen verschweißt, wobei seitliche Versteifungssicken die Festigkeit erhöhen. Drei von den fünf Dachsektionen sind abnehmbar.

Der Viertakt-Dieselmotor vom Typ 5 D 49 des Herstellers Kolomna ist wassergekühlt, mit 16 V-förmig angeordneten Zylindern. Die Kraftstoffzufuhr erfolgt über Grob- und Feinfilter, angesaugt durch eine Zahnradpumpe, zu den Einspritzpumpen in den Verbrennungsraum.

Die Leistung wird über einen direkt an den Dieselmotor mit einer halb elastischen Kupplung angeflanschten Traktionsgenerator mit nachgeschaltetem Diodengleichrichter übertragen. Der Generator ist ein fremderregter, fremdbelüfteter zwölfpoliger Drehstrom-Synchrongenerator mit einer Leistung von 2190 kW bei 1000 U/min. Die sechs Gleichstrom-Tatzlager-Fahrmotoren vom Typ ED 118 sind fremdbelüftet und haben eine Nennleistung von je 305 kW. Das Übersetzungsverhältnis der Radsatzgetriebe beträgt 3,15:1.

Der Lichtmaschine kommen zwei Funktionen zu: Sie dient zum Anlassen des Dieselmotors und im Generatorbetrieb der Versorgung des elektrischen Bordnetzes (110 V) sowie der Batterieladung.

Das Kühlsystem ist ein geschlossener Kreislauf, der sich in Haupt- und Nebenkreislauf unterteilt und durch

230 024 bereits abgestellt in Halle/Saale im März 1994 *Foto: Toni Schwager*

Wasser zwangsgekühlt wird. Dabei wird das Kühlwasser durch eine Umwälzpumpe, die direkt über Zahnräder von der Kurbelwelle des Dieselmotors angetrieben wird, in die zwei V-förmig angeordneten Kühlerelemente gedrückt. Mittig über den beiden Kühlerelementen sind drei elektrisch angetriebene Kühlerlüfter installiert. Diese saugen die Luft durch die Seitenwandöffnungen an, umspülen die Lamellen der Kühlerelemente und leiten die Luft nach oben wieder ab. Die Kühlerjalousien in den Seitenwänden und die Kühlerlüfter werden abhängig von der Kühlwassertemperatur automatisch durch Thermostate gesteuert.

Die beiden Führerstände sind im Aufbau gleich. Ausgestattet sind diese mit einem 15stufigen Fahrschalter, der zusätzlich über eine Leerlaufstellung verfügt. Alle wichtigen Aggregate werden elektrisch überwacht und deren Betriebszustand im Führerstand angezeigt. Die Wachsamkeitskontrolle des Lokomotivführers geschieht durch eine pneumatische, zeitabhängige Sicherheitsfahrschaltung (Sifa). Bei den Lokomotiven 230 001 bis 029 sind die Frontfenster bedeutend größer, als bei den übrigen Maschinen dieser Baureihe. Ein unter den Kühlerblöcken angeordneter Luftverdichter erzeugt die nötige Druckluft für die pneumatischen Schaltgeräte und die Bremsanlage. Als Reservoir dienen zwei Hauptluftbehälter mit je 600 Litern Fassungsvermögen, die an den Querträgern des Kraftstofftanks befestigt sind.

Beheimatet waren die Lokomotiven der Baureihe 130 in den Bw Seddin, Neustrelitz, Frankfurt/Oder und Halle G. Zum Einsatz kamen die Lokomotiven oft vor schweren Güterzügen, so unter anderem vom Bw Halle G aus auf der Strecke Nordhausen–Sangerhausen–Halle. Auf der starken Steigung von Sangerhausen bis zum Blankenheimer Tunnel beförderte die Baureihe 130 Güterzüge mit einem Gewicht von 1400 Tonnen bei einer Geschwindigkeit von 35 km/h. Keine Seltenheit waren auch die 2100 Tonnen schweren Erzzüge vom Rostocker Überseehafen zum Stahlwerk nach Eisenhüttenstadt oder die Leistungen des Bw Seddin mit den Kesselwagenzügen von Schwedt/Oder zu den industriellen Ballungsräumen Halle, Leipzig und Bitterfeld.

Oben links: 230 010 am 9.3.1993 im Raw Cottbus

Oben rechts: 754 102 am 9.6.1993 im Raw Cottbus *Fotos: Frank Heilmann*

Mit der 230 002 des Bw Seddin schied im Februar 1994 die letzte betriebsfähige Lokomotive dieser Baureihe aus dem Bestand der DB AG aus. Eine Ausnahme bilden die Lokomotiven der Baureihe 130 101 und 102, welche als Bahndienstfahrzeuge beim Bh Halle als 754 101 und 102 weiter im Bestand der DB AG sind, bzw. waren, da die 754 102 nach ihrer z-Stellung 1995 ausgeschieden ist. Sie wurden auch regelmäßig im Raum Halle vor Zügen oder bei Meßfahrten als Bremslokomotiven eingesetzt. Ende der siebziger Jahre wurden durch das Raw Cottbus die Lokomotiven 130 058, 130 060 und 130 064 umgebaut und danach von der DR weiter als 131 158, 131 160 und 131 164 eingesetzt (siehe auch Baureihe 131).

131 DR
231 DB AG

Da sich 1972 mit der 130 101 und 102 erst zwei Testlokomotiven mit eingebauter elektrischer Zugenergie-Versorgungsanlage bei der DR im Probebetrieb befanden, war an eine serienmäßige Lieferung von Diesellokomotiven mit elektrischer Zugenergie-Versorgungsanlage, die auch für den Reisezugdienst geeignet waren, vorerst nicht zu denken. In Abstimmung mit dem Hersteller wurden bei der Lieferung weiterer 76 Maschinen, die die DR als Baureihe 131 einordnete, einige Veränderungen wirksam. Wegen der ausschließlichen Verwendbarkeit im Güterzugdienst war die Baureihe 131 nur für eine Höchstgeschwindigkeit von 100 km/h gegenüber 140 km/h bei der Baureihe 130 ausgelegt. Größeren Wert legte die DR auf die Erhöhung der Anfahrzugkraft, die um 88,3 kN höher war als bei der Baureihe 130. Die Auslieferung der 76 Maschinen als Baureihe 131 teilte sich wie folgt auf:

1972: 131 001 bis 017 und
1973: 131 018 bis 076.

In Aufbau und Konstruktion einschließlich der Bremsanlage entspricht die Baureihe 131 der Baureihe 130. Gegenüber der Baureihe 130 wurde nur die Übersetzung des Fahrmotorgetriebes, wegen der geringeren Höchstgeschwindigkeit, verändert. Außerdem erhielt der Dieselmotor vom Typ 5 D 49 einen hydromechanisch arbeitenden Drehzahlregler. Bei den im Laufe der Zeit durchgeführten Instandhaltungsmaßnahmen im Ausbesserungswerk wurde ferner die Bremsanlage der Baureihe 131 der niedrigeren Höchstgeschwindigkeit angepaßt. Ende der siebziger Jahre wurden im Raw Cottbus drei Lokomotiven der Baureihe 130 in Lokomotiven der Baureihe 131 umgebaut. Im einzelnen waren dies: 130 058 in 131 158, 130 060 in 131 160 und 130 064 in 131 164. Einige Maschinen der Baureihe 130 waren noch mit Fahrmotoren der älteren Bauart ED 112 ausgerüstet (so auch 130 058, 060 und 064). Diese wurden bei dem Umbau gegen Fahrmotoren der üblichen Bauart ED 118 getauscht. Bei dem Umbau der drei Maschinen wurde lediglich die Antriebsübersetzung am Fahrmotor geändert und somit die Höchstgeschwindigkeit von 140 km/h auf 100 km/h reduziert.

Die Haupteinsatzgebiete der Baureihe 131 im schweren Güterzugdienst waren identisch mit denen der Baureihe 130, dabei waren die Bw Halle G, Eisenach, Falkenberg, Weißenfels und Arnstadt die Heimatdienststellen der Baureihe 131.

Im Jahr 1991, als durch den rückläufigen Güterverkehr auf der Schiene ein Überhang an Güterzuglokomotiven zu verzeichnen war, stand die Deutsche Reichsbahn mit den Iranischen Staatsbahnen in Verhandlungen, folgende 20 Lokomotiven der Baureihe 131 längerfristig zu vermieten: 131 004, 006, 012, 014, 015, 016, 017, 018, 019, 028, 035, 036, 039, 041, 043, 046, 048, 052, 060 und 131 072. Diese Lokomotiven waren bereits im Bw Halle G für den Transport zur Verschiffung nach Hamburg zusammengezogen und seemäßig verpackt worden, als die Vertragsverhandlungen kurzfristig scheiterten.

Auch 1994 setzte der Betriebshof Meiningen noch täglich zwei Lokomotiven der Baureihe 231 unregelmäßig vor Sonderleistungen in Richtung Arnstadt ein. Als letztes Exemplar dieser Baureihe wurde die zwischenzeitlich in 231 012 umgezeichnetete des Bh Reichenbach abgestellt und am 13.6.1995 ausgemustert.

231 058 inmitten weiterer Schwesterlokomotiven der Baureihe 232 im Bh Halle G am 8.4.1994 *Foto: Thomas Splittgerber*

132 DR
232 DB AG
234 DB AG

Vorläufer für die Baureihe 132 waren die Baureihen 130 und 131, die wegen der noch ungelösten technischen Probleme bei der elektrischen Zugheizeinrichtung ohne eine solche Einrichtung an die DR geliefert wurden. Dies waren im einzelnen die Lokomotiven 130 001 bis 080 bzw. 131 001 bis 076. Erst im Jahr 1973 wurden die ersten Lokomotiven der Baureihe 132 vom Diesellokomotivwerk „Oktoberrevolution", Woroschilowgrad (bis 1972 Lugansk), an die DR geliefert. Mit der Lieferung dieser Baureihe stand der DR endlich auch eine Diesellokomotivbaureihe für den Reisezugdienst zur Verfügung, die mit einer, dem UIC-Standard entsprechenden, elektrischen Zugenergie-Versorgungsanlage ausgerüstet war. Mit der Abnahme der Baureihe 132 durch die DR wurden gleichzeitig in größeren Stückzahlen die Dampflokomotiven der Baureihen 01.2, 01.5, 03.2 und 03.0 aus dem Betriebsdienst verdrängt. Das Haupteinsatzgebiet der Baureihe 132 waren die nichtelektrifizierten Hauptstrecken der DR.

In Aufbau und Konstruktion entsprechen die Lokomotiven der Baureihe 132 den Vorläufer-Lokomotiven der Baureihen 130 und 131. Änderungen an der Baureihe 132 beruhen auf den Betriebserfahrungen mit diesen Baureihen und auf dem Einbau der elektrischen Zugenergie-Versorgungsanlage. Über einen Zeitraum von neun Jahren (1973 bis 1982) beschaffte die DR 709 Lokomotiven dieser Baureihe, wobei sich die Lieferungen wie folgt auf die Jahre verteilen:

1973: 132 001 bis 042;
1974: 132 043 bis 172;
1975: 132 173 bis 334;
1976: 132 335 bis 486;
1977: 132 487 bis 539;
1978: 132 540 bis 579;
1979: 132 580 bis 619;
1980: 132 620 bis 655;
1981: 132 656 bis 705;
1982: 132 706 bis 709.

Wie bei den Baureihen 130 und 131 besteht auch der Lokomotivrahmen der Baureihe 132 aus Blechen und Profilen, die in einer Schweißkonstruktion gefertigt sind. Die Längsträger sind dabei als Kastenprofile ausgebildet. Der Rahmen der 132 ist um 200 mm länger als bei den Baureihen 130 und 131, wodurch die Länge über Puffer bei der Baureihe 132 20 820 mm beträgt. Die größere Länge über Puffer resultiert aus dem serienmäßigen Einbau des Heizgenerators vom Typ GS 507.

Die beiden dreiachsigen Drehgestelle sind ebenfalls aus Kastenprofilen ge-

132 355 übernimmt im Grenzbahnhof Probstzella einen Schnellzug nach Berlin, August 1990.

132 506 in Hof am 31.7.1977
Fotos: Matthias Maier

schweißt. Jedes Drehgestell besteht aus zwei Rahmenwangen und drei Querträgern, wobei der mittlere Querträger die seitenverschiebbaren Drehzapfenlager aufnimmt. Die Drehzapfen übertragen die auftretenden Zug- und Stoßkräfte von den Drehgestellen auf den Rahmen. Der Lokomotivkasten stützt sich mit vier Abstützrückstelleinrichtungen je Drehgestell jeweils auf die Drehgestellrahmen ab. Zwischen den Drehgestellrahmen und den Radsatzlagergehäusen arbeiten jeweils zwei Schraubenfedern mit parallelgeschalteten Reibungsdämpfern. Die einzeln angetriebenen Radsätze laufen seitenverschiebbar in außenliegenden Rollenlagern.

Verbessert gegenüber den Baureihen 130 und 131 wurde das Bremssystem. Neben der Druckluftbremse verfügt die Baureihe 132 über eine fremderregte Gleichstrom-Widerstandsbremse, deren größte elektrische Bremsleistung bei 1260 kW liegt. Durch Verwendung des Führerbremsventils der Bauart Knorr D 5 mit integriertem E-Bremssteller ist ein gemeinsames pneumatisches und elektrisches oder nur elektrisches Bremsen möglich. Je nach Einstellung der Bremsart wirkt die elektrische Widerstandsbremse in fünf Bremsstufen. Dieses Bremssystem wurde ab 132 540 serienmäßig so überarbeitet, daß unabhängig von der Stellung des Fahrschalters eine kombinierte Bremsung mit der elektrischen Widerstandsbremse bei Not- und Zwangsbremsungen in der Bremsart R ausgelöst wird. Bei Raw-Aufenthalten wurden die Lokomotiven 132 001 bis 132 539 mit dieser Schaltung nachgerüstet. Alle Räder werden beidseitig durch jeweils einen eigenen Bremszylinder, welche seitlich am Drehgestellrahmen montiert sind, abgebremst. Je eine Handbremse befindet sich auf den Endführerständen. Diese wirken jeweils auf die linken Räder des zweiten und dritten Radsatzes.

Der Fahrzeugkasten ist mit dem Rahmen verschweißt und besteht aus Blechen und Profilen, die markanten seitlichen Versteifungssicken sorgen für eine höhere Festigkeit. Der Fahrzeuginnenraum teilt sich in den Maschinenraum, die Kühlerkammer und die beiden schall- und wärmeisolierten Endführerstände auf.

Der mittelschnellaufende, aufgeladene Dieselmotor der Bauart 5 D 49 ist ein wassergekühlter 16-Zylinder-

132 573 im Güterzugdienst in Berlin-Schöneweide
Foto: Rüdiger Block

132 331 im Jahr 1990
Foto: Matthias Maier

Viertakt-Motor. Die 16-Zylinder sind V-förmig angeordnet. Dieser Motor hat Direkteinspritzung, einstufige Abgasturboaufladung mit Ladeluftkühlung, wobei die Nennleistung des Motors 3000 PS (2200 kW) bei einer Drehzahl von 1000 U/min beträgt. Die Leerlaufdrehzahl liegt bei 350 U/min.

Die Lokomotiven der Baureihe 132 sind mit einer Drehstrom-Gleichstrom-Leistungsübertragung ausgerüstet. Der Traktionsgenerator, ein sechsphasiger Drehstrom-Synchrongenerator mit zwei um 30 el.° versetzten Drehstromwicklungen ist auf dem als Tragrahmen ausgebildeten verlängerten Motorgehäuseunterteil befestigt. Dieser gemeinsame Hilfsrahmen ist elastisch auf dem Lokomotivrahmen gelagert. Dieselmotor- und Generatorläuferwelle sind über eine Lamellenkupplung miteinander verbunden.

Die vom Generator abgegebenen Drehspannungen werden in einem aus zwei parallelgeschaltenen Drehstrom-Brückenschaltungen gebildeten Gleichrichter zu Gleichspannung umgeformt. Dieser Gleichrichter besteht aus insgesamt 240 Dioden! In jedem der zwölf Brückenzweige liegen zwei Dioden in Reihe und zehn Dioden parallel. Die gleichgerichtete Spannung wird über elektropneumatisch betätigte Trennschütze den sechs Gleichstrom-Reihenschluß-Fahrmotoren zugeführt. Die Drehrichtung der Fahrmotoren und somit die Fahrtrichtungsänderung der Lokomotive wird durch Umpolen der Reihenschlußwicklungen über elektropneumatisch betätigte Fahrtrichtungswender vorgenommen. Die Umschaltung von Fahren auf elektrisches Bremsen geschieht über den Fahrbremswender, wobei die Erregerwicklungen aller Fahrmotoren in Reihe geschaltet werden und jeder Ankerstromkreis mit einem Bremswi-

Oben links: 232 655 in Hof, Mai 1992
Fotos: Matthias Maier (2)

Oben rechts: 232 663 nach der Hauptuntersuchung im Raw Cottbus
Foto: Frank Heilmann

Unten: 232 345 hat den Brandleite-Tunnel durchfahren und läuft in den Bahnhof Oberhof ein.

Vielfältig waren die Bemühungen, das neue DB AG-Logo an der 232 zu plazieren. Eine Versuchsausführung zeigt diese Aufnahme mit 232 561.
Fotos: Frank Heilmann

Drehgestell für die Baureihe 232 in der Montagehalle des AW Cottbus am 10.2.1995

derstand belastet wird. Zur vollen Ausnutzung der Dieselmotorleistung im gesamten Geschwindigkeitsbereich dienen zwei Feldschwächstufen. Hierzu werden parallel zur Reihenschlußwicklung eines jeden Fahrmotors über die Shuntschütze die Shuntwiderstände geschaltet.

Die Diesellokomotiven der Baureihe 132 waren als erste Serien-Diesellokomotiven der DR mit einer Anlage zur zentralen elektrischen Energieversorgung des Zuges mit 1000-V-Einphasen-Wechselspannung 16 $^{2}/_{3}$ oder 22 Hz ausgerüstet. Dadurch kann die durch den Zug führende Heizleitung als zentrale Speiseleitung für Beleuchtung, Heizung, Klimatisierung und andere Einrichtungen benutzt werden, wenn die Ausstattung der Wagen dies gestattet.

Angetrieben wird der separate Heizgenerator über eine Welle mit elastischer Kupplung vom Hauptgenerator. Der Heizgenerator wird, wie der Traktionsgenerator, fremdbelüftet. Der Heizgenerator arbeitet in Abhängigkeit von der Drehzahl des Dieselmotors als Synchron-Drehstromgenerator und erzeugt dabei zwei Drehspannungssysteme von 320 V bis 400 V bei einer variablen, von der Dieselmotordrehzahl abhängigen Frequenz. Bei Drehzahlen von 630 U/min bis 1000 U/min wird dabei eine Leistung von 545 kVA bis 745 kVA erreicht. Der im Heizgenerator erzeugte Drehstrom wird in einem Trapez-Hüllkurvenumrichter in Einphasenwechselstrom konstanter Frequenz umgerichtet und den Heizkupplungen an beiden Enden der Lokomotive zugeführt. Der Heizumrichter ist ein statischer Thyristor-Umrichter. Er besteht aus zwei antiparallel geschalteten Stromrichtergruppen, die wiederum aus je zwei in Reihe geschalteten Drehstrom-Brückenschaltungen mit insgesamt 24 Thyristoren bestehen. Da der Dieselmotor sowohl die Traktions- als auch die Heizleistung bereitzustellen hat, wird die Traktionsleistung über die Steuerung jeweils um die zum Beheizen eines Zuges erforderliche Heizleistung verringert.

Ab Herstelljahr 1979 wurde bei der Baureihe 132 (132 580) der bis dahin übliche Drehzahlregler des Typs 7 PC 2 durch den überarbeiteten Drehzahlregler des Typs 37 PC 2 ersetzt. In Abhängigkeit des Aufladedruckes erfolgt die dosierte Dieselkraftstoffeinspritzung, welches eine Kraftstoffeinsparung zur Folge hat. Verändert zur Baureihe 130/131 wurde auch die 15stufige Fahrschaltung, welche jetzt mit der Heizschaltung verbunden ist. Ab Fahrstufe 12 ist eine verzögerte Freigabe von ungenutzter Heizleistung als Traktionsleistung möglich. Durch Abschalten der Heizeinrichtung steht die gesamte Leistung des Dieselmotors als Traktionsleistung zur Verfügung. Diese Möglichkeit wird bei der Baureihe 132 beim Anfahren schwerer Züge sowie in steigungsreichen Streckenabschnitten gern von den Lokomotivführern genutzt.

Die sechs Gleichstrom-Tatzlager-Fahrmotoren vom Typ ED 118 sind in Reihe geschaltet und haben eine Nennleistung von je 305 kW.

Die Lichtmaschine hat eine Doppelfunktion. Sie dient zum Anlassen des Dieselmotors und im Generatorbetrieb zur Versorgung des elektrischen Bordnetzes (110 V) sowie der Aufladung der Batterien.

Das Kühlsystem der Baureihe 132 ist als geschlossener Kreislauf ausgebildet. Die Kühlwasserumwälzpumpe wird über Zahnräder direkt von der Kurbelwelle des Dieselmotors angetrieben. Sie drückt das erhitzte Kühlwasser vom Dieselmotor in die beiden V-förmig montierten Kühlerblöcke. Mittig darüber sind drei elektrisch angetriebene Kühlerlüfter installiert. Diese saugen Frischluft durch die Seitenwandöffnungen an, welche dann die Kühlerelemente umspült und nach oben durch die Kühlerlüfter abgeleitet wird. Die in den Seitenwänden montierten Kühlerjalousien werden automatisch in Abhängigkeit von der Kühlwassertemperatur betätigt. Ein unter den Kühlerblöcken montierter Luftverdichter erzeugt die nötige Druckluft für die Bremsanlage und alle übrigen pneumatisch arbeitenden Schaltgeräte. Als Reservoir dienen zwei je 600 Liter fassende Hauptluftbehälter, die an den Querseiten des Kraftstoffbehälters befestigt sind. Die Einrichtung beider Führerstände ist identisch. Zur Wachsamkeitskontrolle des Lokomotivführers steht eine zeitabhängige Sicherheitsfahrschaltung (Sifa) zur Verfügung.

In den ersten Betriebsjahren fand bei einigen Lokomotiven, die vorzugsweise im Übergangsverkehr mit der DB eingesetzt wurden, als punktförmige Zugbeeinflussungsanlage die Indusi-Einrichtung I 60 Verwendung. Später wurde diese dann gegen die Anlage PZ 80 gewechselt.

Durch die veränderten Einsatzbedingungen nach der Wende wurde die Baureihe 132, mittlerweile zur Baureihe 232 umgezeichnet, ständig verbessert, um den höheren Anforderungen im Einsatz gerecht zu werden. Alle hauptuntersuchten Lokomotiven der Baureihe 232 wurden im AW Cottbus mit MESA-2002-Zugfunk-Anlage sowie einer Blindleistungskompensationseinrichtung wegen des erhöhten Blindleistungsbedarfs bei IC- und IR-Wagen ausgerüstet. Letztere ist als zusätzlicher Widerstandsaufbau auf dem Dach sichtbar. Seit 1993 erhielten auch alle Maschinen, die zur Hauptuntersuchung im AW weilten, beheizbare Frontscheiben. Getauscht wurden auch die einfachen Lüftungsgitter gegen Mehrfachdüsen-Lüftergitter in den Dachelementen. Um den erheblichen Lärmpegel der Lokomotiven zu senken, wurden die Mitteldächer schallisoliert. Sechs Lokomotiven der Baureihe 232, die bei der Regental Fahrzeugwerkstätten GmbH in Reichenbach i.V. aufgearbeitet wurden, erhielten einen komplett schallisolierten Maschinenraum und neue Ölbadluftfilter. Besonderes Merkmal der in Reichenbach aufgearbeiteten Lokomotiven sind die veränderten seitlichen Ansauggitter bzw. Ansaugöffnungen.

Das Farbschema der Baureihe 132/232 blieb lange Zeit unverändert, erst mit der Zunahme der Rostschäden, insbesondere zwischen dem Lokomotivkasten und dem Rahmen, wurde erstmals das Anstrichschema der Baureihe 132 geändert. Durchgehend zwischen den Einstiegen auf den Längsseiten wurde die Aluminium-Zierleiste mit dem eingelegten Ziergummi nicht mehr verwendet. Dafür wurden durchgängig Blechstreifen aufgeschweißt, und da dieser schmaler als der übliche breite Zierstreifen war, wurde diese Blechleiste zwischen den Einstiegen auch schmaler lackiert. Erste Lokomotive der Baureihe 132, die so das Raw Cottbus verlassen hat, war die 132 068 des Bw Karl-Marx-Stadt nach der Haupt-

Einige wenige Lokomotiven der Baureihe 232 erhielten das DB AG-Lätzchen und den orientroten Anstrich, so auch 232 314, aufgenommen am 29. 1. 1995 in Schwerin.
Foto: Thomas Splittgerber

Eine Fahrplanperiode hindurch kamen Reichenbacher 232 planmäßig über die Schiefe Ebene bis nach Lichtenfels.
Foto: Matthias Maier

untersuchung am 2.4.1987. Um den Führerstand herum war der Zierstreifen so breit wie bisher geblieben. Gut acht Jahre später, im Dezember 1993, wurde mit 232 594 des Bw Görlitz erstmals eine Lokomotive der Baureihe 232 mit umweltgerechten wasserlöslichen Lacken lackiert. Die bis dahin üblichen grauen Drehgestelle und Dächer wurden ab diesem Zeitraum nur noch dunkelgraubraun lackiert, und das Rot des Lokomotivkastens fiel deutlich heller wie bisher üblich aus. Der Zierstreifen fiel noch wie üblich aus, um den Führerstand breit und an den langen Seiten deutlich schmaler. Im Dezember 1994 erhielten die 232 586 und 232 264 erstmals an den Stirnseiten einen großen weißen Latz und das DB AG-Logo. Dächer und Drehgestelle wurden dunkelgraubraun und der Lokomotivkasten orientrot lackiert. Bei beiden Maschinen wurde kein Zierstreifen angebracht. Eine weitere Farbvariante folgte im März 1995 mit der 232 314, welche der Vorgänger-Variante recht ähnlich sieht. Zusätzlich zum orientrot lackierten Lokomotivkasten wurde auch der Rahmenträger der Lokomotive orientrot lackiert. Der Rest (an den Stirnseiten mit weißem Latz und DB-Logo; ohne Zierstreifen) ist identisch zu den Maschinen 232 586 und 264.

Seit 1994 werden auch die ersten Lokomotiven mit einer neuen Vorwärm- und Warmhalteeinrichtung ausgerüstet. Diese Technik ermöglicht u.a. die Kühlwasservorwärmung auf Starttemperatur zu einem vorgegebenen Zeitpunkt, das Verhindern des Einfrierens des Kühl- und Heizsystems bei abgestelltem Triebfahrzeug, die Erhaltung der Funktionsfähigkeit der Maschinenanlage bei strengem Frost sowie die Alarmmeldung bei Einfriergefahr bzw. Störungen an der Steuerung über eine Alarmhupe sowie unabhängig davon über die Zugfunkanlage. Die Steuerautomatik übernimmt sämtliche Überwachungs- und Regelfunktionen, so daß der Betrieb dieser Anlage völlig unbeaufsichtigt erfolgen kann. Nach ersten erfolgreichen Versuchen an 232 646 mit neuen geräuschärmeren Kühlerlüftern von Siemens erhielten 1996/97 232 488, 503, 532, 633, 679 und 687 diese neuen Lüfter. Auffällig sind die umgerüsteten Lokomotiven durch die breiten Verkleidungsbleche um die Lüfter, deren Oberkante bis knapp an das Fahrzeugumgrenzungsprofil reicht.

Im Einsatz war diese 120 km/h schnelle Baureihe vor allen Zuggattungen der DR anzutreffen, sowohl im Güterzugdienst, aber auch normalen und hochwertigen Reisezugdienst. Zu ihren ersten großen Einsätzen gehörten die Transitreisezüge zwischen dem Bundesgebiet und West-Berlin. Unter den Diesellokomotiven, die bei der DR im Einsatz waren, gehörte die Baureihe 132 als „Mädchen für alles“ zu der am universellsten einsetzbaren Lokomotive. Mit der zunehmenden Elektrifizierung von wichtigen Hauptstrecken bei der DR hat sich ihr Einsatzgebiet in den letzten Jahren der DDR verändert, so daß die Baureihe 132 mehr und mehr in den Dienstplänen der Baureihen 130/131, aber auch der Baureihe 118.1 bzw. 118.5 eingesetzt worden ist. Ende 1988 waren noch insgesamt 674 Maschinen der Baureihe 132 im Bestand der DR, die sich wie folgt auf die Bahnbetriebswerke aufteilten:

Görlitz: 16 Lokomotiven; Karl-Marx-Stadt: 22 Lokomotiven; Saalfeld: 22 Lokomotiven; Reichenbach: 36 Lokomotiven; Meiningen: 13 Lokomotiven; Arnstadt: 3 Lokomotiven; Eisenach: 42 Lokomotiven; Erfurt: 31 Lokomotiven; Nordhausen: 32 Lokomotiven; Sangerhausen: 22 Lokomotiven; Weißenfels: 6 Lokomotiven; Leipzig Hbf Süd: 19 Lokomotiven; Falkenberg: 32 Lokomotiven; Hoyerswerda: 31 Lokomotiven; Elsterwerda: 2 Lokomotiven; Cottbus: 52 Lokomotiven; Halle G: 11 Lokomotiven; Frankfurt/Oder: 37 Lokomotiven; Berlin Hbf: 36 Lokomotiven; Seddin: 3 Lokomotiven; Halberstadt: 22 Lokomotiven; Güsten: 27 Lokomotiven; Magdeburg: 39 Lokomotiven; Rostock: 12 Lokomotiven; Schwerin: 19 Lokomotiven; Pasewalk: 9 Lokomotiven; Wittenberge: 19 Lokomotiven; Stralsund: 45 Lokomotiven; Neubrandenburg: 14 Lokomotiven.

Auffällig ist erneut die typische DR-Praxis, daß neben der Beheimatung einer großen Anzahl von Lokomotiven gleicher Baureihe in einem Betriebswerk zahlreiche Dienststellen mit nur wenigen Lokomotiven einer Baureihe ausgestattet waren.

Nach der Wende in der DDR wurden in kürzester Zeit einst unterbrochene Strecken und nicht genutzte Verbindungen wieder aufgebaut bzw. reaktiviert. Auf diesen Strecken entwickelte sich recht schnell ein hochwertiger Reisezugverkehr mit IR- und IC-Zügen, der wegen der noch fehlenden Elektrifizierung von der Baureihe 132 übernommen wurde. Obwohl nach Angaben der DB AG ab Juli 1995 keine Hauptuntersuchungen in der Schadgruppe B 3 (ex I 7) durchgeführt werden sollen, wird die Baureihe 232 auch noch nach dem Jahr 2000 im Bestand der DB AG sein. Im Januar 1995 hatte die DB AG einen Bedarf von 598 Lokomotiven der Baureihe 232 ermittelt. Dem steht aber nur ein Bestand von 585 Lokomotiven dieser Baureihe gegenüber. Waren die Maschinen der Baureihe 132/232 im Jahr 1990 in den alten Bundesländern nur in der BD Nürnberg im regelmäßigen Einsatz, hat sich das Einsatzgebiet dieser Baureihe nach Gründung der DB AG 1994 weiter ausgeweitet und vermischt. Einsätze in der Region Hamburg und auch im Ruhrgebiet gehören heute zum Alltag der Baureihe 232. So waren am 31.3.1995 die Lokomotiven der Baureihe 232 bei folgenden Betriebshöfen beheimatet: Görlitz: 36 Lokomotiven; Chemnitz: 12 Lokomotiven; Saalfeld: 27 Lokomotiven; Reichenbach: 44 Lokomotiven; Meiningen: 20 Lokomotiven; Eisenach: 41 Lokomotiven; Erfurt: 36 Lokomotiven; Nordhausen: 20 Lokomotiven; Weißenfels: 7 Lokomotiven; Leipzig Hbf Süd: 49 Lokomotiven; Hoyerswerda: 14 Lokomotiven; Wustermark: 1 Lokomotive; Cottbus: 28 Lokomotiven; Halle G: 23 Lokomotiven; Seddin: 37 Lokomotiven; Halberstadt: 30 Lokomotiven; Magdeburg Hbf: 15 Lokomotiven; Magdeburg-Rothensee: 27 Lokomotiven; Schwerin: 53 Lokomotiven; Pasewalk: 30 Lokomotiven; Pankow: 5 Lokomotiven; Stralsund: 2 Lokomotiven; Neustrelitz: 7 Lokomotiven; Oberhausen: 14 Lokomotiven.

Ein Verkauf von 80 Lokomotiven der Baureihe 232 an die Firma Caterpillar, der auch im Zusammenhang mit der geplanten Remotorisierung zu sehen war, kam nicht zustande. Caterpillar plante eine Modernisierung und Remotorisierung und einen anschließenden Verkauf an US- und andere nicht europäische Bahngesellschaften.

Schon im Vorstadium der Zuammenführung von DB und DR zur DB AG war abzusehen, daß die Baureihe 132 weiter benötigt wird, und dies über das Jahr 2000 hinaus. Um aber den neuen Aufgabenbereichen mit dieser Baureihe gerecht zu werden, mußte bei einer gewissen Anzahl von Lokomotiven die Höchstgeschwindigkeit von 120 km/h auf 140 km/h angehoben werden. Denn es sollten IC- und IR-Züge auch ohne einen zeitraubenden Lokomotivwechsel auf den noch nicht elektrifizierten Strecken mit einer Höchstgeschwindigkeit von 140 km/h verkehren. Daher wurde das Raw

232 695 mit Güterzug im Pegnitztal bei Neuhaus, Sommer 1994
Foto: Matthias Maier

Oben links: 232 009 läßt in Meiningen ihren Dieselmotor an

Foto: Matthias Maier

Oben rechts: Dieselmotor 5 D 49 mit angeflanschtem Drehstrom-Generator der Baureihen 230, 231, 232 und 234

Unten: 232 und 234 während der Hauptuntersuchung im Raw Cottbus. In die vordere Lokomotive (234 548) wird gerade der Caterpillar-Motor 3608 eingebaut.

Fotos: Frank Heilmann (2)

Cottbus von der Hauptverwaltung Maschinenwirtschaft der DR beauftragt, im Rahmen einer Hauptuntersuchung V 7 (jetzt B 3) 53 Maschinen der Baureihe 132 auf eine Höchstgeschwindigkeit von 140 km/h umzubauen. Weitere sechs Lokomotiven wurden mit neuen Dieselmotoren verschiedener Hersteller remotorisiert, für die höhere Geschwindigkeit angepaßt und ebenfalls in die Baureihe 234 eingeordnet. Somit sind im Bestand der DB AG bis Herbst 1996 64 Lokomotiven mit der Baureihenbezeichnung 234. Die umgebauten Lokomotiven der Baureihe 232 behielten jedoch ihre alte Ordnungsnummer. Erste Lokomotive, bei der die Höchstgeschwindigkeit angehoben wurde, war die 234 335. Diese verließ das Raw Cottbus am 12.11.1991 nach einer V-7-Hauptuntersuchung. Der weitere Umbau der Baureihe 232 zur Baureihe 234 einschließlich der Remotorisierungs-Lokomotiven teilte sich zeitlich wie folgt auf:

1991: 1 Lokomotive;
1992: 35 Lokomotiven
(incl. 1 „Remo“-Lokomotive);
1993: 5 „Remo“-Lokomotiven;
1994: 18 Lokomotiven und
1996: 5 Lokomotiven.

Die Umbauarbeiten waren relativ problemlos möglich, da konstruktiv die Vorgängerbaureihen bereits für eine Höchstgeschwindigkeit von 140 km/h ausgelegt waren. Im Regelbetrieb wurde aber bei der DR, bis auf einige Versuchsfahrten, nur mit einer Geschwindigkeit von 120 km/h gefahren. Die nötigen Umbauten umfaßten Änderungen an den Drehgestellen, am Lokomotivkasten sowie den Einbau der Zugbeeinflussungsanlage PZ 80. Geändert wurde die Getriebeübersetzung zwischen Fahrmotor und Radsatz durch Austausch von Großrad und Ritzel, so daß jetzt das Übersetzungsverhältnis 3,15:1 beträgt und dadurch die höhere Geschwindigkeit erreicht wird. Wegen der veränderten Getriebeübersetzung hat sich die Anfahr- und Dauerzugkraft gegenüber der Baureihe 232 verringert. Die Dauerzugkraft beträgt statt 200 kN bei der Baureihe 232 nur noch 172 kN und die Anfahrzugkraft statt 340 kN nur noch 250 kN. Die Austauschteile stammen von abgestellten Lokomotiven der Baureihe 130 bzw. wurden als Neuteile beschafft.

Die Bremsanlage mußte ebenfalls an die höhere Endgeschwindigkeit angepaßt werden (KE-Bremse), wobei Bremsklötze aus dem Werkstoff P 10 verwendet werden.

Alle Lokomotiven der Baureihe 234 sind mit der Funkeinrichtung MESA 2002 und den auch bei der Baureihe 232 durchgeführten Verbesserungen ausgerüstet worden. Die 18 Lokomotiven, die 1994 als Baureihe 234 an die DB AG nach einer Hauptuntersuchung B 3 an den Betriebsdienst übergeben wurden, sind mit einer zeitmultiplexen Doppeltraktions- bzw. Wendezugsteuerung (ZDS/ZWS) ausgestattet worden. Teilweise ist bei der Baureihe 234 auch eine Spurkranzschmierung vorhanden. Letzte Maschine der Baureihe 232, die zur Baureihe 234 umgerüstet wurde, ist die 234 222, die im AW Cottbus Ende 1996 eine B 3-Untersuchung erhalten hat.

Als Besonderheit ist die Farbgebung der 234 304 des Bh Wustermark hervorzuheben. Im Rahmen der Untersuchung B 3 erhielt sie eine Lackierung in Regional-Bahn-Farben (Minttürkis RAL 6033, Pastelltürkis RAL 6034, Graubraun RAL 8019) sowie ein Lätzchen in Lichtgrau RAL 7035 mit einem kleinen DB AG-Logo.

Beheimatet sind bzw. waren die Lokomotiven der Baureihe 234 in den Betriebshöfen Berlin-Pankow, Wustermark, Görlitz, Reichenbach, Magdeburg und Cottbus. Vom Bh Cottbus wurden die Maschinen vor E- und IR-Zügen nach Görlitz sowie teilweise vor N-Zügen nach Forst eingesetzt.

Remotorisierte Lokomotiven 234 440, 234 565 und 234 630 im Raw Cottbus am 11.6.1993 *Foto: Frank Heilmann*

Lokomotiven der Baureihe 234 des Bh Wustermark sind hauptsächlich im RegionalBahn-Verkehr im Raum Berlin unterwegs, und die Lokomotiven des Bh Berlin-Pankow werden vor den IC-Zügen nach Hamburg, aber auch zwischen Hamburg und Puttgarden sowie vor RE- und IR-Zügen nach Hannover und vereinzelt auch vor D-Zügen nach Halberstadt eingesetzt. Die seit Fahrplanwechsel Mai 1995 in Reichenbach heimisch gewordenen 234 haben die Beförderung der Inter-Regios zwischen Reichenbach, Nürnberg und Regensburg von Regensburger 218 übernommen.

Baureihe 234 (Remotorisiert)

In Hinsicht auf eine bald zu gründende Deutsche Bahn AG einigten sich DR und DB darauf, daß auch bei einer gemeinsamen „Staatsbahn" die Baureihe 232 weiterhin zum Fahrzeugpark gehören wird. Nur sollte diese Baureihe weitaus umweltfreundlicher und wirtschaftlicher werden. Und im Hinblick auf schnellere Bahnverbindungen mußte die Höchstgeschwindigkeit auf 140 km/h angehoben werden. Um auch den recht erheblichen Instandhaltungsaufwand zu optimieren, wurde beschlossen, sechs Lokomotiven der Baureihe 232 mit neuen Dieselmotoren dreier verschiedener Hersteller umzurüsten. Die Motorbetriebsstundenzahl war bei dem Motor vom Typ 5 D 49 auf 10 000 Stunden begrenzt. Die Motorbetriebsstunden sollten jedoch zwischen den Ausbesserungen mindestens 60 000 Stunden erreichen. In den Jahren 1992 und 1993 erhielten sechs Maschinen der Baureihe 232 neue Motoren folgender Hersteller:

Kolomna (Rußland):

234 440 mit Motor 12 D 49;
Umbau 11/92,

234 657 mit Motor 12 D 49;
Umbau 12/93,

Caterpillar (USA):

234 565 mit Motor CAT 3608;
Umbau 5/93,

234 548 mit Motor CAT 3608;
Umbau 5/93,

Krupp Verkehrstechnik (Deutschland):

234 630 mit Motor 12 M 282;
Umbau 7/93,

234 555 mit Motor 12 M 282;
Umbau 11/93.

Der Umbau wurde durch das Raw Cottbus in Zusammenarbeit mit den einzelnen Dieselmotorherstellern durchgeführt.

Bedingung für alle drei Motorenhersteller war, daß die Leistung des ursprünglichen Motors 5 D 49 von 3000 PS (2200 kW) um ca. 10 Prozent erhöht werden sollte. Die Nenndrehzahl der Motore sollte ebenfalls wie bei dem 5 D 49 bei 1000 U/min liegen. Dies war notwendig, um möglichst wenig an der Peripherie, wie Traktionsgenerator, Zentralenergie-Versorgungsgenerator und Erregergenerator ändern zu müssen.

234 440 / 234 657 (Kolomna)

Der Kolomna-Motor vom Typ 12 D 49 ist ein Zwölfzylinder-V-Motor. 80 Prozent seiner Bauteile werden auch in den ursprünglichen 132/232-Dieselmotoren verwendet. Wie bei dem 4000-PS-Dieselmotor der Baureihe 142/242 beträgt der Mitteldruck durch die verbesserte Aufladung statt 12 bar jetzt 16 bar. Dieser neue Motor ist eine „abgespeckte" Version des Ursprungsmotors mit mehr Leistung. Die Leistung wurde um 250 kW auf 2450 kW erhöht. Der gesamte Antriebsteil für die Hilfsmaschinen ist im wesentlichen unverändert geblieben. Bei geringen Detailänderungen hat der Hersteller Kolomna die veränderten Teile gleich geliefert. Gegenüber dem Ursprungsmotor 5 D 49 wurden beim 12 D 49 Abgasturbolader, Schalldämpfer (etwas kürzer), Drehschwingungsdämpfung und Pleuellagerung verbessert sowie die Hauptlagerung seitlich stabilisiert. Die 234 440 hat noch einen konventionellen Motor-Drehzahlregler von Kolomna, die 234 657 dagegen schon ein neues elektronisches Regelgerät (LEC) der Firma Woodward, wie es auch bei den Motoren der anderen Hersteller eingesetzt wird. Der neue Kolomna-Motor ließ sich relativ problemlos in die Lokomotiven integrieren und einbauen. An den „Remo"-Lokomotiven von Kolomna brauchten keine äußerlich sichtbaren Umbauarbeiten vorgenommen werden. Die Fenster- und Lüfterklappenanordnung blieb unverändert.

Von Krupp Verkehrstechnik wurde die 234 630 mit einem MaK-Dieselmotor remotorisiert. *Foto: Frank Heilmann*

234 548 / 234 565 (Caterpillar)

Der Dieselmotor der Firma Caterpillar ist ein Achtzylinder-Reihenmotor vom Typ CAT 3608 mit einer Leistung von 2400 bis 2500 kW bei einer Nenndrehzahl von 1000 U/min. Bei dem Einbau des CAT-Motors mußten alle Antriebe für die Hilfsbetriebe neu konstruiert werden. Für diese konstruktiven Detaillösungen war das Raw Cottbus verantwortlich. Auch das herkömmliche Anlassen des CAT-Motors mit Druckluft war bei der Baureihe 232 wegen des zu geringen zur Verfügung stehenden Drucks nicht möglich, so daß anstelle der üblichen Lichtanlaßmaschine zwei separate Anlasser und eine 30-kW-Drehstromlichtmaschine mit interner Gleichrichtung für 110 V Gleichspannung entwickelt und angepaßt werden mußten. Da der CAT-Motor relativ schwer ist, wurden alle Zusatzbaugruppen hinsichtlich der Gesamtgewichtsverteilung untersucht.

Teilweise gelangten auch leichtere Baugruppen als bisher üblich zum Einbau (wie z.B. leichtere Batterien). Neu konstruiert wurde auch der Lüfter für den Hauptgenerator. Dieser mechanisch angetriebene Lüfter wurde im Mitteldach montiert und ist sichtbar an dem kleinen Aufsatz oberhalb des Mitteldaches. Der Abgasschalldämpfer wurde ebenfalls neu konstruiert. Sehr viel Platz nimmt im rechten Motorraumgang auch die Frischluftansaugung in Anspruch, so daß es unmöglich geworden ist, diesen Gang zu durchlaufen. Bei den „Remo"-Lokomotiven mit CAT-Motoren waren auch sehr umfangreiche Arbeiten am Lokomotivkasten notwendig. So wurde an der linken Seite die Ölbadluftfilterklappe entfernt und dafür ein zusätzliches Fenster eingebaut. Umfangreicher waren die Umbauten an der rechten Seite. Hier wurden ebenfalls die Ölbadluftfilterklappe sowie zwei Seitenfenster entfernt. Dafür neu montiert wurden sechs Mehrfachdüsenlüftungsgitter (in zwei Reihen zu je drei Gittern).

234 555 / 234 630 (Krupp Verkehrstechnik)

Der Dieselmotor der Firma MaK, der von Krupp Verkehrstechnik (KVT) für

234 565 nach der Hauptuntersuchung im Raw Cottbus am 12.2.1993 *Foto: Frank Heilmann*

Jüngstes Farbexperiment bei der Baureihe 232/234 war die Nahverkehrslackierung in mintgrün bei der 234 304, aufgenommen am 3.11.1994 in Berlin-Halensee. *Foto: Thomas Splittgerber*

den Bahnbereich vertrieben wird, ist ein Zwölfzylinder-V-Motor vom Typ 12 M 282 und ist identisch mit dem in der Baureihe 240, der MaK-eigenen DE 1024, verwendeten Dieselmotor. Die Leistung des Motors beträgt bei 1000 U/min 2460 kW. Der Lokomotivrahmen mußte an den Motor von MaK/KVT neu angepaßt werden. Dafür wurde ein extra elastisch gelagerter Tragrahmen für den Hauptgenerator und den Dieselmotor konstruiert. Gegenüber dem Motor der Firma Caterpillar wurden bei dem Motor von MaK/KVT die Lichtanlaßmaschine sowie die Erregermaschine des alten Motors 5 D 49 von der Firma Kolomna weiterverwendet. Da die Flansche zwischen dem Hauptgenerator und dem Motor nicht mehr verwendbar waren, wurde ein Zwischengetriebe montiert. Wie schon bei dem CAT-Motor mußte auch bei dem Motor von MaK/KVT die Frischluftansaugung für den Motor verändert werden. Neu konstruiert wurden auch die Verbindung zwischen dem Motor und dem

Im InterRegio-Dienst auf nichtelektrifizierten Strecken sind die 234 auch im Westen, wie auf dieser Aufnahme zwischen Nürnberg und Hof, unverzichtbar. *Foto: Matthias Maier*

Abgasschalldämpfer sowie der Schalldämpfer selbst. Wegen der geänderten Frischluftansaugung mußte auch der Lokomotivkasten umgebaut werden. Jeweils rechts und links vor der Kühlerkammer wurden die Ansaugklappe für die Ölbadluftfilter sowie je ein Seitenfenster entfernt. An deren Stelle wurden Mehrfachdüsenlüftungsgitter montiert.

Obwohl die „Remo"-Lokomotiven mit CAT- bzw. MaK-Motoren ca. 3 Tonnen zu schwer geworden sind, haben diese Maschinen für die Testphase eine Sondergenehmigung erhalten, wobei von den Firmen schon Systemlösungen ausgearbeitet wurden, das zulässige Gesamtgewicht bei einem Serienumbau nicht zu überschreiten. Die Umbaukosten je Lokomotive einschließlich aller Zusatzarbeiten beliefen sich auf etwa 1,5 Millionen DM, wobei ca. 800 000 DM auf den Dieselmotor entfielen. Eine langwierige Untersuchung der DB AG nach Vorliegen der Versuchs- und Betriebsergebnisse ergab, daß der ursprünglich geplante Umbau von ca. 150 Lokomotiven der Baureihe 232 wirtschaftlich nicht zu vertreten sei. Die erhofften Einsparungen beim Kraftstoffverbrauch und insbesondere bei den Instandhaltungskosten blieben deutlich unter den erhofften Werten.

Im hochwertigen Reisezugdienst wie IC- und IR-Züge werden die „Remo"-Lokomotiven eher nur selten eingesetzt. Dies geschah vornehmlich nur bei Meß- und Erprobungsfahrten. Vom Bh Berlin Hbf bzw. Berlin-Pankow aus wurden bzw. werden die Lokomotiven für die vielen Leerreisezüge zwischen Berlin Hbf und Berlin-Zoologischer Garten sowie bis nach Berlin-Wannsee eingesetzt. Längere Streckeneinsätze sind nur vor Reisezügen zwischen Berlin und Halberstadt im Plan für die „Remo"-Lokomotiven enthalten.

142 DR
242 DB AG

Zur Familie der von der Deutschen Reichsbahn aus der UdSSR beschafften Großdiesellokomotiven zählt auch die Baureihe 142. Die Maschinen basieren auf den Betriebserfahrungen mit den Baureihen 130 bis 132, ihre Entwicklung war bereits bei der Konzeption der Baureihen 130 bis 132 mit bedacht worden. In Aufbau und Konstruktion entspricht die stärkste Lokomotive dieser Baureihenfamilie der Baureihe 132. In den Jahren von 1976 bis 1978 wurden jedoch von der DR nur sechs Lokomotiven dieser Baureihe beschafft: 1976: 142 001 und 002; 1977: 142 003 und 004 und 1978: 142 005 und 006. Wegen der hohen Radsatzlast von 21,5 Tonnen war das Einsatzgebiet für diese Baureihe stark eingeschränkt. Durch die Elektrifizierung der Hauptmagistralen bei der DR bestand letztendlich kein weiterer Bedarf mehr an dieser Baureihe.

Die baulichen Veränderungen gegenüber der Baureihe 232 stehen in Verbindung mit der höheren Antriebsleistung der Baureihe 242. Bei dieser Baureihe wurde auch nicht der übliche Dieselmotor 5 D 49, sondern ein überarbeiteter Motor mit verbessertem Abgasturbolader für Hochaufladung vom Typ 2-9 DG verwendet, der bei 1000 U/min eine Leistung von 4000 PS (2940 kW) abgeben kann. Neu sind auch der Drehstrom-Synchron-Hauptgenerator vom Typ GS 504 mit einer Leistung von 2750 kVA sowie die sechs Fahrmotoren vom Typ ED 120 mit einer Leistung von je 408 kW. Der Verschleiß an den Gleichstrom-Fahrmotoren, Zahnrädern sowie dem Oberbau wird durch die gefederten Großräder relativ gering gehalten. Aufgrund der erhöhten Motorleistung hat sich auch die Anzahl der Kühlerelemente erhöht.

Heimatdienststelle dieser Baureihe war seit 1979 das Bw Stralsund, wo die sechs Maschinen bis zu ihrer Ausmusterung ohne Unterbrechung stationiert waren. Haupteinsatzgebiet war die Strecke Stralsund–Berlin, auf der die Baureihe für die Beförderung internationaler Schnellzüge verwendet wurde. In der letzten Zeit wurden bei Raw-Aufenthalten jedoch die oberen Fahrstufen verplombt, so daß die

142 001 am 12.11.1991 im Raw Cottbus
Foto: Frank Heilmann

242 002 in Rostock
April 1994
Foto:
Toni Schwager

242 001 an der Tankstelle in ihrer Heimatdienststelle Stralsund
Foto:
Frank Heilmann

Baureihe 242 in der Leistung der Baureihe 232 angeglichen war. Ihre letzten Einsätze waren Verschubdienste im Fährhafen Saßnitz und untergeordnete Personenzugleistungen auf der KBS 195 Stralsund–Saßnitz. Konnte im November/Dezember 1991 noch über die weitere Einsatzdauer der Splitterbaureihe 242 wegen des Einbaus der MESA-2002-Zugfunk-Anlage spekuliert werden, wurde im Juli bzw. im September 1994 die z-Stellung und zum 10. 3. 1995 die Ausmusterung aller Lokomotiven der Baureihe 242 verfügt. Die 242 001 wurde 1996 in den musealen Bestand der DB AG übernommen und wird im Bw Arnstadt aufbewahrt.

V 36 DB
236 DB
V 36 DR
103 DR

Aus strategischen Gründen war die Deutsche Wehrmacht der Meinung, daß auch bei schwieriger Brennstoffversorgungslage für bestimmte Transportzwecke auf Motorlokomotiven wegen ihrer Rauchfreiheit und ihrer sofortigen Betriebsbereitschaft nicht verzichtet werden konnte. Deshalb ließ sie für den Rangierdienst in Munitionsdepots, Fliegerhorsten, Schieß- und Übungsplätzen, aber auch für die Bespannung von Eisenbahngeschützen ab Mitte der dreißiger Jahre unter strengster Geheimhaltung von der Arbeitsgemeinschaft Motorlokomotiven des Heereswaffenamtes ein entsprechendes Typenprogramm entwickeln. Dieses umfaßte neben Schmalspurlokomotiven auch vier normalspurige Baureihen: die zweiachsige WR 200 B 14 (V20/V22), die dreiachsige WR 360 C 14 (V 36) sowie die vierachsige WR 550 D 14 und die Doppellokomotive D 311 (V 188). Von ihnen hatte die WR 360 C 14 als V 36 den nachhaltigsten späteren Erfolg. Nach den über 300 Lokomotiven, die zwischen 1937 und 1943 die Werkshallen von O & K, Schwartzkopff, DWK, Henschel und Deutz verließen, wurde diese Type auch nach dem kriegsbedingt am 1. 7. 1942 erlassenen Verbot zum Bau von Motorlokomotiven sowie nach dem Zweiten Weltkrieg noch weitergebaut. Die letzten Lokomotiven waren bei der DB bis Anfang der achtziger Jahre im Einsatz.

Die V 36 war die erste in Serie gebaute Diesellokomotive in Deutschland.

V 36 der Deutschen Werke Kiel mit mechanischer Leistungsübertragung.
Foto: Sammlung Rüdiger Block

Sie weist einen geschweißten, innenliegenden Blechrahmen mit in den Rahmenwangen freigelassenen, asymmetrischen Ausschnitten für die drei mit Gleitlagern versehenen Radsätze und die zwischen zweitem und dritten Radsatz angeordnete Blindwelle auf. Die beiden als Blechkästen, die mit Ballast gefüllt werden können, ausgebildeten Stirnwände tragen normale Zug- und Stoßeinrichtungen. Die in dem aus Blechen und Profilen zusammengeschweißten und genieteten Aufbau angeordnete Maschinenanlage ist über Schiebetüren vom Laufsteg aus zugänglich. Das Endführerhaus ist in Höhe der Umlaufbleche angeordnet und kann über beiderseitige Tritte und Türen, die durch Handstangen gesichert sind, betreten werden. Im Führerhaus befindet sich ein Führertisch mit den für die Bedienung der Lokomotive erforderlichen Bedienelementen sowie ein separates Apparatepult für die elektrischen Schalteinrichtungen und Überwachungsinstrumente. Die drei durch Stangen gekuppelten Radsätze werden vom Dieselmotor über eine drehelastische Kupplung, eine Gelenkwelle, das hydraulische Getriebe mit Stufen- und Wendegetriebe sowie die Blindwelle mit Kurbel angetrieben. Als Antrieb standen der Deutz-Motor V 6 M 436 sowie der DWK-Motor 6 M 30 und der MWM-Motor RHS 235 S mit jeweils 265 kW/360 PS bei 600 U/min zur Verfügung. Für die Leistungsübertragung wurde – abgesehen von den drei später von der DB übernommenen Vorserienmaschinen sowie der Serie dieselmechanischer Lokomotiven – das Voith-Getriebe L37 verwendet. Dem Verwendungszweck entsprechend sind zwei Geschwindigkeitsstufen mit 0 bis 30 km/h und 0 bis 60 km/h vorgesehen, womit im überwiegenden Teil des Fahrbereichs mit einem Wirkungsgrad in der Größenordnung von 80 Prozent gefahren werden kann. Das Anlassen der Dieselmotoren geschieht durch Druckluft mit 30 bar. Als Luftverdichter finden unter anderem die Typen VV 71/100, VV 100/100 und auch VV 140/100 Verwendung, angetrieben werden die zweistufigen Dreizylinder-Luftverdichter über Keilriemen. Die Druckluft zum Anlassen wird aus zwei Druckluftflaschen entnommen, gefüllt werden diese Flaschen aus besonderen Aufladeventilen aus den ersten beiden Zylindern des Dieselmotors. Die Abgaswärme des Dieselmotors dient gleichzeitig als Heizung für den Führerstand. Als Bremse sind eine Knorr-Druckluftbremse mit Einfachsteuerventil und eine Zusatzbremse eingebaut. Die Wurfhebel-Handbremse und der Bremszylinder wirken über das gleiche nachstellbare Bremsgestänge auf die Bremsklötze. Durch eine bei Bedarf kurzfristig einbaubare Gelenkwelle können zwei mit den Führerständen zueinander gekuppelte Lokomotiven von einem Führerstand aus mechanisch ferngesteuert werden.

Im Bereich der späteren DB befanden sich nach 1945 insgesamt 74 Wehrmachtslokomotiven des Typs WR 360 C, die – die jeweiligen Bauartunterschiede berücksichtigend – in vier Unterbaureihen in den Triebfahrzeugbestand eingereiht wurden. So erhielten die drei 1938 in Dienst gestellten Vorauslokomotiven mit einer Radsatzlast von 12 t die Betriebsnummern V 36 001 bis 003. Bei einer Höchstgeschwindigkeit von nur 45 km/h waren sie, abweichend von den späteren Serienlokomotiven, mit dem Voith-Strömungsgetriebe HW 1 ausgerüstet. Aufgrund der schwierigen Beschaffung von Ersatzteilen für das zwischenzeitlich nicht mehr gebaute Getriebe schieden sie frühzeitig aus dem DB-Bestand aus: Die 1952 mit einem Voith-Getriebe der Bauart L37 nachgerüstete und in der Folge in V 36 239 umgezeichnete V 36 001 wurde 1962 an die Bremervörde-Osterholzer Eisenbahn (BOE) verkauft. Die beiden anderen Lokomotiven wurden 1956 ausgemustert und anschließend noch als Werklokomotiven genutzt. V 36 002 kam 1966 schließlich zu den Verkehrsbetrieben Grafschaft Hoya (VGH), wo sie bis 1976 im Einsatz war.

236 112 in der Standardausführung, Bw Nürnberg Rbf 15.2.1974
Foto: Matthias Maier

236 238 mit höhergelegtem Führerstand in Hannover Hbf
Foto: Archiv Eisenbahn Magazin

Die mit einem MWM-Dieselmotor ausgerüsteten Lokomotiven des Typs WR 360 C 14 (mit einer Radsatzlast von 14 t) wurden als V 36.1 in den Triebfahrzeugbestand eingereiht, während die Lokomotiven mit einem Deutz-Motor als V36.2 bezeichnet wurden. Darüber hinaus stellte die DB 1947/48 mit V 36 150 und V 36 251 bis 262 weitere 13 Lokomotiven dieser Bauart in Dienst, die als Nachbauten bei der Holsteinischen Maschinenbau-Aktiengesellschaft (Holmag) beziehungsweise der aus der Holmag hervorgegangenen MaK entstanden waren.

Neben der dieselhydraulischen Standardbauart fertigten die Deutschen Werke Kiel (DWK) 1938 sowie zwischen 1940 und 1944 außerdem 19 Lokomotiven einer dieselmechanischen Variante, von denen von der späteren DB zehn Lokomotiven als V 36.3 übernommen wurden (V 36 301 und V 36 310 bis 318). Gegenüber den V 36 mit hydraulischer Leistungsübertragung waren sie geringfügig kürzer und wiesen niedrigere Vorbauten auf. Die Leistung des Dieselmotors wurde über eine Gummigelenkkupplung auf ein Viergang-Rädergetriebe der DWK-Bauart LB 30 übertragen. Ihm war ein Stufen- und Wendegetriebe nachgeschaltet. Die Zahnräder des Schaltgetriebes waren auf drei Wellen angeordnet und ständig im Eingriff.

236 der DB mit hochliegender Führerstandskanzel. 236 122 und 236 123 am 3.9.1974 in Lauda
Foto: Sammlung Rüdiger Block

Detailansicht der Versuchsausführung mit höhergelegtem Führerstand bei V 36 238 der DB *Foto: Sammlung Rüdiger Block*

Besonderer Erwähnung bedarf an dieser Stelle die spätere V 36 301, die als Vorauslokomotive erheblich von den anderen dieselmechanischen V 36 abwich. Sie besaß ein mittig angeordnetes Führerhaus, und auch das Fahrwerk entsprach nicht der üblichen Ausführung. Mit einem Radstand von nur 3500 mm und der außerhalb der Radsatzgruppe am hinteren Lokomotivende angeordneten Blindwelle wies es zwar in engen Gleisbögen gute, bei höheren Geschwindigkeiten auf geraden Streckenabschnitten jedoch wesentlich schlechtere Laufeigenschaften auf.

Aufgrund ihres abweichenden Antriebskonzepts erfreuten sich die Lokomotiven keiner sonderlich großen Beliebtheit: V 36 310 und 301 wurden im August 1952 beziehungsweise im April 1954 für die Bespannung des Schörling-Schienenschleifzuges entsprechend hergerichtet. V 36 311, 312, 314 und 318 gingen 1954/55 an die Mindener Kreisbahnen (MKB), während V 36 315 und 316 an die Maxhütte in Sulzbach-Rosenberg verkauft wurden. Die beiden letztgenannten Lokomotiven gelangten Anfang der sechziger Jahre noch zur Westfälischen Landes-Eisenbahn (WLE), wo sie – zusammen mit der später noch hinzugekommenen V 36 310 – bis Anfang der siebziger Jahre im Einsatz waren.

Als vierte Bauserie stellte die DB im Jahre 1950 mit V 36 401 bis 418 nochmals 18 Lokomotiven dieser Bauart in Dienst, die vom Münchner Zentralamt unmittelbar im Anschluß an die 13 Nachbaulokomotiven bei MaK in Kiel bestellt worden waren. Um die Laufeigenschaften weiter zu verbessern, wiesen die Neubaulokomotiven einen Radstand von 4400 mm auf, den längsten bei der V 36. Verbessert wurde auch das Voith-Strömungsgetriebe L37. Als Antrieb wurde der MWM-Motor RHS 335 S vorgesehen, der mit der älteren Ausführung RHS 235 S tauschbar war.

Darüber hinaus wurden zur Optimierung des Betriebseinsatzes bei der DB weitere Bauartänderungen vorgenommen. Dazu gehörte unter anderem der Anfang der sechziger Jahre durchgeführte Umbau von 20 V 36.1, 36 V 36.2 und 14 V 36.4 auf Einmannbedienung. Zur Verbesserung der Sichtverhältnisse erhielten außerdem zahlreiche Lokomotiven einen erhöhten Führerstand. Dabei entschied sich die DB für die Bauart „Rosenheim", die bei ansonsten äußerlich unverändertem Führerhaus den Aufbau einer Kanzel vorsah. Der vom Bw Wuppertal-Steinbeck vorgeschlagene Aufbau eines neuen, die zulässige Fahrzeugbegrenzung weitgehend ausnutzenden Führerhauses mit höhergelegten Bedieneinrichtungen wurde aus Kostengründen nicht weiterverfolgt. Ferner erhielten einzelne Lokomotiven eine induktive Zugbeeinflussung. Sieben Lokomotiven der BD Wuppertal wurden schließlich sogar mit einer direkten Wendezugsteuerung ausgerüstet. Die Steuerbefehle wurden dabei über eine 15polige Leitung zwischen Lokomotive und Steuerwagen übertragen.

Neben Aufgaben im Rangierdienst erbrachten die Lokomotiven anfangs in den Großräumen Nürnberg, Stuttgart, Frankfurt/M, Wuppertal und Bremen/

236 126 des Bw Nürnberg Rbf *Foto: Archiv Eisenbahn Magazin*

Bremerhaven auch umfangreiche Leistungen im Nahverkehr. Erste entsprechende Einsätze begannen Ende 1947 in Nürnberg. Teilweise wurden die Lokomotiven dabei – etwa zwischen Bremen Hbf und Farge oder im Rhein-Main-Gebiet auf den Strecken nach Frankfurt/M-Höchst und Offenbach – zusammen mit Steuerwagen der Baureihe VS 145 im Wendezugbetrieb eingesetzt. Die bemerkenswertesten Wendezüge wurden jedoch zweifellos im Stuttgarter Raum gefahren. Die hierfür eingesetzte Garnitur bestand aus einer V 36 und einem württembergischen Länderbahnwagen der Bauart Cid Wü, der nachträglich mit einem Führerstand ausgerüstet worden war.

236 252 mit Rangierfunkeinrichtung und verbessertem Abgasschalldämpfer im Bw Emden, 22. 7. 1974

Foto: Matthias Maier

Mit der fortschreitenden Anlieferung wendezugfähiger V 100 konnten die letzten V 36 zu Beginn der sechziger Jahre aus dem Reisezugverkehr abgezogen werden. Zu den hauptsächlichen Aufgaben der ab 1968 gemäß dem neuen DB-Nummernplan als 236 bezeichneten Lokomotiven zählte fortan der Verschiebe- und Bauzugdienst; Streckeneinsätze vor Nahgüter- und Übergabezügen waren eher selten zu beobachten. Einsatzschwerpunkte waren – neben der Verwendung als Werklokomotive in verschiedenen Ausbesserungswerken – die Bereiche München, Frankfurt/M, Wuppertal, Fulda und Gießen sowie Holzminden. Mitte der siebziger Jahre kamen als Heimatdienststellen mit größeren 236-Beständen noch Hannover und Braunschweig sowie im Süden Mannheim und Stuttgart hinzu, während gleichzeitig die 236-Beheimatung in Nürnberg, Husum und Finnentrop aufgegeben wurde. Gleichzeitig rollten die ehemaligen Wehrmachtsdiesellokomotiven ab 1976 verstärkt auf das Abstellgleis, und Anfang 1981 gehörten nur noch zwei Lokomotiven zum Betriebsbestand der DB. Dabei handelte es sich um die in Oldenburg als Werklokomotive eingesetzte 236 253, sowie die in Frankfurt/M beheimatete 236 405. Beide wurden als letzte Vertreter ihrer Baureihe bei der DB am 22. 8. 1981 ausgemustert. An ihre rund dreißigjährige Einsatzgeschichte bei der DB erinnern heute noch die beiden zum Bestand des Verkehrsmuseums Nürnberg gehörenden V 36 108 und 123, letztere mit Dachkanzel, die als Leihgaben bei der Dampfeisenbahn Fränkische Schweiz

236 255 am 13. 9. 1978 im Rangierdienst in Altenbeken *Foto: Uwe Clasen*

V 36 107, spätere V 36 023 der DR, vor einem Leichtgüterzug in Radebeul im Jahre 1953. *Foto: Otte, Sammlung Grundmann*

236 407 entstammte der DB-Nachbauserie von 1950. *Foto: Matthias Maier*

(DFS) im regelmäßigen Einsatz stehen. Darüber hinaus blieben mindesten weitere 20 Lokomotiven bei verschiedenen Museumsbahnen und Eisenbahnmuseen – teilweise betriebsfähig – erhalten. Mit 236 121, 124, 219 und 418 gelangten außerdem vier Lokomotiven nach ihrer Ausmusterung 1978/79 über die Firma Layritz nach Italien.

Von den 40 Lokomotiven, die auf dem Gebiet der DR verblieben waren, wurden 36 Lokomotiven wiederhergestellt und in den Bestand der DR übernommen. Einige Lokomotiven hatten fälschlicherweise zunächst eine unrichtige Betriebsnummer (V 10, V 11, V 21) erhalten. Ab 1957 ergab sich folgende Einteilung:

V 36 015 bis 039 mit Deutz-Motor;
V 36 050 bis 059 mit DWK-Motor;
V 36 060 bis 069 mit MWM-Motor und
V 36 080 bis 099 mit MWJ-Motor.

Im einzelnen sind folgende Lokomotiven bei der DR gewesen und erhielten teilweise 1970 eine EDV-gerechte Betriebsnummer:

V 36 015 (103 015)
V 36 016 (103 016)
V 36 017 (103 017)
V 36 018 (103 018)
V 36 019 (103 019)
V 36 020 (+ 1966)
V 36 021 (103 021)
V 36 022 (103 022)
V 36 023 (103 023)
V 36 024 (103 024)
V 36 025 (103 025)
V 36 026 (103 026)
V 36 027 (103 027)
V 36 028 (103 028)
V 36 029 (103 029)
V 36 030 (103 030)
V 36 031 (103 031)
V 36 032 (103 032)
V 36 033 (103 033)
V 36 034 (103 034)
V 36 035 (+ 1960)
V 36 036 (+ 1960)
V 36 037 (+1959)
V 36 050 (+ 1964)
V 36 051 (+ 1960)
V 36 052 (+ 1964)
V 36 053 (+ 1963)
V 36 060 (+ 1967)
V 36 061 (103 061)
V 36 062 (103 062)
V 36 063 (103 063)
V 36 064 (+ 1964)
V 36 065 (+ 1964)
V 36 066 (+ 1966)
V 36 067 (+ 1968)
V 36 080 (+ 1963)

Im Betriebsdienst bei der DR haben sich die Lokomotiven sehr gut bewährt und waren auch wirtschaftlich, auch die Lokomotivpersonale hatten wenig Grund zur Klage über die Lokomotiven dieser Baureihe. Bemängelt wurde lediglich die Laufeigenschaft der Lokomotiven bei einer Geschwindigkeit von über 40 km/h. Bei der DR waren die Lokomotiven der Baureihe V 36 unter anderem in den Bahnbetriebswerken Rostock, Wismar, Neuruppin, Hagenow, Karl-Marx-Stadt, Nordhausen und auch auf der Insel Usedom im Bw Heringsdorf beheimatet.

Das Haupteinsatzgebiet war der Rangierdienst, dennoch wurde die V 36, so zum Beispiel von den Bw Neuruppin und Hagenow aus, auch im Güterzug- und Personenzugverkehr eingesetzt. Bei den Bahnbetriebswerken

Wismar und Rostock standen neben der Bedienung der Hafenbahnanschlüsse auch Eilgüterzüge (Leig-Einheiten) auf dem Einsatzplan für die dort stationierten Lokomotiven.

Der Bestand der Baureihe 103 (V 36) entwickelte sich von 1960 bis 1984 wie folgt:

1960: 36 Lokomotiven,
1965: 26 Lokomotiven,
1970: 22 Lokomotiven,
1975: 6 Lokomotiven,
1980: 6 Lokomotiven,
1983: 6 Lokomotiven.

Zum 1.1.1984 waren nur noch die 103 015, 019 und 022 im z-Park der DR. Erhalten war zu diesem Zeitpunkt ferner die heutige Museumslokomotive V 36 027 (103 027), die seit Juni 1983 beim Bw Hagenow stationiert ist und dort von einer Pflegegemeinschaft betreut wird. Laut einer Vorstandsentscheidung der DB AG im August 1994 über die ehemaligen Traditionsfahrzeuge der DR und deren Vermarktungschancen wurde die V 36 027 (103 027) der Kategorie 3 zugeordnet. Durch diese Zuordnung ist die V 36 027 das einzige Diesel-Triebfahrzeug der ehemaligen DR, welches von der DB AG nicht betriebsfähig museal erhalten wird. Berechtigte Chancen für eine betriebsfähige Aufarbeitung haben erst Fahrzeuge, die der Kategorie 2 zugeordnet worden sind.

Da in die von der DR übernommenen Lokomotiven der Baureihe V 36 Dieselmotoren verschiedener Hersteller (Deutz, DWK, MWM und MWJ) eingebaut waren, wurde Mitte der fünfziger Jahre die V 36 080, die einzige Lokomotive im Bestand der DR mit einem MWJ-Motor, mit einem Versuchsmotor aus DDR-Produktion bestückt. Dabei handelte es sich um den Dieselmotor 8 KVD 21, einen schnellaufender Achtzylinder-V-Motor vom VEB Motorenwerk Johannisthal. Bei dieser Umrüstung fand auch ein neues dreistufiges Strömungsgetriebe, welches eigens hierfür entwickelt worden war, Verwendung. Die Versuchsergebnisse waren jedoch nicht zufriedenstellend, so daß eine weitere Remotorisierung unterblieb. Mitte der sechziger Jahre wurde ein erneuter Anlauf unternommen. Dafür wurde in V 36 030 ein langsamlaufender Sechszylinder-Reihen-Dieselmotor des Schwermaschinenbaus Magdeburg mit der Typenbezeichnung 6 NVD 36 eingebaut. Hierbei blieb das zweistufige Voith-Flüssigkeitsgetriebe erhalten. Da sich dieser Motor gut bewährte, wurden bis Ende der sechziger Jahre weitere 24 Lokomotiven mit diesem Dieselmotor ausgerüstet. Der Dieselmotor 6 NVD 36 hatte eine Leistung von 300 PS bei 500 U/min. Dabei verringerte sich die Höchstgeschwindigkeit im Rangiergang von 30 auf 27 km/h und im Streckengang von 60 auf 55 km/h.

Lokomotiven des Bw Neuruppin erhielten teilweise eine Sicherheitsfahrschaltung und konnten im Einmannbetrieb gefahren werden.

Für den Betrieb an feuergefährlichen Einsatzorten (Ölhäfen, Tanklager) ist bei einer Reihe von Lokomotiven die Abgasanlage explosionsgeschützt (wassergekühltes Abgassammelrohr, Wassereinspritzung, Wasservorlage und Plattenschutz) ausgeführt.

Unten links: V 36 027 war bereits am 30.8. 1985 Traditionsfahrzeug der DR in Magdeburg. *Foto: Thomas Splittgerber*

Unten rechts: 103 033 im Mai 1974 in Wismar *Foto: Erich Preuß*

V 45 EdS
V 45 DB
245 DB

Die „Eisenbahnen des Saarlandes“ (EdS), die als eigenständige Bahnverwaltung nach 1945 das Streckennetz des unter französischer Verwaltung stehenden Saarlandes betrieben, benötigten aufgrund des steigenden Verkehrsaufkommens Mitte der fünfziger Jahre neue Lokomotiven für den Verschiebedienst in Saarbrücken. Infolge der engen wirtschaftlichen Bindungen an Frankreich ging der Auftrag über den Bau von zehn dieselhydraulischen Lokomotiven der künftigen Baureihe V 45 an die Societé Alsacienne de Constructions Mécaniques (SACM) in Graffenstaden. Ihre Konstruktion geht auf eine von den Französischen Staatsbahnen (SNCF) zwischen 1953 und 1957 im Rahmen zweier Baulose in insgesamt 88 Exemplaren beschafften Bauart – die Reihen Y 51101–150 und Y 51201–238 – zurück. Die in zwei Serien beschafften französischen Lokomotiven unterschieden sich lediglich durch die verwendeten Motoren. Während in die Lokomotiven des ersten Bauloses Zwölfzylinder-Motoren der Renault-Bauart 565 eingebaut wurden, verwendete man bei der anschließenden Serie Saurer-Motoren vom Typ SBD. Beide Motoren besaßen eine Leistung von 294 kW (400 PS) bei 1500 U/min. Letztgenannter Motor diente auch bei der V 45 als Antriebsaggregat.

Die für den leichten Rangierdienst bestimmte Baureihe V 45 zeichnet sich durch einen langen, schmalen Vorbau für die Maschinenanlage mit geländergesicherten seitlichen Umläufen und eine sich an der vorderen Stirnfront befindlichen Rangierbühne aus. Die Maschinenanlage ist durch seitliche Steckklappen zugänglich. Das Führerhaus ist als Endführerstand ausgebildet, der über die volle Fahrzeugbreite reicht. Zugangsmöglichkeiten bestehen über den vorderen rechten Umlauf sowie über den linken hinteren Rangiertritt durch Schwenktüren. Eine kurze hintere Vorbauhaube enthält die Schaltanlage sowie Hilfseinrichtungen. Der geschweißte Außenrahmen besitzt an allen vier Rahmenecken Rangiertritte. Der unaufgeladene Zwölfzylinder-Dieselmotor in V-Form, Typ Saurer SBD, mit einer Leistung von 294 kW ist mit dem hydraulischen Voith-Strömungsgetriebe L 24 U, Bauart Wandler/Wandler, gekuppelt. Vom Getriebe aus wird die Kraft durch Rollenketten auf die beiden Radsätze übertragen. Die zulässige Höchstgeschwindigkeit beträgt 50 km/h.

Die Lokomotiven wurden 1956 als V 45 001 bis 010 an die Eisenbahnen des Saarlandes geliefert und im Zuge der Rückgliederung des Saargebietes von der DB ab dem 1. 1. 1957 mit unveränderter Lokomotivnummer übernommen. Zunächst weiterhin in Saarbrücken im Einsatz, wurden sie Anfang der sechziger Jahre von der für den Rangierdienst wesentlich besser geeigneten Baureihe V 60 abgelöst. Während V 45 001 und 002 nur noch als Ersatzteilspender dienten, fanden die restlichen Lokomotiven langfristig im Verschub bei mehreren Ausbesserungswerken ein neues Betätigungsfeld. So war V 45 003 bis

V 45 009 als gepflegte Museumslokomotive der DB im Deutschen Dampflokmuseum in Neuenmarkt-Wirsberg *Foto: Matthias Maier*

245 004 am 9.5.1978 in Paderborn Nord *Foto: Uwe Clasen*

245 005 im Reisezugdienst
auf der Strecke Falls–Gefrees
Foto: Klaus Heckemanns

245 006 im AW Darmstadt
am 14.5.1979
Foto: Archiv Eisenbahn Magazin

zu ihrer Ausmusterung im AW Köln-Nippes anzutreffen. V 45 004 und 010 rangierten im AW Paderborn, V 45 006 zunächst in Schwerte und nach der Schließung dieses Werkes in Darmstadt. V 45 008 und 009 konnten schließlich im AW Duisburg-Wedau beziehungsweise Krefeld-Oppum beobachtet werden. Lediglich V 45 005 fand über einen längeren Zeitraum beim Bw Bayreuth ein abweichendes Aufgabengebiet. Am 28.8.1967 vom AW Opladen dorthin umbeheimatet, versah sie in Bayreuth nicht nur Bauzug- und Rangierdienste, sondern kam u.a. auch auf der Strecke Falls–Gefrees zum Einsatz. Am 20.8. 1974 kehrte sie dann in den Norden zurück, wo sie beim AW Witten die Nachfolge der 245 007 antrat, die am 27.11.1973 als erste Lokomotive ihrer Baureihe ausgemustert worden war. Weitere Ausmusterungen dezimierten in den folgenden Jahren kontinuierlich den Bestand, so daß Anfang 1980 nur noch drei betriebsfähige Lokomotiven vorhanden waren: die beiden im AW Paderborn eingesetzten 245 004 und 010 sowie die Darmstädter 245 006. Von ihnen schied 245 004 am 20.12. 1980 als letzte Vertreterin dieser Baureihe aus dem Betriebsbestand der DB aus. Zusammen mit 245 006 wurde sie 1981 über die Firma Layritz an das italienische Unternehmen Gleismac Italiana SpA in Gazzo di Bigarello verkauft, wo beide Lokomotiven 1987/88 verschrottet wurden. In Deutschland erinnern heute noch zwei Lokomotiven an die Einsatzzeit dieser Baureihe. Während 245 009 als offizielle Museumslokomotive des Verkehrsmuseums Nürnberg derzeit an das Deutsche Dampflokomotivmuseum in Neuenmarkt-Wirsberg verliehen ist, kann 245 010 als Denkmallokomotive auf dem Gelände des Ausbesserungswerks in Paderborn besichtigt werden.

V 50 DB

Mit der Liquidation der Wilhelmsburger Industriebahn (WIB) zum 1.7.1962 übernahm die Hansestadt Hamburg, Abteilung Strom- und Hafenbau, die Gleisanlagen der Industriebahn in das Netz der Hamburger Hafenbahn. Die Betriebsführung wurde dabei wiederum an die DB vergeben, die zugleich auch die beiden Diesellokomotiven der Wilhelmsburger Industriebahn als Baureihe V 50 in ihren Bestand einreihte. Diese waren, um die veralteten, schadanfälligen Dampflokomotiven abzulösen, in den fünfziger Jahren von der Industriebahn fabrikneu bei Krauss-Maffei beschafft worden. Vorausgegangen waren Versuchsfahrten mit zwei baugleichen Lokomotiven der Duisburg-Ruhrorter Hafen AG am 14.5.1956. Dabei hatte eine Lokomotive selbst über die kritischen Streckenabschnitte der Industriebahn einen 1360 t schweren Kalizug anstandslos zum Hafenbahnhof an der Hohen Schaar befördert. Aufgrund dieser eindrucksvollen Demonstration gab die Wilhelmsburger Industriebahn am 9.8.1956 zwei Lokomotiven dieses Typs bei Krauss-Maffei in Auftrag.

Bei den beiden von Krauss-Maffei gelieferten Lokomotiven handelt es sich um zwei dreiachsige Lokomotiven des Typs ML 500 C mit Stangenantrieb.

Für den Antrieb wird ein aufgeladener Sechszylinder-Motor der Daimler-Benz-Bauart MB 836 Bb mit einer Leistung von 500 PS verwendet. Die Leistung wird durch ein Voith-Flüssigkeitsgetriebe L37V übertragen. Das Laufwerk mit hinterer Blindwelle ist so ausgelegt, daß Gleisbögen bis hinab zu 50 m Radius befahren werden können.

Abweichend von der bei der DB für Diesellokomotiven üblichen roten

Zur V 50 der DB baugleiche Industrielokomotive der Baureihe ML 500 von Krauss-Maffei der Papierfabrik Holtzmann in Weisenbach, Mai 1971 *Foto: Matthias Maier*

Farbgebung waren die beiden V 50 grün lackiert (RAL 6002), während sich das Fahrwerk rot (RAL 3000) präsentierte. Die Trieb- und Kuppelstangen blieben blank. Die Pufferträger erhielten als Warnanstrich V-förmig angeordnete gelb-schwarze Streifen.

Ende Mai 1957 von Krauss-Maffei geliefert, wurden die bei der Wilhelmsburger Industriebahn als Nr. 30 und 31 bezeichneten Lokomotiven am 6. 6. 1957 vom Landesbevollmächtigten für die Bahnaufsicht abgenommen. Zusammen mit den sechs bahneigenen Dampflokomotiven, die entgegen den ursprünglichen Plänen den Einzug der Dieseltraktion unbeschadet überlebten, waren sie fortan werktags auf dem weitverzweigten Netz der Industriebahn anzutreffen. Daran änderte sich auch nach der Übernahme der Betriebsaufgaben durch die DB im Jahre 1962 zunächst nichts. Allerdings erfreuten sich die beiden nun als V 50 001 und 002 bezeichneten Diesellokomotiven keiner großen Beliebtheit bei der DB. Aufgrund der im Vergleich zur in großen Stückzahlen vorhandenen V 60 aufwendigen Ersatzteilvorhaltung wurden die beiden Einzelgänger schon 1964 als Splittergattung verkauft. V 50 001 gelangte am 16. 9. 1964 zur Verden-Walsroder Eisenbahn (VWE), die sie u. a. in den siebziger Jahren im Rangierdienst im DB-Bahnhof Nienburg einsetzte. Mit der Kündigung des Rangiervertrages 1977 fanden sich für die Lokomotive keine angemessenen Aufgaben mehr, so daß sie 1983 über die Firma NEWAG an die Conserves Estayer SA, Estayer, in die Schweiz verkauft wurde. V 50 002 kam im Juni 1964 zunächst zur VTG nach Pfaffenhofen bei München, um nach erneutem Besitzerwechsel schließlich im Werk Godorf der Hoechst AG als Werklokomotive zu dienen.

259 DB

(Mietlokomotiven)

Die Baureihenbezeichnung 259 wurde durch die DB erstmals Anfang der siebziger Jahre vergeben. Dabei handelte es sich um eine von der US Army übernommene dieselelektrische Lokomotive des Typs RS4TC, die Mitte der fünfziger Jahre von Baldwin-Lima-Hamilton gebaut worden war. Die vierachsige Drehgestellokomotive war mit einem Caterpillar-Dieselmotor D 397 mit einer Leistung von 420 kW (500 PS) ausgerüstet. Die Höchstgeschwindigkeit betrug 60 km/h. Die Lokomotive war bei der DB von Juli 1970 bis Februar 1972 beim Bw Saarbrücken im Rangierdienst eingesetzt. Anschließend gehörte sie bis zum 1. 3. 1974 zum Bestand des Bw Mannheim.

Rund zehn Jahre später wurde die Baureihenbezeichnung für fünf von der Industrie neu entwickelte Rangierlokomotiven nochmals verwendet. Die dreiachsigen Maschinen waren im Rahmen neuer Typenreihen für Werk- und Privatbahnen nach den Richtlinien des Bundesverbandes Deutscher Eisenbahnen (BDE) für Standarddiesellokomotiven entstanden. Im Hinblick auf den mittelfristig erforderlichen Ersatz der heute inzwischen bis zu 40 Jahre alten V 60 war die DB an einer Erprobung interessiert, um die Eignung dieser Lokomotiven unter den Einsatzbedingungen der DB festzustellen. Im einzelnen handelte es sich neben einer von Kraus-Maffei gebauten dieselhydraulischen Maschine des Typs MH 05 um vier dieselelektrische Lokomotiven mit Drehstromantriebstechnik: eine ME 05 von Krauss-Maffei, eine DE 500 von Thyssen-Henschel, eine DE 501 von Krupp-MaK und eine DE 500 von Kaelble-Gmeinder.

Entsprechend den Richtlinien des BDE ist der konstruktive Aufbau der fünf Lokomotiven sehr ähnlich. Sie besitzen einen geschweißten Starrahmen mit Aufbauten in Modulbauweise. Das Führerhaus ist mittig angeordnet. Im längeren Vorbau befinden sich der Dieselmotor, die Kühlanlage und der Drehstromgenerator beziehungsweise das Strömungswendegetriebe sowie Hilfseinrichtungen. Im kürzeren Vorbau sind die elektrischen Einrichtungen für die Kraftübertragung, die Steuerung und Überwachung eingebaut. Als Dieselmotor kommt bei allen Lokomotiven ein aufgeladener Sechszylinder-Viertakt-Motor mit Ladeluftkühlung von MTU mit einer Leistung von 500 kW zum Einsatz: bei zwei Lokomotiven der MTU 6 V 331 TC 12 mit 2200 U/min, bei den anderen Lokomotiven der MTU 6 V 396 TC 12 mit 1800 U/min. Die elektrische Ausrüstung in den Drehstromlokomotiven von Krauss-Maffei, Thyssen-Henschel und Krupp-MaK stammt von BBC und ist mit einem luftgekühlten Pulswechselrichter analog zur DE 2500 ausgeführt. Die DE 500 von Kaelble-Gmeinder und Siemens besitzt einen ölgekühlten Phasenfolge-Wechselrichter. Diese Umrichterbauart hat den Vorteil, daß sie weniger Leistungshalbleiter und einen geringeren Steuerungsaufwand benötigt. Während die Fahrmotoren bei den mit BBC-Elektrik ausgerüsteten Lokomotiven in Tatzlageranordnung eingebaut sind, hat die DE 500 einen integrierten Querantrieb. Die dieselhydraulische Lokomotive von Kraus-Maffei ist mit einem Voith-Turbowendegetriebe L 3 r 4 U 2 ausgerüstet, das eine Geschwindigkeitsfeinregelung bis zu extrem niedrigen Fahrgeschwindigkeiten ermöglicht. Dafür werden die Wandler für beide Fahrtrichtungen gleichzeitig teilgefüllt und die Geschwindigkeit über das Füllmengenverhältnis geregelt.

Die fünf Versuchsträger wurden nacheinander in den Jahren 1982/83 und 1985 auf DB-Gleisen eingesetzt. Um den Aufwand möglichst gering zu halten, wurde nur das Bw München 1 als Einsatzdienststelle in die Erprobung einbezogen. Dabei wurden alle Lokomotiven in Dienstplänen der 260/261 (Güterzugbildung) und im Wechsel auch im Dienstplan einer 290 (Abdrückdienst) im Rangierbahnhof München-Laim eingesetzt. Am Ablaufberg waren dabei Güterzüge mit Zugge-

Krauss-Maffeis ME 05 als 259 001 im Versuchseinsatz bei der DB *Foto: Archiv Eisenbahn Magazin*

DE 501 von MaK, wie sie in großen Stückzahlen für Werk- und Industriebahnen geliefert wurde, hier in der Ausführung für die Ruhrkohle AG. *Foto: Werkbild MaK*

259 002 von MaK, Baujahr 1982, vor 260 117, ebenfalls von MaK, Baujahr 1956, in München-Laim

wichten bis zu 1600 t abzudrücken. Als erste Maschine kam vom 24.3. bis zum 17.8.1982 die von Krauss-Maffei gebaute ME 05 als 259 001 zum Einsatz. Während dieser Zeit legte sie rund 10 870 km zurück. Es folgte vom 24.10.1982 bis zum 3.2.1983 die DE 501 von Krupp-MaK. Als 259 002 erreichte sie in dieser Zeit eine Laufleistung von 3950 km. Als dritte Lokomotive wurde die DE 500 der Firmengemeinschaft Kaelble-Gmeinder und Siemens in der Zeit vom 6.4. bis 7.7.1983 als 259 003 erprobt. Dabei legte sie 5300 km zurück. Als letzte dieselelektrische Maschine kam die von Thyssen-Henschel entwickelte DE 500 zwischen dem 2.9. und dem 21.12.1983 in München-Laim zum Einsatz. Sie trug während dieser Zeit die Nummer 259 004. Ihre Laufleistung bei der DB betrug 4500 km. Die dieselhydraulische MH 05 wurde schließlich als 259 005 vom 27.1. bis 8.4.1985 im Rangierbahnhof München-Laim erprobt. Sie legte in dieser Zeit rund 5300 km zurück.

Ein darüber hinausgehender Versuchseinsatz im Raum München war aufgrund der zu niedrigen Höchstgeschwindigkeit der Lokomotiven und wegen der teilweise zu hohen Radsatzlast nicht möglich. Außerdem waren aus Platzgründen DB-spezifische Ausrüstungen wie Indusi und Zugbahnfunk nicht ohne weiteres nachrüstbar, wodurch der Einsatzbereich weiter eingeschränkt wurde.

Eine Entscheidung über die Beschaffung einer neuen Generation von Rangierlokomotiven ist auch zehn Jahre nach diesen Versuchseinsätzen noch nicht gefallen.

Die dieselhydraulische Probelokomotive MH 05 (259 005) von Krauss-Maffei auf dem Ablaufberg in München-Laim
Fotos: Archiv Eisenbahn Magazin

V 60 DB
260/261 DB
360/361/ 364/365 DB
360/361/ 364/365 DB AG

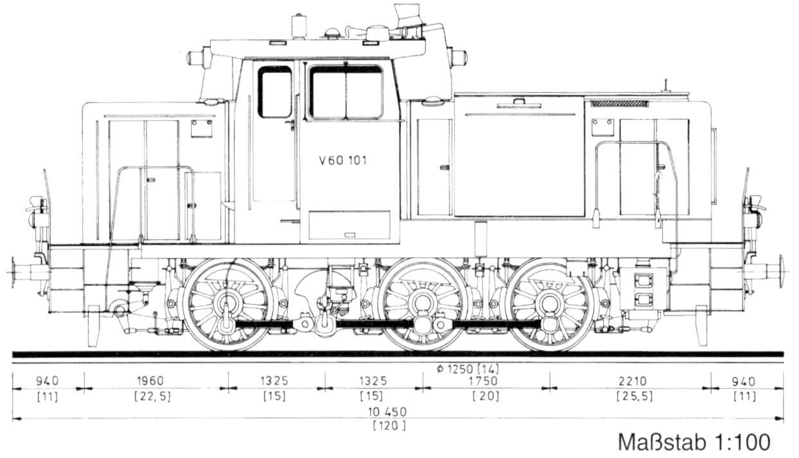

Rangier-Diesellokomotive V 60 (260/261) der Deutschen Bundesbahn
Zeichnung: Archiv Eisenbahn Magazin

Noch vor der Aufstellung des Typenprogramms für Diesellokomotiven im Jahre 1955 begannen die Planungen für eine Rangierdiesellokomotive, mit der die rund 1200 zu Beginn der fünfziger Jahre im Verschiebedienst eingesetzten Dampflokomotiven beschleunigt ersetzt werden sollten. Die Entwicklung wurde als vordringlich eingestuft, ließen die Dampflokomotiven doch aufgrund ihres hohen Alters eine wirtschaftliche Betriebsführung nicht mehr zu. Abweichend von der Praxis, neue Lokomotiven einem zuvor theoretisch aufgestellten Betriebsprogramm optimal anzupassen, wurde für die Leistungsauslegung der neuen Rangierlokomotiven 1952 zunächst ein Vergleich der Leistung und der Zugkraft der zu jenem Zeitpunkt im Rangierdienst eingesetzten Dampflokomotiven durchgeführt, anhand dessen dann das Betriebsprogramm aufgestellt wurde. Auf diese Weise sollte sichergestellt werden, daß mit den Diesellokomotiven ein möglichst großer Teil des gesamten Rangierdienstes bedient werden konnte, ohne daß deren Konstruktion für den erheblichen Anteil leichten Dienstes zu aufwendig wurde. Der damalige Zustand des Oberbaus in den Rangierbahnhöfen zwang außerdem zu einer Begrenzung der Radsatzlast auf 16 bis 18 t. Anhand der so gewonnenen Eckdaten wurde für die neuen Lokomotiven eine dreiachsige Ausführung festgelegt. Die Leistung sollte zwischen 440 und 480 kW (600 bis 650 PS) liegen.

Im Rahmen der sich anschließenden Entwicklungsarbeiten schlossen sich die Firmen MaK, Krupp, Henschel, Krauss-Maffei, Jung, Deutz, Gmeinder sowie die Maschinenfabrik Esslingen 1953 unter der Federführung des BZA

V 60 205 im Ablieferungszustand
Foto: Archiv Eisenbahn Magazin

München zur „Arbeitsgemeinschaft für die Entwicklung der V 60-Diesellokomotive der Deutschen Bundesbahn", kurz Agm V 60, zusammen. Entsprechend den Baurichtlinien entstanden zunächst vier Prototypen, die 1955 von Krupp (V 60 001), Krauss-Maffei (V 60 002), MaK (V 60 003) und Henschel (V 60 004) geliefert und aufgrund des dringenden Bedarfs nur einem kurzen Erprobungsprogramm bei den Bahnbetriebswerken Hamburg-Harburg (V 60 001 und 003) und Nürnberg Hbf (V 60 002 und 004) unterzogen wurden. Immerhin zeigten die Maschinen keine gravierenden Mängel, so daß bereits 1956 die ersten Serienlokomotiven in Dienst gestellt werden konnten. In der Folge wurden zwischen 1955 und 1963 in mehreren Serien insgesamt 942 V 60 von der Industrie geliefert. Die V 60 ist damit die in den größten Stückzahlen von der DB beschaffte Diesellokomotivbaureihe. Am Bau waren vor allem MaK, Krupp und Henschel sowie in kleineren Baulosen Krauss-Maffei, Jung, die Maschinenfabrik Esslingen sowie Deutz und Gmeinder beteiligt. Dabei sind bei den Serienlokomotiven zwei Varianten zu unterscheiden: Zum einen die in 623 Exemplaren beschaffte spätere 260 mit einem Dienstgewicht von 48,3 t und zum anderen die später als 261 bezeichneten Maschinen mit einem Dienstgewicht von 54 t, die sich durch die Verwendung stärkerer Rahmenwangen und Stirnbleche auszeichnen. Eine einheitliche Trennung der verschiedenen Ausführungen wurde anfänglich nicht vorgenommen. Erst mit der EDV-gerechten Bezeichnung der Lokomotiven wurden die V 60 entsprechend ihrer Radsatzlast in die Baureihen 260

V 60 400 wurde von MaK 1958 an das Bw Karlsruhe ausgeliefert. *Foto: Archiv Eisenbahn Magazin*

260 400 erwies sich als standorttreu, am 29. 1. 1978 war sie immer noch in Karlsruhe beheimatet. *Foto: Matthias Maier*

V 60 042 und V 60 043 in Doppeltraktion. Einige wenige V 60 waren ursprünglich mit einer pneumatischen Doppeltraktionssteuerung ausgerüstet. *Foto: Archiv Eisenbahn Magazin*

und 261 unterteilt. Ab Werk wurden V 60 001 bis 004, 042 bis 045, 424 bis 426, 434 bis 451, 621 bis 740, 801 bis 840 und 1101 bis 1241 mit einem Dienstgewicht von 54 t ausgeführt.

Die Diesellokomotive der Baureihe V 60 ist für den leichten und mittelschweren Rangierdienst bestimmt, wobei die Beförderung leichter Güterzüge auf Haupt- und Nebenbahnen möglich ist. Der Fahrzeugteil besteht aus dem Lokomotivrahmen, dem Laufwerk, dem außermittig angeordneten Führerhaus und den beiden Vorbauten. Der Lokomotivrahmen ist ein kastenförmig geschweißter Blechträger aus durchgehenden Rahmenwangen, Stirnblechen, Rahmendeckblechen und Querverbindungsblechen. In den durchgehenden Rahmenwangen sind Ausschnitte offengelassen, in deren Führungen sich die Lager der Radsätze bewegen können. Die Gleitflächen sind aus Manganhartstahl gefertigt. Im Lokomotivrahmen befinden sich die Befestigungspunkte für den Tragrahmen des elastisch gelagerten Dieselmotors, für das dreipunktgelagerte Getriebe mit angeflanschtem Nachschaltgetriebe, für die Luftpresser, für den Heizofen sowie für das Traggerüst des Kraftstoffbehälters und der Hauptluftbehälter.

Die aus Blechen und Profilen zusammengeschweißten Vorbauten haben Klappen und Türen für den Zugang zur Maschinenanlage. Der Dieselmotor ist im Vorbau durch eine zweiteilige haubenförmige Schiebetür abgedeckt. In der Stirnwand des vorderen Vorbaus ist die durch Jalousien schließbare Öffnung für den Stirnkühler vorgesehen.

Das erhöht angeordnete Führerhaus ist über beiderseits der Lokomotive angeordnete Tritte, Umlaufbleche und Türen zugänglich. Im zentral angeordneten Führertisch sind die Schalteinrichtungen, Anzeigeinstrumente und Leuchtmelder für die Bedienung der Maschinenanlage eingebaut. An dessen Seitenwänden befinden sich die Handräder und Wendeschalthebel für die Steuerung der Lokomotive, an der Vorwand des Pults der Umschalthebel für den Strecken- und Rangiergang. Die Lokomotive ist für einmännige Bedienung ausgelegt und kann dabei von beiden Seiten des Führerpultes aus gefahren werden. Herausnehmbare Fußbodenklappen ermöglichen den Zugang zu Getriebe, Gelenkwelle und Wärmetauscher.

Als V 60 1003, im Jahre 1957 geliefert, rangiert 260 003 im August 1974 im Badischen Bahnhof in Basel.
Foto: Matthias Maier

260 012 in Ulm *Foto: Rüdiger Block*

Die Radsätze des Laufwerks sind asymmetrisch angeordnet. Zwischen zweitem und drittem Radsatz liegt die Blindwelle. Die Radsatzwellen sind in Doppelzylinder-Rollenlagern gelagert. Die Lager des mittleren Radsatzes sind dabei um 30 mm seitenverschiebbar, um einen besseren Bogenlauf zu gewährleisten. Der Lokomotivrahmen stützt sich über Blattfedern auf die Radsätze ab.

Die durch drei Stangen gekuppelten Radsätze werden vom Dieselmotor über eine drehelastische Kupplung, eine Gelenkwelle, das hydraulische Getriebe, das Nachschaltgetriebe und die Blindwelle mit Kurbel über das Blindwellenkuppellager angetrieben.

Als Antriebsmotor wird der Maybach-Motor GTO 6 beziehungsweise GTO 6A mit einer Leistung von 480 kW (650 PS) verwendet. Das serienmäßig verwendete, selbsttätig arbeitende hydraulische Voith-Getriebe L 37 zUB ist mit dem mechanischen Nachschaltgetriebe zu einem Block verschraubt. Der gesamte Getriebeblock mit der Blindwelle kann aus dem Rahmen nach unten abgesenkt werden. Im Nachschaltgetriebe werden mechanisch durch einen Hebel der Strecken- oder Rangiergang eingestellt und pneumatisch die Wendeschaltung bedient. Einzelne Versuchslokomotiven sind mit dem hydraulischen Voith-Getriebe des Typs L 217 ausgerüstet. Spätere Bauserien besitzen das Voith-Getriebe L 27 zUb, das äußerlich dem L 37 zUB-Getriebe gleich ist.

260 553 an der Tankstelle des Bw Singen im Oktober 1975
Foto: Matthias Maier

Im Kieler Hauptbahnhof hat 260 364 im Mai 1978 einen Reisezug bereitgestellt.
Foto: Rüdiger Block

Außer dem Koksofen und dem Dampfwärmetauscher zum Vorwärmen und Warmhalten des Kühlwassers hat die Lokomotive keine Heizeinrichtungen. Die Koksöfen wurden später nach und nach mit einer Ölfeuerung ausgerüstet. Lokomotiven späterer Bauserien erhielten einen ölgefeuerten Hagenuk-Warmwasserheizkessel.

Die V 60 ist mit einer selbsttätigen Druckluftbremse der Bauart Knorr mit Einfachsteuerventil, einer Zusatzbremse und einer Handbremse ausgerüstet. Die durchgehende Druckluftbremse und die Zusatzbremse können auf beiden Führerraumseiten durch je ein Führerbremsventil bedient werden. Die Führerbremsventile sind durch Kontakte elektrisch so gegeneinander gesichert, daß zwar mit jedem Ventil gebremst, die Bremse aber nur dann mit einem Ventil wieder gelöst werden kann, wenn das andere in Mittelstellung steht. Die Druckluft wirkt beim Bremsvorgang auf zwei im Lokomotivrahmen eingebaute Bremszylinder. Der Kolben des vorderen Bremszylinders verstellt das Gestänge des ersten und zweiten Radsatzes, der Kolben des hinteren Bremszylinders das Gestänge des dritten Radsatzes, auf das auch die Handbremse wirkt.

Beim Überschreiten der zulässigen Höchstgeschwindigkeit von 30 oder 60 km/h öffnen am Schaltregler des Getriebes mitlaufende Reglergewichte den Übertourungswächter. Die daran angeschlossene Hauptluftleitung wird entlüftet und dadurch eine Schnellbremsung eingeleitet.

Sonntägliche V 60-Parade im Bw Hamburg-Wilhelmsburg *Foto: Rüdiger Block*

Die vier Prototypen der V 60 wurden zwischen dem 19.10.1955 und dem 20.1.1956 von der DB abgenommen. Nach einer kurzen Betriebserprobung in Hamburg und Nürnberg wurde eine erste Großserie von 275 Maschinen vergeben, die zwischen Juni 1956 und Juni 1958 geliefert wurden. Daran schloß sich zwischen September 1958 und April 1959 die erste Nachbauserie mit 100 Maschinen an, die weitgehend unverändert in Auftrag gegeben wurde. Die weiteren Lieferungen wurden wie folgt abgewickelt:

2. Nachbauserie (390 Lokomotiven) zwischen Mai 1959 und Februar 1963,

3. Nachbauserie (64 Lokomotiven) zwischen Januar 1961 und August 1962,

4. Nachbauserie (100 Lokomotiven) zwischen Dezember 1962 und Dezember 1963,

5. Nachbauserie (41 Lokomotiven) zwischen Juni 1963 und April 1964.

Zur Erprobung neuer Antriebsanlagen wurden einzelne Lokomotiven abweichend mit anderen Dieselmotoren und Getrieben ausgerüstet. So erhielten die V 60 014 bis 016, 025 und 026 Zweitakt-Dieselmotoren der Deutz-Typen BT 8 M 625 und T 12 M 42o, die V 60 003, 017 und 018 den MaK-Viertakt-Dieselmotor MS 301 C, die V 60 019 bis 021 den MAN-Motor W 6 V 22/30 A und die V 60 027 bis 036

260 512 war nicht mit einer Dampfheizeinrichtung ausgerüstet, wie diese Aufnahme wegen der Bespannung eines Reisezuges sowie der an der vorderen Pufferbohle sichtbaren Dampfheizkupplung vermuten lassen könnte. Vielmehr konnte über die Dampfheizkupplung Fremddampf zum Vorwärmen der V 60 eingeleitet werden. *Foto: Matthias Maier*

den Daimler-Benz-Motor MB 820 B. Die V 60 011 bis 013 wurden probeweise mit dem Krupp-Strömungsgetriebe 3 Bi D 46 ausgerüstet, während die V 60 022 bis 024 das Voith-Turbogetriebe L 217 erhielten.

Die V 60 gehörten schon bald in allen Direktionsbezirken der DB zum gewohnten Bild. Neben dem reinen Rangierdienst kamen sie vielfach mit Übergaben auch auf die Strecke. Im Laufe der Jahre wurden sie durch Zusatzeinrichtungen wie Zugbahnfunk und Indusi dem neuesten Stand der Technik angepaßt. Der Bestand blieb – abgesehen von drei Ausmusterungen nach Unfällen – bis 1983 konstant. Als erste Lokomotive ihrer Baureihe wurde die V 60 442 nach einem Aufstoß am 27. 12. 1960 beim Bw Kaiserslautern ausgemustert. Ihr folgte am 7. 9. 1964 die seit ihrer Anlieferung beim Bw Hannover-Linden beheimatete V 60 313, die nach einem Unfall ausbrannte. Bei der dritten vorzeitig ausgemusterten V 60 handelt es sich um die 260 384, die am 26. 8. 1982 beim Rangieren im Bahnhof Lorch einem Sonderzug in die Flanke fuhr und dabei Feuer fing.

Nur kurze Zeit nach diesem dritten Unfall setzten aufgrund des rückläufigen Güterverkehrsaufkommens die ersten Ausmusterungswellen ein. Bis Ende 1983 wurden neun dadurch nicht mehr benötigte V 60 vorübergehend abgestellt. Ausgewählt wurden solche Maschinen, die nicht mit Indusi ausgerüstet waren. Im folgenden Jahr schieden 70 Lokomotiven, die zu einer Hauptuntersuchung anstanden, aus und wurden als Ersatzteilspender genutzt. Bis zum 31. Dezember 1986 schrumpfte der Bestand auf 830 Maschinen, davon 542 Lokomotiven der Baureihe 260 und 288 Lokomotiven der Baureihe 261.

Zum 1. 10. 1987 wurden die V 60 in Kleinlokomotiven umgewidmet. Als Baureihe 360 beziehungsweise 361 dürfen sie nun auch von Kleinlokomotivbedienern gefahren werden, wodurch der Betriebsdienst weiter rationalisiert werden konnte. Gleichzeitig begann die serienmäßige Ausrüstung mit Funkfernsteuerung. Nach ersten Versuchen ab 1982 werden die Maschinen seither kontinuierlich entsprechend hergerichtet. Im Rahmen dieses bisher noch nicht abgeschlossenen Umbauprogramms erhalten sie dabei die neuen Baureihenbezeichnungen 364 (ehemalige 360) und 365 (ehemalige 361). Seit 1995 sind die umgebauten Lokomotiven auch in den neuen Bundesländern anzutreffen.

Besonders hinzuweisen ist auf die 364 448, die durch das Institut für Schienenfahrzeugbau und Fördertechnik der Rheinisch-Westfälischen Hochschule (RWTH) als selbsttätig signalgeführtes Triebfahrzeuge (SST) für einen automatischen Fahrbetrieb ohne Lokomotivführer hergerichtet wurde. Die einsatzrelevanten Daten können dabei über einen Computer direkt auf der Lokomotive eingegeben werden oder werden dieser über spezielle Linienleiter (sogenannte Euroloops) mitgeteilt. Seit Juni 1996 kommt die Lokomotive im Rahmen

260 147 in Nürnberg Hbf, August 1990
Foto: Matthias Maier

eines Pilotprojekts planmäßig im Werkverkehr für die Firma VW zwischen Salzgitter und Wolfsburg zum Einsatz. Dabei ist die Lokomotive so programmiert, daß für jedes Signal zunächst die Halt-Stellung angenommen wird und eine Weiterfahrt erst möglich ist, wenn die Fahrt-Stellung des Signals eindeutig im signaltechnisch sicheren Sinne erkannt worden ist. Die Einhaltung der voreingestellten Höchstgeschwindigkeit wird über automatische Zugsicherungsgeräte

Oben links: Auch bei der ozeanblau/beigen Lackierung gab es mehrere Varianten, wie diese Aufnahme der 260 538 im Bw Offenburg vom 7.8.1976 zeigt.

Fotos: Matthias Maier (3)

Oben rechts: 261 001 wurde Ende der sechziger Jahre mit einem Warnanstrich an den Stirnseiten bei ansonsten unveränderter roter Farbgebung ausgestattet. Sie kann daher als erste DB-Lokomotive mit Lätzchen angesehen werden.

Foto: Archiv Eisenbahn Magazin

Mitte links: Funkferngesteuerte 365 626 mit automatischer Rangierkupplung in Nürnberg Hbf, September 1994

Mitte rechts: 360 231 in der gefälligen orientroten Lackierung der DB AG

Nahezu alle heutigen V 60-Varianten trafen sich im Mai 1996 vor dem Rundschuppen des Bw Nürnberg Hbf.
Fotos: Matthias Maier

überwacht, die bei Überschreiten eine Zwangsbremsung auslösen.

Die bisher bei der DB ausgemusterten V 60 fanden vielfach bei anderen Bahnen eine neue Heimat. So gingen 27 Maschinen 1988 an die Türkischen Staatsbahnen (TCDD), die sie als Reihe DH 6 in ihren Bestand einreihten. Bereits zwei Jahre zuvor wurden vier 260 an ein Stahlwerk im türkischen Iskenderum verkauft. Ins ehemalige Jugoslawien gelangten 23 Lokomotiven, die dort als 734 011 bis 030 in Novi Sad und Skopje sowie als 734 106 bis 108 in Titograd zum Einsatz kamen. Darüber hinaus verkaufte die Firma Layritz 21 Maschinen nach Jugoslawien. Außerdem wurden von diesem Zwischenhändler und der Firma Neudeck 15 V 60 übernommen, die anschließend an italienische Gleisbauunternehmen gingen. Die Norwegischen Staatsbahnen (NSB) übernahmen 1985 sieben und 1987 nochmals zehn Maschinen, die dort seither als Reihe Di5 im Rangierdienst zum Einsatz kommen. Die 260 106, 355 und 749 sind heute in der Schweiz anzutreffen, während es 260 108 und 128 nach Algerien in ein Stahlwerk bei Annaba verschlug. Als weitere Verkäufe sind 261 157 und 841, die an die Deutsche Bundespost in Berlin gingen, sowie 261 671 (Firma Schmolz + Bickenbach, Düsseldorf) und 261 687 (Papierfabrik Scheufelen, Lenningen) zu nennen.

Darüber hinaus beschafften neben der DB auch mehrere ausländische Bahnverwaltungen fabrikneue V 60. So lieferten die Maschinenfabrik Esslingen und Krupp insgesamt 13 als DH 6.501 bis 513 bezeichnete V 60 in den Jahren 1959 und 1960 an die Türkischen Staatsbahnen (TCDD). Sie sind dort bis heute vor allem im Raum Haydarpasa und Ankara im Einsatz. Die Griechischen Staatsbahnen (OSE) beschafften zwischen 1962 und 1967 insgesamt 30 Maschinen bei Krupp, die als A 101 bis A 130 bei ihrer Indienststellung den Direktionen Saloniki (16 Lokomotiven) und Athen (14 Lokomotiven) zugeteilt wur-

Aus Anlaß des 150-Jahr-Jubiläums wurde die Nürnberger 260 150 in den Ursprungszustand zurückversetzt und ist heute offizielle Museumslokomotive der DB AG.

den. Eine weitere Serie ging an die Israelischen Staatsbahnen. Die belgischen Firmen La Brugeoise et Nivelles (BN) und Ateliers Belges réunis (ABR) bauten 1960/61 in Lizenz jeweils 21 Lokomotiven dieser Bauart für die Belgischen Staatsbahnen (SNCB/NMBS). 1963 wurde durch BN nochmals ein Nachbauserie von 27 Lokomotiven aufgelegt. Sie erhielten anfänglich in Belgien die Baureihenbezeichnung 260 und wurden später in 8001 bis 8069 umgezeichnet.

Die durch den Umbau auf Funkfernsteuerung von der DB getätigten Investitionen lassen erwarten, daß die V 60 bei der DB AG noch mindestens eine Unterhaltungsperiode im Einsatz stehen werden. In letzter Zeit häufen sich allerdings Schäden an den nun mittlerweile 40 Jahre alten, unverwüstlich scheinenden Maybach-GTO-Motoren, die sich nur mit erheblichem Instandhaltungsaufwand beheben lassen. Daher wurden seit 1995 in verschiedene V 60 probeweise Dieselmotoren von MTU und Cummins eingebaut, die möglicherweise in einem größeren Umfang zur Remotorisierung verwendet werden. Hierbei würde sich auch das Abgasverhalten deutlich verbessern. Bei der Schmierung der Stangenlager ist die DB vor einiger Zeit auf das biologisch abbaubare Rapsöl übergegangen.

Oben: V 60 der Türkischen Staatsbahnen (TCDD). DH 6.502 am 29.4.1974 in Haydarpasa *Foto: Sammlung Rüdiger Block*

Mitte: Weitestgehend unbekannt ist, daß auch die Israelischen Staatsbahnen von der Maschinenfabrik Esslingen mit V 60 beliefert wurden. *Foto: Peter Nothdurft*

Unten: Die an die Jugoslawischen Staatsbahnen verkauften DB-V 60 wurden vor ihrer Überstellung nach Jugoslawien vom AW Kassel grundlegend aufgearbeitet. *Foto: Klaus Heckemanns*

V 60.10-11/ V 60.12 DR 106 DR 346 DB AG 347 DB AG 105 DR 345 DB AG 347 DB AG

Um den Rangierdienst insbesondere auf den größeren Bahnhöfen wirtschaftlicher zu betreiben, sah das Neubau-Typenprogramm der DR die Entwicklung einer Rangier-Diesellokomotive mit hydraulischer Leistungsübertragung mit einer Leistung von ca. 600 PS vor. Vorrangig sollten die veralteten Rangier-Tenderdampflokomotiven der Baureihen 89, 91 und 92 abgelöst werden. Der Aufgabenbereich für diese neuen Rangier-Diesellokomotiven sollte recht umfangreich sein. Der Einsatz sollte im mittelschweren Rangierdienst, aber auch im leichten Streckendienst sowie in der Anschlußbedienung möglich sein. Um diesen Ansprüchen gerecht zu werden, stellte die DR folgende Forderungen an den Hersteller: Die Radsatzlast sollte unter 15 t liegen, das Befahren von Gleisbögen mit 80 m Radius und von Ablaufberg-Halbmessern von 400 m im Konkav- bzw. 300 m im Konvexbogen möglich sein. Bedingung war weiter ein Mittelführerstand für Einmannbedienung mit beidseitiger Bedienmöglichkeit. Weiterhin sollten gute Arbeitsbedingungen für den Lokomotivführer sowie den Rangierer geschaffen werden: Der Lokomotivführer sollte eine gute Sichtmöglichkeit auf die Strecke und die Puffer haben, um die Rangiersignale zweifelsfrei aufnehmen zu können und es sollte eine gute Schallisolierung gegen die Motorgeräusche vorhanden sein. Für den Rangierer sollten geräumige Rangiertritte vorhanden sein. Um den Anforderungen im Rangier- sowie Streckendienst gerecht zu werden, sollten auch zwei verschiedene Geschwindigkeitsstufen schaltbar sein. Zum einen sollte im Rangierbetrieb eine möglichst hohe Zugkraft erreicht werden und zum anderen im Streckeneinsatz vor den Übergabezügen eine ausreichende Höchstgeschwindigkeit möglich sein. In Aufbau und Funktion sollte die Lokomotive zudem robust gebaut und instandhaltungsarm sein.

In der Entwicklungszeit dieser neuen Rangier-Diesellokomotive wurden in der V 36 080 ein Dieselmotor 8 KVD 21 (schnellaufender Achtzylinder-Viertakt-V-Dieselmotor) und das ebenfalls neu entwickelte Strömungsgetriebe GSR 12/5,1 erprobt. Dabei wurde jedoch festgestellt, daß der Dieselmotor für den Rangierdienst nicht wirtschaftlich ist. Bei der Entwicklung und Konstruktion der Baureihe V 60.10-11 ent-

Baumusterlokomotive V 60 1001 im Ablieferungszustand
Foto: Sammlung Rüdiger Block

V 60 1154 in Dresden am 18.4.1964
Foto: Otte, Sammlung Grundmann

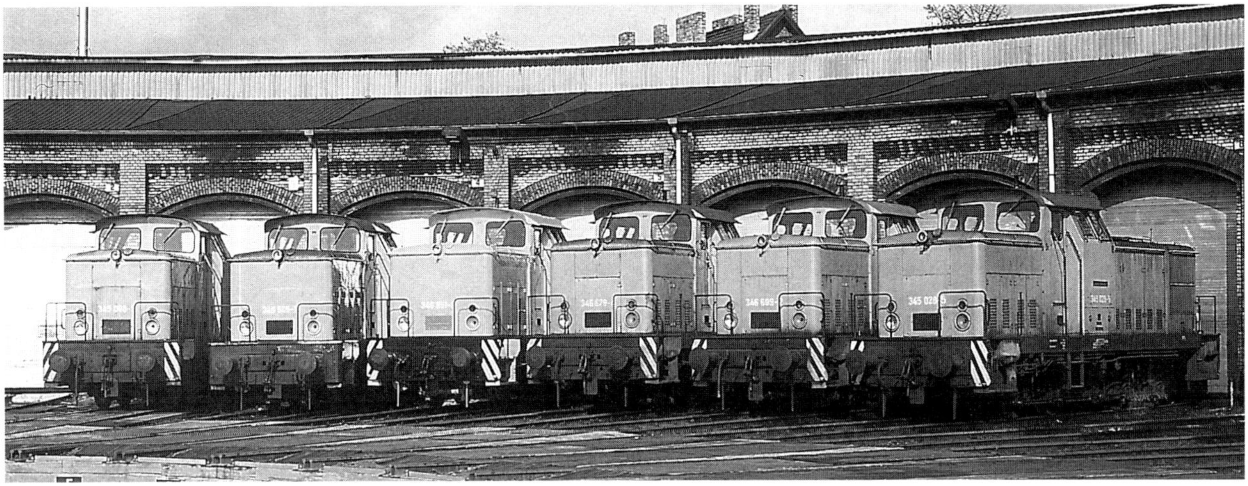

schied die DR sich daher für den Dieselmotor 12 KVD 21 SVW.

Hersteller der Baureihe V 60.10-11 war der VEB Lokomotivbau „Karl Marx", Babelsberg. Die erste Probefahrt der V 60 1001 fand am 5.2.1959 von Drewitz nach Seddin und zurück statt. Am 5.3.1959 folgte dann die erste Meßfahrt der V 60 1001 vor der Bremslokomotive 19 017 sowie dem Meßwagen 1 der VES-M Halle. Mit der V 60 1002 stand der DR im September 1959 eine weitere Baumusterlokomotive zur Erprobung zur Verfügung. Die Serienlieferung begann aber erst im Jahr 1962. Grund dafür waren Mängel am Strömungs- und Nachschaltgetriebe sowie am Stangenantrieb der Lokomotive. Nach einer Überarbeitung wurde 1961 die Nullserie mit den Maschinen V 60 1003 bis 1009 an die DR ausgeliefert. Die Serienlieferung der V 60 durch den VEB Lokomotivbau

V 60.10-Parade im Bw Berlin-Schöneweide am 16.10. 1993 *Foto: Frank Heilmann*

Unten links: 106 030 im Einsatz *Foto: Archiv Eisenbahn Magazin*

Unten rechts: 106 067 im Mai 1993 auf einer Fahrzeugausstellung in Potsdam *Foto: Rüdiger Block*

345 119 und 345135 am 20.2.1994 im Bh Cottbus *Foto: Frank Heilmann*

„Karl Marx", Babelsberg, teilt sich wie folgt auf:

1962: V 60 1010 bis V 60 1080;
1963: V 60 1081 bis V 60 1145;
1964: V 60 1146 bis V 60 1170.

Bei der Baureihe V 60.10-11 handelt es sich um eine vierfach gekuppelte Rangier-Diesellokomotive, welche bei Besetzung beider Führerstände auch in Doppeltraktion gefahren werden kann. Die Befehlsübertragung von Lokomotive zu Lokomotive geschieht dabei über eine Rangierfunkanlage. Der als Blechinnenrahmen gefertigte Rahmen ist quer- und längsversteift und als Schweißkonstruktion gefertigt. An den Stirnenden befinden sich jeweils die nach UIC-Standard gefertigten Zug- und Stoßvorrichtungen, wobei die Pufferbohlen auswechselbar sind. In den Längsträgerblechen befinden sich die Ausschnitte für die Radsatzlagergehäuse, welche durch angeschweißte Achslagerbügel verstärkt sind, sowie die Ausschnitte für die Blindwellenlagerung. Der Ausschnitt für das Blindwellenrahmenlager befindet sich zwischen dem zweiten und dritten Radsatzlagerausschnitt. Der Rahmen der V 60.10-11 wird durch eine Vierpunktabstützung abgefedert. Die achtlagigen Blattfedern sind zwischen Rahmen und Radkörper angeordnet. Durch Ausgleichhebel sind die Blattfedern des ersten und zweiten sowie des dritten und vierten Radsatzes miteinander verbunden. Um einen optimalen Kurvenlauf der D-gekuppelten Lokomotiven zu erreichen, ist diese Baureihe mit zwei Beugniot-Gestellen ausgerüstet. Dabei sind der erste und zweite sowie der dritte und vierte Radsatz im Gestell jeweils durch einen Beugniot-Hebel so verbunden, daß sich die benachbarten Radsätze je nach Rechts- oder Linkskurve so beeinflussen, daß z. B. bei einer Linkskurve der vorauslaufende Radsatz nach links und der folgende Radsatz um den gleichen Betrag nach rechts verschoben wird. Die maximale Verschiebung beträgt dabei 25 mm je Seite. Sie wird durch die seitlichen Anschläge am Radsatzlagergehäuse begrenzt.

Als Bremsanlage dient eine indirekt wirkende, selbsttätige Einkammer-Druckluftbremse und eine direkt wirkende, nicht selbsttätige Druckluftbremse. Das Führerbremsventil mit Zusatzbremsventil ist von beiden Führerstandseiten aus bedienbar. Abgebremst werden alle acht Räder, jeweils einseitig von vorn. Da die Radsätze seitlich verschiebbar sind, wurden die Bremsklotz-Hängeeisen am Lokomotivrahmen gelenkig befestigt. Um ein Überlaufen der Bremsklötze zu vermeiden, wurden die Lokomotiven der letzten Lieferungen serienmäßig mit spurkranzgeführten Bremsklötzen ausgerüstet. Mit der Druckluftbremse können 81 und mit der Handbremse 36 Prozent des Lokomotivgewichts abgebremst werden.

Ein auf den Rahmen aufgeschweißtes Deckblech nimmt die in Gummi gela-

345 003 mit ihrer westdeutschen Kollegin 360 388 am 26.3.1994 im Werk Chemnitz *Foto: Thomas Splittgerber*

gerten, unterschiedlich langen Maschinenraumvorbauten vor dem Führerstand und den Führerstand selbst auf. Das Führerhaus ist ca. um 1 m von der Lokomotivmitte nach hinten versetzt auf dem Rahmen montiert. Neben dem Führerpult befinden sich im Führerhaus sämtliche elektrischen, pneumatischen und mechanischen Steuer- und Schaltelemente sowie alle Überwachungseinrichtungen. Abnehmbare Dachsegmente ermöglichen das Auswechseln defekter größerer Führerstandsteile. Die beiden Vorbauten umschließen die gesamte Maschinenanlage und deren Hilfseinrichtungen.

Die Vorbauten sind schmaler gestaltet als das Führerhaus, so daß rechts und links jeweils ein Umlauf vorhanden ist, welcher einen guten Zugang zu den seitlich angeordneten Türen in den Vorbauten ermöglicht. Diese Türen ermöglichen einen guten Zugang zu allen wichtigen Aggregaten und Hilfseinrichtungen. Der längere vordere Vorbau enthält den Dieselmotor und das Verteilergetriebe, die Lichtmaschine und den Lüftergenerator. Im kleineren Vorbau hinter dem Führerhaus sind der Kraftstoffbehälter, die zwei Hauptluftbehälter sowie die Batterien untergebracht.

Der Dieselmotor 12 KVD 21 SVW ist ein schnellaufender Zwölfzylinder-Viertakt-V-Motor der Baukastenreihe und wassergekühlt. Dieser Dieselmotor arbeitet nach dem Vorkammerverfahren (ohne Aufladung) und besitzt eine Nennleistung von 478 kW (650 PS) bei 1500 U/min. Die Leistungsübertragung erfolgt vom Dieselmotor aus über eine an der Schwungscheibe des Dieselmotors montierte drehelastische Kupplung und das Verteilergetriebe zum dreistufigen Strömungsgetriebe der Bauart GSR 12/5,1 (Wandlor/ Kupplung/Kupplung), welches automatisch in Abhängigkeit von der Fahrgeschwindigkeit schaltet. Das Nachschaltgetriebe, welches am Strömungsgetriebe angeflanscht ist, besitzt ein Zweistufen-Wechselgetriebe für den Strecken bzw. Rangiergang sowie die Wendeschaltung und die Zahnradübertragung zur Blindwelle. Die Blindwelle überträgt die Kraft auf die Treibstangen zu dem zweiten und dritten Radsatz und von dort über weitere Kuppelstangen zum ersten und vierten Radsatz. Für das Getriebe vom Typ GSR 12/5,1 ergeben sich folgende Geschwindigkeitsbereiche:

Anfahrwandler:
Rangiergang: 0 bis 13 km/h,
Streckengang: 0 bis 26 km/h.

Kupplung I:
Rangiergang: 13 bis 18 km/h,
Streckengang: 26 bis 36 km/h.

Das Werk Chemnitz ist für die Unterhaltung der Mehrzahl der Diesellokomotiven der DB AG mit Stangenantrieb zuständig. Eine unbekannte 346 befindet sich am 26.3.1994 neben 365 678 in der Aufarbeitung. *Foto: Thomas Splittgerber*

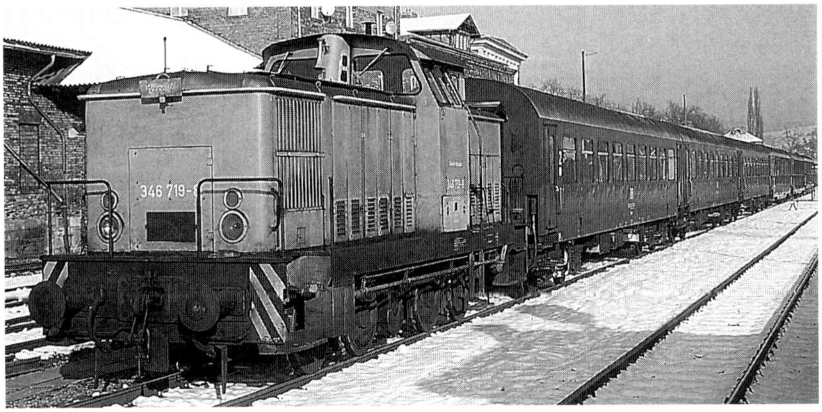
346 719 als „Rappe 12" am 30.1.1993 in Meiningen *Foto: Frank Heilmann*

106 834 im Bauzugeinsatz bei der Elektrifizierung *Foto: Archiv Eisenbahn Magazin*

Kupplung II:
Rangiergang: 18 bis 30 km/h,
Streckengang: 36 bis 60 km/h.

Zu den Hilfs- und Nebeneinrichtungen zählen die Kraftstoffanlage (Vorratsbehälter mit 2100 l), Luftfilteranlage, Abgasanlage, Vorwärmanlage, Druckluftversorgungsanlage (elektromotorisch angetriebener zweistufiger Dreizylinderluftverdichter) und die Kühlanlage. Zur Kühlanlage gehören das an der Stirnseite der Lokomotive installierte Kühlaggregat, die vom Dieselmotor angetriebene Kühlwasserpumpe sowie die Wärmetauscher für das Dieselmotor- und Strömungsgetriebeöl. In den älteren Maschinen bis zur 106 612 wurden je Kühlerseite vier Rundrohrelemente mit Wendelrippen verwendet. Zwischen den beiden Kühlerseiten befindet sich mittig angeordnet der Kühlerlüfter, der die Kühlluft durch die seitlichen Kühlerelemente ansaugt und senkrecht nach oben ins Freie wieder abgibt. Der Lüfter schaltet sich bei einer Kühlwassertemperatur von 75° C ein und wird bei einer Temperatur von 70°C wieder abgeschaltet. Gesteuert wird dies von einem Temperaturwächter. Eine Lichtanlaßmaschine versorgt das elektrische 110-V-Bordnetz und die Bleibatterien mit elektrischer Energie, sie dient außerdem zum Anlassen des Dieselmotors.

346 466 stellt einen InterRegio im Chemnitz Hbf bei. *Foto: Matthias Maier*

Obwohl der betriebliche Einsatz mit der Baureihe V 60.10-11 zufriedenstellend verlief, ergaben sich durch die Erkenntnisse im täglichen Betriebsdienst doch noch einige Verbesserungswünsche, die konstruktive Änderungen erforderten. Nach einer konstruktiven Überarbeitung der Baureihe V 60.10-11 erhielt die weiterentwickelte Unterbaureihe die Baureihennummer V 60.12. Von den insgesamt 170 gebauten Maschinen der Baureihe V 60.10-11, später Baureihe 106.0-1, wurden 1992 nur noch 131 Lokomotiven in den gemeinsamen Umzeichnungsplan von DR und DB übernommen. Geführt wurden die Lokomotiven mit der neuen Baureihennummer 346.0-1. Da das Einsatzgebiet dieser Rangierdiesellokomotive auch nach der Wende nur im Bereich der DR liegt und nach der Gründung der DB AG 1994 viele Güterverkehrspunkte geschlossen wurden, sind die Maschinen der ehemaligen Baureihe V 60.10-11 heute ohne Einsatzgebiet. Im Laufe der Jahres 1994 wurden fast alle Lokomotiven der Baureihe 346.0-1 von der Ausbesserung zurückgestellt. Die einzigen Maschinen dieser Baureihe, die 1995 noch bei der DB AG im Einsatz waren, wurden durch den Betriebshof Saalfeld im Arbeitszugdienst. eingesetzt. Vorhanden ist auch noch die Baumusterlokomotive V 60 1001. Diese Maschine diente der VES-M-Halle lange Zeit als Versuchslokomotive. Im Jahr 1965 wurde die ehemalige Baumusterlokomotive der Hochschule für Verkehrswesen in Dresden als Anschauungsobjekt zur Verfügung gestellt. Später wurde sie in den Museumsbestand der DR aufgenommen. Heute ist die Lokomotive im Betriebshof Halle hinterstellt und wird von einer Pflegegemeinschaft der Nachwelt erhalten.

Wie die Baureihe V 60.10-11 sind auch die Baureihen V 60.12 und 105/345 für den mittelschweren Rangierdienst sowie für den leichten Übergabe- bzw. Personenzugdienst vorgesehen gewesen. Die Baureihe V 60.12 sowie die Baureihe 105 ist eine überarbeitete Version der Baureihe V 60.10-11. Die Grundkonzeption der Baureihe V 60.10-11 wurde jedoch beibehalten. Äußerlich auffälligstes Merkmal der Baureihe V 60.12 ist das kantigere Führerhaus. Im Gegensatz zum Führerhaus der V 60.10-11 reicht bei der Baureihe V 60.12 das Führerhaus über die gesamte Fahrzeugbreite. Zusätzlich wurde als Schutz gegen Regen und Sonne das Führerhausdach an den Stirnseiten etwas verlängert. Bei der Überarbeitung einiger Baugruppen für die Baureihe V 60.12 sollten diese so konstruiert sein, daß ein späteres Nachrüsten bei der Baureihe V 60.10.-11 problemlos möglich ist. Eine Verbesserung bei der Baureihe V 60.12 war auch die Erhöhung des Reibungsgewichts durch den Einbau von Graugrußballast in den taschenförmigen Versteifungen unter dem Rahmendeckblech.

Die erste Maschine der überarbeiteten Variante wurde 1964 zur Leipziger Frühjahrsmesse vorgestellt. Hersteller war der VEB Lokomotivbau „Karl Marx“, Babelsberg. Eingereiht wurde die Lokomotive bei der DR mit der Betriebsnummer V 60 1201.

Noch im gleichen Jahr begann die Serienlieferung der Baureihe V 60.12 an die DR. Hersteller dieser Lokomotiven war jetzt jedoch der VEB Lokomotivbau und Elektrotechnische Werke (LEW) „Hans Beimler“, Hennigsdorf. Bis 1975 wurde diese Baureihe wie folgt an die DR abgeliefert:

1964: V 60 1202 bis V 60 1238,
1965: V 60 1239 bis V 60 1309,
1966: V 60 1310 bis V 60 1355 und
V 60 1363 bis V 60 1378,
1967: V 60 1356 bis V 60 1362 und
V 60 1379 bis V 60 1433,
1968: V 60 1434 bis V 60 1532,
1969: V 60 1533 bis V 60 1610 und
106 181 bis 106 185,
1970: 106 611 bis 106 715,
1971: 106 716 bis 106 813,
1972: 106 814 bis 106 823,
1973: 106 824 bis 106 863,
1974: 106 864 bis 106 934 und
1975: 106 935 bis 106 999.

Da die DR noch weitere Maschinen bestellt hatte und die Nummernreihe der Baureihe V 60/106 belegt war (die Nummern V 60 1171 bis V 60 1180 und V 60 1185 bis V 60 1200 wurden hierbei nicht vergeben), wurden die weiteren Lokomotiven als Baureihe 105 geführt. Von 1975 bis 1982 lieferte LEW Hennigsdorf folgende Lokomotiven der Baureihe 105 an die DR aus.

1975: 105 001 bis 105 021,
1976: 105 022 bis 105 054,
1977: 105 055 bis 105 075 und
105 086,
1978: 105 076 bis 105 085,
1979: 105 087 bis 105 097,
1980: 105 098 bis 105 117,
1981: 105 118 bis 105 140 und
1982: 105 141 bis 105 165.

Als Baureihe 105.9 wurden die Maschinen der Baureihe V 60.12 eingereiht, die ursprünglich an Industrie- und Werkbahnen geliefert worden waren und erst im Laufe der Zeit von der DR übernommen wurden.

An der Konstruktion der Baureihe 105 gab es nur geringfügige Änderungen, so daß Rahmen, Laufwerk, Bremsen und auch der Dieselmotor 12 KVD 21 SVW weitestgehend identisch zur Baureihe V 60.10-11 sind. Größere Unterschiede gab es bei der Leistungsübertragung durch den Einbau eines verbesserten Strömungsgetriebes. Die Lokomotiven V 60 1201 bis V 60 1610 und 106 181 bis 106 185 wurden jedoch noch mit dem üblichen Strömungsgetriebe GS 12/7 5,1 geliefert. Erst ab dem Lieferjahr 1970 fand das verbesserte Strömungsgetriebe GS 12/7 5,2 in den Maschinen der Baureihe 106/105 Verwendung (106 611 bis 106 999 und 105 001 bis 105 165). Die beiden Getriebetypen sind jedoch untereinander austausch-

346 897 in der Abendsonne im Chemnitzer Hauptbahnhof *Foto: Matthias Maier*

105 039 und 105 120, beide mit automatischer Kupplung, im Mai 1990 im Fährbahnhof Mukran auf Rügen.
Foto: Rüdiger Block

bar. Gleichgeblieben bei den Getrieben ist die Eingangsleistung von 478 kW sowie die Traktionsleistung von 422 kW. Insgesamt besitzt das Getriebe GS 12/5,2 einen höheren Wirkungsgrad. Für das Strömungsgetriebe vom Typ GS 12/5,2 ergeben sich folgende Geschwindigkeitsbereiche:

Anfahrwandler:
Rangiergang: 0 bis 15 km/h;
Streckengang: 0 bis 30 km/h.

Kupplung I:
Rangiergang: 15 bis 24 km/h,
Streckengang: 30 bis 48 km/h.

Kupplung II:
Rangiergang: 24 bis 30 km/h,
Streckengang: 48 bis 60 km/h.

Der bessere Wirkungsgrad dieses Getriebes resultiert u. a. aus der vergrößerten Hochtrieb- und Abtriebsübersetzung sowie dem verbesserten Anfahrwandler, der identisch mit der Baureihe V 100 bzw. V 180 ist.

Ab 106 613 wurde auch die Kühlanlage konstruktiv überarbeitet, so daß der Kühler jetzt 18 Flachrohrelemente je Seite besitzt.

Während der gesamten Betriebszeit dieser Baureihe gab es auch die verschiedensten Versuche an den Lokomotiven, um diese noch besser an die Einsatzbedingungen bei der DR anzupassen. So wurde 1971/72 eine Vielfachsteuerung entwickelt, welche auch in einigen Lokomotiven nachgerüstet wurde. Zum Einsatz kamen diese Maschinen bis ca. 1980 im Seehafen Rostock, wo regelmäßig in Doppeltraktion gefahren wurde. Außerdem wurde von 1975 bis 1977 an der 106 420 (Bw Rostock Seehafen) die automatische Mittelpufferkupplung (AMK) im täglichen Betriebseinsatz erprobt. 1985 gab es bei der DR auch Versuche, Rangierlokomotiven funkferngesteuert zu bedienen. Erste Maschine, die bei der DR so umgerüstet wurde, war die 106 713, welche ab September 1985 im Ölhafen Rostock getestet wurde. Weitere Versuche wurden 1981 an der Baureihe 106 unternommen, wo erstmals eine elektronisch gesteuerte Spurkranzschmierung zur Anwendung kam.

Im Laufe der Zeit wurden einige Lokomotiven für ganz spezielle Aufgabenbereiche umgerüstet. So z. B. 106 578 und 106 625 des Bw Wustermark, die eine Spezialkupplung erhielten, um neugefertigte Fahrzeuge des LEW Hennigsdorf, die mit einer Mittelpufferkupplung ausgerüstet waren, auf DR-Gleisen zu überführen. Notwendig war dies für die Berliner U-Bahn-Wagen sowie die Mx-Vorortzüge der Ungarischen Staatsbahnen. Weitere Lokomotiven wurden mit einem Stromabnehmer nachgerüstet und kommen als Arbeitszuglokomotive mit einem beigestellten Bahndienstwagen zur Montage und Instandsetzung von Fahrleitungsanlagen zum Einsatz. Neben den zahlreichen Rangier- und Übergabediensten der Baureihe V 60.12/106/105 sind aber auch Personenzugdienste bekannt. Eine recht interessante Leistung war z. B. 1969 die Beförderung der Personenzüge zwischen Blankenburg und Thale, wo als Personenwagen ein ehemaliger VB 147 diente. Noch heute ist die jetzt als Baureihe 346/345 bezeichnete Unterbaureihe V 60.12 in vielen Betriebshöfen der neuen Bundesländer beheimatet. Umgezeichnet von der Baureihe 106 zur Baureihe 346 wurden 831 Lokomotiven sowie von der Baureihe 105 zur Baureihe 345 insgesamt 168 Maschinen. Im Laufe der Zeit ist der Bedarf an solch einer hohen Stückzahl von zusammen 999 Rangier-Diesellokomotiven der Baureihe 346/345 nicht mehr gegeben. Im Bestand der DB AG sind noch 921 Maschinen, ein direkter Bedarf besteht aber lediglich noch für 762 Maschinen.

Für den im Jahr 1986 in Betrieb genommenen Eisenbahnfährhafen Mukran auf der Insel Rügen benötigte die DR Breitspur-Rangier-Diesellokomotiven, denn der Fährbahnhof Mukran ist teilweise mit der russischen Spurweite von 1524 mm erbaut worden. Die Eisenbahnfährverbindung von Mukran nach Klaipeda (ehemals Memel) ist die kürzeste Fährverbindung zwischen der ehemaligen DDR und den GUS-Staaten. Der Spurwechsel auf die russische Breitspur findet im Bahnhof Mukran statt, die Lokomotiven für den Verschub auf den Breitspur-Gleisen hat die DR zu stellen. Die DR entschied sich zum Umbau von Lokomotiven der Baureihe 105/106, da diese unter anderem auch schon für die benötigte Mittelpufferkupplung (AMK) vorbereitet war. Insgesamt baute die DR im Raw Karl-Marx-Stadt 14 Lokomotiven auf Breitspur um, welche ab dem 1.1.1992 als Baureihe 347 geführt werden. Die erste umgebaute Lokomotive wurde am 31.5.1985, die letzte Lokomotive am 10.8.1988 übergeben. Der Umbau verteilte sich auf die Jahre wie folgt: 1985: 2 Lokomotiven, 1986: 10 Lokomotiven und 1988: 2 Lokomotiven. Folgende Lokomotiven der ehemaligen Baureihe V 60.12 wurden umgespurt:

105 024: 347 024	105 096: 347 096
105 027: 347 027	105 120: 347 120
105 036: 347 036	105 126: 347 126
105 039: 347 039	105 140: 237 140
105 058: 347 058	105 141: 347 141
105 074: 347 074	105 142: 347 142
105 079: 347 079	106 975: 347 975

Neben dem Einbau der russischen Mittelpufferkupplung und der Umspurung der Radsätze auf Breitspur mußte auch die Blindwelle verlängert werden. Verändert wurde auch die elektrische Ausrüstung. Der Einsatz der Baureihe 347 erfolgt im Bahnhof Mukran ständig in Doppeltraktion. Bei einer Zuführung der Baureihe 347 in das derzeitige Unterhaltungswerk Chemnitz werden die Maschinen wieder auf Normalspur umgespurt und als rollfähiges Fahrzeug dem Ausbesserungswerk zugeführt. Bei der Rückführung nach Mukran erfolgt das Umspuren ebenfalls erst wieder in Mukran.

Das Dienstgewicht bei 2/3-Vorräten entspricht der Baureihe V 60.12 und beträgt 60 t. Mit Gründung der DB AG wurden alle 14 Lokomotiven in den Bestand übernommen.

104 DR 344 DB AG

Bei einer Studie über die Wirtschaftlichkeit der Baureihen 105/106 wurde festgestellt, daß diese Rangier-Diesellokomotiven in bestimmten Diensten nicht wirtschaftlich genug sind. Insbesondere war der Kraftstoffverbrauch der Maschinen unverhältnismäßig hoch, wenn im Rangierdienst relativ viele Leerlauf- und Teillastanteile, gemessen an der erbrachten Leistung, auftraten. Um den Lastbereich besser zu optimieren, wurde 1984 in die 106 900 mit erheblichem Aufwand ein neuer Dieselmotor eingebaut. Erprobt wurde in dieser Lokomotive ein aufgeladener Sechszylinder-Reihen-Dieselmotor vom Typ 6 VD 18/15-1 mit einer Nennleistung von 365 kW. Wegen des zu hohen Umbauaufwands wurden jedoch keine weiteren Remotorisierungen mit diesem Dieselmotor durchgeführt. Statt dessen wurde der bisher eingebaute Dieselmotor 12 KVD 21-3 bei einer verminderten Nenndrehzahl von 1100 U/min und einer gedrosselten Leistung von 365 kW statt 478 kW betrieben. Eingebaut wurde ein neues Strömungsgetriebe GS 20/4,9 mit einem Anfahr- und einem Marschwandler. Dieses neue Strömungsgetriebe ermöglicht in den unteren Geschwindigkeitsbereichen fast die gleichen Zugkräfte wie bei Verwendung des 478-kW-Motors, dies jedoch bei bedeutend geringerem Kraftstoffverbrauch. Bei gleichen Leistungen im Betriebsdienst ergibt sich im Vergleich zur Baureihe 105/106 bei der 104 eine jährliche Einsparung von 15 t Dieselkraftstoff. Baumusterlokomotive war die 106 736, die dann in 104 736 umgezeichnet worden ist und beim Bw Halle G für längere Zeit im Erprobungsbetrieb lief. Der Serienumbau begann im September 1991. Insgesamt wurden durch das Raw Chemnitz 81 Lokomotiven der ehemaligen Baureihe V 60.12 zur Baureihe 344 (344 entspricht dem Nummernplan der DB AG) umgebaut. Eine weitere umgebaute Maschine wurde an die Industrie geliefert. Der Umbau zur Baureihe 344 war im November 1993 abgeschlossen. Erste Lokomotive, die serienmäßig umgebaut wurde, war die 344 163 (ehemalige 106 163) des Bw Reichenbach. Wegen des Rückgangs der Leistungen im Güterverkehr der DB AG ist diese Baureihe 1994/95 fast vollständig abgestellt, jedoch noch nicht ausgemustert worden. Über einen weiteren Einsatz der Baureihe 344 kann derzeit nur spekuliert werden.

344 764 am 20.2.1994 auf der Drehscheibe des Bw Cottbus
Foto: Frank Heilmann

V 65 DB
265 DB

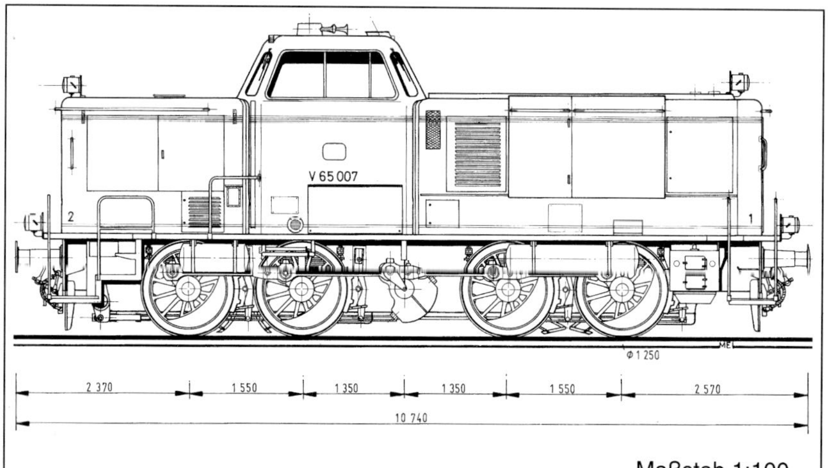

Maßstab 1:100

Um den unwirtschaftlichen Betrieb mit Dampflokomotiven auf Nebenbahnen weiter einschränken zu können, plante die DB in den fünfziger Jahren die Beschaffung geeigneter Diesellokomotiven mit einer Leistung von 480 kW (650 PS). Die naheliegende Verwendung der V 60 sowohl für den Rangier- als auch Nebenbahndienst kam dabei nicht in Frage, da die dreiachsigen Lokomotiven mit ihrem kurzen Radsatzstand im Rahmen der geforderten Geschwindigkeit von mindestens 80 km/h hinsichtlich des Fahrverhaltens nicht den Ansprüchen gerecht werden konnten. Außerdem erzwang die Unterbringung eines Heizkessels für die Zugheizung eine größere Baulänge, was die Ausführung als vierachsige Lokomotive erforderlich machte. In der Folge wurde für den Nebenbahndienst eine besondere, wenn auch im Aufbau und den Maschinenanlagen der V 60 sehr ähnliche Bauart vorgesehen. Dabei bot sich die Beschaffung einer entsprechenden Lokomotive aus einer von MaK vorrangig für Privat- und Werkbahnen entwickelten Typenreihe an, die mit der Type 240 B von einer zweiachsigen Maschine mit 175 kW (240 PS) bis zur vierachsigen Lokomotive der Type 1200 D mit 882 kW (1200 PS) reichte.

Zum Nachweis der Eignung für einen Einsatz auf DB-Gleisen wurde eine Lokomotive des MaK-Typs 650 D in der Zeit vom 10.12.1953 bis 19.10. 1954 im Raum Bamberg eingehend erprobt. Aufgrund der Bewährung und der als gut eingestuften Laufeigen-

D-gekuppelte Diesellokomotive für den Rangier- und leichten Streckendienst, Baureihe 265 (V 65) der DB
Zeichnung: Archiv Eisenbahn Magazin

Unten links: V 65 008 in Ablieferungszustand des Jahres 1965

Unten rechts: Erste Heimatdienststelle der V 65 wurde das Bw Marburg, von wo aus sie auf den umliegenden Nebenbahnen zum Einsatz kam
Fotos: Sammlung Rüdiger Block

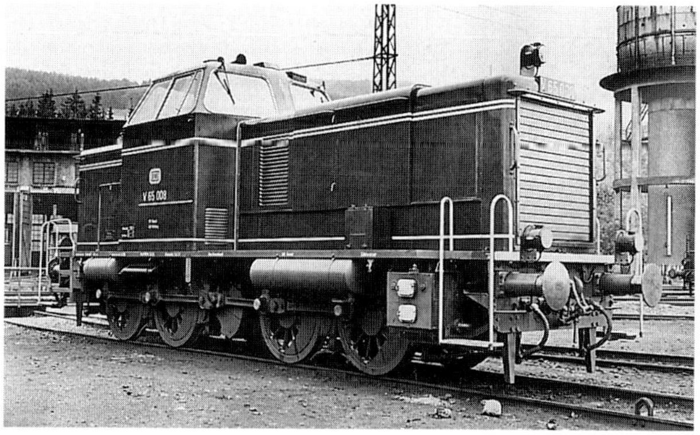

schaften bestellte die DB in einer kleineren Serie zunächst 15 Lokomotiven. Eine ursprünglich vorgesehene Beschaffung weiterer Lokomotiven unterblieb jedoch. Zum einen erwiesen sich die V 65 als zu leistungsschwach, so daß die künftig zu beschaffenden Nebenbahnlokomotiven eine Leistung von 735 kW (1000 PS) aufweisen sollten. Zum anderen ging man zur Schonung des Oberbaus vom Stangenantrieb ab. Statt dessen sahen die Baurichtlinien eine vierachsige Drehgestellokomotive vor, die anfänglich als V 65.2 bezeichnet und dann als V 100 verwirklicht wurde.

Die vierachsige V 65 mit Stangenantrieb ist für den leichten Strecken- und mittelschweren Rangierdienst bestimmt. Der Fahrzeugteil besteht aus dem Untergestell, dem Fahrwerk, dem etwa mittig angeordneten Führerhaus und den beiden Vorbauten. Das Untergestell ist eine Schweißkonstruktion aus Stahlblechen und Walzprofilen. In den durchgehenden Rahmenwangen sind Radsatzlagerausschnitte für die Führung der Radsätze offengelassen. Die Gleitflächen der Radsatzlagerführungen sind aus Manganhartstahl und die Rahmenausschnitte sind unter den Radsatzlagern durch Gabelstege verbunden. Im Untergestell befinden sich die Befestigungspunkte für den dreipunktgelagerten Motor, das dreipunktgelagerte Getriebe mit dem angeflanschten Nachschaltgetriebe, die Kühlanlage, den Abgasheizkessel, den Luftpresser, den Anlaßluftpresser, den Kraftstoffbehälter, den Hauptluftbehälter und den Heizwasserbehälter.

Die aus Blechen und Profilen zusammengeschweißten Vorbauten sind mit dem Untergestell verschraubt. Sie sind mit Klappen und Türen für den Zugang zur Maschinenanlage versehen. Über dem Dieselmotor ist der Vorbau durch eine zweiteilige Schiebetür abgedeckt. Um die Vorbauten führen breite Umlaufbleche herum, während das erhöht angeordnete Führerhaus über die ganze Breite der Lokomotive reicht. Es ist über beiderseits der Lokomotive angeordnete Rangiertritte und stirnseitig im Führerhaus eingebaute Türen zugänglich. Herausnehmbare Fußbodenklappen ermöglichen den Zugang zu den dort angeordneten Bauteilen der Maschinenanlage, wie Getriebe und Anlaßluftpresser. In den diagonal gegenüberliegenden Führertischen sind die Schalteinrichtungen, Anzeigeinstrumente und Leuchtmelder für die Bedienung der Maschinenanlage eingebaut. Außerdem befinden sich dort

265 001 am 24.2.1976 in ihrem Heimat-Bw Hamburg-Altona *Foto: Matthias Maier*

Nach der Ablösung durch V 100.10 kamen die V 65 Mitte der sechziger Jahre von Marburg nach Hamburg-Altona. Dort pendelten sie vorrangig mit Leerreisezügen zwischen dem Kopfbahnhof und dem Abstellbahnhof Langenfelde. Kurz vor ihrer Ausmusterung 1976 rollt 265 007 im Bw Hamburg-Altona einem neuen Einsatz entgegen. *Foto: Sammlung Rüdiger Block*

265 011 rangiert am 30.4.1977 im Postbahnhof am Kaltenkirchener Platz in Hamburg.
Foto: Sammlung Rüdiger Block

Museal erhalten wurde von der DB V 65 011, hier aufgenommen bei der Fahrzeugparade am 22.9.1985 in Nürnberg.
Foto: Matthias Maier

die Fahrschalter-Handräder mit dem Wendeschalthebel, die Bremseinrichtungen und die Einrichtungen für die Überwachung des Abgasheizkessels.

Die vier Radsätze des Fahrwerks sind paarweise angeordnet. In der Mitte zwischen dem zweiten und dritten Radsatz befindet sich die Blindwelle des Nachschaltgetriebes, über deren Kurbel die Kuppelstangen der vier Radsätze gekuppelt sind. Der jeweils erste und zweite sowie dritte und vierte Radsatz sind durch Beugniothebel verbunden. Bei Kurvenfahrt können die jeweils vorn laufenden, in den Bogen einschwenkenden Radsätze über die beiden schwenkbar angeordneten Hebel die beiden zweiten Radsätze in die entgegengesetzte Seite verschieben, bis die Spurkränze anliegen. Die Drehpunkte der Beugniothebel haben je eine Schmiervorrichtung, die Spurkränze werden von einer Spurkranzschmierung geschmiert. Der Lokomotivrahmen stützt sich auf die Radsätze über Blattfedern ab.

Die vier durch Stangen gekuppelten Radsätze werden vom Dieselmotor über eine drehelastische Kupplung, eine Gelenkwelle, das hydraulische Getriebe, das Nachschaltgetriebe und die Blindwelle mit Kurbel angetrieben. Als Dieselmotor kommt der MaK-Sechszylinder-Motor MS 301 C mit Aufladung und einer Leistung von 478 kW (650 PS) zum Einbau. Das hydraulische Voith-Getriebe L 37 z, das Nachschaltgetriebe sowie ein großer Teil der übrigen Maschinenanlage entsprechen in ihrer Ausführung den in der V 60 verwendeten Anlagen. Das Nachschaltgetriebe hat lediglich eine andere Übersetzung für den Streckengang mit 80 km/h gegenüber 60 km/h Höchstgeschwindigkeit bei der V 60.

Für die Beheizung von Reisezügen ist ein Heizkessel eingebaut, der die Abgaswärme des Dieselmotors nutzt. Da die von der Leistung des Dieselmotors abhängige, veränderliche Abgaswärme nicht immer zur Deckung des Bedarfs reicht, ist ein Zusatzbrenner vorhanden, der die fehlende Wärmemenge bereitstellt, sobald der Dampfdruck im Kessel unter 4,3 bar gesunken ist. Zum Vorwärmen der Lokomotive befindet sich unter dem Führerhaus ein von außen zugänglicher koksgefeuerter Dofa-Heizofen.

Die 15 von MaK gelieferten Lokomotiven der Baureihe V 65 wurden zwischen dem 5.5.1956 und dem 4.7.1956 durch das AW Kassel abgenommen und zunächst beim Bw Marburg beheimatet. Von dort aus kamen sie vor allem auf den Nebenbahnen nach Frankenberg/Eder, Warburg sowie über Korbach nach Kassel zum Einsatz. Allerdings erwiesen sie sich schon bald als zu leistungsschwach, und so wurde dort die V 65 bis 1963 durch fabrikneue V 100.10 abgelöst. Zur neuen Heimatdienststelle wurde das Bw Hamburg-Altona, wo sie vorrangig zur Beförderung von Leerreisezügen zwischen dem dortigen Kopfbahnhof und dem Betriebsbahnhof Hamburg-Langenfelde eingesetzt wurden. Hinzu kam der Rangierdienst im Postbahnhof in Diebsteich sowie auf der Altonaer Hafenbahn. Für diese Dienste wurden sechs Lokomotiven benötigt, so daß im Herbst 1963 vier Lokomotiven nach Puttgarden abgegeben werden konnten (V 65 001 bis 004). Zu ihren dortigen Aufgaben gehörte der Verschub im Fährbahnhof. Der Puttgardener Bestand schwankte dabei zwischen drei und fünf Lokomotiven. Daran änderte sich auch mit der Auflösung des Bw Puttgarden Ende 1966 nichts. Das nun für die Instandhaltung zuständige Bw Lübeck sahen die V 65 nur anläßlich von Reparaturen.

Da damit alle Lokomotiven dieser Baureihe nicht mehr im Reisezugdienst zum Einsatz kamen, konnten die Zugheizeinrichtungen mit der Umbeheimatung in den Norden stillgelegt und im Laufe der sechziger Jahre ausgebaut werden.

Die letzte Einsatzphase bei der DB begann am 30.9.1972, als die 15 zwischenzeitlich EDV-gerecht in 265 umgezeichneten Lokomotiven für eine rationelle Unterhaltung erneut vollständig beim Bw Hamburg-Altona zusammengefaßt wurden. Beim Werkstättendienst und beim Triebfahrzeugpersonal nur wenig beliebt, kam es schon bald zu ersten Ausmusterungen. Am 19.4.1975 schied die 265 005 aus dem DB-Bestand aus. Ein Jahr später folgte die 265 007 (8.11.1976). Ab dem Frühjahr 1979 war schließlich nur noch die 265 004 vorhanden. Als Werklokomotive des AW Hamburg-Harburg versah sie dort noch bis Anfang Mai 1980 den Verschub, dann wurde auch sie – als letzte ihrer Baureihe – z-gestellt.

Bei der DB nicht mehr benötigt, wanderten dennoch nicht alle 265 auf den Schrott. Einige Lokomotiven fanden nach ihrer Ausmusterung noch eine Verwendung bei Privatbahnen. So gelangte die 265 001, die als letzte V 65 des Bw Hamburg-Altona am 18.3.1979 ausgemustert worden war, noch im gleichen Jahr zur Meppen-Haselünner Eisenbahn (MHE), wo sie bis 1990 zum Einsatz kam. Eine zweite Maschine fand ab dem 11.11.1980 mit der 265 004 zunächst bei der Bentheimer Eisenbahn (BE) Verwendung. Im Dezember 1983 wurde sie dann ebenfalls an die MHE verkauft, bevor sie ein Jahr später schließlich zu einer Gleisbaufirma nach Italien kam. An die Ära der 265 bei der DB erinnert die als Museumslokomotive erhalten gebliebene 265 011, die – anfänglich durch das AW Bremen betreut – seit 1985 als Leihgabe beim Eisenbahnmuseum Bochum-Dahlhausen zu finden ist.

267/715 DB

Beim Rad-Schiene-System kommt der Unterhaltung des Fahrwegs besondere Bedeutung zu. Durch die teilweise hohe Verkehrsdichte bei zunehmenden Geschwindigkeiten und Radsatzlasten werden die Schienen erheblich beansprucht, in deren Folge Fahrflächenfehler auftreten. Dabei handelt es sich um Riffel, die zusätzlich durch kurze und lange Wellen überlagert werden können. Die Schienenfehler pflanzen sich als Erschütterungen bis in den Unterbau fort, wodurch die Befestigungsteile schnell ihre Kraftschlüssigkeit verlieren. Um einen höchstmöglichen Fahrkomfort zu gewährleisten, setzt die DB zur Beseitigung von Fahrflächenfehlern Schienenschleifzüge ein. Von 1953 bis 1961 kam dabei der bahneigene Schienenschleifzug „Krupp“ mit seinen sich um eine waagerechte Achse drehenden Schleifscheiben und von 1955 bis 1977 der ebenfalls bahneigene Schleifzug „Schörling“ mit seinen unter ständiger Bewässerung auf die Schienenoberfläche aufgepreßten Rutschersteinen zum Einsatz. Da beide Schleifzüge den Anforderungen an einen modernen Bahnbetrieb nicht entsprachen, wurden 1971 erstmals Schleifzüge der Firma Speno International angemietet.

Aus wirtschaftlichen Gründen werden die Speno-Schleifzüge jeweils als Doppeleinheit mit je einer vorn und hinten arbeitenden Diesellokomotive eingesetzt. Damit ergibt sich eine Gesamtlänge von 183 m und ein Gewicht von 800 t. Eine Einheit besteht aus einer Diesellokomotive, zwei Schleifwagen mit Fahrkanten-Schleifeinheiten, vier Schleifwagen mit Fahrspiegel-Schleifeinheiten, einem Schleifwagen zum Schleifen im Bereich von Bahnübergängen und Kontakten sowie ei-

715 005 des Speno-Schienenschleifzuges
Foto: Rüdiger Block

nem Aggregatwagen. Die vier Diesellokomotiven der zwei bei der DB eingesetzten Schleifzüge wurden bis 1977 als Baureihe 267, anschließend als Bahndienstfahrzeuge der Baureihe 715 in den Triebfahrzeugbestand eingereiht.

Bei den Diesellokomotiven handelt es sich um eine französische Entwicklung der Firma Ateliers de Montmiral, Paris. Sie besitzen zwei Dieselmotoren mit zusammen 450 kW (620 PS). Entsprechend den Bestimmungen der DB sind sie mit Sifa und Indusi ausgerüstet, ebenso erhielten sie ein entsprechendes Führerbremsventil. Die Führerstände liegen jedoch nach französischer Eigenart auf der linken Seite. Die Radsätze eines Drehgestells sind mit 2,20 m langen Treibstangen zusammengefaßt.

Die Lokomotiven der beiden Schleifzug-Einheiten wurden bei den Bahnbetriebswerken Nürnberg Hbf und Hannover beheimatet. Die Einheit 1205 AB mit 715 004 und 005 kam dabei in den Direktionen Hamburg, Hannover, Essen, Köln und Frankfurt/M zum Einsatz, während der Schleifzug 1405 AB mit 715 003 und 006 den restlichen Direktionen unterstand. Die Einsatzplanung der beiden Schleifzüge erfolgte durch die Zentrale Transportleitung in Mainz. Hierzu wurden sechs Monate vor dem geplanten Schleiftermin die Strecken durch die Schienenoberflächenmeßdraisine SM 125 der Firma Speno untersucht. Anhand der Meßergebnisse konnte dann der Schleifzug gezielt eingesetzt werden. Die Arbeitsgeschwindigkeit des Schleifzuges beim Schleifen lag bei 7 bis 8 km/h, wobei das Schienenkopfprofil wieder vollständig hergestellt wurde.

Zwischenzeitlich wurden die von der Firma Speno angemieteten Lokomotiven und Schleifzüge an das Genfer Unternehmen wieder zurückgegeben. An ihrer Stelle kommen heute technisch weiterentwickelte Schienenschleiffahrzeuge zum Einsatz.

V 20 DB
V 22 DB
270 DB

Neben der von der Deutschen Wehrmacht als WR 360 C beschafften V 36 wies das Typenprogramm für Kriegslokomotiven als leistungsschwächste Bauart der Standardbaureihe eine zweiachsige Lokomotive mit einer Leistung von 145 kW (200 PS) auf. An der Entwicklung der als WR 200 B bezeichneten Baureihe waren die Firmen Deutz, Gmeinder, Jung, Krupp, O & K sowie Schwartzkopff beteiligt. Bei der Konstruktion wurde dabei großer Wert auf eine weitgehend einheitliche Ausführung mit den anderen Diesellokomotiven dieses Typenprogramms gelegt. Nach einer 1936 fertiggestellten Vorauslokomotive, die bereits im wesentlichen alle Bedingungen erfüllte, folgten zwischen 1938 und 1943 insgesamt 129 Serienlokomotiven, die größtenteils mit dem Voith-Getriebe L33y ausgerüstet waren. Gegenüber dem Prototyp wiesen sie nur geringfügige Änderungen auf. Bedeutendster Hersteller war die Firma Deutz mit 66 Lokomotiven WR 200 B.

Daneben wurden auch Maschinen mit einer Leistung von 160 kW (220 PS) in Dienst gestellt, die später die Baureihenbezeichnung V 22 erhielten. Äußerlich unterschieden sie sich von der WR 200 B durch eine geringere Länge von 7700 mm (gegenüber 8000 mm bei der V 20) und durch ein wesentlich geräumigeres Führerhaus.

Bei der V 20 handelt es sich um eine zweiachsige Lokomotive mit Stangenantrieb. Der Fahrzeugteil besteht aus dem Lokomotivrahmen, dem Fahrwerk sowie dem Endführerhaus und dem Vorbau. Der Lokomotivrahmen ist ein aus Blechen zusammengeschweißter Träger mit mehreren Querverbindungen. Die an der Rahmenoberkante angeordneten Laufbleche sind mit dem Rahmen verschweißt. In den Rahmenwangen sind Ausschnitte freigelassen, in denen sich die Lager der Radsätze bewegen können. Im Lokomotivrahmen befinden sich ferner die Befestigungspunkte für den Dieselmotor, das hydraulische Getriebe und die daran angeflanschten Wende- und Stufengetriebe, den Luftpresser, den Kühler und das Traggerüst des Kraftstoffbehälters.

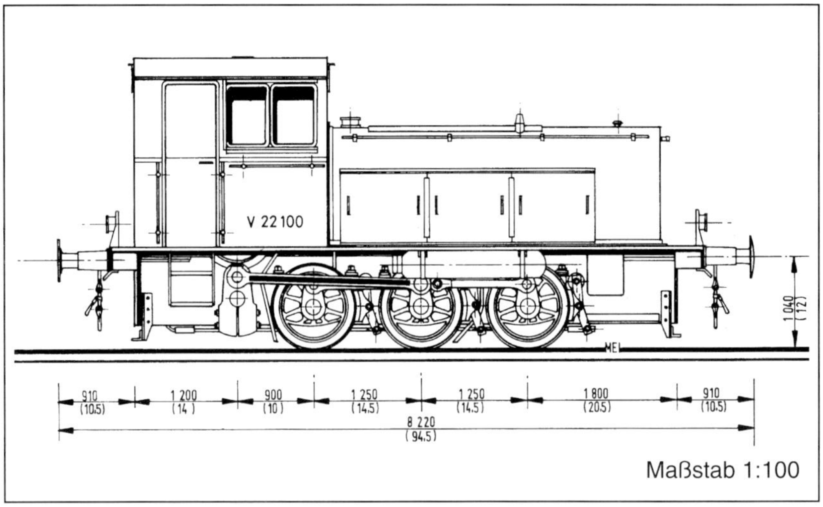

Diesellokomotive V 22 der DB
Zeichnung: Archiv Eisenbahn Magazin

Der Vorbau ist aus Blechen und Profilen zusammengeschweißt oder genietet und mit den Laufblechen verschraubt. Steckbleche geben den Zugang zur Maschinenanlage frei. Für den Ein- und Ausbau des Motors muß der Vorbau abgehoben werden.

Das in Höhe der Umlaufbleche angeordnete Führerhaus besitzt Stirnwand- sowie Seiten- und Türfenster. Es ist über beidseitige Tritte und Türen erreichbar. Im Führerhaus befindet sich ein Führertisch, an dem unter anderem der Fahrtrichtungshebel, der Umschalthebel für das Stufengetriebe, die Wurfhebelbremse und das Handrad für die Motor- und Getriebesteuerung angebracht sind. Auf einem besonderen Apparatepult sind die elektrischen Schalteinrichtungen und Überwachungsinstrumente befestigt.

Die Radsatzwellen sind in Gleitlagern gelagert. Die beiden durch Stangen gekuppelten Radsätze werden vom Dieselmotor über eine drehelastische Kupplung, eine starre Welle, das hydraulische Getriebe mit Stufengetriebe, das Wendegetriebe und die zwischen den beiden Radsätzen eingebaute Blindwelle mit Kurbel angetrieben. Als Antriebsmotoren werden der MaK-Motor MS 24 und der Deutz-Motor A 6 M 324 verwendet. Das Voith-Getriebe L33y ist mit dem Stufen- und Wendegetriebe zusammengeschraubt. Im Stufengetriebe werden Strecken- und Rangiergang, im Wendegetriebe die Fahrtrichtung mechanisch durch je einen Hebel geschaltet. Das Getriebeventil und die Motorfüllung werden über ein Gestänge vom senkrecht am Führertisch angeordneten Handrad aus gesteuert.

270 001 am 19. 2. 1977 im Bw Hamm/Westf.
Foto: Archiv Eisenbahn Magazin

Die Wärme aus dem Dieselmotor und dem Getriebe wird über einen Stirnkühler abgeführt. Das Kühlwasser kann nach längeren Stillständen mit einem Dofa-Ofen erwärmt werden. Eine Zugheizeinrichtung ist nicht vor-

Hauptsächliches Einsatzgebiet der V20/ 270 war der Bauzugdienst, 270 034 im Mai 1978 in Hamburg Hbf.

Aufgrund ihres explosionsgeschützten Motors war die Baureihe 270 im Hamburger Petroleumhafen unentbehrlich. Als letzte V 20 war 270 035 bis zum Herbst 1979 in diesen Diensten anzutreffen.

Fotos: Rüdiger Block

handen. Einzelne Maschinen wurden auf Einmannbedienung umgebaut.

Von den für die Deutsche Wehrmacht gebauten WR 200 B kamen 1949 27 Maschinen in den Bestand der DB. Sie erhielten die Betriebsnummern V 20 001, 002, 005 bis 008, 020, 021, 023, 030 bis 041 und 050. Hinzu kamen 16 Lokomotiven der Baureihe V 22. Alle Maschinen wiesen mehr oder weniger große Schäden auf und mußten zunächst instand gesetzt werden. Dabei erhielten die V 22 001 bis 009 und die V 22 050 neue Motoren vom MaK-Typ MS 24 und wurden entsprechend ihrer Motorleistung in V 20 051 bis 060 umgezeichnet.

Die V 20 kamen vorrangig im Rangierdienst zum Einsatz; Leistungen im Streckendienst, vor allem im Personenzugverkehr, zählen eher zu den Ausnahmen. Bei den über das gesamte Gebiet der alten Bundesländer verstreuten Heimatdienststellen waren dabei anfänglich nur einzelne Maschinen anzutreffen. Lediglich die Bahnbetriebswerke Hamburg-Harburg und Oldenburg verfügten über mehrere Lokomotiven. Erst ab Mitte der sechziger Jahre wurde die Beheimatung konzentriert, wobei vorrangig norddeutsche Bahnbetriebswerke diese Baureihe in ihren Beständen führten. Aber auch in Ludwigshafen, Stuttgart oder Regensburg waren V 20 anzutreffen. Besondere Bedeutung erlangte das Bw Hamburg-Harburg für diese Baureihe. Dort waren die Maschinen beim Verschub im Petroleumhafen unentbehrlich. Während die zweiachsigen Wehrmachtsdiesellokomotiven andernorts nur noch für Arbeitszugdienste herangezogen wurden und zunehmend auf das Abstellgleis rollten, waren sie im Hamburger Petroleumhafen bis Ende der siebziger Jahre anzutreffen. Entsprechend gehörten die in Hamburg-Harburg stationierten V 20/270 zu den letzten Maschinen ihrer Baureihe. Als letzte wurde die noch im AW Hamburg-Harburg als Werklokomotive eingesetzte 270 035 am 24. 11. 1979 ausgemustert. Mit der am 25. 6. 1980 ausgemusterten Ludwigshafener 270 054 verschwand schließlich diese Baureihe vollständig von den Gleisen der DB. Als Museumslokomotiven blieben bei der DB die V 20 036 und 051 erhalten. Daneben sind weitere, betriebsfähige V 20 bei folgenden Museumsbahnen anzutreffen: Die

270 037 am 21.6.1979 in Hamburg-Wilhelmsburg
Foto: Archiv Eisenbahn Magazin

270 041 wurde 1943 von Deutz an die Deutsche Wehrmacht geliefert. Am 9.9.1977 gehörte sie zum Bestand des Bw Stuttgart.
Foto: Matthias Maier

V 20 022 bei der Almetalbahn, die V 20 035 und 058 bei der Braunschweigischen Landes-Museums-Eisenbahn (BLME) sowie die V 20 042 bei der Museumseisenbahn Paderborn.

Als Einzelgänger besonders zu erwähnen ist die V 22 100, die hinsichtlich ihrer Bauform und ihrer Motorleistung von 170 kW (235 PS) deutlich von den anderen Maschinen abwich. 1940 von Deutz gebaut, war die Lokomotive in den Jahren 1948/49 beim Bw Nordenham beheimatet. Anschließend gelangte sie noch nach Vegesack und Rheydt, bevor sie ab Juli 1951 als Schleppfahrzeug dem EAW Opladen zugewiesen wurde. Nach ihrer Ausmusterung bei der DB kam die Lokomotive 1953 zur Mindener Kreisbahn, wo sie als V 4 bis 1975 im Einsatz stand und dann an die niederländische Stoomtram Hoorn–Medemblik verkauft wurde.

V 75 DR 107 DR

Bei den zunächst als Baureihe V 75 bezeichneten Rangier-Diesellokomotiven handelt es sich um die ersten nach 1945 importierten Lokomotiven der Deutschen Reichsbahn. Mit dem Import dieser Baureihe sollten die schon 1928/29 gebauten Dampflokomotiven der Baureihe 80, die im Rangierdienst auf verschiedenen Bahnhöfen in Leipzig im Einsatz waren, abgelöst werden. 1962 waren noch alle 21 Lokomotiven der Baureihe 80, die nach 1945 bei der DR verblieben waren, im Bestand. Insgesamt beschaffte die DR von der Baureihe V 75 zwanzig Lokomotiven von der tschechischen Lokomotivfabrik CKD (Cesko-Moravska Kolben Danék), Prag. Baujahr aller 20 Lokomotiven war das Jahr 1962. Weitere 18 Lokomotiven in einer leicht veränderten Form beschafften verschiedene Industriebetriebe der DDR. Die Baureihe V 75 ist mit der Baureihe T 435.0 der Tschechoslowakischen Staatsbahnen (CSD) identisch, welche unter anderem von CKD in den Spurweiten 1435, 1520 und 1676 mm gebaut und an verschiedene Staatsbahnen geliefert wurden.

Bei der Auslieferung an die DR wurden sechs Lokomotiven beim Bw Leipzig Hbf Süd und die restlichen 14 Lokomotiven beim Bw Leipzig Hbf West beheimatet, wo sie während ihrer gesamten DR-Zeit stationiert blieben. Bezeichnet waren die Lokomotiven zuerst als V 75 001 bis 020 und ab 1970 als 107 001 bis 020.

In der Form zwar eigenwillig nach amerikanischem Vorbild gestaltet, war diese Baureihe recht leistungsfähig und robust. Unter anderem waren dies auch die ersten Diesellokomotiven der DR mit dieselelektrischer Kraftübertragung. Erst mit dem Import der Baureihen 120, 130, 131, 132 und 142 folgten Jahre später aus der UdSSR weitere Lokomotiven mit dieser Leistungsübertragung.

Die V 75 ist eine vierachsige Lokomotive mit der Radsatzanordnung Do'Do', deren Aufbauten und Rahmen aus einer Schweißkonstruktion bestehen. Der geschweißte Rahmen ist aus zwei durchgehenden Längsträgern und vier kastenförmigen Querträgern gefertigt. Der vordere und hintere Querträger nimmt dabei die jeweils an den Fahrzeugenden befindliche Zug- und Stoßeinrichtung auf. Die beiden mittleren Querträger sind mit den Oberteilen der Drehpfannen verbunden. Der Hauptrahmen der Lokomotive stützt sich über Drehtragezapfen, die auf den Drehgestellen montiert sind, ab. Die beiden zweiachsigen, achshalterlosen Drehgestelle sind wie der Lokomotivrahmen geschweißt und bestehen aus jeweils zwei kastenförmigen Längs- und einem mittig angeordneten Querträger. Dabei ist die Anordnung zwischen den Längs- und Querträgern H-förmig. Die Radsatzlager werden mittels Radsatzlenker geführt und durch Schraubenfedern vom Drehgestellrahmen abgefedert. Die Kräfte zwischen Rahmen und Drehgestell werden durch die schon erwähnten Drehpfannen übertragen. Die Verbindung zwischen Drehgestell und Rahmen ist mittels Drehzapfen ausgeführt. Zwischen den beiden Drehgestellen und unterhalb des Rahmens befindet sich der Kraftstoffbehälter mit einem Fassungsvermögen von 1500 Litern.

Zur Bremsanlage gehören, wie bei der DR üblich, drei voneinander unabhängige Bremsen, so eine selbsttätige, durchgehende Druckluftbremse der Bauart Westinghouse mit G-P-Wechsel, eine direktwirkende, nichtselbsttätige Zusatzbremse mit Bremsventil der Bauart Bozic und die auf das hintere Drehgestell wirkende Handspindelbremse. Die eingebaute Bremse der Bauart Bozic wurde im Laufe der Zeit aus Gründen der einheitlichen Unterhaltung auf das Bremssystem der Bauart Knorr umgerüstet. Die Bremszylinder sind als Doppelbremszylinder ausgeführt und befinden sich jeweils an den Längsträgern des Drehgestellrahmens. Gebremst wird jeweils beidseitig auf zwei Räder durch Grauguß-Bremsklötze. Die Verbindung zwischen den Doppelbremszylindern wird durch Bremskolben, Bremshebel, Bremswelle und dem Bremsgestänge hergestellt. Der lange, schmale und bis zum Führerhausdach hochgezogene Vorbau teilt sich in drei Abschnitte auf und ist auch als Schweißkonstruktion ausgeführt. Im vorderen Teil des Vorbaus sind die Kühlanlage, bestehend aus acht Flachrohr-Kühlerelementen je Lokomotivseite, der Luftverdichter vom Typ Kovopol 155 x 125/100, der mechanisch angetrieben wird, sowie der Hauptluftbehälter und der Radiallüfter für die vordere Fahrmotorengruppe untergebracht. Wie der Luftverdichter werden auch der Radiallüfter und der Kühlerlüfter mechanisch über ein Zwischengetriebe vom Dieselmotor angetrieben, wobei dem Kühlerlüfter eine schaltbare Reibungskupplung vorgeschaltet ist. Im mittleren Teil des Vorbaus befindet sich der Dieselmotor.

Der Gleichstrom-Traktionsgenerator und ein Teil der Hilfseinrichtungen, wie Vorschmier-Ölpumpe, Kraftstofffilter, Ölwärmetauscher, Hilfsgenerator, Abgasanlage, Radiallüfter für die hintere Fahrmotorgruppe und der Hilfs- und Sonderluftbehälter befinden sich im hinteren Teil des Vorbaus kurz vor dem Führerhaus. Der Dachteil des Vorbaus ist teilweise abnehmbar, dadurch ist ein Aus- und Einbau von Teilen der Maschinenanlage und deren Hilfseinrichtungen relativ problemlos möglich. Jeweils an den Längsseiten des Vorbaus befinden sich mehrere Türen, wodurch die Zugänglichkeit zu den Maschinenteilen sichergestellt ist.

Der Dieselmotor der V 75 ist ein als Saugmotor ausgebildeter, langsamlaufender, wassergekühlter Sechsylinder-Viertakt-Reihendieselmotor vom Typ 6 S 310 DR mit direkter Einspritzung. Er besitzt Einzelzylinderköpfe mit je zwei Einlaß- und zwei Auslaßventilen. Das Motorgehäuse ist in Schweißkonstruktion gefertigt. Neben dem Drehzahlregler ist als Übertourungsschutz ein mechanischer Sicherheitsregler angeordnet. Angelassen wird der Dieselmotor durch den als Reihenschlußmotor arbeitenden Traktionsgenerator aus der Batterie. Der Dieselmotor hat eine Leistung von 552 kW (750 PS) bei 750 U/min. Der fremderregte, eigenbelüftete, achtpolige Hauptgenerator mit einer Dauerleistung von 470 kW ist an den Dieselmotor geflanscht und auf einem Hilfsrahmen als gemeinsames Aggregat montiert. Zur Leistungsübertragung gehören der Hilfsgenerator für die Leistungsregelung, der vier Erregerwicklungen besitzt, sowie die vier vierpoligen Reihenschluß-Tatzlagerfahrmotoren und die Schalt- und Regeleinrichtungen. Die Reihenschluß-Fahrmotoren haben eine Dauerleistung von je 105 kW. Sie werden durch keilriemengetriebene Radialventilatoren fremdbelüftet. Die zwei Fahrmotore eines Drehgestells sind jeweils in Reihe geschaltet, diese beiden Gruppen sind parallel an den Traktionsgenerator geschaltet. Zu einem Zweimaschinenaggregat vereint und vom Hauptgenerator über Keilriemen angetrieben werden der Ladegenerator (Leistung 5,5 kW) sowie der Erregergenerator (Leistung 6,25 kW) für den Hauptgenerator.

Der über die gesamte Lokomotivbreite reichende Endführerstand ist mit zwei Fahrpulten, die jeweils in Fahrtrichtung rechts montiert sind, ausgerüstet. Ferner sind im Führerstand noch der

Geräteschrank sowie sämtliche Steuer-, Schalt- und Regelgeräte eingebaut.

Der Endführerstand ist schall- und wärmeisoliert und als Schweißkonstruktion ausgeführt. Das Betreten des durch Schutzgeländer gesicherten Lokomotivumlaufs ist durch eine linksseitig eingebaute Tür am Führerhaus möglich, eine weitere Tür an der hinteren Stirnfront des Führerstandes ermöglicht den normalen Zugang zum Führerhaus.

Die elektrische Energieversorgung (110 V Bordnetzspannung) wird durch den vom Dieselmotor angetriebenen Ladegenerator und die Nickel-Cadmium-Batterie mit 250 Ah sichergestellt. Die Batterien befinden sich im Lokomotivrahmen und sind über Deckel am Fahrzeugumlauf zugänglich. Nach Verschleiß der Batterien wurden diese gegen Blei-Gewebetaschen-Batterien gewechselt.

Die Steuerung ist elektrisch, pneumatisch und mechanisch als Vielfachsteuerung ausgeführt. Bei unzulässigen Betriebszuständen wird die Überwachungseinrichtung mittels automatischer Wächter wirksam und greift in das Steuersystem ein und setzt bei Gefahr Anlagen bzw. deren Teile außer Betrieb.

Im Laufe der Zeit wurden die Lokomotiven 107 004 und 023 mit einer Sicherheitsfahrschaltung ausgerüstet. Bei 107 015 wurde der Lokomotivrahmen für den Einbau einer automatischen Mittelpufferkupplung (AMK) vom Typ Intermat durch das Raw Cottbus umgebaut.

Ab Dezember 1962 übernahmen die robusten und auch bei den Personalen recht beliebten Lokomotiven den Rangierdienst auf den Leipziger Bahnhöfen und fanden auch im Arbeitszugdienst Verwendung. Für das Einsatzgebiet auf den Leipziger Bahnhöfen wurden die Lokomotiven 107 002, 005 bis 012 und 014 für den funkgestützten Rangiereinsatz mit Rangierfunk ausgerüstet. 1963/64 standen die Lokomotiven 107 004, 013, 016 und 017 im Dienst der Baubetriebsleistung der RBD Halle für die zentrale Oberbauerneuerung des Streckenabschnitts Lutherstadt Wittenberg–Jüterbog. In den Sommermonaten war es auch üblich, die Baureihe 107 im Reisezugdienst einzusetzen. Dabei waren die Lokomotiven von Leipzig aus vor Zügen nach Rochlitz, Glauchau, Karl-Marx-Stadt, Döbeln, Wurzen, Pörsten und nach Pretsch unterwegs. 1973 schied mit 107 020 die erste Lokomotive der Baureihe 107 aus dem Bestand der DR aus. Sie wurde vermutlich an das Zementwerk Karsdorf verkauft. 107 008 wurde im Jahr 1974 aufgrund eines Unfalls z-gestellt und 1975 ausgemustert. Weitere Ausmusterungen folgten in den Jahren 1977 (107 002), 1978 (107 001, 006, 010), 1980 (107 012, 014 verkauft, 016 und 017), 1981 (107 007, 009, 011 und 019). Bereits 1975 war 107 018 an das Braunkohlenkombinat Lübbenau verkauft worden. Letzte Maschine der Baureihe V 75, die Anfang 1986 noch im Bestand der DR geführt wurde, war die 107 004 des Bw Leipzig Hbf Süd. Sie wurde dort letztmalig im Februar 1986 eingesetzt. Reichlich ein Jahr nach der Abstellung wurde die Maschine am 20. 5. 1987 in betriebsfähigem Zustand an das Zementwerk in Karsdorf verkauft. 1988 erhielt sie noch einmal eine Untersuchung in der Instandhaltungsstufe V 0 durch das Raw Cottbus, wo die Baureihe 107 seit 1973 zum Unterhaltungsprogramm gehörte. Im Dienst des Zementwerkes, wo sie als Werklokomotive 004 bezeichnet wurde, stand die ehemalige 107 004 bis Mai 1992. Am 20. 6. 1992 wurde die bis heute einzig noch erhaltene Vertreterin der ersten Importlokomotive der DR als Dauerleihgabe an die Klingenthaler Eisenbahnfreunde übergeben.

V 80 DB
280 DB

Anfang der fünfziger Jahre nahm die DB die durch den Krieg unterbrochene Entwicklung von Dieseltriebfahrzeugen wieder auf. Nach der Erprobung einzelner Antriebskomponenten in Triebwagen wurde als erstes eine Diesellokomotive für den leichten Strecken- und Rangierdienst konzipiert. Die Leistung sollte dabei erstmals hydraulisch über Gelenkwellen auf die beiden Drehgestelle übertragen werden. Diese gänzlich neue Form der Leistungsübertragung wurde damals vielfach hinsichtlich ihrer Betriebstauglichkeit angezweifelt, bewährte sich jedoch bis auf wenige Fehler so gut, daß sie in nur geringer Abwandlung auch in den Lokomotiven der nachfolgenden Baureihe V 200 zum Einbau kam.

An der Entwicklung der V 80 waren unter Federführung des BZA München die Lokomotivfabrik Krauss-Maffei, Henschel, Jung, Krupp, MaK und die Maschinenfabrik Esslingen sowie die Getriebehersteller Maybach und Voith beteiligt. Bestellt wurden zehn Lokomotiven, die zu gleichen Teilen von Kraus-Maffei und MaK zu liefern waren. Da aus Gründen der Instandhaltung besonderer Wert auf eine mit den bereits vorhandenen modernen Dieseltriebfahrzeugen weitgehend baugleiche maschinelle Ausrüstung gelegt wurde, waren in die V 80 die gleichen Dieselmotoren, Getriebe und Radsatzgetriebe eingebaut wie bei den Verbrennungstriebwagen dieser Leistungsklasse. Diese Vereinheitlichung führte jedoch gleichzeitig dazu, daß die V 80 trotz ihrer guten Bewährung nicht weiterbeschafft wurde, da ihre zu den VT 08 und VT 12 analoge maschinelle Ausrüstung für den

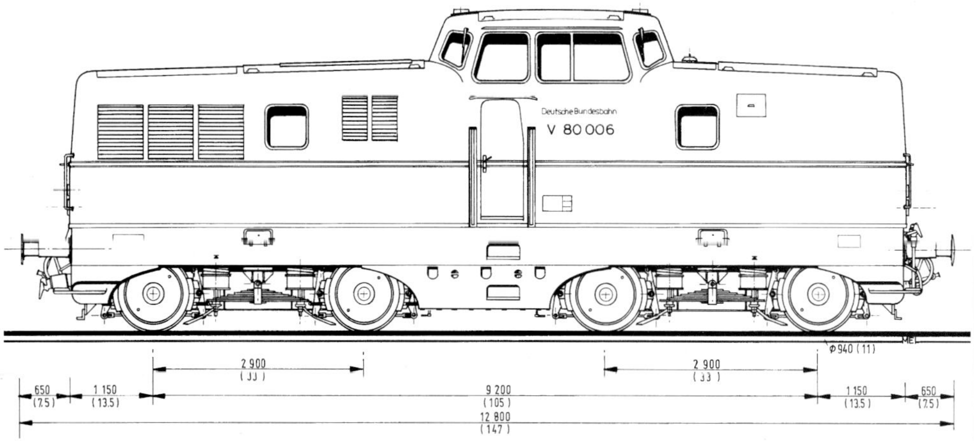

Maßstab 1:100

Dieselhydraulische Lokomotive der Baureihe V 80 (280) der Deutschen Bundesbahn
Zeichnung: Archiv Eisenbahn Magazin

vorrangigen Einsatz auf Nebenbahnen zu aufwendig war. Es war daher zweckmäßiger, den Grundtyp der Baureihe V 80 durch entsprechende Verstärkung der Leistung zu einer Hauptbahnlokomotive (V 160) weiterzuentwickeln und für den vorzugsweisen Einsatz auf Nebenbahnen eine im Fahrzeugteil und gesamten Zubehör vereinfachte Ausführung neu zu schaffen.

Die V 80 ist als vierachsige Drehgestellokomotive mit mittig angeordnetem Führerhaus ausgeführt. Der Fahrzeugteil besteht aus dem Unterrahmen, dem Oberrahmen mit den Aufbauten und den beiden zweiachsigen Drehgestellen. Der Unterrahmen, der die gesamte Maschinen- und Kesselanlage trägt, ist in Stahlleichtbauweise hergestellt. Er setzt sich aus zwei in Längsrichtung von Puffer zu Puffer durchgehenden Stahlrohren zusammen, die in Verbindung mit Querblechträgern zu einer brückenartigen Konstruktion hoher Biege- und Knickfestigkeit zusammengeschweißt sind. Der Oberrahmen ist aus Blechen und Vierkantprofilen in Schalenbauweise als selbsttragende Konstruktion hergestellt und am Unterrahmen festgeschweißt. Er gliedert sich in das in der Mitte liegende Führerhaus und die beiden Vorbauten.

Das Drehgestell ist eine geschweißte Blechträgerkonstruktion und hat die Form eines nach oben und unten offenen Kastens mit vier auskragenden Armen. Die Radsätze haben innenliegende Doppelpendelrollenlager und sind durch je zwei Radsatzlenker und Gummigelenke (Silentblocs) spielfrei mit dem Drehgestellrahmen verbun-

V 80 003 mit geänderter Abgasführung
Foto: Archiv Eisenbahn Magazin

280 001 des Bw Bamberg am 29.7.1977 in Haßfurt. *Foto: Matthias Maier*

280 002 am 26.10.1980 im AW Nürnberg *Foto: Uwe Clasen*

den. Das Drehgestell wird nicht durch einen Drehzapfen, sondern durch eine besondere Lenkhebelkonstruktion mit Gummigelenken um einen ideellen Drehpunkt geführt. Diese Ausführung kam auch bei der Baureihe V 200 der DB zur Anwendung. Der Unterrahmen stützt sich über vier an diesem angeschraubte Böcke über Gelenke auf die Bunde der in Längsrichtung der Drehgestelle liegenden Lokomotivrahmenblattfedern ab. Die Zug- und Bremskräfte werden zwischen Lokomotivrahmen und Drehgestell durch besondere, schmierungsfreie Druckstücke aus Manganhartstahl übertragen.

Auf der Lokomotivseite 1 sind im Vorbau die Kühlergruppe, das Vorheizgerät und die Kraftstoffhauptbehälter untergebracht. Anschließend folgt der Maschinenraum mit dem Dieselmotor und den Bremsluftverdichtern. Auf der Lokomotivseite 2 befindet sich der Heizkessel mit Speisewasser- und Heizölbehältern. Das erhöhte Führerhaus weist zwei sich diagonal gegenüberliegende Führerpulte auf. Des weiteren befinden sich dort die Apparateschränke, der vom Kühlwasser durchströmte Heizkörper und Speisenwärmer sowie das Handbremsrad und zwei Feuerlöscher. Unter dem Führerhaus sind das Flüssigkeitsgetriebe, die Hauptluftbehälter und die Batterie eingebaut.

Motorraum, Heizkesselraum und Führerhaus haben abnehmbare Dachteile, durch welche die darunterliegenden Maschinenanlagen von oben ein- und ausgebaut werden können. Der Maschinen- und der Heizkesselraum sind begehbar und durch Türen vom Führerhaus aus zu erreichen.

Für den Einsatz im schweren Rangierdienst konnte die Radsatzlast durch Einbau von Ballastgewichten von 15 t auf 16 t erhöht werden.

Als Antriebsmotoren können wahlweise die schnellaufenden, einfach wirkenden Zwölfzylinder-Viertakt-Dieselmotoren mit Aufladung in V-Anordnung mit 590 kW (800 PS) beziehungsweise 735 kW (1000 PS) der Firmen Daimler-Benz, MAN und Maybach verwendet werden. Der Dieselmotor ist auf einem dreipunktgelagerten Tragrahmen aufgeschraubt. Seine Antriebsleistung wird über eine Gelenkwelle zum Flüssigkeitsgetriebe übertragen. Zur Verwendung kommen wahlweise das Voith-Getriebe T 36 mit drei hydraulischen Drehmomentwandlern und das Maybach-Mekydro-Getriebe K 104, das aus einem hydraulischen Wandler und vier nachgeschalteten mechanischen Gängen besteht. Vom Flüssigkeitsgetriebe wird die Leistung über zwei Gelenkwellen zu den beiden im Lokmotivrahmen über den Drehgestellen montierten und in diese von oben eintauchenden Umschalt- und Verteilergetriebe weitergeleitet. Mit diesen Getrieben kann die Höchstgeschwindigkeit entweder auf 100 km/h für den Streckendienst oder auf 50 km/h im Rangierdienst geschaltet werden. Von den Umschalt- und Verteilergetrieben wird die Antriebsleistung schließlich über je zwei Gelenkwellen auf die vier Radsatzgetriebe übertragen.

Als Bremse sind eine selbsttätige Druckluftbremse Bauart Knorr mit Einfachsteuerventil und GP-Wechsel sowie eine Zusatzbremse vorhanden. Für jeden Radsatz ist ein Einzelbremsgestänge mit besonderem Bremszylinder eingebaut, das die Bremskraft zweiseitig auf jedes Rad überträgt.

Die Lokomotive ist mit Mehrfachtraktions- und Wendezugsteuerung ausgerüstet.

Für die Heizung von Reisezügen und zum Vorheizen der Maschinenanlage ist eine Dampfkesselanlage eingebaut, die für die Beheizung von fünf bis sechs Reisezugwagen ausreicht.

Aufgrund der erheblichen Lärmentwicklung erhielten die V 80 ab Ende 1957 nachträglich Schalldämpfer, die auf dem Führerhausdach angeordnet wurden. Diese waren mit Ausnahme des Schalldämpfers der V 80 006, der in der Gesamtform abwich und zusätzliche seitliche Schlitze besaß, baugleich. Der Erfolg dieser Maßnahme war allerdings gering, so daß die Schalldämpfer ab 1965 nach und nach wieder entfernt wurden.

Als erste V 80 wurde am 28.11.1951 die von MaK gelieferte V 80 006 von der DB abgenommen, der bis Dezember 1952 die anderen Lokomotiven von Krauss-Maffei und MaK folgten. Sie wurden den Bahnbetriebswerken Frankfurt/M-Griesheim und Bamberg zugeteilt. Die Frankfurter V 80 001, 002, 004, 005 und 010 waren dabei vor allem im Wendezugbetrieb mit drei- und vierachsigen Umbauwagen sowie Mitteleinstiegswagen im Einsatz. Im Pendeldienst befuhren sie die Strecken nach Bad Homburg, Kronberg und Bad Soden. Darüber hinaus kamen sie ab dem Sommerfahrplan 1956 mit dem Eilzugpaar E 792/793 über die Westerwälder Bahn bis nach Köln. Der Wagenpark dieser beiden Züge bestand dabei aus drei Triebwagen-Bei- und Steuerwagen der Bauart VB/VS 145. Ab 1962 wurden die Griesheimer Lokomotiven zunehmend durch die stärkeren V 100.20 aus ihren angestammten Diensten verdrangt und im Herbst 1963 schließlich ebenfalls nach Bamberg umstationiert, wo alle zehn Fahrzeuge bis zu ihrer Ausmusterung 1978 beheimatet blieben.

280 009 vor Nahverkehrszug in Schlüsselfeld am 13.5.1977
Fotos: Matthias Maier

V 80-Parade im Bw Bamberg
Fotos: Archiv Eisenbahn Magazin

Museumslokokomotive V 80 002 der DB mit einem Sonderzug bei Untersteinach am 4.7.1987 *Foto: Matthias Maier*

Die Bamberger V 80 wurden in den ersten Einsatzjahren ausschließlich von Nürnberg aus im Vorortverkehr und im leichten Eilzugdienst eingesetzt. Auch hier konnte sich die Baureihe jedoch nicht gegen die neuen V 100 durchsetzen. In der Folge verlagerte sich das Einsatzgebiet zunehmend auf die Nebenbahnen des Bamberger Raumes. Einige wenige höherwertige Leistungen führten sie darüber hinaus bis Würzburg und Hof. Ferner kamen die V 80 bei Ausfall einer V 188 in Doppeltraktion vor schweren Güterzügen zum Einsatz. Anfang der siebziger Jahre war die Baureihe schließlich vorrangig auf den nicht elektrifizierten Strecken des Coburger Landes anzutreffen. Diese Einsätze währten allerdings nur kurz.

Mit der Ausdünnung der Fahrpläne auf den Nebenstrecken bei gleichzeitiger Umstellung des Personenverkehrs auf Schienenbusse und mit der Elektrifizierung der Strecke nach Neustadt bei Coburg verlagerte sich das Einsatzgebiet schon wenige Jahre später wieder in den Bamberger Raum. Zuletzt waren die Lokomotiven fast ausschließlich nur noch auf den Strecken Bamberg – Breitengüßbach – Maroldsweisach und Bamberg–Haßfurt–Hofheim anzutreffen.

Nachdem mit 280 004 am 17.7.1976 die erste Lokomotive dieser Baureihe z-gestellt worden war, rollten die restlichen Lokomotiven zum Sommerfahrplan 1978 auf das Abstellgleis. Sie entgingen jedoch alle der Verschrottung: Während 280 002 als offizielle Museumslokomotive ausgewählt wurde und bis zu ihrem Fristablauf im Herbst 1996 vor zahllosen Sonderzügen vor allem im süddeutschen Raum zum Einsatz kam, gelangte 280 010 nach ihrer Ausmusterung am 23.10. 1977 zunächst zur Hersfelder Kreisbahn, wo sie bis November 1981 als V 31 im Einsatz stand. Anschließend wurde sie, wie schon ihre acht Schwestermaschinen zuvor, für Bauzugdienste nach Italien verkauft.

V 31 der Hersfelder Kreisbahn, ehemalige 280 010 der DB
Foto: Archiv Eisenbahn Magazin

V 188 DB
288 DB

Im Jahre 1937 beauftragte das Oberkommando des Heeres die Firma Krupp in Essen, zusätzlich zu den Diesellokomotiven des 1935/36 von der ehemaligen Deutschen Wehrmacht aufgestellten Typenprogramms eine besonders leistungsstarke Diesellokomotivbaureihe zu entwickeln. Mit dieser sollte das sich seinerzeit ebenfalls bei Krupp in der Konstruktion befindliche Eisenbahngeschütz „Dora“, das bei einem Gesamtgewicht von 1350 t nur in zerlegtem Zustand transportiert werden konnte, bespannt werden. Insgesamt wurde von der Wehrmacht der Auftrag zum Bau von drei „Dora“-Geschützen mit jeweils zwei dazugehörigen Lokomotiven vergeben. Die als D 311 projektierten und nach dem Krieg als V 188 bezeichneten Lokomotiven sollten dabei eine elektrische Kraftübertragung erhalten, um zusätzlich zur geschützeigenen Kraftzentrale die Energieversorgung der Hilfseinrichtungen des Geschützes übernehmen zu können.

Bei den Fahrzeugen der Baureihe D 311/V 188 handelt es sich um die einzigen deutschen Doppellokomotiven. Ihre beiden als A und B gekennzeichneten und im wesentlichen baugleichen Lokomotivhälften waren kurzgekuppelt und mit Endführerständen versehen. Von ihnen aus konnte die gesamte Doppellokomotive bedient werden. Da ein Einsatz einer einzelnen Lokomotivhälfte nicht vorgesehen war, ergibt sich die Radsatzanordnung Do + Do. Ebenso war ein Tausch zwischen den Lokomotivteilen nicht möglich, so daß die von Anfang an zusammengehörenden Lokomotivhälften nie getrennt wurden. Der Hauptrahmen jeder Lokomotivhälfte war aus Blechen und Profilstählen zusammengeschweißt; die Aufbauten bestanden aus einem Rahmengestell aus Winkel- und Profileisen sowie Blechen. Die Führerstände waren durch eine Wand vom Generatorraum getrennt. Eine Übergangsmöglichkeit zwischen beiden Fahrzeughälften be-

Für den Schiebedienst Laufach–Heigenbrücken wurde als erstes V 188 001 a/b bei Krauss-Maffei 1948/49 wiederaufgearbeitet
Foto: Sammlung Rüdiger Block

Diesellokomotive Baureihe V 188 (288)
Zeichnung: Archiv Eisenbahn Magazin

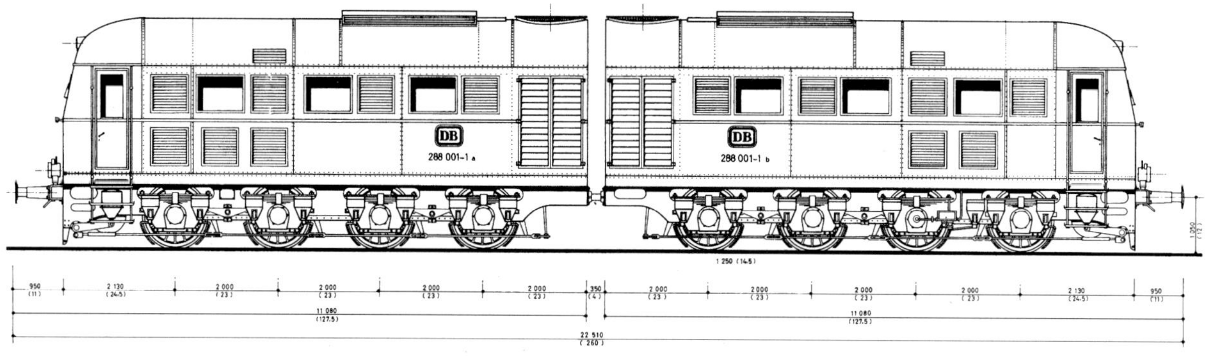

Maßstab 1:140

stand durch eine offene Blechbrücke. In den Maschinenräumen der Lokomotivteile waren die beiden unabhängig voneinander arbeitenden Antriebsanlagen untergebracht. Hierzu gehörte ursprünglich der MAN-Dieselmotor W6V 30/38 mit Büchi-Aufladung, der bei 700 U/min eine Nennleistung von 690 kW (940 PS) entwickelte. Sein Drehmoment wurde über eine drehelastische Kupplung, eine Gelenkwelle und ein Untersetzungsgetriebe auf den Gleichstromhauptgenerator übertragen, der die elektrischen Tatzlagermotoren speiste. Die gesamte elektrische Ausrüstung lieferten die Siemens-Schuckert-Werke (SSW).

Die insgesamt acht Fahrmotoren konnten in Serie oder parallelgeschaltet werden. Die Serienschaltung diente zum Erreichen höchster Zugkräfte bei niedrigen Geschwindigkeiten, wie sie beim Einrichten des Geschützes benötigt wurden. Die Angleichung der Leistung des Hauptgenerators an die jeweils von der Zugkraft abhängige Leistung der Fahrmotoren geschah dabei durch Verstärkung oder Schwächung des Erregerstroms durch Zu- oder Abschalten von Vorwiderständen mit der Fahrkurbel in 24 Schalt- und drei Shuntstufen. Die Fahrmotoren wurden durch je ein Gebläse pro Lokomotivhälfte, das sich bei Fahrstufe 4 selbsttätig zuschaltete, fremdbelüftet.

Die zulässige Geschwindigkeit betrug im Einsatz am Geschütz 20 km/h, im Streckendienst 60 km/h. Jede Halblokomotive besaß eine eigene selbsttätige Druckluftbremse; die Handbremse wirkte auf das gesamte Bremsgestänge jeder Lokomotivhälfte.

Die nach dem Krieg im Bereich der DB wieder aufgetauchten Lokomotiven wurden mehrfach umgebaut. Dabei erhielten sie u.a. 1955 die bei der V 200.0 bereits bewährten Maybach-Motoren des Typs MD 650 mit einer Leistung von 735 kW (1000 PS). Die

V 188 001 auf der Drehscheibe ihres Heimat-Bw Gmünden

Fotos: Archiv Eisenbahn Magazin

288 002 im AW Nürnberg

288 002 schiebt einen Kohlenganzzug nach *Foto: Archiv Eisenbahn Magazin*

feinstufige Steuerung mit insgesamt 27 Fahrstufen wandelte man in eine 13stufige Steuerung mit zwei Shuntstufen ab.

Die ersten Lokomotiven wurden am 22.10.1941 (D 311.01 A/B und D 311.02 A/B) beziehungsweise 25.8.1945 (D 311.03 A/B und D 11.04 A/B) von Krupp, Essen, geliefert. D 311.01 A/B und D 311.02 A/B wurden umgehend zum Versuchsschießplatz Rügenwalde überführt, wo sie zusammen mit dem ersten „Dora"-Geschütz für den Einsatz auf der Krim vorbereitet wurden.

Letztendlich überstanden drei Doppellokomotiven die Kriegswirren mehr oder weniger unbeschadet: Während sich D 311.02 A/B und D 311.03 A/B bei Kriegsende im Bereich der späteren Bundesrepublik Deutschland wiederfanden, tauchte D 311.04 A/B in den Niederlanden wieder auf. Der Verbleib der D 311.01 A/B ist ungeklärt. Nach Auskunft der Firma Krupp soll sie nach dem Krieg in Essen verschrottet worden sein. Die 1937 ebenfalls bestellten D 311.05 A/B und D 311.06 A/B sind nach Herstellerangaben bereits während der Montage durch Kriegseinwirkung zerstört worden.

Im Bereich der DB befand sich nach 1945 mit der D 311.03 A/B, die in der Nähe von Nürnberg vorgefunden wurde, zunächst nur eine Doppellokomotive. Obwohl diese damit ein Einzelgänger war, setzten sich das RZA München und die RBD Nürnberg erfolgreich für eine Aufarbeitung ein. Die Instandsetzungsarbeiten an der späteren V 188 001 a/b wurden ab dem 23.1.1948 im Privatausbesserungswerk von Krauss-Maffei durchgeführt, nachdem eine ursprünglich vorgesehene Reparatur beim Hersteller in Essen an der amerikanisch-britischen Zonenteilung und vor allem an den dort fehlenden Ersatzteilen für den elektrischen Teil scheiterte. Bereits am 10.6.1949 absolvierte die Lokomotive ihre Probefahrt nach Garmisch-Partenkirchen. Da dabei keine Probleme auftraten, wurde sie umgehend dem Bw Aschaffenburg zugeteilt, von wo aus sie ab dem 31.8.1949 im Schiebedienst auf der Steilrampe Laufach–Heigenbrücken eingesetzt wurde.

Zur selben Zeit erhielt die DB von einem niederländischen Schrotthändler die Mitteilung, daß sich bei ihm eine weitere Doppellokomotive befände. Es stellte sich heraus, daß es sich dabei um die ehemalige D 311.04 A/B handelt. Da damit V 188 001 a/b kein problematischer Einzelgänger mehr wäre, entschloß sich die DB, diese Lokomotive anzukaufen und ebenfalls betriebsfähig herzurichten. Ihre Überführung ins AW Mülheim-Speldorf geschah am 21.12.1949. Nach dem Abschluß der Instandsetzungsarbeiten, die wiederum bei Krauss-Maffei durchgeführt wurden, und einer erfolgreichen Probefahrt zwischen München und Aschaffenburg am 23.11.1951 kam auch diese Lokomotive – als V 188 002 a/b – zum Bw Aschaffenburg.

Als dritte Lokomotive wurde der DB schließlich von Krupp die D 311.02 A/B angeboten. Obwohl sich die Maschine in einem desolaten Zustand befand, entschloß sich die Bundesbahn auch in diesem Fall für einen Ankauf, hoffte man doch, mit den dann drei Lokomotiven den Schiebedienst zwischen Laufach und Heigenbrücken vollständig auf Dieselbetrieb umstellen zu können. Diese Erwartung erwies sich jedoch als zu optimistisch, zeigten doch die beiden sich bereits im Einsatz befindlichen V 188 keineswegs die gewünschte Betriebszuverlässigkeit. Deshalb wurde einer Aufarbeitung der immerhin schon als V 188 003 a/b bezeichneten Lokomotive nicht zugestimmt. Sie fristete in der Folgezeit als Ersatzteilspender ihr Dasein im AW Nürnberg.

Die immer neuen Schäden führten im April 1954 auch zur z-Stellung der beiden Aschaffenburger Lokomotiven. Wiederum setzte sich die BD Nürnberg mit Nachdruck und letztlich erfolgreich für diese Baureihe ein, und noch im Dezember 1954 genehmigte die Hauptverwaltung als letzten Versuch den Umbau einer Lokomotive. Ausgewählt wurde V 188 002 a/b, die dabei u.a. Maybach-Dieselmotoren der Bauart MD 650 erhielt. Um die Motordrehzahl von 1500 U/min an die elektrische Kraftübertragungsanlage mit 700 U/min anzupassen, entwickelte Gmeinder ein passendes Zwischengetriebe. Nach dem Abschluß der Arbeiten stand die Lokomotive ab dem 24.1.1956 dem Betriebsdienst erneut zur Verfügung. Sie zeigte dabei sofort eine höhere Zuverlässigkeit, bessere Verbrauchswerte und im Vergleich zu den Dampflokomotiven der Baureihe 44 auch eine höhere Wirtschaftlichkeit. Dies veranlaßte die BD Nürnberg, die zweite Maschine ebenfalls für einen Umbau vorzuschlagen. Am 25.12.1957 durch die Hauptverwaltung genehmigt, kehrte so knapp ein Jahr später auch V 188 001 a/b wieder in den Betrieb zurück.

Aufgrund der zwischenzeitlichen Elektrifizierung der Strecken im Aschaffenburger Raum gelangten beide Lokomotiven noch vor Jahresende 1958 zum Bw Gemünden, von wo aus sie im Güterzugdienst zwischen Lichtenfels und Bebra zum Einsatz kamen und dabei durchschnittlich 500 Kilometer pro Tag zurücklegten. Die Leistungen blieben bis zur Auflösung des Bw Gemünden 1968 unverändert. Anschließend wurden beide V 188 dem Bw Bamberg zugeteilt. Befahren wurde nun die noch nicht elektrifizierte Strecke Wernfeld–Schweinfurt–Bamberg bis Neuenmarkt-Wirsberg.

Ein Schaden besiegelte zuerst das Schicksal der V 188 001 a/b; sie wurde am 25.9.1969 ausgemustert und 1970 durch die Firma Layritz verschrottet. V 188 002 a/b war immerhin noch bis 1972 im Plandienst zu beobachten, dann bereitete die fortgeschrittene Elektrifizierung auch ihrem Einsatz ein Ende. Ihrer Ausmusterung wurde am 16.6.1972 stattgegeben. Sie wurde später nach Italien in den Raum Udine/Triest überführt, wo sich ihre Spuren verlieren.

V 90 DB
290 DB
290 DB AG
294 DB AG

Die anfänglichen Ermittlungen zum Triebfahrzeugbedarf in den fünfziger Jahren gingen bei der im Rahmen des Typenprogramms zu beschaffenden V 100 von rund 1000 Lokomotiven dieser Baureihe aus. Neben den in der Folge in Dienst gestellten 364 Lokomotiven der Baureihe V 100.10 und den 381 V 100.20 war dabei mit der V 100.0 die Entwicklung einer Unterbauart für den schweren Rangierdienst vorgesehen. Hierfür sollten die Lokomotiven mit einer veränderten Radsatzgetriebeübersetzung ausgerüstet werden. Außerdem sollte durch Ballastgewichte ein höheres Reibungsgewicht und damit eine größere Zugkraft erreicht werden. Die Planungen wurden jedoch in dieser Form nicht verwirklicht, zumal sich die V 60 sehr gut bewährte. Erst mit den steigenden Anforderungen im Rangierdienst wurden die Überlegungen zur Beschaffung einer schweren Rangierlokomotive in den sechziger Jahren wiederaufgenommen.

Die als V 90 geplante Baureihe sollte in der Lage sein, die durch die Elektrifizierung schwerer gewordenen Güterzüge ungeteilt, beschleunigt und unter wirtschaftlichen Bedingungen rangieren zu können. Da inzwischen zahlreiche Untersuchungen hinsichtlich der Eignung des Gelenkwellenantriebs für Rangierlokomotiven vorlagen, die zu einem positiven Ergebnis gekommen waren, sollte die neue Baureihe als vierachsige Drehgestelllokomotive mit 20 t Radsatzlast ausgeführt werden. Da die Konstruktionsreserven der V 100 hierfür nicht ausreichten, war ein Neuentwurf des Fahrzeugteils erforderlich, der sich jedoch eng an die bewährte V 100 anlehnen sollte.

290 002 am 2.6.1985 bei Au im Murgtal *Foto: Matthias Maier*

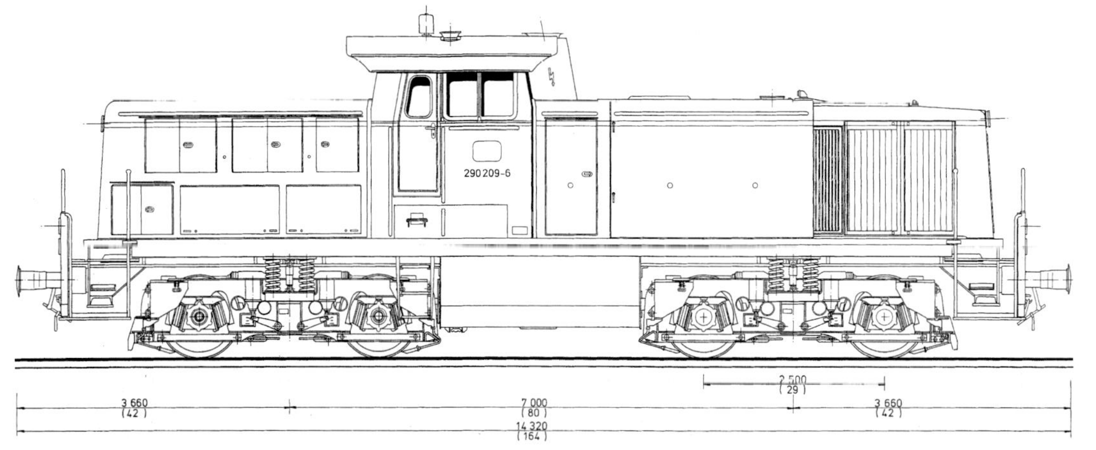

Diesellokomotive V 90 (290)
Zeichnung: Archiv Eisenbahn Magazin

Vorserienlokomotive V 90 007 im Bw Karlsruhe
Foto: Archiv Eisenbahn Magazin

Wie schon bei der V 100 wurde die Entwicklung der V 90 durch MaK in Kiel übernommen und in enger Zusammenarbeit mit dem BZA München ausgeführt. Diese Arbeiten wurden 1963 abgeschlossen und im darauffolgenden Jahr konnten im Rahmen einer Vorserie die ersten 20 Lokomotiven in Dienst gestellt und erprobt werden.

Die V 90 ist eine einmotorige vierachsige Drehgestell-Lokomotive mit hydraulischer Leistungsübertragung, halbmittigem Führerhaus, eingezogenen Vorbauten, gekuppeltem Gelenkwellenantrieb aller Radsätze, jedoch ohne Zugheizanlage und ohne Hilfsdiesel. Die robusten Drehgestelle und die sekundäre Leistungsübertragung bedingen eine um 2 m größere Länge als bei der V 100, was der Übersichtlichkeit und Zugänglichkeit fast aller Teile entgegenkommt. Für das Rangierpersonal sind an den vier Rahmenenden breite Tritte zur Mitfahrt und an beiden Stirnseiten Querübergänge vorhanden.

Der selbsttragende Lokomotivrahmen besteht aus schweren Profilträgern, von denen die beiden Breitflanschträger über starke Pufferbohlen ohne Überbeanspruchung 200 t Pufferkraft aufnehmen und durchleiten können. Auf ihnen ruht das Motorbett mit der elastischen Motorlagerung. Zwischen ihnen ist das Getriebe hängend angeordnet. Der Dieselmotor ist über zwei Schiebetüren gut zugänglich. Am Rahmen sind über 6 t Gußeisen-Bal-

Wegen der fehlenden Zugheizeinrichtung ist der Einsatz der 290 vor Reisezügen eher selten. 290 005 war am 30.5.1971 mit einem Schülersonderzug in Forbach-Gausbach anzutreffen *Fotos: Matthias Maier*

last befestigt. Mit den beiden Hauptquerträgern sind zwei kräftige Stahlguß-Drehtürme verschweißt, die, wie bei der V 100, die Drehgestelle führen und die Zugkraft aufnehmen. Obwohl die vier unter sich gleichen Vorgelege-Radsatzgetriebe mit hoch liegenden Gelenkwellen durchgekuppelt sind, werden die Drehgestelle zur Minderung der Radsatzentlastung tief angelenkt.

Die Rahmen der Drehgestelle sind in geschweißter Blechträgerbauart ausgeführt. Der Drehgestellrahmen ist über Megifedern abgefedert, die auch die elastische Führung der Radsätze übernehmen. Der Lokomotivkasten ist auf jedem Drehgestell in zwei Punkten über je zwei Schraubenfedern und darüberliegenden Schichtgummifedern abgestützt. Die Radsatzführung ist verschleißfrei ausgeführt; einer präzisen, aber nur für höhere Geschwindigkeiten nötigen Radsatzlenkerführung bedurfte es nicht.

Das elastisch gelagerte Führerhaus einschließlich seiner Inneneinrichtung gleicht dem der V 100, der Mittelführertisch jedoch im wesentlichen dem der V 60. Das Getriebe ist gleichfalls unter dem Führerstand, der Motor im Vorbau eingebaut. Statt der Zugheizung besitzt die V 90 eine Vorwärm- und Warmhalteeinrichtung.

Die Maschinenanlage ist mit der V 100.20 weitgehend gleich. Es wird der gleiche Dieselmotor MB 835 A mit 990 kW (1350 PS), jedoch im Hinblick auf eine längere Lebensdauer auf 810 kW (1100 PS) reduziert, verwendet. Ferner ist die V 90 mit einem ähnlichen Getriebe wie die V 100, jedoch ohne Kupplungsgang, ausgerüstet. Dieses Voith-Getriebe L260rs ist für den Streckendienst auf 80 km/h und für das Rangieren auf 40 km/h übersetzt. Wie bei der V 100 treiben die Gelenkwellen auf vier untereinander gleiche Vorgelege-Radsatzgetriebe etwas größerer Übersetzung. Die Kühlanlage ist mit Rücksicht auf die wegen der Puffersicht erforderlichen schmalen Vorbauten mit zwei – gegenüber der V 100 kleineren – Lüfterrädern ausgerüstet, deren Drehzahl hydrostatisch geregelt wird. Die pneumatische Leistungssteuerung erfolgt wie bei der V 60 stufenlos. Schleuder- und Überlastungsschutzeinrichtungen schützen die Triebwerksteile vor unzulässigen Überbeanspruchungen im Anfahrbereich.

Die V 90 ist mit Rangierfunk ausgestattet, der einen Wechselsprechverkehr zwischen dem Lokomotivführer und verschiedenen Stellen eines Rangierbahnhofes ermöglicht.

Unterhaltungswerk für die süddeutschen 290 war bis 1988 das AW Nürnberg, seitdem betreut das AW Bremen die 290. 290 10 war am 8.9.1976 im AW Nürnberg zu Gast.

Oben links: 290 149 auf dem Ablaufberg *Foto: Archiv Eisenbahn Magazin*

Oben rechts: 290 348 im Bw Oldenburg am 23.9.1976 *Fotos: Matthias Maier (2)*

Als erste V 90 wurde am 4.8.1964 die von MaK gelieferte V 90 001 durch die DB abgenommen. Die restlichen Lokomotiven der Vorserie folgten bis Anfang 1965. Die mit ihnen durchgeführte Betriebserprobung verlief erfolgreich, so daß nach nur geringfügigen Änderungen die Serienbeschaffung beginnen konnte. Insgesamt beschaffte die DB in mehreren Baulosen bei MaK, Deutz und Henschel 407 Lokomotiven dieser Baureihe. Als letzte Lokomotive wurde am 4.9.1974 die 290 407 in Dienst gestellt.

Die Lokomotiven sind mit Ausnahme des norddeutschen Raumes, wo vorrangig Rangierlokomotiven der Baureihe 291 zum Einsatz kommen, auf allen größeren Rangierbahnhöfen in den alten Bundesländern anzutreffen. Darüber hinaus erbringen sie umfangreiche Leistungen im Übergabe- und Nahgüterzugverkehr, so daß rund ein Drittel der V 90-Kilometerleistungen aus diesen Diensten stammen. Mit einer Verfügbarkeit von 93 Prozent gehören die V 90 dabei mit zu den zuverlässigsten Lokomotiven der DB.

Einige Lokomotiven wurden für den automatisierten Abdrückbetrieb auf dem Rangierbahnhof Nürnberg bereits in den achtziger Jahren mit (Pro-

Zwei 290 im Schiebedienst auf der Moselstrecke bei Kinderbeuren am 14.9.1973

zeß-)Funkfernsteuerung ausgerüstet. Zur weiteren Rationalisierung des Rangierdienstes erhalten nach den Kleinlokomotiven der Leistungsgruppe IV (Baureihen 360 und 361) derzeit auch 250 Lokomotiven der Baureihen 290 und 291 nachträglich eine Rangier-Funkfernsteuerung. Die Umrüstung wird im Werk Bremen durchgeführt. Als Baumusterlokomotiven wurden im Sommer 1995 die 290 212 und die 291 047 entsprechend umgebaut. Der Serienumbau wurde Anfang 1996 aufgenommen und soll Mitte 1997 abgeschlossen werden. Die mit Funkfernsteuerung ausgerüsteten Lokomotiven erhalten die neuen Baureihenbezeichnungen 294 und 295. Sie verbleiben auch anschließend in ihren bisherigen Einsatzräumen in den alten Bundesländern. Ursprüngliche Planungen, etwa 40 Lokomotiven nach dem Umbau in den neuen Bundesländern einzusetzen, können nicht realisiert werden, da die Lokomotiven nicht freigesetzt werden können.

Neben den für die DB gebauten V 90 fertigte die MaK im Anschluß an die Serienlieferungen eine weitere Lokomotive dieser Bauart für die Bundeswehr. Die Lokomotive wurde 1974 in Dienst gestellt und anschließend von der DB angemietet. In den Bestand der DB-Triebfahrzeuge wurde sie dabei als 290 999 eingereiht. Die Maschine bediente bisher im Umlauf der in Köln-Nippes beheimateten 290 das Anschlußgleis des Luftwaffendepots in Mechernich. Anfang 1996 wurde sie schließlich – mit der garantierten Zusage, auch weiterhin das Depot auf der Schiene zu bedienen – als 290 408 in das Eigentum der DB AG übernommen.

Wochenendruhe für die Rangierlokomotiven im Bw Karlsruhe am 28. 9. 1975

Drehgestell der 290 mit primärer Megifeder und sekundärer Schraubenfeder

294 076 des Bh Hagen in Hamm/Westf. im August 1996

Fotos: Matthias Maier

291 DB
291 DB AG
295 DB AG

Mit der Indienststellung der 290 407 im September 1974 war bei der DB der Bedarf an schweren Rangierlokomotiven noch keineswegs gedeckt. Im Rahmen weiterer Bestellungen schien es allerdings geboten – obwohl sich die V 90 gut bewährten – aus wettbewerblichen Gründen bei der Beschaffung auch andere Alternativen zu berücksichtigen. Dies galt insbesondere für den Dieselmotor, dessen Beschaffungspreis rund 20 Prozent des Lokomotivpreises ausmacht. Als Alternative bot sich dabei, nach dem Zusammenschluß der Dieselmotorenfertigung bei MAN, Maybach und Mercedes-Benz zur Motoren- und Turbinen-Union (MTU), der von MaK angebotene mittelschnellaufende Motor 8 M 282 AKB an. Die auf Basis dieses Motors bei MaK entstandene Baureihe 291 entspricht in Leistungsfähigkeit und Gewicht genau der 290 und ist äußerlich von dieser kaum zu unterscheiden. Entsprechend wurden bei den nach 1973 ausgeschriebenen Beschaffungen von insgesamt 100 weiteren Rangierlokomotiven beide Varianten berücksichtigt und die preisgünstigere bestellt.

Bereits Ende 1966 hatte die MaK bei der Serienfertigung der V 90 auf eigene Rechnung drei Lokomotiven mit dem 1963/64 entwickelten Dieselmotor 8 M 282 A(K) ausgerüstet und der DB zur Erprobung auf Mietbasis angeboten. Diese ging auf das Angebot ein und setzte die als V 90 901 bis 903 bezeichneten Lokomotiven zwei Jahre lang im schweren Rangierdienst beim Bw Delmenhorst ein. Bei dem Motor handelte es sich um einen aufgeladenen mittelschnellaufenden Dieselmotor (1000 U/min) in Reihenbauweise mit Ladeluftkühlung, der bis dahin hauptsächlich als Schiffsantrieb und als Motor für stationäre Anlagen Anwendung fand. Das Mehrgewicht von 3,6 t und das größere Bauvolumen gegenüber dem serienmäßig in der V 90 eingebauten schnellaufenden MTU-Dieselmotor (1500 U/min) konnte bei den drei Lokomotiven, bei denen entsprechend der ihnen zugedachten Aufgaben mehr das Reibungsgewicht von 80 t als die Motorleistung ausschlaggebend war, durch Weglassen von Ballast relativ einfach ausgeglichen werden. Die Lokomotiven bewährten sich gut, und bei einer Zerlegung des Motors Anfang 1969 zeigten sich keine Schäden, die eine Konstruktionsänderung erforderlich gemacht hätten. Lediglich das Schmiersystem und die Einspritzausrüstung erschienen verbesserungswürdig.

Nachdem Ende 1971 ein Motor auf den neuesten konstruktiven Stand gebracht worden war, wobei die Leistung gleichzeitig von 880 auf 1030 kW erhöht werden konnte, wurde dieser auf dem UIC-Prüfstand einem 100-Stunden-Lauf und auf dem ORE-Prüfstand einen 360-Stunden-Lauf unterzogen. Aufgrund der guten Ergebnisse beider Prüfstandläufe ließ die DB die Motoren der drei Prototypen im Rahmen einer planmäßigen Überholung ebenfalls auf den neuesten Stand bringen und kaufte die drei Lokomotiven anschließend an.

Neben dem Rangierdienst im Verschiebebahnhof Maschen finden die in Hamburg beheimateten 291 ein umfangreiches Betätigungsfeld im Hamburger Hafen, 291 002 und 291 008 in Hamburg-Hohe Schaar. *Foto: Rüdiger Block*

Oben: V 90-Probelokomotive, spätere 290 901 *Foto: Archiv Eisenbahn Magazin*

Mitte: 291 902 und 291 903 am 6.5.1978 im Bw Bremen Rbf *Foto: Uwe Clasen*

Unten: 291 048 überquert die Fährstraße in Hamburg-Wilhelmsburg am 27.8.1982. *Foto: Sammlung Rüdiger Block*

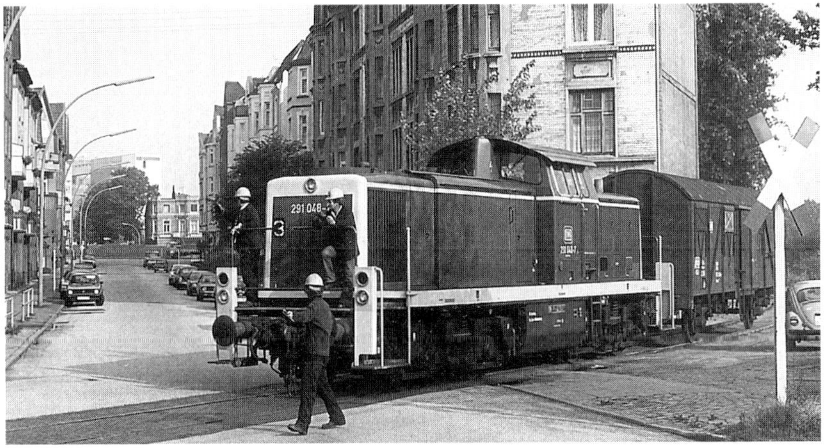

Die Lokomotiven der Baureihe 291 entsprechen konstruktiv der zuvor beschafften Baureihe V 90/290. Sie sind jedoch mit dem mittelschnellaufenden MaK-Dieselmotor des Typs 8 M 282 AKB ausgerüstet. Seine Leistung wurde auf 810 kW (1100 PS) bei 1000 U/min gedrosselt. Beim Getriebe wurde der Eingangshochtrieb so ausgelegt, daß die Wandler auch bei dieser Drehzahl die Leistung von 810 kW aufnehmen können. Das modifizierte Voith-Getriebe erhielt die Bezeichnung L206rsb.

Neben den nachträglich übernommenen Prototypen 291 901 bis 903 beschaffte die DB in zwei Baulosen insgesamt 100 Lokomotiven dieser Baureihe bei MaK. Als erste wurde am 7.3.1974 die 291 001 abgenommen; die letzte Maschine wurde mit 291 100 im August 1978 in Dienst gestellt. Heimatdienststellen sind die Bahnbetriebswerke Hamburg-Wilhelmsburg, Bremen, Bremerhaven, Emden und Osnabrück. Einige Lokomotiven wurden für den automatisierten Abdrückbetrieb auf dem Rangierbahnhof Maschen bereits in den achtziger Jahren mit (Prozeß-)Funkfernsteuerung ausgerüstet. Derzeit erhalten weiteren Lokomotiven eine Ausrüstung mit Rangier-Funkfernsteuerung und werden mit der Baureihennummer 295 gekennzeichnet.

Kleinlokomotiven der deutschen Staatsbahnen

Kö I, Kb I DRB, Kö I, Kb I DB, 311 DB, Kö I DR, 100.0 DR
Kö II, Köf II, Köe II, Kb II, Kbf II, Kbe II DRB, Kö II, Köf II DB, 321, 322, 323, 324 DB, 323, 324 DB AG
Kö II, Köf II DR, 100.1-9 DR, 310, DB AG
Köf 10 DB, 331 DB
Köf 11, Köf 12 DB, 332, 333, DB, 332, 333, 335 DB AG

Nach dem Vorbild der Niederländischen Staatsbahnen, die von 1927 bis 1930 ähnliche Motorlokomotiven mit den Nummern 101 bis 119 von der Firma Schwartzkopff in Wildau bestellt hatten, ließ auch die DRB (Deutsche Reichsbahn Gesellschaft) verschiedene Probelokomotiven von mehreren Firmen bauen. Schon im Jahr 1930 stand die DRB im Konkurrenzkampf mit dem LKW-Verkehr auf der Straße. Gegenüber diesem flexiblen Verkehrsmittel mußte die DRB die Zustellung von Nahgüterzügen zum Endabnehmer erheblich beschleunigen. Wegen fehlender Rangierlokomotiven war dies bis zu jener Zeit aber schwer möglich. Die Lokomotiven der Nahgüterzüge mußten auf fast allen Unterwegsbahnhöfen auch die Rangierarbeiten und die Bedienung der einzelnen Werkanschlüsse übernehmen. Dies hatte zur Folge, daß die durchschnittliche Reisegeschwindigkeit solcher Züge nur etwa 10 km/h betrug. Oft war die Reisegeschwindigkeit noch geringer. So benötigte z.B. 1930 ein Nahgüterzug für die 65 km lange Strecke von Falkenberg nach Wittenberg planmäßig 15 Stunden. Dies entspricht einer Reisegeschwindigkeit von nur 4,3 km/h. Im Durchschnitt kamen auf eine Stunde Fahrzeit zwei Stunden Rangierzeit für Nahgüterzüge zusammen. Für die von der DRB bestellten Probelokomotiven wurden verschiedene Hersteller gleichzeitig beauftragt, geeignete Rangierlokomotiven zu entwickeln. Dabei hatten die Hersteller eine freie Entscheidung bei der Entwicklung, Konstruktion und dem Bau einer solchen Kleinlokomotive, auch bei der Wahl der Antriebsart. Gegenüber anderen Lokomotivbestellungen waren nur sehr wenige Hauptkenndaten und Bedingungen vorgeschrieben. Insgesamt beschaffte die DRB von 1929 bis 1931 achtzehn Probelokomotiven von den Firmen AEG, Schwartzkopff, Deutz, Windhoff und Ilsenburg, die anfangs die Betriebsnummern A 6000 bis 6003 bzw. V 6004 bis 6017 erhielten. Später erhielten diese Lokomotiven, wie die Aufstellung unten zeigt, andere Be-

A 6000 bis 6003:	Ks 4012 bis 4015,	LüP 5600 mm,	Gewicht 11 t,	Leistung 2x17,5 kW (1)
V 6004 bis 6006:	Kb 4000 bis 4002,	LüP 5805 mm,	Gewicht 10,9 t,	Leistung 31 kW (2)
V 6007 bis 6009:	Kö 4003 bis 4005,	LüP 6315 mm,	Gewicht 12,1 t,	Leistung 29 kW (2)
V 6010 bis 6012:	Kö 4006 bis 4008,	LüP 6245 mm,	Gewicht 12 t,	Leistung 29 kW (3)
V 6013 bis 6015:	Kö 4009 bis 4011,	LüP 7750 mm,	Gewicht 15 t,	Leistung 35 kW (4)
V 6016 bis 6017:	Kö 0001 bis 0002,	LüP 6500 mm,	Gewicht 18 t,	Leistung 26 kW (5)

A: Akkumulatorenlokomotive, V: Verbrennungsmotorlokomotive, K: Kleinlokomotive, s: Akkumulatoren bzw. Speicher, b: Vergasermotor, ö: Dieselmotor
(1): Hersteller AEG, (2): Hersteller: Schwartzkopff, (3): Hersteller: Deutz, (4): Hersteller: Windhoff, (5): Hersteller: Ilsenburg

triebsnummern. Diese Umzeichnung wurde noch in der Erprobungsphase der Lokomotiven durchgeführt.

Bis auf die Versuchslokomotive Ks 4015 (A 6003) waren im Jahr 1941 alle Probelokomotiven an verschiedene Dienststellen als Werklokomotiven abgegeben oder bereits verschrottet. Bei den Dienststellen, wo sie als Werklokomotiven im Einsatz waren, führte man die Maschinen nur noch als mit einer Gerätenummer gekennzeichnetes „Schleppzeug" bzw. Verschubgerät. Der weitere Verbleib der Kleinlokomotiven Ks 4015 ist unbekannt. Die Versuchslokomotive, die am längsten bei der DR im Einsatz war, dürfte die Kb 4000 (V 6004) gewesen sein, die erst Mitte der fünfziger Jahre verschrottet wurde. Diese von der Firma Schwartzkopff in Wildau unter der Fabriknummer 9769 im Jahr 1930 gebaute Kleinlokomotive setzte die DRB bis 1937 als Rangierlokomotive im Bahnhof Leising ein. Danach wurde diese an das Raw Dessau, wo sie als Werklokomotive zum Einsatz kam, abgegeben und verblieb bis zur Verschrottung in dessen Bestand. Bei der Deutschen Bundesbahn waren noch im Jahr 1970 Lokomotiven aus der ursprünglichen Versuchsserie der 18 Probelokomotiven im Bestand.

Nach Auswertung der Versuchsergebnisse kann einheitlich für alle diese Lokomotiven bestätigt werden, daß sie sich gut bewährt hatten. Eine Verkürzung der Reisezeit von Nahgüterzügen konnte jedoch nur erreicht werden, wenn solche Kleinlokomotiven in einer größeren Stückzahl der DRB zur Verfügung standen. Da die Probelokomotiven verschiedene Antriebsarten und Motoren je nach Hersteller montiert hatten, traten an den einzelnen Kleinlokomotiven natürlich auch unterschiedliche Mängel auf.

In den Probelokomotiven waren folgende Motoren verwendet worden:

Ks 4012 bis 4015: zwei Elektromotoren (Akkumulatoren); Antrieb über Zahnräder,

Kb 4000 bis 4002: Kämper-Viertakt-Vergaser-Motor; Antrieb über Ketten,

Kö 4003 bis 4005: Deutz-Zweitakt-Diesel-Motor; Antrieb über Ketten,

Kö 4006 bis 4008: Deutz-Zweitakt-Diesel-Motor; Antrieb über Ketten,

Kö 4009 bis 4011: HMG-Zweitakt-Diesel-Motor; Antrieb über Blindwelle mit Stangen,

(HMG): Hanseatische Motoren Gesellschaft,

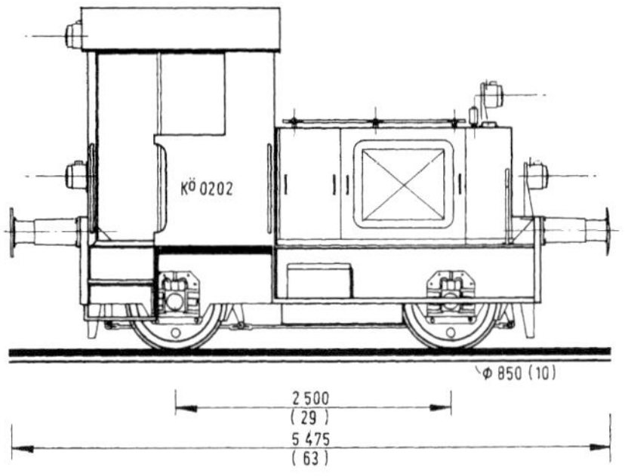

Kleinlokomotiven Kö I, Köf II und III
Zeichnungen: Archiv Eisenbahn Magazin

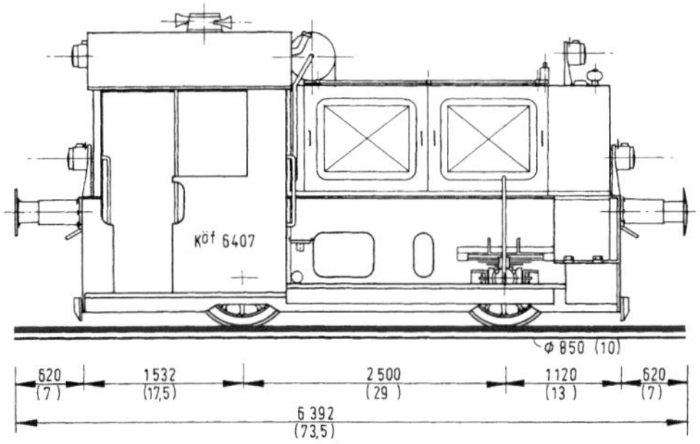

Maßstab 1:100

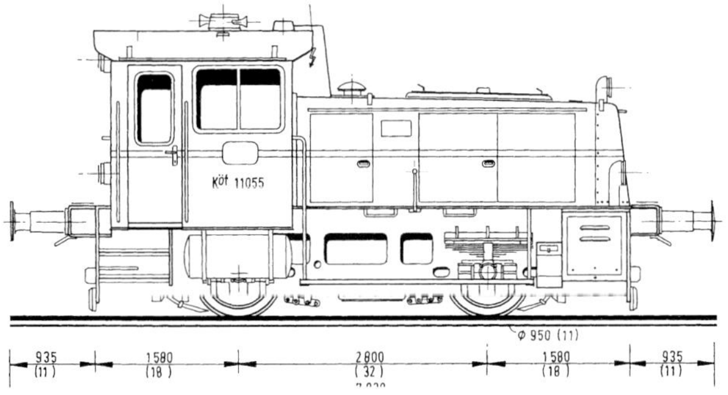

Dieselelektrische Kleinlokomotive Köe 6042 der DB

Fotos: Matthias Maier

Kleinlokomotive der Leistungsklasse I, Kö 0278, als Denkmallokomotive im AW Nürnberg

Kö 0001 bis 0002: Ilsenburg-Zweitakt-Diesel-Motor; Antrieb über Zahnräder,

Nach eingehender Analyse der Testergebnisse stellte die DRB mehrere Forderungen an die Hersteller. Entsprechend der Leistung der verschiedenen Kleinlokomotiven wurden diese jetzt in die zwei Leistungsklassen I und II unterteilt. Kleinlokomotiven mit einer Leistung bis 39 PS (28,4 kW) wurden in der Leistungsklasse I und Kleinlokomotiven mit einer Leistung von 40 PS bis 149 PS (29 kW bis 110 kW) in der Leistungsklasse II eingruppiert. Neben der Einhaltung vieler Standardmaße sollte sich auch der Bedienungskomfort für den Lokomotivführer, welcher oft auch für die Rangierarbeiten verantwortlich war, verbessern. Optimiert sollte auch weiter die Zugänglichkeit zu den Teilen werden, die öfter gewartet werden mußten. Um eine möglichst wirtschaftliche Kleinlokomotive zu bauen, wurde 1933 eine Arbeitsgemeinschaft zur Schaffung einer Einheitslokomotive der Leistungsklasse I gebildet. Dieser Arbeitsgemeinschaft gehörten neben der DRB auch die Firmen Gmeinder, Deutz und Windhoff an. Zwecks kostengünstiger Instandhaltung sollten relativ viele Teile und Baugruppen untereinander tauschbar sein. Erste Lokomotiven der einzelnen Hersteller, die dieser Arbeitsgemeinschaft angehörten, wurden 1933/34 an die DRB abgeliefert. Diese 76 gelieferten Kleinlokomotiven waren jedoch noch keine Einheitslokomotiven, da noch viele Abmessungen unterschiedlich waren. Bei der DRB erhielten diese Vorserienlokomotiven die Betriebsnummern Kö 0028 bis 0079 und Kö 0081 bis 0104. Erst mit den Lieferungen im Jahr 1934, welche bei der DRB die Betriebsnummern Kö 0080, Kö 0105 bis 0184 erhielten, kann das erstemal von einer Einheitskleinlokomotive der Leistungsklasse I gespro-

Von der Deutschen Gesellschaft für Eisenbahngeschichte (DGEG) wird die elektrische Kleinlokomotive Ka 4013 der Nachwelt erhalten.

chen werden. Am Bau dieser Einheitskleinlokomotiven war neben Deutz, Gmeinder und Windhoff auch die Maschinenfabrik Esslingen beteiligt.

Wesentliches Unterscheidungsmerkmal waren jetzt nur noch die verschiedenen Motoren der Hersteller Junkers, Kaelble, Deutz und der Hanseatischen Motoren Gesellschaft. Weitere 105 Kleinlokomotiven der Leistungsklasse I (Kö 0185 bis Kö 0289) wurden in den Jahren 1935 bis 1938 von der DRB beschafft. Diese Lokomotiven waren mit leistungsgesteigerten Motoren der Hersteller Deutz, Junkers und Kaelble, die eine Leistung von 35 bis 39 PS hatten, ausgerüstet.

Eine weitere Beschaffung von Kleinlokomotiven der Leistungsklasse I unterblieb zugunsten der Kleinlokomotiven der Leistungsklasse II.

Von den 161 Kleinlokomotiven der Leistungsklasse I waren nach dem Zweiten Weltkrieg nur noch ca. 80 Maschinen, in teilweise desolatem Zustand, bei der Deutschen Reichsbahn vorhanden. Von der DR wurden daher auch nur noch die Kleinlokomotiven übernommen, die der Einheitskleinlokomotive entsprachen. Bei der DR erhielten diese ab 1970 die Baureihennummer 100.0. Umgenummert hat die DR von den Lokomotiven nur 47, die in loser Folge die Nummern 100 001 bis 100 099 erhielten. Im Jahr 1984 führte die DR mit der 100 010 nur noch eine Maschine der Leistungsklasse I in ihrem Bestand. Dabei handelt es sich um die Einheitskleinlokomotive Kö 0210. Letzter Einsatzort war die Est. Guben des Bw Cottbus. Diese Lokomotive wurde 1994 vom LDC (Lausitzer Dampflok Club) gekauft und ist einsatzfähig im Bh Cottbus hinterstellt.

Die Konstruktion dieser Einheitskleinlokomotiven der Leistungsklasse I war relativ einfach gehalten. Der Rahmen ist ein aus Stahlblechen geschweißter Kastenrahmen, der durch Quer- und

Kleinlokomotive der Leistungsklasse I, Kö 0210 (100 010) der Deutschen Reichsbahn am 31. 10. 1991 bei Schlagsdorf
Fotos: Frank Heilmann

100 042 (ehemalige Kö 0242) am 4. 10. 1986 in Luckau

Pufferträger versteift ist. Die mittleren Querträger nehmen den Motor und das Rädergetriebe auf. Die Motoren der verschiedenen Hersteller wurden bei Raw-Aufenthalten teilweise gegen Motoren vom VEB Dieselmotorenwerk Schönebeck getauscht. Dies waren wassergekühlte Vierzylinder-Viertakt-Reihendieselmotore vom Typ 4 KVD 14,5/12 SRW mit einer Leistung von 38 PS (28 kW) bei 1250 U/min.

In den Rahmenseitenwangen waren Ausschnitte für die Radsatzlagergehäuse ausgearbeitet. Die Radsätze selbst waren gleitgelagert. Alle Räder wurden einseitig mittels Bremsklötzen abgebremst. Dies geschah über eine einfache, hochübersetzte Fußbremse mittels eines Gestänges mit Feststellsperre.

Auf dem Rahmen montiert waren der Führerstand und der Vorbau. Da der Rangierer der Kö I oft der Kleinlokomotivführer selbst war, hatte das Führerhaus keine Türen und war nur durch Ketten gesichert. Unter der Haube des Vorbaus befindet sich der frontseitig montierte Kühler, Kraftstoffbehälter, Rädergetriebe, Dieselmotor und Abgasschalldämpfer. Seitlich befinden sich je eine abnehmbare Klappe am Vorbau, wodurch ein leichter Zugang zu den Aggregaten möglich ist.

Oben: Kleinlokomotive der Leistungsklasse II, 100 617, der Deutschen Reichsbahn im Mai 1991 in Gernrode *Foto: Rüdiger Block*

Unten links: Kleinlokomotive der Leistungsklasse II, 100770, der Deutschen Reichsbahn *Fotos: Frank Heilmann (2)*

Unten rechts: Kleinlokomotive der Leistungsklasse II, 100 950, der Deutschen Reichsbahn

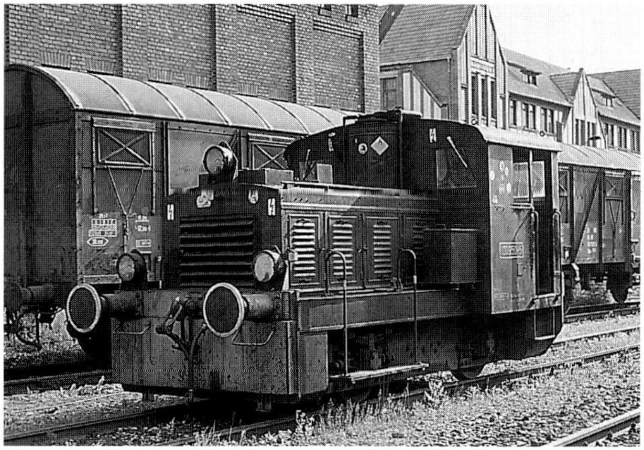

Das Anlassen des Dieselmotors geschieht elektrisch mittels 12- bzw. 24-V-Bleibatterien. Die Leistungsübertragung erfolgt vom Dieselmotor zum Rädergetriebe mit Zwischenwelle und einer Gummischeibenkupplung. Das dreistufige Schaltgetriebe arbeitet mechanisch. Dabei sind alle Räder ständig im Eingriff. Das Schalten selbst erfolgt per Kupplung. Dabei wurden in den drei verschiedenen Stufen folgende Geschwindigkeiten erreicht: 1. Stufe bis 4 km/h; 2. Stufe bis 8 km/h; 3. Stufe bis 18 km/h.

Am Getriebeausgang befindet sich eine Kegelrad-Wendestufe. Über eine verlängerte Ausgangswelle aus dem Getriebegehäuse erfolgt dann die Leistungsübertragung über Kettenräder und Rollenketten zu den beiden Radsätzen. Zur Fahrtrichtungsänderung dient ein mechanisch bedienbarer Wendeschalthebel im Führerhaus. Als Überwachungseinrichtung ist im Führerhaus lediglich eine Motoroldruckanzeige und bei den wassergekühlten Motoren eine Anzeige für die Kühlwassertemperatur vorhanden.

Im Betriebseinsatz hat sich diese Kleinlokomotive gut bewährt, jedoch schnitt diese im direkten Vergleich mit den Kleinlokomotiven der Leistungsklasse II etwas schlechter ab. Da die Lokomotiven der Leistungsklasse II eine höhere Motorleistung hatten, waren diese Maschinen wesentlich vielseitiger einsetzbar.

Wie bei den Kleinlokomotiven der Leistungsklasse I bildete die DRB nach den ersten Erprobungen auch bei der Entwicklung der Lokomotiven der Leistungsklasse II mit verschiedenen Herstellern eine Arbeitsgemeinchaft, um die Baugrundsätze für eine Einheitskleinlokomotive der Leistungsklasse II zu erarbeiten. Neben der

DRB gehörten dieser Arbeitsgemeinschaft die Firmen Jung, Schwartzkopff, Deutz, Orenstein und Koppel, Gmeinder sowie Krauss-Maffei an. Bei der Entwicklung der Versuchslokomotiven hatte die DRB den einzelnen Herstellern nur wenige Bedingungen vorgeschrieben. Bis auf einige Hauptabmessungen hatten die Firmen auch freie Entscheidung bei der Motorenwahl sowie der Auswahl der Leistungsübertragung.

Nach Auswertung der Versuchsergebnisse war die DRB mit den Betriebserfahrungen der Kleinlokomotiven der Leistungsklasse II sehr zufrieden. Daher entschloß sich die DRB, eine größere Anzahl von Kleinlokomotiven in dieser Leistungsklasse zu beschaffen. Wegen der großen Stückzahl, die die DRB beschaffen wollte, sollte dies aber auch eine Einheitskleinlokomotive sein, um den Instandhaltungsaufwand auf ein Minimum zu reduzieren. Schon wegen der Vielzahl der Hersteller kamen verschiedene Motorbauarten mit mechanischer, hydraulischer und elektrischer Leistungsübertragung zur Verwendung. Daher machte die DRB bei den zu verwendenden Motoren (Diesel- und Ottomotoren) an die einzelnen Firmen noch einige Zugeständnisse, wenn diese nur untereinander austauschbar waren. Eine weitere Vereinheitlichung bei den Motoren folgte erst im Jahr 1937. Ab diesem Jahr fanden bei den Kleinlokomotiven der Leistungsklasse II nur noch Motore von zwei Herstellern Verwendung: Deutz: Sechszylinder-Viertakt-Dieselmotor, Typ F 6 M 317; Deutz: Sechszylinder-Viertakt-Dieselmotor, Typ A 6 M 517; Kämper: Vierzylinder-Viertakt-Dieselmotor, Typ 4 D 12 R. Wegen zu hoher Brandgefahr wurden ab 1937 auch keine Benzinmotoren mehr eingebaut. Von den Einheitskleinlokomotiven der Leistungsklasse II wurden von der DRB von 1930 bis 1944 etwa 1280 Maschinen beschafft. Neben den schon genannten Firmen, die der Arbeitsgemeinschaft angehörten, waren an den Lieferungen die Hersteller Borsig, Henschel, DWK, Krupp und Windhoff beteiligt.

In der Sowjetischen Besatzungszone befanden sich nach dem Kriegsende ca. 345 Lokomotiven der Leistungsklasse II, die in den Bestand der DR übernommen wurden. In den Bestand der DR wurden auch Kleinlokomotiven von Privatbahnen, ehemalige Wehrmachtslokomotiven und Ostrückführ-Lokomotiven eingereiht. Viele der beschädigten Maschinen wurden über viele Jahre abgestellt oder dienten als Ersatzteilspender. Die durch den Krieg beschädigten Kö II wurden erst im Zeitraum von 1950 bis 1954 durch das Raw Dessau aufgearbeitet. Kleinlokomotiven mit Stangenantrieb wurden 1960 im Raw Dessau im Rahmen einer Generalreparatur umgebaut und äußerlich den Einheitskleinlokomotiven angeglichen. Abweichend von den Einheitslokomotiven sind heute nur noch in ihrem äußeren Aufbau die Kleinlokomotiven der Firma DWK (310 929, 930, 949, 950 und 952).

Ende 1960 bis 1962 baute das Raw Dessau 32 Kö II neu. Es ist heute nicht mehr nachvollziehbar, warum 1960 das Raw Dessau beauftragt wurde, Kö II neu zu bauen. Denn zum gleichen Zeitpunkt hatte auch der VEB Lokomotivbau „Karl Marx", Babelsberg, Kleinlokomotiven im Fertigungsprogramm. Die Babelsberger Kleinlokomotiven hatten die Bezeichnung N 3 bzw. N 4. Möglicherweise war Babelsberg mit seiner Lokomotivproduktion ausgelastet und die Bauarten N 3 bzw. N 4 waren für Werk- und Anschlußbahnen bestimmt. Der Neubau der Kö II wurde anhand von noch vorhandenen Firmenzeichnungen durchgeführt. Bei den ersten Neubauten durch das Raw Dessau wurden aufgearbeitete Dieselmotoren und mechanische Einheitsgetriebe verwendet. Bei der Herstellung des Fahrzeugteils wurde schrittweise zur Schweißtechnik übergegangen. Die im Raw Dessau

Die Auffahrt zur Drehscheibe des Bahnhofs Eutingen/Gäu verfehlte am 10.9.1973 die 311 263 und zerlegte dabei die Wärterbude. *Foto: Matthias Maier*

Kleinlokomotive der Leistungsklasse I, 311 189, der DB, abgestellt im AW Nürnberg am 15.2.1974 *Fotos: Matthias Maier*

323 586 mit geschlossenem Führerhaus im August 1975 in Norden

gebauten Kleinlokomotiven erhielten die Betriebsnummern Kö 4001 bis 4032, die damit zum zweitenmal besetzt wurden. Denn für jede der neugebauten Kö II wurde eine vorhandene, nicht aufarbeitungswürdige Kleinlokomotive aus dem Schadbestand gestrichen. Es waren vollständige Neubauten, selbst wenn in den Unterlagen vermerkt ist, daß die betreffende Kö II anläßlich einer Schadgruppe L 5 durch Umbau einer Kö I entstanden sein soll. Die für die Neubau-Kö II aus dem Schadlokomotivbestand gestrichenen Maschinen waren sowohl Kö I, aber auch Kleinlokomotiven, die ehemals Privat-, Klein- und Heeresfeldbahnen angehörten, bzw. Ostrückführ-Lokomotiven waren. Die erste Neubau-Kö II (Kö 4001) konnte das Raw Dessau noch 1960 an den Betriebsdienst übergeben, die letzte der 32 Kö II folgte am 21.11.1962 mit der Kö 4032. Später wurden noch einige der nach 1949 übernommenen, nicht reichsbahneigenen Kö 5710 bis Kö 5756 fremder Bauarten, in Einheitskleinlokomotiven der Leistungsklasse II durch das Raw Dessau umgebaut. Der Arbeitsaufwand dieser Umbauten entsprach fast einem Neubau. Eine weitere Nachbestellung von Kleinlokomotiven der Leistungsklasse II erfolgte durch die DR nicht mehr, da der Lokomotivbau Babelsberg schon Mitte der fünfziger Jahre an der Entwicklung einer leichten Rangierlokomotive arbeitete, die dann zur Lieferung der Baureihe V 15 führte. Bei planmäßigen Ausbesserungsarbeiten im Raw wurden in den fünfziger Jahren die Ursprungsmotoren der Firmen Orenstein und Koppel, Deutz, Krupp, Daimler-Benz, MAN, MWM, Kämper, Henschel, Büssing und Jung mit einer Leistung von 65 bis 110 PS wahlweise gegen IFA-Horch-Motore vom Typ EM 415 (Leistung 60 bzw. 65 PS), Johannisthaler SM 410 (Leistung 80 bzw. 90 PS) sowie Johannisthaler SM 412,5 (Leistung 115 bzw. 120 PS) gewechselt.

Im Zuge einer weiteren Optimierung der Instandhaltungsarbeiten fanden später zunächst Dieselmotoren vom Typ 4 KVD 18 SRW bzw. 6 KVD 14,5 SRW und in den siebziger Jahren dann nur noch die Sechszylinder-Viertakt-Dieselmotoren vom Typ 6 KVD 14,5 SRW Verwendung. Die wenigen Lokomotiven, die noch ein Flüssigkeitsgetriebe hatten (Köf II) wurden ab 1967 auf Rädergetriebe umgebaut und wurden bei der DR dann als Kö II geführt. Bei der EDV-gerechten Umzeichnung durch die DR erhielten die 371 Kleinlokomotiven der Leistungsklasse II die Baureihennummer 100.1-7 für die Lokomotiven mit mechanischem Antrieb und die Baureihe 100.8-9 für Lokomotiven mit hydraulischem Antrieb.

In Konstruktion und Aufbau sind die Kleinlokomotiven der Leistungsklasse II, wie schon die Lokomotiven der Leistungsklasse I, relativ einfach und unkompliziert gestaltet. Der Lokomotivrahmen bestand aus 30 mm dicken Blechen und wurde mit den Längs-, Quer- und Stirnblechen zusammengenietet, später bei einigen neugebauten Maschinen auch geschweißt. Der Rahmen war als Außenrahmen konstruiert. Die Radsatzlager sind im Rahmenausschnitt mit Beilagen so geführt, daß diese zum Nachspannen der Antriebsketten nach hinten bzw. vorn verschoben werden können. Bei Lieferung der Kleinlokomotiven der Leistungsklasse II war als Bremse nur eine einfache Fußhebelbremse mit einem großen Übersetzungsverhältnis vorhanden. Die Bremskraft (ca. 60 Prozent des Dienstgewichts) wird vom

Fußhebel über eine Welle und ein nachstellbares Bremsgestänge auf die Bremsklötze übertragen. Alle Räder werden jedoch nur einseitig abgebremst. Ab Mitte der sechziger Jahre an bis 1991 wurden viele Lokomotiven bei Raw-Aufenthalten mit einer zusätzlichen Druckluftbremse nachgerüstet. Diese Druckluftbremse wirkt aber nur auf die angehängten Wagen, nicht auf die Kleinlokomotive selbst. Ein Dreizylinder-Luftverdichter, der über Keilriemen vom Dieselmotor aus angetrieben wird, sorgt für die nötige Druckluft. Kleinlokomotiven, die mit dieser Bremse nachgerüstet wurden, sind deutlich an den zwei Hauptluftbehältern auf dem Vorbau bzw. dem Führerhausdach erkennbar. Eine durchgehende Hauptluftleitung mit Kupplungshahn und Schlauchkupplung dienen mit den im Führerstand beiderseitig bedienbaren Führerbremsventil (St 124) zum Füllen, Bremsen und Lösen der Bremsen des angehängten Wagenzuges. Da bei laufendem Dieselmotor der Luftverdichter ständig Luft fördert, sorgt ein Leerlaufregler mit Ventil bei Erreichen des Höchstdrucks in den Hauptluftbehältern für das Unterbrechen des Luftverdichters sowie der Verbindung mit der atmosphärischen Luft, so daß der Luftverdichter dann im Leerlauf weiterarbeitet.

An den Rahmen-Stirnblechen war bei den ersten Lokomotiven zum Teil eine halbautomatische, mechanisch fernbetätigbare Rangierkupplung montiert. Wegen erhöhter Unfallgefahr wurde diese Kupplungseinrichtung jedoch bald gegen die normale Schraubenkupplung ausgewechselt. Der auf dem Rahmen aufgesetzte Führerstand und der schmale Vorbau sind miteinander verschraubt. Der schmale Vorbau umschließt die Haupt- und Hilfsaggregate der Lokomotive und ist zwecks Wartungsarbeiten an jeder Seite mit zwei abnehmbaren Klappen versehen.

Das Führerpult im Führerstand ist mittig angeordnet und von beiden Seiten aus bedienbar. Im Laufe der Zeit wurde auch der Führerstand etwas verbessert. Die ehemals offenen Einstiege sowie seitlichen Ausschnitte im Führerstand wurden durch Klapptüren und Schiebefenster ersetzt. Weitere technische Veränderungen an den Kleinlokomotiven, wie z.B. die Montage von Druckluft- bzw. elektrischen Scheibenwischern, Heizkörpern bzw. Öfen, verstärkten Bremsschutzkästen, Motorbetriebsstundenzählern, Gummipuffer und Typhonen sowie der Umbau der Lichtanlage auf 24 V, erhöhten weiter den technischen Standard dieser Lokomotiven.

Der zuletzt verwendete und heute noch im Einsatz befindliche Dieselmotor vom Typ 6 KVD 14,5 SRW ist ein Reihendieselmotor mit einer Leistung von 92 kW bei 1250 U/min und arbeitet nach dem Wirbelkammerverfahren. Bei allen Dieselmotoren wurden Zweistufenregler mit einer unteren Leerlaufdrehzahl von 500 bis 600 U/min und einer Höchstdrehzahl entsprechend den Angaben der verschiedenen Motorenhersteller verwendet. Die Einspritzpumpe mit dem angeflansch-

Kleinlokomotive der Leistungsklasse III, Köf 11 216
Foto: Archiv Eisenbahn Magazin

332 045 im Bw Fulda, August 1995
Foto:Matthias Maier

ten Zweistufenregler wird von Steuerrädern angetrieben. Die Einspritzpumpe, die mit Überströmbohrung und Schrägsteuerkante arbeitet, ist eine Sechszylinder-Block-Einspritzpumpe. Die Leistungsübertragung bei den Kleinlokomotiven der Baureihe 100.1-9 erfolgt bei den Lokomotiven der Baureihe 100.1-7 mechanisch und bei den Lokomotiven der Baureihe 100.8-9 hydraulisch über ein Strömungsgetriebe. Der Antrieb des dreistufigen Strömungsgetriebes vom Typ L 33 (Wandler/Kupplung/Kupplung) erfolgt über elastische Gummikupplungen bzw. drehelastische Kupplung und Gelenkwelle. Die verschiedenen Getriebestufen wurden durch selbsttätiges Füllen und Entleeren der Arbeitskreisläufe in Abhängigkeit von der Fahrgeschwindigkeit geschaltet. Dabei ergeben sich folgende Geschwindigkeiten in den einzelnen Arbeitsbereichen:Arbeitskreislauf Wandler 0 bis 10 km/h; Arbeitskreislauf Kupplung I 10 bis 18 km/h und Arbeitskreislauf Kupplung II 18 bis 30 km/h.

Bei den mechanisch angetriebenen Kleinlokomotiven geschieht die Leistungsübertragung über ein Einheitsrädergetriebe. Dieses Einheitsrädergetriebe ist ein Viergang-Wechselgetriebe mit dauernd im Eingriff stehenden Zahnrädern. Es besteht aus vier Lamellenkupplungen, wobei die außenliegenden Kupplungen mit Reibbelägen versehen sind und als Fahrkupplungen bezeichnet werden. Die innenliegenden Kupplungen sind mit Stahllamellen ausgerüstet und werden als Haltekupplungen bezeichnet. Die Steuerung des Getriebes erfolgt mechanisch. Der eingeleitete Steuervorgang wird über eine Kurvenscheibe, Rollenhebel, Übertragungshebel, Scherenhebel zu den beiden Schaltwellen mit den Schaltgabeln und den Drucklagern eingeleitet. Zur Vermeidung von Übertourungen des Dieselmotors ist eine Rückschaltsperre eingebaut, die das direkte Schalten von einem höheren in einen niedrigeren Gang unterbindet. Umgeschaltet werden kann bei der für den jeweiligen Gang zutreffenden Fahrgeschwindigkeit. Folgende Geschwindigkeiten sind den einzelnen Gängen zugeordnet:

1. Gang: 0 bis 5,25 km/h,
2. Gang: 5,25 bis 10,6 km/h,
3. Gang: 10,6 bis 14,8 km/h und
4. Gang: 14,8 bis 30 km/h.

Für beide Leistungsübertragungen (mechanisch bzw. hydraulisch) werden die gleichen Wendegetriebe und Radsatztriebe verwendet. Das Wendegetriebe ist mit dem Strömungsgetriebe vom Typ L 33 oder mit dem Einheitsrädergetriebe zu einem Getriebeblock zusammengeflanscht. Außerhalb des Wendegetriebes sitzt auf einer Welle beidseitig jeweils ein Kettenritzel. Diese Kettenritzel treiben den vorderen und hinteren Radsatz über je eine Doppelrollenkette und ein Kettenrad, das auf der Radsatzwelle montiert ist, an. Unterschiede gibt es auch im Aufbau der Kühlanlage zwischen mechanisch und hydraulisch angetriebenen Lokomotiven. Bei den Kleinlokomotiven mit hydraulischer Leistungsübertragung wird das Strömungsgetriebeöl und bei den Lokomotiven mit mechanischer Leistungsübertragung das Motorkühlwasser gekühlt. Der an der Stirnseite des schmalen Vorbaus montierte Kühler besteht aus Rundrohr- oder Flachrohrkühlerelementen, deren Oberflächen durch Lamellen vergrößert sind. Bei den Kleinlokomotiven mit Strömungsgetriebe werden zur Kühlung des Strömungsgetriebeöls zwei Kühlerelemente des Kühlerblocks vom Wasserkreislauf abgetrennt und dienen zur Kühlung dieses Öls.

Mit der Zusammenführung beider deutschen Bahnen zur DB AG wurden die als Baureihe 100 geführten Kleinlokomotiven der Deutschen Reichsbahn im Jahr 1992 in die Baureihe 310 umgezeichnet. Die DR hat so kurz vor Gründung der DB AG 317 Kleinlokomotiven in den neuen Umzeichnungsplan aufgenommen. Wegen des Rückgangs des Güterverkehrs bei der DB AG sowie der Schließung vieler kleinerer Bahnbetriebswerke bzw. deren Einsatzstellen und der Auflassung vieler Güterverkehrspunkte ist auch der Bedarf an diesen Kleinrangierlokomotiven bei der DB AG gesunken. Mit Stand vom

333 001 in Forchheim/Oberfranken im März 1996 *Foto: Peter Wolf*

Januar 1995 besteht nur noch ein Bedarf von 58 Kleinlokomotiven der Baureihe 310. Im Bestand der DB AG wurden jedoch noch 192 Kleinlokomotiven geführt. Mit einer relativ schnellen Ausmusterung des Kleinlokomotivbestandes ist zu rechnen. Für die Unterhaltung der Kleinlokomotiven der Baureihe 310 ist seit vielen Jahren das Raw Halle zuständig. In der bisher fünfundsechzigjährigen Dienstzeit haben sich diese Lokomotiven außerordentlich gut im Betriebsdienst bewährt. Bei der DR waren Kleinlokomotiven in allen Reichsbahndirektionen anzutreffen und galten im Betriebsdienst als „Mädchen für alles".

Kleinlokomotive der Leistungsklasse III mit Gelenkwellenantrieb in der letzten Bauausführung *Foto: Matthias Maier*

Nach Kriegsende wurden etwa 650 Kleinlokomotiven, davon ca. 500 der Leistungsgruppe II sowie 150 der Leistungsgruppe I, auf dem Gebiet der späteren DB aufgefunden und so schnell wie möglich wieder einsatzfähig gemacht. Das durch die Kleinlokomotiven mögliche und bewährte Betriebskonzept wurde auch von der DB weiterverfolgt und in der Folge wurden weitere Kleinlokomotiven beschafft. Deshalb wurden Lokomotiven der Leistungsgruppe II mit Strömungsgetriebe zuerst 1948 bei Deutz nachgebaut, später kamen weitere Hersteller hinzu. Bis 1965 wurden insgesamt 736 Köf II an die DB abgeliefert. Im Umzeichnungsplan der DB von 1968 erhielten die Kleinlokomotiven der Leistungsgruppen I und II folgende Baureihennummern:

– 311: Kleinlokomotiven der Leistungsklasse I,

– 321: Kleinlokomotiven der Leistungsklasse II ohne Druckluftbremse,

– 322: Kleinlokomotiven der Leistungsklasse II mit Druckluftbremse und einer Höchstgeschwindigkeit von 30 km/h,

– 323 und 324: Kleinlokomotiven der Leistungsklasse II mit Druckluftbremse und einer Höchstgeschwindigkeit von 45 km/h,

– 329: Schmalspurkleinlokomotiven.

Den gestiegenen betrieblichen Anforderungen entsprechend kam ab 1958 die Leistungsgruppe III ab 150 PS hinzu. Gmeinder in Mosbach/Baden entwickelte zunächst eine 240-PS-Kleinlokomotive mit Voith-Getrieben und Kettenantrieb. Diese zweiachsigen Lokomotiven wurden mit geschlossenen, beheizbaren und etwas erhöht angeordneten Führerhäusern ausgeführt. Die Lieferungen ab 1967 wurden mit Gelenkwellenantrieben anstelle der Kettenantriebe ausgerüstet. 1978 wurde die Beschaffung nach insgesamt 576 Kleinlokomotiven der Leistungsgruppe III abgeschlossen, die ab 1968 unter den Baureihennummern 331 (Kettenantrieb und Höchstgeschwindigkeit 30 km/h), 332 (Kettenantrieb und Höchstgeschwindigkeit 45 km/h) sowie 333 (Gelenkwellenantrieb und Höchstgeschwindigkeit 45 km/h) geführt wurden. Von 1984 bis 1992 wurden insgesamt 190 Kleinlokomotiven der Baureihe 333 auf Rangierfunkfernsteuerung umgebaut und unter der neuen Baureihenbezeichnung 335 eingeordnet. Als Köf III wurden zunächst auch die drei 1952 und 1957 von Gmeinder als überarbeitete Nachbauten der Wehrmachtslokomotive HK 130 C für die Inselbahn Wangerooge gelieferten Schmalspurlokomotiven bezeichnet. Sie erhielten bei der Ablieferung jedoch die Betriebsnummern V 11 901 bis 903 und wurden 1958 wegen ihrer niedrigen Dieselmotorleistung den Kleinlokomotiven der Leistungsklasse II zugeordnet und als Köf 99 501 bis 503 im Bestand geführt.

Von 1975 bis 1981 gehörten auch die zwei von der Kerkerbachbahn übernommenen Diesellokomotiven zur Baureihe 333. Mit den Betriebsnummern 333 901 und 902 wurden die beiden von der Ruhrthaler Maschinenfabrik gelieferten Lokomotiven vom Bw Limburg aus auf ihrer alten Stammstrecke eingesetzt.

Schließlich sollen noch die 1953 und 1958 von Schöma an die DB gelieferten 22 Stück Kleinstdiesellokomotiven Bauartbezeichnung Kdl erwähnt werden. Mit 22 PS Dieselmotorleistung

Kleinlokomotive 333 901 der ehemaligen Kerkerbachbahn in Limburg
Foto: Archiv Eisenbahn Magazin

Kleinstdiesellokomotive Kdl 91 0009 im Bw Kaiserslautern am 12.7.1976
Foto: Matthias Maier

zählten sie zu den kleinsten Diesellokomotiven im Bestand der DB. Sie wurden als Rangiergeräte in Ausbesserungs- und Bahnbetriebswerken eingesetzt.

Der Blechrahmen der Kleinlokomotiven der Leistungsklasse III ist als Außenrahmen ausgeführt, wobei die beiden durchgehenden Seitenbleche mit den Kopfträgern verschweißt sind. Querverbindungsbleche, die zwischen den Seitenblechen eingeschweißt sind, verstärken den Rahmen. Der Radsatzstand beträgt 2,8 m bei einer Gesamtlänge von 7,84 m. Während bei den bisherigen Kleinlokomotiven ein Raddurchmesser von 850 mm üblich war, wählte man bei den Köf III ein Maß von 950 mm.

Auch bei den neuen Kleinlokomotiven wurde das Führerhaus an einem Ende angeordnet. Es wurde so tief wie möglich angeordnet, allerdings wurde auf einen gekröpften Rahmen verzichtet. Die Fußbodenhöhe liegt somit 1000 mm über Schienenoberkante. Der Zugang zum Führerhaus ist über zwei Tritte und eine Drehtür von beiden Seiten aus möglich. Durch die niedrigen und schmalen Vorbauten ist eine gute Sicht auf die Strecke und die Puffer gegeben. Das Bedienpult ist an der Vorderwand des Führerhauses angeordnet. Führerhaus und Vorbauten können dank weniger, schnell lösbarer Schraubverbindungen leicht abgenommen werden.

Die beiden in außenliegenden Zylinderrollenlagern gelagerten Radsätze sind symmetrisch zum Wendegetriebe angeordnet und gegeneinander tauschbar. Der Kettenantrieb der Köf II wurde zunächst übernommen, da die Verwendung des Gelenkwellenantriebs im Rangierbetrieb umstritten war. Der Dieselmotor ist auf einem gummigelagerten Tragrahmen aufgebaut, um Dieselmotor und Lokomotive schwingungsmäßig voneinander zu entkoppeln. Der gesamte Tragrahmen kann zum Motortausch nach oben abgenommen werden. Auch die Kühlanlage ist elastisch gelagert auf einem Tragrahmen zusammengefaßt.

Die pneumatische Bremsanlage besteht aus einer selbsttätigen Druckluftbremse der Bauart Knorr mit Einfachsteuerventil sowie der direkten Zusatzbremse. Die Druckluft wird von einem zweistufigen Luftpresser, der über einen Keilriemen von einem Abtrieb am Flüssigkeitsgetriebe aus angetrieben wird, erzeugt. Eine Handspindelbremse wirkt auf den vorderen Radsatz. Über Druckluft werden außerdem das Signalhorn sowie die Sandstreueinrichtung betätigt.

Drei der acht Vorauslokomotiven waren für eine Höchstgeschwindigkeit von 30 km/h ausgelegt und wurden als Köf 10 001 bis 10 003 eingeordnet, die übrigen fünf, die für eine Höchstgeschwindigkeit von 45 km/h gebaut waren, als Köf 11 001 bis 11 005. Die Prototypen wurden aus Vergleichsgründen mit Dieselmotoren der Firmen Mannheimer Motoren Werke (MWM) und Kaelble ausgerüstet, wobei der 240-PS-MWM-Motor später in der Serie eingebaut wurde. Auch bei den Getrieben wurden zwei Bauarten von Voith erprobt, wobei die Bauart L 213 U in der Serie zum Einsatz kam.

Die langsamere Bauart 10 wurde nicht weitergebaut, während die 45-km/h-

Variante (Bauart 11) ab 1962 in Serie ging, wobei Gmeinder, Jung und Orenstein und Koppel 317 Lokomotiven lieferten. Im Jahr 1965 stellte Gmeinder den Prototyp einer weiterentwickelten Lokomotive mit Gelenkwellenantrieb vor, die dann ab 1968 in mehreren Bauserien als Köf 12 bzw. Baureihe 333 ausgeliefert wurde. Im Laufe der Zeit erhielten auch die Köf III einige technische Verbesserungen: Bei den Serienfahrzeugen mit Gelenkwellenantrieb wurde das Voith-Strömungsgetriebe L 203 kU eingebaut. Ab der sechsten Bauserie (ab Ordnungsnummer 102) kam eine verbesserte Kühlanlage zum Einbau, die äußerlich durch einen großen Ventilator auffällt und diesen Lokomotiven den Beinamen „Krupps Dreimix" einbrachte. Ab der achten Bauserie wurde schließlich der MWM-Dieselmotor D 601-6 eingesetzt. Ab 1984 wurde mit der Umrüstung auf Rangier-Funkfernsteuerung begonnen.

Im Umzeichnungsplan der DB von 1968 erhielten die Kleinlokomotiven der Leistungsgruppe III folgende Baureihennummern:

- 331: Kleinlokomotiven der Leistungsklasse III mit Kettenantrieb und einer Höchstgeschwindigkeit von 30 km/h,
- 332: Kleinlokomotiven der Leistungsklasse III mit Kettenantrieb und einer Höchstgeschwindigkeit von 45 km/h,
- 333: Kleinlokomotiven der Leistungsklasse III mit Gelenkwellenantrieb und einer Höchstgeschwindigkeit von 45 km/h.

Die auf Rangier-Funkfernsteuerung umgebauten Kleinlokomotiven der Baureihe 333 erhielten die neue Baureihenbezeichnung 335, die Ordnungsnummern wurden beibehalten.

V 15.10 DR
101.0 DR
311.0-1 DB AG
V 15.20-23 DR
101.1-3
101.5-7 DR
311.5 DB AG

Um die Kleinlokomotiven der Reihe Kö in den verschiedenen Leistungsklassen abzulösen, sah das Neubau-Typenprogramm der Deutschen Reichsbahn eine leichte Rangier-Diesellokomotive mit einer Leistung von 110 bis 132 kW vor.

Bei der Entwicklung und Konstruktion einer solchen Lokomotive hatte die Deutsche Reichsbahn als Vorgabe folgende Bedingungen an den Hersteller gestellt: Neben der Vorgabe der installierten Leistung sollte die Leistungsübertragung hydrodynamisch sein. Der Führerstand sollte hoch montiert sein mit Bedieneinrichtungen auf beiden Seiten des Führerstands. Die Höchstgeschwindigkeit einer solchen Lokomotive sollte bei 30 bis 35 km/h liegen. Auf Grundlage der Diesellokomotie vom Typ V 10 C entwickelte der VEB Lokomotivbau „Karl Marx", Babelsberg, eine Lokomotive nach den Vorgaben der Bahn. Eine erste Baumusterlokomotive wurde der Deutschen Reichsbahn am 8.8.1958 als V 15 101 zur Erprobung übergeben. Wegen der höheren Radsatzlast wurde jedoch eine zweiachsige Maschine entwickelt. Nach eingehenden Untersuchungen durch die Versuchsanstalten in Halle und Dessau wurde diese Baumusterlokomotive nicht in den Bestand der DR übernommen. Die Gründe dafür lagen in den zahlreichen „Kinderkrankheiten" dieser Lokomotive. Auch entsprach die Gestaltung des Führerstands noch nicht den Vorstellungen der DR. Innerhalb kurzer Zeit wurden die Mängel überarbeitet und der DR eine Nullserie von fünf Maschinen übergeben. Diese erhielten die Betriebsnummern V 15 1001 bis 1005. Die Abnahme der ersten Lokomotive durch die DR geschah am 6.2.1960 mit der V 15 1001. Die V 15.10 waren mit den Baumusterlokomotiven der Baureihe V 60.10 die ersten Lokomotiven mit hydraulischer Leistungsübertragung, die in den Bestand der Deutschen Reichsbahn aufgenommen wurden. Bis Mitte 1960 lieferte der VEB Lokomotivbau „Karl

311 015 der Deutschen Reichsbahn am 23. 6. 1992 im Bw Hoyerswerda *Foto: Frank Heilmann*

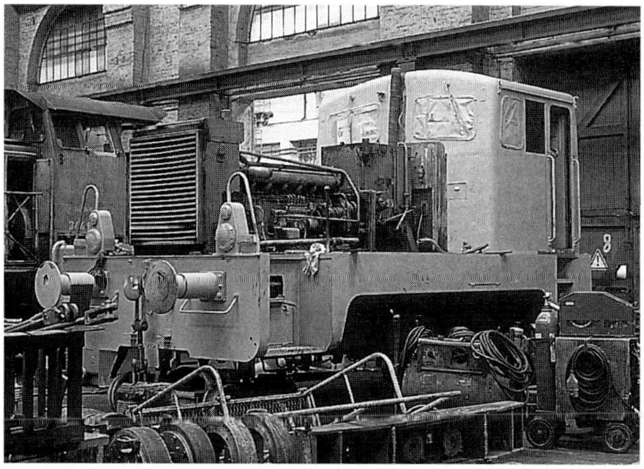

101 196, ehemalige V 15 2099, der Deutschen Reichsbahn

Fotos: Frank Heilmann

Kleinlokomotive V 15 (311) während der Hauptuntersuchung im Raw Chemnitz

Marx“, Babelsberg, weitere 15 Maschinen der Baureihe V 15.10 an die DR ab. Eingereiht wurden diese als V 15 1006 bis 1020. Bei den Lokomotiven V 15 1001 bis 1020 fand ein schnellaufender, wassergekühlter Sechszylinder-Viertakt-Reihen-Dieselmotor vom Typ 6 KVD 18 SRW, der bei 1500 U/min eine Leistung von 110 kW erzeugte, Verwendung. Dieser Motor ist eine Weiterentwicklung des Motors vom Typ 4 KVD.

Eine weitere Bestellung von Lokomotiven mit 110 kW unterblieb, da diese Leistung etwas sehr gering bemessen war. Um den hohen Anforderungen besser genüge zu tragen, wurden weitere Maschinen mit einer Motorleistung von 132 kW bestellt. Bezeichnet wurden diese Lokomotiven als V 15.20-23, wobei bis zur Lokomotivnummer V 15 2025 der Raddurchmesser mit 900 mm identisch mit den Lokomotiven der Reihe V 15.10 war. Erst V 15 2026 bis 2349 hatten einen Raddurchmesser von 1000 mm. Bei der Übernahme durch die DR wurden die Maschinen mit folgenden Betriebsnummern geführt: V 15 2001 bis 2102 und V 15 2200 bis 2349. Geliefert wurden diese Lokomotiven von 1960 bis 1964, dabei wurden ab V 15 2200 deutliche Verbesserungen an den Hilfseinrichtungen wirksam. Trotz der Leistungssteigerung auf 132 kW wurde der gleiche Motor wie bei der Baureihe V 15.10 verwendet, denn die Motoren bei der Baureihe V 15.10 (Baureihe 101.0) wurden durch Verkürzung des Regelstangenwegs an der Einspritzpumpe nur auf 110 kW eingestellt.

Mit den Einsatzmöglichkeiten der Baureihe V 15.20-23 war der Betriebsdienst der DR sehr zufrieden, denn die Lokomotiven bewältigten ohne große Probleme den Verschubdienst auf den Bahnhöfen und wurden auch vor kleineren Übergaben zur Anschlußbedienung verwendet. Wegen des intensiven Einsatzes dieser Lokomotiven war ein übermäßiger Verschleiß einiger Teile nur eine Frage der Zeit. Etwa zehn Jahre nach der Indienststellung der ersten Maschinen zeigten sich am Motor und am Strömungsgetriebe erhebliche Verschleißerscheinungen. Daher wurden ab 1975 durch das Unterhaltungs-Raw Halle im Laufe der Zeit 224 Maschinen remotorisiert. Verwendet wurden dabei Motoren vom Typ 6 KVD 18/15 – 1 SRW mit einer Leistung von 162 kW bei einer Drehzahl von 1510 U/min. Die so remotorisierten Lokomotiven der Baureihe V 15.20-23 erhielten die Baureihenbezeichnung 101.5-7 (heutige Baureihe 311 501-725). Die Motoren vom Typ 6 KVD 18/15–1 SRW hatten einen Verstellregler, die Motoren vom Typ 6 KVD 18 SRW dagegen einen Zweistufenregler, montiert an der Einspritzpumpe, der ein Überschreiten der Höchstdrehzahl des Dieselmotors verhinderte und die untere Leerlaufdrehzahl konstant hielt. Der Zweistufenregler arbeitet als Fliehkraftregler und erhält seinen Antrieb vom freien Ende der Einspritzpumpennockenwelle.

Die bis zur Remotorisierung verwendeten Strömungsgetriebe vom Typ GSR 12/3,7 wurden bei der Umrüstung auf die neuen Motoren gegen Strömungsgetriebe vom Typ GSU 20/4,2 gewechselt. Mit diesem Motor und Strömungsgetriebe waren auch bzw. sind die Lokomotiven der Baureihe 312 (ehemalige V 23) ausgerüstet.

Trotz der Vielfältigkeit der Baureihe 311 (ehemalige Baureihe 101.0, 101.1-3 und 101.5-7) sind diese in Aufbau, Konstruktion und Funktion weitgehend identisch.

Der Lokomotivrahmen ist verwindungssteif konstruiert und besteht aus einem geschweißten Blechinnenrahmen. Die Enden des Rahmens sind jeweils verstärkt und nehmen die Zug- und Stoßvorrichtung auf. Der Lokomotivrahmen trägt als Hauptbauteile den Dieselmotor, das Strömungs- und Wendegetriebe, den Luftverdichter, den Kühler, das Führerhaus, welches die gesamte Fahrzeugbreite einnimmt, und den davor befindlichen schmaleren Vorbau. Der von den beiden Rangiertritten erreichbare Umlauf der Lokomotive gestattet den Zugang zu den Aggregaten der Lokomotive und ermöglicht das problemlose Warten der Aggregate. Das Dach des schmalen Vorbaus ist abnehmbar und mit einem Lüftungsaufsatz versehen. Abgefedert wird der Lokomotivrahmen gegen die Radsatzlagergehäuse durch vier Blattfedern, welche an der Innenseite des Rahmens liegen. Die Radsätze laufen in Gleitlagern (Zweistoff-Gleitlager; WM 10). Die Bremsanlage besteht aus einer selbsttätigen Einkammer-Druckluftbremse der Bauart Knorr mit Zusatzbremse. Dabei werden alle Räder mittels Klotzbremse einseitig von vorn abgebremst. Als Feststellbremse dient eine Handspindelbremse, die auf das Gestänge der Druckluftbremse wirkt. Beim Betätigen der Druckluftbremse werden 78 Prozent und beim Betätigen der Handspindel 38 Prozent des Lokomotivgewichts abgebremst. Der Bremszylinder befindet sich unter dem Führerhaus. Montiert ist die Handspindelbremse im Führerhaus an der Rückwand. Die Leistung wird vom in vier Auflagepunkten elastisch gelagerten Dieselmotor über eine drehelastische Kupplung und eine Gelenkwelle auf das Strömungsgetriebe und weiter über das Wendegetriebe, die Blindwelle und die Treibstangen auf die Treibräder der Lokomotive übertragen. Dabei sind die hinteren Treibstangen an die vorderen Treibstangen durch gabelförmige Bolzen angelenkt. Die rechten Kurbelzapfen der Radkörper eilen den linken 90 Grad voraus.

Die drehelastische Kupplung, die Drehschwingungen des Dieselmotors vom Strömungsgetriebe abhalten soll, ist direkt an der Schwungscheibe des Dieselmotors angeflanscht. Diese Schwingungen entstehen hauptsächlich beim Anlassen und Abstellen des Dieselmotors, da die hochtourig laufenden Primärteile des Strömungsgetriebes diesen Bewegungen nur schwer folgen können. Die Kupplung ist statisch und dynamisch ausgewuchtet. Das Strömungsgetriebe vom Typ GSR 12/3,7 weist folgende Geschwindigkeiten in den Fahrbereichen auf: Wandler 0 bis 14 km/h; Kupplung I: 14 bis 21 km/h; Kupplung II: 21 bis 37 km/h. Das am Strömungsgetriebe angeflanschte Wendegetriebe dient zum Umschalten auf Vor- und Rückwärtsfahrt. Das Strömungsgetriebe wird elektrisch über einen Füllmagneten ein- bzw. ausgeschaltet, das Wendegetriebe wird mechanisch umgesteuert.

Zu den Hilfseinrichtungen der Lokomotive gehören die Sandstreu-, Signal-, Scheibenreinigungs- und die schon beschriebene Bremsanlage, welche alle mittels Druckluft arbeiten. Als Luftversorgungsanlage dient ein zweistufig arbeitender Hubkolbenverdichter mit drei Leichtmetallkolben. Angetrieben wird der Luftverdichter

101 509 im Juli 1991 in Wismar

Fotos: Rüdiger Block

101 526 im Oktober 1990 in Marienborn

101 710 im Juli 1994 im Bahnhof Kamenz
Foto: Frank Heilmann

über Keilriemen von der Eingangswelle des Stömungsgetriebes. Zwei der drei Kolben arbeiten im Niederdruckbereich, während der dritte Kolben die schon vorverdichtete Luft auf 8,0 bar komprimiert. Signal-, Sandstreu- und die Scheibenreinigungsanlage entnehmen die nötige Druckluft aus einem Hilfsluftbehälter. Dieser wird vom Hauptluftbehälter über ein Überströmventil, dessen Öffungsdruck 6,0 bar beträgt, gespeist. Eine weitere Hilfseinrichtung ist die Kühlanlage, zu der das Kühlaggregat, Kühlwasserpumpe und die Wärmetauscher zählen. Der Kühler (Kühlaggregat) ist an der Stirnseite des schmalen Vorbaus montiert und besteht aus sechs Rippenrohrkühlerelementen. Die nötige Kühlluft wird durch einen achtflügeligen Lüfter, der hinter dem Kühler montiert ist und in Abhängigkeit von der Drehzahl des Dieselmotors über Keilriemen angetrieben wird, erzeugt. Die Kühlwasserpumpe ist eine einstufige Kreiselpumpe, die von der auf dem vorderen Kurbelwellenende angeordneten Keilriemenscheibe über Keilriemen angetrieben wird. Zur Kühlung der Motoren und des Getriebeöls dienen Wärmetauscher. Dabei durchfließt das zu kühlende Öl die Rohre, die vom Kühlwasser umspült werden. Zur Energieversorgung dienten ein 24-V-Gleichstromgenerator mit einer Leistung von 700 W sowie zwei hintereinander geschaltete 12-V-/180-Ah-Bleibatterien. Untergebracht sind die Batterien in seitlich hinter den Rangiertritten angeordneten Batteriekästen.

Als Kraftstoffbehälter dient ein 350 Liter fassender Vorratsbehälter, der mit einem Traggestell auf dem Lokomotivrahmen im schmalen Vorbau über dem Wendegetriebe befestigt ist. Die Lokomotiven der Baureihe 101.5-7 wurden mit einem Tank von 400 Liter Fassungsvermögen ausgerüstet.

Lokomotiven der Baureihe 101 (heute Baureihe 311) waren nahezu in allen größeren Bahnbetriebswerken beheimatet und galten als sehr zuverlässige Diesellokomotiven. Neben dem genannten Rangier- und Übergabedienst kam die Baureihe 101 vereinzelt auch im Personenzugdienst zum Einsatz. Die bekannteste Personenzugleistung dürfte wohl 1979 die Bespannung der Reisezüge zwischen Blankenfelde (Kr. Zossen) und Mahlow, der heutigen KBS 201.2, gewesen sein. Zum Einsatz kam die Baureihe 101 dabei vor einem Steuerwagen, welcher als Personenwagen diente. Am 1.1.1994 waren noch zehn Lokomotiven der ehemaligen Baureihe 101.1-3, jetzt Baureihe 311.1, und 161 Lokomotiven der ehemaligen Baureihe 101.5-7, heutige Baureihe 311.5-7, im Bestand der DB AG. Von den zehn Maschinen der Baureihe 311.1 waren bereits sechs Lokomotiven dem z-Park überschrieben worden. Von den Lokomotiven der ehemaligen Baureihe V 15.10 (Baureihe 101.0) wurde keine Lokomotive in den Bestand der DB AG übernommen. Jedoch ist die Baumusterlokomotive V 15 1001 im Bw (Bh) Riesa wieder betriebsfähig aufgearbeitet worden. Nachdem diese über mehrere Umwege vom Seifenwerk Riesa erworben werden konnte, wird sie der Nachwelt erhalten bleiben. Die V 15 1001 gehörte von 1960 bis 1962 zum Bestand der Deutschen Reichsbahn, wurde aber im Januar 1962 an den VEB Binnenhäfen „Mittelelbe" in Magdeburg verkauft. Einige weitere Lokomotiven wurden im Laufe der Zeit an Industriebetriebe verkauft, die Lücken jedoch teilweise durch Nachlieferungen wieder aufgefüllt. Vereinzelt kam es auch zum Rückkauf der Lokomotiven durch die DR. So sind die V 15 2200 (101 200, heute 311 633) und die V 15 2348 bzw. V 15 2349 (101 348/349, heute 311 596/549) Ankäufe ehemaliger Industrielokomotiven. V 15 2200 war ursprünglich als V 15 2292 eingeordnet und ist erst 1964 umgezeichnet worden.

Die noch heute beim Bh Dresden beheimatete V 15 2292 II wurde zur 101 292 und nach der Remotorisierung zur 101 621 und kam noch als 311 621 in den Bestand der DB AG.

V 23 DR
102 DR
312 DB AG

Mitte der sechziger Jahre stellte der VEB-Lokomotivbau „Karl Marx", Babelsberg, den Bau der Diesellokomotivbaureihe V 15.20-23 ein. Grund dafür war die neue Entwicklung des Dieselmotors vom Typ 6 VD 18/15–1 SRW. Dieser als Saugmotor arbeitende Dieselmotor ist ein wassergekühlter Sechs-Zylinder-Viertakt-Reihenmotor, mit einem Hub von 180 mm und einer Bohrung von 150 mm, stehend in Reihe liegenden Zylindern und mit Verstellregler, der nach dem Vorkammerbrennverfahren arbeitet. Der Motor gehört einer Baukastenreihe an. In Verbindung mit dem neu entwickelten dreistufigen Strömungsgetriebe der Bauart GSU 21/4,5 wurde der neue Motor vom Typ 6 VD 18/15–1 SRW mit einer Leistung von 162 kW in die vom Hersteller als V 22 B bezeichnete Diesellokomotive montiert und Industriebetrieben angeboten. Da aber auch bei der Deutschen Reichsbahn großes Interesse an einer Diesellokomotive dieser Leistungsklasse bestand, rüstete man die Lokomotive V 15 2210 als Erprobungslokomotive mit dem neuen Motor sowie Strömungsgetriebe aus. In Auswertung der Testergebnisse wurde dann eine Bestellung dieser Lokomotiven durch die Deutsche Reichsbahn vorgenommen. Im März 1968 stand der Deutschen Reichsbahn mit der V 23 001 dann die erste Maschine dieser neuen Baureihe zur Verfügung. In Auswertung der Testergebnisse mit der V 15 2210 wurde das Strömungsgetriebe vom Typ GSU 21/4,5 der Bauart Wandler-Wandler-Kupplung gegen ein Zwei-Wandler-Strömungsgetriebe vom Typ GSU 20/4,5 getauscht, da der Kupplungsausgang bei leichten Rangierlokomotiven keine Vorteile erbrachte. Auch die Wartung des Zwei-Wandler-Strömungsgetriebes war bedeutend einfacher und nicht so aufwendig. In den Jahren 1968 bis 1969 beschaffte die DR mit den Maschinen V 23 002 bis 080 weitere Lokomotiven dieser Baureihe. Eine weitere Lokomotive erwarb die DR durch Ankauf vom VEB IKA, Sonderhausen, welche als 102 081 nach dem damals (1970) neu eingeführten EDV-Nummernschema in den Bestand aufgenommen wurde. Auch die anderen Maschinen V 23 erhielten die neue Baureihennummer 102.0 bei Beibehaltung ihrer Ordnungsnummern. Im Laufe der Zeit wurden aber auch einige Maschinen an Bahnbetriebe, wie z. B. V 23 003, 030, 046, 053, 061, 075 und 079, verkauft. In der Konstruktion sowie dem Aufbau waren die Lokomotiven der Baureihe V 23 (102.0) mit den Maschinen der Baureihe V 15.20-23 relativ identisch.

Keine Unterschiede gab es bei den Abmaßen wie der Länge über Puffer, Höhe über Schienenoberkante, Achsstand sowie dem Raddurchmesser (1000 mm). Auch der Aufbau und die Konstruktion der Bremseinrichtung, des Fahrwerkes und des Rahmens entsprachen der Baureihe 101.1-3. Äußerlich ist die Baureihe 102.0 an den seitlich etwas kantigeren Schürzen, welche als Versteifung der Rahmenabdeckplatte dienen, erkennbar. Bei der Kraftübertragung gab es kleinere Veränderungen. So wird im Gegensatz zur Baureihe 101 ein Zweikreisströmungsgetriebe mit Anfahr- und Marschwandler verwendet. Das Umschalten der Arbeitskreisläufe in Abhängigkeit von der Fahrgeschwindigkeit erfolgt durch die übliche Sekundärbeeinflussung. Durch einen zusätzlichen Steuervorgang ist aber auch das Umschalten der Arbeitskreisläufe in Abhängigkeit von der Motordrehzahl und somit von der Motorleistung durch eine Primärbeeinflussung möglich. Die Höchstgeschwindigkeiten liegen bei der Baureihe 102.0 im Rangiergang bei 19,2 km/h und im Streckengang bei 55 km/h. Geringfügig hat sich auch die Gesamtübersetzung des am Strömungsgetriebe angeflanschten Wendegetriebes mit der Blindwelle geändert. Wegen der höheren Leistung der Baureihe 102.0 und der deswegen stärker wirkenden Kräfte wurden einige Baugruppen in verstärkter Ausführung gefertigt. Leichte Veränderungen wurden auch am Kühlkreislauf vorgenommen. Als Kühlerelemente dienen bei der Baureihe 102.0 zehn Flachrohrkühlerelemente, zur Kühlanlage zählen noch weiter der Wärmetauscher für das Getriebe- und Motorenöl, die Kühlwasserpumpe und der Temperaturregler (Thermostat). Das Ölheizgerät ORWT 20/2 E mit einer Umwälzpumpe dient als Kühlwasservorwärmgerät. Durch teilweises Kurzschließen des Kühlkreislaufes mittels Thermostats ist ebenfalls ein schnelleres Erwärmen des Motorkühlwassers möglich.

Zur Erzeugung der benötigten Druckluft dient der neu entwickelte Luftverdichter vom Typ 2 HS 3 71/100. Dieser zweistufige Luftverdichter wird über die Strömungsgetriebe-Eingangswelle durch Keilriemen angetrieben.

Noch heute sind 49 Maschinen der Baureihe 102.0, jetzige Baureihe 312.0, im Bestand der DB AG. Im Einsatz waren und sind die Lokomotiven auf größeren Bahnhöfen in den neuen Bundesländern, wo sie zuverlässig den Rangierdienst bewältigen. Auf Nebenbahnen sind auch Einsätze vor Personenzügen, aber wegen der fehlenden Zugheizung nur in den Sommermonaten, möglich gewesen.

Anfang der siebziger Jahre war zwar ein weiterer Bedarf an Lokomotiven dieser Leistungsklasse vorhanden, jedoch wurde die Lokomotive der Baureihe 102.0 in dieser Variante vom

102 048 (ehemalige V 23 048) im Juli 1988 im Bw Glauchau
Foto: Frank Heilmann

Hersteller aufgrund einer weiterentwickelten Lokomotive nicht mehr hergestellt. Der weitere Bedarf von Lokomotiven in diesem Leistungsbereich durch die DR wurde vom Hersteller Lokomotivbau Babelsberg mit der Baureihe 102.1-2 erfüllt.

In Auswertung langjähriger Betriebserfahrungen mit den Baureihen V 15.10, V 15.20-23 und V 23 (001 bis 080 und 102 081) entwickelte VEB-Lokomotivbau „Karl Marx", Babelsberg, eine weitere Neubaulokomotive, die auf den neuesten Erkenntnissen dieser Vorgänger-Baureihen beruhte. Da diese Lokomotiven den gleichen Leistungsbereich wie die Maschinen der Baureihe V 23 (Baureihe 102.0, heutige Baureihe 312.0) hatten, wurden diese ebenfalls als Baureihe 102 (102.1-2) bei der DR eingeordnet. Äußerlich hat sich das Erscheinungsbild dieser Baureihe jedoch grundlegend geändert. Hauptaggregate wie z. B. der Motor und das Strömungsgetriebe, welche sich in der Baureihe 102.0 (V 23) gut bewährt hatten, bildeten die Grundlage für diese neue Unterbaureihe 102.1-2. Da die Lokomotiven der Baureihe 102.1-2 wahlweise mit Rangierfunk bzw. Sifa ausgerüstet werden konnten, ergab sich ein bedeutend vielfältigerer Einsatzbereich für diese Maschinen, als dies bei der Baureihe V 23 (Baureihe 102.0/312.0) möglich war. Erstes Lieferjahr für die Unterbaureihe 102.1-2 war 1970. Noch in dem gleichen Jahr lieferte VEB Lokomotivbau „Karl Marx", Babelsberg, insgesamt 150 Lokomotiven an die DR ab. Weitere sieben Maschinen folgten im Jahr 1971, womit dann der Bau dieser Diesel-Rangierlokomotiven abgeschlossen war. Die insgesamt 157 Lokomotiven reihte die DR als 102 101 bis 257 in ihren Bestand ein.

Völlig überarbeitet wurde gegenüber der Baureihe 102.0 der Fahrzeugteil. Der Rahmen ist als Blechinnenrahmen gefertigt und besteht aus 20 mm dicken Rahmenwangen, Stirnwänden, Hauptquerblechen und den Verkleidungsblechen. Die gesamte Rahmenkonstruktion ist geschweißt. Seitlich rechts und links vorn befinden sich jeweils die Rangiertritte, hinten am Führerhaus befindet sich ein breiter Übergang mit durch Griffstangen gesicherten, beidseitig montierten Aufstiegen zu der Führerstandstür. An den Stirnwänden des Rahmens waren die Zug- und Stoßvorrichtung montiert. Dabei war die Zugvorrichtung so konstruiert, daß ohne größere Probleme eine damals noch geplante Mittelpufferkupplung mit einem Federapparat nachträglich gegen die bis dahin übliche Vorrichtung gewechselt werden konnte. Dazu wurden die mittleren Partien der Rahmenstirnseiten als Schacht mit Versteifungsrippen ausgebildet. Identisch zur Baureihe 102.0 ist auch der Rahmen der Baureihe 102.1-2 über Blattfedern, Federspannschrauben, Sattel- und Druckscheiben abgefedert. Da die Baureihe 102.1-2 auch für den Streckendienst vorgesehen war, wurde der Radsatzstand von 1500 mm auf 3560 mm vergrößert, aber auch die Länge über Puffer hat sich von 6940 mm auf 8000 mm verändert. Durch diese Verlängerung konnte die Laufruhe der Maschinen etwas verbessert werden. Als Bremsanlage fand eine einseitig wirkende Klotzbremse, die auf alle vier Räder wirkte und eine Handbremse, die über das gleiche Bremsgestänge wie die Klotzbremse wirkt, Verwendung. Neugestaltet ist auch der Endführerstand und der davor befindliche schmalere Vorbau. Zwecks Schallminderung sind der Vorbau sowie der Endführerstand von innen mit Antidröhnmasse beschichtet. Der Führerstand ist zusätzlich durch eine doppelwandige Ausführung, dessen Zwischenräume mit weiteren Dämmaterialien ausgefüllt sind, isoliert. Die Steuerungs- und Überwachungseinrichtungen auf dem Führerstand sind so montiert, daß die Bedienung der Lokomotive bei Vor- bzw. Rückwärtsfahrt von beiden Führerstandsseiten aus möglich ist. Das Führerhaus und der Vorbau sind durch eine wasserdichte Labyrinthdichtung miteinander verbunden, die Abstützung des Führerhauses auf den Rahmen erfolgt mittels Silentblöcken.

Unter dem Vorbau befindet sich die gesamte Maschinenanlage der Lokomotive. Die Wartung der Maschinenanlage ist problemlos durch die im Vorbau montierten sechs zweiteiligen Klapptüren (drei je Fahrzeugseite) möglich. Die Leistungsübertragung mit der drehelastischen Kupplung, der Gelenkwelle und dem Strömungsgetriebe ist in unveränderter Form von der Baureihe 102.0 übernommen worden. In den beiden Fahrbereichen sind folgende Geschwindigkeiten möglich: Anfahrwandler von 0 bis 16 km/h und Marschwandler von 16 bis 40 km/h. Das Umschalten erfolgt in Abhängigkeit von der Fahrgeschwindigkeit selbsttätig. Verbessert wurde das übliche Wendegetriebe. Dies ist wie bei den Vorgänger-Baureihen am Strömungsgetriebe angeflanscht, jedoch ist das Antriebskegelritzel der Ritzelwelle nicht mehr im Strömungsgetriebe, sondern dreifach im Wendegetriebe gelagert. Lager und Zahneingriffstellen werden in diesem überarbeiteten Getriebe von einer Zahnradpumpe geschmiert. Der Verschleiß an diesem Getriebe konnte deutlich vermindert werden, womit sich natürlich auch die Lebensdauer des Getriebes erhöht hat. Zur Erzeugung der nötigen Druckluft dient ein Dreizylinder-Luftverdichter (zweistufig), welcher vom Dieselmotor über das zu- und abschaltbare Winkelgetriebe per Keilriemen angetrieben wird.

Die Steuerung des Luftverdichters übernimmt ein Druckwächter. Die zweite Arbeitsstufe des Luftverdichters verdichtet die Luft auf 10 bar. Über das gleiche Winkelgetriebe wie der Luftverdichter wird auch der Kühlerlüfter angetrieben. Die Arbeitsweise des Lüfters ist temperaturabhängig. Bei einer Temperatur von 85° C schaltet sich der Lüfter zu und bei 75° C wieder ab. Für den Schaltvorgang des Kühlerlüfters ist ein eingebauter Wächter im Kühlkreislauf. Zur Kühlanlage gehören weiterhin das stirnseitig im Vorbau montierte Kühlaggregat, der Strömungsgetriebe- und Motorschmierölwärmetauscher sowie die Kühlwasserumwälzpumpe. Der Kühlerblock setzt sich aus zehn parallelgeschalteten Kühlerelementen mit je 46 Rippen versehenen Flachrohren zusammen. Besonders für den Einsatz in den Wintermonaten verfügt die Baureihe 102.1-2 auch über eine Vorwärm- und Warmhalteanlage des Kühlwassers. Dafür sind vier Heiztöpfe, die elektrisch betrieben werden, in den Kühlkreislauf integriert. Die dafür nötige Energie ist jeweils aus den 380-V-Ortsnetzen zu entnehmen. Bei der Wärmeabgabe durch die Heiztöpfe entsteht ein natürlicher Wasserumlauf, wodurch eine zusätzliche Umwälzpumpe überflüssig ist. Mittels eines Heizwahlschalters sind zwei verschiedene Heizstufen möglich: Heizstufe I für den Warmhaltebetrieb und Heizstufe II für das schnelle Vorwärmen. Zur Vermeidung von Frostschäden beim Anlassen des Dieselmotors bzw. an der Kühl- und Heizanlage ist im Wasserkreislauf ein Frostschutzwächter eingebaut. Wirksam wird dieser Frostschutzwächter bei einer Kühlwassertemperatur von unter 15° C. Er unterbricht dabei die Stromzufuhr zum Vorwärmrelais. Gleichzeitig liegt mit der Unterbrechung des Vorwärmrelais Spannung an der Warnhupe an (Dauerwarnton). Zur Stromversorgung dient ein 24-V-Bordnetz. Die nötigen Batterien dafür sind unter dem linken seitlichen Umlaufblech untergebracht. Das Fassungsvermögen des Kraftstoffbehälters hat sich um 100 l auf insgesamt 500 l erhöht. Gegenüber der Baureihe 102.0 sind die Lokomotiven der Baureihe 102.1-2, die serienmäßig mit einer Rangierfunkanlage ausgerüstet wurden, deutlich an der Empfangs- und

312 155 am 14. 1. 1994 in Friedland
Foto: Frank Heilmann

Akkulokomotive ASF 03 (ehemalige V 15 1020) im Raw Wittenberge am 30. 7. 1992
Foto: Frank Heilmann

Sendeantenne auf dem Dach des Führerstandes erkennbar.

Im Umzeichnungsplan vom 1.1.1992 waren bis auf die 102 108 und 102 158 alle anderen 155 Lokomotiven der Baureihe 102.1-2, neue Baureihe 312.1-2, enthalten. Im Einsatz waren und sind die Lokomotiven auf vielen größeren Personenbahnhöfen der Deutschen Reichsbahn, die nun nach der Wende zum neuen Unternehmen DB AG gehören. Die Maschinen erbringen aber auch Rangierleistungen im Rostocker Überseehafen sowie in Mukran. Neben den vielen Rangier- und Übergabediensten wurden die Lokomotiven vereinzelt auf Nebenbahnen, aber nur in den Sommermonaten, vor Personenzügen eingesetzt. Mit der Schließung von ca. 300 Güterverkehrsstellen bei der DB AG zum 1.1.1995, die sich zum größten Teil in den neuen Bundesländern befinden, besteht derzeit nur noch ein Bedarf von 127 Lokomotiven der Baureihe 312 (312.0 bzw. 312.1-2).

Akkumulator-Schleppfahrzeuge der Baureihen V 15.10 und V 23.0

Mitte der achtziger Jahre, als bei der DR der Traktionswandel von der Dampf- zur Diesellokomotive vollzogen war, galt es den enormen Verbrauch von Dieselkraftstoff zu verringern. Denn der DDR stand als Energieträger nur in ausreichender Menge Braunkohle zur Verfügung. Steinkohle und Rohöl mußten gegen „harte" Devisen, die in der DDR bekanntlich knapp waren, auf dem Weltmarkt gekauft werden. Daher waren alle, auch die Eisenbahner, aufgerufen, wo es nur möglich war, Dieselkraftstoff einzusparen. Bei der DR wurde zu diesem Zweck unter anderem die „Betriebs-MMM" ins Leben gerufen. (MMM = Messe der Meister von Morgen).

Mitarbeiter des Raw Halle erarbeiteten eine Variante einer Akkumulatorenlokomotive (Akku-Lok) auf Basis der Baureihen V 15.10 bzw. V 23.0.

Die Entwicklungs- und Konstruktionsunterlagen für eine solche Akku-Lokomotive stellten Mitarbeiter des Raw Halle anläßlich der Betriebs-MMM im Mai 1983 vor. Da die Variante einer Akku-Lokomotive auf Basis der Baureihen V 15.10 bzw. V 23.0 als durchaus realisierbar empfunden wurde, beauftragte man das Raw Halle, fünf Lokomotiven zu Akku-Lokomotiven umzubauen. Der Umbau erstreckte sich von 1983 bis 1985. Im einzelnen hat man folgende Rangier-Diesellokomotiven umgebaut:

V 15 1005
VEB Lokomotivbau „Karl Marx", Babelsberg, Bj. 1959, Umbau in ASF 01/04.1984,

V 15 1010
VEB Lokomotivbau „Karl Marx", Babelsberg, Bj. 1960, Umbau in ASF 04/12.1984,

V 15 1013
VEB Lokomotivbau „Karl Marx", Babelsberg, Bj. 1960, Umbau in ASF 05/02.1985,

V 15 1020
VEB Lokomotivbau „Karl Marx", Babelsberg, Bj. 1960, Umbau in ASF 03/11.1984,

V 23 053
VEB Lokomotivbau „Karl Marx", Babelsberg, Bj. 1968, Umbau in ASF 02/10.1984.

Bis auf das ASF 05, welches bei der Hafenverwaltung Binnenhäfen Mittelelbe im Bestand war, gehörten die ASF 01 bis 04 verschiedenen Ausbesserungswerken der DR. Dort wurden diese als ASF 01 bis 04 geführt und bekamen keine eigene Baureihennummer, denn die Gleisanschlüsse der Ausbesserungswerke wurden als Anschlußbahnen behandelt und unterlagen somit der Staatlichen Bahnaufsicht in der DDR. Die vom Umbau betroffenen Lokomotiven sind deutlich an ihrem neuen Vorbau erkennbar. Aber auch die Umbauarbeiten im Maschinenraum waren recht umfangreich. Keine Verwendung bei der Akku-Lokomotive hatte man mehr für den Dieselmotor und seine Hilfsbetriebe. Als Antriebsmotor fand ein Straßenbahnmotor vom Typ GFM 3127a3 (EM 60) mit einer maximalen Stundenleistung von 60 kW bei einer Geschwindigkeit von 5,4 km/h Verwendung. Für diesen Motor mußte ein gesonderter Rahmen konstruiert werden. Vom Strömungsgetriebe des Typs GSU 20/4,5, das vorher in den Lokomotiven der V 15/V 23 montiert war, baute man die Strömungskupplung, den Wandler und die Kupplung aus und überbrückte den Strömungsteil durch eine Welle. Somit ist vom Strömungsgetriebe praktisch nur noch das Gehäuse verwendet worden. Das Strömungsgetriebe, welches hinter dem Motor (Fahrmotor) montiert wurde, ist mit dem Motor über eine Welle verbunden. Die weitere Kraftübertragung erfolgt über das Radsatzwendegetriebe, die Blindwelle und über die Kuppelstangen auf die Radsätze. Das Radsatzwendegetriebe wurde festgelegt. Dies war erforderlich, da die Drehrichtung des Motors (Fahrmotors) von der Richtung des Stromflusses abhängig ist. Die zulässige Höchstgeschwindigkeit ist mit 12,3 km/h angegeben. Hauptsächlich wegen der vielen Batterien mußte der Vorbau deutlich vergrößert werden. Verwendet wurden Bleibatterien vom Typ 4 Pz 6 V 260 Ah in einer Stückzahl von 2x43 Stück (96 Speicherzellen). Mit aufgeladenen Batterien kann dann eine dauernde Betriebsdauer von ca. vier Stunden erreicht werden. Für das Aufladen der Batterien montierte man ein Ladegerät fest auf der Akku-Lokomotive, wobei über eine Steckdose an der Rückwand des Führerhauses jede Drehstromsteckdose mit einer Spannung von 380 V verwendet werden kann.

Auffällig an den Akku-Lokomotiven ist auch der Aufbau auf dem Führerhausdach. In diesem Aufsatz befinden sich Widerstände, die elektrische Energie in Wärme umsetzen und ableiten. Dies ist notwendig, da die Akku-Lokomotiven u.a. über eine elektrische Widerstandsbremse verfügen, wobei der Motor als Generator geschaltet und die dabei erzeugte elektrische Energie an diese Widerstände abgeleitet wird. Die Akku-Lokomotiven können aber auch mittels Druckluft gebremst werden. Zur Erzeugung der nötigen Druckluft dient ein Luftverdichter vom Typ 2HS3 71/100, welcher durch einen Elektromotor mit einer Leistung von 5 kW angetrieben wird. Ein Straßenbahnfahrschalter vom Typ STN FB 1, welcher liegend im Führerhaus eingebaut ist, dient zur elektrischen Steuerung der Lokomotive auf dem Führerstand. Der Fahrschalter mußte liegend montiert werden, damit die Bewegung der Walze mittels eines Handrads wie bei den Rangier-Diesellokomotiven V 15.10 und V 23.0 möglich ist.

Um Bedienungsfehler zu vermeiden, aber auch um alle wichtigen Funktionen zu überwachen, werden alle wichtigen Funktionen durch Kontrollampen auf dem Führerstand der Akku-Lokomotive angezeigt. Als Überwachungseinrichtungen dienen vorwiegend Druckwächter bzw. Relaisüberwachung.

Durch den Aufsatz mit den Widerständen auf dem Führerhausdach hat sich die Höhe über Schienenoberkannte von 3585 mm bei der Baureihe V 15 bzw. V 23 auf 3690 mm bei den Akku-Lokomotiven erhöht. Die Länge über Puffer ist mit 6940 mm identisch mit den Spenderlokomotiven. Eine Ausnahme dabei ist nur die ehemalige V 23 053, welche eine geringere Länge über Puffer von nur 6400 mm hat. Der Grund dafür liegt im Entfernen der hinteren Stoß- und Zugeinrichtung an der als ASF 02 geführten Lokomotive. Anstelle der Puffer wurden Hartholzbohlen montiert und die übliche Schraubenkupplung wurde an diesem ASF durch eine Überwurfkupplung ersetzt. Nötig waren diese Umbauten, damit dieses ASF, welches in der Einsatzstelle Zeitz als Werklokomotive im Einsatz war, zusammen mit Großdiesellokomotiven auf der Drehscheibe gedreht werden konnte. Fast alle Betreiber der Akku-Lokomotiven waren mit den robusten und wartungsfreundlichen Lokomotiven zufrieden. Jedoch durfte die Batteriepflege nicht vernachlässigt werden. Probleme gab es dennoch z. B. mit dem hohen elektrischen Widerstand der Steuerung über ein Schütz, welches die Energieversorgung erheblich negativ belastet hat. Dies war ein Grund dafür, daß eine weitere Bestellung dieser Lokomotiven unterblieben ist.

Um diesen hohen Energieverbrauch zu mindern war geplant, bei einer Serienbestellung der Akku-Lokomotiven eine Thyristorsteuerung einzubauen.

Von den ehemals fünf Akku-Lokomotiven sind derzeit noch zwei erhalten, so das ASF 03 des Werks Wittenberg und das ASF 02 de Est. Zeitz des Bh Leipzig West.

Über den Verbleib der anderen drei ASF-Lokomotiven ist folgendes bekannt:

ASF 01
1991 zerlegt im Raw Potsdam,

ASF 04
zerlegt im Raw Stendal,

ASF 05
1992 zerlegt im Hafen Magdeburg.

V 11.9 DB
Köf 99.5 DB
329 DB
399 DB AG

Die auf der meterspurigen Inselbahn Wangerooge eingesetzten Schmalspur-Diesellokomotiven wurden 1952 und 1957 von Gmeinder, Mosbach/ Baden, fabrikneu geliefert; 1971 kam eine weitere Lokomotive, die zuvor bei der Inselbahn Juist im Einsatz war, hinzu. Die am 28.5.1952 als V 11 901 gelieferte Kleinlokomotive basierte auf der Heeresfeldbahn-Diesellokomotive HF 130 C und sollte den überalterten Bestand aus B- und C-gekuppelten Dampflokomotiven, die noch aus der Zeit der Großherzoglich Oldenburgischen Eisenbahn stammten, ergänzen. 1957 lieferte Gmeinder mit V 11902 und 903 zwei weitere Lokomotiven nach dem Vorbild des bewährten Vorgängers, jedoch mit breiterem Führerhaus und vergrößerten Fenstern, mit denen die Vollverdieselung der Inselbahn Wangerooge erreicht werden konnte. Bereits ein Jahr später wurden die drei Lokomotiven in Köf 99 501 bis 503 umgezeichnet. 1968 folgte die EDV-gerechte Umzeichnung in 329 501 bis 503.

Der Rahmen dieser Lokomotiven wurde als geschweißter Außenrahmen ausgeführt, die verstärkten Stirnträger tragen jeweils einen Mittelpuffer und seitliche Hakenkupplungen. Die seitlichen Rahmenwangen erhielten Ausschnitte für die Radsatzlager und die Blindwelle. Die 1952 gelieferte Lokomotive hatte, wohl noch beeinflußt von der Heeresfeldbahn-Grundbauart, eckige Motorvorbauten, während die 1957 gelieferten Maschinen abgerundete Kanten an den Motorhauben erhielten.

Der 94-kW-Deutz-Dieselmotor A 6 M 617 treibt über ein Voith-Strömungsgetriebe L 22 mit direkt angeflanschtem Wendegetriebe über eine Blindwelle und eine Treibstange auf den mittleren Radsatz, von dort über Kuppelstangen zum ersten und dritten Radsatz. Die Radsätze sind rollengelagert und mit Blattfedern gegen den Rahmen gefedert. Das elektrische Bordnetz versorgt den Anlasser des Dieselmotors, die Beleuchtung und weitere Kleinverbraucher, wie Scheibenwischer und Funk.

Der stetig steigende Verkehr auf Wangerooge und die damit verbundene Auslastung der drei Lokomotiven veranlaßte die Deutsche Bundesbahn 1971 eine bei der Stillegung der Juister Inselbahn zur Disposition stehende Diesellokomotive zunächst anzumieten und nach Anpassung der Zug- und Stoßvorrichtungen als Reservelokomotive auf Wangerooge zu stationieren. 1973 wurde die 1952 von Deutz gebaute zweiachsige Lokomotive von der DB endgültig übernommen und erhielt die Betriebsnummer 329 504. Dieselmotor und Strömungsgetriebe sind von der gleichen Bauart wie bei den Gmeinder-Lokomotiven. Im Gegensatz zu diesen ist sie jedoch mit einem geschweißten Innenrahmen sowie einer Blindwelle zwischen den beiden Radsätzen ausgerüstet.

Bei dem ab dem 1.1.1992 für DB und DR gültigen gemeinsamen Kennzeichnungssystem für die Triebfahrzeuge war bei den Diesellokomotiven der DB nur bei der Baureihe 329 eine Umzeichnung notwendig geworden. Als Schmalspur-Kleinlokomotiven erhielten sie die Baureihenbezeichnung 399, und da für Fahrzeuge mit einer Spurweite von 1000 mm für die erste Ziffer der Ordnungsnummer eine „eins“ vorgesehen ist, wurden die Wangerooger Insellokomotiven in 399 101 bis 104 umgezeichnet.

Im Zuge der Modernisierung der Wangerooger Inselbahn kamen ab Anfang 1995 auch zwei neue Diesellokomotiven zum Einsatz. Dabei handelt es sich um zwei Maschinen der Bauart L 18 H-C des rumänisischen Herstellers „23. August“, Bukarest, die der DB 1992 von der Mansfeld Rohhütten GmbH in Helbra angeboten wurden. Als 399 105 und 106 bezeichnet, weisen sie eine Länge von 5400 mm über Puffer auf.

Köf 99 501, die spätere 329 501 bzw. 399 101, vor einem Güterzug auf Wangerooge *Foto: Archiv Eisenbahn Magazin*

V 29 DB
299 DB

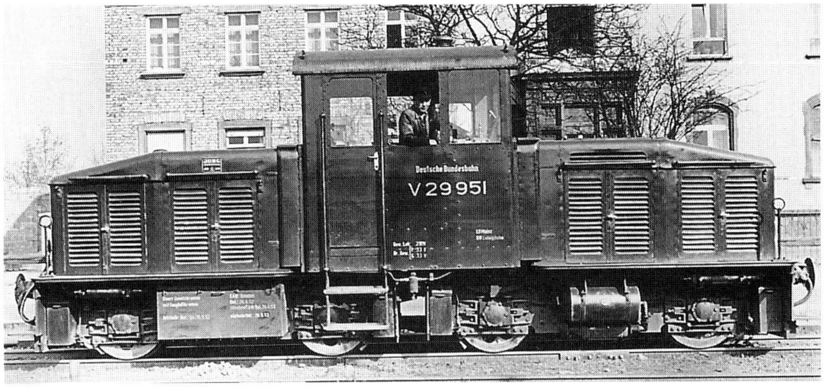

Seitenansicht der V 29 951 in der Ursprungsausführung (ASRB)
Foto: Sammlung Rüdiger Block

Um die auf der in Mundenheim von der Hauptbahn Ludwigshafen–Kaiserslautern abzweigenden 1000-mm-Schmalspurbahn nach Meckenheim eingesetzten, noch aus der Zeit vor der Jahrhundertwende stammenden Dampflokomotiven abzulösen, beschaffte die DB Anfang der fünfziger Jahre drei Schmalspurdiesellokomotiven, die als V 29 951 bis 953 in den Triebfahrzeugbestand eingereiht wurden. Die Lokomotiven wurden von der Lokomotivfabrik Jung und dem BZA München entwickelt. Die Betriebsverhältnisse auf der 15 km langen Strecke erforderten aufgrund der Trassierung in den Ortschaften eine gute Rundumsicht. Darüber hinaus durften die Lokomotiven aufgrund des schlechten Zustandes des Oberbaus nur einen niedrigen Achsdruck von maximal 7 t erreichen und mußten gute Laufeigenschaften auch bei kleinsten Krümmungshalbmessern von 70 m besitzen. Ferner mußten sie den Anforderungen eines Straßenbahn-ähnlichen Betriebs mit Haltestellenabständen von zum Teil 1,5 Kilometern gerecht werden. Dabei waren der Berufsverkehr mit stark schwankendem Verkehrsaufkommen mit bis zu 1000 Reisenden sowie ein saisonbedingter Güterverkehr, der vor allem während der Rübenernte hohe Lasten brachte, zu bewältigen. Infolge der Länge der Überholungsgleise waren die maximalen Zuglängen auf 18 Güter- oder 16 Personenwagen begrenzt. Dies entsprach Zuglasten von 220 t beziehungsweise 180 t.

Neben dem Streckendienst waren auch Rangieraufgaben zu übernehmen. Die erforderliche Leistung der Lokomotiven war deshalb auf 220 kW (300 PS), die Höchstgeschwindigkeit auf zunächst 35 km/h, nach Abschluß von Sanierungsarbeiten auf 40 km/h festgesetzt worden.

Bei der Entwicklung der Lokomotive war die grundsätzliche Frage zu klären, ob die Maschinen als dreiachsige gekuppelte Lokomotive mit Starrrahmen oder als vierachsige Lokomotive mit zwei Drehgestellen ausgeführt werden sollten. Für die dreiachsige Variante sprachen der einfache Aufbau und die Verwendung von bereits im Betrieb der DB erprobten Maschinenanlagen, während letztere – neben der geringeren Radsatzlast und dem niedrigeren Metergewicht – vor allem hinsichtlich der Schonung des Oberbaus bei gleichzeitig guten Laufeigenschaften als günstig angesehen wurde. Die Entscheidung fiel letztendlich für die Drehgestellokomotive, wo-

V 29 952 wartet auf dem Bahnhofsvorplatz von Nagold auf die Abfahrt nach Altensteig. *Foto: Archiv Eisenbahn Magazin*

V 29 953 auf der Walhallabahn Regensburg–Wörth

Fotos: Archiv Eisenbahn Magazin

bei jedes Drehgestell durch einen im Lkw-Bau bereits bewährten Motor angetrieben werden sollte.

Der Fahrzeugteil der V 29 besteht aus dem Drehgestellrahmen, dem Führerhausbrückenrahmen mit Dreipunktlagerung, dem darauf aufgesetzten Führerhaus und den beiden Vorbauten. Der Drehgestellrahmen ist eine aus Blechen zusammengeschweißte, kastenförmige Konstruktion. Er besteht aus dem Rahmendeckblech, das an der Stelle des Motors und des Getriebes offen ist, aus den beiden Stegblechen, die an den Achsdurchbrüchen ausgeschnitten sind, den verrippten Stirnblechen und aus einem durch Bleche versteiften Gehäuse, das das Zugeisen für die Kurzkupplung aufnimmt.

Die Zug- und Bremskräfte werden über Zugeisen von Drehgestell zu Drehgestell, über Einzelpuffer und Ketteneisen von der Lokomotive auf den Zug übertragen. Die Zugkraft wird in Hochanlenkung unmittelbar am Drehgestell am Zughaken und am Zugeisen abgenommen.

Die im Drehgestell untergebrachten Maschinenanlagen sind durch Vorbauten geschützt. Auf der Lokomotivseite 1 sind im Vorbau untergebracht der Hauptmotor, der Hilfsdiesel mit Hilfsmaschinen, der gemeinsame Kühler für Getriebeöl, Kühlwasser und Vakuumpumpe, der Kraftstoffbehälter. Die Lokomotivseite 2 ist analog aufgebaut, es fehlen jedoch der Hilfsdiesel mit den Hilfsmaschinen und der gemeinsame Kühler.

Das Führerhaus ist in drei Punkten auf einem U-förmigen Rohrrahmen aufgesetzt. Der Rohrrahmen ist in zwei Punkten auf einem Drehgestell und in einem Punkt auf dem zweiten Drehgestell schwenkbar gelagert. Im geräumigen Führerhaus befinden sich zwei diagonal versetzt zueinander angeordnete Führerpulte mit Führersitz für jede Fahrtrichtung.

Als Dieselmotoren sind zwei serienmäßig gefertigte luftgekühlte Deutz-Motoren des Typs A 8 L 614 mit einer Leistung von je 106 kW (145 PS) eingebaut. Ihr Drehmoment wird jeweils über eine Periflex-Rutschkupplung auf das Voith-Getriebe L33y übertragen, auf dessen Vorgelegewelle zu beiden Seiten doppelkränzige Ritzel gesetzt sind, die mit Duplexketten die Drehgestellachsen antreiben. Als Hilfsdiesel dient der luftgekühlte Aggregatmotor A 2 L 514 mit 18 kW (25 PS).

Durch die Verwendung luftgekühlter Dieselmotoren war als Flüssigkeitskühler lediglich der vereinigte Kühler für das Getriebeöl und das Kühlwasser der Vakuumpumpe vorzusehen.

Die V 29 ist mit einer Druckluftbremse für die Lokomotive und mit einer Bremseinrichtung für die Vakuumbremse des Zuges ausgerüstet. Hinzu kommt eine Spindelhandbremse, die auf die beiden Radsätze eines Drehgestells wirkt.

299 951 im Endbahnhof der Walhallabahn Wörth

Entsprechend den Baurichtlinien ist keine Zugheizanlage auf der Lokomotive vorgesehen. Zum Entfrosten der Scheiben und zum Heizen des Führerstandes wird die Warmluft der Hauptmotoren verwendet. Eine besondere Warmhaltung der Motoren ist wegen der raschen Erwärmung der luftgekühlten Motoren nicht erforderlich.

Die drei Lokomotiven wurden bei der DB 1952 als V 29 951 bis 953 in Dienst gestellt und kamen bis zur Stillegung ihrer Stammstrecke im Jahre 1956 zwischen Meckenheim und Mundenheim zum Einsatz. Die V 29 952 gelangte anschließend zu der ebenfalls von der DB betriebenen Schmalspurbahn Nagold–Altensteig. Nachdem auch diese Strecke 1967 stillgelegt worden war, verkaufte sie die DB an die Mittelbadische Eisenbahn-Gesellschaft (MEG), die sie bis zur Aufgabe des Meterspurbetriebs zu Beginn der achtziger Jahre als V 29.01 auf der Strecke Schwarzach–Scherzheim einsetzte. Danach kam sie in das inzwischen aufgelöste Schmalspurmuseum der DGEG in Viernheim. Heute wartet die Lokomotive unzugänglich abgestellt in Norddeutschland auf bessere Zeiten.

Die beiden anderen V 29 wurden nach der Stillegung der Strecke Meckenheim–Mundenheim nach Regensburg überführt, wo sie ab dem Frühjahr 1956 auf der Walhallabahn Regensburg–Wörth zum Einsatz kamen. Anfangs noch zusammen mit den letzten Dampflokomotiven bewältigten sie ab 1960 den Betrieb allein auf dieser 23,5 km langen Schmalspurbahn entlang der Donau. Ende 1968 kam jedoch auch hier das „Aus“, und die kurz zuvor noch in 299 951 und 953 umgezeichneten Lokomotiven wurden abgestellt. Nach ihrer Ausmusterung am 15.3.1969 folgte die Verschrottung in Feldkirchen bei München.

V 36 K DR

Mittte der fünfziger Jahre versuchte die DR, die schon damals als überaltert geltenden Dampflokomotiven der Baureihe IV K zu ersetzen. Generell sollte der Betrieb auf den zahlreichen Schmalspurstrecken wirtschaftlicher gestaltet werden. Bei der Erstellung für das Typenprogramm für Neubau-Diesellokomotiven der Deutschen Reichsbahn verwundert es deshalb nicht, daß eine Schmalspur-Diesellokomotive im Programm enthalten war. 1956 wurde VEB Lokomotivbau „Karl-Marx“, Babelsberg, mit den Entwicklungsarbeiten für eine solche Maschine beauftragt.

Der Entwicklung und dem Bau der Lokomotive lagen folgende technische Forderungen und Leistungsparameter zugrunde: Das Leistungsprogramm forderte u.a., daß in der Ebene Züge mit einer Last von 250 t mit 30 km/h und in einer 35-Promille-Steigung 100 t mit noch 10 km/h befördert werden. Weiter sollte die Lokomotive im Personen- und Güterzug- sowie im Rangierdienst gleichermaßen einsetzbar sein. Wert wurde auch auf eine hydraulische Leistungsübertragung und einer Radsatzlast von nicht mehr als 7,5 t gelegt. Je nach Möglichkeit sollten ferner Baugruppen und Aggregate von normalspurigen Neubau-Diesellokomotiven verwendet werden.

1960/61 präsentierte VEB Lokomotivbau „Karl Marx“, Babelsberg, zwei Versuchslokomotiven der Baureihe V 36 K mit den Betriebsnummern V 36 4801 und V 36 4802 (Fabriknummer 656 014/I bzw. 656 014/II). Dies waren vierachsige Gelenklokomotiven, die sich aus zwei kurzgekuppelten Triebgestellen und einem in der Mitte befindlichen Führerhaus zusammensetzten. Angetrieben wurden die Räder im Drehgestell über Kuppelstangen von der Blindwelle des Wendegetriebes. Anfang des Jahres 1961 fanden erste Probefahrten mit der V 36 4801 und ab Mitte des Jahres 1961 mit der V 36 4802 statt. Die Probefahrten absolvierten die Maschinen auf den sächsischen Strecken Meißen–Lommatsch, Meißen–Wilsdruff sowie Freital/Hainsberg–Kipsdorf. Aufgrund der Sonderregelung, die den Versuchslokomotiven eine Radsatzlast von 9,2 t gestattete, waren die beiden Maschinen auf den sächsischen Strecken nur bedingt einsetzbar, da hier die Grenze bei 7 t lag. Die Baureihe V 36 K hatte zwar eine höhere Anfahrzugkraft als die Dampflokomotiven der Baureihe IV K, war aber für die Steigungsstrecken immer noch nicht leistungsfähig genug.

Bei nötigen Wartungsarbeiten an den Schmalspur-Diesellokomotiven wurde auch deutlich, daß die Maschinen viel zu verbaut waren und es oft problematisch war, an Haupt- und Hilfsaggregate zu kommen.

Am 25.5.1962 wurden die beiden Maschinen auf das Zittauer Netz umgesetzt und weitere Probefahrten unternommen. Nach etwa sechs Monaten wurden auch in Zittau die Versuchsfahrten, nun endgültig, abgebrochen. Die Lokomotiven hatten einfach noch zu viele „Kinderkrankheiten“ an den Hilfsaggregaten und der Steuerung, welche nur durch umfangreiche Konstruktionsänderungen hätten behoben werden können. Ende 1962 waren beide Maschinen im Bw Zittau abgestellt und wurden 1964 ausgemustert. Da einige Bauteile und Aggregate identisch mit den Normalspurlokomotiven der Baureihe V 15 (101) waren, konnten diese Teile als Ersatzteile für diese Baureihe weiterverwendet werden. Die restlichen, nicht mehr verwendbaren Teile der V 36 4801 und 4802 wurden verschrottet.

Bei Planung, Entwicklung und Konstruktion der V 36 K nutzte man die

V 36 4801 auf einem Schmalspurtransportwagen in Freital-Potschappel im April 1962
Fotos: Otte, Sammlung Grundmann

beim Bau der V 15 gewonnenen Erfahrungen, deren Nullserie kurz zuvor vom Lokomotivbau in Babelsberg geliefert worden war. Die V 36 K der DR ähnelten stark den V 29 der DB. Sie hatten die Radsatzanordnung B'B', wobei je Triebgestell eine Antriebsleistung von 132 kW (180 PS) installiert war. Die Triebdrehgestelle bestanden aus Stahlblech und Querstreben, wobei der Rahmen als geschweißter Innenrahmen ausgeführt wurde. Die beiden Triebdrehgestelle sind kurzgekuppelt und der vorhandene Brückenrahmen ist dreipunktgelagert. An den äußeren Rahmenenden war die für Schmalspurfahrzeuge übliche Mittelpufferkupplung als Trichter- bzw. Scharfenbergkupplung montiert. An den inneren Rahmenenden der kurzgekuppelten Triebdrehgestelle waren seitlich Puffer angebaut und mittlere Zugeisen montiert. Wie die Triebdrehgestelle bestand auch der Brückenrahmen aus Stahlblechen und war als Schweißkonstruktion ausgeführt. Gelagert war der Brückenrahmen auf dem einen Triebdrehgestell in zwei, auf dem anderen Triebdrehgestell nur in einem Auflagepunkt (daher dreipunktgelagert).

Als Antriebsanlage dient je Triebdrehgestell ein Dieselmotor vom Typ 6 KVD 18 mit einer Leistung von 132 kW bei 1500 U/min. Dies ist ein Sechszylinder-Viertakt-Reihenmotor. Die nötige Verbrennungsluft wird mittels Ansaugfilter durch die seitlichen Montagetüren in den Vorbauten, welche mit länglichen Schlitzen versehen sind, angesaugt. Durch einen vorhandenen Zweistufenregler wird jeweils die End- und Leerlaufdrehzahl begrenzt. Die Leistungsübertragung erfolgt vom Dieselmotor über die starr im Rahmen gelagerten dreistufigen Strömungsgetriebe vom Typ GSR 12/3,7 (Wandler/Kupplung/Kupplung) mit angeflanschten Wendegetrieben. Motor und Strömungsgetriebe sind jeweils durch eine Sicherheitsrutschkupplung und eine Gelenkwelle miteinander verbunden. Über die Ausgangswellen der Wendegetriebe wird die Kraft über die Blindwellen und Kuppelstangen an die Radsätze weitergeleitet. Das dreistufige Strömungsgetriebe schaltet in Abhängigkeit von der Fahrgeschwindigkeit durch Füllen und Entleeren der Arbeitskreisläufe selbsttätig. Gebremst wird die Lokomotive über eine mit Saugluft gesteuerte Einkammer-Druckluftbremse mit Zusatzbremse. Als Feststellbremse dient eine Handspindelbremse und für das Abbremsen des Zuges ist zusätzlich eine Heberlein-Bremse vorhanden. Die Vakuumbremsluft wird elektrisch über ein Hardy-Führerbremsventil reguliert. Der Führerstand verfügt über zwei Fahrpulte, die zueinander diagonal versetzt montiert sind.

V 36 4802 in Freital-Potschappel im April 1962

Unter den beiden Hauben der Vorbauten, welche mit dem Rahmen verbunden sind, befinden sich sämtliche Aggregate und Hilfseinrichtungen. Jeweils an den Stirnfronten der Maschinenraumhauben befinden sich die Kühlerelemente sowie die Kühlerlüfter, die vom Dieselmotor über Keilriemen angetrieben werden. Für die nötige Druckluft sorgt ein Luftverdichter vom Typ V 46/200 A, welcher von einem Gleichstrommotor mit einer Leistung von 2,5 kW angetrieben wird. Die V 36 K verfügt über eine Zugheizung, wozu ein im Führerstand montierter Eckrohrheizkessel dient (300 kg Dampf/h bei 196 kPa Überdruck). Zur Speisewasseraufbereitung dient eine Wofatit-Anlage. Mit Dampf aus dem Heizkessel bzw. bei einer Einspeisung von Fremddampf ist ein Vorwärm- und Warmhaltebetrieb mittels einer Dampfstrahlmischdüse möglich. Beide Maschinen verfügen über eine wegabhängige Sicherheitsfahrschaltung, die sowohl auf die Vakuum- als auch auf die Druckluftbremse wirkt. Die Überwachung aller wichtigen Funktionen geschieht mittels Wächtern, Anzeigeinstrumenten sowie akustischen Warnsignalen. Zur elektrischen Energieversorgung der Lokomotive (Antrieb des Luftpressers und der Vakuumpumpe) und des Wagenzuges mit 110 V Gleichspannung dienen zwei von einem zusätzlichen Hilfsdiesel angetriebene Generatoren. Zusätzlich besitzt jeder Traktionsdiesel eine 24-V-Lichtmaschine, die über eine Batterie gepuffert, die Lokomotivsteuerung und die Signalbeleuchtung versorgen.

V 51 DB
251 DB

Um die Wirtschaftlichkeit auf den Anfang der sechziger Jahre in Baden-Württemberg noch betriebenen Schmalspurbahnen zu erhöhen, sollten die dort eingesetzten, größtenteils noch aus der Zeit um die Jahrhundertwende stammenden Dampflokomotiven durch moderne Dieseltriebfahrzeuge ersetzt werden. Die DB kam damit der Forderung der Stuttgarter Landesregierung nach, auf eine Stillegung zu verzichten und die Betriebsabwicklung rentabler zu gestalten. Im Gegenzug wurden die neuen Lokomotiven zum Teil mit Landesmitteln finanziert. Ihr Einsatz war auf der Bottwartalbahn Marbach–Heilbronn, auf der Federseebahn Schussenried–Buchau und auf dem „Öchsle" Warthausen–Ochsenhausen, alle drei mit der Spurweite 750 mm, sowie auf der 1000-mm-Schmalspurbahn Mosbach–Mudau vorgesehen. Im Rahmen einer rationellen Instandhaltung sollte dabei ein einheitlicher Lokomotivtyp für beide Spurweiten beschafft werden: die Baureihe V 51 (ab 1968: 251) für die 750-mm-Bahnen und die Baureihe V 52 (ab 1968: 252) mit einer Spurweite von 1000 mm. Das Beschaffungsprogramm sah insgesamt fünf Lokomotiven vor, die mit einer Höchstgeschwindigkeit von 40 km/h sowohl für den Einsatz im Reisezugdienst als auch im Güterverkehr geeignet sein sollten.

Bei den 1964 in Dienst gestellten Maschinen handelt es sich um die in Zusammenarbeit mit dem BZA München für den Einsatz auf vorgenannten Strecken weiterentwickelte Variante einer von MaK, Kiel, bereits für Industriezwecke mit der Typenbezeichnung G 480 BB gebauten Schmalspurlokomotive. Die fünf DB-Lokomotiven wurden dabei von Gmeinder, Mosbach, in Lizenz gefertigt.

Der Fahrzeugteil besteht aus dem Lokomotivrahmen, dem ungefähr mittig angeordneten Führerhaus mit dem vorderen und hinteren Vorbau sowie den beiden zweiachsigen Drehgestellen. Die Lokomotiven entsprechen im unteren Teil und an den Seiten der Eisenbahn-Bau- und Betriebsordnung für Schmalspurbahnen (BOS), während im oberen Teil die Fahrzeugbe-

Als erste ihrer Baureihe traf V 51 901 im September 1964 in Ochsenhausen ein.
Foto: Archiv Eisenbahn Magazin

grenzung bei der V 51 durch die Ecken des Führerhausdaches um 27 mm überschritten wird. Da jedoch auf den genannten Strecken eine ausreichende Lichtraumumgrenzung zum Befördern von regelspurigen Güterwagen auf Rollböcken vorhanden ist, ist die Überschreitung der Fahrzeugbegrenzung ohne Belang und die erforderliche Ausnahmegenehmigung zum Betrieb der Lokomotiven auf den vorgesehenen Strecken wurde vom Verkehrsminister erteilt.

Im vorderen Vorbau befinden sich die beiden nebeneinanderliegenden MWM-Dieselmotoren vom Typ TRHS 518 A mit einer Leistung von jeweils 200 kW (270 PS) bei 1600 U/min sowie die Kühlanlage und die Flüssigkeitsgetriebe. Im hinteren Vorbau sind bei der V 51 der Luftpresser, die Luftbehälter sowie die Batterien und der Kraftstoffbehälter angeordnet. Außerdem befindet sich bei der V 52 dort ein Hilfsdiesel-Aggregat für die Energieversorgung von Reisezugwagen; die V 51, die ohne dieses Aggregat geliefert wird, ist nur mit der entsprechenden Grundausrüstung versehen, so daß ein – letztendlich nicht genutzter – nachträglicher Einbau jederzeit möglich gewesen wäre. Das Wendegetriebe ist unter dem Führerhaus angeordnet. Die Zug- und Stoßeinrichtungen für die V 51 sind den bisherigen handbedienten Mittelpufferkupplungen der Dampflokomotiven, einer Art Trichterkupplung, nachgebaut. Die Fahrzeuge werden dabei durch eine Kuppelstange miteinander verbunden. Für die Mitfahrt des Rangierpersonals sind an allen vier Ecken Tritte vorhanden. Die Übertragung der Zug- und Bremskräfte zwischen Lokomotivrahmen und Drehgestellen erfolgt durch in die Drehgestelle hineinragende Drehzapfenträger über Hartmangan-Druckstücke. Die Leistung der Fahrdieselmotoren wird jeweils über direkt an die Motoren angeflanschte dreistufige Twin-Disc-Drehmomentwandler übertragen. Als Übertragungsmedium im Wandler dient Kraftstoff.

Das Führerhaus ist auf dem Lokomotivrahmen elastisch gelagert und mit einer Schallisolierung versehen. Der Führertisch steht an der Vorderwandmitte des Führerhauses. An seinen beiden Seiten befindet sich ein Handrad zur Motorregulierung. An Sicherheitseinrichtungen ist eine wegabhängige BBC-Sicherheitsfahrschaltung mit Zeitüberwachung vorhanden.

Die ersten beiden Lokomotiven der Baureihe V 51 (V 51 901 und 902) trafen Anfang September 1964 in Ochsenhausen ein und lösten nach ihrer Abnahme die bisher dort eingesetzten Dampflokomotiven 99 650 und 651 im Güterverkehr ab. Für die Bespannung von Reisezügen kamen die Neubaulokomotiven bereits zu spät, war doch der Personenverkehr auf dem „Öchsle" kurz zuvor, am 31.5.1994, eingestellt worden. Die als letzte V 51 am 17.9.1964 abgenommene V 51 903 gelangte dagegen zunächst zur Bottwartalbahn, wo sie bis zum Abbau der Strecke im Juli 1969 im Einsatz war. Anschließend kam auch sie nach Ochsenhausen, womit für kurze Zeit alle Lokomotiven dieser Baureihe beim „Öchsle" stationiert waren. Allerdings überstieg der Bestand der inzwischen EDV-gerecht als 251 bezeichneten Maschinen den Bedarf bei weitem, so daß 251 901 nach letzten Einsätzen beim Abbau der Federseebahn Buchau–Schussenried am 21.2.1971 als erste ausgemustert wurde. Sie fand eine neue Heimat bei den Steiermärkischen Landesbahnen (STLB), wo sie umgespurt auf 760 mm als VL 21 auf der Strecke Kapfenberg–Au-Seewiesen anzutreffen war und heute als Reserve dient. 251 902 und 903 verblieben dagegen bis zur Stillegung der Strecke Ochsenhausen–Warthausen am 31.3.1983 beim „Öchsle". Anschließend ging 251 902 in den Museumsbestand des Vereins „Öchsle Schmalspurbahn" über, während es ihre Schwestermaschine über die Firma Layritz nach Italien verschlug, wo sie bei der Firma Gleismac Italiana SpA auf Normalspur umgespurt und 1985 an das spanische Gleisbauunternehmen „COMSA" in Barcelona verkauft wurde.

Frontansicht der V 91 901 *Foto: Archiv Eisenbahn Magazin*

V 52 DB
252 DB

Noch vor den drei Diesellokomotiven der Baureihe V 51 nahm die DB im Juni 1964 die beiden für die 28 km lange Schmalspurbahn Mosbach–Mudau bestimmten V 52 901 und 902 in Betrieb, die abweichend zur mit einer Spurweite von 750 mm ausgeführten V 51 eine solche von 1000 mm aufwiesen. Beide Bauarten, von Gmeinder, Mosbach, in Lizenz gefertigt, stimmen in ihrer Konstruktion mit Ausnahme der Spurweite, der Zug- und Stoßeinrichtungen und des Längenunterschiedes von 30 mm (V 51: 9810 mm, V 52: 9780 mm) weitgehend überein. Wie schon bei der V 51 wird durch die Ecken des Führerhausdaches die nach der Eisenbahn-Bau- und Betriebsordnung für Schmalspurbahnen (BOS) zulässige Fahrzeugbegrenzung überschritten. Im Falle der V 52 um 140 mm. Außerdem überragt der Auspuff das Lichtraumprofil in Führerhausmitte um 84 mm. Aufgrund des auch zwischen Mosbach und Mudau durchgeführten Rollbockverkehrs sind die Überschreitungen jedoch ohne Belang, und der Inbetriebnahme der V 52 wurde durch das Bundesverkehrsministerium per Sondergenehmigung zugestimmt. Die Zug- und Stoßeinrichtungen der V 52 sind den Vorrichtungen des auf dieser Strecke eingesetzten Wagenparks, der zum Teil noch aus der Zeit der badischen Länderbahnen stammt, angepaßt. Sie bestehen aus einem starren, nicht drehbaren Mittelpuffer sowie zwei außenliegenden Zugkupplungen. Letztere umfassen je einen Zughaken und eine Zugstange. Die anfänglich noch vorhandenen Kuppelketten wurden später durch Schraubenkupplungen ersetzt. Für die Bespannung von Reisezügen ist die V 52 zusätzlich mit einem Hilfsdiesel-Aggregat mit Gleichstrom-Generator ausgerüstet, das bei einer Leistung von 15 kW (22 PS) der Energieversorgung der Reisezugwagen (Beleuchtung und Betrieb der Warmluft-Heizgeräte) dient.

Als erste Lokomotive wurde V 52 901 am 25. 6. 1964 von der DB abgenommen. Heimatdienststelle war das Bw Heidelberg, Außenstelle Mudau. Ihr folgte einen Monat später V 52 902. Gleichzeitig konnten damit in Mudau die zuletzt noch eingesetzten Dampflokomotiven 99 7201 bis 7204 abgestellt werden. Die Neubau-Diesellokomotiven waren sowohl vor Personen- als auch Güterzügen anzutreffen. Um den spärlichen Reisezugverkehr attraktiver zu gestalten, wurden 1965 außerdem fünf neue vierachsige Personenwagen beschafft. Allerdings konnte dies den Niedergang der Bahn nicht aufhalten. Die Elektrifizierung der Hauptstrecke zwischen Neckarelz und Osterburken brachte Anfang der siebziger Jahre das endgültige „Aus“: Aufgrund des steigenden Defizits bei kontinuierlich zurückgehendem Beförderungsaufkommen war die DB nicht bereit, rund 280 000 DM in die erforderliche Anhebung der die Hauptbahn querenden Brücke der Schmalspurbahn östlich von Mosbach zu investieren. Am 25. 1. 1973 stimmte der Bundesminister für Verkehr der Stillegung zu, und mit dem Beginn des Sommerfahrplans 1973 wurde der Betrieb zwischen Mosbach und Mudau eingestellt. Während die neuen Reisezugwagen zur Inselbahn Wangerooge umgesetzt wurden, verblieben die beiden ab 1968 EDV-gerecht als 252 901 und 902 in den Triebfahrzeugbestand der DB eingereihten Diesellokomotiven aufgrund der finanziellen Beteiligung des Bundeslandes bei der Beschaffung in Baden-Württemberg. Zunächst beim Hersteller Gmeinder, Mosbach, auf Regelspur umgespurt, gelangte 252 901 anschließend zur Albtalbahn, wo sie als V 62 im Bau- und Güterzugdienst zum Einsatz kam, während 252 902 an die Südwestdeutsche Eisenbahn-Gesellschaft (SWEG) ging, die sie als V 46.01 u. a. auf der Kaiserstuhlbahn einsetzte. Inzwischen befinden sich beide Maschinen im Ausland: Die in Oberhausen ansässi-

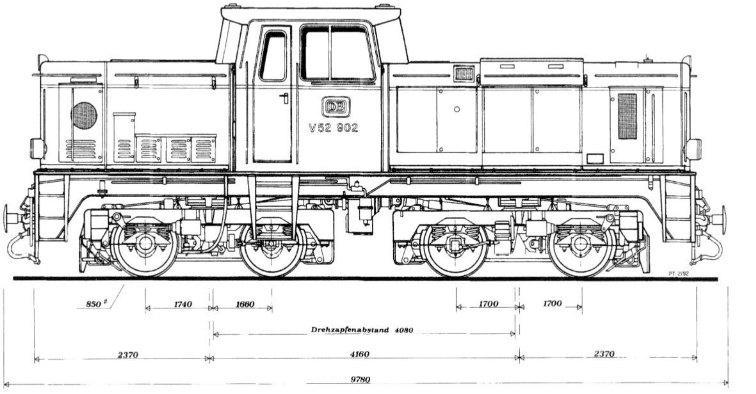

Maßstab 1:100

Schmalspurdiesellokomotiven V 51.9/ V 52.9 der Deutschen Bundesbahn
Zeichnung: Archiv Eisenbahn Magazin

Während der Inbetriebsetzungsphase wurde die V 52 901 in Mudau aufgenommen. Im Hintergrund qualmt 99 7201 vor sich hin. *Foto: Werner Bischoff*

Bereits am 30. 6. 1968 war die V 52 902 mit der EDV-gerechten Betriebsnummer ausgerüstet. *Foto: Peter Nothdurft*

ge Firma NEWAG verkaufte 1984 die ehemalige 252 901 nach Italien, wo sie seit 1987 als T 7152 von der Gleisbaufirma „Impresa Francesco Ventura“, Paola, vor Bauzügen in Kalabrien eingesetzt wird. 252 902 verschlug es 1986 ebenfalls nach Italien. Sie gehört jetzt zum Bestand der Ferrovia Genova–Casella, einer 25 km langen Schmalspurbahn der Spurweite 1000 mm. Erneut umgespurt, steht sie dort heute für die Bespannung von Arbeitszügen und des Schneepflugs bereit.

Kö 0403, 0405, 0407 und 0408

Mit der Übernahme der Mecklenburg-Pommerschen Schmalspurbahn (MPSB) durch die Deutsche Reichsbahn im April 1949 gelangten auch vier Diesel-Kleinlokomotiven in den Bestand der Deutschen Reichsbahn. Eingereiht wurden diese Maschinen als Kö 0403, 0405, 0407 und 0408. Bei drei der vier Lokomotiven handelte es sich um dieselmechanische, über Ketten angetriebene Lokomotiven verschiedener Hersteller. Die Maschinen gehörten der Bauart B-dm an und stammten aus dem Standardprogramm der einschlägigen Hersteller.

Die spätere Kö 0403 war die erste Diesellokomotive, die von der MPSB beschafft wurde. Geführt wurde sie dort unter der Nummer 25, eingesetzt war sie anfangs als Rangierlokomotive in einer bahneigenen Kiesgrube nahe Friedland. Ab 1942 sind auch Leistungen vor Zügen auf der Anschlußbahn Lübbersdorf–Annenhof der MPSB bekannt. Anfang 1950 weilte die Lokomotive zur Hauptuntersuchung im Raw Dessau und wurde von dort zur Waldeisenbahn Muskau (WEM) überführt. Da auch die WEM der DR unterstellt war, erhielt die Lokomotive die Betriebsnummer Kö 0403. Bei der WEM war die Maschine bis 1958 im Einsatz, bevor sie an die Pioniereisenbahn (heute Parkbahn) Cottbus abgegeben wurde. Noch heute steht diese Lokomotive bei der Parkbahn im Einsatz.

Die von Orenstein und Koppel gebaute Kö 0405 war auf allen Strecken der MPSB im Einsatz. Nach einer Hauptuntersuchung Anfang der fünfziger Jahre durch das Raw Dessau wurde sie dem Lokomotivbahnhof Jarmen des Bw Neubrandenburg zugeteilt. Letzte Einsätze der Lokomotive bei der DR waren 1965, danach wurde die Lokomotive an den VEB Fliesenwerk Friedland verkauft.

Die Kö 0407 war ebenfalls dem Lokomotivbahnhof Jarmen des Bw Neubrandenburg zugeteilt und letztmalig 1960 eingesetzt. Danach soll die Lokomotive an einen Meliorationsbetrieb verkauft worden sein.

Auch die Kö 0408 war dem Lokomotivbahnhof Jarmen zugeteilt. Im Jahr 1956 soll sie verkauft worden sein. Bei dieser Lokomotive erfolgte der Antrieb nicht über Ketten, sondern vom Dieselmotor über Gelenkwelle/Blindwelle sowie über die Blindwellenendkurbeln und die Kuppelstangen auf die Radsätze.

Sehen sich die Lokomotiven Kö 0403, 0407 und 0408 äußerlich relativ ähnlich, fällt die Lokomotive Kö 0405 durch ihren offenen Endführerstand auf.

Nach anderen Unterlagen war auch die Kö 0406 (Gmeinder 1939) bei der MPSB im Einsatz. Kö 0406, 0407 und 0408 sollen später in das Raw Dessau gelangt sein, wo Teile für den Bau neuer, normalspuriger Kleinlokomotiven der DRB-Einheitsbauart verwendet worden sein sollen (Kö 4030, Kö 4025 und Kö 4032).

Kö 0403, 0404 und 0409 DR Kb 0401, 0402 DR

Auch bei der Waldeisenbahn Muskau (WEM) waren nach der Übernahme dieser Bahn durch die Deutsche Reichsbahn (Rbd Cottbus) am 1.1.1951 drei Diesellokomotiven und zwei Benzinlokomotiven (Kb 0401 und Kb 0402) vorhanden, die eine DR-Betriebsnummer erhielten.

Kö 0403

Da diese Lokomotive zuvor bei der MPSB beheimatet war, gehörte diese Lokomotive schon seit April 1949 zur DR.

Kö 0404

Zu dieser Lokomotive liegen nur sehr spärliche Angaben vor. Vermutlich handelt es sich um einen Eigenbau. Sicher ist nur, daß diese Lokomotive einen 50-PS-Motor der Mannheimer Motorenwerke besaß. Bei der WEM soll die Lokomotive von ca. 1939 bis 1951 im Einsatz gewesen sein. 1956 wurde die Lokomotive verkauft.

Kö 0409

Bei der WEM war die Lokomotive von 1939 bis 1951 im Einsatz. 1956 wurde sie an die Pioniereisenbahn Cottbus abgegeben. Vermutlich wurde diese Maschine schon 1957 ausgemustert. Die Benzinlokomotiven wurden bereits 1952 ausgemustert.

Köf 6001 6003 DR 100 901, 903 DR 199 001, 003 DR 399 703 DB AG

(750 mm)

Die Lokomotiven Köf 6001 und 6003 gehören der Bauart C-dm an und haben die Typenbezeichnung HF 130 C. Gebaut wurden diese Maschinen ehemals für Heeresfeldbahnen der Deutschen Wehrmacht, wobei von 1937 bis 1944 sechs verschiedene Hersteller zusammen 341 Maschinen lieferten. Diese Lokomotiven HF 130 C wurden für die Spurweiten von 600 und 750 mm gefertigt. Durch einfaches Umpressen der Radscheiben konnte eine Lokomotive für 600 mm Spurweite ohne größere Probleme auch auf 750-mm-Gleis fahren und umgekehrt.

Die Lokomotiven hatten eine Leistung von 96 kW und eine Höchstgeschwindigkeit von 20 km/h. Unterhalb des Endführerstandes waren das Wendegetriebe und die Blindwelle montiert. Der Dieselmotor der Firma Deutz vom Typ A 6 M 517 und das Strömungsgetriebe waren im länglichen Vorbau der Lokomotive untergebracht. Die Kraftübertragung erfolgte vom Dieselmotor über das zweistufige Strömungsgetriebe L 22, das Wendegetriebe mit der Blindwelle über die zwei Kuppelstangen auf die drei im Außenrahmen gelagerten Radsätze. Als Bremse fand eine Handspindelbremse Verwendung, die jeweils einseitig auf den ersten und dritten Radsatz wirkte.

Schon die vielen Bezeichnungen der Köf 6001 lassen auf eine bewegte

Köf 6001, spätere 100 901, 199 001, am 26.8.1965 in Altefähr auf Rügen
Foto: Klaus Kieper

Vergangenheit schließen (vor 1970: Köf 6001; 1970 bis 1973: 100 901; 1973 bis 1991: 199 001; ab 1992: 399 703). Hersteller der Lokomotive war die Firma Gmeinder in Mosbach/Baden im Jahr 1941. Die DR übernahm die Köf 6001 und 6003 aus dem Schadfahrzeugpark der Sowjetischen Besatzungszone (SBZ) Anfang der fünfziger Jahre. Bis 1945 sollen beide Maschinen zum Fahrzeugbestand Mellensee, wo diese auf einem großen Übungsplatz für Baupioniere im Einsatz gewesen sein sollen, gehört haben. Die Lokomotiven wurden 1950 durch das Raw Dessau aufgearbeitet. Danach kam die Köf 6001 im 750-mm-Schmalspurnetz bei Dahme zum Einsatz und wurde 1964 auf die Insel Rügen umgesetzt. Dort wurde die Maschine als Rangierlokomotive auf den Bahnhöfen Bergen, Rügen Ost und Altefähr eingesetzt. Bei der Einstellung einiger Streckenäste der Schmalspurbahn auf der Insel Rügen setzte man die Lokomotive auch bei dem Abbau der nicht mehr benötigten Gleisanlagen ein. Danach wurde sie im Bahnhof Bergen abgestellt. Mitte der siebziger Jahre wurde dann die Lokomotive nach Putbus zur dortigen Einsatzstelle überführt. In der Est. Putbus wurde die Lokomotive wiederaufgearbeitet und 1975 bei der Generalinstandsetzung der Schmalspurbahn der Insel Rügen wiederum im Bauzugdienst eingesetzt. Die heute als 399 703 bezeichnete Lokomotive wird nur noch als Reservemaschine vorgehalten und gehört zum Fahrzeugbestand des Betriebshofs Stralsund.

Hersteller der Köf 6003 war die Firma Klöckner-Humboldt-Deutz im Jahr 1944. Wie schon erwähnt, ist die Köf 6003 im Aufbau gleich zur Köf 6001 des Typs HF 130 C. Nach der Aufarbeitung der Lokomotive durch das Raw Dessau im Jahr 1950 kam sie bis ca. März 1955 auf dem 750-mm-Schmalspurnetz bei Dahme zum Einsatz. Danach wurde die Köf 6003 zur Schmalspurbahn Rathenow–Senske–Nauen umgesetzt, wo diese vom 13.4.1955 bis 5.10.1961 geführt wurde. Bei dieser Schmalspurbahn bespannte die Köf 6003 neben Güterzügen (Rübenernte) auch regelmäßig Personenzüge. Die Köf 6003 wurde wie die Köf 6001 im Jahr 1964 auf die Insel Rügen umgesetzt. Dort verlief ihr weiterer Lebensweg wie der der Köf 6001. Mitte der achtziger Jahre erlitt die mittlerweile als 199 003 geführte Maschine einen schweren Getriebeschaden. Nach einigen Monaten Abstellzeit wurde die Maschine ausgemustert und in der Est. Putbus verschrottet.

Ehemalige Köf 6001, jetzt 399 703 der DB AG, am 26.3.1995 in Putbus auf Rügen
Foto: Thomas Splittgerber

Kö 6002, 6004 und 6005

(750 mm)

Kö 6002

Diese Lokomotive mit Mittelführerstand wurde von der Firma Schwartzkopff direkt an die Kleinbahn Jerichow (750 mm) geliefert. In den Vorbauten der Lokomotive waren der Dieselmotor vom Typ 6R 4W, ein Sechszylinder-Viertakt-Motor, sowie das mechanisch arbeitende Viergang-Getriebe untergebracht. Die drei in einem Außenrahmen gelagerten Radsätze waren durch zwei Kuppelstangen verbunden, davon wurde aber nur ein Radsatz direkt angetrieben. Wegen des kurzen Radsatzstands (drei Radsätze auf 1500 mm Länge) hatte der mittlere Radsatz keinen Spurkranz. Wegen ihrer geringen Höchstgeschwindigkeit von nur 20 km/h war sie hauptsächlich im Rangierdienst im Einsatz. Anfangs war diese Maschine in Burg bei Magdeburg stationiert. 1950 übernahm dann die DR die Lokomotive unter der Nummer Kö 6002.

Mitte der fünfziger Jahre war die Lokomotive dann bei der Kleinbahn Klockow–Pasewalk im Einsatz. Vom 16.8.1957 bis zum 4.1.1960 war die Kursbuchstrecke 107n (Nauen–Senzke–Kriele) der gleichnamigen Kreisbahn ihr Einsatzgebiet. Nach Einstellung dieser Strecke wurde die Lokomotive zur Jüterbog–Luckenwalder Kreiskleinbahn nach Dahme umgesetzt. Einsätze in Dahme sind jedoch nicht bekannt. Wegen der Störanfälligkeit des Getriebes kam es in ihrer gesamten Dienstzeit oft zu Störungen, welche oft zu längeren Ausfällen führten. Die Laufleistung dieser Lokomotive war damit auch sehr gering. Ausgemustert wurde die Maschine 1962 und im Raw Dessau zum Bau der Kö 4018II genutzt.

Kö 6004

Bei dieser Lokomotive handelt es sich um eine ehemalige Grubenbahn- bzw. Bunkerlokomotive ohne geschlossenen Führerstand. Erst im Jahr 1959 wurde sie aus dem Schadfahrzeugpark dem Raw Dessau zugeführt und dort aufgearbeitet bzw. umgebaut. Bei dem Umbau erhielt die Maschine einen neuen Motor vom Typ 4 KVD 14,5 sowie einen geschlossenen Endführerstand. Diese dieselmechanisch angetriebene Lokomotive hatte ein Dreigang-Getriebe, wobei der Antrieb über Rollenketten erfolgte. Der Hersteller des Motors war der VEB Motorenwerk Schönebeck. Nach der Generalreparatur gelangte die Maschine in den Bestand der DR, wo sie unter der Nummer Kö 6004 geführt wurde. Ihr erstes Einsatzgebiet war die Strecke Nauen–Kriele vom 1.1.1960 bis 16.3.1961. Nach Einstellung dieser Kreisbahn (Rathenow–Senzke–Nauen) wurde die Lokomotive zur Jüterbog–Luckenwalder Kreiskleinbahn nach Dahme umgesetzt (Einstellung der Kreisbahn Rathenow am 31.3.1961).

Dort war die Maschine als Rangierlokomotive ebenfalls bis zur Einstellung am 1.2.1965 im Einsatz. Die ursprünglich für die Heeresfeldbahnen des Zweiten Weltkrieges bestimmte Lokomotive wurde von der DR noch einmal aufgearbeitet und im August

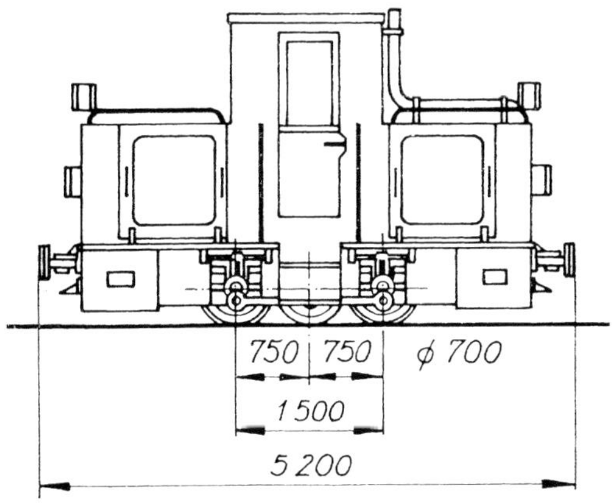

Maßstab 1:87

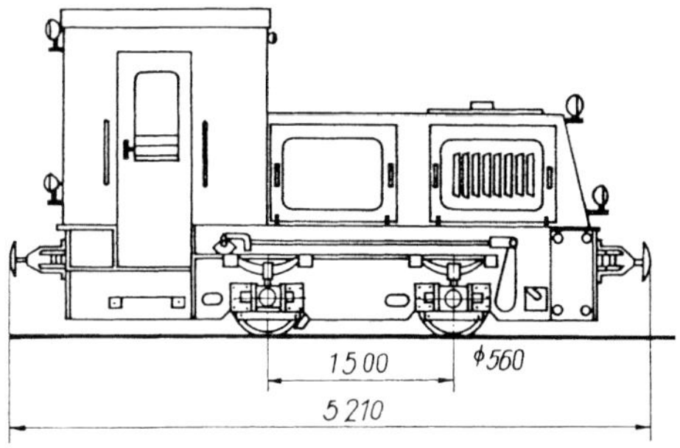

Maßstab 1:87

Seitenansichten der Kö 6002 (links) und der Kö 6004 (rechts)
Zeichnungen: Sammlung Frank Heilmann

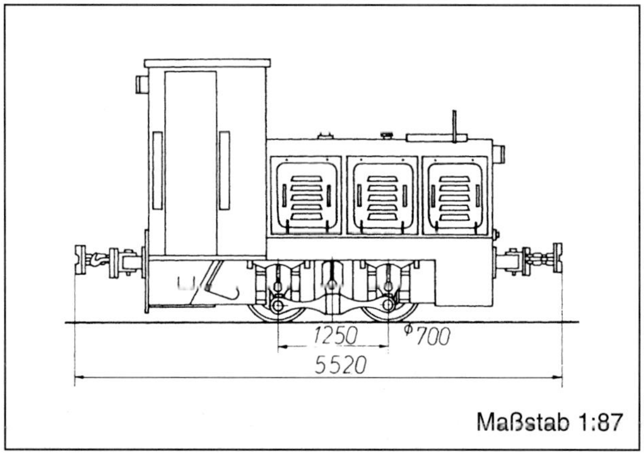

Seitenansicht der Kö 6005
Zeichnung: Sammlung Frank Heilmann

1967 für 15 000 Mark der DDR an die Ballerstedt Transport KG verkauft. Bei der Ballerstedt Transport KG diente sie auf der Werkbahn von Gommern nach Pretzien für den Transport von Steinen und Sandzügen. Hier war sie wegen ihrer Farbgebung als schwarze Lokomotive bekannt. Im Bestand wurde sie mit der Nummer 60045 geführt, als Anschrift behielt sie jedoch ihre DR-Nummer 6004.

Ausgemustert wurde die Lokomotive bei der Ballerstedt Transport KG im Jahr 1976 mit der Einstellung des Transportbetriebes.

Kö 6005

Diese Lokomotive wurde vom Hersteller VEB Lokomotivbau „Karl Marx", Babelsberg, direkt an die Rügensche Kleinbahn geliefert (750 mm). Die als Kö 6005 bezeichnete Lokomotive wurde wegen ihrer geringen Leistung nur im Rangierdienst eingesetzt. Stationiert war sie bis 1967 im Bahnhof Altefähr und danach bis zu ihrer Ausmusterung 1970 im Bahnhof Bergen.

Vom Lokomotivtyp Ns 3 wurden in verschiedenen Spurweiten (600 bis 1000 mm) ca. 275 Maschinen gefertigt. Hergestellt wurde diese Stückzahl von 1951 bis 1960. Bei diesem Lokomotivtyp handelt es sich um eine Maschine mit Endführerstand sowie einem länglichen Vorbau, in dem der wassergekühlte Vierzylinder-Viertaktmotor untergebracht ist. Der Motor vom Typ 4 KVD 14,5 wurde vom VEB Motorenwerk Schönebeck hergestellt. Die mechanische Kraftübertragung geschah über ein Dreigang-Getriebe mit Reibungskupplung über die Blindwelle und Kuppelstangen auf die beiden Radsätze der Lokomotive. Die Blindwelle ist mittig montiert. Durch das mehrstufige mechanische Getriebe können Geschwindigkeiten von 4,8 oder 19 km/h erreicht werden. Als Bremse dient eine Wurfhebelbremse, die auf alle vier Räder einseitig wirkt. Als Zugvorrichtung dient eine Mittelpufferkupplung. Die beiden Radsätze sind in einem Außenrahmen gelagert. Der Endführerstand konnte je nach Wunsch des Auftraggebers offen oder geschlossen mit Schiebetür ausgerüstet werden.

Kö 6501, 6502 DR 100 903, 100 904 DR 199 003, 199 004 DR 199 991, 199 992 DR

(1000 mm)

Obwohl sich die beiden Lokomotiven Kö 6501 und 6502 äußerlich geringfügig unterscheiden, gehören sie der standardisierten Bauart Ns 3 an. Wie die meisten Kleinlokomotiven haben sie einen Endführerstand mit einem länglichen Vorbau, in dem das Getriebe und der Dieselmotor untergebracht sind. Der Dieselmotor vom Typ 4 KVD 14,5 hat bei einer Drehzahl von 1500 U/min eine Nennleistung von 60 PS (44 kW). Die mechanische Kraftüber-

199 003 in Halle am 3. 9. 1977
Aufnahme Otte, Sammlung Grundmann

Oben: Kö 6501, spätere 199 003, der Industriebahn Halle mit einem Rollbockzug im Oktober 1982 *Foto: Klaus Kieper*

Mitte: Kö 6502, spätere 199 004, in Halle im Februar 1968 *Foto: Klaus Kieper*

tragung erfolgt vom Dieselmotor über ein mechanisches Dreigang-Getriebe, eine mittigliegende Blindwelle und Kuppelstangen auf die in einem Außenrahmen gelagerten zwei Radsätze. Die Maschinen wurden grundsätzlich nur für den Rangierbetrieb, insbesondere für den Rollbockbetrieb beschafft. Daher waren die Lokomotiven weder mit herkömmlichen Puffern noch mit einer Mittelpufferkupplung ausgerüstet. Statt einer Zug- und Stoßeinrichtung war lediglich eine Vorrichtung zum Einhängen eines sogenannten Kuppelbaumes an der Pufferbohle (Schürze) vorn und hinten vorhanden. Beide Lokomotiven waren anfangs mit einer Wurfhebelbremse ausgerüstet, erst nachträglich wurde die Kö 6502 mit einer Druckluftbremse nachgerüstet. Die Wurfhebelbremse wirkte auf beide Radsätze nur einseitig. Da von dem schmalen Führerhaus der Kö 6501 die Sicht für den Lokomotivführer im Rollbockbetrieb mit normalspurigen Güterwagen ungenügend war, wurde das Führerhaus bei der Kö 6502 ähnlich dem der normalspurigen Einheitslokomotiven etwas breiter gestaltet. Auffällig an der Kö 6502 sind auch die beiden Vorratsbehälter für die Druckluftbremse, die auf dem Vorbau der Lokomotive vor dem Endführerstand montiert sind. Neben dem vergrößerten Endführerstand mit größeren Fenstern bei der Kö 6502 wurden auch die seitlichen Umläufe am länglichen Vorbau auf die Breite des Führerhauses vergrößert. In ihrer dreißigjährigen Geschichte bei der DR hatten beide Lokomotiven je vier unterschiedliche Betriebsnummern erhalten. Die Nummern 199 991/992 wurden erst an die Lokomotiven

Kö 6502 als 199 004 in Halle *Fotos: Archiv Eisenbahn Magazin*

vergeben, als neue Lokomotiven in einer Zweitbesetzung die Nummern 199 003/004 erhielten.

Von der VEB Lokomotivbau „Karl Marx“, Babelsberg, gelangte die Kö 6501 direkt zur Franzburger Kreisbahn (Stralsund–Barth–Damgarten), wo sie im Bahnhof Barth als Rangierlokomotive von 1953 bis April 1965 stationiert war. Danach erfolgte wegen der schrittweisen Einstellung der Franzburger Kreisbahn die Umsetzung der Kö 6501 zur Industriebahn Halle. Bei dieser Industriebahn handelt es sich um ein Reststück der ehemaligen Halle-Hettstedter Eisenbahn, welches 1950 von der DR übernommen wurde. Hier lösten die Kö 6501 sowie die gleich nach Halle gelieferte Kö 6502 die veralteten Dampflokomotiven ab. In Halle war die Kö 6501 jedoch nur Reservelokomotive für die Kö 6502. Der Grund dafür lag an dem alten Führerhaus und sicherlich auch an der fehlenden Druckluftbremse.

Wegen zu geringer Leistung und fehlender Ersatzteile wurden kurzfristig zwei Normalspur-Kleinlokomotiven der Baureihe 100 (128 und 287) im Raw Halle auf 1000 mm umgespurt. Mit Abnahme der ersten Lokomotive am 15. 4. 1983 erhielt sie die neue DR-Nummer 199 003II als Zweitbesetzung. Von diesem Zeitpunkt an diente die Kö 6502 nur noch als Reservelokomotive, Kö 6501 wurde ausgemustert. Mit Übernahme der zweiten umgespurten Maschine als 199 004II, ebenfalls als Zweitbesetzung Ende 1983, wurde auch die Kö 6502 Anfang 1984 ausgemustert.

199 003II 199 004II 199 011 199 012 DR

(1000 mm)

Da die 1000-mm-Schmalspur-Diesellokomotiven der Industriebahn Halle 199 003 (ehemalige Kö 6501) und 199 004 (ehemalige Kö 6502) des Baujahrs 1953, überaltert und abgefahren waren, suchte die DR nach einer Ablösung für diese beiden auszumusternden Lokomotiven. Da ein geringer Bedarf an solchen Lokomotiven bei der DR bestand, kam eine Neuentwicklung nicht in Betracht.

Eine kostengünstige Lösung wurde darin gefunden, Kleinlokomotiven der Baureihe 100 von Normalspur auf Meterspur umzurüsten. Mit dem Umbauauftrag für die zwei benötigten Lokomotiven wurde das Raw Halle beauftragt. Dort wurden die 100 128 und 100 287 (Kö 4028II und 4187) im Rahmen einer Hauptuntersuchung der Schadgruppe V 7 in 1000-mm-Schmalspur-Diesellokomotiven umgebaut. Die erste Lokomotive, die nach den Umbauarbeiten das Raw Halle verlassen hat, war die 199 003II, welche am 15. 4. 1983 eine V 7 erhalten hatte, die zweite Lokomotive folgte 1984 als 199 004II.

Eine weitere Kö (100 325) wurde 1984 für die Schmalspurbahnen im Harz

199 010 (Umbau aus 100 325) in Nordhausen *Foto: Frank Heilmann*

199 011 (Umbau aus 100 639) am 27. 3. 1991 im Bw Wernigerode-Westerntor *Foto: Thomas Splittgerber*

auf 1000 mm umgespurt und bekam dann die Nummer 199 010. Im Jahr 1991 folgten zwei weitere Kleinlokomotiven, die ebenfalls im Raw Halle umgespurt wurden. Als Spenderlokomotiven dienten 100 639 (Kö 4639) und 100 213 (Kö 4113), die zu 199 011 und 199 012 wurden.

Nach Einstellung des Betriebes der Industriebahn Halle zum 1.6.1991 waren die Lokomotiven noch einige Zeit bei der Industriebahn abgestellt, bevor sie in den Bestand der Harzer Schmalspurbahnen GmbH (HSB) übergingen. Bei den Schmalspurbahnen im Harz waren die umgespurten Kö, wie auch später bei der HSB, im Arbeitszugdienst im Einsatz. Die ehemaligen Maschinen der Industriebahn in Halle wurden dort nur im Rollbockverkehr eingesetzt, daher ergeben sich zwischen den Lokomotiven im Harz und in Halle auch geringfügige Unterschiede. Bei den in Halle eingesetzten Lokomotiven wurden die Zug- und Stoßeinrichtung anläßlich des Umbaus entfernt und durch sogenannte Kuppelbäume für den Rollbockverkehr ersetzt. Diese befanden sich an Vor- und Rückseite der Lokomotiven. Sie wurden senkrecht hochgeklappt und verriegelt, wenn sie nicht benötigt wurden. Bei den Lokomotiven für die Harzer Schmalspurbahnen wurden zwar ebenfalls die üblichen Puffer und die Kupplung entfernt, aber durch für Schmalspurfahrzeuge übliche Zug- und Stoßeinrichtungen (Mittelpufferkupplung) ersetzt.

An den Hauptkomponenten wurden anläßlich des Umbaus nur geringfügige Modifikationen vorgenommen. Im Rahmen der Hauptuntersuchung wurden alle fünf Lokomotiven mit einer Druckluftbremse ausgerüstet und der Anstrich geändert. Die ehemals schwarz lackierten Aufbauten (Führerhaus und Vorbau) wurden orange und der vorher rot lackierte Rahmen grauschwarz.

Kö 7001/ 7002 DR 199 005/006 DR 399 112/113 DR (1000 mm) 199 101/102/ 103 DR 399 601/602/ 603 DR (600 mm)

Nach der Einstellung des regulären Betriebs auf der letzten Strecke der meterspurigen Spreewaldbahn Cottbus–Straupitz am 3.1.1970 betrieb die DR nur noch ein Anschlußgleis von 2 km Länge zu einem Flugplatz der Nationalen Volksarmee (NVA). Von diesem Streckenast zweigten noch ein Anschluß zum Depot der Cottbuser Straßenbahn und zur Firma PGH Glas und Spiegel ab, welcher auch noch regelmäßig genutzt wurde. Da der Fahrzeugpark der Spreewaldbahn nach der Einstellung verschrottet wurde, beschaffte die DR vom Spanplattenwerk Gotha zwei Lokomotiven der Bauart V 10 C. Hersteller der beiden Lokomotiven war VEB Lokomotivfabrik „Karl Marx", Babelsberg. Mit der Übernahme dieser Maschinen im Jahr 1970 durch die DR erhielten sie zunächst die Betriebsnummern Kö 7001/7002, später 100 905 und 100 906. Ab 1973 wurden sie als 199 005 und 199 006 geführt.

Bei Entwicklung und Konstruktion der Werklokomotiven der Bauart V 10 C wurden die verschiedenen Spurweiten der unzähligen Werk- und Industriebahnen berücksichtigt. Der Typ V 10 C wurde daher vom VEB Lokomotivbau „Karl Marx", Babelsberg, in unterschiedlichen Spurweiten gefertigt (600 bis 762, 900, 1000 und 1067 mm). Der Dieselmotor 6 KVD 14,5 SRL ist ein luftgekühlter Sechszylindermotor des VEB Dieselmotorenwerk Schönebeck und ist wie das Schaltgetriebe im länglichen Vorbau der Lokomotive un-

199 005 und 199 005 im Bw Wernigerode-Westerntor am 27.3.1991
Foto: Thomas Splittgerber

199 006 des Bw Cottbus während ihres Einsatzes auf der Spreewaldbahn 1982
Fotos: Frank Heilmann

199 102 der Berliner Parkeisenbahn im August 1994

tergebracht. Die Hauptaggregate Motor und Schaltgetriebe sind über eine Gelenkwelle verbunden. Die Leistung wird vom Dieselmotor über die Gelenkwelle auf das Schaltgetriebe mit der Blindwelle und von den Blindwellenendkurbeln über die Kuppelstangen auf die Radsätze übertragen.

Die Luftkühlung des Dieselmotors geschieht über die Stirnfront des Vorbaus, welche aus grobmaschigem Streckmetall besteht. Zur Ansaugung der Kühlluft dient ein Axialgebläse, welches von der Kurbelwelle über Keilriemen angetrieben wird. Zur Elektrischen Energieversorgung dienen zwei Batterien, die von einer über Keilriemen angetriebenen Lichtmaschine geladen werden. Auffällig an den Maschinen V 10 C ist der hochliegende Führerstand, in dem sämtliche Bedieneinrichtungen untergebracht sind.

Das Schaltgetriebe hat vier Gänge und kann durch ein Handrad auf dem Führerstand bei gleichzeitigem Betätigen der Kupplung geschaltet werden. Die verschiedenen Zahnradpaare der jeweils unterschiedlichen Gänge sind kraftschlüssig verbunden. Die Bremse ist als Wurfhebelbremse ausgeführt, wobei jedes Rad durch einen Bremsklotz abgebremst wird.

Noch heute sind die beiden 1000-mm-Schmalspurlokomotiven erhalten. Allerdings nicht mehr auf der Spreewaldbahn, denn diese wurde im Jahr 1983 von Schmalspur auf Normalspur umgebaut. Die letzte Fahrt auf den Gleisen der Spreewaldbahn absolvierte die 199 006 am 14. 2. 1983 mit der Übergabe eines Kesselwagens zum Flugplatz der NVA sowie dessen Abholung. Noch 1983 wurden die Lokomotiven 199 005 und 006 zur Schmalspurbahn nach Gernrode bzw. Wernigerode umgesetzt. Dort waren diese Maschinen bis 1992 im Rangierdienst sowie im Bauzugdienst im Einsatz.

Von 1980 bis zum 31. 3. 1993 gehörte auch die Berliner Pioniereisenbahn zur DR und somit auch die zwei Lokomotiven der Bauart V 10 C mit einer Spurweite von 600 mm. Sie wurden bei der DR mit den Betriebsnummern 199 101/102, ab 1992 als 399 601/602 im Bestand geführt. Seit 1. 4. 1993 ist die Berliner Parkeisenbahn GmbH der Betreiber und auch Besitzer der beiden Lokomotiven.

In Konstruktion und Aufbau sind die Lokomotiven der Berliner Parkeisenbahn weitestgehend gleich zu den V 10 C-Lokomotiven 199 005 und 006.

Die Lokomotiven V 10 C gehörten bereits zum zweiten Diesellokomotivtypenprogramm der DDR (V 10 B bis V 240). Die Varianten für die Spurweiten von 600 mm bis 762 mm hatten einen Außenrahmen und die für die Spurweiten von 900 mm bis 1067 mm einen Innenrahmen sowie eine geringfügig schmalere Seitenschürze.

Von 1980 bis zum 31. 3. 1993 gehörte auch die 1985 vom Torfwerk Ueckermünde gekaufte Lokomotive vom Typ Ns 4 zur Pioniereisenbahn Berlin. Dort erhielt sie die Nummer 199 103 (399 603). In Konstruktion und Aufbau ist diese Lokomotive bis auf die unterschiedliche Spurweite identisch zu den im folgenden beschriebenen Lokomotiven 199 007 und 199 008.

199 007
199 008 DR

Da die DR sich von 1967 bis 1975 in mehreren Etappen vom Thumer Schmalspurnetz verabschiedete, aber dennoch vom Bahnhof Wilischthal aus einen Werksanschluß zu einer Papierfabrik weiterhin bedienen mußte, erwarb die DR vom VEB Feinspinnerei in Venusberg im Erzgebirge eine 1957 gebaute dreiachsige 750-mm-Lokomotive. Bei der DR erhielt die Lokomotive der Bauart Ns 4 die Betriebsnummer 199 007. Diese dieselmechanische Lokomotive ist eine direkte Nachfolgerin der Heeresfeldbahnlokomotiven vom Typ HF 130 C. Im Aufbau und der Konstruktion entspricht dieser Lokomotivtyp weitestgehend dem Nachfolger des Typs V 10 C. Die 199 007 vom Typ Ns 4 ist ebenfalls mit einen Motor vom Typ 6 KVD 14,5 und ein mechanisches Viergang-Rädergetriebe ausgerüstet. Dem Rädergetriebe ist ein unter dem Endführerstand montiertes Wendegetriebe nachgeschaltet, dessen Blindwelle über Kuppelstangen die im Außenrahmen gelagerten Radsätze antreibt. Bei einem Gewicht von 14,6 t (1,4 t leichter als der Typ V 10 C) beträgt die Leistung 90 PS (12 PS weniger als bei der V 10 C). Der Motor 6 KVD 14,5 ist ein wassergekühlter Sechszylinder-Dieselmotor.

Lokomotiven der Bauart Ns 4 mit einem Gesamtradsatzstand von 1800 mm konnten 20-m-Bögen durchfahren und in der Ebene 360 t schwere Züge mit einer Geschwindigkeit von 4,2 km/h bewegen. Die Höchstgeschwindigkeit war mit 21 km/h angegeben. Bis 1992 stand die 199 007 im Dienst der DR, wo sie bis zuletzt für den Rangierdienst und die Zuführung von Rollfahrzeugen zum Anschlußgleis des VEB Papierfabrik Wilischthal benötigt wurde. Noch 1992 wurde die 199 007 an die IG Preßnitztalbahn in Jöhstadt verkauft und bleibt somit als einzige Lokomotive vom Typ Ns 4, die in Diensten der DR stand, erhalten. Bei der IG Preßnitztalbahn ist die Lokomotive vor Bauzügen auch am Aufbau der Strecke von Jöhstadt nach Schlössel sowie Schmalzgrube beteiligt gewesen.

Ebenfalls für den Anschluß der Papierfabrik in Wilischthal kaufte die DR Ende 1989 von der GISAG in Schmiedeberg an der Schmalspurstrecke von Freital-Hainsberg nach Kipsdorf eine Lokomotive vom Typ Ns 4. Eingereiht wurde die Lokomotive bei der DR als 199 008. Im Aufbau ist die 199 008 mit der 199 007 identisch.

Mit verschiedenen Abweichungen wurden von dieser Bauart N(s) 4 ab 1953 insgesamt 256 Normalspurfahrzeuge (N 4) und 29 Schmalspurlokomotiven (Ns 4) gebaut, wobei einige Ns 4 mit Tropenausrüstung versehen und exportiert wurden. 199 008 wurde kurzfristig noch mit der Betriebsnummer 399 702 versehen.

199 007 bei der Papierfabrik Wilischtal im Sommer 1991

Fotos: Frank Heilmann

199 007 aufgearbeitet von der IG Preßnitztalbahn in Schmalzgrube im Sommer 1995

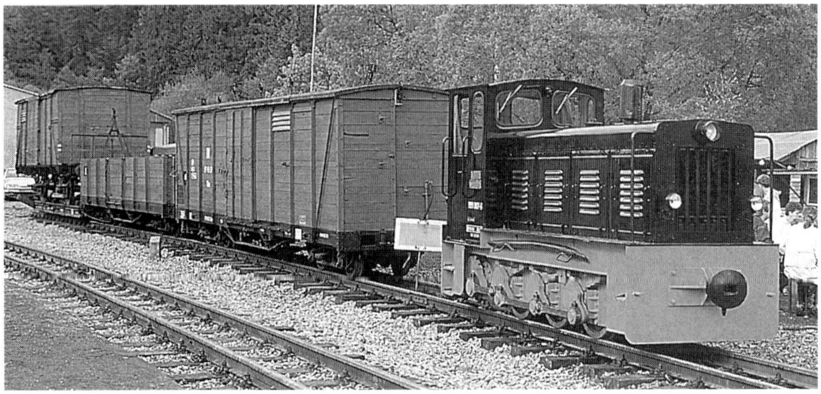

V 30 001 DR
103 901 DR
199 301 DR

199 301 am 23. 6. 1991 in Nordhausen
Foto: Frank Heilmann

Mitte der sechziger Jahre wurde der VEB Lokomotivbau „Karl Marx", Babelsberg, von der Indonesischen Staatsbahn mit der Entwicklung und dem Bau von dreißig dieselhydraulischen Lokomotiven für eine Spurweite von 1067 mm (Kapspur) beauftragt. Bei der Indonesischen Staatsbahn (PNKA) sollten diese Maschinen hauptsächlich im Rangierdienst eingesetzt werden. Bevor die dreißig Lokomotiven in Serie gebaut wurden, wurde zuerst ein Baumusterfahrzeug hergestellt. Da dieses Fahrzeug im Bereich des DR-Streckennetzes erprobt werden sollte, lag es nahe, diese Lokomotive mit einer Spurweite von 1000 mm zu bauen. Um die Erprobungs- und Meßfahrten möglichst den Bedingungen der PNKA anzupassen, wurden diese Fahrten auf der topographisch anspruchsvollen Strecke der Harzquerbahn durchgeführt. Die Erprobungslokomotive der Bauart V 30 C mit der Fabriknummer 263 001 stand Anfang 1966 zur Verfügung.

Der Öffentlichkeit wurde die Baumusterlokomotive für die PNKA erstmals zur Leipziger Frühjahrsmesse 1967 präsentiert. Die dreißig bestellten Maschinen von der PNKA gingen noch 1967 in die Serienfertigung und wurden bis Ende 1967 an die Indonesische Staatsbahn ausgeliefert. Auf Wunsch des Auftraggebers wurden gegenüber der Baumusterlokomotive aber einige Aggregate bzw. Baugruppen ersetzt. Hierbei wurde anstelle des Motors vom VEB Elbewerk, Roßlau, ein Dieselmotor aus dem Typenprogramm der Firma Maybach (MTU) montiert und die Spurweite der Lokomotiven auf 1067 mm verändert.

Die Leistung wurde über ein Zweiwandler-Strömungsgetriebe mit angeflanschtem Blindwellengetriebe übertragen. Über die Blindwelle wurden die Radsätze mit innenliegenden Gleitlagern über die Kuppelstangen angetrieben.

Die Baumusterlokomotive wurde nicht an die PNKA geliefert, sondern blieb zunächst im Eigentum des Herstellerwerks. Erst nach einigen Veränderungen für den Einsatz bei der DR wurde die Maschine 1969 an die DR verkauft.

Seit der Übernahme der Maschine durch die DR ist diese im Bw Wernigerode-Westerntor beheimatet und wird von dort aus auf dem gesamten Streckennetz der Harzer Schmalspurbahnen eingesetzt. Wegen der begrenzten Leistung der Lokomotive wird diese nicht vor Personenzügen bzw. im Streckendienst verwendet. Haupteinsatzgebiet der ehemaligen Baumusterlokomotive ist neben dem Bauzugdienst der Rangier- und Übergabedienst in Nordhausen und Wernigerode.

In der nunmehr fast dreißigjährigen Geschichte der Lokomotive änderte sich die Baureihen- und Betriebsnummer wie folgt: Bei der Übernahme der Lokomotive durch die DR hatte sie die Nummer V 30 001, ab 1970 die Nummer 103 901 und bei der Neuvergabe der Betriebsnummern für Diesellokomotiven 1973 erhielt sie die Nummer 199 301. Laut dem Umzeichnungsplan von 1991 sollte die Maschine nochmals umgezeichnet werden in 399 130. Da die HSB 1993 die Betriebsmittel der Harzquer-, Selketal- und Brockenbahn übernahm, unterblieb diese Umzeichnung, so daß sie weiterhin die Nummer 199 301 trägt.

199.8 DR
299.11 DR

Anfang der achtziger Jahre häuften sich die Schäden an den auf den meterspurigen Strecken der Harzbahnen eingesetzten Dampflokomotiven der Baureihe 99.72. Dies traf die DR um so mehr, da nach dem Lückenschluß zwischen Stiege und Straßberg, der eine direkte Verbindung zwischen Harzquer- und Selketalbahn ermöglichte, das Güterverkehrsaufkommen deutlich gestiegen war. Die Beschaffung neuer Schmalspur-Diesellokomotiven aus Rumänien oder vom heimischen Hersteller LEW Hennigsdorf schied nach den schlechten Erfahrungen mit der Baureihe 119 bzw. aus Zeitgründen aus. Mitte der achtziger Jahre unternahm die DR große Anstrengungen, ihr Streckennetz weiter zu elektrifizieren, wodurch zahlreiche Diesellokomotiven der Baureihe 110 freigesetzt wurden. Es lag daher auf der Hand, eine gewisse Anzahl Lokomotiven der Baureihe 110 auf Meterspur umzuspuren, zumal es auch vom Lichtraumprofil her keine größeren Schwierigkeiten gab. Auf der Selketalbahn zwischen Gernrode und Alexisbad waren einige Felsvorsprünge zu egalisieren, während auf der Harzquerbahn keine Anpassungen notwendig waren, da ja hier bereits regelmäßig normalspurige Güterwagen auf Rollböcken transportiert wurden und somit das Lichtraumprofil vorhanden war.

Entscheidend für die Wahl der 110 für die Umspurung auf 1000-mm-Spurweite war die Dampfheizanlage. Dabei dient der Heizkessel nicht nur im Personenzugdienst zum Heizen der Reisezugwagen, sondern auch zum Vorwärmen und Warmhalten der Maschinenanlage der Lokomotive selbst. Schwerpunkt der Umrüstarbeiten war die Entwicklung und Fertigung neuer dreiachsiger Drehgestelle, um nicht die bei der Schmalspurbahn im Harz höchstzulässige Radsatzlast von 10 t zu überschreiten.

Verantwortlich für die Entwicklung des Staatsplan-Projekts „Schmalspurlokomotive 1000 mm“ war das Wissenschaftlich technische Zentrum der DR (WTZ-DR). Für Konstruktion und Fertigung der neuen Drehgestelle zeichnete LEW Hennigsdorf verantwortlich.

Die Rahmenträger des Drehgestells sind miteinander verschweißt und bestehen aus Kastenprofilen. Die Primärfederung wurde bei den Meterspur-Drehgestellen als Schraubenfederung ausgeführt, während bei der 110 die Radsatzlager über Gummifedern geführt werden. Dadurch vergrößerte sich die Gesamthöhe um 130 mm gegenüber der ursprünglichen 110.

Um die engen Gleisbögen auf der Harzquer- und Selketalbahn problemlos befahren zu können, wurden die vorderen Enden der Drehgestellrahmen-Kopfträger jeweils an den Seiten keilformig abgeschrägt, um genügend Ausdrehfreiheit für die Drehgestelle zu schaffen. Wegen der engen Gleisbögen wurde auch der mittlere Radsatz des Drehgestells ohne Spurkranz ausgeführt. Die drei Radsatzgetriebe eines Drehgestells sind durch Gelenkwellen miteinander verbunden. Dadurch werden alle sechs Radsätze angetrieben. Der spurkranzlose mittlere Radsatz ist ungebremst. Die anderen Radsätze werden beidseitig klotzgebremst.

Die Zug- und Stoßvorrichtungen sind nicht mehr am Rahmen der Lokomotive angebracht, sondern befinden sich an den fahrzeugäußeren Kopfträgern der Drehgestelle. Für das Kuppeln der Rollwagen ist eine entsprechende Einrichtung unterhalb der Mittelpufferkupplung angeordnet.

Unterhalb der vorderen Kopfträger sind höhenverstellbare Schneeräumer montiert. Da die Bahnräumer direkt an den Schneeräumern angeschweißt sind, verbleibt die Schneeraumeinrichtung auch in den Sommermonaten an den Maschinen.

Die umgespurten Fahrzeuge erhielten einen stärkeren Dieselmotor der Bauform 12 KVD 21 AL-4, der sich auch

199 861 der HSB mit Personenzug in Benneckenstein im Oktober 1995
Foto: Matthias Maier

schon in der 202 bewährt hat und mit einer Leistung von 883 kW bei einer Drehzahl von 1500 U/min um 147 kW stärker ist als der ursprüngliche Motor 12 KVD 18/21 A-2. Im weiteren Aufbau gleichen die Lokomotiven der Baureihe 199.8 ihren Spenderlokomotiven.

Erste Probefahrten mit der als erste gelieferten Lokomotive 199 863, die aus 110 863 umgebaut worden war, wurden ab 5.12.1988 durchgeführt. Kurz darauf folgte die 199 870 als zweite Probelokomotive. Mit der Beheimatung ab 29.12.1988 beim Bw Wernigerode-Westerntor wurden sie planmäßig im Personenzugdienst eingesetzt.

Da die Testergebnisse überaus positiv waren, begann der Serien-Umbau der „Harz-Kamele" im Oktober 1989, wobei ursprünglich weitere 28 Lokomotiven vorgesehen waren. Durch das veränderte Güterverkehrsaufkommen nach der Wende in Deutschland war ein weiterer Umbau nicht mehr vertretbar, so daß es bei zehn Umbau-Lokomotiven geblieben ist, die bis 1992 abgeliefert wurden. Im DR-Umzeichnungsplan von 1992 erhielten die Lokomotiven die Nummern 299 110 bis 119, eine Umzeichnung fand aber wegen der zwischenzeitlichen Übernahme der Harzbahnen durch die HSB nicht mehr statt.

Wegen der Beliebtheit der Dampflokomotiven kommen die Diesellokomotiven hauptsächlich im Güterzugdienst zum Einsatz, wobei bei Dampflokomotivmangel immer mit einer Diesellokomotive gerechnet werden muß.

Technische Daten

Lfd. Nr.	Baureihe DRB bis 1945	Baureihe DB bis 31.12.1967	Baureihe DB bis 31.12.1991	Baureihe DR bis 30.6.1970	Baureihe DR bis 31.12.1991
1	Diesel-Klose-Sulzer				
2	V 120 (V 3201)				
3	V 3602				
4	V 16 (V 6001-03)				
5	V 16 004			A 20 090	
6	Deutz				
7	V 140	V 140			
8		ME 1500	201		
9		DE 2000	202		
10		DE 2500	202		
11				V 100.0	110.0-1
12				V 100.2	110.2-8
13					110.9
14				V 100.4	111
15					112.0-1
16					112.2-8
17					114
18					108
19				(V 100)	199.8
20			210		
21		V 100.10	211		
22		V 100.20	212		
23		V 100.20	213		
24		V 100.20	212		
25			215		
26		V 160	216		
27		V 162	217		
28		V 164	218		
29		V 169	219		
30		V 200	220		
31		V 200.1	221		
32		V 300	230		
33		V 320	232		
34			240		
35					119
36					119
37				V 180.0	118.0
38				V 180.1	118.1
39				V 180.2-4	118.2-4
40					118.5
41					118.6-8
42				V 200	120
43				V 300	130
44					131
45					132
46					132
47					142
48	WR 360 C	V 36.1-2	236	V 36	103
49	WR 360 C	V 36.3			

Baureihe DB/DR ab 1.1.1992	vereinheitlichte Bezeichnung	Spurweite [mm]	Leistungs-übertragung	Radsatz-anordnung
	Die-Klo-Sul	1 435	direkter Antrieb	2'B2'
	V120 DRG	1 435	pneumatisch	2'C2'
	V 3602 DRG	1 435	hydrostatisch	B1
	V 16 001 DRG	1 435	hydrostatisch	B
	V 16 004 DRG	1 435	elektrisch DC-DC	Co
	Deutz	1 435	direkter Antrieb	2'B2'
	V 140 DRG	1 435	hydrodynamisch	1'C1'
	201 DB	1 435	elektrisch AC-DC	Bo'Bo'
	202 DB	1 435	elektrisch DC-DC	Bo'Bo'
	202 DB	1 435	elektrisch AC-AC	Co'Co' 1)
201.0-1	110.0 DR	1 435	hydrodynamisch	B'B'
201.2-8	110.2 DR	1 435	hydrodynamisch	B'B'
710	110.9 DR	1 435	hydrodynamisch	B'B'
293	111 DR	1 435	hydrodynamisch	B'B'
202.0-1	112.0 DR	1 435	hydrodynamisch	B'B'
202.2-8	112.2 DR	1 435	hydrodynamisch	B'B'
204	114 DR	1 435	hydrodynamisch	B'B'
298	108 DR	1 435	hydrodynamisch	B'B'
(299.11)	199.8 DR	1 000	hydrodynamisch	C'C'
218.9	210 DB	1 435	hydrodynamisch	B'B'
211	211 DB	1 435	hydrodynamisch	B'B'
212	212 DB	1 435	hydrodynamisch	B'B'
213	213 DB	1 435	hydrodynamisch	B'B'
214/714	214 DB	1 435	hydrodynamisch	B'B'
215	215 DB	1 435	hydrodynamisch	B'B'
216	216 DB	1 435	hydrodynamisch	B'B'
217	217 DB	1 435	hydrodynamisch	B'B'
218	218 DB	1 435	hydrodynamisch	B'B'
	219 DB	1 435	hydrodynamisch	B'B'
	220 DB	1 435	hydrodynamisch	B'B'
	221 DB	1 435	hydrodynamisch	B'B'
	230 DB	1 435	hydrodynamisch	C'C'
	232 DB	1 435	hydrodynamisch	C'C'
240	240 DB	1 435	elektrisch AC-AC	Co'Co'
219	119 DR	1 435	hydrodynamisch	C'C'
229	229 DR	1 435	hydrodynamisch	C'C'
	118.0 DR	1 435	hydrodynamisch	B'B'
228.1	118.1 DR	1 435	hydrodynamisch	B'B'
228.2	118.2 DR	1 435	hydrodynamisch	C'C'
228.5	118.5 DR	1 435	hydrodynamisch	B'B'
228.6	118.6 DR	1 435	hydrodynamisch	C'C'
220	120 DR	1 435	elektrisch DC-DC	Co'Co'
230	130 DR	1 435	elektrisch AC-DC	Co'Co'
231	131 DR	1 435	elektrisch AC-DC	Co'Co'
232	132 DR	1 435	elektrisch AC-DC	Co'Co'
234	234 DR	1 435	elektrisch AC-DC	Co'Co'
242	142 DR	1 435	elektrisch AC-DC	Co'Co'
	V 36	1 435	hydrodynamisch	C
	V 36.3 DB	1 435	mechanisch	C

Lfd. Nr.	Baureihe DRB bis 1945	Baureihe DB bis 31.12.1967	Baureihe DB bis 31.12.1991	Baureihe DR bis 30.6.1970	Baureihe DR bis 31.12.1991
50		V 36.4	236.4		
51		V 45	245		
52		V 51	251		
53		V 52	252		
54			259		
55			259		
56				V 60 10	106.0 1
57				V 60.12	106.2-9, 105
58					106.9, 105
59					104
60		V 60	260		
61		V 60	261		
62		V 65	265		
63	WR 200 B	V 20	270	V 20	
64	WR 200 B	V 22	270		
65				V 75	107
66		V 80	280		
67	D 311	V 188	288		
68		V 90	290		
69			291		
70		V 29	299		
71				V 15.10	101.0
72				V 15.20-23	101.1-3
73					101.5-7
74				V 23.0	102.0
75				V 23.1	102.1
76	Kö I, Kb I	Kö I	311	Kö I	100.0
77	Kö II, Kb II	Kö II		Kö II	100.1-7
78	Köf II, Kbf II	Köf II	321-324	Köf II	100.8
79		Köf III	331 DB		
80		Köf III	332 DB		
81		Köf III	333 DB		
82		Köf III	335 DB		
83		V 11	329		
84			329		
85				V 30	103.9/199.3
86				V 36.48	

1) 202 003: Bo'Bo'

Baureihe DB/DR ab 1.1.1992	**vereinheitlichte Bezeichnung**	**Spurweite [mm]**	**Leistungs-übertragung**	**Radsatz-anordnung**
	236.4 DB	1 435	hydrodynamisch	C
	245 DB	1 435	hydrodynamisch	B
	251 DB	750	hydrodynamisch	B'B'
	252 DB	1 000	hydrodynamisch	B'B'
	259 DB	1 435	elektrisch AC-AC	Co
	259 DB	1 435	hydrodynamisch	C
346.0-1	106.0-1 DR	1 435	hydrodynamisch	D
346.2-9, 345	106.2-9, 105 DR	1 435	hydrodynamisch	D
347	106.9, 105 DR	1 520	hydrodynamisch	D
344	104 DR	1 435	hydrodynamisch	D
360/364	260 DB	1 435	hydrodynamisch	C
361/365	261 DB	1 435	hydrodynamisch	C
	265 DB	1 435	hydrodynamisch	D
	270 DB	1 435	hydrodynamisch	B
	270 DB	1 435	hydrodynamisch	B
	107 DR	1 435	elektrisch DC-DC	Bo'Bo'
	280 DB	1 435	hydrodynamisch	B'B'
	288 DB	1 435	elektrisch DC-DC	Do + Do
290/294	290 DB	1 435	hydrodynamisch	B'B'
291/295	291 DB	1 435	hydrodynamisch	B'B'
	299 DB	1 000	hydrodynamisch	B + B
311.0	101.0 DR	1 435	hydrodynamisch	B
311.1	101.1-3 DR	1 435	hydrodynamisch	B
311.5-7	101.5-7 DR	1 435	hydrodynamisch	B
312.0	102.0 DR	1 435	hydrodynamisch	B
312.1	102.1 DR	1 435	hydrodynamisch	B
	Kö I DRG	1 435	mechanisch	B
310.1-8	Kö II DRG	1 435	mechanisch	B
323-324	Köf II DRG	1 435	hydrodynamisch	B
	331 DB	1 435	hydrodynamisch	B
332	332 DB	1 435	hydrodynamisch	B
333	333 DB	1 435	hydrodynamisch	B
335	335 DB	1 435	hydrodynamisch	B
329/399	329 DB	1 000	hydrodynamisch	C
399	329 DB	1 000	hydrodynamisch	C
	199.3 DR	1 000	hydrodynamisch	C
	V 36.48 DR	750	hydrodynamisch	B'B'

Lfd. Nr.	vereinheitlichte Bezeichnung	Länge ü. Puffer [mm]	Größte Höhe ü. SO [mm]	Radsatzstand gesamt [mm]	Radsatzstand im Drehgestell [mm]	Treibrad-durchmesser [mm]	Laufrad-durchmesser [mm]	Dienst-gewicht [t]
1	Die-Klo-Sul	16600	4200	12700	3600/2200	1750	1000	95
2	V 120 DRB	16330	4280	12200	4600/2200	1600	850	125
3	V 3602 DRB	10200	4100	4400	1700	1250	1000	44
4	V 16 001 DRB	7770	4150	3600	3600	1000		30
5	V 16 004 DRB	9100	3895	4200	4200	1000		47
6	Deutz	14550	4120	10750	2200/2500	1750	850/1000	82
7	V 140 DRB	14400	4117	10000	3800	1400	850	83
8	201 DB	14390	4095	9600	2600	1040		63
9	202 DB	18200	4200	13800	3000	1100		84
10	202 DB	18000	4250	13600	2000/2000 (3200)	1080		82
11	110.0 DR	13940	4255	9300	2300	1000		66
12	110.2 DR	13940	4255	9300	2300	1000		63
13	110.9 DR	14240	4255	9300	2300	1000		64
14	111 DR	14240	4255	9300	2300	1000		64
15	112.0 DR	13940	4255	9300	2300	1000		64
16	112.2 DR	14240	4255	9300	2300	1000		65
17	114 DR	14240	4255	9300	2300	1000		65
18	108 DR	14240	4255	9300	2300	1000		68
19	199.8 DR	13560	4355	9660	1250/1250	850		68
20	210 DB	16400	4600	11400	2800	1000		80
21	211 DB	12100	4280	8200	2200	950		64
22	212 DB	12300	4280	8200	2200	950		65
23	213 DB	12300	4280	8200	2200	950		65
24	214 DB	12300	4280	8200	2200	950		65
25	215 DB	16400	4275	11400	2800	1000		79,5
26	216 DB	16000	4250	11400	2800	1000		80
27	217 DB	16400	4275	11400	2800	1000		80,8
28	218 DB	16400	4275	11400	2800	1000		80
29	219 DB	16400	4260	11400	2800	1000		78
30	220 DB	18500	4135	14800	3200	950		78–84
31	221 DB	18440	4269	14700	3200	950		81
32	230 DB	20270	4130	15800	3500	950		103
33	232 DB	23000	4225	17710	2550/1800	1100		128
34	240 DB	20960	4200	15650	2100/1790	1016		120
35	119 DR	19500	4250	14510	1800	1000		99
36	229 DR	19500	4250	14510	1800	1000		100
37	118.0 DR	19460	4272	15600	3400	1000		78
38	118.1 DR	19460	4272	15600	3400	1000		79
39	118.2 DR	19460	4280	14510	1800	1000		94
40	118.5 DR	19460	4272	15600	3400	1000		79
41	118.6 DR	19460	4280	14510	1800	1000		95
42	120 DR	17550	4493	12800	2100	1050		116
43	130 DR	20620	4590	15850	1850	1050		116
44	131 DR	20620	4590	15850	1850	1050		116
45	132 DR	20820	4590	16050	1850	1050		122
46	234 DR	20820	4590	16050	1850	1050		122
47	142 DR	20820	4590	16050	1850	1050		125
48	V 36.1	9200	4265 [4])	3950		1100		38,5–43
49	V 36.3 DB	9100	3800	4200		1250		45

größte Radsatzlast [t]	Höchst-geschwindigkeit [km/h] 2)	Anfahr-zugkraft [kN] 2)	Dauer-zugkraft [kN] 2)	kleinste Dauergeschwindigkeit [km/h] 2)	kleinster befahrbarer Radius [m]
16	100	30	unbekannt	unbekannt	100
18	80	100	unbekannt	unbekannt	100
17	40	54	unbekannt	unbekannt	100
15	26	15	10	unbekannt	80
16	40	108	43	unbekannt	100
17	110	100	30/45	unbekannt	100
17	100	185	110	25	100
16	100	206	115	23	100
21	120	250	125	25	100
20,5	140	265	250	15	100
17	65/100	215/154	150/94	11,1/16,6	100
16	100	154	94	17	100
16	100	147	93	17	100
16	65	207	142	12	80
16	65/100	220/170	160/105	12/17,6	100
16	100	170	105	18	100
16	100	202	137	18	100
17	33/80	220/172	210/136	3,5/8,5	100
10	50	150	90	10	50
20,5	100/160	196,1/156,9	157/124	22/35	100
16	65/100	180/150	130/80	17/25	100
16,3	65/100	190/157	140/90	18/26	100
16,3	65/100	190/157	140/90	25/28	100
16,3	65/100	190/157	140/90	25/28	100
20	90/140	196,1/166,7	180/118	20/30	100
20	80/120	240/170	180/118	20/30	100
20,2	90/140	200/165	158/135	18/28	100
20	90/140	200/160	162/100	25/40	100
20	80/130	200/160	165/110	20/30	100
19,5–21	140	190	230	30	100
20,25	140	200	142	30	100
17,2	140	330	270	17	100
21	100/160	400	225/172	27/50	100
20	160	410	360	22	100
17	120	220/205	162/144	24	150
17	140	276	180	24	150
20	120	215	124	21	100
20	120	255	163	20	100
16	120	230	154	21	100
20	120	224	112	20	100
17	120	270	178	22	100
19	100	300	197	20	125
20	140	250	172	35	140
20	100	340	270	22	140
21	120	294	200	ohne ZEVA 3) 32, mit ZEVA 19	140
21	140	255	174	ohne ZEVA 35, mit ZEVA 22	140
21,5	120	343	241	ohne ZEVA 35, mit ZEVA 22	140
15	27/55	130/80	46	7/10	80
15	62	130/80	46	7/10	80

Lfd. Nr.	vereinheitlichte Bezeichnung	Länge ü. Puffer [mm]	Größte Höhe ü. SO [mm]	Radsatzstand gesamt [mm]	Radsatzstand im Drehgestell [mm]	Treibrad-durchmesser [mm]	Laufrad-durchmesser [mm]	Dienst-gewicht [t]
50	236.4 DB	9 240	4 265 [4]	4 050		1 100		43
51	245 DB	9 360	3 900	3 838		1 050		34
52	251 DB	9 810	3 484	5 780	1 700	850		38,9
53	252 DB	9 780	3 484	5 780	1 700	850		40
54	259 DB	9 920–10 000	4 220	3 800–4 100		1 000		54–75
55	259 DB	9 300	4 220	4 000		1 000		66
56	106.0-1 DR	10 880	4 225	5 600		1 100		53
57	106.2-9, 105 DR	10 880	4 600	5 600		1 100		58
58	106.9, 105 DR	10 880	4 600	5 600		1 100		60
59	104 DR	10 880	4 600	5 600		1 100		55
60	260 DB	10 450	4 250	4 400		1 250		48–50
61	261 DB	10 450	4 250	4 400		1 250		54
62	265 DB	10 740	4 258	5 800		1 250		54
63	270 DB	8 000	3 800	3 200		1 100		27
64	270 DB	7 700	3 500	2 900		1 000		31
65	107 DR	12 560	4 165	8 700	2 400	1 000		63
66	280 DB	12 800	4 160	9 200	2 900	940		58–60
67	288 DB	22 510	4 445	16 350	6 000 [5]	1 250		147
68	290 DB	14 000	4 400	9 500	2 500	1 100		78,5
69	291 DB	14 320	4 300	9 500	2 500	1 100		80
70	299 DB	9 140	3 300	6 280	2 240 [5]	850		28
71	101.0 DR	6 940	3 585	2 500		900		20
72	101.1-3 DR	6 940	3 585	2 500		1 000/(900)		20
73	101.5-7 DR	6 940	3 585	2 500		1 000		22
74	102.0 DR	6 940	3 585	2 500		1 000		23
75	102.1 DR	8 000	3 695	3 560		1 000		25
76	Kö I DRG	5 475	2 500	2 500		850		9,1–10,2
77	Kö II DRG	6 450	2 700	2 506		850		16–17
78	Köf III DRG	6 450	2 700/2 850	2 506/2 500		850		16–17
79	331 DB	7 830	3 305	2 800		950		22
80	332 DB	7 830	3 305	2 800		950		22
81	333 DB	7 830	3 305	2 800		950		22
82	335 DB	7 830	3 305	2 800		950		22
83	329 DB	5 566	2 800	1 800		700		16,5
84	329 DB	5 566	2 800	1 800		700		16,6
85	199.3 DR	8 200	3 520	3 100		900		30
86	V 36.48 DR	12 100	3 400	8 000	2 000	800		41

[2] *die erste Zahl gibt den Wert für den Langsamgang, die zweite Zahl den Wert für den Schnellgang an.*

[3] *Zugenergie-Versorgungsanlage*

[4] *bei Ausführung mit Dachkanzel, ohne Höhe: 3800 mm*

[5] *Radsatzstand eines Fahrzeugteils*

größte Radsatzlast [t]	Höchst-geschwindigkeit [km/h] 2)	Anfahr-zugkraft [kN] 2)	Dauer-zugkraft [kN] 2)	kleinste Dauergeschwindigkeit [km/h] 2)	kleinster befahrbarer Radius [m]
15	27/55	130/80	46	7/10	80
17	29/50	102/70			80
9,9	40	120	68	8,6	70
10	40	120	68	8,6	70
18–25	45–80	250–240	250–240		30–50
22	40	240	230		50
13	30/60	175/126	164/92	4,5/9	80
15	30/60	191/149	169/82	4,5/9	80
15	30/60	191/149	169/82	4,5/9	80
15	30/44	191/149	169/80	4,5/9	80
16	30/60	250/160	176/130	~0/9	100
18	30/60	250/160	176/130	~0/9	100
14	40/80	173/90	140/90	7,8/15	80
14	27/55	80		7/10	75
15,5	25/50	80		6/9	80
16	60	206	104	14	70
16	50/100	210/190	138/125	4/12	80
18,7	75	367	95	23	80
20	40/80	240/163	200/125	4/15	80
20	40/80	240/200	200/125	3/10	80
7	35	120	84	7,5	70
11	32	64	40	6	40
11	37/(33)	66	42	6,5/(6,0)	40
11	42	66	42	7	40
12	35	78	46	7	40
13	40	70	53	6	50
4,4–5,3	18/23	26,5		3	50
8	30	39,2		4,1	50
9	30/45	27,5		4,1/6,2	50
11	30	55		5,4	50
11	45	55		7,5	50
11	45	55		7,5	50
11	45	55		7,5	50
5,4	20	40			40
5,5	20	40			40
10	30				40
8	30				40

Lfd. Nr.	vereinheitlichte Bezeichnung	Hersteller	Beschaffungs-zeitraum	Kraftstoff-vorrat [l] 6)	Heizwasser-vorrat [l]	Sand [kg]
1	Die-Klo-Sul	Borsig/Sulzer	1912			
2	V120 DRG	MF Esslingen	1929	2000		
3	V 3602 DRG	Schwartzkopff	1925	600		
4	V 16 001 DRG	MBG Karlsruhe	1924			
5	V 16 004 DRG	Siemens-Schuckert	1933	150		
6	Deutz	KHD	1933	3000		
7	V 140 DRG	Krauss-Maffei	1935	1500		
8	201 DB	Krupp/AEG	1964	2000		150
9	202 DB	Henschel/SSW	1962	4350	280	400
10	202 DB	Henschel/BBC	1971–1973	4700		400
11	110.0 DR	LEW	1966–1969	2500	2000	280
12	110.2 DR	LEW	1969–1974	2500	2000	280
13	110.9 DR	LEW	1980	2780		280
14	111 DR	LEW	1981	2500		280
15	112.0 DR	U versch. Raw	1978	2500	2000	280
16	112.2 DR	U versch. Raw	1978	2500	2000	280
17	114 DR	U versch. Raw	1982	2500	2000	280
18	108 DR	U Raw Stendal	1978–1992	1920		280
19	199.8 DR	U Raw	1988	2500		280
20	210 DB	Krupp	1970	3690		400
21	211 DB	MaK u.a.	1958–1963	2600	3000	150
22	212 DB	MaK u.a.	1959, 1962–1966	2600	3000	150
23	213 DB	MaK	1966	2600	2280	150
24	214 DB	MaK u.a.	1991	2600	3000	150
25	215 DB	Krupp u.a.	1968–1971	3690	2800	400
26	216 DB	Krupp u.a.	1960–1968	4030	3000	200
27	217 DB	Krupp	1965, 1968	3500		400
28	218 DB	Krupp u.a.	1968–1969, 1971–1979	3150		400
29	219 DB	KHD	1965	3330		320
30	220 DB	Krauss-Maffei, MaK	1953, 1956–1959	4300	4000	300
31	221 DB	Krauss-Maffei	1962–1965	4200	3600	280
32	230 DB	Krauss-Maffei	1957	5200	3500	800
33	232 DB	Henschel	1962	6350	4800	400
34	240 DB	MaK	1989	5000		400
35	119 DR	Faur	1977–1985	4000		320
36	229 DR	U Krupp VT, Essen	1992	4000		320
37	118.0 DR	Lb B	1962–1965	3800	3000	450
38	118.1 DR	Lb B	1965	3700	3000	450
39	118.2 DR	Lb B	1964–1970	3700	3000	450
40	118.5 DR	U Raw Chemnitz	1980	3700	3000	450
41	118.6 DR	U Raw Chemnitz	1978	3700	3000	450
42	120 DR	Lugansk	1966–1974	3900		600
43	130 DR	Woroschilowgrad	1970–1972	4000		920
44	131 DR	Woroschilowgrad	1972–1973	4000		496
45	132 DR	Woroschilowgrad	1973	4000		496
46	234 DR	U Raw Cottbus	1992–1996	4000		496
47	142 DR	Woroschilowgrad	1976–1978	4000		496
48	V 36	siehe Haupttext	1938–1948	630–700		300
49	V 36.3 DB	DWK	1937, 1940–1942	400		300

Dieselmotor						Leistungs-übertragung Hersteller
Hersteller	Typ	Anzahl pro Lok	Nennleistung [PS/kW]	Nenndrehzahl [U/min]	Gewicht [kg]	
Sulzer			1 195/880	304		
MAN	Lo 6 Vu 45/42	1	1 000/736	450		
Wumag		1	220/162	450		Schwartzkopff
MWM		1	160/118	375		Lentz
Deutz	A4M	1	75/55	900		SSW
Deutz			1 000/736	450		
MAN	W 8 V 30/38	1	1 400/1 030	700		Voith
MTU	MD655	1	1 500/1 104	1 500		AEG
Maubach (MTU)	MD870	1	2 000/1 470	1 500		Siemens
Henschel	V6V23/23TL		2 500/1 840	1 500		BBC
Johannisthal	12KVD18/21AII	1	1 000/736	1 500	4 300	VEB St. Dresden[11])
Johannisthal	12KVD18/21AII	1	1 000/736	1 500	4 300	VEB St. Dresden[11])
Johannisthal	12KVD21A-3	1	100/730	1 500	4 600	VEB St. Dresden[11])
Johannisthal	12KVD21A-3	1	1 000/736	1 500	4 600	VEB St. Dresden[11])
Johannisthal	12KVD21AL-4	1	1 220/900	1 500	5 700	VEB St. Dresden[11])
Johannisthal	12KVD21AL-4	1	1 220/900	1 500	5 700	VEB St. Dresden[11])
Johannisthal	12KVD21AL-4	1	1 500/1 100	1 500	5 700	VEB St. Dresden[11])
Johannisthal	12KVD21AL-4/5	1	1 020/750	1 350	5 750	VEB St. Dresden[11])
Johannisthal	12KVD18/21AL-4	1	1 220/900	1 500	5 700	VEB St. Dresden[11])
MTU	MA12V956TB	1	2 500/1 840	1 500	9 950	Voith
MTU/MB/MD	MB12V493TZ	1	1 100/809	1 500	3 100	Voith
MTU/MB/MD	MB12V652TZ	1	1 350/990	1 500	5 560	Voith
MTU/MB/MD	MD12V538TZ	1	1 350/990	1 500	5 560	Voith
MTU/MB/MD	MB12V652TZ	1	1 350/990	1 500	5 560	Voith
MTU	MB16V652TB [7])	1	1 900/1 397	1 500	8 200	MTU/Voith
MTU	MB16V652TB [8])	1	1 900/1 397	1 500	8 200	Voith
MTU	MB16V652TB	1	1 900/1 397	1 500	8 200	MTU/Voith
MTU	MA12V956TB [9])	1	2 500/1 840	1 500	9 950	MTU/Voith
MTU	MD16V538TB	1	2 200/1 620	1 500	7 200	Voith
MTU	MB12V493TZ [10])	2	1 100/809	1 500	3 100	MTU/Voith
MTU	MB12V652TA	2	1 350/990	1 500	5 560	MTU
MTU	MD12V538TB	2	1 100/809	1 500	4 913	MTU
MTU	MB16V652TB	2	1 900/1 397	1 500	8 200	Voith
MaK	MaK12M282	1	3 600/2 650	1 000	13 900	ABB
Faur	MB820SR	2	1 345/990	1 500	2 950	VEB St. Dresden[11])
MTU	12V396TE14	2	1 875/1 380	1 800	2 890	VEB St. Dresden[11])
Johannisthal	12KVD21-ASVW	2	900/662	1 500	4 800	VEB St. Dresden[11])
Johannisthal	12KVD18/21A-II SVW	2	1 000/736	1 500	4 300	VEB St. Dresden[11])
Johannisthal	12KVD18/21A-II	2	1 000/736	1 500	4 300	VEB St. Dresden[11])
Johannisthal	12KVD21A-3	2	1 000/736	1 500	4 600	VEB St. Dresden[11])
Johannisthal	12KVD21AL-4	2	1 220/900	1 500	5 700	VEB St. Dresden[11])
Kolomna	14D40	1	2 000/1 470	750	12 500	
Kolomna	5D49	1	3 000/2 208	1 000	14 500	
Kolomna	5D49	1	3 000/2 208	1 000	14 500	
Kolomna	5D49	1	3 000/2 208	1 000	14 500	
Kolomna u.a.	5D49	1	3 000/2 208	1 000	14 500	
Kolomna	2-9DG	1	4 000/2 940	1 000	15 400	
MWM/KHD	RHS235S/V6M436	1	360/265	600		Voith
KHD	6M30	1	360/265	600		

Lfd. Nr.	vereinheitlichte Bezeichnung	Hersteller	Beschaffungs-zeitraum	Kraftstoff-vorrat [l] 6)	Heizwasser-vorrat [l]	Sand [kg]
50	236.4 DB	MaK	1950	1500		300
51	245 DB	SACM	1956	500		100
52	251 DB	Gmeinder	1964	1800		80
53	252 DB	Gmeinder	1964	1800		80
54	259 DB	KM, Gmeinder, MaK, He	1982–1983	1 700–2 500		450–550
55	259 DB	KM	1983	2 140		522
56	106.0-1 DR	Lb B	1960–1964	2 100		900
57	106.2-9, 105 DR	Lb B, LEW	1964–1973	2 100		1 100
58	106.9, 105 DR	LEW		2 100		1 100
59	104 DR	U Raw Chemnitz	1989–1993	2 100		1 100
60	260 DB	siehe Haupttext	1956–1962	1 350/2 000		300
61	261 DB	siehe Haupttext	1955–1956, 1959–1963	1 350/2 000		300
62	265 DB	MaK	1956	1 600		300
63	270 DB	siehe Haupttext	1936, 1938–1943	300–400		100
64	270 DB	siehe Haupttext	1936, 1938–1943	300–400		100
65	107 DR	CKD	1962	1 500		200
66	280 DB	Krauss-Maffei, MaK	1952	2 250	2 600	200
67	288 DB	Krupp	1942	2x1 350		2x150
68	290 DB	MaK u.a.	1964–1969, 1971–1974	3 650		450
69	291 DB	MaK, Jung	1967, 1974	3 650		450
70	299 DB	Jung	1952	600		100
71	101.0 DR	Lb B	1959–1960	350		125
72	101.1-3 DR	Lb B	1960–1963	350		125
73	101.5-7 DR	U Raw Halle	1975	400		150
74	102.0 DR	Lb B	1967–1968	400		200
75	102.1 DR	Lb B	1970–1971	500		400
76	Kö I DRG	siehe Haupttext	1933–1937	56		80
77	Kö II DRG	siehe Haupttext	1932–1935	110		90
78	Köf III DRG	siehe Haupttext	1933–1966	110		90
79	331 DB	Gmeinder	1959	340		240
80	332 DB	Gmeinder, Jung, O&K	1959–1966	340		240
81	333 DB	Gmeinder, Jung, O&K	1965–1972	340		240
82	335 DB	Gmeinder, Jung, O&K	1987–1994	340		240
83	329 DB	Gmeinder	1952	136		90
84	329 DB	Gmeinder	1957	136		90
85	199.3 DR	Lb B	1965	500		150
86	V 36.48 DR	Lb B	1960	1 200	1 500	200

6) *einschließlich Vorrat Heizöl*

7) *auch MA12V956TB*

8) *auch MD16V538TB*

9) *auch Pielstick 16PA4V200 (2060 kW)*

10) *auch MD12V538TZ*

11) *VEB Strömungsmaschinen Dresden*

12) *auch MD12V538TA*

	Dieselmotor					Leistungs-übertragung Hersteller
Hersteller	Typ	Anzahl pro Lok	Nennleistung [PS/kW]	Nenndrehzahl [U/min]	Gewicht [kg]	
MWM	RHS335S	1	360/265	600		Voith
Saurer	SBD	1	400/294	1 500		Voith
MWM	TRHS 518A	2	270/199	1 500	2 100	TwinDisc
MWM	TRHS 518A	2	270/199	1 500	2 100	TwinDisc
MTU	6V331TC12/6V396TC12	1	680/500	2 200/1 800	3 800	BBC/Siemens
MTU	6V396TC12	1	680/500	1 800	3 800	Voith
Johannisthal	12KVD21SVW	1	650/478	1 500	4 300	VEB St. Dresden[11]
Johannisthal	12KVD21SVW	1	650/478	1 500	4 200	VEB St. Dresden[11]
Johannisthal	12KVD21SVW	1	650/478	1 500	4 200	VEB St. Dresden[11]
Johannisthal	12KVD21-3	1	495/365	1 100	4 200	VEB St. Dresden[11]
MTU	GTO 6A	1	650/478	1 400	4 000	Voith
MTU	GTO 6A	1	650/478	1 400	4 000	Voith
MaK	MS 301C	1	650/478	750	7 000	Voith
Deutz	A6M324	1	200/147	800		Voith
MaK	MS24	1	220/162	900		Voith
	6S310DR	1	750/552	750	10,5	CKD
MTU	MB12V493TZ [12]	1	1 100/809	1 500	3 100	MTU/Voith
MTU	MD12V538TA	2	1 100/809	1 500		Siemens
MTU	MB12V652TZ	1	1 100/809	1 400		Voith
MaK	8M282AKB	1	1 100/809	1 000		Voith
KHD	A8L614	2	145/106	2 000		Voith
Roßlau	6KVD18SRW	1	150/110	1 500	1 360	VEB St. Dresden[11]
Roßlau	6KVD18SRW	1	180/132	1 500	1 360	VEB St. Dresden[11]
Roßlau	6KVD18/15-1SRW	1	220/162	1 510	1 850	VEB St. Dresden[11]
Roßlau	6KVD18/15-1SRW	1	220/162	1 510	1 850	VEB St. Dresden[11]
Roßlau	6KVD18/15-1SRW	1	220/162	1 510	1 850	VEB St. Dresden[11]
Deutz	F4L514	1	50/37	1 800		Deutz
siehe Haupttext		1	125/92	1 250		Voith
Deutz/Kaelble	A6M517/GN130S	1	125/92	1 800		Voith
MWM	RHS 518A	1	240/155	1 600	2 100	Voith
MWM	RHS 518A	1	240/155	1 600	2 100	Voith
MWM	RHS 518A	1	240/155	1 600	2 100	Voith
MWM	RHS 518A	1	240/155	1 600	2 100	Voith
KHD	A6M517	1	125/92	1 800		Voith
KHD	A6M517	1	125/92	1 800		Voith
Roßlau	6KVD18/15SRW	1	330/243	1 500		VEB St. Dresden[11]
Roßlau	6KVD18	2	180/132	1 500		VEB St. Dresden[11]

Lfd. Nr.	vereinheitlichte Bezeichnung	Leistungsübertragung		Antrieb	Bremsanlage		
		Typ	Bauart		Pneumatisch Bauart	Dynamisch Bauart	Dauer-leistung [kW]
1	Die-Klo-Sul		direkt	S[17])	K-GP m. Z, Kl		
2	V 120 DRB			S	K-GP m. Z, Kl		
3	V 3602 DRB			Bl[18])/S	K-GP m. Z, Kl		
4	V 16 001 DRB			Bl/S	Hand		
5	V 16 004 DRB			Tatzlager	K-G m. Z, Kl		
6	Deutz			S	K-GP m. Z, Kl		
7	V 140 DRB	JJ g 2M	W-K-K	Bl/S	K-GP m. Z, Kl		
8	201 DB		AC-DC	Tatzlager	K-GP-E m. Z, Kl	Widerstand	860
9	202 DB			Tatzlager	K-GP-E m. Z, Kl	Widerstand	1 400
10	202 DB			Tatzlager	K-GPP2E m. Z, Kl	Widerstand	1 800
11	110.0 DR	GSR30/5,7	W-W-W	Gl[19])/Rsg[20])	K-GP m. Z, Kl		
12	110.2 DR	GSR30/5,7	W-W-W	Gl/Rsg	K-GP m. Z, Kl		
13	110.9 DR	GSR30/5,7	W-W-W	Gl/Rsg	K-GP m. Z, Kl		
14	111 DR	GSR30/5,7	W-W-W	Gl/Rsg	K-GP m. Z, Kl		
15	112.0 DR	GSR30/5,7	W-W-W	Gl/Rsg	K-GP m. Z, Kl		
16	112.2 DR	GSR30/5,7	W-W-W	Gl/Rsg	K-GP m. Z, Kl		
17	114 DR	GS30/5,8	W-W-W	Gl/Rsg	K-GP m. Z, Kl		
18	108 DR	GSW20-20/5	W-W	Gl/Rsg	K-GP m. Z, Kl	hydrodyn	600
19	199.8 DR	GSR30/5,7	W-W-W	Gl/Rsg	K-GP m. Z, Kl		
20	210 DB	L820wbrs	W-W	Gl/Rsg	K-GPP2R m. Z, Kl	hydrodyn	1 324
21	211 DB	L216rs	W-W-K	Gl/Rsg	K-GP m. Z, Kl		
22	212 DB	L216rs	W-W-K	Gl/Rsg	K-GP m. Z, Kl		
23	213 DB	L620brs	W-W	Gl/Rsg		hydrodyn	
24	214 DB	L216rs	W-W-K	Gl/Rsg	K-GP m. Z, Kl		
25	215 DB	K252SUBB[13])	W-W	Gl/Rsg	K-GPP2R m. Z, Kl	hydrodyn[21])	1 324
26	216 DB	L821rs [14])	W-W-K	Gl/Rsg	K-GPP2 m. Z, Kl		
27	217 DB	K252SVEW[15])	W-W	Gl/Rsg	K-GPR m. Z, D		
28	218 DB	K252SUBB	W-W	Gl/Rsg	K-GPP2 m. Z, Kl	hydrodyn	1 324
29	219 DB	L820wrs	W-W	Gl/Rsg	K-GPP2 m. Z, Kl		
30	220 DB	K104US-SU[16])	Meky	Gl/Rsg	K-GPR m. Z, Kl		
31	221 DB	K184U	Meky	Gl/Rsg	K-GPR m. Z, Kl		
32	230 DB	K184M	Meky	Gl/Rsg	K-GPR m. Z, Kl		
33	232 DB	L218vV	W-W-K	Gl/Rsg	K-GPR m. Z, D, Mg		
34	240 DB	ABB	AC-AC	Tatzlager	K-GPRE m. Z, Kl	Widerstand	2 400
35	119 DR	GSR30/5,5	W-W-W	Gl/Rsg	K-GPP2 m. Z, Kl		
36	229 DR	GSR30/5,7	W-W-W	Gl/Rsg	K-GPP2 m. Z, Kl		
37	118.0 DR	L306rb	W-W-W	Gl/Rsg	Kss m. Z, Kl		
38	118.1 DR	GSR30/5,7	W-W-W	Gl/Rsg	Kss m. Z, Kl		
39	118.2 DR	GSR30/5,7	W-W-W	Gl/Rsg	Kss m. Z, Kl		
40	118.5 DR	GSR30/5,7	W-W-W	Gl/Rsg	Kss m. Z, Kl		
41	118.6 DR	GSR30/5,7	W-W-W	Gl/Rsg	Kss m. Z, Kl		
42	120 DR		DC-DC	Tatzlager	K m. Z, Kl		
43	130 DR		AC-DC	Tatzlager	KE-Tm + E, Kl	Widerstand	
44	131 DR		AC-DC	Tatzlager	KE-Tm, Kl		
45	132 DR		AC-DC	Tatzlager	KE-Tm + E, Kl	Widerstand	
46	234 DR		AC-DC	Tatzlager	KE-Tm + E, Kl	Widerstand	
47	142 DR		AC-DC	Tatzlager	KE-Tm + E, Kl	Widerstand	
48	V 36	L37	W-K-K	Bl/S	K-GP m. Z, Kl		
49	V 36.3 DB		mechanisch	Bl/S	K m. Z, Kl		

Batterie-bauart	Batterie-kapazität [Ah]	Bordnetz-spannung [V]	Anlasser	Luftpresser	Kühlanlage-lüfter-antrieb
			Druckluft		mechanisch
			Druckluft		mechanisch
			Druckluft		mechanisch
			Druckluft		mechanisch
			GAW[23])		mechanisch
			Druckluft		elektrisch
Blei	400	24	Druckluft		elektrisch
Blei	260	110	LAM[22])		mechanisch
Blei	240	110	LAM		hydrostatisch
Blei	260	110	LAM		hydrostatisch
Blei	260	110	LAM	2x2HS3-71/100	elektrisch
Blei	260	110	LAM	2x2HS3-71/100	elektrisch
Blei	260	110	LAM	2x2HS3-71/100	elektrisch
Blei	260	110	LAM	2xGHM2014a32	elektrisch
Blei	260	110	LAM	2x2HS3-71/100	elektrisch
Blei	260	110	LAM	2x2HS3-71/100	elektrisch
Blei	260	110	LAM	2x2HS3-71/100	elektrisch
Blei	260	110	LAM	2x2HS3-71/100	elektrisch
Blei	260	110	LAM	2x2HS3-71/100	elektrisch
Blei	200	110	LAM	2xKnorr VV160/200	hydrostatisch
Blei	220	110	LAM	1xKnorr VV100/100	hydrostatisch
Blei	220	110	LAM	1xKnorr VV100/100	hydrostatisch
Blei	220	110	LAM	1xKnorr VV100/100	hydrostatisch
Blei	220	110	LAM	1xKnorr VV100/100	hydrostatisch
Blei	200	110	LAM	2xKnorr VV160/200	hydrostatisch
Blei	200	110	LAM	1xKnorr VV160/200	hydrostatisch
Blei	200	110	LAM	2xKnorr VV160/200	hydrostatisch
Blei	200	110	LAM	2xKnorr VV160/200	hydrostatisch
Blei	180	110	LAM	1xKnorr VV160/200	hydrostatisch
Blei	300	110	LAM	2xKnorr VV100/100	hydrostatisch
Blei	300	110	LAM	2xKnorr VV100/200	hydrostatisch
Blei	300	110	LAM	2xKnorr VV100/100	hydrostatisch
Blei	300	110	LAM	2xKnorr VV100/100	hydrostatisch
Blei	265	24	Druckluft	1xKnorr VV240/200	hydrostatisch
Blei	320	110	LAM	2x2HS3-71/100	hydrostatisch
Blei	280	110	LAM	2x2HS3-71/100	hydrostatisch
Blei	300	110	LAM	2xVV140/100	elektrisch
Blei	260	110	LAM	2x2HS3-71/100	elektrisch
Blei	260	110	LAM	2x2HS3-71/100	elektrisch
Blei	260	110	LAM	2x2HS3-71/100	elektrisch
Blei	260	110	LAM	2x2HS3-71/100	elektrisch
Blei	450	75	GAW	KT 7	mechanisch, hydrodyn
Blei	390	110	LAM	2HV2-100/145	elektrisch
Blei	390	110	LAM	2HV2-100/145	elektrisch
Blei	390	110	LAM	2HV2-100/145	elektrisch
Blei	390	110	LAM	2HV2-100/145	elektrisch
Blei	390	110	LAM	2HV2-100/145	elektrisch
Blei	135	24	Druckluft	Knorr VV100/100	mechanisch
Blei	135	24	Druckluft	Knorr VV100/100	mechanisch

Lfd. Nr.	vereinheitlichte Bezeichnung	Leistungsübertragung Typ	Leistungsübertragung Bauart	Antrieb	Bremsanlage Pneumatisch Bauart	Bremsanlage Dynamisch Bauart	Bremsanlage Dauer-leistung [kW]
50	236.4 DB	L37	W-K-K	Bl/S	K-GP m. Z, Kl		
51	245 DB	L24	W-W	Kette	K m. Z, Kl		
52	251 DB	CF11569TC1	W-W-W	Gl/Rsg	K-GP m. Z, Kl		
53	252 DB	CF11569TC1	W-W-W	Gl/Rsg	K-GP m. Z, Kl		
54	259 DB	AC-AC		Tatzlager	KE-GP-E m. Z, Kl (D)	Widerstand	500
55	259 DB		W-W+W-W	Gl/Rsg	KE-GP m. Z, Kl	hydrodyn	500
56	106.0-1 DR	GSR12/5,1	W-K-K	Bl/S	K m. Z, Kl		
57	106.2-9, 105 DR	GSR12/5,1	W-K-K	Bl/S	K m. Z, Kl		
58	106.9, 105 DR	GSR12/5,1	W-K-K	Bl/S	K m. Z, Kl		
59	104 DR	GS20/4.9AR	W-W+W-W	Bl/S	K m. Z, Kl		
60	260 DB	L37zUB/L27zUB	W-K-K	Bl/S	K m. Z, Kl		
61	261 DB	L37zUB/L27zUB	W-K-K	Bl/S	K m. Z, Kl		
62	265 DB	L37zUB	W-K-K	Bl/S	K-GP m. Z, Kl		
63	270 DB	L33y	W-K-K	Bl/S	K m. Z, Kl		
64	270 DB	L33y	W-K-K	Bl/S	K m. Z, Kl		
65	107 DR	SS86/38x8	DC-DC	Tatzlager	W m. Z, Kl		
66	280 DB	K104US/LT306R	Meky/W-W-W	Gl/Rsg	Kssbr m. Z, Kl		
67	288 DB	Siemens	DC-DC	Tatzlager	K-GP m. Z, Kl		
68	290 DB	L206rs	W-W	Gl/Rsg	K-GP m. Z, Kl		
69	291 DB	L206rsb	W-W	Gl/Rsg	K-GP m. Z, Kl		
70	299 DB	L33y	W-K-K	Ketten	K-GP m. Z, Kl		
71	101.0 DR	GSR12/3,7	W-K-K	Bl/S	K m. Z, Kl		
72	101.1-3 DR	GSR12/3,7	W-K-K	Bl/S	K m. Z, Kl		
73	101.5-7 DR	GSU20/4,2AR	W-W	Bl/S	K m. Z, Kl		
74	102.0 DR	GSU20/4,2AR	W-W	Bl/S	K m. Z, Kl		
75	102.1 DR	GSU20/4,2AR	W-W	Bl/S	K m. Z, Kl		
76	Kö I DRG	mechanisch	3-Gang	Ketten	Fußbremse		
77	Kö II DRG	L33/L33U	W-K-K	Ketten	K m. Z, Kl		
78	Köf II DRG	L33/L33U	W-K-K	Ketten	K m. Z, Kl		
79	331 DB	L33y Kb	W-K-K	Ketten	K m. Z, Kl		
80	332 DB	L33y Kb	W-K-K	Ketten	K m. Z, Kl		
81	333 DB	L213	W-W-K	Gl/Rsg	Kdi m. Z, Kl		
82	335 DB	L213	W-W-K	Gl/Rsg	Kdi m. Z, Kl		
83	329 DB	L22	W-K	Bl/S			
84	329 DB	L22	W-K	Bl/S			
85	199.3 DR		W-W	Bl/S	K m. Z, Kl		
86	V 36.48 DR	GSR12/3,7	W-K-K	Bl/S	Vakuumbremse, Kl		

13) *wahlweise auch L820brs*

14) *Vorserie: L218rs*

15) *wahlweise auch L820wrs*

16) *auch K104US/SU/W und LT 306r*

17) *Stangen*

18) *Blindwelle*

19) *Gelenkwelle*

20) *Radsatzgetriebe*

21) *ab 215 006*

22) *Lichtanlaßmaschine*

23) *Generator-Anlaßwicklung*

24) *Schraubtriebanlasser*

Batterie-bauart	Batterie-kapazität [Ah]	Bordnetz-spannung [V]	Anlasser	Luftpresser	Kühlanlage-lüfter-antrieb
Blei	180	24	Druckluft	Knorr VV100/100	mechanisch
Blei	100	72	SchrA[24])	Spiros KMC	mechanisch
Blei	180	24	SchrA	1xKnorr VV110/200	hydrostatisch
Blei	180	24	SchrA	1xKnorr VV110/200	hydrostatisch
Blei	180	24	SchrA	1xKnorr VV120/100	hydrostatisch
Blei	180	24	SchrA	1xKnorr VV120/100	hydrostatisch
Blei	300	110	LAM	VV140/100	elektrisch
Blei	195	110	LAM	VV140/100A	elektrisch
Blei	195	110	LAM	VV140/100A	elektrisch
Blei	195	110	LAM	VV140/100A	elektrisch
Blei	300	24	SchrA	2xKnorr VV100/100	hydrostatisch
Blei	300	24	SchrA	2xKnorr VV100/100	hydrostatisch
Blei	250	24	Druckluft	1xKnorr VV100/100	hydrostatisch
Blei	250	24	SchrA	1xKnorr VV100/100	mechanisch
Blei	250	24	SchrA	1xKnorr VV100/100	mechanisch
NiFe	250	110	GAW	KVP 155x125/100	mechanisch
Blei	300	110	LAM	2xKnorr VV64/100	elektrisch
Blei	2x300	110	LAM	2xKnorr VV120/100	hydrostatisch
Blei	200	110	LAM	2xKnorr VV160/200	hydrostatisch
Blei	200	110	LAM	2xKnorr VV160/200	hydrostatisch
Blei	180	24	SchrA	2xVV 64/100	hydrostatisch
Blei	180	24	SchrA	VV64/100	mechanisch
Blei	180	24	SchrA	VV64/100	mechanisch
Blei	180	24	SchrA	2HS3-71/100	mechanisch
Blei	180	24	SchrA	2HS3-71/100	mechanisch
Blei	180	24	SchrA	2HS3-71/100	mechanisch
Blei	180	24	SchrA		mechanisch
Blei	180	24	SchrA	1xKnorr VV70/155	mechanisch
Blei	180	24	SchrA	1xKnorr VV70/155	mechanisch
Blei	180	24	SchrA	1xKnorr VV100/100	mechanisch
Blei	180	24	SchrA	1xKnorr VV100/100	mechanisch
Blei	180	24	SchrA	1xKnorr VV100/100	mechanisch
Blei	180	24	SchrA	1xKnorr VV100/100	mechanisch
Blei	250	24	SchrA		mechanisch
Blei	250	24	SchrA		mechanisch
Blei	180	24	SchrA	2HS3-71/100	mechanisch
Blei	45/180	110/24	SchrA	Vakuum P201	mechanisch

Lfd. Nr.	vereinheitlichte Bezeichnung	Zug-sicherungs-einrichtung	Funk-einrichtung	Zugenergie versorgungs-anlage	ZEV [kVA)/[kg/h] [25])
1	Die-Klo-Sul			Dampf	
2	V 120 DRB			Dampf	
3	V 3602 DRB				
4	V 16 001 DRB				
5	V 16 004 DRB				
6	Deutz				
7	V 140 DRB	Sifa		Dampf	
8	201 DB	Sifa		Dampf	500
9	202 DB	Sifa, Indusi		Dampf	800
10	202 DB	Sifa, Indusi		elektrisch	
11	110.0 DR	Sifa		Dampf	800
12	110.2 DR	Sifa		Dampf	800
13	110.9 DR	Sifa, PZ 80			
14	111 DR	Sifa			
15	112.0 DR	Sifa		Dampf	800
16	112.2 DR	Sifa		Dampf	800
17	114 DR	Sifa, PZ 80	MESA	Dampf	800
18	108 DR	Sifa, PZ 80	MESA		
19	199.8 DR	Sifa		Dampf	800
20	210 DB	Sifa, Indusi	ZBF	elektrisch	400
21	211 DB	Sifa, Indusi	ZBF	Dampf	580
22	212 DB	Sifa, Indusi	ZBF	Dampf	580
23	213 DB	Sifa, Indusi	ZBF	Dampf	580
24	214 DB	Sifa, Indusi	ZBF	Dampf	580
25	215 DB	Sifa, Indusi	ZBF	Dampf	840
26	216 DB	Sifa, Indusi	ZBF	Dampf	840
27	217 DB	Sifa, Indusi	ZBF	elektrisch	360
28	218 DB	Sifa, Indusi	ZBF	elektrisch	400
29	219 DB	Sifa, Indusi	ZBF	elektrisch	360
30	220 DB	Sifa, Indusi	ZBF	Dampf	800
31	221 DB	Sifa, Indusi	ZBF	Dampf	840
32	230 DB	Sifa, Indusi		Dampf	840
33	232 DB	Sifa, Indusi		Dampf	1 200
34	240 DB	Sifa, Indusi	ZBF	elektrisch	700
35	119 DR	Sifa	MESA	elektrisch	800
36	229 DR	Sifa, PZB	MESA	elektrisch	800
37	118.0 DR	Sifa	MESA	Dampf	800
38	118.1 DR	Sifa	MESA	Dampf	800
39	118.2 DR	Sifa	MESA	Dampf	800
40	118.5 DR	Sifa	MESA	Dampf	800
41	118.6 DR	Sifa	MESA	Dampf	800
42	120 DR	Sifa	MESA		
43	130 DR	Sifa	MESA		

[25]) *Zahlenwert bei elektrischer Zugenergie-Versorgungsanlage in kVA, bei Dampfheizanlage in kg/h*

Lfd. Nr.	vereinheitlichte Bezeichnung	Zug-sicherungs-einrichtung	Funk-einrichtung	Zugenergie versorgungs-anlage	ZEV [kVA)/[kg/h] [25])
44	131 DR	Sifa	MESA		
45	132 DR	Sifa, PZB	MESA	elektrisch	600
46	234 DR	Sifa, PZB	MESA	elektrisch	600
47	142 DR	Sifa	MESA	elektrisch	600
48	V 36	Sifa			
49	V 36.3 DB				
50	236.4 DB	Sifa			
51	245 DB	Sifa			
52	251 DB	Sifa			
53	252 DB	Sifa		Heizgenerator	
54	259 DB	Sifa	RF		
55	259 DB	Sifa	RF		
56	106.0-1 DR	Sifa	RF		
57	106.2-9, 105 DR	Sifa	RF		
58	106.9, 105 DR	Sifa	RF		
59	104 DR	Sifa	RF		
60	260 DB	Sifa, Indusi	RF, ZBF		
61	261 DB	Sifa, Indusi	RF, ZBF		
62	265 DB	Sifa	RF		
63	270 DB	Sifa	RF		
64	270 DB	Sifa	RF		
65	107 DR		RF		
66	280 DB	Sifa, Indusi	ZBF	Dampf	300
67	288 DB	Sifa, Indusi			
68	290 DB	Sifa, Indusi	RF, ZBF		
69	291 DB	Sifa, Indusi	RF, ZBF		
70	299 DB	Sifa			
71	101.0 DR	Sifa			
72	101.1-3 DR	Sifa			
73	101.5-7 DR	Sifa			
74	102.0 DR	Sifa			
75	102.1 DR	Sifa			
76	Kö I DRG				
77	Kö II DRG				
78	Köf II DRG				
79	331 DB	Sifa			
80	332 DB	Sifa, Indusi	ZBF		
81	333 DB	Sifa, Indusi	ZBF		
82	335 DB	Sifa, Indusi	ZBF		
83	329 DB	Sifa			
84	329 DB	Sifa			
85	199.3 DR				
86	V 36.48 DR			Dampf	200

Quellenverzeichnis und weiterführende Literatur

Arbeitsgemeinschaft „Dieselfahrzeuge im Schienenverkehr": Dieselschienenverkehr. C. Röhrig Verlag, Darmstadt, 1954.

Arbeitsgemeinschaft „Drehscheibe e. V.": Deutsche Lokomotiven in Italien. Köln, 1994.

Autorenkollektiv: Strecken-Diesellokomotiven. VEB Verlag für Verkehrswesen, Berlin, 1981.

Benoist, G., u. O. Wilczek: Das Bundesbahn-Ausbesserungswerk Nürnberg. Eisenbahn-Kurier Verlag GmbH, Freiburg, 1981.

Biedl, A., G. Schaab u. A. Stange: Die Triebfahrzeuge der Deutschen Bahnen und ihre Heimatbetriebswerke, Stand: 1.1.1994, Röhr-Verlag, Krefeld, 1994.

Biedl, A., J. Borchers, G. Schaab u. A. Stange: Die Triebfahrzeuge der Deutschen Bahn und ihre Heimatbetriebshöfe, Stand: 1.1.1995, Röhr-Verlag, Krefeld, 1995.

Blank, J. P., u. Th. Rahn: Die Eisenbahntechnik – Entwicklung und Ausblick. Hestra Verlag Darmstadt, 1982.

Bretschneider, A.: Die Baureihe V 200.0. Eisenbahn-Kurier Verlag GmbH, Freiburg, 1981.

Christopher, A.: Deutsche Kleinlokomotiven. Verlag Kenning, Nordhorn, 1989.

Deutsche Bundesbahn: Merkbuch Diesellomotiven DV 939. Mehrere Ausgaben.

Deutsche Bundesbahn: Mit neuer Kraft. Athenäum Verlag, Frankfurt (M), Bonn, 1961.

Deutsche Reichsbahn: Kennzeichnung der Triebfahrzeuge der DR – Umnumerierung der Triebfahrzeuge, gültig ab 1. Januar 1992. Herausgeber: Deutsche Reichsbahn Zentrale Hauptverwaltung, Abt. Öffentlichkeitsarbeit und Presse, Berlin 1992.

Deutsche Reichsbahn: Merkbuch für Triebfahrzeuge – Die Elektro-, Diesellokomotiven und Triebwagen der Deutschen Reichsbahn. Mit einem Vorwort von H. Müller. Reprint-Verlag, Leipzig, 1991.

Diener, W.: Anstrich und Bezeichnungen von Lokomotiven. Das Erscheinungsbild deutscher Lokomotiven von 1871 bis heute. Transpress-Verlag, Stuttgart, 1996.

Engelmann, P.: Handbuch der Dieseltriebfahrzeuge der DB. GDL-Verlag, Frankfurt (M), 1975.

Feulner, A.: Gasturbinenantriebe bei der Deutschen Bundesbahn. Motortechnische Zeitschrift 6/1975.

Flemming, F.: Die Entwicklung der Dieselzugförderung bei der DB nach dem Zweiten Weltkrieg. Die Bundesbahn 12/1959.

Friedrich, K.: Die Planung für das Diesellokomotiv-Typenprogramm der Deutschen Bundesbahn. Eisenbahntechnische Rundschau 6/1958.

Friedrich, K.: Die Maschinenanlagen der Standard-Diesellokomotiven der Deutschen Bundesbahn. Motortechnische Zeitschrift 7/1967.

Friedrich, K., u. W. Fürst: Die Nebenbahn-Diesellokomotive V 100 der DB. Glasers Annalen 1, 6 u. 11/1960.

Friedrich, K.: Die Bauvariante der DB-Diesellokomotive V 100 mit hydraulischer Bremse für Steilstreckenbetrieb. Eisenbahningenieur 11/1966.

Fürst, W.: Die Diesellokfamilie V 160 der DB. Eisenbahningenieur 2/1969.

Gaebler, G. A.: Zur Entwicklung der Diesellokomotiven der Deutschen Bundesbahn nach dem Kriege. Eisenbahntechnische Rundschau 8/1952.

Gaebler, G. A.: Dieseltriebfahrzeuge der Deutschen Bundesbahn – Rückblick und Ausblick. Jahrbuch des Eisenbahnwesens, Hestra Verlag, 1953.

Gaebler, G. A.: Die Nachkriegsentwicklung der Dieselfahrzeuge der DB im Lichte der ihre Richtung bestimmenden Grundsatzentscheidungen. Die Bundesbahn 12/1959.

Gaebler, G. A.: Die hydrodynamische Kraftübertragung in Dieseltriebfahrzeugen der Deutschen Bundesbahn. Eisenbahntechnische Rundschau 4/1966.

Glatte, W., u. L. Reinhardt: Diesellok-Archiv – Diesellokomotiven der Deutschen Reichsbahn-Gesellschaft, der Deutschen Reichsbahn und anderer europäischer Bahnverwaltungen. Transpress-Verlag, Berlin, o.J..

Glatte, W.: Diesellokomotiven deutscher Eisenbahnen. VEB Verlag für

Verkehrswesen, Berlin, 1985, Lizenzausgabe Alba Verlag, Düsseldorf.

Gös, W.: Dieselelektrische Rangierlokomotive mit Drehstrom-Kraftübertragung nach dem Prinzip des Stromzwischenkreisumrichters. Elektrische Bahnen 11/12/1982.

Hangarter, H.: Unsere Schwarzwaldbahn. Rösler und Zimmer Verlag, Augsburg, 1971.

Hartmann, M.: Rangierdiesellokomotive BR 298 (108) der Deutschen Reichsbahn. Eisenbahntechnische Rundschau 4/1992.

Kademann, S., u. W. Messerschmidt: Henschel-Lokomotiven von 1838 bis heute. Steiger Verlag, Moers, 1985.

Kirkland, J. F.: Dawn of the Diesel Age – The History of the Diesellocomotive in America. Interurban Press, Glendale, California, USA, 1983.

Kuckuck, R.: Stand und Aussichten der Brennkrafttechnik bei der DB. Die Bundesbahn 3/4/1972.

Kuckuck, R., u. K. Niekamp: Dieseltechnik heute. Die Bundesbahn 8/1974.

Krauss-Maffei AG: In München mit Lokomotiven leben. Krauss-Maffei AG, München, o.J.

Kunicki, H.: Deutsche Dieseltriebfahrzeuge – gestern und heute. VEB Verlag für Verkehrswesen, Berlin, 1968.

Kurz, H.: Die regelspurigen Wehrmachts-Diesellokomotiven der Bauart WR 360 C. Reihe Eisenbahn und Museen. Deutsche Gesellschaft für Eisenbahngeschichte e.V., Karlsruhe, 1986.

Lampe, C., u. N. Gößl: Die 2000-PS-Diesellokomotive der Deutschen Bundesbahn. Eisenbahntechnische Rundschau 6/7/1953.

Lampe, C., u. E. Pflug: Die 1000-PS-Diesellokomotive der Deutschen Bundesbahn für leichten Strecken- und schweren Rangierdienst. Glasers Annalen 4/1952.

Leibl, W.: Tendenzen für die Weiterentwicklung des Fahrzeugparks der Deutschen Bundesbahn. Eisenbahntechnische Rundschau 1/2/1974.

Lehmann, H., u. E. Pflug: Der Fahrzeugpark der Deutschen Bundesbahn und neue von der Industrie entwickelte Schienenfahrzeuge. G. Siemens Verlag, Berlin, 1953/1957.

Lisson, P.: Die Zugförderung bei der DB – Rückblick und Ausblick. ZEV-Glasers Annalen 6/1982.

Löttgers, R.: Die Dieselloks der Baureihen V 20 und V 36. Franckh-Verlag, Stuttgart, 1986.

Löttgers, R.: Die Ablösung V 100. Franckh-Verlag, Stuttgart, 1987.

Lokomotivtechnik: Sonderausgaben Heft 1: V 260/261, Heft 7: V 211/212, Heft 8: V 218/210, Heft 10: V 290, Heft 11: V 215/216. GDL-Verlag, Frankfurt (M), 1975–1980.

Lomonossoff, G. V.: Diesellokomotiven. VDI-Verlag, Berlin 1924, Reprint VDI-Verlag, Düsseldorf, 1985.

Maedel, K. E.: Giganten der Schiene. Franckh-Verlag, Stuttgart, 1965.

Maier, K. M.: Die Diesellokomotiven bei der DB. Franckh-Verlag, Stuttgart, 1987.

Mayer, M.: Diesel-Lokomotiven und Diesel-Triebwagen, Denkschrift zum 100-jährigen Bestehen der MF Esslingen. Eigenverlag der Maschinenfabrik Esslingen, 1947.

Mehltretter, J. M.: Die Lokomotiven der Deutschen Bundesbahn. Motorbuch Verlag, Stuttgart, 1976.

Messerschmidt, W.: Alles für die Lok. Franckh-Verlag, Stuttgart, 1971.

Messerschmidt, W.: Diesellok-Raritäten. Franckh-Verlag, Stuttgart, 1980.

Messerschmidt, W.: Taschenbuch Deutsche Lokomotivfabriken. Franckh-Verlag, Stuttgart, 1977.

Michelfelder, W.: Dieseltraktion, die vernünftige Ergänzung zum elektrifizierten Netz. Jahrbuch des Eisenbahnwesens, Hestra Verlag, 1974.

MTU: Erinnerungen 1909 bis 1984 Motorenbau in Friedrichshafen. Motoren und Turbinen-Union Friedrichshafen, 1984.

Müller, S.: Elektrische und dieselelektrische Triebfahrzeuge. Birkhäuser Verlag, Stuttgart und Basel, 1979.

Niedt, M.: Die Baureihe V 80. Podzun Pallas Verlag, Friedberg, 1985.

Neumann, A.: Die Entwicklung der dieselhydraulischen Motorlokomotive in Deutschland. Glasers Annalen 3/1948.

NN: Diesel Traction Development in Germany. Diesel Railway Traction, June/1959.

Obermayer, H.: Taschenbuch deutscher Diesellokomotiven. Franckh-Verlag, Stuttgart, 1977.

Obermayer, H.: Die Baureihe V 200 – 40 Jahre deutsche Großdiesellokomotiven. Eisenbahn-Journal spezial 5/93, Merker-Verlag, Fürstenfeldbruck, 1993.

Obermayer, H.: Die V 160-Familie. Eisenbahn-Journal spezial 7/94, Merker-Verlag, Fürstenfeldbruck, 1994.

Obermayer, H., u. M. Weisbrod: Die V 100 – DB und DR. Eisenbahn-Journal spezial 7/95, Merker-Verlag, Fürstenfeldbruck, 1995.

Pflug, E.: Entwurfsgrundlagen einer Diesellokomotive mittlerer Leistung für den Rangierdienst bei der DB. Glasers Annalen 6/1954.

Pflug, E.: Das Verdieselungsprogramm der DB. Motortechnische Zeitschrift 5/1955.

Pflug, E.: Leistungs- und Typenprogramm von Schienenfahrzeug-Dieselmotoren der Deutschen Bundesbahn. Motortechnische Zeitschrift 6/1960.

Raabe, H.: Die Dieselkleinlokomotiven der Deutschen Reichsbahn, DB und DR. Röhr-Verlag, Krefeld, 1988.

Rahn, Th., u. W. Stoffels: Die Gasturbine in der Zugförderung. Eisenbahntechnische Rundschau 5/1972.

Rath, H.: Der Dieselbetrieb bei der Deutschen Bundesbahn. Die Bundesbahn 23/1964.

Reed, B.: Diesel-Hydraulic Locomotives of the Western Region. David & Charles, Newton Abbot, 1975.

Reichsverkehrsministerium (Hrsg): Hundert Jahre Deutsche Eisenbahnen. Verkehrswissenschaftliche Lehrmittelgesellschaft, Leipzig, 1938.

Reinhardt, L.: Rangier-Diesellokomotiven. Transpress-Verlag, Berlin, 1972.

Repetzki, K. R. (Hrsg.): Krupp im Dienste der Elektro- und Diesellokomotive. Steiger Verlag, Moers, 1982.

Rheinstahl AG: 125 Jahre Henschel-Lokomotiven. Henschel, Düsseldorf, 1973.

Rossberg, R. R.: Geschichte der Eisenbahn, Edition Sigloch, Künzelsau, 1977.

Rossberg, R. R.: Die Diesellokomotiven der BR 288. Die Lokomotivtechnik 6/1972.

Rossberg, R. R. (Hrsg.): Deutsche Eisenbahnfahrzeuge – Von 1838 bis heute. VDI-Verlag, Düsseldorf, 1988.

Sachs, K.: Elektrische Triebfahrzeuge Bd 1/2. Verlag Huber, Frauenfeld, 1953.

Schadow, F.: Lokomotivverzeichnis der Deutschen Reichsbahn, DB und DR. Bd. 31 Diesellokomotiven, Röhr-Verlag, Krefeld, 1974.

Schadow, F., u. H. Griebl: Verzeichnis der deutschen Lokomotiven 1923–1965. Slezak-Verlag, Wien, 1967.

Scharf, H. W.: Die Schwarzwaldbahn und das Bahnbetriebswerk Villingen. Eisenbahn-Kurier Verlag GmbH, Freiburg, 1980.

Schmücker, B.: Weitere Dieseltriebfahrzeuge dienen dem Strukturwandel in der Zugförderung. Eisenbahntechnische Rundschau 8/1968.

Schmücker, B.: Die V 90 als Triebfahrzeug für den schweren Rangierdienst der Deutschen Bundesbahn. Glasers Annalen 5/1965.

Schwach, G.: Schnellzüge überwinden Gebirge. Slezak-Verlag, Wien, 1981.

Stange, A., u. A. Räntsch: Die Baureihe V 180. Eisenbahn-Kurier Verlag GmbH, Freiburg, 1995.

Stockklausner, H. K.: 50 Jahre Diesellokomotiven. Birkhäuser Verlag, Stuttgart und Basel, 1963.

Stöckl, F., u.a: Vom „Adler" zum „IC". Bohmann Noltemeyer Verlag, 1974.

Stoffels, W.: 30 Jahre Gasturbinenlokomotiven. Selbstverlag, 1964.

Stroebe, H.: Die Entwicklung von Dieseltriebfahrzeugen aus ihren Anfängen bis zum Ausbruch des Krieges. Die Bundesbahn 12/1959.

Thomas, K.: Die Bewährung der neuen Dieselserienlokomotiven der DB. Eisenbahntechnische Rundschau 10/1970.

Thomas, K.: Neue dieselelektrische Industrie-Rangierlokomotiven im Erprobungseinsatz bei der Deutschen Bundesbahn. Eisenbahntechnische Rundschau 4/1984.

Tietze, Chr., u. H. Lück: Dieselelektrische Lokomotiven neuer Konzeption: AEG-Mitteilungen 4/1970.

Tiffe, G.: Geschichte des deutschen Lokomotivbaus. G. Siemens Verlagsbuchhandlung, Berlin, 1985.

Tretow, H.-J.: DE 1024 – eine schwere Diesellokomotive für universellen Einsatz. Eisenbahntechnische Rundschau 9/1989.

Treue, W., u. S. Zima: Hochleistungsmotoren – Karl Maybach und sein Werk. VDI-Verlag, Düsseldorf 1992.

VDL: Lokomotiven – Made in Germany. Verband der deutschen Lokomotivindustrie, Frankfurt (M), 1976.

Verschiedene Herausgeber: Jahrbuch des Eisenbahnwesens, Jahrgänge 1952–1994, Hestra Verlag, Darmstadt.

Voß, M. Brennkrafttriebfahrzeuge der Deutschen Bundesbahn – Aspekte und Tendenzen. Die Bundesbahn 4/1981.

Wagner, N.: Die Zugförderung und ihre Fahrzeugbasis. Eisenbahntechnische Rundschau 10/1977.

Webb, B.: The British Internal Combustion Locomotive – 1894–1940. David & Charles, Newton Abbot, 1973.